Arbeitsrechtliche Maßnahmen in Übernahmeauseinandersetzungen nach dem Wertpapiererwerbs- und Übernahmegesetz

Europäische Hochschulschriften
Publications Universitaires Européennes
European University Studies

Reihe II
Rechtswissenschaft

Série II Series II
Droit
Law

Bd./Vol. 4213

PETER LANG
Frankfurt am Main · Berlin · Bern · Bruxelles · New York · Oxford · Wien

Hendrik Horstmann

Arbeitsrechtliche Maßnahmen in Übernahmeauseinandersetzungen nach dem Wertpapiererwerbs- und Übernahmegesetz

Unter besonderer Berücksichtigung der Europäischen Übernahmerichtlinie

PETER LANG
Europäischer Verlag der Wissenschaften

Bibliografische Information Der Deutschen Bibliothek
Die Deutsche Bibliothek verzeichnet diese Publikation in der Deutschen Nationalbibliografie; detaillierte bibliografische Daten sind im Internet über <http://dnb.ddb.de> abrufbar.

Zugl.: Bochum, Univ., Diss., 2005

D 294
ISSN 0531-7312
ISBN 3-631-53964-9

www.peterlang.de

Vorwort

Die vorliegende Arbeit wurde im Wintersemester 2004/05 von der Juristischen Fakultät der Ruhr-Universität Bochum als Dissertation angenommen. Rechtsprechung und Literatur sind bis November 2004 berücksichtigt.

Mein Dank gilt meinem verehrten Doktorvater, Herrn Prof. Dr. Rolf Wank, für die Betreuung dieser Arbeit und für meine Anstellung am Lehrstuhl für Bürgerliches Recht, Handels-, Wirtschafts- und Arbeitsrecht. Ebenso danke ich Herrn Prof. Dr. Peter Kindler für die kenntnisreiche und zügige Zweitkorrektur.

Dank sagen möchte ich ferner meiner Familie, insbesondere meinen Eltern, für herzlichen Rückhalt und Ermutigung. Besonderer Dank gebührt meiner Freundin Bianka-Sybille Nowak für ihr stetes Verständnis und ihre liebevolle Begleitung meines Promotionsvorhabens. Herrn Dr. Jürgen Apel sei schließlich für die freundliche Unterstützung gedankt.

Essen, im März 2005

Hendrik Horstmann

Inhaltsverzeichnis

Literaturverzeichnis

Adams, Michael	Höchststimmrechte, Mehrfachstimmrechte und sonstige wundersame Hindernisse auf dem Markt für Unternehmenskontrolle, AG 1990, S. 63-78
Adams, Michael	Was spricht gegen eine unbehinderte Übertragbarkeit der in Unternehmen gebundenen Ressourcen durch ihre Eigentümer?, AG 1990, S. 243-252
Aha, Christof	Rechtsschutz der Zielgesellschaft bei mangelhaften Übernahmeangeboten, AG 2002, S. 160-169
Altmeppen, Holger	Arbeitnehmerbeteiligung im Personalausschuss des Aufsichtsrats, Festschrift für Hans Erich Brandner, Köln 1996, S. 3-22
Altmeppen, Holger	Neutralitätspflicht und Pflichtangebot nach dem neuen Übernahmerecht, ZIP 2001, S. 1073-1084
Annuß, Georg	Schutz der Gewerkschaften vor tarifwidrigem Handeln der Betriebsparteien, RdA 2000, S. 287-297
Arnold, Arnd	Entschädigung von Mehrstimmrechten bei Übernahmen, BB 2003, S. 267-270
Assmann, Heinz-Dieter	Die Haftung für die Richtigkeit und Vollständigkeit der Angebotsunterlage nach § 12 WpÜG, AG 2002, S. 153-160
Assmann, Heinz-Dieter	Erwerbs-, Übernahme- und Pflichtangebote nach dem Wertpapiererwerbs- und Übernahmegesetz aus der Sicht der Bietergesellschaft, AG 2002, S. 114-125
Assmann, Heinz-Dieter / Bozenhardt, Friedrich	Übernahmeangebote als Regelungsproblem zwischen gesellschaftsrechtlichen Normen und zivilrechtlich begründeten Verhaltensgeboten, in: Assmann / Basaldua / Bozenhardt / Peltzer, Übernahmeangebote, ZGR-Sonderheft 9, Berlin 1990, S. 1-156 (zit.: Assmann/Bozenhardt, in: Assmann (u.a.))
Aubel, Thomas van	Vorstandspflichten bei Übernahmeangeboten, München 1996 Zugl.: München, Univ., Diss., 1995 (zit.: Aubel)
Bachner, Michael	Individualarbeits- und kollektivrechtliche Auswirkungen des neuen Umwandlungsgesetzes, NJW 1995, S. 2281-2287

Basaldua, Nathalie	Der Vorschlag für eine dreizehnte Richtlinie des Rates auf dem Gebiet des Gesellschaftsrechts über öffentliche Übernahmeangebote, in: Assmann / Basaldua / Bozenhardt / Peltzer, Übernahmeangebote, ZGR-Sonderheft 9, Berlin 1990, S. 157-177 (zit.: Basaldua, in: Assmann (u.a.))
Baudisch, Matthias / Götz, Alexander	Nochmals: Neutralitätspflicht des Vorstands und Entscheidungsbefugnis der Hauptversammlung im Übernahmerecht, AG 2001, S. 251-256
Bauer, Jobst-Hubertus	Aktuelle Probleme des Personalabbaus im Rahmen von Betriebsänderungen (Teil I), DB 1994, S. 217-227
Bauer, Jobst-Hubertus	Neues Spiel bei der Betriebsänderung und der Beschäftigungssicherung?, NZA 2001, S. 375-379
Baum, Harald	Funktionale Elemente und Komplementaritäten des britischen Übernahmerechts, RIW 2003, S. 421-433
Baumbach, Adolf / Hopt, Klaus J.	Handelsgesetzbuch, 29. Aufl., München 1995 (zit.: Baumbach/Hopt)
Baums, Theodor	Notwendigkeit und Grundzüge einer gesetzlichen Übernahmeregelung, in: Die Übernahme börsennotierter Unternehmen, Rüdiger von Rosen/Werner Seifert (Hrsg.), Eschborn 1999, S. 165-186 (zit.: Baums, in: Rosen/Seifert)
Baums, Theodor	Vorschlag eines Gesetzes zu öffentlichen Übernahmeangeboten, ZIP 1997, S. 1310-1315
Bayer, Walter	Vorsorge- und präventive Abwehrmaßnahmen gegen feindliche Übernahmen, ZGR 2002, S. 588-622
Becker, Patricia	Der Richtlinienvorschlag betreffend Übernahmeangebote vom 2.10.2002, GmbHR 2003, R 185-R 188
Beckmann, Ralph	Übernahmeangebote in Europa, Münster 1995 Zugl.: Münster (Westf.), Univ., Diss., 1995 (zit.: Beckmann)
Beckmann, Ralph / Kersting, Mark Oliver / Mielke, Werner	Das neue Übernahmerecht, 1. Aufl., München 2003 (zit.: Bearbeiter, in: Beckmann (u.a.))
Behrens, Peter	Rechtspolitische Grundsatzfragen zu einer Europäischen Regelung für Übernahmeangebote, ZGR 1975, S. 433-458
Berger, Klaus Peter	Unternehmensübernahmen in Europa – Der geänderte Vorschlag für eine EG-Takeover-Richtlinie im Vergleich mit nationalen Übernahmeregelungen, ZIP 1991, S. 1644-1660
Berger, Matthias	Das deutsche Übernahmegesetz nimmt Formen an, Die Bank 2000, S. 558-563

Beß, Jürgen	Eine europäische Regelung für Übernahmeangebote, AG 1976, S. 169-176 (Teil I), AG 1976, S. 206-210 (Teil II)
Bielenski, Harald / Hartmann, Josef / Pfarr, Heide / Seifert, Hartmut	Die Beendigung von Arbeitsverhältnissen: Wahrnehmung und Wirklichkeit, AuR 2003, S. 81-91
Birk, Rolf	Innerbetriebliche Absprachen – Typen und Rechtswirkungen –, ZfA 1986, S. 73-108
Bleckmann, Albert	Zu den Auslegungsmethoden des Europäischen Gerichtshofs, NJW 1982, S. 1177-1182
Boecken, Winfried	Unternehmensumwandlungen und Arbeitsrecht, 1. Aufl., Köln 1996 (zit.: Boecken)
Brandes, Helmut	Die Rechtsprechung des Bundesgerichtshofs zur Aktiengesellschaft, WM 1994, S. 2177-2189
Brox, Hans / Walker, Wolf-Dietrich	Allgemeines Schuldrecht, 30. Aufl., München 2004 (zit.: Brox/Walker, SchR AT)
Buchta, Jens / van Kann, Jürgen	Die Haftung des Aufsichtsrats einer Aktiengesellschaft – aktuelle Entwicklungen in Gesetzgebung und Rechtsprechung, DStR 2003, S. 1665-1670
Budde, Wolfgang Dieter / Lawall, Lars	Übernahmerecht – Schützenswerte Interessen in der Zielgesellschaft, Festschrift für Welf Müller, München 2001, S. 27-65
Buddenbrock, Andreas von	Abwehrstrategien gegen feindliche Übernahmen, in: Die Übernahme börsennotierter Unternehmen, Rüdiger von Rosen/Werner Seifert (Hrsg.), Eschborn 1999, S. 277-287 (zit.: Buddenbrock, in: Rosen/Seifert)
Bundesaufsichtsamt für den Wertpapierhandel	Das neue Übernahmerecht seit dem 1.1.2002 – Überblick, NZG 2002, S. 165-166
Bungert, Hartwin	Die Liberalisierung des Bezugsrechtsausschlusses im Aktienrecht – Zum Siemens/Nold-Urteil des BGH, NJW 1998, S. 488-492
Burgard, Ulrich	Kapitalmarktrechtliche Lehren aus der Übernahme Vodafone-Mannesmann, WM 2000, S. 611-616
Busch, Torsten	Bedingungen in Übernahmeangeboten, AG 2002, S. 145-152
Cahn, Andreas	Verwaltungsbefugnisse der Bundesanstalt für Finanzdienstleistungsaufsicht im Übernahmerecht und Rechtsschutz Betroffener, ZHR 167 (2003), S. 262-300

Creifelds, Carl	Rechtswörterbuch, 17. Aufl., München 2002 (zit.: Creifelds, Begriff)
Däubler, Wolfgang	Das Arbeitsrecht im neuen Umwandlungsgesetz, RdA 1995, S. 136-147
Däubler, Wolfgang	Die veränderte Betriebsverfassung – Erste Anwendungsprobleme –, AuR 2001, S. 285-291
Däubler, Wolfgang	Eine bessere Betriebsverfassung? – Der Referentenentwurf zur Reform des BetrVG, AuR 2001, S. 1-8
Däubler, Wolfgang	Probleme beim Übergang zum neuen Betriebsverfassungsrecht, DB 2001, 1669-1972
Däubler, Wolfgang (Hrsg.)	Kommentar zu Tarifvertragsgesetz, 1. Aufl., Baden-Baden 2003 (zit.: Däubler / Bearbeiter)
Däubler, Wolfgang / Kittner, Michael / Klebe, Thomas	Betriebsverfassungsgesetz-Kommentar, 9. Aufl., Frankfurt a.M. 2004 (zit.: DKK / Bearbeiter)
Dauner-Lieb, Barbara	Das Tauziehen um die Übernahmerichtlinie – eine Momentaufnahme, DStR 2003, S. 555-556
Dauner-Lieb, Barbara / Lamandini, Marco	Der neue Kommissionsvorschlag einer EU-Übernahmerichtlinie – Stellungnahme der Gutachter des EU-Parlaments, BB 2003, S. 265-267
Davies, Paul	Struktur der Unternehmensführung in Großbritannien und Deutschland: Konvergenz oder fortbestehende Divergenz?, ZGR 2001, S. 268-293
Deinert, Olaf	Arbeitsrechtliche Rahmenbedingungen und Folgen nationaler und transnationaler Umstrukturierungen von Betrieben und Unternehmen in Deutschland, RdA 2001, S. 368-379
Dieterich, Thomas (Hrsg.) / Müller-Glöge, Rudi (Hrsg.) / Preis, Ulrich (Hrsg.) / Schaub, Günter (Hrsg.)	Erfurter Kommentar zum Arbeitsrecht, 4. Aufl., München 2004 (zit.: ErfK/Bearbeiter)
Dietz, Rolf / Richardi, Reinhard	Kommentar zum Betriebsverfassungsgesetz, 6. Aufl., München 1982 (zit.: Dietz/Richardi)
Dimke, Andreas / Heiser, Kristian	Neutralitätspflicht, Übernahmegesetz und Richtlinienvorschlag 2000, NZG 2001, S. 241-259
Diregger, Christoph / Winner, Martin	Deutsches und österreichisches Übernahmerecht aus Anlegersicht, WM 2002, S. 1583-1592

Dohrmann, Hans-Jörg	Die übernahmerechtlichen Zustimmungsvorbehalte des Aufsichtsrats, München 2003 Zugl.: Augsburg, Univ., Diss., 2003 (zit.: Dohrmann)
Dörrwächter, Jan	Anmerkung zu BAG vom 9.12.1997, EzA Nr. 61 zu § 77 BetrVG 1972
Dose, Stefan	Zivilrechtliche Haftung und Aufgabendelegation auf Ausschüsse im Aufsichtsrat der AG, ZGR 1973, S. 300-316
Dreher, Meinrad	Change of control-Klauseln bei Aktiengesellschaften, AG 2002, S. 214-223
Drygala, Anja	Die Reichweite der arbeitsrechtlichen Angaben im Verschmelzungsvertrag, ZIP 1996, S. 1365-1371
Drygala, Tim	Die neue deutsche Übernahmeskepsis und ihre Auswirkungen auf die Vorstandspflichten nach § 33 WpÜG, ZIP 2001, S. 1861-1871
Dütz, Wilhelm	Arbeitsrecht, 8. Aufl., München 2003 (zit.: Dütz)
Düwell, Franz Josef	Umwandlung von Unternehmen und arbeitsrechtliche Folgen, NZA 1996, S. 393-399
Ebenroth, Carsten Thomas / Daum, Thomas	Die Kompetenzen des Vorstands einer Aktiengesellschaft bei der Durchführung und Abwehr unkoordinierter Übernahmen, DB 1991, S. 1105-1111 (Teil I), DB 1991, S. 1157-1161 (Teil II)
Ebenroth, Carsten Thomas / Rapp, Angela	Abwehr von Unternehmensübernahmen, DWiR 1991, S. 2-10
Edenfeld, Stefan / Neufang, Sebastian	Die Haftung der Arbeitnehmervertreter im Aufsichtsrat, AG 1999, S. 49-57
Ehlers, Harald	Personalabbau in schwierigen Zeiten – Ein Plädoyer für einen Beschäftigungspakt und die Mediation, NJW 2003, S. 2337-2344
Ehricke, Ulrich (Hrsg.) / Ekkenga, Jens (Hrsg.) / Oechsler, Jürgen (Hrsg.)	Wertpapierwerbs- und Übernahmegesetz, Kommentar, München 2003 (zit.: Ehricke/Ekkenga/Oechsler)
Ekkenga, Jens	§ 33 WpÜG: Neutralitätsgebot oder Grundsatz der Abwehrbereitschaft?, Festschrift für Siegfried Kümpel, Berlin 2003, S. 95-110
Ekkenga, Jens / Hofschroer, Josef	Das Wertpapiererwerbs- und Übernahmegesetz, DStR 2002, S. 724-734 (Teil I), DStR 2002, S. 768-777 (Teil II)
Engelmeyer, Cäcilie	Die Informationsrechte des Betriebsrats und der Arbeitnehmer bei Strukturänderungen, DB 1996, S. 2542-2546

Engels, Gerd	Betriebsverfassungsrechtliche Aspekte des Spaltungsgesetzes – Gesetzliches Überhangmandat für Betriebsräte –, DB 1991, S. 966-969
Engels, Gerd / Trebinger, Yvonne / Löhr-Steinhaus, Wilfried	Regierungsentwurf eines Gesetzes zur Reform des Betriebsverfassungsgesetzes – Überblick über die wesentlichen Änderungen –, DB 2001, S. 532-542
Fabricius, Fritz	Gemeinschaftskommentar zum Betriebsverfassungsgesetz, 7. Aufl., Neuwied 2002 (zit.: GK-BetrVG/Bearbeiter)
Fabricius, Fritz	Gemeinschaftskommentar zum Mitbestimmungsgesetz, Loseblatt, Neuwied 1976 ff. (zit.: GK-MitbestG/Bearbeiter)
Fischer, Ulrich	Der Konzernbetriebsrat nach neuem Recht, AiB 2001, S. 565-568
Fitting, Karl (Begründer) / Engels, Gerd / Schmidt, Ingrid / Trebinger, Yvonne / Linsenmaier, Wolfgang	Betriebsverfassungsgesetz-Kommentar, 22. Aufl., München 2004 (zit.: Fitting)
Fleischer, Holger	Schnittmengen des WpÜG mit benachbarten Rechtsmaterien – eine Problemskizze, NZG 2002, S. 545-551
Fleischer, Holger	Unternehmensspenden und Leitungsermessen des Vorstands im Aktienrecht, AG 2001, S. 171-181
Fleischer, Holger	Zum Begriff des öffentlichen Angebots im Wertpapiererwerbs- und Übernahmegesetz, ZIP 2001, S. 1653-1660
Frank, Gert M.	Rahmenbedingungen von Unternehmensübernahmen in Deutschland, Stuttgart 1993 (zit.: Frank)
Frank, William P. / Moreland, Allen	Unternehmerisches Ermessen des Vorstands bei feindlichen Übernahmeversuchen in den USA: die Time-Entscheidung, RIW 1989, S. 761-769
Franzen, Martin	Informationspflichten und Widerspruchsrecht beim Betriebsübergang nach § 613a Abs. 5 und 6 BGB, RdA 2002, S. 258-272
Friedl, Markus	Die Haftung des Vorstands und Aufsichtsrats für eine fehlerhafte Stellungnahme gemäß § 27 I WpÜG, NZG 2004, S. 448-455
Galperin, Hans / Löwisch, Manfred	Kommentar zum Betriebsverfassungsgesetz, 6. Aufl., Heidelberg 1982 (zit.: Galperin/Löwisch)

Gaul, Björn	Beteiligungsrechte von Wirtschaftsausschuss und Betriebsrat bei Umwandlung und Betriebsübergang, DB 1995, S. 2265-2270
Gaul, Björn	Die Einrichtung Europäischer Betriebsräte, NJW 1995, S. 228-232
Geibel, Stephan / Süßmann, Rainer	Wertpapiererwerbs- und Übernahmegesetz, Kommentar, München 2002 (zit.: Geibel/Süßmann/Bearbeiter)
Geitner, Dirk	Offene Fragen im Mitbestimmungsgesetz, AG 1976, S. 210-214
Gitter, Wolfgang / Michalski, Lutz	Arbeitsrecht, 5. Aufl., Heidelberg 2002 (zit.: Gitter/Michalski)
Glade, Achim / Haak, Andreas M. / Hellich, Peter	Die Umsetzung der Übernahmerichtlinie in das deutsche Rechte, Konzern 2004, S. 455-462 (Teil I), Konzern 2004, S. 515-525 (Teil II)
Gordon, Jeffrey N.	Das neue deutsche „Anti"-Übernahmegesetz aus amerikanischer Perspektive, AG 2002, S. 670-674
Goutier, Klaus (Hrsg.)	Kommentar zum Umwandlungsrecht, 1. Aufl., Heidelberg 1996 (zit.: Bearbeiter, in: Goutier)
Grablowitz, Martin	Öffentliche Übernahmeangebote nach niederländischem Recht, RIW 2003, S. 272-278
Grobys, Marcel	Arbeitsrechtliche Aspekte des geplanten Übernahmegesetzes, GmbHR 2000, R 389-R 390
Grobys, Marcel	Arbeitsrechtliche Aspekte des Wertpapierwerbs- und Übernahmegesetzes, NZA 2002, S. 1-7
Grobys, Marcel	Die Neuregelung des Betriebsübergangs in § 613a BGB, BB 2002, S. 726-731
Grundmann, Stefan / Möslein, Florian	Die goldene Aktie – Staatskontrollrechte im Europarecht und wirtschaftspolitische Bewertung, ZGR 2003, S. 317-366
Grunewald, Barbara	Der geänderte Vorschlag einer 13. EG-Richtlinie betreffend Übernahmeangebote, WM 1991, S. 1361-1366
Grunewald, Barbara	Gesellschaftsrecht, 5. Aufl., Tübingen 2002 (zit.: Grunewald, GesR)
Grunewald, Barbara / Winter, Martin	Die Verschmelzung von Kapitalgesellschaften, in: Verschmelzung-Spaltung-Formwechsel nach neuem Umwandlungsrecht und Umwandlungssteuerrecht / Kölner Umwandlungsrechtstage, Marcus Lutter (Hrsg.), Köln 1995 S. 19-57 (zit.: Grunewald/Winter, in: Lutter)

Haarmann, Wilhelm (Hrsg.) / Riehmer, Klaus (Hrsg.) / Schüppen, Matthias (Hrsg.)	Öffentliche Übernahmeangebote, Kommentar zum Wertpapiererwerbs- und Übernahmegesetz, Heidelberg 2002 (zit.: Bearbeiter, in: Haarmann (u.a.))
Habersack, Mathias / Mayer, Christian	Der neue Vorschlag 1997 einer Takeover-Richtlinie – Überlegungen zur Umsetzung in das nationale Recht, ZIP 1997, S. 2141-2146
Hahn, Volker	Übernahmerecht und internationales Privatrecht, RIW 2002, S. 741-746
Halberstadt, Gerhard	Mitbestimmung und Kündigung, BB 1973, S. 1442-1448
Haller, Davorin	Zur Eignung finanzwirtschaftlicher Aussagesysteme für die Beurteilung strategischer Unternehmensübernahmen, Aachen 2000 Zugl.: Braunschweig, Univ., Diss., 1999 (zit.: Haller)
Hamann, Uwe	Die Angebotsunterlage nach dem WpÜG – ein praxisorientierter Überblick, ZIP 2001, S. 2249-2257
Hanau, Peter	Rechtswirkungen der Betriebsvereinbarung, RdA 1989, S. 207-211
Hanau, Peter / Steinmeyer, Heinz-Dietrich / Wank, Rolf	Handbuch des europäischen Arbeits- und Sozialrechts, 1. Aufl., München 2002 (zit.: Hanau/Steinmeyer/Wank)
Hanau, Peter / Thüsing, Gregor	Tarifverträge zur Beschäftigungssicherung, ZTR 2001, S. 1-6 (Teil I), ZTR 2001, S. 49-53 (Teil II)
Hanau, Peter / Ulmer, Peter	Mitbestimmungsgesetz, München 1981 (zit.: Hanau/Ulmer)
Hanau, Peter / Vossen, Reinhard	Die Auswirkungen des Betriebsinhaberwechsels auf Betriebsvereinbarungen und Tarifverträge, Festschrift für Marie Luise Hilger und Hermann Stumpf, München 1983, S. 271-297
Handelsrechtsausschuss des DAV	Stellungnahme des Handelsrechtsausschusses des DAV zum RefE des BMF für ein Gesetz zur Regelung von öffentlichen Angeboten zum Erwerb von Wertpapieren und von Unternehmensübernahmen (WÜG), NZG 2001, S. 420-432
Handelsrechtsausschuss des DAV	Stellungnahme des Handelsrechtsausschusses des Deutschen Anwaltsvereins e.V. zum RegE für ein Gesetz zur Regelung von öffentlichen Angeboten zum Erwerb von Wertpapieren und von Unternehmensübernahmen (WpÜG), NZG 2001, S. 1003-1008
Hänlein, Andreas	Frischer Wind für betriebliche „Bündnisse für Arbeit", DB 2001, S. 2097-2098

Harbarth, Stephan	Die Stellungnahme des Vorstands und Aufsichtsrats zur Gegenleistung bei Übernahmeangeboten, ZIP 2004, S. 3-12
Hauschka, Christoph E. / Roth, Thomas	Übernahmeangebote und deren Abwehr im deutschen Recht, AG 1988, S. 181-196
Heidel, Thomas (Hrsg.)	Anwaltskommentar Aktienrecht, 1. Aufl., Bonn 2003 (zit.: AnwK-AktienR/Bearbeiter)
Hein, Jan von	Grundfragen des europäischen Übernahmekollisionsrechts, AG 2001, S. 213-232
Heinrich, Tobias A.	Bedeutung und Regelungsprogramm des englischen City Code und der Rules Governing Substantial Acquisitions of Shares, in: Wertpapiererwerbs- und Übernahmegesetz mit Übernahmekodex und City Code, Heribert Hirte (Hrsg.), Köln 2002, S. 45-52 (zit.: Heinrich, in: Hirte)
Heinze, Meinhard	Regelungsabrede, Betriebsvereinbarung und Spruch der Einigungsstelle – Zustandekommen und Rechtswirkungen betrieblicher Regelungen, NZA 1994, S. 580-586
Henssler, Martin	Die Entscheidungskompetenz der betriebsverfassungsrechtlichen Einigungsstelle in Rechtsfragen, RdA 1991, S. 268-275
Henssler, Martin	Die Unternehmensmitbestimmung, in: 50 Jahre Bundesgerichtshof, Festgabe aus der Wissenschaft, 2000, Band 2, S. 387-422
Henssler, Martin	Flexibilisierung der Arbeitsmarktordnung – Überlegungen zur Weiterentwicklung der tariflichen Regelungsmacht, ZfA 1994, S. 487-515
Henssler, Martin / Willemsen, Heinz-Josef / Kalb, Heinz-Jürgen	Arbeitsrechtskommentar, 1. Aufl., Köln 2004 (zit.: HWK/Bearbeiter)
Henze, Hartwig	Leistungsverantwortung des Vorstands – Überwachungspflicht des Aufsichtsrats, BB 2000, S. 209-216
Herbst, Jens	Arbeitsrecht im neuen Umwandlungsgesetz, AiB 1995, S. 5-13
Hess, Harald / Schlochauer, Ursula / Worzalla, Michael / Glock, Dirk	Kommentar zum Betriebsverfassungsgesetz, 6. Aufl., Kevelaer 2003 (zit.: Bearbeiter, in: HSWG)
Hirte, Heribert	Der Kampf um Belgien – Zur Abwehr feindlicher Übernahmen, ZIP 1989, S. 1233-1246

Hirte, Heribert	Eckpunkte des neuen Wertpapiererwerbs- und Übernahmegesetzes, in: Wertpapiererwerbs- und Übernahmegesetz mit Übernahmekodex und City Code, Heribert Hirte (Hrsg.), Köln 2002, S. 1-32 (zit.: Hirte, in: Hirte)
Hirte, Heribert	Verteidigung gegen Übernahmeangebote und Rechtsschutz des Aktionärs gegen die Verteidigung, ZGR 2002, S. 623-658
Hirte, Heribert (Hrsg.)	Kölner Kommentar zum Wertpapiererwerbs- und Übernahmegesetz, Köln 2003 (zit.: KK-WpÜG/Bearbeiter)
Hirte, Heribert / Schander, Albert A.	Organpflichten bei Unternehmensübernahmen, in: Die Übernahme börsennotierter Unternehmen, Rüdiger von Rosen/Werner Seifert (Hrsg.), Eschborn 1999, S. 341-375 (zit.: Hirte/Schander, in: Rosen/Seifert)
Hoffmann, Dietrich / Lehmann, Jürgen / Weinmann, Heinz	Mitbestimmungsgesetz, München 1978 (zit.: Hoffmann/Lehmann/Weinmann)
Hommelhoff, Peter / Kleindiek, Detlef	Takeover-Richtlinie und europäisches Konzernrecht, AG 1990, S. 106-111
Hommelhoff, Peter / Witt, Carl-Heinz	Bemerkungen zum deutschen Übernahmegesetz nach dem Scheitern der Richtlinie, RIW 2001, S. 561-569
Hopt, Klaus J.	Aktionärskreis und Vorstandsneutralität, ZGR 1993, S. 534-566
Hopt, Klaus J.	Arbeitnehmervertretung im Aufsichtsrat – Auswirkungen der Mitbestimmung auf corporate governance und wirtschaftliche Integration in Europa –, Festschrift für Ulrich Everling, Baden-Baden 1995, S. 475-492
Hopt, Klaus J.	Auf dem Weg zum deutschen Übernahmegesetz – Überlegungen zum Richtlinienentwurf 1997, zum Übernahmekodex (1997) und zum SPD-Entwurf 1997, in: Festschrift für Wolfgang Zöllner, Köln 1998, Band I, S. 253-274
Hopt, Klaus J.	Europäisches und deutsches Übernahmerecht, ZHR 161 (1997), S. 368-420
Hopt, Klaus J.	Grundsatz- und Praxisprobleme nach dem Wertpapiererwerbs- und Übernahmegesetz, ZHR 166 (2002), S. 383-432
Hopt, Klaus J.	Übernahmen, Geheimhaltung und Interessenkonflikte: Probleme für Vorstände, Aufsichtsräte und Banken, ZGR 2002, S. 333-376

Hopt, Klaus J.	Verhaltenspflichten des Vorstands der Zielgesellschaft bei feindlichen Übernahmen – Zur aktien- und übernahmerechtlichen Rechtslage in Deutschland und Europa –, Festschrift für Marcus Lutter, Köln 2000, S. 1361-1400
Horn, Norbert	Internationale Unternehmenszusammenschlüsse, ZIP 2000, S. 473-485
Horn, Norbert	Legal Problems of Codes of Conduct for Multinational Enterprises, Deventer 1980 (zit.: Horn)
Hoyningen-Huene, Gerrick v.	Betriebsverfassungsrecht, 5. Aufl., München 2002 (zit.: Hoyningen-Huene)
Hromadka, Wolfgang	Sprecherausschussgesetz, Neuwied 1991 (zit.: Hromadka)
Hüffer, Uwe	Aktiengesetz, 6. Aufl., München 2004 (zit.: Hüffer)
Hurstel, Daniel / Süß, Gisela	Reformansätze des französischen Übernahmerechts, EuZW 1998, S. 203-209
Ihrig, Hans-Christoph	Rechtsschutz Drittbetroffener im Übernahmerecht, ZHR 167 (2003), S. 315-350
Immenga, Ulrich	Öffentliche Übernahmeangebote, in: Öffentliche Übernahmeangebote / Karl, Kreuzer (Hrsg.), 1. Aufl., Baden-Baden 1992, S. 11-34 (zit.: Immenga, in: Kreuzer)
Immenga, Ulrich	Vertragliche Vinkulierung von Aktien?, AG 1992, S. 79-83
Jaeger, Carsten	Aufsichtsratsausschüsse ohne Arbeitnehmervertreter?, ZIP 1995, 1735-1739
Joost, Detlev	Arbeitsrechtliche Angaben im Umwandlungsvertrag, ZIP 1995, S. 976-986
Joost, Detlev	Wirtschaftliche Angelegenheiten als Kompetenzbereich des Wirtschaftsausschusses, Festschrift für Otto Rudolf Kissel, München 1994, S. 433-449
Junge, Werner	Das Unternehmensinteresse, Festschrift für Ernst von Caemmerer, Tübingen 1978, S. 547-557
Junker, Abbo	Grundkurs Arbeitsrecht, 3. Aufl., München 2004 (zit.: Junker)
Kallmeyer, Harald	Umwandlungsgesetz, Kommentar, 2. Aufl., Köln 2001 (zit.: Kallmeyer/Bearbeiter)
Kalss, Susanne	Das neue Übernahmegesetz als Teil des Kapitalmarktrechts in Österreich, NZG 1999, S. 421-430

Kempen, Otto Ernst / Zachert, Ulrich	Tarifvertragsgesetz, Kommentar, 3. Aufl., Köln 1997 (zit.: Kempen/Zachert)
Kilian, Wolfgang	VW-Gesetz und Wissenschaftsförderung, NJW 2002, S. 3599-3601
Kindler, Peter / Horstmann, Hendrik	Die EU-Übernahmerichtlinie – Ein „europäischer" Kompromiss, DStR 2004, S. 866-873
Kirchner, Christian	Managementpflichten bei „feindlichen" Übernahmeangeboten, WM 2000, S. 1821-1830
Kirchner, Christian	Neutralitäts- und Stillhaltepflicht des Vorstands der Zielgesellschaft im Übernahmerecht, AG 1999, S. 481-492
Kirchner, Christian	Szenarien einer „feindlichen" Unternehmensübernahme: Alternative rechtliche Regelungen im Anwendungstest, BB 2000, S. 105-113
Kittner, Michael / Zwanziger, Bertram	Arbeitsrecht – Handbuch für die Praxis, 2. Aufl., Frankfurt am Main 2003 (zit.: Kittner/Zwanziger)
Klein, Christian / Stucki, Dominique	Öffentliche Übernahmeangebote (OPA/OPE) in Frankreich, RIW 2001, S. 488-493
Knoll, Heinz-Christian	Die Übernahme von Kapitalgesellschaften, 1. Aufl., Baden-Baden 1992 Zugl.: Bayreuth, Univ., Diss. 1991 (zit.: Knoll)
Kopp, Ferdinand O. / Ramsauer, Ulrich	Verwaltungsverfahrensgesetz, 8. Aufl., München 2003 (zit.: Kopp/Ramsauer)
Körner, Marita	Die Neuregelung der Übernahmekontrolle nach deutschem und europäischem Recht – insbesondere zur Neutralitätspflicht des Vorstands, DB 2001, S. 367-371
Kort, Michael	Rechte und Pflichten des Vorstands der Zielgesellschaft bei Übernahmeversuchen, Festschrift für Marcus Lutter, Köln 2000, S. 1421-1447
Kramer, Stefan	Probleme der Mitwirkungsrechte des Sprecherausschusses, NZA 1993, S. 1024-1027
Krause, Hartmut	BB-Europareport: Die EU-Übernahmerichtlinie – Anpassungsbedarf im Wertpapiererwerbs- und Übernahmegesetz, BB 2004, S. 113-119
Krause, Hartmut	Das deutsche Übernahmegesetz vor dem Hintergrund der EU-Richtlinie, ZGR 2002, S. 500-519
Krause, Hartmut	Das neue Übernahmerecht, NJW 2002, S. 705-716
Krause, Hartmut	Der Kommissionsvorschlag für die Revitalisierung der EU-Übernahmerichtlinie, BB 2002, S. 2341-2347

Krause, Hartmut — Der revidierte Vorschlag einer Takeover-Richtlinie (1996), AG 1996, S. 209-217

Krause, Hartmut — Die geplante Takeover-Richtlinie der Europäischen Union mit Ausblick auf das geplante deutsche Übernahmegesetz, NZG 2000, S. 905-913

Krause, Hartmut — Prophylaxe gegen feindliche Übernahmeangebote, AG 2002, S. 133-144

Krause, Hartmut — Von „goldenen Aktien", dem VW-Gesetz und der Übernahmerichtlinie, NJW 2002, S. 2747-2751

Krause, Hartmut — Zur „Pool- und Frontenbildung" im Übernahmekampf und zur Organzuständigkeit für Abwehrmaßnahmen gegen „feindliche" Übernahmeangebote, AG 2000, S. 217-222

Krieger, Gerd — Das neue Übernahmegesetz: Preisfindung beim Übernahmeangebot und Neutralitätspflicht des Vorstands der Zielgesellschaft, in: Gesellschaftsrecht 2001, Hartwig Henze (Hrsg.), Michael Hoffmann-Becking (Hrsg.), Köln 2001, S. 289 ff.
(zit.: Krieger, in: Henze/Hoffmann-Becking)

Kropff, Bruno (Hrsg.) / Semler, Johannes (Hrsg.) — Münchener Kommentar zum Aktiengesetz, Band 9/1: §§ 327 a - 327 f AktG, WpÜG, SpruchG, 2. Aufl., München 2004
(zit.: MüKo-AktG/Bearbeiter)

Kuhner, Christoph — Zum Sinn und Zweck von Unternehmenszusammenschlüssen aus gesamtwirtschaftlicher Sicht, BFuP 2000, S. 333-344

Lammers, Brigitte — Verhaltenspflichten von Verwaltungsorganen in Übernahmeauseinandersetzungen, Frankfurt a.M. 1994
Zugl.: Bonn, Univ., Diss., 1993
(zit.: Lammers)

Land, Volker — Das neue deutsche Wertpapiererwerbs- und Übernahmegesetz – Anmerkungen zum Regierungsentwurf –, DB 2001, S. 1707-1713

Land, Volker/ Hasselbach, Kai — Das neue deutsche Übernahmegesetz, DB 2000, S. 1747-1755

Lanfermann, Georg / Maul, Silja — EU-Übernahmerichtlinie: Aufstellung und Prüfung des Lageberichts, BB 2004, S. 1517-1521

Lange, Oliver — Das Unternehmensinteresse der Zielgesellschaft und sein Einfluss auf die Rechtsstellung der die Übernahme fördernden Aufsichtsratsmitglieder, WM 2002, S. 1737-1747

Lehne, Klaus-Heiner	Die 13. Richtlinie auf dem Gebiet des Gesellschaftsrechts betreffend Übernahmeangebote – gescheitert, aber dennoch richtungsweisend für das künftige europäische Übernahmerecht, in: Wertpapiererwerbs- und Übernahmegesetz mit Übernahmekodex und City Code, Heribert Hirte (Hrsg.), Köln 2002, S. 33-44 (zit.: Lehne, in: Hirte)
Lehne, Klaus-Heiner	Noch Strittiges in der Übernahme-Richtlinie, FAZ vom 14.3.2000, Nr. 62 / S. 11
Lenz, Jürgen	Das Wertpapiererwerbs- und Übernahmegesetz in der Praxis der Bundesanstalt für Finanzdienstleistungsaufsicht, NJW 2003, S. 2073-2075
Lenz, Jürgen / Behnke, Thorsten	Das WpÜG im Praxistest – Ein Jahr Angebotsverfahren unter der Regie des neuen Gesetzes, BKR 2003, S. 43-51
Lenz, Jürgen / Linke, Ulf	Die Handhabung des WpÜG in der aufsichtsrechtlichen Praxis, AG 2002, S. 361-369
Lieb, Manfred	Mehr Flexibilität im Tarifvertragsrecht? „Moderne" Tendenzen auf dem Prüfstand, NZA 1994, S. 289-294
Liebscher, Thomas	Das Übernahmeverfahren nach dem neuen Übernahmegesetz, ZIP 2001, S. 853-869
Löwisch, Manfred	Änderung der Betriebsverfassung durch das Betriebsverfassungs-Reformgesetz, BB 2001, S. 1734-1746 (Teil I), BB 2001, S. 1790-1798 (Teil II)
Löwisch, Manfred	Kommentar zum Sprecherausschussgesetz, 2. Aufl., Heidelberg 1994 (zit.: Löwisch)
Löwisch, Manfred	Probleme des Interessenausgleichs, RdA 1989, S. 216-220
Löwisch, Manfred / Kaiser, Dagmar	Betriebsverfassungsgesetz-Kommentar, 5. Aufl., Heidelberg 2002 (zit.: Löwisch/Kaiser)
Luther, Martin	Die innere Organisation des Aufsichtsrats, ZGR 1977, S. 306-316
Lutter, Marcus	Der Aufsichtsrat: Konstruktionsfehler, Inkompetenz seiner Mitglieder oder normales Risiko?, AG 1994, S. 176-177
Lutter, Marcus	Information und Vertraulichkeit im Aufsichtsrat, 2. Aufl., Köln 1984 (zit.: Lutter)
Lutter, Marcus (Hrsg.)	Umwandlungsgesetz, Kommentar, 2. Aufl., Köln 2000 (zit.: Lutter/Bearbeiter)
Lutter, Marcus / Krieger, Gerd	Rechte und Pflichten des Aufsichtsrats, 4. Aufl., Köln 2002 (zit.: Lutter/Krieger)

Maier-Reimer, Georg — Verhaltenspflichten des Vorstands der Zielgesellschaft bei feindlichen Übernahmen, ZHR 165 (2001), S. 258-279

Martens, Klaus-Peter — Der Einfluss von Vorstand und Aufsichtsrat auf Kompetenzen und Struktur der Aktionäre – Unternehmensverantwortung contra Neutralitätspflicht, in: Festschrift für Karl Beusch, Berlin 1993, S. 529-556

Mauer, Reinhold / Schüßler, Antje — Gestaltung von Betriebsvereinbarungen nach § 102 Abs. 6 BetrVG, DB 2000, S. 2518-2520

Maul, Silja / Muffat-Jeandet, Danièle — Die EU-Übernahmerichtlinie – Inhalt und Umsetzung in nationales Recht, AG 2004, S. 221-234 (Teil I), AG 2004, S. 306-318 (Teil II)

Maunz, Theodor / Dürig, Günter — Grundgesetz, Kommentar, 8. Aufl., München, Loseblatt, Stand: Februar 2004
(zit.: Maunz/Dürig/Bearbeiter)

Maurer, Harmut — Allgemeines Verwaltungsrecht, 14. Aufl., München 2002
(zit.: Maurer)

Melchior, Robin — Die Beteiligung von Betriebsräten an Umwandlungsvorgängen aus Sicht des Handelsregisters, GmbHR 1996, S. 833-839

Mengel, Anja — Umwandlungen im Arbeitsrecht, Heidelberg 1997
Zugl.: Köln, Univ., Diss., 1996
(zit.: Mengel)

Merkt, Hanno — Verhaltenspflichten des Vorstands der Zielgesellschaft bei feindlichen Übernahmen, ZHR 165 (2001), S. 224-257

Mertens, Hans-Joachim — Aufsichtsratsausschüsse, Mitbestimmung und Methodenlehre, AG 1981, S. 113-133

Meyer, Cord — Anmerkung zum Urteil des BAG vom 19.1.1999, AP Nr. 37 zu § 113 BetrVG

Möller, Andreas — Das Verwaltungs- und Beschwerdeverfahren nach dem Wertpapiererwerbs- und Übernahmegesetz unter besonderer Berücksichtigung der Rechtsstellung Dritter, ZHR 167 (2003), S. 301-314

Möller, Andreas — Rechtsmittel und Sanktionen nach dem Wertpapiererwerbs- und Übernahmegesetz, AG 2002, S. 170-176

Möller, Andreas / Pötzsch, Thorsten — Das neue Übernahmerecht – Der Regierungsentwurf vom 11. Juli 2001, ZIP 2001, S. 1256-1262

Mülbert, Peter — Die Zielgesellschaft im Vorschlag 1997 einer Takeover-Richtlinie – zwei folgenreiche Eingriffe ins deutsche Aktienrecht, IStR 1999, S. 83-94

Mülbert, Peter O. — Shareholder Value aus rechtlicher Sicht, ZGR 1997, S. 129-172

Mülbert, Peter O.	Übernahmerecht zwischen Kapitalmarktrecht und Aktien(konzern)recht – die konzeptionelle Schwachstelle des RegE WpÜG, ZIP 2001, S. 1221-1229
Mülbert, Peter O.	Umsetzungsfragen der Übernahmerichtlinie – erheblicher Änderungsbedarf bei den heutigen Vorschriften des WpÜG, NZG 2004, S. 633-642
Mülbert, Peter O. / Birke, Max	Das übernahmerechtliche Behinderungsverbot – Die angemessene Rolle der Verwaltung einer Zielgesellschaft in einer feindlichen Übernahme –, WM 2001, S. 705-718
Müller, Klaus J.	Die Zuleitung des Verschmelzungsvertrags an den Betriebsrat nach § 5 Abs. 3 Umwandlungsgesetz, DB 1997, S. 713-718
Müller, Klaus J.	Due-Diligence-Prüfung ist keine Pflicht, FAZ vom 21.1.2004, Nr. 17 / S. 23
Müller, Klaus J.	Gesellschaftsrechtliche Aspekte des geplanten Übernahmegesetzes, GmbHR 2000, R 373-R 374
Nagel, Bernhard	Die Verlagerung der Konflikte um die Unternehmensmitbestimmung auf das Informationsproblem, BB 1979, S. 1799-1804
Nehls, Albrecht	Mitarbeiterrechte bei Übernahme nicht gerechtfertigt, FAZ vom 24.4.2002, Nr. 95 / S. 25
Neye, Hans-Werner	Der gemeinsame Standpunkt des Rates zur 13. Richtlinie – ein entscheidender Schritt auf dem Weg zu einem europäischen Übernahmerecht, AG 2000, S. 289-301
Neye, Hans-Werner	Der neue Vorschlag der Kommission für eine dreizehnte Richtlinie über Übernahmeangebote, DB 1996, S. 1121-1125
Neye, Hans-Werner	Der Vorschlag 1997 einer Takeover-Richtlinie, ZIP 1997, S. 2172-2176
Neye, Hans-Werner	Der Vorschlag 2002 einer Takeover-Richtlinie, NZG 2002, S. 1144-1145
Neye, Hans-Werner	Die EU-Übernahmerichtlinie auf der Zielgeraden, ZIP 2001, S. 1120-1128
Niessen, Hermann	Zur Regelung der öffentlichen Übernahmeangebote durch die Europäische Gemeinschaft, in: Öffentliche Übernahmeangebote / Karl, Kreuzer (Hrsg.), 1. Aufl., Baden-Baden 1992, S. 35-54 (zit.: Niessen, in: Kreuzer)
Nietsch, Michael	Rechtsschutz der Aktionäre der Zielgesellschaft im Übernahmeverfahren, BB 2003, S. 2581-2588

Oechsler, Jürgen	Der ReE zum Wertpapiererwerbs- und Übernahmegesetz – Regelungsbedarf auf der Zielgeraden!, NZG 2001, S. 817-826
Oechsler, Jürgen	Rechtsgeschäftliche Anwendungsprobleme bei öffentlichen Übernahmeangeboten, ZIP 2003, S. 1330-1335
Oetker, Hartmut	Das Recht der Unternehmensmitbestimmung im Spiegel der neueren Rechtsprechung, ZGR 2000, S. 19-60
Paefgen, Walter	Struktur und Aufsichtsratsverfassung der mitbestimmten AG, Köln 1982 Zugl.: Bielefeld, Univ., Diss., 1981 (zit.: Paefgen)
Palandt, Otto (Begr.)	Bürgerliches Gesetzbuch, 63. Aufl., München 2004 (zit.: Palandt/Bearbeiter)
Peltzer, Martin	Hostile Takeovers in der Bundesrepublik Deutschland, ZIP 1989, S. 69-76
Peltzer, Martin	Übernahmeangebote nach künftigem Europa-Recht und dessen Umsetzung in deutsches Recht, in: Assmann / Basaldua / Bozenhardt / Peltzer, Übernahmeangebote, ZGR-Sonderheft 9, Berlin 1990, S. 179-233 (zit.: Peltzer, in: Assmann (u.a.))
Pennington, Robert R.	The City Code on Takeovers and Mergers, Festschrift für Konrad Duden, München 1977, S. 379-398
Philipp, Otmar	Übernahmerichtlinie angelehnt, EuZW 2001, S. 451-452
Pluskat, Sorika	Das geplante neue Übernahmerecht nach dem Referentenentwurf des BMF, DStR 2001, S. 897-901
Pluskat, Sorika	Das Scheitern der europäischen Übernahmerichtlinie, WM 2001, S. 1937-1942
Pötzsch, Thorsten / Möller, Andreas	Das künftige Übernahmerecht, WM 2000 Sonderbeilage Nr. 2, S. 3-38
Priester, Hans-Joachim	Spaltung, in: Verschmelzung-Spaltung-Formwechsel nach neuem Umwandlungsrecht und Umwandlungssteuerrecht / Kölner Umwandlungsrechtstage, Marcus Lutter (Hrsg.), Köln 1995, S. 99-116 (zit.: Priester, in: Lutter)
Prüfer, Christopher B.	Rechtliche Besonderheiten bei Unternehmenskäufen im deutsch-französischen Kontext, NZG 1998, S. 86-91 (Teil II)
Raisch, Peter	Zum Begriff und zur Bedeutung des Unternehmensinteresses als Verhaltensmaxime von Vorstands- und Aufsichtsratsmitgliedern, Festschrift für Wolfgang Hefermehl, München 1976, S. 347-364

Raiser, Thomas	Das Unternehmensinteresse, Festschrift für Reimer Schmidt, Karlsruhe 1976, S. 101-119
Rebmann, Kurt (Hrsg.) / Rixecker, Roland (Hrsg.) / Säcker, Franz Jürgen (Hrsg.)	Münchener Kommentar zum Bürgerlichen Gesetzbuch Band 5: Schuldrecht Besonderer Teil III, §§ 705-853, 4. Aufl., München 2003 Band 6: Sachenrecht, §§ 854-1296, 4. Aufl., München 2004 (zit.: MüKo-BGB/Bearbeiter)
Reich, Norbert / Lewerenz, Karl-Jochen	Das neue Mitbestimmungsgesetz, AuR 1976, S. 261-275
Reichold, Hermann	Die reformierte Betriebsverfassung 2001 – Ein Überblick über die neuen Regelungen des Betriebsverfassungs-Reformgesetzes, NZA 2001, S. 857-865
Reichold, Hermann	Durchbruch zu einer europäischen Betriebsverfassung, NZA 2003, S. 289-299
Rellermeyer, Klaus	Aufsichtsratsausschüsse, Köln 1986 Zugl.: Bonn, Univ., Diss., 1985 (zit.: Rellermeyer)
Reuter, Dieter	Der Einfluss der Mitbestimmung auf das Gesellschafs- und Arbeitsrecht, AcP 179 (1979), S. 509-566
Richardi, Reinhard (Hrsg.)	Betriebsverfassungsgesetz mit Wahlordnung, Kommentar, 9. Aufl., München 2004 (zit.: Richardi/Bearbeiter)
Richardi, Reinhard / Wlotzke, Otfried (Hrsg.)	Münchener Handbuch zum Arbeitsrecht, 2. Aufl., München 2000 (zit.: MünchArbR/Bearbeiter)
Richter, Eberhard Maria	Chancen für eine Übernahmeregelung in Europa: Das künftige Gemeinschaftsrecht im Vergleich mit dem britischen "City Code on Takeovers and Mergers", Aachen 1998 Zugl.: Münster (Westf.), Univ., Diss., 1997 (zit.: Richter)
Rieble, Volker	Erweiterte Mitbestimmung in personellen Angelegenheiten, NZA-Sonderheft 2001, S. 48-60
Riehmer, Klaus / Schröder, Oliver	Der Entwurf des Übernahmegesetzes im Lichte von Vodafone/Mannesmann, NZG 2000, S. 820-824
Riehmer, Klaus / Schröder, Oliver	Praktische Aspekte bei der Planung, Durchführung und Abwicklung eines Übernahmeangebots, BB 2001, Beilage 5, S. 1-16
Ringleb, Henrik-Michael / Kremer, Thomas / Lutter, Marcus / Werder, Axel von	Deutscher Corporate Governance Kodex, Kommentar, München 2003 (zit.: Ringleb/Kremer/Lutter/Werder)

Roßkopf, Gabriele	Selbstregulierung von Übernahmeangeboten in Großbritannien, Berlin 2000 Zugl.: Tübingen, Univ., Diss. 1998 (zit.: Roßkopf)
Rost, Friedhelm	Die Erweiterung des Direktionsrechts durch Tarifvertrag, Festschrift für Thomas Dieterich, München 1999, S. 505-518
Roth, Marianne / Zinser, Alexander	Österreichisches Übernahmegesetz vom 1.1.1999: Musterregelung für das deutsche Recht?, EWS 2000, S. 233-240
Rühland, Hans-Philipp	Das „Level Playing Field" im europäischen Übernahmerecht – eine ökonomische Analyse der Durchbruchsregel (Art. 11 ÜRL-E), NZG 2003, S. 1150-1153
Rümker, Dietrich	Übernahmeangebot – Verhaltenspflichten des Vorstandes der Zielgesellschaft und Abwehrmöglichkeiten, in: Festschrift für Theodor Heinsius, Berlin 1991, S. 683-704
Santelmann, Matthias	Angebotsunterlagenhaftung, Berlin 2003 Zugl.: Berlin, Humboldt-Univ., Diss., 2003 (zit.: Santelmann)
Schäfer, Franz W. / Eichner, Christian	Abwehrmöglichkeiten des Vorstands von börsennotierten Aktiengesellschaften bei feindlichen Übernahmeversuchen – ein Rechtsvergleich zwischen Deutschland und den USA, NZG 2003, S. 150-155
Schander, Albert	Selbstregulierung versus Kodifizierung – Versuch einer Standortbestimmung des deutschen Übernahmerechts, NZG 1998, S. 799-807
Schanz, Kay-Michael	Feindliche Übernahmen und Strategien der Verteidigung, NZG 2000, S. 337-347
Schaub, Dieter	Die innere Organisation des Aufsichtsrats, ZGR 1977, S. 293-305
Schaub, Günter	Arbeitsrechts-Handbuch, 10. Aufl., München 2002 (zit.: Schaub, ArbR-Hdb.)
Schilling, Wolf Ulrich	Shareholder Value und Aktiengesetz, BB 1997, S. 373-381
Schilling, Wolf Ulrich	Takeover, Treupflicht & Shareholder Value, BB 1997, S. 1909-1913
Schliemann, Harald	Zur arbeitsgerichtlichen Kontrolle kollektiver Regelungen, Festschrift für Peter Hanau, Köln 1999, S. 577-606
Schmalz, Dieter	Methodenlehre, 4. Aufl., Baden-Baden 1998 (zit.: Schmalz)

Schmidt, Harry	Verschmelzung von Personengesellschaften in: Verschmelzung-Spaltung-Formwechsel nach neuem Umwandlungsrecht und Umwandlungssteuerrecht / Kölner Umwandlungsrechtstage, Marcus Lutter (Hrsg.), Köln 1995, S. 59-87 (zit.: Schmidt, in: Lutter)
Schmitt Glaeser, Walter / Horn, Hans-Detlef	Verwaltungsprozessrecht, 15. Aufl., Stuttgart 2000 (zit.: Schmitt Glaeser/Horn)
Schmitt, Joachim / Hörtnagel, Robert / Stratz, Rolf-Christian	Umwandlungsgesetz, Umwandlungssteuergesetz, 3. Aufl., München 2001 (zit.: Schmitt/Hörtnagel/Stratz)
Schneider, Uwe H.	Die Zielgesellschaft nach Abgabe eines Übernahme- oder Pflichtangebots, AG 2002, S. 125-133
Schneider Uwe H. / Burgard, Ulrich	Übernahmeangebote und Konzerngründung – Zum Verhältnis von Übernahmerecht, Gesellschaftsrecht und Konzernrecht, DB 2001, S. 963-969
Schnorbus, York	Drittklagen im Übernahmeverfahren, ZHR 166 (2002), S. 72-118
Schnorbus, York	Rechtsschutz im Übernahmeverfahren, WM 2003, S. 616-625 (Teil I), WM 2003, S. 657-664 (Teil II)
Schüppen, Matthias	Übernahmegesetz ante portas, WpG 2001, S. 958-976
Schwerdtner, Peter	Anmerkung zum Urteil des BAG vom 24.3.1977, SAE 1978, S. 57-66
Seibt, Christoph H.	Arbeitsrechtliche Aspekte des Wertpapiererwerbs- und Übernahmegesetzes, DB 2002, S. 529-536
Seibt, Christoph H.	Rechtsschutz im Übernahmerecht – Gesellschaftsrechtliche und öffentlich-rechtliche Grundsätze, in: Gesellschaftsrecht 2003, Hartwig Henze (Hrsg.) / Michael Hoffmann-Becking (Hrsg.), Köln 2003, S. 337 ff. (zit.: Seibt, in: Henze/Hoffmann-Becking)
Seibt, Christoph H. / Heiser, Kristian J.	Der neue Vorschlag einer EU-Übernahmerichtlinie und das deutsche Übernahmerecht, ZIP 2002, S. 2193-2203
Seibt, Christoph H. / Heiser, Kristian J.	Regelungskonkurrenz zwischen neuem Übernahmerecht und Umwandlungsrecht, ZHR 165 (2001), S. 466-494
Seiter, Hugo	Betriebsinhaberwechsel, Stuttgart 1980 (zit.: Seiter)
Semler, Franz-Jörg	Bundesgerichtshof stärkt die Rolle der Vorstände, FAZ vom 5.5.2004, Nr. 104 / S. 27
Semler, Johannes	Ausschüsse des Aufsichtsrats, AG 1988, S. 60-67

Semler, Johannes / Stengel, Arndt — Interessenkonflikte bei Aufsichtsratsmitgliedern von Aktiengesellschaften am Beispiel von Konflikten bei Übernahmen, NZG 2003, S. 1-8

Semler, Johannes / Volhard, Rüdiger — Arbeitshandbuch für Unternehmensübernahmen
Band 1: Unternehmensübernahme (Vorbereitung – Durchführung – Folgen, Ausgewählte Drittländer) / 1. Aufl., München 2001
Band 2: Das neue Übernahmerecht / 1. Aufl., München 2003
(zit.: Bearbeiter, in: Semler/Volhard)

Seulen, Günter — Der Entwurf der EG-Übernahmerichtlinie 1999 und deren mögliche Umsetzung in das deutsche Recht, Münster 2002
Zugl.: Münster (Westf.), Univ., Diss., 2002
(zit.: Seulen)

Siebel, Ulf R. / Gebauer, Stefan — Prognosen im Aktien- und Kapitalmarktrecht – Lagebericht, Zwischenbericht, Verschmelzungsbericht, Prospekt usw. –, WM 2001, S. 118-134 (Teil I), WM 2001, S. 173-193 (Teil II)

Spindler, Gerald — Deutsches Gesellschaftsrecht in der Zange zwischen Inspire Art und Golden Shares?, RIW 2003, S. 850-858

Stege, Dieter / Weinspach, Friedrich Karl / Schiefer, Bernd — Betriebsverfassungsgesetz, Kommentar 9. Aufl., Köln 2002
(zit.: Stege/Weinspach/Schiefer)

Steinmeyer, Roland / Häger, Michael — WpÜG, Kommentar, Berlin 2002
(zit.: Steinmeyer/Häger)

Stephan, Klaus-Dieter — Angebotsaktualisierung, AG 2003, S. 551-561

Stöcker, Mathias — Widerruf oder Rücktritt von Angebotsankündigungen, NZG 2003, S. 993-998

Storp, Roger — Reform des französischen Unternehmensrechts im Rahmen des Gesetzes über „Neue Wirtschaftliche Regulierungen" vom 15.5.2001, RIW 2002, S. 409-423

Sünner, Eckart — Take-overs, made in USA, AG 1987, S. 276-284

Süßmann, Rainer — Anwendungsprobleme des WpÜG, WM 2003, S. 1453-1465

Thaeter, Ralf — Zur Abwehr feindlicher Übernahmeversuche im RegE eines Gesetzes zur Regelung von öffentlichen Angeboten zum Erwerb von Wertpapieren und von Unternehmensübernahmen (WÜG-RegE), NZG 2001, S. 789-791

Thaeter, Ralf / Barth, Daniel — RefE eines Wertpapiererwerbs- und Übernahmegesetzes, NZG 2001, S. 545-550

Thoma, Georg F.	Das Wertpapiererwerbs- und Übernahmegesetz im Überblick, NZG 2002, S. 105-112
Thoma, Georg F.	Der neue Übernahmekodex der Börsensachverständigenkommission, ZIP 1996, S. 1725-1734
Thoma, Georg F. / Leuering, Dieter	Die Europäische Aktiengesellschaft – Societas Europaea, NJW 2002, S. 1449-1454
Tröger, Tobias	Unternehmensübernahmen im deutschen Recht, DZWIR 2002, S. 353-363 (Teil I), DZWIR 2002, S. 397-407 (Teil II)
Ulmer, Peter	Paritätische Arbeitnehmermitbestimmung im Aufsichtsrat von Großunternehmen – noch zeitgemäß?, ZHR 166 (2002), S. 271-277
Veit, Barbara	Die funktionelle Zuständigkeit des Betriebsrats, München 1998 Zugl.: Trier, Univ., Habil.-Schrift, 1995/96 (zit.: Veit)
Vogel, Hans-Gert	Finanzierung von Übernahmeangeboten – Testat und Haftung des Wertpapierdienstleistungsunternehmens nach § 13 WpÜG, ZIP 2002, S. 1421-1430
Wackerbart, Ulrich	Von golden shares und poison pills: Waffengleichheit bei internationalen Übernahmeangeboten, WM 2001, S. 1741-1753
Wägenbauer, Rolf	Der neue Übernahmekodex liegt vor, ZRP 2002, S. 494-495
Wagner, Jens	Zur Rechtsstellung Dritter nach dem WpÜG, NZG 2003, S. 718-719
Wagner, Oliver	Das neue Wertpapiererwerbs- und Übernahmegesetz (WpÜG), Die Bank 2002, S. 66-70
Wagner, Oliver	Harmonisierung des europäischen Übernahmerechts?, Die Bank 2004, S. 108-113
Waltermann, Raimund	75 Jahre Betriebsvereinbarung, NZA 1995, S. 1177-1184
Waltermann, Raimund	Gestaltung von Arbeitsbedingungen durch Vereinbarung mit dem Betriebsrat, NZA 1996, S. 357-365
Wank, Rolf	Arbeitnehmer und Selbständige, München 1998 (zit.: Wank, Arbeitnehmer und Selbständige)
Wank, Rolf	Die Auslegung von Gesetzen, 2. Aufl., München 2001 (zit.: Wank, Auslegung)
Wank, Rolf	Empfiehlt es sich, die Regelungsbefugnisse der Tarifparteien im Verhältnis zu den Betriebsparteien neu zu ordnen?, NJW 1996, S. 2273-2282

Wank, Rolf	Kurzkommentar zum Urteil des OLG München vom 27.1.1995 – 23 U 4282/94 –, EWiR § 25 MitbestG 1/95, S. 605-606
Wank, Rolf	Tarifautonomie oder betriebliche Mitbestimmung? Zur Verteidigung der Zwei-Schranken-Theorie, RdA 1991, S. 129-139
Wastl, Ulrich / Wagner, Franz	Das Phänomen der wechselseitigen Beteiligung aus juristischer Sicht, Frankfurt a.M. 1997 (zit.: Wastl/Wagner)
Weisner, Arnd	Abwehrmaßnahmen gegen feindliche Unternehmensübernahmen, ZRP 2000, S. 520-525
Weisner, Arnd	Verteidigungsmaßnahmen gegen unfreundliche Übernahmeversuche in den USA, Deutschland und nach europäischem Recht, Hamburg 1999 Zugl.: Hamburg, Univ., Diss., 1999 (zit.: Weisner)
Wellige, Kristian	Weg mit dem VW-Gesetz!, EuZW 2003, S. 427-433
Werder, Axel von	Shareholder Value-Ansatz als (einzige) Richtschnur des Vorstandshandelns?, ZGR 1998, S. 69-91
Wiedemann, Herbert	Gesellschaftsrecht, Band 1: Grundlagen, München 1980 (zit.: Wiedemann, GesR I)
Wiedemann, Herbert	Grundfragen der Unternehmensverfassung, ZGR 1975, S. 385-432
Wiedemann, Herbert	Unternehmerische Verantwortlichkeit und formale Unternehmensziele in einer zukünftigen Unternehmensverfassung, Festschrift für Carl Hans Barz, Berlin 1974, S. 561-577
Wiedemann, Herbert (Hrsg.)	Tarifvertragsgesetz, 6. Aufl., München 1999 (zit.: Wiedemann/Bearbeiter)
Wiese, Tobias / Demisch, Dominik	Unternehmensführung bei feindlichen Übernahmeangeboten, DB 2001, S. 849-852
Wiesner, Peter M.	Binnenmarkt und Wettbewerb bleiben auf der Strecke – Zum Kommissionsvorschlag für eine neue Übernahmerichtlinie, ZIP 2002, S. 1967
Wiesner, Peter M.	Die neue Übernahmerichtlinie und die Folgen, ZIP 2004, S. 343-350
Wiesner, Peter M.	Europäisches Unternehmensrecht, ZIP 2000, S. 1792-1798
Wiesner, Peter M.	Fundgrube der globalen Reformdebatte – zum Endbericht der „Expertengruppe über Gesellschaftsrecht und Unternehmensführung“ (sog. Winter-Gruppe), GmbHR 2002, R 457-R 459

Wiesner, Peter M.	Protektionismus oder Marktöffnung? – Zur Übernahmerichtlinie zeichnet sich ein Paradigmenwechsel ab, ZIP 2002, S. 208-210
Willemsen, Heinz Josef	Arbeitsrecht im Umwandlungsgesetz – Zehn Fragen aus der Sicht der Praxis, NZA 1996, S. 791-803
Willemsen, Heinz Josef	Die Beteiligung des Betriebsrats im Umwandlungsverfahren, RdA 1998, S. 23-37
Willemsen, Heinz-Josef	Kündigungsschutz – vom Ritual zur Rationalität – Gedanken zu einer grundlegenden Reform, NJW 2000, S. 2779-2787
Willemsen, Heinz-Josef / Hohenstatt, Klaus-Stefan	Chancen und Risiken von Vereinbarungen gemäß Artikel 13 der „Euro-Betriebsrat"-Richtlinie, NZA 1995, S. 399-403
Willemsen, Heinz-Josef / Hohenstatt, Klaus-Stefan / Schweibert, Ulrike / Seibt, Christoph	Umstrukturierung und Übertragung von Unternehmen, 2. Aufl., München 2003 (zit.: Bearbeiter, in: Willemsen (u.a.))
Willemsen, Heinz Josef / Lembke, Mark	Die Neuregelung von Unterrichtung und Widerspruchsrecht der Arbeitnehmer beim Betriebsübergang, NJW 2002, S. 1159-1165
Winter, Martin / Harbarth, Stephan	Verhaltenspflichten von Vorstand und Aufsichtsrat der Zielgesellschaft bei feindlichen Übernahmeangeboten nach dem WpÜG, ZIP 2002, S. 1-18
Wirmer, Anton	Die Richtlinie Europäische Betriebsräte – Ein zentraler Baustein europäischer Sozialpolitik, DB 1994, S. 2134-2137
Witt, Carl Heinz	Der neue Vorschlag für eine EG-Richtlinie über Übernahmeangebote, EWS 1998, S. 318-323
Witte, Jürgen	Diskussionsentwurf zur Regelung von Unternehmensübernahmen: Abwehrmöglichkeiten des Vorstands der Zielgesellschaft, BB 2000, S. 2161-2165
Wlotzke, Otfried	Arbeitsrechtliche Aspekte des neuen Umwandlungsrechts, DB 1995, S. 40-48
Wolff, Hans J. / Bachof, Otto / Stober, Rolf	Verwaltungsrecht, Band I, 11. Aufl., München 1999 (zit.: Wolff/Bachof/Stober, VerwR I)
Wolter, Henner	Standortsicherung, Beschäftigungssicherung, Unternehmensautonomie, Tarifautonomie, RdA 2002, S. 218-226

Zech, Alexandra	Verhaltenspflichten des Vorstands der Zielgesellschaft in Bezug auf Abwehrmaßnahmen nach dem Wertpapiererwerbs- und Übernahmegesetz (WpÜG), Münster 2003 Zugl.: Augsburg, Univ., Diss. 2002 (zit.: Zech)
Zeppenfeld, Guido	Nachgefragt bei: Guido Zeppenfeld, FAZ vom 3.3.2001, S. 23
Zinser, Alexander	Das neue Gesetz zur Regelung von öffentlichen Angeboten zum Erwerb von Wertpapieren und von Unternehmensübernahmen vom 1. Januar 2002, WM 2002, S. 15-22
Zinser, Alexander	Der britische City Code on Takeovers and Mergers in der Fassung vom 9.3.2001, RIW 2001, S. 481-488
Zinser, Alexander	Der geänderte Vorschlag einer Takeover-Richtlinie vom 10.11.1997, EWS 1999, S. 133-136
Zinser, Alexander	Der RefE eines „Gesetzes zur Regelung von öffentlichen Angeboten zum Erwerb von Wertpapieren und von Unternehmensübernahmen“ vom 12.3.2001, NZG 2001, S. 391-397
Zinser, Alexander	Ein neuer Anlauf: der jüngste Vorschlag einer Übernahmerichtlinie vom 2.10.2002, EuZW 2003, S. 10-13
Zinser, Alexander	Entwicklungen zu einem europäischen Übernahmerecht, ZRP 2003, S. 78-82
Zöllner, Wolfgang	Der Mitbestimmungsgedanke und die Entwicklung des Kapitalgesellschaftsrechts, AG 1981, S. 13-21
Zöllner, Wolfgang (Hrsg.)	Kölner Kommentar zum Aktiengesetz, Band 2, §§ 76-117 AktG, 2. Aufl., Köln 1996 (zit.: KK-AktG/Bearbeiter)
Zöllner, Wolfgang / Loritz, Karl-Georg	Arbeitsrecht, 5. Aufl., München 1998 (zit.: Zöllner/Loritz)
Zschocke, Christian	Das neue Übernahmerecht in Österreich im Vergleich zum Übernahmerecht in Frankreich, Belgien und den Niederlanden, in: Die Übernahme börsennotierter Unternehmen, Rüdiger von Rosen / Werner Seifert (Hrsg.), Eschborn 1999, S. 77-94 (zit.: Zschocke, in: Rosen/Seifert)
Zschocke, Christian	Europapolitische Mission: Das neue Wertpapiererwerbs- und Übernahmegesetz, DB 2002, S. 79-85
Zschocke Christian / Berresheim, Daniel S.	Schadensersatzhaftung des Bieters wegen unterlassener Angebotsunterbreitung im Übernahmerecht, BKR 2004, S. 301-308

Zwissler, Thomas — Übernahmerecht in Österreich – Das neue österreichische Übernahmegesetz, AG 1999, S. 411-417

Abkürzungsverzeichnis

a.A.	andere Ansicht
a.E.	am Ende
a.F.	alte Fassung
aaO	am angegebenen Ort
ABlEG	Amtsblatt der Europäischen Gemeinschaften
Abs.	Absatz
AcP	Archiv für die civilistische Praxis (Zeitschrift)
AG	Aktiengesellschaft, Die Aktiengesellschaft (Zeitschrift) und Arbeitsgericht
AiB	Arbeitsrecht im Betrieb (Zeitschrift)
AktG	Aktiengesetz
Alt.	Alternative
AngebotsVO	Verordnung über den Inhalt der Angebotsunterlage, die Gegenleistung bei Übernahmeangeboten und Pflichtangeboten und die Befreiung von der Verpflichtung zur Veröffentlichung zur Abgabe eines Angebots
Anm.	Anmerkung
AP	Arbeitsrechtliche Praxis (Nachschlagewerk des Bundesarbeitsgerichts)
ArbGG	Arbeitsgerichtsgesetz
Art.	Artikel
Aufl.	Auflage
AÜG	Gesetz zur Regelung der gewerblichen Arbeitnehmerüberlassung
AuR	Arbeit und Recht (Zeitschrift)
AuslInvestmG	Gesetz über den Vertrieb ausländischer Investmentanteile und über die Besteuerung der Erträge aus ausländischen Investmentanteilen
BaFin	Bundesanstalt für Finanzdienstleistungsaufsicht
BAG	Bundesarbeitsgericht
Bank	Die Bank (Zeitschrift)
BB	Betriebs-Berater (Zeitschrift)
Begr.	Begründer
BeiratsVO	Verordnung über die Zusammensetzung, die Bestellung der Mitglieder und das Verfahren des Beirats bei der Bundesanstalt für Finanzdienstleistungsaufsicht
BetrAVG	Gesetz zur Verbesserung der betrieblichen Altersversorgung
BetrVerf-ReformG	Betriebsverfassungs-Reformgesetz
BetrVG	Betriebsverfassungsgesetz
BFuP	Betriebswirtschaftliche Forschung und Praxis (Zeitschrift)
BGB	Bürgerliches Gesetzbuch
BGBl.	Bundesgesetzblatt

BGH	Bundesgerichtshof
BKR	Zeitschrift für Bank- und Kapitalmarktrecht
BMA	Bundesministerium für Arbeit und Sozialordnung
BMF	Bundesministerium der Finanzen
BörsG	Börsengesetz
BörsZulVO	Börsenzulassungsverordnung
BR-Ds.	Drucksache des Deutschen Bundesrates
BSK	Börsensachverständigenkommission
BT	Bundestag/s
BT-Ds.	Drucksache des Deutschen Bundestages
BVerfG	Bundesverfassungsgericht
BVerfGE	Entscheidungen des Bundesverfassungsgerichts (amtliche Sammlung)
BVerwGE	Entscheidungen des Bundesverwaltungsgerichts (amtliche Sammlung)
bzw.	beziehungsweise
CDU	Christlich-Demokratische Union (Deutschlands)
CSU	Christlich-Soziale Union
d.h.	das heißt
DAV	Deutsche Anwaltsverein
DAX	Deutscher Aktienindex
DB	Der Betrieb (Zeitschrift)
DCGK	Deutscher Corporate Governance Kodex
ders.	derselbe
DGB	Deutscher Gewerkschaftsbund
dies.	dieselbe/n
DiskE-ÜG	Entwurf eines Gesetzes zur Regelung von Unternehmensübernahmen
Diss.	Dissertation
Dok.	Dokument
DrittelbG	Gesetz über die Drittelbeteiligung der Arbeitnehmer im Aufsichtsrat
DStR	Deutsches Steuerrecht (Zeitschrift)
DVBl.	Deutsches Verwaltungsblatt
DWiR	Deutsche Zeitschrift für Wirtschaftsrecht
DZWIR	Deutsche Zeitschrift für Wirtschaftsrecht
EBRG	Gesetz über Europäische Betriebsräte
EGBGB	Einführungsgesetz zum Bürgerlichen Gesetzbuche
EGV	EG-Vertrag
einblick	Zeitschrift des Deutschen Gewerkschaftsbundes
Einf.	Einführung
Einl.	Einleitung
endg.	endgültig
engl.	englisch

EP	Europäisches Parlament
etc.	et cetera
EU	Europäische Union
EuGH	Gerichtshof der Europäischen Gemeinschaften
EuZW	Europäische Zeitschrift für Wirtschaftsrecht
EVP	Europäische Volkspartei
evtl.	eventuell
EWG	Europäische Wirtschaftsgemeinschaft
EWiR	Entscheidungen zum Wirtschaftsrecht (Zeitschrift)
EWS	Europäisches Wirtschafts- und Steuerrecht (Zeitschrift)
EWSA	Europäischer Wirtschafts- und Sozialausschuss
EzA	Entscheidungssammlung zum Arbeitsrecht
f.	folgende
FAS	Frankfurter Allgemeine Sonntagszeitung
FAZ	Frankfurter Allgemeine Zeitung
FDP	Freie Demokratische Partei (Deutschlands)
ff.	und die folgenden
Fn.	Fußnote
FS	Festschrift
FTD	Financial Times Deutschland
GG	Grundgesetz
ggf.	gegebenenfalls
ggü.	gegenüber
GmbH	Gesellschaft mit beschränkter Haftung
GmbHR	GmbH-Rundschau (Zeitschrift)
GS	Großer Senat
Habil.-Schrift	Habilitationsschrift
Herv. d. Verf.	Hervorhebung durch Verfasser
HGB	Handelsgesetzbuch
Hrsg.	Herausgeber
Hs.	Halbsatz
i.d.F.	in der Fassung
i.E.	im Ergebnis
i.R.d.	im Rahmen des/der
i.S.	im Sinne
i.S.v.	im Sinne von
i.V.m.	in Verbindung mit
IG BCE	Industriegewerkschaft Bergbau, Chemie, Energie
IG Metall	Industriegewerkschaft Metall
inkl.	inklusive

insb.	insbesondere
IStR	Internationales Steuerrecht (Zeitschrift)
KAGG	Gesetz über Kapitalanlagegesellschaften
Kap.	Kapitel
KGaA	Kommanditgesellschaft auf Aktien
Komm.	Kommission
KonTraG	Gesetz zur Kontrolle und Transparenz im Unternehmensbereich
Konzern	Der Konzern (Zeitschrift)
KSchG	Kündigungsschutzgesetz
LAG	Landesarbeitsgericht
LBO	Leveraged Buy-out
LG	Landgericht
lit.	litera
Ltd.	Limited
m. Nachw.	mit Nachweis
m.E.	meines Erachtens
MBO	Management Buy-Out
MDAX	Deutscher Aktienindex für Midcaps
MdEP	Mitglied des Europäischen Parlaments
Mio.	Millionen
MitbestG	Gesetz über die Mitbestimmung der Arbeitnehmer
MontanMitbestG	Gesetz über die Mitbestimmung der Arbeitnehmer in den Aufsichtsräten und Vorständen der Unternehmen des Bergbaus und der Eisen und Stahl erzeugenden Industrie
Mrd.	Milliarde(n)
n.v.	nicht veröffentlicht
Nachw.	Nachweis
NJW	Neue Juristische Wochenschrift (Zeitschrift)
Nr.	Nummer
NRE	Nouvelles Régulations Economiques
NZA	Neue Zeitschrift für Arbeits- und Sozialrecht
NZG	Neue Zeitschrift für Gesellschaftsrecht
o.Ä.	oder Ähnliches
OECD	Organization for Economic Cooperation and Development
OLG	Oberlandesgericht
öÜbG	Österreichisches Übernahmegesetz
OWiG	Gesetz über Ordnungswidrigkeiten
PDS	Partei des Demokratischen Sozialismus
plc.	public limited company
RdA	Recht der Arbeit (Zeitschrift)

RefE-WÜG	Referentenentwurf eines Gesetzes zur Regelung von öffentlichen Angeboten zum Erwerb von Wertpapieren und von Unternehmensübernahmen
RegE	Regierungsentwurf
RegE-WpÜG	Regierungsentwurf eines Gesetzes zur Regelung von öffentlichen Angeboten zum Erwerb von Wertpapieren und Unternehmensübernahmen
RIW	Recht der internationalen Wirtschaft (Zeitschrift)
RL	Richtlinie
Rn.	Randnummer
Rs.	Rechtssache
S.	Seite
s.	siehe
S.A.	Société Anonyme
SAE	Sammlung arbeitsrechtlicher Entscheidungen (Zeitschrift)
SER	Sociaal Economische Raad
Slg.	Sammlung
sog.	so genannte/r
Sonderbeil.	Sonderbeilage
SPD	Sozialdemokratische Partei Deutschlands
SPE	Sozialdemokratische Partei Europas
SprAuG	Gesetz über Sprecherausschüsse der leitenden Angestellten
SpTrUG	Gesetz zur Spaltung der von der Treuhandanstalt verwalteten Unternehmen
SZ	Süddeutsche Zeitung
TrPublG	Gesetz zur weiteren Reform des Aktien- und Bilanzrechts, zu Transparenz und Publizität
TVG	Tarifvertragsgesetz
TzBfG	Gesetz über Teilzeitarbeit und befristete Arbeitsverträge
u.a.	und andere, unter anderem
ULA	Union der leitenden Angestellten
UmwG	Umwandlungsgesetz
Univ.	Universität
Unterabs.	Unterabsatz
USA	United States of America
usw.	und so weiter
Var.	Variante
VerkProspG	Wertpapier-Verkaufsprospektgesetz
vgl.	vergleiche
vs.	versus
VW-Gesetz	Gesetz über die Überführung der Anteilsrechte an der Volkswagenwerk GmbH in private Hand

VwGO	Verwaltungsgerichtsordnung
VwVfG	Verwaltungsverfahrensgesetz
Westf.	Westfalen
WM	Wertpapiermitteilungen (Zeitschrift)
WO BetrVG	Erste Verordnung zur Durchführung des Betriebsverfassungsgesetzes
WO MitbestG	Wahlordnung zum Mitbestimmungsgesetz
WpG	Die Wirtschaftsprüfung (Zeitschrift)
WpHG	Wertpapierhandelsgesetz
WpÜG	Wertpapiererwerbs- und Übernahmegesetz
z.B.	zum Beispiel
ZfA	Zeitschrift für Arbeitsrecht
ZGR	Zeitschrift für Unternehmens- und Gesellschaftsrecht
ZHR	Zeitschrift für das gesamte Handels- und Wirtschaftsrecht
ZIP	Zeitschrift für Wirtschaftsrecht
zit.	zitiert
ZRP	Zeitschrift für Rechtspolitik
ZTR	Zeitschrift für Tarifrecht
zugl.	zugleich

§ 1 Einleitung

Das Bevorstehen und die Durchführung eines öffentlichen Übernahmeangebots sind für die „Stakeholder", wozu neben den Arbeitnehmern auch Gläubiger und Kunden zählen,[1] insbesondere der bedrängten Gesellschaft vielfach einschneidende Vorgänge.[2] Die intellektuelle und emotionale Beschäftigung damit binden Kräfte und Ressourcen dieses Personenkreises und damit letztlich auch der Gesellschaft in nicht unerheblichem Umfang.[3] Plausibel wird dies etwa vor dem Hintergrund der Aufsehen erregenden Übernahme der Mannesmann AG durch die britische Vodafone AirTouch plc., wo nur sieben Monate nach der erfolgreichen Akquisition im Jahre 1999/2000 der attackierte Konzern mit 131.000 Beschäftigten zerschlagen wurde.[4] Anhand dieses Beispiels wird deutlich, dass Fusionen und Unternehmensübernahmen für die Arbeitnehmer in der Praxis regelmäßig weitreichende Folgen haben. So sind bei einer erfolgreichen Offerte häufig Umstrukturierungen (Schließungen oder Verlagerungen ganzer Standorte o.Ä.) oder jedenfalls Personalmaßnahmen in Form von Entlassungen zur Verwirklichung von Synergieeffekten beabsichtigt.[5] Empirische Untersuchungen in Großbritannien, wo europaweit die meisten solcher Transaktionen stattfinden, bestätigen dieses Phänomen. Danach sinkt die Zahl der Beschäftigten in Gesellschaften, deren Eigentumsverhältnisse sich geändert haben, durchschnittlich um elf Prozent in den ersten fünf Jahren nach dem Übernahmeantrag.[6]

In einem Spannungsverhältnis dazu steht, dass die mit der Übernahme angestrebten positiven Effekte im Regelfall nur durch eine aktive und wohlwollende Mitarbeit der Arbeitnehmer erreicht werden können.[7] Zudem darf keinesfalls das psychische Moment außer Acht gelassen werden, nach dem der Ausgang des Angebotsverfahrens mitunter maßgeblich von der Beurteilung durch die Öffentlichkeit abhängt.[8] Fehlt ei-

---

[1] *Drygala*, ZIP 2001, 1861, 1865; *Kirchner*, WM 2000, 1821, 1822; *Steinmeyer/Häger*, § 3 Rn. 13; *Wiese/Demisch*, DB 2001, 849, 850.

[2] Vgl. BT-Ds. 14/7034 vom 5.10.2001, S. 29; *Ihrig*, ZHR 167 (2003), 315, 336; KK-WpÜG/*Hirte*, § 3 Rn. 40.

[3] KK-WpÜG/*Hirte*, § 3 Rn. 40; *Schüppen*, in: Haarmann (u.a.), § 3 Rn. 19; *Steinmeyer/Häger*, § 3 Rn. 14.

[4] S. dazu BT-Plenarprotokoll 14/125 vom 13.10.2000, S. 12046 (*Lötzer*) zu BT-Ds. 14/3394; FAZ, 25.9.2003, S. 18 (Den Keim für den Wert von Mannesmann hat Werner Dieter gelegt).

[5] *Grobys*, GmbHR 2000, R389; *ders.*, NZA 2001, 1; *Kübler*, in: Semler/Volhard, § 3 Rn. 74; *Seibt*, DB 2002, 529, 536; *Zech*, S. 4.

[6] ABlEG Nr. C 280 E vom 21.11.2003, S. 148 f.; *Adams*, AG 1990, 243, 244 (dort Fn. 14); *Lange*, WM 2002, 1737, 1744 (dort insb. Fn. 101); vgl. auch Untersuchung der Generaldirektion für Wissenschaft des Europäischen Parlaments, Abteilung Soziales und Rechtsangelegenheiten, Kenn-Nr. IV/WIP/2003/01/0008.

[7] BT-Ds. 14/3895, S. 7 und 9; *Berger*, Bank 2000, 558, 562; *Dimke/Heiser*, NZG 2001, 241, 243; *Gach*, in: Semler/Volhard, § 27 Rn. 1; *Grobys*, NZA 2001, 1 f.; *Horn*, ZIP 2000, 473, 483 f.

[8] *Ebenroth/Daum*, DB 1991, 1105, 1106; Geibel/Süßmann/*Zehetmeier-Müller*, Einl. Rn. 40; *Liebscher*, ZIP 2001, 853, 855; *Richter*, in: Semler/Volhard, § 52 Rn. 13; *Schander*, NZG 1998, 799, 805.

ner geplanten Unternehmensübernahme beispielsweise aufgrund (angeblich) fehlender Sozialverträglichkeit die öffentliche Akzeptanz, verschlechtert dies die Aussichten eines potenziellen Akquisiteurs, das Vorhaben in seinem Sinne abzuschließen. Dementsprechend ist der ökonomische Erfolg gefährdet, wenn die Konsequenzen für die betroffenen Interessenträger – einschließlich der Belegschaftsmitglieder – nicht eindeutig aufgezeigt werden, weswegen in bestimmten Konstellationen vor allem Zusagen an die Arbeitnehmer eine entscheidende Rolle spielen.

A. Unternehmensübernahmen

I. Begriffsklärung

1. Fusion vs. Übernahme

Als Fusion gilt im engeren Sinne der Zusammenschluss von mindestens zwei Rechtsträgern (Unternehmen) zu einer wirtschaftlichen und rechtlichen Einheit ohne formelle Abwicklung des übernommenen Unternehmens. Kennzeichnend dafür ist die Übertragung des gesamten Aktiv- und Passivvermögens der übertragenden auf die übernehmende Gesellschaft. In einem weiteren Sinne schließt der Begriff alle Fälle der Unternehmenskonzentration ein. Dazu zählen die über die Verschmelzung (vgl. §§ 2 ff. UmwG) hinausgehenden Tatbestände der Konzernbildung sowie sonstige Formen des Zusammenschlusses, die zur Verstärkung der Wirtschaftskraft eines Unternehmens in materieller, personeller oder organisatorischer Hinsicht führen.[9]

Unter einer Übernahme (engl. takeover) ist hingegen die Änderung der Eigentumsverhältnisse an einem bestehenden Unternehmen oder an dessen Unternehmensteilen zu verstehen.[10] Die Übernahme ist demnach der Erwerb eines Unternehmens und Übernahme der Unternehmensleitung mit dem Ziel, das erworbene Unternehmen selbständig oder unselbständig weiterzuführen.

Obschon beide Begriffe zuweilen gleichbedeutend verwendet werden, weil sowohl die Übernahme eines Unternehmens als auch die Fusion zweier Unternehmen zu den Vorgängen der Konzentration oder Umstrukturierung zählen und mit ähnlicher Zielsetzung erfolgen, soll im Folgenden eine Trennung beibehalten werden.

2. Feindliche vs. freundliche Übernahme

Übernahmen können dahingehend unterteilt werden, ob die Unternehmenskontrolle auf freundliche oder auf feindliche Art erworben werden soll.

Bei einer freundlichen (engl. friendly) Übernahme wird die Gesellschaft nach Verhandlungen zwischen dem sog. Bieter – bei dem es sich regelmäßig ebenfalls um eine Gesellschaft handelt[11] – und der Führung der Gesellschaft, die übernommen werden soll (sog. Zielgesellschaft, engl. target), sowie Zustimmung beider Parteien übernom-

---

9 BT-Ds. 14/3394 vom 17.5.2000, S. 5; *Creifelds*, Umwandlung; *Horn*, ZIP 2000, 473, 475.

10 Vgl. *Haller*, S. 5.

11 Vgl. *Geibel*/Süßmann, § 10 Rn. 18; *Kalss*, NZG 1999, 421, 428; *Zwissler*, AG 1999, 411, 414 (dort Fn. 25).

men.[12] Häufig wird in diesem Zusammenhang auch eine „Due-Diligence"-Prüfung bei der Zielgesellschaft durchgeführt, d.h. der Bieter unterzieht das zu erwerbende Objekt einer umfassenden Untersuchung.[13]

Hingegen wird das Adjektiv feindlich (engl. hostile) hinzugefügt, wenn die Übernahme gegen den Willen der Verwaltung der Zielgesellschaft stattfinden soll, was in der Praxis nur bei börsennotierten Unternehmen gelingt.[14] Häufig werden solche unerwünschten Angebote jedoch nicht bis zum Ende durchgefochten, sondern die Organe der Zielgesellschaft schwenken letztendlich auf die Linie des Bieters ein.

3. Industriell vs. finanziell motivierte Übernahme

Denkbar sind zum einen Übernahmen, bei denen der Bieter eine industriell-unternehmerische Zielsetzung verfolgt. Dabei handelt es sich um Transaktionen mit Investitionscharakter, bei denen zum Zwecke der Nutzung von Synergieeffekten bestehende Geschäftsfelder eines Unternehmens erweitert oder ergänzt werden.[15]

Eine Übernahme kann aber auch im Wesentlichen durch eine finanzielle Zielsetzung motiviert sein. Dabei geht es dem bietenden „Raubritter" (engl. raider) ausschließlich darum, nach erfolgreichem Abschluss des Angebots die einzelnen Unternehmensteile der Zielgesellschaft kurz- bis mittelfristig gewinnbringend zu veräußern.[16] Obgleich die breite Öffentlichkeit hierzulande dieses Szenario mit dem Begriff der (feindlichen) Übernahme assoziiert, gehören derartige Maßnahmen bislang hauptsächlich in den USA und in Großbritannien zum Tagesgeschäft.[17] So war, neben der Übernahme des Pharmakonzerns Burroughs Wellcome durch Glaxo im Jahr 1995 mit einem Transaktionsvolumen von mehr als 20 Mrd. US-$, die Übernahme der Forte-Gruppe (ein internationales Hotelimperium) durch den Medienkonzern Granada im selben Jahr im Wert von annähernd 8 Mrd. US-$ besonders spektakulär, weil der Bieter den Zielkonzern sofort nach der Übernahme zerschlug und die mehr als 800 Häuser einzeln verkaufte. In beiden Fällen handelte es sich um erbitterte Übernahmeschlachten, bei denen es zu tiefgreifenden Umstrukturierungen und zum Abbau zehntausender Arbeitsplätze kam.

---

[12] BT-Ds. 14/3895 vom 13.7.2000, S. 3; *Horn*, ZIP 2000, 473, 474.

[13] Due Diligence bedeutet „gehörige/erforderliche Sorgfalt"; dazu Ehricke/Ekkenga/*Oechsler*, § 10 Rn. 28 ff.; *Geibel*/Süßmann, § 10 Rn. 7; *Hirte/Schander*, in: Rosen/Seifert, S. 341, 346 f. (dort insb. Fn. 15); *Müller*, in: FAZ, 21.1.2004, S. 23.

[14] BT-Ds. 14/3895, S. 3; *Assmann/Bozenhardt*, in: Assmann (u.a.), S. 1, 8; *Berger*, ZIP 1991, 1644, 1646; *Lammers*, S. 103 (dort Fn. 201); *Lange*, WM 2002, 1737 (dort bei Fn. 5); *Richter*, in: Semler/Volhard, § 52 Rn. 11; *Schanz*, NZG 2000, 337, 338; kritisch *Ebenroth/Daum*, DB 1991, 1105 f., die den Begriff „unkoordinierte" Übernahme vorziehen.

[15] Geibel/Süßmann/*Zehetmeier-Müller*, Einl. Rn. 37; *Liebscher*, ZIP 2001, 853, 855; *Schanz*, NZG 2000, 337, 338; *Sünner*, AG 1987, 276, 277; zu den unterschiedlichen Arten von Übernahmen s. Auflistung bei *Schneider/Burgard*, DB 2001, 963, 964.

[16] *Liebscher*, ZIP 2001, 853, 855; *Peltzer*, ZIP 1989, 69, 71; *Schanz*, NZG 2000, 337, 338 f.; *Sünner*, AG 1987, 276, 277 f. (dort insb. Fn. 8).

[17] *Buddenbrock*, in: Rosen/Seifert, S. 277 f.; *Liebscher*, ZIP 2001, 853.

4. Öffentliches Übernahmeangebot und seine Vorzüge gegenüber anderen Formen des Kontrollerwerbs

Eine Möglichkeit des Kontrollerwerbs über ein Unternehmen stellt das öffentliche Übernahmeangebot (engl. takeover bid) dar. Unter einem öffentlichen *Angebot* wird ein Antrag an die Aktieninhaber mit Stimmrechten der Zielgesellschaft verstanden, ihre Eigentumsanteile ganz oder teilweise innerhalb einer festgesetzten Zeit zu festgelegten Bedingungen zu übernehmen.[18] Es handelt sich dann um ein *Übernahme*angebot, wenn es auf den Erwerb der Kontrolle über die Zielgesellschaft gerichtet ist. Dabei kommt es nicht auf die subjektive Absicht des Bieters an, die Kontrolle zu erlangen;[19] vielmehr ist entscheidend, dass dem Angebot die Erwartung innewohnt, der Bieter wolle ausreichend Verkaufsinteressenten werben, um insgesamt die Kontrollmehrheit zu erreichen.[20] Das Merkmal der *Öffentlichkeit* dient schließlich der Abgrenzung zu privaten Kontaktaufnahmen zwischen Bieter und Aktionär.[21]

Andere Formen der Kontrollerlangung über ein Unternehmen stellen sukzessive Aktienkäufe über die Börse (sog. Warehousing) oder private Paketkäufe dar.[22] Im Vergleich zu diesen Möglichkeiten ist die Abgabe eines öffentlichen Übernahmeangebotes aus Erwerbersicht allerdings zu favorisieren. Der heimliche Erwerb von Anteilen der Zielgesellschaft (sog. „Anschleichen") hat die Verknappung des Angebots und demzufolge den Kursanstieg der betreffenden Aktien zur Folge. Auch bei Verhandlungen mit einem potenziellen Paketveräußerer besteht regelmäßig die Gefahr des frühzeitigen Bekanntwerdens des Vorhabens. Hingegen hat die direkte Hinwendung zu den Aktionären im Wege eines öffentlichen Angebots den Vorteil, dass in kurzer Zeit ein Beteiligungserwerb erreicht werden kann, ohne dass gleichzeitig ein Anstieg der Kurse befürchtet werden muss, da der Bieter in aller Regel einen erheblich über dem Börsenkurs liegenden Ankaufspreis anbietet. Zudem beflügeln sowohl der ggf. bestehende Überraschungseffekt auf Seiten des Managements der Zielgesellschaft als auch der auf die Aktionäre ausgeübte Entscheidungsdruck den erfolgreichen Abschluss des Verfahrens.[23]

II. Ökonomische Ursachen für Unternehmensübernahmen

In der Wissenschaft kursieren verschiedene Ansätze zur Erklärung von Unternehmensübernahmen. Nach den – überwiegend auf US-amerikanischen Studien basierenden – *Umverteilungstheorien* beruhen die bei Übernahmen nachgewiesenen Kursstei-

---

18 Vgl. *Frank*, S. 79; s. auch Ehricke/Ekkenga/*Oechsler*, § 2 Rn. 1; *Geibel*/Süßmann, § 11 Rn. 2.

19 So aber noch *Basaldua*, in: Assmann (u.a.), S. 157, 170.

20 Ehricke/Ekkenga/*Oechsler*, § 29 Rn. 2; KK-WpÜG/*von Bülow*, § 29 Rn. 37; *Oechsler*, ZIP 2003, 1330, 1331.

21 Zu diesem Schlüsselbegriff ausführlich *Fleischer*, ZIP 2001, 1653 ff.; *Krause*, NJW 2002, 705, 706 f.

22 *Ebenroth/Daum*, DB 1991, 1105, 1107; KK-WpÜG/*Hirte*, Einl. Rn. 40; *Schanz*, NZG 2000, 337, 339.

23 *Assmann/Bozenhardt*, in: Assmann (u.a.), S. 1, 10 ff.; *Ebenroth/Daum*, DB 1991, 1105, 1107; KK-WpÜG/*Hirte*, Einl. Rn. 41; *Liebscher*, ZIP 2001, 853, 855 f.; vgl. hierzu *Krause*, AG 2002, 133, 134 (dort Fn. 18).

gerungen der Zielgesellschaften auf einem Wohlstandstransfer zu Lasten einzelner Interessengruppen.[24] Unter anderem seien die Gewinne für die Aktionäre mit Nachteilen für die Arbeitnehmer, den Fiskus und die Verbraucher erkauft. Indes ist eine Übertragung dieser Untersuchungsergebnisse auf Deutschland aufgrund der nachhaltigeren Arbeitnehmer- und Gläubigerschutzvorschriften nur in begrenztem Umfange möglich.

Für den deutschen Markt ist die These überzeugender, dass Übernahmen stattfinden, um operative und/oder finanzielle Synergieeffekte zwischen Bieter und Zielgesellschaft auszunutzen (*Effizienzsteigerungstheorie*).[25] Operative Effizienzsteigerungen ließen sich unterteilen in Kostenersparnisse als Folge eines vergrößerten Produktionsvolumens sowie Effizienzsteigerungen durch die Verbindung komplementärer Ressourcen; unmittelbare Folgen operativer Synergien seien z.B. Stilllegungen von Unternehmensteilen und ein hierdurch veranlasster Arbeitsplatzabbau.[26] Das Entstehen von Synergien durch Unternehmensübernahmen und -zusammenschlüsse wird durch empirische Untersuchungen weitgehend bestätigt.[27] Dies gilt in der langfristigen Betrachtung in aller Regel auch für die Profitabilität auf Seiten des Bieters, auch wenn sich positive Auswirkungen einer Übernahme hier vielfach schwerer nachweisen lassen als bei der Zielgesellschaft. Dies folgt nicht zuletzt daraus, dass dieser in aller Regel erheblich größer ist als die vom Angebot betroffenen Gesellschaft und dass Gewinne zum Teil antizipiert werden. Gleichwohl liegt bei einer Reihe von Übernahmen kein Synergiepotential vor oder es wurde von den Beteiligten überschätzt.[28] Nach einer weiteren Spielart dieser Theorie soll die an der Börse erzielte Gewichtung einer Gesellschaft die Qualität seines Managements wiederspiegeln: Sinke der Aktienkurs unter den potenziellen Wert, den der Kurs bei einem besseren Management hätte, begünstige dies ein Übernahmeangebot. Mithin stelle der Markt für Unternehmenskontrolle einen Schlüsselmechanismus zur Managerdisziplinierung dar.[29] Festzuhalten bleibt, dass beide Varianten keine abschließende Geltung beanspruchen. Vielmehr sind managerdisziplinierende Übernahmen häufig feindlicher Natur, während synergiemotivierte Akquisitionen in der Regel durch eine freundliche Übernahme vollzogen werden.[30]

III. Steigende Bedeutung von Unternehmensübernahmen in der Bundesrepublik

Übernahmeversuche werden in der Zukunft die deutsche Wirtschaft vermehrt beschäftigten. Allerdings existierten bis zum Jahre 2002 in der Bundesrepublik Deutschland, im Unterschied zu anderen führenden westlichen Industriestaaten, keine rechtsverbind-

---

24 *Drygala*, ZIP 2001, 1861, 1868; KK-WpÜG/*Hirte*, Einl. Rn. 18; *Mülbert/Birke*, WM 2001, 705, 707; *Schneider/Burgard*, DB 2001, 963.

25 *Hopt*, ZHR 161 (1997), 368, 371; KK-WpÜG/*Hirte*, Einl. Rn. 12; *Kuhner*, BFuP 2000, 333, 336 ff.; *Mülbert/Birke*, WM 2001, 705, 706.

26 KK-WpÜG/*Hirte*, Einl. Rn. 12.

27 KK-WpÜG/*Hirte*, Einl. Rn. 14; *Mülbert/Birke*, WM 2001, 705, 707.

28 *Horn*, ZIP 2000, 473, 474; KK-WpÜG/*Hirte*, Einl. Rn. 14.

29 *Kirchner*, WM 2000, 1821, 1824; KK-WpÜG/*Hirte*, Einl. Rn. 15; *Mülbert/Birke*, WM 2001, 705, 706.

30 KK-WpÜG/*Hirte*, Einl. Rn. 34.

lichen Regelungen für Unternehmensübernahmen. Vor allem aufgrund der nationalen rechtlichen sowie marktstrukturellen Grundbedingungen spielten bis zum Ende der neunziger Jahre öffentliche Erwerbsangebote im Wirtschaftsleben eine nur untergeordnete Rolle.[31]

Beispielhaft für diese Periode genannt sei der Übernahmekampf aus dem Jahre 1990 zwischen der Pirelli SpA und der Continental AG mit dem Ziel, das europäische Reifengeschäft neu zu ordnen. Dieser wurde letztlich dadurch entschieden, dass die Aktionärsmehrheit in einer außerordentlichen Hauptversammlung der Continental AG das geplante Vorhaben ablehnte.[32] Im darauffolgenden Jahr 1991/92 gab es den ersten feindlichen Übernahmeversuch – in Form des Erwerbs der Kontrollanleihen durch stillen Aufkauf an der Börse[33] – der Krupp GmbH bezüglich der Hoesch AG, in dessen Verlauf es innerhalb kurzer Zeit zu einem erheblichen Kursanstieg der Hoesch-Aktien kam. Zwar hoffte die Verwaltung der Hoesch AG zunächst, einen Abwehrblock aufbauen zu können, doch teilte Krupp der bedrängten Gesellschaft zum Jahresende 1991 mit, dass sie über die Mehrheit ihrer Anteile verfüge und somit der Übernahme nichts im Wege stünde.[34]

Schließlich veranschaulichte der Ablauf des öffentlichen, unerwünschten Angebots des Krupp-Hoesch-Konzerns für die Aktien der Thyssen AG im März 1997, welche Einflussnahmemöglichkeiten mitunter zugunsten der Arbeitnehmerschaft bestehen. Zuvor hatte der nach Umsatz, Gewinn und Mitarbeiterzahl im Vergleich zum Zielunternehmen deutlich kleinere Bieter in Kooperation mit Großbanken circa 40 % der Aktien der Thyssen AG über die Börse erworben. Wegen der fehlenden Liquidität von Krupp-Hoesch wurde dementsprechend auch eine teilweise Zerschlagung des Zielkonzerns zwecks späterer Finanzierung dieses Unternehmenskaufes nicht ausgeschlossen. Als sich daraufhin in der Öffentlichkeit die (begründete) Besorgnis eines erheblichen Arbeitsplatzabbaus artikulierte, schalteten sich führende Politiker ein, und es kam zu massiven Protesten der Gewerkschaften sowie zu Großdemonstrationen der betroffenen Mitarbeiter beider Unternehmen. Die beteiligten Banken befürchteten aufgrund dieser Entwicklung einen Imageverlust und zogen sich von der Begleitung des Angebots zurück, so dass auch Krupp-Hoesch von der Offerte Abstand nehmen musste.[35] Thyssen und Krupp-Hoesch verständigten sich letztlich auf die Gründung einer gemeinsamen Gesellschaft unter Führung von Thyssen, in der die Stahlaktivitäten beider Konzerne zusammengefasst wurden.

---

31 KK-WpÜG/*Hirte*, Einl. Rn. 35.

32 *Ebenroth/Daum*, DB 1991, 1105, 1106 und 1157 f.; Geibel/Süßmann/*Zehetmeier-Müller*, Einl. Rn. 3.

33 *Seulen*, S. 81 (dort Fn. 424).

34 Geibel/Süßmann/*Zehetmeier-Müller*, Einl. Rn. 4.

35 *Dimke/Heiser*, NZG 2001, 241; *Hopt*, ZHR 161 (1997), 368, 369 f.; *Seulen*, S. 80; *Weisner*, S. 3 und 245 f.

1. Hemmnisse für Unternehmensübernahmen

Die fehlende praktische Bedeutung von öffentlichen Übernahmeangeboten in der deutschen Unternehmenslandschaft bis ins Jahr 2000 ist deshalb bemerkenswert, weil deutsche Unternehmen im Ausland schon seit längerem als Bieter auftreten.[36]

Hinderlich wirkte zum einen die bis in die Mitte der achtziger Jahre zu beobachtende geringe Entwicklung des deutschen Aktienmarktes.[37] Zum anderen belasten Besonderheiten der rechtlichen Rahmenbedingungen in der Bundesrepublik die Akquisitionstätigkeiten. Hierzu sind insbesondere die Zweiteilung der Unternehmensleitung in Vorstand und Aufsichtsrat (engl. two tier board system), die im Einzelfall eine Neubesetzung der Gesellschaftsorgane erschweren und/oder verteuern kann, sowie die Arbeitnehmermitbestimmung auf der Ebene des Aufsichtsrats zu zählen, welche für ausländische Bieter wegen fehlender praktischer Erfahrung abschreckend wirkt.[38] Weiterhin bestehen nach den Kapitalschutzvorschriften der §§ 57, 71a AktG nur beschränkte Möglichkeiten zur Durchführung eines sog. Leveraged Buy-out (LBO).[39] Hierunter ist eine Übernahme zu verstehen, im Rahmen derer die Aktiva der Zielgesellschaft zur endgültigen Finanzierung des Unternehmenskaufes oder zu dessen Besicherung in Anspruch genommen werden sollen. Der Übernehmer muss daher nur wenig eigenes Kapital einsetzen und kann den überwiegenden Rest von Dritten aufnehmen, was die Übernahme auch großer Gesellschaften mit nur geringem eigenem Kapitaleinsatz ermöglicht.

2. Abschied von der Deutschland-AG

Im Unterschied zu den USA und Großbritannien herrschte in der Bundesrepublik (wie auch in anderen Ländern Kontinentaleuropas und in Japan) bislang eine netzwerk-/konsensorientierte[40] Unternehmenskultur (engl. relationship based system) vor, welche sich dadurch auszeichnet, dass die Börsenkapitalisierung gering und der Anteilsbesitz wertorientiert, langfristig sowie nicht breit gestreut ist. Charakteristisch ist ebenso die Präsenz bedeutender Anteilseigner, die seltener wechseln. Schließlich haben die Banken ausgedehnte Kontrollmöglichkeiten und die Unternehmenszielsetzung ist durch

---

[36] Beispielhaft steht hierfür der Wettstreit zwischen BMW und der Volkswagen AG um die britische Rolls-Royce Motor Cars Ltd. oder der gescheiterte Versuch der Deutschen Telekom AG, die Telekom Italia zu erwerben, in den Jahren 1998/99 (vgl. *Seulen*, S. 78).

[37] *Basaldua*, in: Assmann (u.a.), S. 157, 164 f.; *Buddenbrock*, in: Rosen/Seifert, S. 277, 278 f.; *Seulen*, S. 84 f.

[38] *Adams*, AG 1990, 243, 250; *Ebenroth/Daum*, DB 1991, 1105, 1106; KK-WpÜG/*Hirte*, § 33 Rn. 177; *Krause*, ZGR 2002, 500, 503; *Schanz*, NZG 2000, 337 und 347; *Wackerbarth*, WM 2001, 1741, 1743; s. ebenso FAZ, 20.9.2003, S. 14 (Die Mitbestimmung irritiert die ausländischen Investoren).

[39] Ehricke/Ekkenga/*Oechsler*, § 13 Rn. 18 ff.; KK-WpÜG/*Hirte*, Einl. Rn. 36; *Liebscher*, ZIP 2001, 853, 855.

[40] Den Gegenbegriff bildet das sog. marktorientierte (market based) System, vgl. dazu *Baum*, RIW 2003, 421, 422 f.

Sicherung der Marktposition geprägt.[41] Zahlreiche große deutsche Aktiengesellschaften sind so durch ein System von Überkreuzverflechtungen vor dem unmittelbaren Druck des Kapitalmarkts weitgehend abgeschirmt: Die Manager derart verbündeter Unternehmen bilden zusammen mit den Aufsichtsräten gleichsam ein Netzwerk wechselseitiger Beteiligungen und können auf diese Weise in allen miteinander verflochtenen Unternehmen eine stimmrechtsmäßige Mehrheit aufbauen, um Übernahmen jeglicher Art schon im Vorfeld zu erschweren oder zu verhindern.[42] Daneben ist diese unter dem Stichwort „Deutschland-AG" bekanntgewordene Erscheinung durch personelle Verflechtungen gekennzeichnet. Diese kommen überwiegend dadurch zustande, dass Vorstände eines Unternehmens in den Aufsichtsrat eines anderen Unternehmens berufen werden.[43]

Allerdings sind diese für die deutsche Unternehmensverfassung typischen Rahmenbedingungen aufgrund des verstärkten internationalen Wettbewerbs um Eigenkapital und der zunehmenden Internationalisierung der Kapitalmärkte einem tiefgreifenden Wandel unterworfen. Dieser drückt sich nicht nur in einer stark veränderten Aktienkultur, sondern auch in der heranreifenden Erkenntnis aus, dass ein funktionierender Übernahmemarkt einen wesentlichen Beitrag zu einem notwendigen wirtschaftlichen Strukturwandel leisten kann.[44] So ist seit Mitte der neunziger Jahre die starke Verzahnung der börsennotierten Unternehmen in Deutschland aufgebrochen.[45]

B. Gesetzesentwicklungen im Übernahmerecht unter besonderer Berücksichtigung von Arbeitnehmerrechten

Die Diskussion über eine nationalstaatliche Regelung von öffentlichen Übernahmeangeboten und der Einführung von arbeitnehmerschützenden Bestimmungen steht in engem Zusammenhang mit den Beratungen über eine europäische Übernahmerichtlinie.

I. Europäischer Kontext

1. City Code als Vorbild für eine einheitliche europäische Regelung

Das zentrale Regelwerk für Übernahmeangebote in Großbritannien ist der *City Code on Takeovers and Mergers*, der mit Wirkung vom 28. März 1968 verabschiedet wurde.[46] Seitdem wurden mehr als 7.000 Verfahren nach ihm durchgeführt. Der City Code enthält detaillierte Vorschriften zu Übernahmeangeboten, ist jedoch ohne Gesetzes-

---

41 *Basaldua*, in: Assmann (u.a.), S. 157, 164 f.; *Drygala*, ZIP 2001, 1861; *Hopt*, ZHR 161 (1997), 368, 370; KK-WpÜG/*Hirte*, Einl. Rn. 37.

42 *Bayer*, ZGR 2002, 588, 596 f.; *Dohrmann*, S. 31; *Wastl/Wagner*, S. 16.

43 *Drygala*, ZIP 2001, 1861; *Ebenroth/Daum*, DB 1991, 1105, 1106; *Frank*, S. 61; *Mülbert/Birke*, WM 2001, 705, 716 f.

44 KK-WpÜG/*Hirte*, Einl. Rn. 38; *Riehmer/Schröder*, NZG 2000, 820; *Tröger*, DZWIR 2002, 353.

45 *Buddenbrock*, in: Rosen/Seifert, S. 277, 282; *Rönnau*, in: Haarmann (u.a.), Vor § 60 Rn. 2; *Hirte/Schander*, in: Rosen/Seifert, S. 341, 342; *Pluskat*, DStR 2001, 897, 898; *Richter*, S. 1 f.

46 *Assmann/Bozenhardt*, in: Assmann (u.a.), S. 1, 22 ff.; *Baum*, RIW 2003, 421, 424 f.; *Beckmann*, S. 30 ff.; *Heinrich*, in: Hirte, S. 45 ff.; *Richter*, S. 37 ff.; *Zinser*, RIW 2001, 481.

kraft. Vielmehr stellt er einen als freiwillige Selbstkontrolle entwickelten Verhaltenskodex der britischen Finanzwirtschaft dar. Über den ordnungsgemäßen Ablauf von Übernahmen wacht ein Übernahmeausschuss, der ebenfalls im Jahre 1968 auf Vorschlag der Notenbank und der Börse gegründet wurde. Sein Status ist „halböffentlich": Die Aufseher sind die Beteiligten selbst – Bankiers, Industrielle und Börsianer –, aber er erfüllt mit der Überwachung von Übernahmen eine öffentliche Aufgabe. Der Londoner Übernahmekodex wird allgemein akzeptiert; halten sich Banken nicht an dessen Vorgaben, können sie ihre Wertpapierlizenz verlieren. Daneben werden nur wenige Fragen zu Übernahmeangeboten gesetzlich geregelt. Im Companies Act 1985[47] und den Licensed Dealers Rules 1983[48] lassen sich vereinzelt Vorschriften finden. Dadurch, dass sich detaillierte und umfassende Bestimmungen vorwiegend in freiwilligen Regelwerken finden, wird deutlich, dass der Gesetzgeber der Selbstregulierungskraft der Finanzwelt und der Wirtschaft großes Vertrauen schenkt.[49]

Das Londoner Modell zeichnet sich vor allem durch seine Praktikabilität und Schnelligkeit aus. Obwohl jedes Jahr mehrere hundert Entscheidungen getroffen werden, sind durchgängig nur wenige davon Gegenstand von Widersprüchen; Gerichte werden äußerst selten angerufen. Bezeichnend für die britische Übernahmeregelung ist, dass dem Anleger höchste Priorität eingeräumt wird. Dennoch beinhaltet der City Code mittelbar auch Vorschriften zum Arbeitnehmerschutz. Indem der Bieter den Anteilseignern seine Pläne und Absichten bezüglich der weiteren Geschäftspolitik, etwaige Änderungen der Stellung und Zahl der Arbeitnehmer sowie die wirtschaftliche Rechtfertigung des Angebots darlegen muss,[50] werden die Aktionäre im Rahmen ihrer Entscheidungsfindung in die Lage versetzt, sich ihrer sozialen Verantwortung bewusst zu werden; überdies wird dadurch dem Informationsbedürfnis der Beschäftigten Rechnung getragen.[51] Die Verwaltung der Zielgesellschaft hat sich daneben zu den Auswirkungen eines erfolgreichen Angebots auf ihre Arbeitnehmer zu äußern.[52]

2. Die Entwicklung einer Europäischen Übernahmerichtlinie

Die Bemühungen auf Gemeinschaftsebene, eine Richtlinie betreffend Übernahmeangebote – die wie kaum eine andere sowohl Bereiche des Gesellschafts- und Konzernrechts als auch des Kapitalmarkt- und Börsenrechts betrifft – zu verabschieden, reichen nahezu drei Jahrzehnte zurück.[53] In der Retrospektive war die Entwicklung des

---

47 Der Companies Act 1985 wurde durch den Financial Services Act 1986 abgeändert und enthält Regelungen zu Publizitätspflichten und der finanziellen Abwicklung sowie zum Pflichtangebot, vgl. *Baum*, RIW 2003, 421, 425.

48 Hierbei handelt es sich um eine Rechtsverordnung, die u.a. eine Generalklausel zu den inhaltlichen Anforderungen eines Übernahmeangebots enthält, hierzu *Zinser*, RIW 2001, 481 f.

49 *Zinser*, RIW 2001, 481, 482.

50 Rule 24.1 des City Code, s. hierzu unten § 3A.II.3.b)bb)(1)(c) (Fn. 1119); *Beckmann*, S. 32; *Immenga*, in: Kreuzer, S. 11, 25.

51 *Zinser*, RIW 2001, 481, 483 f., 487 f.

52 Rule 25.2 des City Code, s. hierzu unten § 2B.IV.1.a)cc)(1)(a)(dd) (Fn. 702).

53 Vgl. Geibel/Süßmann/*Zehetmeier-Müller*, Einl. Rn. 13; *Kindler/Horstmann*, DStR 2004, 866; *Schüppen*, in: Haarmann (u.a.), Einl. Rn. 13.

europäischen Übernahmerechts von Fehlschlägen und Verzögerungen begleitet. Dies liegt unter anderem an der Komplexität des einschlägigen Mitentscheidungsverfahrens i.S. des Art. 251 EG-Vertrag (EGV), bei dem die Kommission das Initiativrecht hat. Üblicherweise diskutiert die Kommission in diesen Fällen zunächst mit den Mitgliedstaaten und interessierten Gruppen einen vorläufigen Entwurf, den sie dann zu einem förmlichen Entwurf ergänzt und im Anschluss daran dem Rat, dem Europäischen Parlament sowie dem – vor allem mit Vertretern der Sozialpartner besetzten – Wirtschafts- und Sozialausschuss (EWSA) gemäß Art. 262 EGV zur Stellungnahme vorlegt.

a) Pennington-Entwurf (1974)

Den Ausgangspunkt bildete der im Auftrag der Europäischen Kommission im Jahre 1974 von dem englischen Rechtsprofessor *Robert R. Pennington* erstellte Bericht über „Übernahmeangebote und andere Angebote", der auch einen Vorschlagsentwurf für eine entsprechende Richtlinie enthielt.[54] Der fünfundzwanzig Artikel umfassende Entwurf für eine europaweite Regelung von Übernahmen lehnte sich stark an den City Code an, beinhaltete aber auch Vorschriften zum Schutz der Arbeitnehmer der Zielgesellschaft.[55] So sah der Pennington-Report eine weitgehende Beteiligung der Arbeitnehmervertretung der Zielgesellschaft vor. Diese sollte bereits zu Beginn des Verfahrens umfassend informiert (Artt. 8 Abs. 2 lit. k, 12 Abs. 6 und 7) und gehört werden (Art. 13a Abs. 1 und 2). Ferner war vorgesehen, dass der erfolgreiche Übernehmer über etwaige nachteilige Folgen für die Mitarbeiter mit deren Vertretern zu verhandeln habe; werde keine Einigung über die zu treffenden Maßnahmen erzielt, könne eine paritätisch besetzte Schiedsstelle angerufen werden, die verbindlich zu entscheiden habe (Art. 13a Abs. 3).[56]

Die sich an den Vorschlag anknüpfende Diskussion offenbarte allerdings, dass der überwiegende Teil der Mitgliedstaaten wenig Interesse an einer Rechtsangleichung auf diesem Gebiet hatte.[57] Die Kommission beschränkte sich aus diesem Grund zunächst auf die Verabschiedung der nicht bindenden Empfehlung über eine „Europäische Wohlverhaltensregelung für Wertpapiertransaktionen".[58]

---

54 Komm.-Dok. XI/56/74-D; vgl. hierzu *Behrens*, ZGR 1975, 433 ff.; *Beß*, AG 1976, 169 ff. und 206 ff.; Geibel/Süßmann/*Zehetmeier-Müller*, Einl. Rn. 2; *Möller/Pötzsch*, ZIP 2001, 1256 f.; *Pennington*, in: FS Duden (1977), S. 379 ff.; *Pluskat*, DStR 2001, 897; *Richter*, S. 15 ff.; *Röh*, in: Haarmann (u.a.), § 33 Rn. 21; *Steinmeyer/Häger*, Einl. Rn. 4.

55 Geibel/Süßmann/*Zehetmeier-Müller*, Einl. Rn. 15; *Roßkopf*, S. 266 f.

56 *Aubel*, S. 37; *Behrens*, ZGR 1975, 433, 449; *Beß*, AG 1976, 169 (dort Fn. 5), der diesem Teil der Regelung bereits damals keine Realisierungschancen einräumte; *Peltzer*, in: Assmann (u.a.), S. 179, 183.

57 *Basaldua*, in: Assmann (u.a.), S. 157, 158; *Ebenroth/Daum*, DB 1991, 1157, 1160; KK-WpÜG/*Hirte*, Einl. Rn. 61; *Richter*, S. 26 f.

58 Vgl. ABlEG Nr. L 212 vom 20.8.1977, S. 37; KK-WpÜG/*Hirte*, Einl. Rn. 61.

b) Weißbuch 1985

Die Notwendigkeit einer Vereinheitlichung der Übernahmeregeln kehrte erst im Jahre 1985 durch das Weißbuch über die Vollendung des Binnenmarkts bis 1992 wieder in das Bewusstsein der beteiligten Kreise zurück.[59] Darin hatte die Kommission ihre Absicht angekündigt, eine Richtlinie zur Angleichung der Rechtsvorschriften der Mitgliedstaaten für Übernahmeangebote vorzuschlagen. Mit ihr sollten europaweit Übernahmen mit einem Rechtsrahmen ausgestattet und ein einheitliches Niveau zum Schutz von Minderheitsaktionären für den Fall eines Kontrollwechsels etabliert werden.[60]

c) Vorentwurf für eine Richtlinie (1987)

1987 legte die Kommission schließlich den erwarteten Vorentwurf für eine Richtlinie vor,[61] der keine Vorschriften über die Unterrichtung der Arbeitnehmervertreter mehr enthielt.[62] Da dieser mit seinen dreiundzwanzig Artikeln einen recht umfassenden und in seinen Details weitreichenden Regelungsrahmen absteckte und die einzelnen Mitgliedsländer einen heterogenen Regelungsansatz aufwiesen, verwunderte es nicht, dass er überwiegend auf Ablehnung stieß. Aufgrund der geringen Bedeutung von Übernahmeangeboten wurde sogar ein aktuelles Regelungsbedürfnis angezweifelt.

d) Erster Vorschlag der Kommission vom 19.1.1989

In der Folgezeit wurde das Gesetzgebungsverfahren vor allem durch den feindlichen Übernahmeversuch für die Société Générale de Belgique durch den Italiener *Carlo de Benedetti* im Jahre 1987/88 angefacht, auf den das Europäische Parlament mit der Aufforderung reagierte, die Diskussion über eine Rechtsvereinheitlichung zu forcieren.[63] Am 19. Januar 1989 präsentierte die Kommission daraufhin einen auf Art. 54 Abs. 1 EWG-Vertrag gestützten ersten offiziellen Vorschlag.[64] Der dreiundzwanzig Artikel umfassende Richtlinienvorschlag enthielt einige wesentliche Änderungen zum Vorentwurf 1987; als Modell diente erneut der City Code, was außer wegen seiner erwiesenen Praktikabilität schon angesichts der Tatsache gerechtfertigt schien, dass sich die überwiegende Mehrzahl der europäischen Akquisitionen in Großbritannien vollzog.[65]

---

59 Weißbuch der Kommission, S. 34; Dok. KOM (85) 310 endg. vom 14.6.1985.

60 *Becker*, GmbHR 2003, R185.

61 Komm.-Dok. XV/63/87-DE rev. 1; vgl. dazu im Einzelnen *Assmann/Bozenhardt*, in: Assmann (u.a.), S. 1, 32 ff.; Geibel/Süßmann/*Zehetmeier-Müller*, Einl. Rn. 18; KK-WpÜG/*Hirte*, Einl. Rn. 62.

62 *Peltzer*, in: Assmann (u.a.), S. 179, 183.

63 Erklärung vom 11.2.1988, Dok. PE 120.504; s. auch *Basaldua*, in: Assmann (u.a.), S. 157 f.; *Ebenroth/Daum*, DB 1991, 1157, 1160; *Grunewald*, WM 1991, 1361; *Hommelhoff/Witt*, RIW 2001, 561 f.; *Hopt*, ZHR 161 (1997), 368, 373; *Zinser*, EuZW 2003, 10.

64 ABlEG Nr. C 64 vom 14.3.1989, S. 8 ff.; vgl. dazu *Hommelhoff/Kleindiek*, AG 1990, 106 ff.

65 Geibel/Süßmann/*Zehetmeier-Müller*, Einl. Rn. 18; *Roßkopf*, S. 270.

Gegenüber dem Vorentwurf berücksichtigte der Vorschlag wieder die Belange der Arbeitnehmer. Mit Rücksicht auf die von der Gemeinschaft verfolgte Sozialpolitik sei es notwendig, dass der Bieter eindeutige Angaben auch über die von ihm ggf. verfolgten Absichten hinsichtlich der Arbeitnehmer der von dem Angebot betroffenen Gesellschaft machen müsse.[66] Zudem sei es eine der wichtigsten Zielsetzungen der Richtlinie, die von einem Kontrollerwerb besonders betroffenen Personen – einschließlich der Beschäftigten der Zielgesellschaft – über die sich ergebenden Folgerungen zu unterrichten und deren Vertretern alle hierfür erforderlichen Dokumente zu überlassen.[67]

Die Reaktionen auf den Richtlinienvorschlag waren in den Mitgliedstaaten unterschiedlich, jedoch überwiegend kritisch.

e) Überarbeiteter Richtlinienvorschlag vom 10.9.1990

Nach einer Stellungnahme des EWSA[68] und des Europäischen Parlaments[69] überarbeitete die Kommission weitgehende Teile der vorgelegten Fassung. Am 10. September 1990 legte sie einen dreiundzwanzig Artikel umfassenden geänderten Vorschlag[70] vor, in dem diese Stellungnahmen teilweise berücksichtigt waren. Im Vergleich zum ursprünglichen Vorschlag sah der neue Art. 10 Abs. 1 lit. l die Verpflichtung vor, dass der Bieter die von ihm mit seinem Angebot verfolgten Ziele und Absichten in Bezug auf eine Sitzverlagerung der Zielgesellschaft, Umstrukturierungsmaßnahmen, die Beschäftigungspolitik sowie ggf. die besonderen Vorkehrungen hinsichtlich der Beteiligungsrechte der Arbeitnehmer, die er beizubehalten oder einzuführen beabsichtige, offenzulegen habe. Weitergehenden Forderungen des Europaparlaments, insbesondere die Beteiligungsrechte der Arbeitnehmer im Übernahmeverfahren bis hin zur tatsächlichen Mitbestimmung zu stärken,[71] kam die Kommission nicht nach, weil sie unvertretbare Einschränkungen der Eigentumsrechte der Aktionäre und Kollisionen mit den Mitbestimmungsregeln in den Mitgliedsländern befürchtete.[72]

Bei den Beratungen im Rat konnte jedoch auch bezüglich des überarbeiteten Richtlinienvorschlags keine Einigung erzielt werden, so dass die Verhandlungen im Juni 1991 abgebrochen wurden.[73] Es handelte sich damals um einen sehr weitgehenden Text, der vor dem Hintergrund einer günstigen Wirtschaftskonjunktur eine detaillierte Harmonisierung des nationalen Übernahmerechts anstrebte. Die Änderung der Wirtschaftslage bewog einige Mitgliedstaaten allerdings zu einer deutlichen Ablehnung des Vorschlags. Unter dem Eindruck der sich verstärkenden Subsidiaritätsdebatte nach

---

66 Erläuterungen zu Art. 10 Abs. 1 lit. l) des Richtlinienvorschlags.

67 Erläuterungen zu Art. 19 des Richtlinienvorschlags; dazu *Niessen*, in: Kreuzer, S. 35, 51 f.

68 ABlEG Nr. C 298 vom 27.11.1989, S. 56 ff.

69 ABlEG Nr. C 38 vom 19.2.1990, S. 41 ff.

70 ABlEG Nr. C 240 vom 26.9.1990, S. 7 ff., mit Begründung im Dok. KOM (90) 416 endg.; vgl. dazu *Grunewald*, WM 1991, 1361 ff.; *Niessen*, in: Kreuzer, S. 35 ff.

71 Vgl. European Intelligence, Monthly Bulletin On The EC's Single European Market, Januar 1990, S. 2; Stellungnahme des EWSA zu Art. 19 (Fn. 68), S. 56, 58.

72 *Berger*, ZIP 1991, 1644, 1659; *Budde/Lawall*, in: FS W. Müller (2001), S. 27, 47.

73 *Roßkopf*, S. 278.

dem Maastrichter Vertrag kündigte die Kommission schließlich im Dezember 1992 an, dass sie ihren Vorschlag auf der Grundlage der im Juni 1993 beginnenden Konsultationen mit den Mitgliedstaaten überarbeiten werde.

f) Vorlage eines neuen Vorschlags am 7.2.1996

Wegen des teilweise vehementen Widerstandes einiger Mitgliedstaaten gegen die früheren Richtlinienentwürfe startete die Kommission im Sommer 1993 eine ausführliche Befragung zum alten Richtlinienvorschlag und zum Harmonisierungsbedarf für Unternehmensübernahmen überhaupt.[74] Das Ergebnis dieser Befragung war, dass sich die Mehrheit der Mitgliedstaaten für die Überarbeitung des alten Richtlinienentwurfs dergestalt aussprach, dass nur noch allgemeine Grundsätze für die Übernahme von Unternehmen niedergelegt werden sollten, ohne eine ins Detail gehende Rechtsangleichung anzustreben.[75] Die Kommission veröffentlichte daraufhin am 7. Februar 1996 eine Rahmenrichtlinie mit nur noch zwölf Artikeln.[76] Nach Art. 6 Abs. 3 lit. h des Vorschlags sollte der Bieter zwar weiterhin verpflichtet sein, Angaben über seine Absichten in Bezug auf die Beschäftigten der Zielgesellschaft zu machen, jedoch enthielt der neue Text nun überhaupt keine Regelungen mehr über die Unterrichtung und Konsultation der Arbeitnehmer von an Übernahmeangeboten beteiligten Gesellschaften, was von den Gewerkschaften kritisiert wurde.[77]

Am 11. Juli 1996 gab der EWSA eine tendenziell positive Stellungnahme zu dem neuen Richtlinienentwurf ab.[78] Sodann billigte das Europäische Parlament am 26. Juni 1997 den Entwurf, wobei es allerdings zahlreiche Änderungen vorschlug.[79]

g) Geänderter Vorschlag vom 10.11.1997

Die Kommission inkorporierte einen Großteil der zweiundzwanzig Änderungsvorschläge des Parlaments und stellte am 10. November 1997 einen „Geänderten Vorschlag für eine dreizehnte Richtlinie des Europäischen Parlaments und des Rates auf dem Gebiet des Gesellschaftsrechts über Übernahmeangebote“[80] vor.

Einen Schwerpunkt der Änderungsanträge bildeten die – maßgeblich auf Wünsche des Parlamentsausschusses für soziale Angelegenheiten und Beschäftigung zurückgehen-

---

[74] Fragebogen der Kommission vom 13.7.1993, Komm.-Dok. XV/6019/93; *Roßkopf*, S. 278.

[75] Geibel/Süßmann/*Zehetmeier-Müller*, Einl. Rn. 20; *Roßkopf*, S. 279.

[76] ABlEG Nr. C 162 vom 6.6.1996, S. 5 ff., mit Begründung im Dok. KOM (95) 655 endg.; vgl. dazu *Krause*, AG 1996, 209; *Neye*, DB 1996, 1121 ff.

[77] *Neye*, DB 1996, 1121, 1123.

[78] ABlEG Nr. C 295 vom 7.10.1996, S. 1 ff.

[79] ABlEG Nr. C 222 vom 21.7.1997, S. 20 ff.; Geibel/Süßmann/*Zehetmeier-Müller*, Einl. Rn. 21; *Pötzsch/Möller*, WM 2000 Sonderbeil. Nr. 2, 3, 5.

[80] ABlEG Nr. C 378 vom 13.12.1997, S. 10 ff.; dazu *Habersack/Mayer*, ZIP 1997, 2141 ff.; zu den wichtigsten Änderungen *Schander*, NZG 1998, 799, 805 ff.; *Witt*, EWS 1998, 318, 320 ff.; *Zinser*, EWS 1999, 133.

den – Regelungen über die Information der betroffenen Arbeitnehmer.[81] Dieser Vorschlag sah dementsprechend für die Zielgesellschaft die Pflicht vor, nach Bekanntmachung des Angebots ihre Arbeitnehmer oder deren Vertreter zu unterrichten[82] und ihnen auch die vollständigen Unterlagen des Angebots zu übermitteln[83]. Ferner wurde die gegenüber den Anteilseignern im Zusammenhang mit dem Angebot bestehende allgemeine Unterrichtungspflicht auf die Beschäftigten ausgedehnt.[84] Ziel dieser Änderungen war ersichtlich, eine *Gleichbehandlung der Belegschaft mit den Angebotsadressaten* zu erreichen, soweit es die Bereitstellung von Informationen betraf.[85] Gegenüber dem vorhergehenden Vorschlag von 1996 wurde dem Bieter zudem auferlegt, die von ihm beabsichtigten Änderungen der Beschäftigungsbedingungen anzukündigen, vgl. Art. 6 Abs. 3 lit. h (a.E.). Darüber hinausgehende Rechte zugunsten der betroffenen Mitarbeiter wollte die Kommission indessen nicht gewähren: Die Leitung der Zielgesellschaft sollte nicht auch noch – wie vom Parlament verlangt – verpflichtet werden, die Belegschaft *vor* der obligatorischen öffentlichen Bewertung des Angebots zu konsultieren; über die Aufnahme einer solchen Regelung sollten die Mitgliedstaaten selbst entscheiden.[86] Ebenso wenig aufgenommen wurde eine Regelung, wonach die den Angebotsvorgang überwachende Stelle nach einer Übernahme fünf Jahre lang jährlich einen Bericht über die Zahl der Beschäftigten beim Bieter und bei der Zielgesellschaft veröffentlichen sollte.[87]

Insgesamt hatten die von der Kommission in den Vorschlag aufgenommenen Anregungen keine essentiellen Änderungen zur Folge. Diese Regelungen lagen durchaus auf der Linie früherer Richtlinien, wo den Arbeitnehmern im Falle wesentlicher Veränderungen bei dem sie beschäftigenden Unternehmen ebenfalls Informationsrechte eingeräumt wurden.[88]

aa) Gemeinsamer Standpunkt des Rates vom 19.6.2000

Unter deutscher Ratspräsidentschaft gelang es in der Tagung des Binnenmarktrates am 21. Juni 1999, nach außerordentlich kontroversen Verhandlungen eine politische Eini-

---

81 *Baums*, in: Rosen/Seifert, S. 165, 178 f.; *Hopt*, in: FS Zöllner (1998), S. 253, 257; *Merkt*, ZHR 165 (2001), 224, 228; *Neye*, ZIP 1997, 2172; *Seulen*, S. 63 f.

82 Art. 6 Abs. 1 Satz 2 sowie Erwägungsgrund 9 des Geänderten Vorschlags.

83 Art. 6 Abs. 2 Satz 3 sowie Erwägungsgrund 9 des Geänderten Vorschlags.

84 Art. 7 Abs. 2 (a.E.) des Geänderten Vorschlags.

85 *Neye*, ZIP 1997, 2172 f.

86 *Budde/Lawall*, in: FS W. Müller (2001), S. 27, 47.

87 Stellungnahme des Parlaments zu Art. 5 Abs. 1a, (Fn. 79), S. 20, 23; *Budde/Lawall*, in: FS W. Müller (2001), S. 27, 47; *Hopt*, in: FS Zöllner (1998), S. 253, 257; *Neye*, ZIP 1997, 2172, 2173.

88 *Neye*, ZIP 1997, 2172, 2173 unter Verweis auf die Richtlinie 77/187/EWG vom 14.2.1977 über die Wahrung von Ansprüchen der Arbeitnehmer beim Übergang von Unternehmen, Betrieben oder Betriebsteilen, und die Richtlinie 94/45/EG vom 22.9.1994 über die Einsetzung eines Europäischen Betriebsrats oder die Schaffung eines Verfahrens zur Unterrichtung und Anhörung der Arbeitnehmer in gemeinschaftsweit operierenden Unternehmen und Unternehmensgruppen.

gung über den Inhalt der Richtlinie zu erzielen.[89] Die formale Verabschiedung scheiterte jedoch zunächst am Widerstand Spaniens, das seine Zustimmung von einer Lösung der sog. Gibraltar-Frage abhängig gemacht hatte.[90] Fast ein Jahr später legte der Rat schließlich am 19. Juni 2000 einstimmig seinen 'Gemeinsamen Standpunkt' zu dem Geänderten Vorschlag fest, der die spätere Grundlage für die endgültige Verabschiedung einer Europäischen Übernahmerichtlinie bilden sollte.[91] Der Ratstext enthielt in Bezug auf die Pflicht zur umfassenden Information der Belegschaftsmitglieder gegenüber dem Geänderten Vorschlag keine Abweichungen: Die Arbeitnehmer der Zielgesellschaft sollten den Aktionären in informeller Hinsicht gleichgestellt werden, denn deren Interessen seien von einer Übernahme besonders berührt.[92]

Entsprechend einem Wunsch des Parlaments, nach dem das Leitungs- oder Verwaltungsorgan der Zielgesellschaft bei allen seinen Handlungen auch zur Sicherung von Arbeitsplätzen verpflichtet werden sollte,[93] sah Art. 5 Abs. 1 lit. c des Geänderten Vorschlags noch explizit die Berücksichtigung der Interessen der Beschäftigten vor. Diese Formulierung ging in den Gemeinsamen Standpunkt lediglich insoweit ein, als – in Anlehnung an den City Code[94] – das Management des Akquisitionskandidatens im Rahmen seiner Äußerungspflicht zusätzlich auf die Auswirkungen des möglichen Kontrollwechsels auf die Beschäftigung einzugehen habe.[95]

(1) Änderungsvorschläge des Europäischen Parlaments vom 13.12.2000

Am 26. Juli 2000 akzeptierte die Kommission den Gemeinsamen Standpunkt, woraufhin dieser und die Stellungnahme der Kommission dem Europäischen Parlament am 7. September 2000 unterbreitet wurde. Schon vor der förmlichen Ratsentscheidung zeichnete sich ab, dass das Europaparlament mit dem Gemeinsamen Standpunkt nicht zufrieden war. Der seit 1999 als Berichterstatter des Ausschusses für Recht und Binnenmarkt fungierende deutsche Abgeordnete *Klaus-Heiner Lehne* (EVP) kündigte daher an, auf wesentliche Änderungen der Richtlinie hinzuwirken.[96]

---

89 Protokoll der 2193. Tagung des Rates – Binnenmarkt – in Luxemburg vom 21.6.1999; *Pötzsch/Möller*, WM 2000 Sonderbeil. Nr. 2, 3, 5; *Neye*, AG 2000, 289 ff.

90 Hierbei ging es um die nach Art. 4 des Entwurfs zu benennende Aufsichtsbehörde für Gesellschaften mit Sitz in Gibraltar, hierzu *Neye*, ZIP 2001, 1120, 1121.

91 ABlEG Nr. C 23 vom 24.1.2001, S. 1 ff.; vgl. dazu *Neye*, AG 2000, 289 ff.; *ders.*, ZIP 2001, 1120, 1121.

92 Vgl. Artt. 6, 8 Abs. 2 sowie Erwägungsgrund 15 des Gemeinsamen Standpunkts; *Neye*, AG 2000, 289, 294.

93 Stellungnahme des EP vom 26.6.1997 (vorstehend Fn. 79) zu Art. 5 Abs. 1 lit. c) des Kommissionsvorschlags; dazu *Hopt*, in: FS Zöllner (1998), S. 253, 257; kritisch Ehricke/Ekkenga/*Oechsler*, § 3 Rn. 24.

94 Rule 25.2, s. oben § 1B.I.1. (Fn. 52).

95 Vgl. Art. 9 Abs. 1 lit. b) sowie Erwägungsgrund 19 des Gemeinsamen Standpunkts; Begründung des Rates zu Art. 3, ABlEG (Fn. 91), S. 11; *Budde/Lawall*, in: FS W. Müller (2001), S. 27, 48; *Lehne*, Arbeitsdokument vom 17.4.2000, PE 285.995, S. 6.

96 *Lehne*, in: FAZ, 14.3.2000, S. 11; *Neye*, AG 2000, 289, 295; *ders.*, ZIP 2001, 1120, 1121; *Wiesner*, ZIP 2000, 1792, 1795.

Nach umstrittenen Beratungen gab das Europäische Parlament am 13. Dezember 2000 eine Stellungnahme ab, mit der es insgesamt fünfzehn Änderungsanträge in Bezug auf den Gemeinsamen Standpunkt geltend machte.[97] Im Kern sollten die Arbeitnehmerrechte ausgebaut werden. So legte das Parlament besonderen Wert darauf, die Belange der Arbeitnehmer der Zielgesellschaft durch entsprechende Informations- und Beratungspflichten noch stärker als bisher zu beachten.[98]

(2) Gegenstellungnahme der Kommission vom 12.2.2001

Am 12. Februar 2001 nahm die Kommission gemäß Art. 251 Abs. 2 lit. c, 2. Hs. EGV zu den Abänderungen Stellung.[99] Unter anderem war von Seiten des Parlaments vorgeschlagen worden, dass die Arbeitnehmer der Zielgesellschaft oder ihre Vertreter an der Entscheidung über das Angebot *beteiligt* werden müssten.[100] Indes lehnte die Kommission eine solche Regelung ab, da nur die Anteilseigner als Adressaten des Angebots über den Verkauf ihrer Wertpapiere entscheiden könnten.

Des Weiteren sollte eine ausführliche Aufstellung der vom Bieter in jedem Fall mitzuteilenden Informationen im Hinblick auf die Interessen der Beschäftigten etabliert werden.[101] Auch diese Änderung wollte die Kommission nicht übernehmen. Zum einen sei eine zu detaillierte Liste für eine Rahmenrichtlinie nicht angemessen und selbst bei einer entsprechenden Umsetzung bestünde die Gefahr, dass die Liste nicht erschöpfend sei. Zum anderen betreffe die Übernahmerichtlinie die Harmonisierung des Gesellschaftsrechts, während sich dieser Änderungsantrag eher auf das Sozialrecht bezöge, das bereits in anderen Richtlinien geregelt sei. Mit derselben Begründung lehnte es die Kommission ab, ein gefordertes Äußerungsrecht[102] zugunsten der Personalvertreter der Zielgesellschaft bezüglich der Auswirkungen eines erfolgreichen Angebots einzuführen.

Ferner ersuchte das Parlament den Rat und die Kommission, die Arbeitnehmer/-vertreter der Zielgesellschaft in die Unterrichtung einzubeziehen, die eigentlich nur für die Aufsichtsorgane der Mitgliedstaaten vorgesehen war.[103] Auch in diesem Punkt

---

[97] ABlEG Nr. C 232 vom 17.8.2001, S. 168 ff.; KK-WpÜG/*Hirte*; Einl. Rn. 65; *Neye*, ZIP 2001, 1120, 1121; *Philipp*, EuZW 2001, 451, 452; *Schüppen*, in: Haarmann (u.a.), Einl. Rn. 17.

[98] S. Änderungsvorschläge (vorstehend Fn. 97) 4, 5, 13, 15 und 20; *Neye*, ZIP 2001, 1120, 1121.

[99] Stellungnahme der Kommission, Dok. KOM (2001) 77 endg.

[100] Änderungsantrag 4 (oben Fn. 97) zu Art. 3 Abs. 1 lit. b) des Gemeinsamen Standpunktes lautete: „Die Inhaber von Wertpapieren einer Zielgesellschaft und deren Arbeitnehmer oder deren Vertretung müssen über genügend Zeit und ausreichende Informationen verfügen, um in ausreichender Kenntnis der Sachlage über das Angebot entscheiden zu können.“.

[101] Änderungsantrag 13 (oben Fn. 97) zu Art. 6 Abs. 3 lit. h) des Gemeinsamen Standpunktes.

[102] Änderungsantrag 20 dritter Teil (oben Fn. 97) zu Art. 9 Abs. 1 lit. b) des Gemeinsamen Standpunktes.

[103] Änderungsantrag 15 (oben Fn. 97) zu Art. 6 Abs. 4 des Gemeinsamen Standpunktes lautete: „Die Mitgliedstaaten stellen sicher, dass Vorschriften in Kraft sind, nach denen die Parteien des Angebots den Aufsichtsorganen ihres jeweiligen Mitgliedstaates, den Leitungs- und Verwaltungsorganen der Zielgesellschaft und den Arbeitnehmervertretern auf Anfrage jederzeit alle ihnen zur Ver-

verweigerte die Kommission ihre Zustimmung. Es handele sich hierbei um Vorkehrungen, die ausschließlich getroffen würden, um die Unterrichtung der mit der Kontrolle des Übernahmeverfahrens betrauten Aufsichtsstellen zu gewährleisten; mithin scheide eine Übertragung auf andere von dem Angebot betroffene Gruppen aus.

(3) Einigung im Vermittlungsausschuss am 6.6.2001

Da sich Anfang 2001 zeigte, dass der Rat auf keinen Fall bereit war, alle Änderungswünsche des Europäischen Parlaments zu übernehmen, waren die Voraussetzungen für die Einberufung eines Vermittlungsausschusses (Art. 251 Abs. 3 Satz 2 EGV) gegeben. Im Rahmen des Vermittlungsverfahrens standen zwei Themenkomplexe im Vordergrund: Die Wahrung der Arbeitnehmerbelange bei Übernahmen und die Pflicht des Vorstands der Zielgesellschaft zur Neutralität[104]. Gerade die strikte Neutralitätspflicht war vor allem in Deutschland Gegenstand einer kritischen Auseinandersetzung, doch wollte die Ratsmehrheit an ihr festhalten. In der entscheidenden letzten Sitzung des Vermittlungsausschusses kam es schließlich am 5. Juni 2001 zur Billigung eines 'Gemeinsamen Entwurfs'[105], bei dem sich das Europaparlament nur mit wenigen seiner Änderungsvorschläge durchsetzen konnte. Der Konsens wurde durch Zugeständnisse des Rates bei den Arbeitnehmerrechten möglich, woraufhin die Parlamentsvertreter im Gegenzug nicht länger auf einer Abschwächung der Neutralitätspflicht bestanden.[106]

Art. 3 Abs. 1 lit. b des Gemeinsamen Entwurfs hob hervor, dass der Vorstand der Zielgesellschaft in seiner Meinungsäußerung zu dem Übernahmeangebot auch auf die Auswirkungen auf die Beschäftigung, die Beschäftigungsbedingungen und die Standorte der Gesellschaft eingehen müsse.[107] Ferner sollte der Vorstand sein Votum unter anderem der eigenen Arbeitnehmervertretung respektive den Mitarbeitern direkt übermitteln; den Personalvertretern der Zielgesellschaft wurde das Recht zugebilligt, eine separate Stellungnahme zu entwickeln und veröffentlichen zu lassen.[108] Auch wurde der Umfang der vom Bieter geforderten Angaben erweitert. Nach dem neu gefassten Art. 6 Abs. 3 lit. h hatte dieser – sofern es sich bei ihm um eine Gesellschaft handelte – seine Pläne auch in Bezug auf das eigene Unternehmen mitzuteilen, wobei er sich ebenfalls mit den Auswirkungen auf Arbeitsplätze, Beschäftigungsbedingungen

fügung stehenden Informationen über das Angebot übermitteln, die für die Wahrnehmung ihrer Aufgaben notwendig sind.".

104 Ausführlich dazu unten § 3B.II.1.a).

105 Dossier 96/0085 (COD), PE-CONS 3629/01 = abgedruckt in ZIP 2001, 1123 ff. (mit Einführung *Neye*).

106 *Neye*, ZIP 2001, 1120, 1122; *Philipp*, EuZW 2001, 451, 452; kritisch IG Metall, Pressemitteilung Nr. 068/2001 vom 12.6.2001 (Abwehr feindlicher Übernahmen muss gestärkt werden).

107 Aufgegriffen und näher ausgestaltet wurde diese Verpflichtung in Art. 9 Abs. 1 lit. d) des Gemeinsamen Entwurfs (vgl. auch dessen Erwägungsgrund 19); *Lehne*, in: Hirte, S. 33, 38; *Neye*, ZIP 2001, 1120, 1122; *Zinser*, EuZW 2003, 10, 11 (dort Fn. 22).

108 Art. 9 Abs. 1 lit. d) Satz 2 und 3 des Gemeinsamen Entwurfs; hierzu *Zinser*, EuZW 2003, 10, 12.

und Standorte auseinandersetzen musste. Insbesondere die Gewerkschaften machten sich für eine Einbindung dieser Aspekte in eine Richtlinie stark.[109]

bb) Ablehnung des Gemeinsamen Entwurfs im Europäischen Parlament am 4.7.2001

Der im Vermittlungsverfahren erreichte Kompromissvorschlag wurde am 25. Juni 2001 im Europäischen Parlament eingebracht; am 4. Juli 2001 lehnte dieses jedoch in einer historischen Abstimmung den Gemeinsamen Entwurf bei einem Auszählungsergebnis von 273 gegen 273 Stimmen bei 22 Enthaltungen ab.[110] Damit galt die Richtlinie nach Art. 251 Abs. 5 Satz 1 EGV als nicht erlassen.

Das Scheitern im Parlament war durch drei politische Grundeinstellungen motiviert: Einerseits die Ablehnung eines strikten Neutralitätsgrundsatzes, wonach die Leitung der Zielgesellschaft für Abwehrmaßnahmen gegen ein Übernahmeangebot nach Bekanntgabe des Angebots die Zustimmung der Aktionäre benötigt, und zwar so lange, wie für europäische Gesellschaften keine gleichen Rahmenbedingungen im Falle von öffentlichen Übernahmeangeboten (sog. „level playing field") geschaffen seien.[111] Vor allem von deutscher Seite wurde ferner eingewandt, dass der Entwurf die Interessen der Arbeitnehmer, die in den an einem Angebot beteiligten Gesellschaften beschäftigt sind, nur unzureichend schütze.[112] Zudem fehle es an einer vollständigen Beseitigung bestehender Wettbewerbsnachteile gegenüber US-amerikanischen Unternehmen.

Trotz des vorübergehenden Scheiterns hatten die bis dahin geleisteten Arbeiten an der Übernahmerichtlinie schon erhebliche Auswirkungen erzeugt. Viele Mitgliedstaaten, in denen Unternehmensübernahmen nicht geregelt waren (z.B. Belgien, Frankreich, Italien, Irland, Österreich, Schweden), hatten Übernahmegesetze erlassen, die in ihrem Kernbereich den Kommissionsvorschlägen entsprachen.[113]

---

[109] *Neye*, ZIP 2001, 1120, 1122; vgl. auch Erwägungsgrund 15, Art. 6 Abs. 1 Satz 3, Abs. 2 Satz 3 sowie Art. 8 Abs. 2 (a.E.) des Gemeinsamen Entwurfs.

[110] ABlEG Nr. C 65 E vom 14.3.2002, S. 112 f.; dazu *Lehne*, in: Hirte, S. 33, 34 f.; s. auch *Wiesner*, ZIP 2004, 343, 344 f. (dort Fn. 18), demzufolge die Parlamentspräsidentin *Nicole Fontaine* erst nach Einblick in den EU-Vertrag ihre zuvor verkündete Annahme der Richtlinie ins Gegenteil korrigieren musste: Erst zum zweiten Mal in der Geschichte des Mitentscheidungsverfahrens war eine Richtlinie am Widerstand des Europaparlaments gescheitert.

[111] Während in den meisten EU-Mitgliedsstaaten Abwehrmaßnahmen gegen unerwünschte Übernahmeversuche wie z.B. Mehrfach- oder Höchststimmrechte existieren, wurden diese in Deutschland bereits 1998 durch das Gesetz zur Kontrolle und Transparenz im Unternehmensbereich (KonTraG) abgeschafft; vgl. auch *Lehne*, in: Hirte, S. 33, 39 ff.; *Pluskat*, WM 2001, 1937, 1938 ff.; *Wackerbarth*, WM 2001, 1741; s. ferner einblick, Heft 13/01 vom 9.7.2001, S. 2 (EU-Parlament kippt Neutralität).

[112] *Becker*, GmbHR 2003, R185; *Ekkenga/Schulz*, in: Ehricke/Ekkenga/Oechsler, Einf. Rn. 15; *Lehne*, in: Hirte, S. 33, 38; *Seibt/Heiser*, ZIP 2002, 2193.

Nach Ansicht des Berichterstatters des Ausschusses für Recht und Binnenmarkt (Arbeitsdokument vom 22.11.2002, PE 324.172, S. 5), *Lehne*, berücksichtigte die gescheiterte Richtlinie die Rechte der Arbeitnehmer während der Übernahmephase lediglich „rudimentär".

[113] *Hopt*, ZHR 161 (1997), 368, 372 f.; *Krause*, NZG 2000, 905, 913.

h) Weitere Schritte auf dem Weg zur Verabschiedung einer Übernahmerichtlinie

Nachdem das Europäische Parlament den im Vermittlungsausschuss angenommenen Kompromiss zum ersten Richtlinienvorschlag abgelehnt hatte, wurde der Ruf nach einer gemeinschaftsweiten Regelung noch dringlicher.

Im September 2001 beschloss die Kommission, einen erneuten Versuch zu unternehmen und setzte eine Gruppe von Gesellschaftsrechtsexperten unter dem Vorsitz von Prof. *Jaap Winter* ein, die Vorschläge ausarbeiten sollte, wie die Unstimmigkeiten zwischen dem Europaparlament auf der einen und Ministerrat und Kommission auf der anderen Seite gelöst werden könnten. Die Expertengruppe präsentierte ihren Abschlussbericht am 10. Januar 2002.[114]

aa) Richtlinienvorschlag der Kommission vom 2.10.2002

Da die Kommission einen neuen Richtlinienvorschlag nicht während des Bundestagswahlkampfes einbringen wollte, kam es erst am 2. Oktober 2002[115] zu einer erneuten Vorlage, deren Bezeichnung weder einen Hinweis auf das Gesellschaftsrecht noch auf die ehemals verwandte Nummerierung als dreizehnte Richtlinie enthielt. Dieser liberale Vorschlag nahm einige Anregungen der Expertengruppe zur Offenlegung und Durchbrechung struktureller Übernahmeschranken auf. Dem Anliegen des Europäischen Parlaments entsprechend, den Schutz der Mitarbeiter, die in den an einem Übernahmeangebot beteiligten Bieter- und Zielgesellschaften beschäftigt sind, auszuweiten, erklärte die Kommission außerdem, dass eine „enge, effektive Einbeziehung der Arbeitnehmer dieser Gesellschaften“ einen bedeutsamen „Faktor nicht nur für den Erfolg des Angebots, sondern auch im Hinblick auf die angemessene Berücksichtigung der diversen Interessen, die hier auf dem Spiel“ stünden, darstelle.[116] Gegenüber dem Gemeinsamen Entwurf[117] enthielt dieser Vorschlag jedoch keine neuen Regelungen zugunsten der Belegschaft. Die Kommission verwies vielmehr auf einzelstaatliche Bestimmungen, die zwecks Information und Konsultation der Arbeitnehmervertreter der betroffenen Gesellschaften zur Anwendung gelangen könnten.[118] Zudem nahm sie auf die verschiedenen in diesem Bereich bestehenden Gemeinschaftsregelungen Bezug,[119]

---

114 Bericht der hochrangigen Gruppe von Experten auf dem Gebiet des Gesellschaftsrechts über die Abwicklung von Übernahmeangeboten, Brüssel, 10.1.2002; hierzu *Hopt*, ZHR 166 (2002), 383, 387; *Wiesner*, ZIP 2002, 208 ff.; *ders.*, GmbHR 2002, R457 ff.

115 Vorschlag für eine Richtlinie des Europäischen Parlaments und des Rates betreffend Übernahmeangebote, ABlEG Nr. C 45 E vom 25.3.2003, S. 1 ff. (nachfolgend: Vorschlag), mit Begründung im Dok. KOM (2002) 534 endg.; hierzu *Becker*, GmbHR 2003, R185 ff.; *Krause*, BB 2002, 2341 ff.; *Neye*, NZG 2002, 1144 ff.; *Seibt/Heiser*, ZIP 2002, 2193 ff.; *Wiesner*, ZIP 2002, 1967; *Zinser*, EuZW 2003, 10 ff.; *ders.*, ZRP 2003, 78 ff.

116 Erläuterungen zu Art. 13 des Vorschlags, ABlEG (Fn. 115), S. 7.

117 S. vorstehend § 1B.I.2.g)aa)(3) (Fn. 105).

118 Erläuterungen zu Art. 13 des Vorschlags, ABlEG (Fn. 115), S. 7.

119 Die Begründung des Vorschlags (Dok. KOM (Fn. 115), S. 1, 33) erinnerte dabei an den Prozess der Übertragung des EU-Standards an Rechtsvorschriften (sog. »aquis communautaire«) in Bezug auf die Rechte der Arbeitnehmer in den durch das Angebot betroffenen Gesellschaften und er-

welche ggf. neben dem besonderen Verfahren im Falle eines öffentlichen Angebots (vgl. Artt. 6 Abs. 3 lit. h, 9 Abs. 5 des Vorschlags) anwendbar seien.[120] Lediglich bei den Unterrichtungspflichten wurde der zuvor auf die Arbeitnehmer/-vertreter der Zielgesellschaft beschränkte Adressatenkreis auf die beim *Bieter* beschäftigten Personen (-gruppen) unter der Voraussetzung ausgeweitet, dass es sich bei diesem (wie im Regelfall) um eine Gesellschaft handele.[121] Die Kommission begründete ihre Zurückhaltung damit, dass schon der vorhergehende Vorschlag – der nach der zweiten Lesung nochmals im Vermittlungsverfahren abgeändert wurde – bereits die Verpflichtung zur Information[122] der Arbeitnehmer oder deren Vertreter sowie ein Recht auf Stellungnahme[123] vorsah.[124]

Erwartungsgemäß war dieser Vorschlag Gegenstand heftiger Kritik gerade von Seiten der Bundesregierung, aber auch der Abgeordneten des Europäischen Parlaments, beruhte er doch im Wesentlichen auf dem bereits im Juni 2001 gescheiterten Kompromisstext des Vermittlungsausschusses.[125]

bb) Minimalkonsens Ende 2003 und Verkündung der RL 2004/25/EG am 30.4.2004

Die italienische EU-Ratspräsidentschaft präsentierte daraufhin Mitte Oktober 2003 einen Kompromissvorschlag, für den der Rat am 27. November 2003 einstimmig votierte.[126] Damit wurde der Weg frei, die Richtlinie auch ohne Zustimmung der Kommission in Kraft zu setzen (vgl. Art. 251 Abs. 3 Satz 1, 2. Hs. EGV). Da diese Minimallösung den ursprünglich vom EU-Binnenmarktkommissar *Frits Bolkestein* (Niederlande) vorgelegten Entwurf stark verwässerte, verlangte dieser zwischenzeitlich

---

wähnte die Europäische Betriebsrats-RL 94/45/EG, die Massenentlassungs-RL 98/59/EG sowie die Unterrichtungs- und Anhörungs-RL 2002/14/EG.

[120] Erläuterungen zu Art. 13 des Vorschlags, ABlEG (Fn. 115), S. 7; s. auch dessen Erwägungsgrund 20, Satz 1.

[121] Art. 6 Abs. 1 Satz 3, Abs. 2 Unterabs. 1 Satz 3 des Vorschlags; *Neye*, NZG 2002, 1144; s. auch oben § 1A.I.2. (Fn. 11).

[122] Vgl. Erwägungsgrund 12 sowie Art. 8 Abs. 2 des Vorschlags.

[123] S. dazu den – inkonsequenten – Art. 9 Abs. 5 Satz 3 des Vorschlags, nach dem ein Stellungnahmerecht lediglich zugunsten der Arbeitnehmer*vertreter* der Zielgesellschaft bestand. Hingegen hätten Satz 2 des Erwägungsgrundes 20 des Vorschlags zufolge die Arbeitnehmer der Zielgesellschaft *oder* ihre Vertreter die Möglichkeit erhalten „müssen", sich zu den voraussichtlichen Auswirkungen des Angebots auf die Beschäftigung zu äußern.

[124] Begründung des Vorschlags, Dok. KOM (Fn. 115), S. 37; s. ferner Art. 3 Abs. 1 lit. b) und c) sowie Erwägungsgrund 16 des Vorschlags.

[125] *Kindler/Horstmann*, DStR 2004, 866; *Neye*, NZG 2002, 1144; Stellungnahme des EP-Ausschusses für Beschäftigung und soziale Angelegenheiten vom 20.2.2003, PE 327.239 vom 8.12.2003, S. 69, 70 f.; *Wägenbaur*, ZRP 2002, 494, 495; *Zinser*, ZRP 2003, 78 f.; vgl. auch Antrag der Bundestagsfraktion der CDU/CSU vom 11.3.2003, BT-Ds. 15/539, S. 1 f.

[126] 14 der 15 Mitgliedstaaten votierten für den Minimalkonsens, Spanien enthielt sich bei der Abstimmung, s. FAZ, 13.10.2003, S. 11 (Europas Regierungen ziehen dem Übernahmekodex die Zähne) sowie 28.11.2003, S. 11 (Einigung über Übernahmekodex); FTD, 28.11.2003 (Berlin erringt Sieg im Streit um Übernahmen).

erfolglos von seinen Kollegen, ihm zu gestatten, den Vorschlag zurückzuziehen;[127] wäre dies geschehen, so hätte auch ein einstimmiger Ratsbeschluss nichts an dem endgültigen Scheitern der Richtlinie ändern können. Nachdem das Europäische Parlament am 16. Dezember 2003 mit 325 zu 221 Stimmen, bei 7 Enthaltungen – gestützt von den Konservativen, den Liberalen und Teilen der Grünen gegen die Voten der Sozialisten – mit großer Mehrheit dem Vorschlag seines Berichterstatters gefolgt war, den italienischen Kompromisstext anzunehmen,[128] erzielte der Ministerrat am 22. Dezember 2003 endgültig eine politische Einigung über den Inhalt der Richtlinie.[129] Nachdem auf der Ratssitzung Justiz und Inneres am 30. März 2004 die Verabschiedung formal beschlossen worden war, trat die Richtlinie 2004/25/EG[130] des Europäischen Parlaments und des Rates betreffend Übernahmeangebote am 20. Mai 2004 in Kraft; sie ist spätestens zwei Jahre später von den Mitgliedstaaten umzusetzen (Art. 21 Abs. 1 Unterabs. 1 Satz 1 RL).

Primäres Ziel dieser Richtlinie ist, dass gemeinschaftsweit ein angemessenes Schutzniveau für Aktionäre etabliert werden soll, wie dies auch die Ermächtigungsgrundlage des Art. 44 Abs. 1, 2 lit. g EGV vorgibt. Gleichzeitig wird die Schaffung eines effizienten und transparenten Angebotsverfahrens angestrebt. Daneben bezweckt die Richtlinie aber ebenfalls den Schutz der für die Ziel- und Bietergesellschaft tätigen Arbeitnehmer.[131]

(1) Keine Weiterentwicklung des Arbeitnehmerschutzes

Im Grundsatz enthält die verabschiedete Richtlinie gegenüber dem Vorschlag vom Oktober 2002 keine weitergehenden Schutzrechte zugunsten der Beschäftigten. Nachdem seinerzeit die Mitarbeiter der bietenden Gesellschaft als Informationsadressaten in das Übernahmeverfahren einbezogen worden waren,[132] ist die allgemeine Bekanntma-

---

[127] Allerdings hat die Kommission dem Ministerrat mit Art. 20 eine weitreichende Revisionsklausel abgerungen: Fünf Jahre nach Inkrafttreten kann die Kommission die Richtlinie umfassend überprüfen und ggf. Änderungen vorschlagen; zu diesem Zweck ist eine jährliche Übermittlungspflicht der Mitgliedsländer vorgesehen. Zum Ganzen auch FAZ, 27.11.2003, S. 14 (Beratungen über den Übernahmekodex); FTD, 16.5.2003 (Bolkestein auf Konfliktkurs) sowie 27.11.2003 (Übernahmekodex wird wohl stark verwässert); www.FTD.de, 25.11.2003 (Rücknahme der EU-Übernahmerichtlinie erwartet).

[128] *Wiesner*, ZIP 2004, 343, 346; vgl. FAZ, 3.7.2003, S. 12 (Optionsmodell für Übernahmekodex) sowie 17.12.2003, S. 12 (Parlament stimmt Übernahmekodex zu); www.FTD.de, 16.12.2003 (Europa-Parlament beschließt abgeschwächte Übernahmerichtlinie).

[129] Vgl. *Kindler/Horstmann*, DStR 2004, 866; FAZ, 23.12.2003, S. 12 (Übernahmerichtlinie endgültig gebilligt).

[130] ABlEG Nr. L 142 vom 30.4.2004, S. 12 ff. (nachfolgend: Richtlinie (RL)); dazu *Kindler/Horstmann*, DStR 2004, 866 ff.; *Krause*, BB 2004, 113 ff.; *Maul/Muffat-Jeandet*, AG 2004, 221 ff., 306 ff.; *Wagner*, Bank 2004, 108 ff.; *Wiesner*, ZIP 2004, 343 ff.

[131] Vgl. Arbeitsdokument des Ausschusses für Recht und Binnenmarkt (oben Fn. 112), S. 2 (noch begrenzt auf die Arbeitnehmer der Zielgesellschaft); Erläuterungen zu Art. 13 des Vorschlags (Fn. 115), S. 7; *Pötzsch/Möller*, WM 2000 Sonderbeil. Nr. 2, 3, 5 (zum Gemeinsamen Standpunkt).

[132] Vorstehend § 1B.I.2.h)aa) (Fn. 121).

chungsregelung des Art. 8 Abs. 2 (a.E.) RL nunmehr entsprechend angepasst worden. Ebenfalls neu aufgenommen wurde in Art. 14[133] (ex Art. 13) RL der Hinweis auf die Umsetzung der Richtlinie zur Ergänzung des Statuts der Europäischen Gesellschaft hinsichtlich der Beteiligung der Arbeitnehmer[134] in einzelstaatliche Bestimmungen, auf die neben den besonderen übernahmerechtlichen Verfahrensvorschriften bei Bedarf zurückgegriffen werden könne. Dieselbe Vorschrift sieht zusätzlich die Weitergeltung bestehender nationalstaatlicher Mitbestimmungsrechte zugunsten der Beschäftigten der Bieter- sowie der Zielgesellschaft in der Phase eines Übernahmeangebots vor, wobei sowohl auf die betriebliche als auch die unternehmerische Mitbestimmung Bezug genommen wird.[135] Zusammengefasst stellt Art. 14 RL indes eine bloße Leerformel dar: In der Situation einer Unternehmensübernahme schützen einzelstaatliche, dem Arbeitnehmerinteresse dienende Regelungen (wie Unterrichtungs- und Anhörungs- sowie ggf. Mitbestimmungsrechte) in dem Maße, wie deren Voraussetzungen erfüllt sind.[136]

Noch vor der ausstehenden Zustimmung des Europäischen Parlaments am 16.12.2003 machten sich denn auch die Gewerkschaften für die Ablehnung des Kompromisses stark, weil ihnen vor allem die Arbeitnehmerrechte nicht weit genug gingen.[137] Hiermit deckte sich ein Vorschlag des EWSA, nach dem die Bieter- und Zielgesellschaft verpflichtet werden sollten, ihr Personal während des gesamten Prozesses einer Übernahme zu konsultieren.[138] Unzufrieden mit der vorgesehenen Konsultation der Belegschaft waren ebenfalls die Sozialdemokraten im Europaparlament, die weitergehende Anträge einreichten; letztlich scheiterte eine Erweiterung des Schutzes zugunsten der Belegschaft nur knapp, was insbesondere auf die ablehnende Haltung der britischen Regierung zurückzuführen ist.[139]

---

133 Art. 14 RL lautet: „Diese Richtlinie berührt nicht die Vorschriften über die Unterrichtung und Anhörung der Arbeitnehmervertreter und, falls von den Mitgliedstaaten vorgesehen, die Mitbestimmung der Arbeitnehmer der Bieter- sowie der Zielgesellschaft nach den einschlägigen nationalen Bestimmungen, insbesondere den Vorschriften zur Umsetzung der Richtlinien 94/45/EG, 98/59/EG, 2001/86/EG und 2002/14/EG."; s. auch Erwägungsgrund 23, Satz 1 RL.

134 Richtlinie 2001/86/EG des Rates vom 8. Oktober 2001, ABlEG L Nr. 294 vom 10.11.2001, S. 22 ff.; dazu *Thoma/Leuering*, NJW 2002, 1449 ff.

135 *Wiesner*, ZIP 2004, 343, 346.

136 Vgl. Erwägungsgrund 23, Satz 1 RL; *Kindler/Horstmann*, DStR 2004, 866, 870; *Maul/Muffat-Jeandet*, AG 2004, 306, 315 („Regelung verschafft keine neuen Rechte"); *Seibt/Heiser*, ZIP 2002, 2193, 2194; *Wiesner*, ZIP 2004, 343, 348 („rein deklaratorisch[..]").

137 einblick, Heft 22/03 vom 8.12.2003, S. 2 (Heftige Kritik an EU-Politik); *Wiesner*, ZIP 2004, 343, 346.

138 Stellungnahme des EWSA vom 15.5.2003 zu Art. 13 des Vorschlags, ABlEG Nr. C 208 vom 3.9.2003, S. 55, 58 (unter 2.8.1.).

139 FAZ, 7.11.2003, S. 14 (Übernahmekodex vor der Entscheidung); FTD, 16.12.2003, S. 14 (Letzte Hürde für Übernahmekodex); s. ebenfalls *Kuckelkorn* (MdEP/SPE-Fraktion), Rede vom 6.10.2003 (abrufbar unter www.Wilfried-Kuckelkorn.de/documents/Mitbestimmung.pdf; zuletzt besucht am 3.6.2004); *Maul/Muffat-Jeandet*, AG 2004, 306, 307, 315; *Wiesner*, ZIP 2004, 343, 346.

(2) Übernahmeschlacht zwischen Sanofi-Synthélabo und Aventis

Zum Ende des Mitentscheidungsverfahrens zeigte sich die besondere Bedeutung einer europaweiten Angleichung der Übernahmeregeln. Am 26. Januar 2004 gab der französische Arzneimittelhersteller Sanofi-Synthélabo S(ociété)A(nonyme) für den nach Umsatz und Mitarbeiterzahlen mehr als doppelt so großen Konkurrenten Aventis S.A. ein feindliches Übernahmeangebot in Höhe von 47,8 Mrd. € ab.[140] Daraufhin folgte ein dreimonatiger Übernahmekampf, dessen Hauptakteure die Vorstandsvorsitzenden der beiden Konzerne, *Jean-François Dehecq* (Sanofi-Synthélabo) und *Igor Landau* (Aventis), waren.

Aventis, ein deutsch-französisches Unternehmen mit Sitz in Straßburg, ging 1999 aus einem Zusammenschluss der Frankfurter Hoechst AG mit der französischen Rhône-Poulenc hervor und beschäftigte weltweit rund 78.000 Mitarbeiter, darunter 9.000 in der Tochtergesellschaft Aventis Pharma Deutschland GmbH. Sowohl das Management als auch die Belegschaften lehnten anfangs einmütig die Offerte ab. Auf deutscher Seite fanden sie für ihre Position Unterstützung nicht nur von der zuständigen Industriegewerkschaft Bergbau, Chemie, Energie (IG BCE), sondern auch von deutschen Politikern aus den Reihen der Hessischen Landesregierung und der Bundesregierung.[141] Sanofi-Synthélabo, mit Konzernsitz in Paris und 32.500 Mitarbeitern, entstand ebenfalls im Jahre 1999 aus der Fusion von Sanofi mit Synthélabo und wies eine stärkere Wachstumsrate als das Zielunternehmen aus, weshalb beide Gesellschaften an der Börse fast gleich gewertet wurden. In ganzseitigen Zeitungsannoncen warb das Unternehmen um die Zustimmung von mindestens fünfzig Prozent der betroffenen Aktionäre: Mit 82,1 % befand sich der Großteil der Wertpapiere in Streubesitz, davon weniger als 9 % in Deutschland.[142] Die Angestellten von Aventis, in der Vereinigung der Belegschaftsaktionäre (ASAVE) zusammengeschlossen, hielten 3,5 % des Kapitals; nur der Großaktionär Kuwait Petroleum Corporation (KPC) repräsentierte mit einem Anteil von 13,5 % mehr.

Erstaunlich ist, dass derselbe Berichterstatter, der i.R.d. Gemeinsamen Entwurfs kritisierend von einer nur „rudimentären" Berücksichtigung der Arbeitnehmerrechte sprach (vorstehend Fn. 112), den Umfang des in der verabschiedeten Richtlinie vorgesehenen Mitarbeiterschutzes – trotz fehlender essentieller Ausbauregelungen – positiv beurteilte ('Arbeitnehmer werden künftig in Unternehmensübernahmen aktiv einbezogen', *Lehne*, EVP-Pressemeldung vom 16.12.2003).

140 FTD, 26.1.2004 (Sanofi macht Aventis Angebot zur Übernahme) sowie 27.1.2004 ('Aventis kämpft gegen Übernahme', 'Jean-Francois Dehecq: Der Überzeugungstäter' und 'Kommentar: Französisches Poker').

141 So sagte Hessens Ministerpräsident *Roland Koch*, dass „nicht nur Aktien getauscht" würden, „sondern möglicherweise Zukunftschancen für Arbeitsplätze und Forschung", vgl. www.FAZ.net, 27.1.2004 (Sorge um deutsche Arbeitsplätze bei Aventis); FTD, 28.1.2004 (Berlin macht mobil gegen Pharma-Fusion); IG-BCE Chemiekurier: aventis aktuell (abrufbar unter www.frankfurt.igbce.de/Upload/Chemiekurier_Seite_1_4_51668.pdf; zuletzt besucht am 26.5.2004).

142 FAZ, 27.1.2004, S. 14 (Bei Aventis droht der Abbau von Arbeitsplätzen in Deutschland); www.Sueddeutsche.de, 11.6.2004 (Aventis-Chef rechtfertigt Übernahme); www.Welt.de, 10.4.2004 (Sanofi-Chef überzeugt Aventis-Gewerkschafter).

Aventis setzte sich mit scharfen Gegenangriffen zur Wehr. Sanofi-Synthélabo wurde vorgeworfen, mit dem feindlichen Gebot nur die eigene Marktschwäche kaschieren und die eigene Akquisition verhindern zu wollen. Zudem sprachen sich die Verwaltungsorgane des Zielunternehmens für einen Zusammenschluss mit dem schweizerischen Konzern Novartis aus.[143] Dieser sollte als Konkurrenzanbieter für Aventis auftreten und mit der Abgabe eines eigenen, freundlichen Übernahmeangebots die Pläne des französischen Rivalen durchkreuzen. Die französische Regierung, allen voran Premierminister *Jean-Pierre Raffarin*, lehnte jedoch ein Zusammengehen von Aventis und Novartis ab und bevorzugte die Schaffung eines „nationalen Champions" in der Pharmaindustrie.[144] Am Abend des 25. April 2004 nahm die Übernahmeschlacht dann ein unerwartet abruptes Ende: Nachdem der französische Wirtschafts- und Finanzminister *Nicolas Sarkozy* die Spitzen beider Konzerne zu einem vermittelnden Gespräch empfangen hatte, stockte Sanofi-Synthélabo sein Angebot auf 55,3 Mrd. € auf; anders als zu Beginn, als das Bieterunternehmen einen unfreundlichen Kontrollerwerb anstrebte, sah sich der Sanofi-Chef außerdem zu erheblichen Zugeständnissen an das Management des Konkurrenten gezwungen. Als Novartis-Chef *Daniel Vasella* in Kenntnis der Sachlage im entscheidenden Moment kein eigenes Angebot vorlegen wollte, empfahlen der Vorstand und die Mehrheit der dreizehn Aufsichtsratsmitglieder von Aventis – gegen die Stimmen der beiden Arbeitnehmervertreter – daraufhin den eigenen Anteilseignern, ihre Aktien im Rahmen der verbesserten Offerte einzureichen.[145] Sanofi-Synthélabo konnte sich auch deswegen durchsetzen, weil sich Bundeskanzler *Gerhard Schröder* zur Zurückhaltung verpflichtet fühlte.[146] Das Angebot an die Aktionäre von Aventis bezifferte sich auf fünf neue Sanofi-Aktien und 115,08 € in bar für jeweils sechs Aventis-Aktien, wobei die Annahmefrist am 30. Juli 2004 auslief.[147] Am 9. August teilte schließlich die französische Börsenaufsicht mit, dass Sanofi-

143 www.FAZ.net, 5.4.2004 (Landau: Aventis-Arbeitsplätze durch Novartis sicherer); www.FTD.de, 2.4.2004 (Aventis ruft Novartis zu Angebot auf).

144 FTD, 18.3.2004 (Sanofi: Politische Einflussnahme erzürnt Wirtschaft), 6.4.2004 (Raffarin stemmt sich gegen Fusionspläne von Aventis); www.FTD.de, 19.3.2004 (Sanofi: Bankenkonsortium hilft bei Aventis-Übernahme); www.Reuters.de, 27.4.2004 (Clement kritisiert Frankreichs Rolle bei Sanofi/Aventis).

145 FAZ, 27.4.2004, S. 14 (Novartis und Aventis haben alles für den Zusammenschluss vorbereitet, doch Vasella greift nicht zu); FTD, 26.4.2004 (Aventis nimmt Sanofis neues Angebot an); www.FTD.de, 26.4.2004 (Frankreich erzwingt 'nationale Lösung' für Aventis), 27.4.2004 (Aventis-Belegschaft protestiert gegen Übernahme); www.Sueddeutsche.de, 25.4.2004 (Sanofi schluckt Aventis).

146 Dazu Antwort der Bundesregierung auf die Kleine Anfrage der Bundestagsfraktion der CDU/CSU – BT-Ds. 15/2498 vom 10.2.2004, S. 1 f. – zur möglichen Übernahme des Pharma-Konzerns Aventis, BT-Ds. 15/2560 vom 25.2.2004, S. 1 f.; s. auch www.Sueddeutsche.de, 26.4.2004 (Mehr Geld und Druck aus Paris macht Aventis willig).

147 Ganzseitige Anzeigen von Sanofi-Synthélabo an die Aventis-Aktionäre in FAZ vom 12.6., 10.7., 16.7.2004.

Synthélabo 95,47 % des Aventis-Aktienkapitals und in gleicher Höhe Stimmrechte erworben hatte.[148]

Von Anfang an war beabsichtigt, dass ein Kontrollerwerb im Wege des öffentlichen Übernahmeangebots nur ein erster Schritt hin zu einer Verschmelzung beider Konzerne sein sollte. Mit dem Zusammengehen beider Unternehmen zu Sanofi-Aventis entsteht der größte Pharmakonzern in Europa und die Nummer drei in der Welt mit rund 25 Mrd. € Umsatz, einem Gewinn von 5 Mrd. € und einem Börsenwert von mehr als 90 Mrd. €.[149]

II. Der Weg zu einem deutschen Übernahmegesetz

1. Gescheiterter Versuch der Selbstregulierung

Mit dem am 1. Januar 2002 in Kraft getretenen „Gesetz zur Regelung von öffentlichen Angeboten zum Erwerb von Wertpapieren und von Unternehmensübernahmen" und dem in seinem Art. 1 enthaltenen „Wertpapiererwerbs- und Übernahmegesetz" (WpÜG) existiert in Deutschland erstmals ein verbindliches Regelwerk für öffentliche Angebote. Die gesetzliche Regelung markiert dabei das Ende des Versuchs, Unternehmensübernahmen durch selbstgesetzte Verhaltensregeln für die beteiligten Marktteilnehmer zu regeln.

a) Leitsätze für Unternehmensübernahmen (1979)

Die ersten Schritte bei der Etablierung allgemeiner Standards für die Regulierung von Unternehmensübernahmen reichen nahezu fünfundzwanzig Jahre zurück.

Unter dem Einfluss der Vorarbeiten des Pennington-Entwurfs[150] gab es bereits in den siebziger Jahren Diskussionen über die im Zusammenhang mit Übernahmeangeboten existierenden Fragen. Diese mündeten im Jahre 1979 in der Verabschiedung der Leitsätze[151] für Unternehmensübernahmen, welche von der Börsensachverständigenkommission[152] (BSK) als Wohlverhaltensregeln aufgestellt wurden. Sie enthielten neben allgemeinen Grundsätzen auch solche zur Vorbereitung, zum Inhalt und zur Durchführung des Angebots. Diese Prinzipien gingen inhaltlich zum Teil recht weit – und das

---

148 www.FAZ.net, 9.8.2004 (Die Übernahme von Aventis durch Sanofi ist perfekt); www.FTD.de, 9.8.2004 (Sanofi sichert sich 95 Prozent der Aventis-Aktien), 12.8.2004 (Sanofi umwirbt die letzten Aventis-Aktionäre).

149 FAZ, 27.4.2004, S. 14 (Sanofi-Aventis startet mit hohen Schulden) sowie 15.10.2004, S. 19 (Aventis stimmt Bedingungen zu); www.FTD.de, 26.4.2004 (Stichwort: Wie Sanofi und Aventis zusammenpassen).

150 Vorstehend § 1B.I.2.a).

151 Leitsätze für öffentliche freiwillige Kauf- und Umtauschangebote bzw. Aufforderungen zur Abgabe derartiger Angebote für im amtlich notierten oder im geregelten Freiverkehr gehandelten Aktien- bzw. Erwerbsrechte, abgedruckt bei *Baumbach/Hopt*, S. 1398 ff.; vgl. dazu auch *Assmann/Bozenhardt*, in: Assmann (u.a.), S. 1, 40 ff.; *Schander*, NZG 1998, 799 f.

152 Bei der BSK handelt es sich um ein beim Bundesministerium der Finanzen (BMF) angesiedeltes Expertengremium, welches beratende Funktion hat und sich aus Vertretern der Wissenschaft, Investoren, Börsenaufsicht der Länder, Emittenten und Kreditinstituten zusammensetzt.

konnten sie auch, weil sie nicht allgemeinverbindlich waren.[153] Trotzdem fanden sich weder Regeln über die (Un-)Zulässigkeit von Verteidigungsmaßnahmen der betroffenen Gesellschaften noch Bestimmungen zum Schutze der betroffenen Arbeitnehmer.[154] In der Praxis blieben diese Leitsätze weitgehend unbeachtet.[155]

b) Übernahmekodex (1995)

Die Leitsätze wurden vor dem Hintergrund zwischenzeitlicher Veränderungen, insbesondere auf europäischer Ebene, überarbeitet und weiterentwickelt. So trat an deren Stelle am 1. Oktober 1995 als freiwillige Regelung („soft-law")[156] der ebenfalls durch die BSK erarbeitete Übernahmekodex[157], welcher zu großen Teilen den Anforderungen des Kommissionsvorschlags vom Frühjahr 1996 entsprach.[158] Mit Wirkung zum 1. Januar 1998 wurde der Kodex inhaltlich nochmals dem fortentwickelten internationalen Standard angepasst.[159]

Entgegen der vermeintlich unmittelbar bevorstehenden Übernahmerichtlinie berücksichtigte der Übernahmekodex an keiner Stelle die Interessen der Belegschaft. Das Gleiche galt für dessen modifizierte Fassung: Obwohl der Richtlinienentwurf vom November 1997 in den Artt. 5-7 umfassende Informationspflichten gegenüber den Mitarbeitern oder deren Vertretern vorsah,[160] waren derartige Bestimmungen zum Schutze der Arbeitnehmer im Kodex nicht erwähnt.[161]

c) Notwendigkeit einer gesetzlichen Regelung

Die Empfehlungen des Übernahmekodex erhielten nicht die erforderliche Akzeptanz, um wie sein Londoner Vorbild zur Kapitalmarktusance zu werden.[162] Anders als beim City Code ließ sich eine vollständige formelle Anerkennung des Kodex im Wege der Selbstverpflichtung durch die beteiligten Unternehmen bis zuletzt nicht realisieren. Von den insgesamt 1016 börsennotierten inländischen Unternehmen hatten bis zum 11. April 2001 lediglich 755 Gesellschaften, davon 86 Unternehmen des DAX-100,

---

[153] Geibel/Süßmann/*Zehetmeier-Müller*, Einl. Rn. 2.

[154] *Schander*, NZG 1998, 799, 800.

[155] *Ekkenga/Schulz*, in: Ehricke/Ekkenga/Oechsler, Einf. Rn. 16; *Land/Hasselbach*, DB 2000, 1747; *Pötzsch/Möller*, WM 2000 Sonderbeil. Nr. 2, 3, 13; *Zinser*, NZG 2001, 391, 392.

[156] *Dimke/Heiser*, NZG 2001, 241; *Thoma*, ZIP 1996, 1725, 1729.

[157] Abgedruckt in ZIP 1995, 1464 ff. sowie in AG 1995, 572 ff.; dazu *Thoma*, ZIP 1996, 1725 ff.; *Schander*, NZG 1998, 799, 800 ff.

[158] *Ekkenga/Schulz*, in: Ehricke/Ekkenga/Oechsler, Einf. Rn. 17.

[159] Abgedruckt in AG 1998, 133 ff.

[160] Vgl. dazu oben § 1B.I.2.g).

[161] einblick, Heft 5/00 vom 13.3.2000, S. 3 (Das große Fressen – nur ausgebremst); *Zeppenfeld*, in: FAZ, 3.3.2001, S. 23.

[162] BT-Ds. 14/3895, S. 5; KK-WpÜG/*Hirte*, Einl. Rn. 44; *Müller*, GmbHR 2000, R373; *Thaeter/Barth*, NZG 2001, 545.

den Kodex anerkannt.[163] Auch durch die seit 1998 für die Neuzulassung zum DAX, MDAX sowie zum Neuen Markt erforderliche Unterwerfungserklärung war eine vollständige Anerkennung nicht zu erreichen. Darüber hinaus hatte ein Verstoß gegen die Vorgaben des Kodex für denjenigen, der den Verhaltensstandard akzeptierte, faktisch keinerlei Sanktionen zur Folge; zum Teil wurde die Anerkennung sogar ad hoc widerrufen.[164]

Aus diesen Gründen empfahl die BSK im Februar 1999 die Verabschiedung einer gesetzlichen Regelung für öffentliche Übernahmeangebote, die auf deren ausdrücklichen Wunsch hin jedoch keine Vorschriften betreffend Informationspflichten und Schutz der Arbeitnehmer enthalten sollte.[165]

2. Vorschläge für eine gesetzliche Regelung

a) Gesetzentwurf der SPD-Fraktion vom 2.7.1997

Zwischenzeitlich hatte die oppositionelle SPD-Fraktion im Bundestag am 2. Juli 1997 einen Gesetzentwurf „zur Regelung von Unternehmensübernahmen"[166] vorgelegt, der vornehmlich eine Reaktion auf die versuchte Übernahme der Thyssen AG durch die Krupp-Hoesch AG war.[167]

Diesem Entwurf zufolge sollte der Schutz der Belegschaft des von einer Übernahmeofferte betroffenen Unternehmens nicht vom Wohlwollen des Bieterunternehmens abhängig sein, sondern bedürfe einer verbindlichen gesetzlichen Regelung. So müssten die Mitglieder des (mitbestimmten) Aufsichtsrats, Betriebsrats und Wirtschaftsausschusses der Zielgesellschaft von dem eventuell bevorstehenden Wechsel der Unternehmenskontrolle unterrichtet werden.[168] Zu diesem Zweck war vorgesehen, dass der Bieter auch Angaben zur Beschäftigungspolitik in der Zielgesellschaft und in den von ihr kontrollierten Unternehmen sowie ggf. zu besonderen Vorkehrungen hinsichtlich der Beteiligungsrechte der Arbeitnehmer, die er beizubehalten oder einzuführen beabsichtige, darzulegen habe.[169] Letztlich blieb diese Initiative jedoch ohne legislative

---

[163] BT-Ds. 14/7034, S. 27; KK-WpÜG/*Hirte*, Einl. Rn. 44 (dort Fn. 76); *Land/Hasselbach*, DB 2000, 1747.

[164] *Diregger/Winner*, WM 2002, 1583; *Ekkenga/Schulz*, in: Ehricke/Ekkenga/Oechsler, Einf. Rn. 18; *Schüppen*, in: Haarmann (u.a.), Einl. Rn. 9; zum Fall Metallgesellschaft vgl. *Hopt*, ZHR 161 (1997), 368, 396.

[165] Standpunkte der BSK zur künftigen Regelung von Unternehmensübernahmen, Februar 1999, S. 7, 25.

[166] BT-Ds. 13/8164 vom 2.7.1997, S. 1 ff.

[167] Wesentliche Vorarbeiten zu dem Gesetzentwurf hatte *Theodor Baums* geleistet, vgl. *Baums*, ZIP 1997, 1310 ff.; hierzu *Hopt*, in: FS Zöllner (1998), S. 253, 268 ff.; zum Übernahmeversuch von Krupp-Hoesch s. oben § 1A.III.

[168] Vgl. § 34 Abs. 2 Satz 4 Nr. 2 und 3, § 38 Abs. 2 des Entwurfs (Fn. 166) sowie §§ 34 Abs. 2 Satz 4, 2. Hs., 38 Abs. 2 des Vorschlags von *Baums* (Fn. 167); dazu auch *Budde/Lawall*, in: FS W. Müller (2001), S. 27, 48; *Schander*, NZG 1998, 799, 803, 804.

[169] § 33 Abs. 1 Satz 3 Nr. 16 des Entwurfs (Fn. 166) sowie § 33 Abs. 1 Nr. 15 des Vorschlags von *Baums* (Fn. 167).

Folgen, weil die Regierungsparteien zunächst die europäische Rechtsentwicklung abwarten wollten.[170]

b) Bildung einer Expertenkommission am 9.3.2000

Nach der informellen Einigung auf den Gemeinsamen Standpunkt[171] im Juni 1999 wurden im BMF die Vorarbeiten für ein deutsches Übernahmegesetz aufgenommen.[172] Aufgeschreckt durch die spektakuläre Übernahmeauseinandersetzung zwischen Vodafone und dem konkurrierenden Mannesmann-Konzern im Jahre 1999/2000 und der darin zum Ausdruck kommenden wachsenden Bedeutung von Akquisitionen für die deutsche Wirtschaft, steigerte sich der politische Wille zur Schaffung eines gesetzlichen Regelwerks für Unternehmensübernahmen ersichtlich: Nachdem die britisch-amerikanische Mobilfunkgesellschaft Vodafone AirTouch plc. zunächst eine freundliche Übernahme angestrebt hatte, legte deren Chef *Chris Gent* im Dezember 1999 ein feindliches Angebot vor.[173] Aus Furcht vor der Zerschlagung eines gesunden Unternehmens kritisierten deutsche Politiker, Gewerkschaften und Belegschaftsmitglieder einhellig den Versuch einer auf diese Weise angestrebten Kontrollerlangung.[174] Anders als im Fall der Thyssen AG[175] fanden solche Bedenken keine Resonanz, da der Bieter als ausländisches Unternehmen gegenüber deutscher Kritik weitestgehend unempfindlich war und mehr als die Hälfte der Mannesmann-Anteile von ausländischen Aktionären gehalten wurden.[176]

Die durch die Transaktion aufgeworfenen Fragen führten dazu, dass die Bundesregierung am 9. März 2000 eine hochrangige Expertenkommission „Unternehmensübernahmen" ins Leben rief, welche die Notwendigkeit einer nationalen Kodifikation untersuchen und Empfehlungen für ein künftiges Übernahmegesetz erarbeiten sollte.[177] Der Kommission gehörten neben Vertretern verschiedener Bundesministerien auch führende Persönlichkeiten der Wirtschaft, Wissenschaft und Gewerkschaften an.[178] In ihrer abschließenden Sitzung am 17. Mai 2000 verständigten sich deren Mitglieder auf zehn Eckpunkte[179] für ein Übernahmegesetz, die auf dem seinerzeit kurz vor der Verabschiedung stehenden Entwurf einer Übernahmerichtlinie[180] basierten, und die der

---

170 S. Börsen-Zeitung, 3.10.1997, S. 4 (Koalition lehnt Übernahmegesetz ab).

171 Vorstehend § 1B.I.2.g)aa).

172 *Krause*, ZGR 2002, 500, 505.

173 Das Übernahmeangebot von Vodafone AirTouch ist abgedruckt in FAZ, 23.12.1999, S. 41 ff.

174 *Seulen*, S. 83.

175 Dazu vorstehend § 1A.III.

176 *Seulen*, S. 84.

177 BT-Ds. 14/7034, S. 28; vgl. auch *Möller/Pötzsch*, ZIP 2001, 1256, 1257; Börsen-Zeitung, 8.3.2000, S. 4 (Übernahmegesetz soll 2001 in Kraft treten); FAZ, 6.3.2000, S. 21 (Ein neues Regelwerk für Unternehmensübernahmen); Neue Zürcher Zeitung, 3.3.2000, S. 23 (Das deutsche Übernahmegesetz als „Chefsache").

178 Zur Besetzungsliste s. BT-Ds. 14/3895, S. 8 f.; *Land/Hasselbach*, DB 2000, 1747 (dort Fn. 7).

179 Abgedruckt bei *Pötzsch/Möller*, WM 2000 Sonderbeil. Nr. 2, 3, 37 f.

180 S. oben § 1B.I.2.g)aa).

Bundesregierung und dem Bundestag als Grundlage für ein künftiges Gesetzgebungsverfahren empfohlen wurden.[181] Unter anderem sprach sich die Kommission dafür aus, dass – unter Berücksichtigung der Regeln der Finanzmärkte – eine angemessene Beachtung nicht nur der Interessen der betroffenen Aktionäre, sondern ebenso der Interessen der betroffenen Arbeitnehmer erforderlich sei. Dabei wurde explizit darauf hingewiesen, dass der Mitbestimmung auch bei Unternehmensübernahmen besondere Bedeutung zukomme, da die Chancen für ein erfolgreiches Zusammenwachsen der betroffenen Unternehmen wesentlich besser seien, wenn auch die Akzeptanz der Beschäftigten vorliege.[182] Eine gleichberechtigte Pflicht zur Unterrichtung der Anteilsinhaber und der Mitarbeiter der Zielgesellschaft über die Übernahme und deren Auswirkungen wurde ebenso vorgeschlagen, wie die Berücksichtigung der Position der Belegschaftsvertreter innerhalb der Meinungsäußerung des Vorstands der Zielgesellschaft.[183]

c) Antrag der Fraktion der PDS vom 17.5.2000

Zeitgleich hatte die Bundestagsfraktion der PDS am 17. Mai 2000 den – letzten Endes erfolglosen[184] – Antrag „Gesetzliche Mitspracherechte bei Unternehmensübernahmen“[185] eingebracht. Dieser zielte hauptsächlich darauf ab, in einem künftigen Übernahmegesetz die Interessen der Beschäftigten im Übernahmeprozess zu stärken. Zu diesem Zweck sollte ein Vetorecht des Betriebsrats der Zielgesellschaft respektive der für diese zuständigen Gewerkschaft gegenüber Übernahmen implementiert werden, damit diese nur mit Zustimmung der Belegschaft möglich seien. Darüber hinaus sollte der Bieter verpflichtet werden, dem Management der Zielgesellschaft, den Betriebsräten und zuständigen Gewerkschaften umfassende Auskunft über die zukünftige Firmenpolitik, geplante Umstrukturierungen, Veränderungen in den Beschäftigungsverhältnissen und der sozialen Besitzstände zu geben.

d) Diskussionsentwurf vom 29.6.2000

Auf der Grundlage der zehn Eckpunkte der Expertenkommission legte das BMF am 29. Juni 2000 einen Diskussionsentwurf[186] für ein Übernahmegesetz vor, der sich weitgehend am Gemeinsamen Standpunkt orientierte und mit dem die geplante Richtlinie

---

181 BT-Ds. 14/7034, S. 28; vgl. auch *Möller/Pötzsch*, ZIP 2001, 1256, 1257; FAZ, 19.5.2000, S. 13 (Kommission verabschiedet Regeln für Unternehmensübernahmen).

182 *Pötzsch/Möller*, WM 2000 Sonderbeil. Nr. 2, 3, 14, 37.

183 Vgl. Eckpunkte 5 und 6 der Empfehlung (Fn. 179); s. ebenfalls Börsen-Zeitung, 19.5.2000, S. 5 (Eckpunkte des Übernahmegesetzes fixiert); FTD, 19.5.2000, S. 16 (Entwurf für Übernahmegesetz trägt Wünschen von Aktionären und Arbeitnehmern Rechnung); vgl. oben § 1B.I.2.g)aa) (Fn. 92 sowie Fn. 95).

184 BT-Plenarprotokoll 14/201 vom 15.11.2001, S. 19788 f. sowie BT-Ds. 14/7477 vom 14.11.2001, S. 3, 49.

185 BT-Ds. 14/3394, S. 1 ff.

186 Entwurf eines Gesetzes zur Regelung von Unternehmensübernahmen (nachfolgend: DiskE-ÜG), abgedruckt in NZG 2000, 844 ff.; hierzu *Land/Hasselbach*, DB 2000, 1747 ff.; *Pötzsch/Möller*, WM 2000 Sonderbeil. Nr. 2, 3 ff.

umgesetzt werden sollte.[187] Im Bereich der Informationspflichten gegenüber den Aktionären und Arbeitnehmern beabsichtigte die Bundesregierung jedoch, die Mindeststandards dieser Richtlinie deutlich zu überschreiten.[188] Am 25. Juli 2000 wurde dieser Entwurf mit den betroffenen Kreisen im Rahmen einer Anhörung im BMF erörtert.[189]

Ausgesprochenes Ziel war es, verlässliche Rahmenbedingungen für die Durchführung von Unternehmensübernahmen zu schaffen. Durch verbesserte Informationen sowie Transparenz sollte das Vertrauen der Anleger gestärkt und die Akzeptanz von Akquisitionen insgesamt erhöht werden. Gleichzeitig sollten die Interessen von Unternehmen, Managern, (Klein-)Aktionären und Arbeitnehmern ausgewogen berücksichtigt werden. Dementsprechend enthielt schon der Diskussionsentwurf die wesentlichen arbeitsrechtlichen Weichenstellungen;[190] zentraler Grundsatz war, dass alle Beteiligten über alle notwendigen Informationen verfügen sollten. Der Bietende müsse zu diesem Zweck bei Übernahmen in Deutschland die Arbeitnehmer der Zielgesellschaft über die Transaktion und deren Auswirkungen umfassend informieren.[191] Das im Entwurf verankerte Transparenzgebot richtete sich zugleich an den Vorstand der Zielgesellschaft, der im Allgemeinen über alle relevanten Informationen zur Beurteilung eines Übernahmeangebots verfügt: Er habe die Arbeitnehmer hierüber in Kenntnis zu setzen und dazu Stellung zu nehmen, so dass sich alle Beteiligten ein umfassendes Bild von der Offerte machen könnten.[192]

Insgesamt hatte die Ausgestaltung dieser Unterrichtungspflichten mehr als nur deklaratorischen Charakter, weil erst dadurch die Beschäftigten von Anfang an umfassend in das Übernahmeverfahren integriert wurden.[193] Eine derartige Einbindung der Mitarbeiter war gegenüber der bisherigen Praxis in Deutschland eine gravierende Neuerung und ging deutlich weiter als Regelungen in anderen europäischen Staaten, z.B. Großbritannien.[194]

e) Referentenentwurf vom 12.3.2001

Am 12. März 2001 wurde ein Referentenentwurf[195] veröffentlicht, der die zahlreichen Anregungen der betroffenen Kreise berücksichtigte.[196] Auch dieser Entwurf basierte

---

187 *Pötzsch/Möller*, WM 2000 Sonderbeil. Nr. 2, 3, 9; *Riehmer/Schröder*, NZG 2000, 820; *Thaeter/Barth*, NZG 2001, 545.

188 BT-Ds. 14/3895, S. 11; ZRP 2000, 495.

189 BT-Ds. 14/7034, S. 28.

190 *Grobys*, NZA 2002, 1.

191 Vgl. § 12 Abs. 2 Satz 3 Nr. 8 DiskE-ÜG.

192 Vgl. §§ 11 Abs. 5 Satz 2, 17 Abs. 4 Satz 2 DiskE-ÜG sowie § 30 Abs. 1 Satz 2 Nr. 1, Abs. 2 DiskE-ÜG.

193 *Berger*, Bank 2000, 558, 563.

194 Dazu oben § 1B.I.1.

195 Referentenentwurf eines Gesetzes zur Regelung von öffentlichen Angeboten zum Erwerb von Wertpapieren und von Unternehmensübernahmen (nachfolgend: RefE-WÜG); hierzu *Liebscher*, ZIP 2001, 853 ff.; *Pluskat*, DStR 2001, 897 ff.; *Riehmer/Schröder*, BB 2001, Beilage 5, 1 ff.; *Thaeter/Barth*, NZG 2001, 545 ff.; *Zinser*, NZG 2001, 391 ff.

weitgehend auf dem Gemeinsamen Standpunkt, da der nationale Gesetzgeber die europaweite Vereinheitlichung in diesem Regelungsbereich antizipieren wollte. Zudem war er am 2. April 2001 Gegenstand einer ministeriellen Anhörung.[197]

Wie bereits im vorhergehenden Entwurf, bestanden für den Bieter Mitteilungspflichten[198] hinsichtlich der künftigen Beschäftigungspolitik, und auch der Vorstand der Zielgesellschaft sollte sein Personal informieren[199]. Neu aufgenommen wurde lediglich das Recht der Arbeitnehmervertreter oder – falls solche nicht vorhanden waren – der Beschäftigten der Zielgesellschaft, eine eigene Meinungsäußerung zu dem Angebot abzugeben.[200]

f) Regierungsentwurf vom 11.7.2001

Am 11. Juli 2001 unterbreitete das BMF einen Regierungsentwurf[201], der eine Fortentwicklung des Referentenentwurfes darstellte. Wenige Tage vor diesem Termin war die Übernahmerichtlinie vor dem Europaparlament gescheitert,[202] d.h. man wusste bereits, dass es zumindest in absehbarer Zeit keine verbindlichen Vorgaben aus Brüssel geben würde. Den durch das Scheitern gewonnenen Spielraum nutzte das Bundeskabinett aus und verabschiedete diesen Entwurf noch am selben Tag.[203]

Gegenüber dem vorherigen Entwurf enthielt der Regierungsentwurf nahezu einhundert Änderungen. Dabei wurde der Mindestumfang der arbeitnehmerbezogenen Pflichtangaben[204] in der Meinungsäußerung des Vorstands der Zielgesellschaft erweitert; außerdem musste diese Stellungnahme auch den Arbeitnehmer(n)/-vertretungen übermittelt[205] werden.

g) Überweisung an die Bundestagsausschüsse am 11.10.2001

Nachdem der Bundesrat – dessen Zustimmung das Gesetz nicht bedurfte – zu dem Regierungsentwurf am 27. September 2001 eine Stellungnahme[206] veröffentlicht und die

---

196 BT-Ds. 14/7034, S. 28; *Schüppen*, in: Haarmann (u.a.), Einl. Rn. 10.

197 BT-Ds. 14/7034, S. 28; KK-WpÜG/*Hirte*, Einl. Rn. 47; vgl. auch *Möller/Pötzsch*, ZIP 2001, 1256, 1257.

198 § 11 Abs. 2 Satz 3 Nr. 2 RefE-WÜG.

199 §§ 10 Abs. 5 Satz 2, 14 Abs. 4 Satz 2, 27 Abs. 1 Satz 2 Nr. 1 RefE-WÜG.

200 § 27 Abs. 2 RefE-WÜG; dazu *Budde/Lawall*, in: FS W. Müller (2001), S. 27, 48; *Handelsrechtsausschuss des DAV*, NZG 2001, 420, 426 f. (zu § 27 RefE-WÜG).

201 Regierungsentwurf eines Gesetzes zur Regelung von öffentlichen Angeboten zum Erwerb von Wertpapieren und Unternehmensübernahmen (nachfolgend: RegE-WpÜG), BT-Ds. 14/7034, S. 1 ff.

202 Vgl. oben § 1B.I.2.g)bb).

203 *Grobys*, NZA 2002, 1; *Land*, DB 2001, 1707 f.; *Pluskat*, WM 2001, 1937, 1938, 1939 f.; *Zschocke*, DB 2002, 79.

204 § 27 Abs. 1 Satz 2 Nr. 1 RegE-WpÜG; vgl. allgemein auch *Möller/Pötzsch*, ZIP 2001, 1256, 1257.

205 § 27 Abs. 3 Satz 2 RegE-WpÜG.

206 BR-Ds. 574/01, S. 1 ff., vgl. auch *Schüppen*, in: Haarmann (u.a.), Einl. Rn. 11.

Bundesregierung hierzu in einer Gegenäußerung[207] Position bezogen hatte, wurde dieser dem Finanzausschuss des Bundestages am 11. Oktober 2001 zur federführenden Beratung und dem Innenausschuss, dem Rechtsausschuss, dem Ausschuss für Wirtschaft und Technologie sowie dem Ausschuss für Arbeit und Sozialordnung zur Mitberatung überwiesen.[208]

Am 18. Oktober 2001 führte der Finanzausschuss eine öffentliche Anhörung auch unter Beteiligung von Gewerkschaftsvertretern sowie des Betriebsratsvorsitzenden der Vodafone AG und des ehemaligen Vorstandsvorsitzenden von Mannesmann, Dr. *Klaus Esser*, zu dem Gesetzentwurf durch, deren Ergebnisse in die Ausschussberatungen einflossen.[209] Die mitberatenden Ausschüsse votierten am 14. November 2001 zu dem Gesetzentwurf und empfahlen dessen Annahme. Am selben Tag sprach sich der Finanzausschuss des Bundestages ebenfalls für die Verabschiedung des Entwurfs der Bundesregierung aus, wobei allerdings einige zum Teil zentrale Änderungen vorgeschlagen wurden.[210] Hierzu gehörte eine Ausweitung der Pflicht zur Meinungsäußerung auf den Aufsichtsrat der Zielgesellschaft, deren Inhalt auch den Beschäftigten zur Kenntnisnahme gelangen sollte.[211]

3. In-Kraft-Treten des Gesetzes

In der Fassung der Beschlussempfehlung des Finanzausschusses wurde das WpÜG am 15. November 2001 vom Bundestag mit den Stimmen der Koalitionsfraktionen und der CDU/CSU-Fraktion gegen die FDP-Fraktion bei Enthaltung der Fraktion der PDS in zweiter und dritter Lesung beschlossen[212] und am 22. Dezember 2001 im Bundesgesetzblatt verkündet; es trat am 1. Januar 2002 in Kraft.[213]

a) Anwendungsbereich des WpÜG

Das WpÜG findet Anwendung auf öffentliche Angebote zum Erwerb (also zum Kauf oder Tausch) von Wertpapieren, die von einer Aktiengesellschaft (AG) oder einer Kommanditgesellschaft auf Aktien (KGaA) mit Sitz im Inland ausgegeben wurden, sofern die Wertpapiere zum Handel an einem organisierten Markt zugelassen sind (§§ 1, 2 Abs. 1 und 3 WpÜG).

---

207 BT-Ds. 14/7090 vom 10.10.2001, S. 1 f.

208 BT-Plenarprotokoll 14/192 vom 11.10.2001 zu BT-Ds. 14/7034, S. 18814 f.

209 BT-Ds. 14/7477, S. 49; hierzu FAZ, 19.10.2001, S. 18 (Bei Übernahmegesetz nicht auf EU warten).

210 Beschlussempfehlung des Finanzausschusses, BT-Ds. 14/7477, S. 1 ff.

211 Vgl. §§ 27 Abs. 1 Satz 1, Abs. 3 Satz 1 und Satz 2 WpÜG in der Fassung BT-Ds. 14/7477, S. 22 f.

212 BT-Plenarprotokoll 14/201 vom 15.11.2001, S. 19788 f.

213 BGBl. I 2001, S. 3822 ff., dazu *Zinser*, WM 2002, 15 ff.; *Zschocke*, DB 2002, 79 ff.

Aufgrund einer im WpÜG enthaltenen Ermächtigung ist am 27. Dezember 2001 die Verordnung über den Inhalt der Angebotsunterlage, die Gegenleistung bei Übernahmeangeboten und Pflichtangeboten und die Befreiung von der Verpflichtung zur Veröffentlichung zur Abgabe eines Angebots (AngebotsVO; BGBl. I 2001, S. 4263 ff.) erlassen worden, die ebenfalls seit dem 1.1.2002 in Kraft ist.

Unter „organisiertem Markt“ ist dabei der amtliche Handel und geregelte Markt an einer Börse in Deutschland ebenso zu verstehen wie ein geregelter Markt i.S. des Art. 1 Nr. 13 der Wertpapierdienstleistungsrichtlinie[214] in einem anderen Mitgliedstaat des Europäischen Wirtschaftsraums (§ 2 Abs. 7 und 8 WpÜG). Der Begriff „Wertpapier“ umfasst neben Aktien auch mit diesem vergleichbare Wertpapiere, Aktien vertretende Zertifikate sowie Wertpapiere, die den Erwerb von Aktien, diesen vergleichbare Wertpapiere oder Aktien vertretende Zertifikate zum Gegenstand haben (§ 2 Abs. 2 WpÜG).[215]

b) Aufbau und Systematik des Gesetzes

Das WpÜG unterscheidet zwischen drei Arten von Erwerbsangeboten. Zunächst wird zwischen freiwilligen und obligatorischen Angeboten unterschieden, wobei man im letzteren Fall von *Pflicht*angeboten spricht. Bei einem freiwilligen Angebot ist wiederum danach zu differenzieren, ob es auf die Erlangung der Kontrolle über die Zielgesellschaft gerichtet ist (dann *Übernahme*angebot) oder nicht (dann *einfaches* Angebot).[216]

Bei einem einfachen Angebot möchte der Bieter nur einen kleinen Teil der Aktien der Zielgesellschaft (vgl. § 2 Abs. 3 WpÜG) erwerben, ohne dass sein Stimmrechtsanteil die Kontrollschwelle von 30 % erreicht (Einstiegsangebote). Dagegen unterbreitet der Bieter – welcher gemäß § 2 Abs. 4 WpÜG eine natürliche oder juristische Person oder Personengesellschaft sein kann – bei einem Übernahmeangebot ohne das Bestehen einer rechtlichen Pflicht allen Aktionären der Zielgesellschaft ein Angebot zur Übernahme ihrer Wertpapiere, wobei dessen Ziel die Erlangung der Kontrolle und Durchsetzung einer von ihm gewünschten Unternehmensstrategie in der Zielgesellschaft ist; nähmen alle Aktionäre das Angebot an, würde der Bieter 100% der Anteile an der Zielgesellschaft erlangen. Schließlich zwingt das Pflichtangebot den Bieter nach Überschreitung bestimmter Beteiligungsgrenzen an der Zielgesellschaft zur Abgabe eines an alle Aktionäre gerichteten Erwerbsangebots.

Dieser Dreiteilung folgt der Aufbau des Gesetzes. Während sich die allgemein für Angebote zum Erwerb von Wertpapieren geltenden Regelungen in den §§ 10-28 WpÜG des dritten Abschnitts befinden, sind die für die Übernahme geltenden Regelungen in dem die §§ 29-34 WpÜG umfassenden vierten Abschnitt zusammengefasst. Schließlich enthält der fünfte Abschnitt in den §§ 35-39 WpÜG spezifische Regelungen für Pflichtangebote.

---

[214] Richtlinie 93/22/EWG des Rates vom 10.5.1993 über Wertpapierdienstleistungen (ABlEG Nr. L 141, S. 27).

[215] *Thoma*, NZG 2002, 105 f.

[216] *Thoma*, NZG 2002, 105, 106.

c) Allgemeine europarechtliche Vorgaben für ein nationales Übernahmegesetz

aa) Anwendungsbereich der Übernahmerichtlinie im Vergleich zum WpÜG

Die Richtlinie 2004/25/EG[217] vom 21. April 2004 erfasst gemäß Art. 1 Abs. 1 alle öffentlichen Übernahmeangebote, die den Erwerb von Wertpapieren einer dem Recht eines Mitgliedstaates unterliegenden Gesellschaft betreffen, sofern diese Wertpapiere ganz oder teilweise auf einem geregelten Markt in einem oder mehreren Mitgliedstaaten zugelassen sind. Dabei kann es sich sowohl um ein freiwilliges als auch um ein pflichtiges Angebot handeln, sofern es sich an den Erwerb der Kontrolle der Zielgesellschaft anschließt oder diesen zum Ziel hat, vgl. Art. 2 Abs. 1 lit. a RL.[218] Im Unterschied dazu erstreckt sich der sachliche Anwendungsbereich des WpÜG in den §§ 10 bis 28 auch auf solche Angebote, die auf den Erwerb einer unter der Kontrollschwelle liegenden Beteiligung gerichtet sind oder von einem Bieter abgegeben werden, der bereits die Kontrollmehrheit an der Gesellschaft besitzt.[219] Diese dem Schutz der Wertpapierinhaber dienenden Regelungen können auch nach Ablauf der Umsetzungsfrist unverändert beibehalten werden.[220]

Vom Anwendungsbereich der Richtlinie ausgenommen sind Wertpapiere der Zentralbanken der Mitgliedstaaten, die – aus historischen Gründen – an einem geregelten Markt notiert werden und Ziel eines Übernahmeangebots sind (Art. 1 Abs. 3 RL). Die Erwägungsgründe führen dazu aus, dass die nationalen Zentralbanken dem öffentlichen Interesse dienten, so dass sie unmöglich Ziel eines solchen Angebots sein könnten.[221]

bb) Rahmencharakter

Anders als andere Richtlinien auf dem Gebiet des Gesellschaftsrechts gibt die Übernahmerichtlinie den Mitgliedstaaten lediglich einen Rahmen vor, in dem sich die nationalen Umsetzungsakte bewegen müssen.[222] Sowohl bei der Ausgestaltung der Regelungen über freiwillige Übernahmeangebote als auch bei der Abstimmung des Minderheitenschutzes mit dem sonstigen einzelstaatlichen Gesellschafts- und Kapitalmarktrecht besteht ein außerordentlich weiter Spielraum. Nach den Artt. 1 Abs. 1, 5 Abs. 1 RL gelten darüber hinaus die in der Richtlinie vorgeschriebenen Koordinierungsmaßnahmen nicht nur für Rechts- und Verwaltungsvorschriften, sondern auch für sonstige Verfahren oder Regelungen der Mitgliedstaaten. Ferner verpflichtet Art. 13 RL die Mitgliedstaaten zur Aufnahme von Vorschriften zur Hinfälligkeit, Änderung

---

217 Vorstehend § 1B.I.2.h)bb); zum Änderungsbedarf des personellen und sachlichen Anwendungsbereichs des WpÜG s. *Mülbert*, NZG 2004, 633, 636 f., 639.

218 Die Bestimmung der Kontrollschwelle richtet sich dabei nach dem jeweiligen nationalen Recht des Mitgliedstaates, Art. 2 Abs. 1 lit. a) RL; s. auch *Zinser*, EuZW 2003, 10 f.

219 S. auch *Seibt/Heiser*, ZIP 2002, 2193, 2194.

220 *Kindler/Horstmann*, DStR 2004, 866, 871.

221 Erwägungsgrund 4 RL.

222 Erwägungsgrund 26 RL; vgl. *Hopt*, ZHR 161 (1997), 368, 380 f.; vgl. dazu auch oben § 1B.I.2.f).

und Unwiderruflichkeit des Angebots, zu zulässigen Bedingungen, konkurrierenden Angeboten und zur Bekanntmachung des Ergebnisses der Offerte.

C. Gegenstand der Untersuchung

Auch wenn mit dem WpÜG ein detailliertes Regelwerk entstanden ist, welches auf alle öffentlichen Angebote zum Erwerb börsennotierter Wertpapiere anwendbar ist, lässt das neue Gesetz eine Fokussierung auf (feindliche) Übernahmeangebote erkennen. Gerade dann, wenn ein anvisierter Kontrollerwerb nicht einvernehmlich zwischen dem Bieter auf der einen und dem Management der Zielgesellschaft auf der anderen Seite erreicht werden kann, wird das WpÜG seine Bewährungsprobe zu bestehen haben.[223]

Im Anschluss an eine erfolgreiche Übernahmeofferte kommt es häufig zu Folgevorgängen, die negative Auswirkungen auf die Arbeitnehmerschaft haben. Zu denken ist dabei insbesondere an Umstrukturierungs- oder Personalmaßnahmen zur Verwirklichung von Synergieeffekten. Einerseits haben vorangegangene unerwünschte Übernahmeversuche gezeigt, dass der Bieter und das Management der Zielgesellschaft gleichermaßen versuchen, der innerhalb der Gruppe der Beschäftigten zu beobachtenden Skepsis entgegenzutreten oder diese zu verstärken und die Beschäftigten gleichzeitig für die jeweils eigene Position zu gewinnen. Andererseits sind im WpÜG selbst eine Reihe von arbeitnehmerschützenden Normen vorgesehen, denen für das Verfahren zum Erwerb von Wertpapieren im Wege eines öffentlichen Angebots erhebliche Bedeutung zukommt und die in der Praxis eine Fülle von Streitfragen auszulösen vermögen.

Dementsprechend sollen nachfolgend zunächst in § 2 die allgemeinen arbeitsrechtlichen Aspekte des WpÜG dargestellt werden, wobei im Vordergrund das Übernahmeangebot für die Wertpapiere einer AG steht. Daran anschließend werden in § 3 solche Zusagen thematisiert, die der Bieter respektive die gegnerische Verwaltung im Rahmen eines unkoordinierten Übernahmeversuchs gegenüber dem bei der Zielgesellschaft beschäftigten Personenkreis verkündet.

---

[223] *Hirte*, in: Hirte, S. 1, 5; *Thoma*, NZG 2002, 105, 106 f.; *Wackerbarth*, WM 2001, 1741, 1742.

§ 2 Arbeitsrechtliche Aspekte des Wertpapiererwerbs- und Übernahmegesetzes

Ziel des WpÜG ist es, Rahmenbedingungen für öffentliche Angebote zum Erwerb von Wertpapieren in Deutschland zu schaffen, die den Anforderungen der Globalisierung und der Finanzmärkte angemessen Rechnung tragen, um den hiesigen Wirtschaftsstandort und Finanzplatz auch im internationalen Wettbewerb zu stärken.[224] Dabei bezweckt das Gesetz zuvorderst, Leitlinien für ein faires und standardisiertes förmliches Verfahren zu schaffen. Durch die Reglementierung des Verhaltens von Bieter und Zielgesellschaft sollen Unternehmensübernahmen dagegen weder gefördert noch verhindert werden.[225] Für sämtliche öffentlichen Angebote legt das WpÜG den Verfahrensbeteiligten die Pflicht zur Einhaltung materieller Vorschriften auf, wobei die Bundesanstalt für Finanzdienstleistungsaufsicht[226] (BaFin) als Kontrollinstanz fungiert, vgl. § 4 Abs. 1 Satz 1 WpÜG.

Die genannten Kriterien von Fairness und Beschleunigung orientieren sich eindeutig an den Bedürfnissen des Kapitalmarkts. Daran gemessen, wären Arbeitnehmer bei einem Erwerbsangebot nur dann von der Zielsetzung des Gesetzes erfasst, wenn sie gleichzeitig die Stellung eines Wertpapierinhabers – etwa als Belegschaftsaktionär – innehätten.[227]

A. Zielsetzung des WpÜG in arbeitsrechtlicher Hinsicht und arbeitnehmerschützende Regelungsmechanismen

Allerdings durchzieht der sog. *Transparenz- und Informationsgrundsatz* als weiteres zentrales Prinzip das WpÜG: Durch das Übernahmegesetz sollen rasche, umfassende Informationen und Transparenz für die Anteilseigner der Zielgesellschaft und deren Arbeitnehmer, auch durch Abgabe einer begründeten Stellungnahme der Verwaltung zu dem Angebot, in die ggf. die Position der Beschäftigten aufzunehmen ist, gewähr-

---

[224] BT-Ds. 14/7034, S. 28.

[225] Vgl. BT-Ds. 14/7034, S. 1 f.; Geibel/Süßmann/*Schwennicke*, § 3 Rn. 1; vgl. ebenfalls BT-Plenarprotokoll 14/201 vom 15.11.2001, S. 19829 (*Hauer*) und S. 19831 f. (*Fischer*); zur volkswirtschaftlichen Bedeutung von Übernahmen s. *Dohrmann*, S. 34 ff.

[226] Vor dem 1.5.2002 noch „Bundesaufsichtsamt für den Wertpapierhandel" (vgl. 1. Verordnung zur Anpassung von Bezeichnungen nach dem Finanzdienstleistungsaufsichtsgesetz vom 29.4.2002, BGBl. I S. 1495); dazu *Lenz/Linke*, AG 2002, 361 (dort Fn. 2).

[227] Vgl. dazu die sog. „Zaunkönigregelung" des § 16 Abs. 2 WpÜG: Ausweislich der Begründung sollen insb. Belegschaftsaktionäre, die dem Angebot (typischerweise) kritisch gegenüberstehen und ursprünglich an ihren Aktien festhalten oder zunächst den Verlauf des Verfahrens abwarten wollten, mit Hilfe dieser Regelung in die Lage versetzt werden, in Kenntnis eines sicher bevorstehenden Kontrollwechsels bzw. der Entstehung einer Kontrollsituation ihre Anteile dem Bieter zu verkaufen (BT-Ds. 14/7034 zu § 16 Abs. 2 RegE-WpÜG, S. 46); s. auch BT-Plenarprotokoll 14/201 vom 15.11.2001, S. 19829 f. (*Hauer*); *Land*, DB 2001, 1707, 1709.

leistet werden.[228] Mit diesem zweifachen Adressatenkreis verfolgt das WpÜG einen Stakeholder-Ansatz, demzufolge bei Beteiligungs- und Kontrollerwerben nicht nur die Interessen der Aktionäre geschützt werden müssen, sondern auch die anderer Personen.[229] Eine solche Zielsetzung liegt in einer Linie mit den Vorgaben der Übernahmerichtlinie, nach der Information und Transparenz auch für die Mitarbeiter der von einem Angebot betroffenen Gesellschaft begründet werden sollen.[230] Der Gesetzgeber erachtet dies vor allem deshalb für notwendig, weil Veränderungen der Beteiligungsverhältnisse für die Arbeitnehmer aufgrund nachfolgender Rationalisierungen oftmals weitreichende Folgen haben: Gewinnt der Bieter infolge des öffentlichen Angebots die Aktienmehrheit der Zielgesellschaft, genügt dies in aller Regel, um durch (faktische oder vertragliche) Konzernierung die angestrebten Synergieeffekte zu erzielen.[231] Dies kann zu Entlassungen, Schließungen von Betriebsstätten, Verlagerungen betrieblicher Standorte o.Ä. führen, wobei solche Umstrukturierungen häufig längerfristig die Innovationsfähigkeit der betroffenen Gesellschaften stärken, die Arbeitsplätze sicherer machen und neue Arbeitsplätze entstehen lassen.

Vor diesem Hintergrund wurden zum Schutz der Beschäftigten und der betriebsverfassungsrechtlichen Organe eine Reihe von arbeitsrechtlichen Begleitvorschriften erlassen, die Vorbildbestimmungen weder im Übernahmekodex noch im City Code hatten und sowohl über die im Gemeinsamen Entwurf als auch über die in der Richtlinie 2004/25/EG vorgesehenen Regelungen hinausgehen. Hierzu gehören zum einen *Informationspflichten*[232] der Gesellschaftsorgane gegenüber dem Betriebsrat oder den Mitarbeitern sowie das *Recht zur Stellungnahme*[233] (dazu § 2B.). Zum anderen besteht eine *institutionelle Absicherung*[234] der Belange der Beschäftigten (dazu § 2C.). Zuletzt hat der Gesetzgeber bestimmte Maßnahmen der Geschäftsleitung im Zusammenhang mit einer angestrebten Kontrollerlangung dem Einflussbereich des ggf. mit Arbeitnehmervertretern besetzten Aufsichtsrats zugeordnet.[235] Abgesehen von der Möglich-

---

228 BT-Ds. 14/7034, S. 1 und 29; BT-Ds. 14/7477, S. 2, 47, 50; vgl. dazu *Berger*, Bank 2000, 558, 562; HWK/*Seibt*, WpÜG Rn. 2; *Schnorbus*, ZHR 166 (2002), 72, 91; *Seibt*, DB 2002, 529; *Simon*, in: Semler/Volhard, § 55 Rn. 1; s. ferner BT-Plenarprotokoll 14/192 vom 11.10.2001, S. 18828 (*Hendricks*) sowie 14/201 vom 15.11.2001, S. 19834 (*Eichel*).

229 HWK/*Seibt*, WpÜG Rn. 2; *Seibt*, DB 2002, 529; *Willemsen*, in: Willemsen (u.a.), Kap. B Rn. 11; zum Stakeholder-Begriff s. vorstehend § 1.

230 Vgl. Artt. 3 Abs. 1 lit. c), 6 Abs. 1 Satz 3, Abs. 2 Unterabs. 1 Satz 3, Abs. 3 lit. i), 8 Abs. 2, 9 Abs. 5 Satz 1 und 2 RL.

231 *Horn*, ZIP 2000, 473, 478; *Schneider/Burgard*, DB 2001, 963; vgl. auch *Kirchner*, WM 2000, 1821, 1822; *Pötzsch/Möller*, WM 2000 Sonderbeil. Nr. 2, 3, 4; *Schanz*, NZG 2000, 337, 338 (dort Fn. 10 und 12); *Witte*, BB 2000, 2161; s. ferner BT-Plenarprotokoll 14/192 vom 11.10.2001, S. 18826 f. (*Fischer*).

232 Die Informationspflichten lassen sich wiederum aufteilen in Unterrichtungspflichten i.S. der §§ 10 Abs. 5 Satz 2, 34, 35 Abs. 1 Satz 4 WpÜG und Übermittlungspflichten i.S der §§ 14 Abs. 4 Satz 2, 34, 35 Abs. 2 Satz 2 WpÜG sowie §§ 27 Abs. 3 Satz 2, 34, 39 WpÜG.

233 §§ 27 Abs. 2, 34, 39 WpÜG.

234 §§ 5 Abs. 1 Nr. 4, 40 WpÜG.

235 § 33 Abs. 1 Satz 2, 3. Var. WpÜG, dazu unten § 3B.II.1.b)cc).

keit zur Abgabe einer Stellungnahme gemäß § 27 Abs. 2 WpÜG, eröffnet das WpÜG damit keine individual- oder kollektivrechtlichen Mitwirkungsrechte, die auf eine aktive Beeinflussung von Entscheidungen auf Unternehmens- und/oder Aktionärsebene gerichtet sind.[236]

B. Informationspflichten der Zielgesellschaft sowie Stellungnahmerecht der Mitarbeiter

Arbeitsrechtlicher Kerngehalt des Gesetzes und Ausdruck des Transparenzgebots ist die Pflicht des Vorstands der Zielgesellschaft zur Information des Betriebsrats oder, sofern ein solcher nicht besteht, unmittelbar der Arbeitnehmer über die relevantesten Abschnitte des laufenden Verfahrens;[237] denn im Allgemeinen verfügt der Vorstand über alle relevanten Informationen zur Beurteilung eines Angebots. Die Mitteilungspflicht bezieht sich auf die vom Bieter veröffentlichte Entscheidung zur Abgabe eines Angebots (§ 10 Abs. 5 Satz 2 WpÜG), die von ihm eingereichte Angebotsunterlage (sog. *offer document*, vgl. § 14 Abs. 4 Satz 2 WpÜG) sowie auf die eigene(n) Stellungnahme(n) des Vorstands und des Aufsichtsrats zur Offerte (§ 27 Abs. 3 Satz 2 WpÜG).[238] Darüber hinaus ist die Geschäftsführung verpflichtet, eine etwaige Stellungnahme des Betriebsrats oder der Arbeitnehmer der eigenen Stellungnahme beizufügen und diese zu veröffentlichen (§ 27 Abs. 2 WpÜG).

Nach Erfüllung der jeweiligen Verpflichtung können sich mithin alle Beteiligten ein umfassendes Bild über das Angebot machen.

I. Einordnung arbeitnehmerbezogener Rechte und Pflichten in den rechtlichen Gesamtzusammenhang

1. Rechtfertigung der Aufnahme arbeitnehmerschützender Regelungen

Im Vorfeld des Gesetzgebungsverfahrens waren die Meinungen darüber geteilt, ob besondere Bestimmungen betreffend Informationspflichten und den Schutz der Arbeitnehmer Gegenstand einer gesetzlichen Regelung von Unternehmensübernahmen in Deutschland sein sollten.

Insbesondere die BSK lehnte im Frühjahr 1999 die Aufnahme derartiger Vorgaben in ein künftiges Gesetz ab.[239] Schon im Übernahmekodex seien derartige Bestimmungen richtigerweise nicht enthalten gewesen, denn Übernahmeregeln dienten dem Aktionärsschutz und der Effizienz der Kapitalmärkte, so dass Informations- und Arbeitnehmerschutzbestimmungen hier systemfremd seien. Hingegen berücksichtigte schon sei-

---

236 Geibel/Süßmann/*Grobys*, § 3 Rn. 32; *Grobys*, GmbHR 2000, R389.

237 *Deinert*, RdA 2001, 368, 370; Geibel/Süßmann/*Grobys*, § 3 Rn. 32; *Grobys*, NZA 2002, 1, 2.

238 HWK/*Seibt*, WpÜG Rn. 2; *Seibt*, DB 2002, 529.

239 S. oben § 1B.II.1.c) (Fn. 165); ebenso *Hopt*, ZHR 161 (1997), 368, 371 f., 375, 412; *Mülbert/Birke*, WM 2001, 705, 715; *Schander*, NZG 1998, 799, 805; kritisch auch *Nehls*, in: FAZ, 24.4.2002, S. 25; *Seulen*, S. 155 f. („praktisch wenig bedeutsam"); *Wackerbarth*, WM 2001, 1741, 1742, 1744 f.; *Zech*, S. 4.

nerzeit der Geänderte Vorschlag[240] in den Artt. 5-7 die Interessen der Belegschaft in Form von Informationspflichten gegenüber den Personalvertretern oder den Mitarbeitern selbst. Entsprechende deutsche Regelungsmodelle fanden sich daraufhin auch im Vorschlag von *Baums*[241] und im Gesetzentwurf der SPD-Fraktion[242] aus dem Jahr 1997.

Die Anhänger des restriktiven Ansatzes beriefen sich einmal auf das rechtspolitische Argument, wonach sich die vorstehenden Anforderungen des damaligen Richtlinienentwurfs hemmend auf Unternehmensakquisitionen auswirken könnten, die langfristig durchaus im Interesse der Arbeitnehmer lägen. Passender wäre es, wenn dort im Zusammenhang mit der Unterrichtung der Beschäftigten – ähnlich wie nach Art. 3 Abs. 1[243] des Geänderten Vorschlags – auf vergleichbare Regelungen in den nationalen Gesetzen verwiesen würde.[244] Das deutsche Arbeitsrecht enthalte bereits zahlreiche detaillierte Schutzvorschriften, die weitreichender seien als viele Bestimmungen in anderen europäischen Ländern. Folglich bestehe kein Bedarf, diese Regelungen noch auszuweiten. Zudem seien übernahmegesetzliche Informationspflichten gegenüber der Belegschaft entbehrlich, soweit sie nur dasjenige wiederholten, was dem Betriebsrat und dem Wirtschaftsausschuss ohnehin nach den §§ 80, 90, 111 und § 106 BetrVG an Informationen zu geben wäre; gingen sie hierüber hinaus, seien sie nicht geboten.

Gegen eine solche Beurteilung ist jedoch einzuwenden, dass der Vorstand der Zielgesellschaft die betriebsverfassungsrechtlichen Gremien nur über solche Tatsachen in Kenntnis setzen kann, über die er selbst unterrichtet ist. Genau diesem Zweck dienen aber die dem Bieter seinerseits auferlegten Informationspflichten im Hinblick auf die Zukunft der Belegschaft.[245] Dem zuletztgenannten Standpunkt kann auch nicht entgegengehalten werden, dass die Arbeitnehmer der Zielgesellschaft an Informationen über einen Eigentümerwechsel nicht interessiert seien. Zuzugeben ist zwar, dass ein einfaches[246] Angebot unter den Beschäftigten der AG in aller Regel keine besondere Aufmerksamkeit erregen wird. Völlig anders stellt sich indes die Situation dar, wenn es sich um Offerten handelt, die eine Kontrollerlangung anstreben oder durch diese ausgelöst werden: Speziell bei Übernahmeangeboten, die von einer breiten Öffentlichkeit

---

240 Dazu oben § 1B.I.2.g).

241 §§ 33 Abs. 1 Nr. 15 (Inhalt der Angebotsunterlage), 34 Abs. 2 Satz 4, 2. Hs., 38 Abs. 2 (Weiterleitung der Angebots- und Stellungnahmeunterlage an Wirtschaftsausschuss und Betriebsräte) des Vorschlags von *Baums* (oben Fn. 167).

242 §§ 33 Abs. 1 Nr. 15, 34 Abs. 2 Satz 4, § 38 Abs. 2 des Entwurfs (oben Fn. 166).

243 Art. 3 Abs. 1 des Geänderten Vorschlags lautete: „Erwirbt eine [...] Person [...] Wertpapiere, die ihr [...] unmittelbar einen die Kontrolle über die Gesellschaft begründenden Anteil an den Stimmrechten dieser Gesellschaft [...] verschaffen, so sorgen die Mitgliedsstaaten dafür, dass Vorschriften [...] in Kraft sind, die diese Personen entweder zur Abgabe eines Angebots [...] verpflichten *oder andere geeignete und mindestens gleichwertige Vorkehrungen zum Schutz der Minderheitsaktionäre dieser Gesellschaft vorsehen.*" (Herv. d. Verf.).

244 Standpunkte der BSK (Fn. 165), S. 25.

245 So § 11 Abs. 2 Satz 3 Nr. 2 WpÜG (ausführlich dazu unten § 3A.II.3.b)bb)); *Zinser*, NZG 2001, 391, 394.

246 Dazu vorstehend § 1B.II.3.b).

aufmerksam verfolgt werden und von den Medien mit sich teilweise widersprechenden Meldungen kommentierend begleitet werden, kann ein berechtigtes Interesse der Arbeitnehmerschaft an nachprüfbaren Informationen bereits vor Abschluss des Angebotsverfahrens nicht verneint werden.[247] Aus diesem Blickwinkel ist die Offenlegung von Personalmaßnahmen erst nach einem gelungenen Kontrollerwerb als ungenügend zu qualifizieren.

Zudem greifen arbeitnehmerschützende Regelungsmechanismen regelmäßig erst nach Abschluss des Angebotsverfahrens, wenn es bei der übernommenen Gesellschaft zu Umstrukturierungsmaßnahmen kommt, die etwa eine Mitbestimmung nach den §§ 111 ff. BetrVG auslösen.[248]

Zusammengefasst ist das deutsche Arbeitsrecht zwar durch zahlreiche arbeitnehmerschützende Regelungen gekennzeichnet, jedoch sind besondere Informationspflichten gegenüber den Mitarbeitern bezüglich etwaiger Änderungen der Beschäftigungspolitik vor Ablauf des Erwerbsangebots nicht vorgesehen.[249] Die Belegschaft hat aber gerade in dieser Phase ein gesteigertes Interesse an Informationen, weil vor allem Übernahme- und Pflichtangebote bei mittelfristiger Betrachtung eben auch arbeitsrechtliche Zusammenhänge betreffen: Die sich an einen Kontrollerwerb anschließende Reorganisation der Zielgesellschaft hat in aller Regel Auswirkungen auf die Arbeitsverhältnisse ihrer Mitarbeiter.

Aus diesen Gründen ist zu begrüßen, dass alle Beteiligten, einschließlich der Arbeitnehmer, frühzeitig und umfassend über Ziele, Schritte und Konsequenzen informiert werden sollen.[250] Dadurch können schlecht vorbereitete Übernahmen verhindert werden, und zugunsten der Zielgesellschaft sowie deren Personal wird Handlungsspielraum geschaffen. Der mit einer Unternehmensübernahme anvisierte wirtschaftliche Erfolg setzt die Einbringung des vorhandenen Humankapitals voraus, was nur bei einer möglichst breiten Akzeptanz innerhalb der Mitarbeiterschaft gelingen wird.[251] Insofern erscheint es gerechtfertigt, dass die Beschäftigten bereits in das laufende Angebotsverfahren integriert werden. Auf dieser Grundlage kann im Betriebsrat und unter den Arbeitnehmern ein Meinungsbildungsprozess beginnen, der hilft, Gespräche insbesondere mit dem erfolgreichen Übernehmer vorzubereiten.[252]

---

247 Ebenso *Baums*, in: Rosen/Seifert, S. 165, 179.

248 Vgl. *Dohrmann*, S. 125; Geibel/Süßmann/*Grobys* § 10 Rn. 67.

249 *Roth/Zinser*, EWS 2000, 233, 235.

250 *Berger*, ZIP 1991, 1644, 1647; *Roth/Zinser*, EWS 2000, 233, 238 („unabdingbar"); *Schnorbus*, ZHR 166 (2002), 72, 91; *Zinser*, WM 2002, 15, 17; zurückhaltender *Budde/Lawall*, in: FS W. Müller (2001), S. 27, 54 (Informierung „legitim").

251 *Berger*, Bank 2000, 558, 562 f.; in diesem Sinne auch der Kommissionsvorschlag vom 2.10.2002, s. oben § 1B.I.2.h)aa) (Fn. 116); hierzu auch FAZ, 21.7.2004, S. 18 (Wissensbilanzierung erhöht die Kreditwürdigkeit).

252 Vgl. bereits die OECD-Richtlinien für multinationale Unternehmen vom 21.6.1976 (abgedruckt bei *Horn*, S. 454 ff.), welche die Berücksichtigung von Arbeitnehmerinteressen bei Unternehmenszusammenschlüssen besonders hervorheben; hierzu näher BT-Ds. 14/3895, S. 4 sowie *Horn*, ZIP 2000, 473, 484.

2. Unterrichtungspflicht des Vorstands der Zielgesellschaft gemäß §§ 76, 93 AktG

Darüber hinaus resultiert aus der Pflicht zur Leitung des Unternehmens gemäß §§ 76 Abs. 1, 93 Abs. 1 Satz 1 AktG nur ausnahmsweise eine Verpflichtung des Vorstands der Zielgesellschaft, den Belegschaftsmitgliedern über das Angebot und den Verfahrensablauf zu berichten.[253] Speziell bei einer Übernahmeofferte sind Situationen vorstellbar, in denen dieses Unruhe unter den Mitarbeitern auslöst und Arbeitsniederlegungen und Produktionsausfälle drohen. Kann der Vorstand dem durch objektive Information entgegentreten, ohne dabei seine Verschwiegenheitspflicht nach § 93 Abs. 1 Satz 2 AktG zu verletzen, ist er dazu aufgrund seiner allgemeinen Pflicht, Schaden von der Gesellschaft abzuwenden, verpflichtet.[254]

3. UmwG als Vorlage der übernahmerechtlichen Informationspflichten

Ähnliche Regelungen wie die §§ 10 Abs. 5 Satz 2, 14 Abs. 4 Satz 2 und 27 Abs. 3 Satz 2 WpÜG sieht das Umwandlungsrecht in den §§ 5 Abs. 3, 126 Abs. 3, 194 Abs. 2 UmwG für die Vorgänge der Verschmelzung, Spaltung und des Formwechsels vor.[255] Nach diesen Vorschriften ist der Betriebsrat in die gesellschaftsrechtliche Abwicklung von Umwandlungsvorgängen unmittelbar einzubeziehen. Der Verschmelzungs-/Spaltungsvertrag oder deren Entwurf sowie bei einem Formwechsel der Entwurf des Umwandlungsbeschlusses sind – nach dem Vorbild des § 2 Abs. 4[256] des Gesetzes zur Spaltung der von der Treuhandanstalt verwalteten Unternehmen vom 4.5.1991 (SpTrUG) – dem zuständigen Betriebsrat zuzuleiten.

Der Gesetzgeber hat diese Einwirkung der Arbeitnehmervertretung auf die Gestaltung der Unternehmensverbände damit gerechtfertigt, dass eine Umwandlung auch die Interessen der Mitarbeiterschaft in den an ihr beteiligten Rechtsträgern berühre. Hierdurch solle vor allem den Beschäftigten und deren Vertretern eine frühzeitige Information

---

S. dazu die neugefassten OECD-Grundsätze der Corporate Governance aus dem Jahr 2004 (Teil 1. IV.): „Der Corporate-Governance-Rahmen sollte die gesetzlich verankerten oder einvernehmlich festgelegten Rechte der Unternehmensbeteiligten anerkennen und eine aktive Zusammenarbeit zwischen Unternehmen und Stakeholdern mit dem Ziel der Schaffung von Wohlstand und Arbeitsplätzen sowie der Erhaltung finanziell gesunder Unternehmen fördern.".

[253] *Aubel*, S. 174 f., 57; Geibel/Süßmann/*Grobys*, § 3 Rn. 32; weiter *Seibt*, in: HWK, WpÜG Rn. 31 sowie DB 2002, 529, 536, nach dem die den Vorstand treffenden übernahmerechtlichen Informationspflichten sogar *regelmäßig* eine Sorgfaltspflicht i.S.v. § 93 AktG begründen sollen; a.A. wohl *Hopt*, in: FS Lutter (2000), S. 1361, 1397 f. („Aktienrechtliche Pflichten des Vorstands [...] gegenüber den Arbeitnehmern sind, da dem Verbandsrecht fremd, grundsätzlich abzulehnen.").

[254] *Aubel*, S. 174 f.; s. auch *Seibt*, in: HWK, WpÜG Rn. 31 sowie DB 2002, 529, 536, der allerdings den Eintritt eines Schadens bei Verletzung der Informationspflichten für eher theoretisch hält.

[255] Geibel/Süßmann/*Grobys*, § 3 Rn. 36; *Grobys*, NZA 2002, 1, 2; *Simon*, in: Semler/Volhard, § 55 Rn. 4; vgl. hierzu *Boecken*, Rn. 313 f.

[256] Nach § 2 Abs. 1 Nr. 10, Abs. 4 SpTrUG hat bei der Spaltung von Unternehmen der Treuhandanstalt der Spaltungsplan die übergehenden Betriebe und Betriebsteile unter Zuordnung zu den neuen Gesellschaften und unter Angabe der übergehenden Arbeitsverhältnisse zu beschreiben und ist gleichzeitig mit der Einreichung zum Handelsregister dem Betriebsrat zuzuleiten, dazu näher *Engels*, DB 1991, 966.

über die Umwandlung und die durch sie bewirkten Folgen zur Verfügung gestellt werden, um bereits im Vorfeld des Umwandlungsvorgangs eine möglichst sozialverträgliche Durchführung zu erleichtern; die Regelungen dienten somit auch dem sozialen Frieden.[257] Entsprechend dieser Intention müssen die Umwandlungsverträge die die Arbeitnehmer betreffenden Folgen der Umwandlung sowie die insoweit vorgesehenen Maßnahmen darstellen, vgl. §§ 5 Abs. 1 Nr. 9, 126 Abs. 1 Nr. 11, 194 Abs. 1 Nr. 7 UmwG.

a) Geltung der Trennungstheorie sowohl im Umwandlungs- als auch im Übernahmerecht

Im UmwG ist die sog. *Trennungstheorie*[258] maßgeblich, wonach die Individualrechte der Arbeitnehmer und die Beteiligungsrechte des Betriebsrats und/oder Wirtschaftsausschusses von dem gesellschaftsrechtlichen Vorgang der Umwandlung und den im Umwandlungsvertrag oder -beschluss enthaltenen arbeitsrechtlichen Angaben unberührt bleiben. Insbesondere die Mitbestimmungsrechte der §§ 99, 102, 111 ff. BetrVG bleiben unabhängig von den §§ 5 Abs. 1 Nr. 9, 126 Abs. 1 Nr. 11, 194 Abs. 1 Nr. 7 UmwG bestehen; denn diese Vorschriften sind als reine gesellschaftsrechtliche Regelungen einzustufen, die nicht auf das Arbeitsrecht durchschlagen.

Auch im Übernahmerecht findet die Trennungstheorie Anwendung.[259] Während die allgemeinen Beteiligungsrechte des Betriebsrats nach dem BetrVG und Individualrechte der Arbeitnehmer durch Änderungen auf *betrieblicher* Ebene ausgelöst werden, sind die besonderen übernahmegesetzlichen Informationspflichten an Veränderungen auf *unternehmerischer* Ebene geknüpft. Auch wenn das WpÜG mit den §§ 10 Abs. 5 Satz 2, 14 Abs. 4 Satz 2, 27 Abs. 3 Satz 2 (im weitesten Sinne) arbeitsrechtliche Pflichten statuiert,[260] finden somit weder die allgemeinen arbeitsrechtlichen Vorschriften Anwendung auf den Vorgang des Gesellschafterwechsels, noch verdrängen die besonderen Bestimmungen des WpÜG die allgemeinen Regelungen des Arbeitsrechts.[261]

b) Neuausrichtung des WpÜG

Trotz der Ähnlichkeit der arbeitsrechtlichen Begleitvorschriften in UmwG und WpÜG ist bei letzterem eine neue gesetzgeberische Akzentuierung auszumachen.

---

257 RegE zur Bereinigung des Umwandlungsrechts, BT-Ds. 12/6699 vom 26.1.1994, S. 83; *Melchior*, GmbHR 1996, 833; *Willemsen*, NZA 1996, 791, 796; vgl. zum entsprechenden Wortlaut im RegE-WpÜG BT-Ds. 14/7034, S. 27, 29 sowie zu § 10 Abs. 5 Satz 2, S. 40 und zu § 14 Abs. 4 Satz 2, S. 45.

258 *Joost*, ZIP 1995, 976, 985; Kallmeyer/*Willemsen*, § 5 UmwG Rn. 48; *Willemsen*, NZA 1996, 791, 795 f., 797 f.; *Willemsen*, in: Willemsen (u.a.), Kap. C Rn. 385 ff.

259 *Willemsen*, in: Willemsen (u.a.), Kap. B Rn. 11.

260 Vgl. MüKo-AktG/*Wackerbarth*, § 3 WpÜG Rn. 22 sowie § 10 WpÜG Rn. 74.

261 Geibel/Süßmann/*Grobys*, § 3 Rn. 36; *Grobys*, NZA 2002, 1, 2; HWK/*Seibt*, WpÜG Rn. 4; *Seibt*, DB 2002, 529; vgl. ebenfalls BT-Ds. 14/7034 zu § 10 Abs. 5 Satz 2 RegE-WpÜG, S. 40 und zu § 14 Abs. 4 Satz 2 RegE-WpÜG, S. 45.

Anders als bei den übertragenden Rechtsträgern bei Verschmelzung oder Spaltung i.S.v. §§ 2 ff., 123 ff. UmwG, ändert sich durch den Erwerb von Wertpapieren an einer börsennotierten AG oder KGaA der Arbeitgeber und Unternehmensträger als Partei des Arbeitsverhältnisses nicht; zudem ändert sich – im Gegensatz zum Formwechsel nach § 190 UmwG – auch nicht dessen Rechtsform. Vielmehr findet lediglich eine Veränderung der Beteiligungsverhältnisse, d.h. ein Wechsel der Eigentümerstellung statt.[262] Auch die betriebsverfassungsrechtliche Struktur besteht fort, da die Betriebsräte mit allen bisherigen Kompetenzen im Amt bleiben. Ungeachtet dessen hat der Gesetzgeber die übernahmerechtlichen Informationspflichten über die entsprechenden Bestimmungen des Umwandlungsgesetzes hinaus ausgebaut.

Bis zur Einführung des WpÜG vermochte ein Wechsel auf der Gesellschafterebene für sich genommen im Grundsatz weder arbeitsrechtliche Informationspflichten noch Stellungnahmerechte zugunsten der Arbeitnehmer/-vertretung auszulösen.[263] Denn selbst bei einer Kontrollerlangung ergeben sich für die Arbeitsverhältnisse erst dann Veränderungen, wenn Umstrukturierungsmaßnahmen auf die Betriebsebene durchschlagen, d.h. auch arbeitsorganisatorische Umgestaltungen mit sich bringen: Erst durch Umwandlungen, Sitzverlegungen, Stillegung wichtiger Betriebsteile, die Veränderung von Arbeitsbedingungen o.Ä. ergeben sich unmittelbare Folgen für die betroffenen Beschäftigten.[264] Zu diesem Zeitpunkt greift aber bereits das Instrumentarium, das in solchen Fällen ohnedies zum Schutz vorhanden ist, also vor allem die Pflicht des Arbeitgebers, über einen Interessenausgleich und einen Sozialplan gemäß §§ 112 f. BetrVG zu verhandeln.

4. Auslegungsmaßstab der arbeitnehmerschützenden Regelungen im WpÜG

Das im WpÜG eingebettete „Arbeitsrecht" ist keinesfalls isoliert, sondern immer im Zusammenhang mit den Interessen der Anteilseigner und der Funktionsfähigkeit des Kapitalmarkts zu betrachten. Die entsprechenden Vorschriften sind mithin (lediglich) als „arbeitsrechtliche Flankierungen"[265] von übernahmegesetzlichen Bestimmungen einzuordnen.[266]

---

262 *Basaldua*, in: Assmann (u.a.), S. 157, 160; *Gach*, in: Semler/Volhard, § 27 Rn. 90; MüKo-AktG/*Wackerbarth*, § 3 WpÜG Rn. 22; *Nehls*, in: FAZ, 24.4.2002, S. 25; vgl. BAG vom 12.7.1990, AP Nr. 87 zu § 613a BGB; *Kittner/Zwanziger*, § 114 Rn. 21.

Nach *Ebenroth/Rapp*, DWiR 1991, 2, 7, soll der *Bieter* (!) bei einer Unternehmensübernahme gemäß § 613a BGB in die vorhandenen Arbeitsverträge eintreten. Richtigerweise ist dieser jedoch weder zum Zeitpunkt der Abgabe des Übernahmeangebots i.S.v. §§ 34, 14 Abs. 2 Satz 1 WpÜG Arbeitgeber der bei der Zielgesellschaft beschäftigten Arbeitnehmer, noch wird er es als späterer Großaktionär. Ein individualrechtlicher Übergang der Arbeitsverhältnisse gemäß § 613a BGB ergibt sich ausschließlich im Zusammenhang mit einer an die Akquisition anschließenden Unternehmensveräußerung.

263 Vgl. *Deinert*, RdA 2001, 368, 369; HWK/*Seibt*, WpÜG Rn. 5; *Seibt*, DB 2002, 529, 530; *Willemsen*, in: Willemsen (u.a.), Kap. B Rn. 5 ff., 12.

264 *Budde/Lawall*, in: FS W. Müller (2001), S. 27, 46, 54.

265 Zit. nach *Wlotzke*, DB 1995, 40, 41.

266 Geibel/Süßmann/*Grobys*, § 3 Rn. 36; *Grobys*, NZA 2002, 1, 2.

Die im Zusammenhang mit den Informationspflichten der Zielgesellschaft (vgl. §§ 10 Abs. 5 Satz 2, 14 Abs. 4 Satz 2, 27 Abs. 3 Satz 2 WpÜG) und dem Stellungnahmerecht gemäß § 27 Abs. 2 WpÜG stehenden Auslegungsfragen sind folglich unter Berücksichtigung des das Gesetz dominierenden Transparenz- und Informationsgrundsatzes zu lösen, wobei die unterschiedlichen arbeitsrechtlichen Folgen, die Übernahmen im Gegensatz zu Umwandlungen erzeugen, nicht unbeachtet bleiben dürfen.[267]

II. Unterrichtungspflicht der Geschäftsführung der Zielgesellschaft gegenüber den Beschäftigten in Bezug auf die Vorankündigung des Bieters, § 10 Abs. 5 Satz 2 WpÜG

Hat der Bieter die (*freiwillige*) Entscheidung zur Abgabe eines Angebots zum Erwerb von Wertpapieren gemäß § 10 Abs. 1 Satz 1 WpÜG gefasst, muss er diese den jeweils betroffenen Geschäftsführungen der Börsen und der BaFin mitteilen und anschließend in mindestens einem überregionalem Börsenpflichtblatt oder über ein elektronisch betriebenes Informationsverbreitungssystem veröffentlichen (§ 10 Abs. 1 bis 3 WpÜG). Diese Regelungen sind § 15 WpHG nachgebildet und sollen wie dieser dafür Sorge tragen, dass die Öffentlichkeit frühzeitig über marktrelevante Daten informiert wird, um damit das Ausnutzen von Spezialwissen zu verhindern.[268] Darüber hinaus hat der Bieter dem Vorstand[269] der Zielgesellschaft unverzüglich nach dieser Veröffentlichung die Entscheidung zur Angebotsabgabe schriftlich mitzuteilen, § 10 Abs. 5 Satz 1 (i.V.m. § 34) WpÜG.[270]

Bei einem *Pflicht*angebot ist der Bieter, sobald der Tatbestand der Kontrollerlangung i.S. der §§ 39, 29 Abs. 2, 30 WpÜG – d.h. das Halten von 30 % der Stimmanteile an der Zielgesellschaft – erfüllt ist, verpflichtet, dies unverzüglich nach näherer Maßgabe von § 10 Abs. 2 bis 6 WpÜG zu veröffentlichen, § 35 Abs. 1 Satz 1 bis 4 WpÜG. Er hat also unter anderem die in § 10 Abs. 2 WpÜG vorgeschriebene Vorabmitteilung an die betroffenen Börsen und die Aufsichtsbehörde zu veranlassen sowie die Tatsache der Kontrollerlangung zu veröffentlichen (§ 10 Abs. 3 Satz 1 WpÜG). Anschließend hat der Bieter gemäß §§ 35 Abs. 1 Satz 4, 10 Abs. 5 Satz 1 WpÜG den Vorstand der Zielgesellschaft unverzüglich hierüber zu informieren. Allerdings kann die BaFin den Kontrollerwerber auf dessen Antrag hin durch Ermessensentscheidung von der Pflicht zur Abgabe eines Pflichtangebots befreien, vgl. § 37 WpÜG.[271] Hierbei kann auch die

---

[267] Geibel/Süßmann/*Grobys*, § 3 Rn. 36; *Grobys*, NZA 2002, 1, 2; *Seibt*, DB 2002, 529, 536.

[268] BT-Ds. 14/7034 zu § 10 RegE-WpÜG, S. 39; KK-WpÜG/*Hirte*, § 10 Rn. 2.

Die ad-hoc-Publizitätsverpflichtung nach § 15 WpHG setzt ein, wenn eine neue Tatsache im Tätigkeitsbereich der AG eingetreten ist, die wegen der Auswirkungen auf die Vermögens- und Finanzlage oder auf den allgemeinen Geschäftsverlauf der AG geeignet ist, den Börsenpreis der Wertpapiere erheblich zu beeinflussen, vgl. *Fitting*, § 106 BetrVG Rn. 22.

[269] Bei der KGaA ist der persönlich haftende Gesellschafter vom Bieter zu unterrichten, vgl. § 278 Abs. 2 AktG i.V.m. §§ 161 Abs. 2, 125 Abs. 1 HGB; ist dieser eine juristische Person, sind deren Vertreter zu unterrichten.

[270] Kritisch zu dieser Verpflichtung MüKo-AktG/*Wackerbarth*, § 10 WpÜG Rn. 72.

[271] Entgegen einem Vorschlag des DGB (Stellungnahme vom 11.10.2000 zu § 36 Abs. 2 DiskE-ÜG, S. 5) enthält § 37 Abs. 2 WpÜG – nach dem das BMF durch Rechtsverordnung nähere Bestim-

besondere Zielsetzung der Kontrollerlangung eine Befreiung von den Pflichten des § 35 WpÜG rechtfertigen. Der Gesetzgeber hat in diesem Zusammenhang vor allem die Sanierung der Zielgesellschaft (vgl. § 37 Abs. 2 Satz 1 WpÜG i.V.m. § 9 Satz 1 Nr. 3 AngebotsVO) im Visier gehabt: Da die ausnahmslose Verpflichtung zur Abgabe eines Pflichtangebots Sanierungsbemühungen entgegenstehen könne, stünden in diesen Fällen entsprechende Pflichten im Widerspruch zu den Interessen der Minderheitsaktionäre und der Arbeitnehmer.[272]

1. Allgemeines zur Unterrichtungspflicht gemäß § 10 Abs. 5 Satz 2 WpÜG

Mit der Unterrichtung nach § 10 Abs. 5 Satz 1 (i.V.m. § 34, § 35 Abs. 1 Satz 4) WpÜG soll der Vorstand in die Lage versetzt werden, seine weiteren innergesellschaftlichen und innerunternehmensmäßigen Unterrichtungspflichten gegenüber dem Aufsichtsrat respektive den Arbeitnehmer(n)/-vertretungen zu erfüllen[273] – dabei genügt der Bieter den gesetzlichen Vorgaben bereits durch Übersendung einer Kopie der Veröffentlichung nach § 10 Abs. 1 WpÜG.[274] Dementsprechend sieht § 10 Abs. 5 Satz 2 (i.V.m. § 34, § 35 Abs. 1 Satz 4) WpÜG die Verpflichtung des Vorstands der Zielgesellschaft vor, den zuständigen Betriebsrat oder, sofern ein solcher nicht besteht, unmittelbar die Arbeitnehmer über diese Mitteilung des Bieters unverzüglich zu unterrichten.[275]

Parallel dazu sieht das am 1. Januar 1999 in Kraft getretene österreichische Übernahmegesetz[276] (öÜbG) in § 5 Abs. 3 Nr. 1 vor, dass der Bieter den Verwaltungsorganen der Zielgesellschaft mitteilen muss, dass sein Vorstand und Aufsichtsrat die Entscheidung, ein Angebot zu stellen, getroffen haben. Daran anschließend hat der Vorstand der Zielgesellschaft gemäß § 11 Abs. 3[277] öÜbG die Vertretung der Mitarbeiter über diese vom Bieter bekanntgemachte Absicht in Kenntnis zu setzen. In der Übernahme-

mungen über die Befreiung von der Verpflichtung zur Abgabe eines Übernahmeangebots erlassen kann – keinen Hinweis darauf, dass durch die Befreiung von der Verpflichtung zur Abgabe eines Pflichtangebots die Informations- und Beratungsrechte der Arbeitnehmervertretungen nicht eingeschränkt werden dürfen.

272 BT-Ds. 14/7034 zu § 9 Satz 1 Nr. 3 RegE-AngebVO, S. 81; Geibel/Süßmann/*Meyer*, § 37 Rn. 27; zu dieser „Sanierungsübernahme" s. auch *Lenz*, NJW 2003, 2073, 2074; *Lenz/Linke*, AG 2002, 361, 366 f.; *Schneider/Burgard*, DB 2001, 963, 964; *Süßmann*, WM 2003, 1453, 1457 f.

273 KK-WpÜG/*Hirte*, § 10 Rn. 79; *Pötzsch/Möller*, WM 2000 Sonderbeil. Nr. 2, 3, 9 (zu § 11 DiskE-ÜG); *Tröger*, DZWIR 2002, 353, 357.

274 Vgl. KK-WpÜG/*Hirte*, § 10 Rn. 79; *Riehmer*, in: Haarmann (u.a.), § 10 Rn. 58.

275 Dies findet keine Entsprechung in § 15 WpHG, vgl. *Assmann*, AG 2002, 114, 119; KK-WpÜG/*Hirte*, § 10 Rn. 82.

276 Art. I des Bundesgesetzes betreffend Übernahmeangebote (Übernahmegesetz) sowie über Änderungen des Börsengesetzes und des Einführungsgesetzes zu den Verwaltungsverfahrensgesetzen 1991 (öBGBl. I Nr. 127/1998).

277 § 11 Abs. 3 öÜbG lautet: „Der Vorstand der Zielgesellschaft hat den Betriebsrat von Bekanntmachungen gemäß §§ 5 und 6 unverzüglich zu unterrichten und ihm die Unterlagen gemäß Abs. 1 erster Satz unverzüglich nach Erhalt zu übermitteln.".

richtlinie regeln Art. 6 Abs. 1 Satz 1 und 2[278] und Erwägungsgrund 12[279] die Pflicht des Bieters, die Entscheidung zur Abgabe eines Angebots bekannt zu machen. Sobald dies geschehen ist, müssen die jeweiligen Leitungs- bzw. Verwaltungsorgane der Zielgesellschaft ihre Arbeitnehmervertreter oder – in Ermangelung solcher Vertreter – die Arbeitnehmer selbst unterrichten (Art. 6 Abs. 1 Satz 3 RL).

a) Intention des Gesetzgebers

Durch die arbeitsrechtliche Pflicht des Vorstands, die Belegschaft unverzüglich über eine Vorankündigung des Bieters zu unterrichten, sollen Betriebsrat und die betroffenen Arbeitnehmer möglichst frühzeitig in das Angebotsverfahren eingebunden werden.[280] Die Besonderheit der Norm liegt darin, dass sie im Unterschied zu den allgemeinen arbeitsrechtlichen Unterrichtungspflichten nicht an konkrete Reorganisationen anknüpft, sondern bereits anlässlich der Möglichkeit solcher Maßnahmen durch ein öffentliches Angebot eingreift.

Systematisch passt diese Norm eigentlich nur auf das Übernahmeangebot nach § 29 WpÜG, nicht aber auf ein einfaches Angebot. Indes soll § 10 Abs. 5 Satz 2 WpÜG nach der Begründung generell sicherstellen, dass durch eine unverzügliche Information die Vertretungen der Beschäftigten oder diese selbst in die Lage versetzt werden, ihre Rechte wahrzunehmen.[281] Dadurch wird unterstrichen, dass durch das neue Gesetz die bereits bestehenden Arbeitnehmerrechte – etwa in der Mitbestimmung und im Kündigungsschutz – nicht beschränkt werden. Die besondere Informationspflicht nach § 10 Abs. 5 Satz 2 WpÜG steht mithin neben den allgemeinen Informationspflichten des Arbeitsrechts, die ihrerseits auf potenziell bevorstehende Änderungen in der Gesellschafterstruktur des Unternehmensträgers (grundsätzlich) keine Anwendung finden, verdrängt sie andererseits aber auch nicht, was bei Rationalisierungsmaßnahmen im Anschluss an einen erfolgreichen Beteiligungserwerb von Bedeutung ist. Diese Bestimmung will damit neben anderen Vorschriften des Übernahmegesetzes (vgl. §§ 14 Abs. 4 Satz 2, 27 Abs. 3 Satz 2 WpÜG) die Voraussetzungen dafür schaffen, dass arbeitsrechtliche Informations- und Mitwirkungsrechte auch effektiv wahrgenommen

---

278 Art. 6 Abs. 1 RL lautet: „Die Mitgliedstaaten stellen sicher, dass die Entscheidung zur Abgabe eines Angebots unverzüglich bekannt gemacht und die Aufsichtsstelle über das Angebot unterrichtet wird. Die Mitgliedstaaten können vorschreiben, dass die Aufsichtsstelle vor der Bekanntmachung zu unterrichten ist. Sobald das Angebot bekannt gemacht ist, unterrichten die jeweiligen Leitungs- bzw. Verwaltungsorgane der Zielgesellschaft und der Bietergesellschaft ihre Arbeitnehmervertreter oder – in Ermangelung solcher Vertreter – die Arbeitnehmer selbst.".

279 Erwägungsgrund 12 RL lautet: „Um die Möglichkeiten für Insidergeschäfte zu verringern, sollte der Bieter verpflichtet werden, seinen Beschluss, ein Angebot zu unterbreiten, so früh wie möglich bekannt zu geben und die Aufsichtsstellen von dem Angebot zu unterrichten.".

280 *Berger*, Bank 2000, 558, 563; *Grobys*, GmbHR 2000, R389; *ders.*, NZA 2002, 1, 2; kritisch MüKo-AktG/*Wackerbarth*, § 10 WpÜG Rn. 73.

281 BT-Ds. 14/7034 zu § 10 Abs. 5 RegE-WpÜG, S. 40; Ehricke/Ekkenga/*Oechsler*, § 10 Rn. 25; vgl. auch BT-Ds. 14/3895, S. 9.

werden können.[282] So erlaubt § 10 Abs. 5 Satz 2 WpÜG der Belegschaft etwa die Planung eventuell erforderlicher Sozialmaßnahmen ohne den Druck eines zeitlich unmittelbar bevorstehenden Umstrukturierungsvorhabens.

Mit der Verpflichtung zur Unterrichtung beabsichtigt der Gesetzgeber demnach primär die Schaffung umfänglicher Transparenz schon in der Frühphase eines Angebotsverfahrens zwecks Sensibilisierung der Beschäftigten.[283] Der Schutz einzelner Arbeitnehmerrechte bleibt insofern die Aufgabe speziellerer Vorschriften wie den §§ 113, 119 ff. BetrVG, § 613a BGB usw.

b) Ausbleibende Bindungswirkung der Vorankündigung

Die Berücksichtigung der Arbeitnehmerinteressen bereits in dieser frühen Phase – in der regelmäßig weder die weitere Entwicklung des Angebotsverfahrens noch die sich an einen Beteiligungserwerb anschließenden Rationalisierungsmaßnahmen vorhersehbar sind – ist um so bemerkenswerter, als die nach § 10 Abs. 5 Satz 2 WpÜG vorgeschriebene Unterrichtung nicht damit gerechtfertigt werden kann, dass mit der Veröffentlichung der Ankündigung eine Selbstbindung des Bieters eintritt, nach der er zur Verfahrensfortsetzung verpflichtet wäre. Denn die Entscheidung selbst beinhaltet noch keine zum Vertragsschluss führende Willenserklärung, sondern kündigt eine solche erst an. Dies entspricht auch dem Willen des Gesetzgebers, nach dem Gegenstand der Vorankündigung nur die Absicht des Bieters hinsichtlich der Offerte als solche ist.[284] Daraus können aber noch keine den Bieter bindenden Erfüllungspflichten hergeleitet werden, im weiteren Verlauf eine Angebotsunterlage vorlegen zu müssen.[285] Er macht sich allenfalls bußgeldpflichtig nach § 60 Abs. 1 Nr. 2 lit. a WpÜG, wenn er auf seine Ankündigung hin der Aufsichtsbehörde nicht innerhalb von vier Wochen den eigentlichen Antrag erklärt (§ 14 Abs. 3 Satz 1 WpÜG).[286] Zudem gilt es zu berücksichtigen, dass der Bieter nach dem Gesetz zu einer recht frühzeitigen Entscheidungsveröffentlichung genötigt ist, was die Gefahr in sich birgt, dass zu diesem Zeitpunkt noch nicht die volle Belastung eines späteren Angebots überblickt werden kann.[287]

Da demnach keine Bindungswirkung besteht, d.h. der Bieter von seiner Entscheidung zur Abgabe eines Angebots wieder „zurücktreten" kann, wird die prophylaktische Natur des § 10 Abs. 5 Satz 2 WpÜG besonders augenfällig: Die Beschäftigten werden von Beginn an in das Angebotsverfahren integriert, selbst wenn deren Interessen – aus

---

282 BT-Ds. 14/7034 zu § 10 Abs. 5 RegE-WpÜG, S. 40 und zu § 14 Abs. 4 RegE-WpÜG, S. 45; Ehricke/Ekkenga/*Oechsler*, § 10 Rn. 25; Geibel/Süßmann/*Grobys*, § 10 Rn. 66; KK-WpÜG/*Hirte*, § 10 Rn. 83.

283 BT-Ds. 14/7034, S. 28 f.; Geibel/Süßmann/*Grobys*, § 10 Rn. 68.

284 BT-Ds. 14/7034 zu § 10 Abs. 1 RegE-WpÜG, S. 39; zum Inhalt der Vorankündigung näher unten § 2B.II.3.c).

285 Ehricke/Ekkenga/*Oechsler*, § 10 Rn. 11; KK-WpÜG/*Hirte*, § 10 Rn. 20; *Oechsler*, ZIP 2003, 1330, 1333; von der Tendenz her anders KK-WpÜG/*Seydel*, § 14 Rn. 26.

286 Für die Möglichkeit eines sanktionslosen Widerrufs oder Rücktritts von Angebotsankündigungen infolge analoger Anwendung des § 18 Abs. 2 WpÜG plädiert *Stöcker*, NZG 2003, 993 ff.; dazu auch *Zschocke/Berresheim*, BKR 2004, 301 ff.

287 *Immenga*, in: Kreuzer, S. 11, 25; *Peltzer*, in: Assmann (u.a.), S. 179, 200.

ex-post Sicht – zu keiner Zeit durch dem Beteiligungserwerb nachfolgende Umstrukturierungen betroffen waren.

2. Adressatenkreis der Unterrichtungspflicht nach § 10 Abs. 5 Satz 2 WpÜG

Als in Betracht kommende Adressaten der Pflicht zur Unterrichtung über die Bieterentscheidung benennt § 10 Abs. 5 Satz 2 WpÜG sowohl den Betriebsrat als auch die Arbeitnehmer.

a) (Zuständiger) Betriebsrat als Adressat der Unterrichtungspflicht (1. Alt.)

Nach dem Gesetzeswortlaut und der -systematik hat die Geschäftsleitung vorrangig den „zuständigen" Betriebsrat als gewählte Vertretung der Arbeitnehmer zu unterrichten, § 10 Abs. 5 Satz 2, 1. Alt. WpÜG.[288]

aa) Kompetenzzuordnung des BetrVG als Maßstab für die Zuständigkeit

Welcher Betriebsrat im Einzelfall zu unterrichten ist, hängt nach den Vorschriften des Betriebsverfassungsrechts von der Struktur der Zielgesellschaft ab.[289] Je nach deren Unternehmensverfassung kommt eine Unterrichtung des Konzern- oder Gesamtbetriebsrats oder der örtlichen (Einzel-)Betriebsräte in Betracht.

Die Mitteilungsverpflichtung gegenüber einem Betriebsrat ist unter Anwendung von § 26 Abs. 2 Satz 2 BetrVG (i.V.m. §§ 51 Abs. 1, 59 Abs. 1 BetrVG) erfüllt, wenn der Vorsitzende oder im Falle dessen Verhinderung sein Stellvertreter die Mitteilung entgegennimmt.[290] Sind beide verhindert und hat der Betriebsrat für diesen Fall keine Vorsorge getroffen, kann die Mitteilung gegenüber jedem Betriebsratsmitglied erfolgen.[291]

(1) Konstellation I: Zielgesellschaft unterhält einen Betrieb bei Existenz eines Betriebsrats

Besteht bei der Zielgesellschaft lediglich ein Betrieb und ein Betriebsrat oder ist ein unternehmenseinheitlicher Betriebsrat (§ 3 Abs. 1 Nr. 1a BetrVG) gebildet worden, ist dieser zuständiger Mitteilungsempfänger.[292]

---

288 Ehricke/Ekkenga/*Oechsler*, § 10 Rn. 25; MüKo-AktG/*Wackerbarth*, § 10 WpÜG Rn. 76; *Simon*, in: Semler/Volhard, § 55 Rn. 11.

289 Vgl. BT-Ds. 14/7034 zu § 10 Abs. 5 RegE-WpÜG, S. 40; Geibel/Süßmann/*Grobys*, § 10 Rn. 70; *Grobys*, NZA 2002, 1, 2; HWK/*Seibt*, WpÜG Rn. 9; KK-WpÜG/*Hirte*, § 10 Rn. 85; MüKo-AktG/*Wackerbarth*, § 10 WpÜG Rn. 74; *Seibt*, DB 2002, 529, 532; *Simon*, in: Semler/Volhard, § 55 Rn. 7 sowie *Thiel*, aaO, § 54 Rn. 6.

290 *Glock*, in: HSWG, § 26 BetrVG Rn. 51, 56.

291 BAG vom 27.6.1985, AP Nr. 37 zu § 102 BetrVG; ErfK/*Eisemann*, § 26 BetrVG Rn. 4.

292 BT-Ds. 14/7034 zu § 10 Abs. 5 RegE-WpÜG, S. 40; Geibel/Süßmann/*Grobys*, § 10 Rn. 71; *Grobys*, NZA 2002, 1, 3; HWK/*Seibt*, WpÜG Rn. 9; KK-WpÜG/*Hirte*, § 10 Rn. 86; *Seibt*, DB 2002, 529, 532; *Simon*, in: Semler/Volhard, § 55 Rn. 8.

(2) Konstellation II: Zielunternehmen mit mehreren Betrieben bei Existenz eines Gesamtbetriebsrats

Handelt es sich bei der Zielgesellschaft um ein Unternehmen mit mehreren Betrieben und besteht ein Gesamtbetriebsrat, ist dieser gemäß § 50 Abs. 1 BetrVG für die Entgegennahme der Information i.S.v. § 10 Abs. 5 Satz 2 WpÜG zuständig, da der Bieter die AG als Rechtsperson nur mit sämtlichen Betrieben übernehmen kann.[293] Bestätigung findet dieses Ergebnis darin, dass auch im UmwG in den Fällen der Errichtung eines Gesamtbetriebsrats grundsätzlich dieses Repräsentationsorgan als „zuständig" im Sinne der Zuleitungsregeln (§§ 5 Abs. 3, 126 Abs. 3, 194 Abs. 2 UmwG) anzusehen ist.[294]

Klärungsbedürftig ist, ob neben einem errichteten Gesamtbetriebsrat weitere Betriebsräte, die auf Betriebsebene gebildet worden sind, durch den Vorstand der Zielgesellschaft zu unterrichten sind.

Unabhängig von der Unternehmensform besteht die Mitteilungsverpflichtung i.S.v. § 10 Abs. 5 Satz 2, 1. Alt. WpÜG in jedem Fall nur gegenüber dem jeweils *ranghöchsten* Gremium.[295] Dies kann m.E. damit begründet werden, dass der Bieter nach § 10 Abs. 5 Satz 1 WpÜG ebenfalls lediglich dazu verpflichtet ist, den Vorstand als organschaftlichen Vertreter der Zielgesellschaft zu unterrichten. Eine Mitteilung auch an Vertreter abhängiger Unternehmen ist nicht notwendig, denn Zielgesellschaft i.S. des § 2 Abs. 3 WpÜG ist nur die juristische Person selbst – und nicht etwa der „Unternehmensverbund" –, welche die zu erwerbenden Anteile ausgestellt hat.[296] Aus Gründen der „Waffengleichheit" genügt ein Zielunternehmen, das mehrere Betriebe unterhält, folglich seinen Verpflichtungen durch Unterrichtung des Gesamtbetriebsrats, d.h. Gremien, die bei anderen Betrieben gebildet worden sind, können nicht als zusätzliche Mitteilungsempfänger eingestuft werden.[297] Ein solches Verständnis liegt auf einer Linie mit betriebsverfassungsrechtlichen Grundsätzen, wonach eine parallele Zuständigkeit von Gesamt- und Einzelbetriebsräten ausgeschlossen ist.[298] Zudem würde bei An-

---

293 I.E. ebenso BT-Ds. 14/7034 zu § 10 Abs. 5 RegE-WpÜG, S. 40; KK-WpÜG/*Hirte*, § 10 Rn. 87; Geibel/Süßmann/*Grobys*, § 10 Rn. 72; *Grobys*, NZA 2002, 1, 2; HWK/*Seibt*, WpÜG Rn. 9; MüKo-AktG/*Wackerbarth*, § 10 WpÜG Rn. 75; *Seibt*, DB 2002, 529, 532; *Simon*, in: Semler/Volhard, § 55 Rn. 8.

294 *Bachner*, NJW 1995, 2881, 2886; *Bermel/Hannappel*, in: Goutier, § 5 UmwG Rn. 125; *Boecken*, Rn. 333; *Däubler*, RdA 1995, 136, 138; *Engelmeyer*, DB 1996, 2542, 2545; *Gaul*, DB 1995, 2265; *Joost*, ZIP 1995, 976, 984 f.; *Müller*, DB 1997, 713, 715; *Willemsen*, RdA 1998, 23, 32; *Willemsen*, in: Willemsen (u.a.), Kap. C Rn. 357; *Wlotzke*, DB 1995, 40, 45.

295 Ehricke/Ekkenga/*Oechsler*, § 10 Rn. 25; Geibel/Süßmann/*Grobys*, § 10 Rn. 76; *Grobys*, NZA 2002, 1, 3; *Handelsrechtsausschuss des DAV*, NZG 2001, 420, 426 f. (zu § 27 Abs. 2 RefE-WÜG); HWK/*Seibt*, WpÜG Rn. 10; *Seibt*, DB 2002, 529, 532.

296 Vgl. KK-WpÜG/*Hirte*, § 10 Rn. 80 sowie aaO/*Versteegen*, § 2 Rn. 110.

297 Geibel/Süßmann/*Grobys*, § 10 Rn. 76; *Grobys*, NZA 2002, 1, 3; HWK/*Seibt*, WpÜG Rn. 9; KK-WpÜG/*Hirte*, § 10 Rn. 87; *Seibt*, DB 2002, 529, 532.

298 Vgl. BAG vom 6.4.1976, AP Nr. 2 zu § 50 BetrVG; ErfK/*Eisemann*, § 50 BetrVG Rn. 2; Geibel/Süßmann/*Grobys*, § 10 Rn. 76; *Glock*, in: HSWG, § 50 BetrVG Rn. 5; *Grobys*, NZA 2002, 1, 3.

nahme einer Unterrichtungspflicht auch gegenüber den Einzelbetriebsräten eine bloße Verdoppelung des Informationsflusses ohne zusätzlichen Nutzen für die betroffenen Beschäftigten eintreten. Denn der jeweils ranghöhere Gesamtbetriebsrat ist ohnehin zur Weitergabe der erhaltenen Informationen an die untergeordneten Organe, ggf. im Rahmen einer Betriebsräteversammlung gemäß § 53 BetrVG, verpflichtet.[299] Schließlich verwendet die Formulierung des § 10 Abs. 5 Satz 2, 1. Alt. WpÜG den Begriff des Betriebsrats im Singular und nicht im Plural, was ebenfalls zugunsten des hier vertretenen Standpunkts spricht.

Allerdings ist es dem Vorstand nicht verwehrt, (womöglich aus eigenem Interesse) sämtliche im Unternehmen existierende Betriebsräte in die Unterrichtung einzubinden.[300]

(3) Konstellation III: Zielunternehmen mit mehreren Betrieben und Einzelbetriebsräten bei Nichterrichtung eines Gesamtbetriebsrats

Wenn zwar mehrere Betriebe mit Betriebsräten bestehen, diese jedoch – entgegen § 47 Abs. 1 BetrVG – pflichtwidrig keinen Gesamtbetriebsrat beim Zielunternehmen gebildet haben, ist fraglich, ob die Einzelbetriebsräte Mitteilungsempfänger i.S.v. § 10 Abs. 5 Satz 2, 1. Alt. WpÜG sind.

(a) 1. Möglichkeit: Lösung nach betriebsverfassungsrechtlichen Grundsätzen

Eine Lösung könnte sich unter Zugrundelegung betriebsverfassungsrechtlicher Grundsätze ergeben. Allerdings ist auch im Rahmen des insoweit einschlägigen § 50 BetrVG umstritten, ob die Regelungskompetenz des (fehlenden) Gesamtbetriebsrats an die Einzelbetriebsräte zurückfällt oder nicht.

Besteht eine originäre Zuständigkeit des Gesamtbetriebsrats, wird von dieser jedoch kein Gebrauch gemacht, sollen nach einer Ansicht die einzelnen Betriebsräte zur Regelung der Angelegenheit befugt bleiben.[301] Insofern bestünde ein vergleichbares Verhältnis wie zwischen Bund und Ländern im Bereich der konkurrierenden Gesetzgebung, bei der nach Art. 72 GG die Zuständigkeit der Länder erst dann ausgeschlossen sei, wenn der Bund sein Gesetzgebungsrecht ausgeübt habe. Folglich wäre auch bei Nichterrichtung eines Gesamtbetriebsrats ein zuständiger (Einzel-)Betriebsrat i.S.v. § 10 Abs. 5 Satz 2, 1. Alt. WpÜG vorhanden; die Arbeitnehmer des Zielunternehmens müssten nicht nach § 10 Abs. 5 Satz 2, 2. Alt. WpÜG durch den Vorstand unmittelbar unterrichtet werden. Andererseits ist das BAG sowie ein Teil des Schrifttums der Auffassung, dass nach betriebsverfassungsrechtlichen Grundsätzen die Regelungskompetenz des fehlenden Gesamtbetriebsrats auf keinen Fall an die Einzelbetriebsräte zu-

---

299 Vgl. BAG vom 21.11.1978, AP Nr. 4 zu § 50 BetrVG; DKK/*Trittin*, § 59 BetrVG Rn. 33; Geibel/Süßmann/*Grobys*, § 10 Rn. 76; *Grobys*, NZA 2002, 1, 3.

300 Ähnlich Geibel/Süßmann/*Grobys*, § 10 Rn. 76; *Grobys*, NZA 2002, 1, 3; HWK/*Seibt*, WpÜG Rn. 10; *Seibt*, DB 2002, 529, 532.

301 DKK/*Trittin*, § 50 BetrVG Rn. 13; *Fitting* (21. Aufl.), § 50 BetrVG Rn. 11.

rückfalle.[302] Konsequenterweise wäre in einem solchen Fall ein zuständiger Betriebsrat i.S.v. § 10 Abs. 5 Satz 2, 1. Alt. WpÜG nicht vorhanden, so dass die Arbeitnehmer direkt nach § 10 Abs. 5 Satz 2, 2. Alt. WpÜG informiert werden müssten.

Das BetrVG geht konzeptionell von einer Primärkompetenz des Einzelbetriebsrats aus;[303] soweit der Gesamtbetriebsrat zuständig ist, tritt dieser an dessen Position.[304] Übt der Gesamtbetriebsrat sein Mitbestimmungsrecht nicht aus, bleiben seine Beteiligungsrechte für die Angelegenheiten i.S.v. § 50 Abs. 1 BetrVG ungenutzt, da die von ihm getroffene Entscheidung, in einer Angelegenheit nicht tätig zu werden, von den Einzelbetriebsräten ebenso hinzunehmen ist, wie eine von ihm getroffene Regelung, die ihren Intentionen nicht entspricht.[305] Dasselbe gilt dann aber erst recht für den Fall, dass pflichtwidrig kein Gesamtbetriebsrat gebildet wurde, denn pflichtwidriges Verhalten lässt sich nicht durch eine vom Gesetz nicht gedeckte Kompetenzverlagerung kompensieren.[306] Mithin stehen Gesamt- und Einzelbetriebsrat nicht im Verhältnis einer „konkurrierenden Regelungskompetenz". Originäre Mitbestimmungsrechte des Gesamtbetriebsrats und der Einzelbetriebsräte schließen sich vielmehr gegenseitig aus.[307]

Unter Zugrundelegung betriebsverfassungsrechtlicher Grundsätze ergibt sich somit, dass die Regelungskompetenz eines nicht errichteten Gesamtbetriebsrats nicht an die Einzelbetriebsräte zurückfällt. Da in der fraglichen Konstellation ein zuständiger Betriebsrat i.S.v. § 10 Abs. 5 Satz 2, 1. Alt. WpÜG nicht bereit steht, wäre der Vorstand somit verpflichtet, die Arbeitnehmer unmittelbar nach § 10 Abs. 5 Satz 2, 2. Alt. WpÜG zu unterrichten.

(b) 2. Möglichkeit: Sämtliche Einzelbetriebsräte sind Mitteilungsempfänger

Die übernahmerechtliche Lehre bejaht hingegen – unter Berufung auf die Besonderheiten des übernahmegesetzlichen Angebotsverfahrens – bei Bestehen mehrerer Betriebe mit (Einzel-)Betriebsräten beim Zielunternehmen, ohne dass ein Gesamtbetriebsrat gebildet worden wäre, eine Mitteilungspflicht gegenüber den Einzelbetriebsräten.[308] Diese seien „zuständig" i.S.v. § 10 Abs. 5 Satz 2, 1. Alt. WpÜG; eine Unterrichtung der Arbeitnehmer gemäß § 10 Abs. 5 Satz 2, 2. Alt. WpÜG sei nicht erforderlich.

---

302 BAG vom 6.4.1976, AP Nr. 2 zu § 50 BetrVG; 14.12.1993, AP Nr. 81 zu § 7 BetrAVG; ErfK/*Eisemann*, § 50 BetrVG Rn. 2; GK-BetrVG/*Kreutz*, § 50 Rn. 18; *Glock*, in: HSWG, § 50 BetrVG Rn. 5.

303 BAG vom 18.10.1994, AP Nr. 70 zu § 87 BetrVG: Lohngestaltung; ErfK/*Eisemann*, § 50 BetrVG Rn. 2.

304 BAG vom 16.8.1983, AP Nr. 5 zu § 50 BetrVG.

305 ErfK/*Eisemann*, § 50 BetrVG Rn. 2; GK-BetrVG/*Kreutz*, § 50 Rn. 17.

306 ErfK/*Eisemann*, § 50 BetrVG Rn. 2; GK-BetrVG/*Kreutz*, § 50 Rn. 18.

307 BAG vom 6.4.1976, AP Nr. 2 zu § 50 BetrVG; ErfK/*Eisemann*, § 50 BetrVG Rn. 2; GK-BetrVG/*Kreutz*, § 50 Rn. 17; *Glock*, in: HSWG, § 50 BetrVG Rn. 5.

308 Geibel/Süßmann/*Grobys*, § 10 Rn. 73; *Grobys*, NZA 2002, 1, 2 f.; HWK/*Seibt*, WpÜG Rn. 9; KK-WpÜG/*Hirte*, § 10 Rn. 87; MüKo-AktG/*Wackerbarth*, § 10 WpÜG Rn. 75; *Seibt*, DB 2002, 529, 532; *Simon*, in: Semler/Volhard, § 55 Rn. 11.

(c) Stellungnahme

Die zuerst genannte Möglichkeit ist abzulehnen. Vielmehr ist mit der allgemeinen Auffassung davon auszugehen, dass in entsprechenden Fallgestaltungen ausschließlich die Einzelbetriebsräte nach § 10 Abs. 5 Satz 2, 1. Alt. WpÜG Adressaten der Unterrichtung sind.

Hierfür spricht einmal der Wille des Gesetzgebers. In den Materialien heißt es dazu, dass der Gesamtbetriebsrat „zuständiger Betriebsrat" i.S.v. § 10 Abs. 5 Satz 2, 1. Alt. WpÜG sei, sofern ein solcher errichtet wurde; „in allen übrigen Fällen", d.h. wenn ein Gesamtbetriebsrat im Zielunternehmen nicht existiert, sei „der Betriebsrat" zuständig.[309] Ferner ist im Umwandlungsrecht ebenfalls anerkannt, dass bei pflichtwidriger Nichterrichtung eines Gesamtbetriebsrats den Zuleitungsvorschriften nur dann Genüge getan ist, wenn die Zuleitung gegenüber allen (Einzel-)Betriebsräten erfolgt.[310]

Letzten Endes sind teleologische Erwägungen ausschlaggebend dafür, dass im Rahmen des Angebotsverfahrens die Regelungskompetenz des fehlenden Gesamtbetriebsrats an die Einzelbetriebsräte zurückfällt und nicht die Arbeitnehmer direkt zu informieren sind. Eine Umgehung der örtlichen Betriebsräte wäre insbesondere für die effektive Wahrnehmung der kollektivrechtlichen Beteiligungsrechte wenig hilfreich, die bei eventuellen späteren Reorganisationsmaßnahmen häufiger einschlägig sind als individualrechtliche Ansprüche.[311] Wären unmittelbar die Beschäftigten des Zielunternehmens Mitteilungsempfänger, würde dies zudem in größeren Unternehmen einen erheblichen Aufwand verursachen, obwohl unter Umständen die gesamte Belegschaft durch örtliche Betriebsräte vertreten ist. Des Weiteren verdeutlicht die nur nachrangig vorgesehene Information der Arbeitnehmer, dass diese tatsächlich nur dann in den Verfahrensablauf einbezogen werden sollen, wenn für sie ein betriebsverfassungsrechtliches Repräsentationsorgan überhaupt nicht besteht. Anderenfalls kann der (Einzel-)Betriebsrat etwa eine außerordentliche Betriebsversammlung nach § 43 Abs. 1 Satz 4 BetrVG einberufen, um seinerseits die erhaltenen Angaben an die einzelnen Mitarbeiter weiterzuleiten, womit er gleichzeitig die Verpflichtung zur Information über die von ihm wahrgenommenen Aufgaben umsetzt.[312] Zwischen Arbeitnehmern und Betriebsrat besteht infolgedessen kein Konkurrenzverhältnis in Anbetracht der Erfüllung der Unterrichtungspflicht: Sind die Interessen der Beschäftigten im Betriebsratsgremium gebündelt, genügt eine Mitteilung an diese Vertretung, damit der Gesetzeszweck einer transparenten Ausgestaltung des Angebotsverfahrens erreicht wird.

Als Ergebnis bleibt festzuhalten, dass in (Ziel-)Unternehmen, in denen kein Gesamtbetriebsrat gebildet wurde, die Einzelbetriebsräte zuständige Adressaten nach § 10 Abs. 5 Satz 2, 1. Alt. WpÜG sind.

---

309 BT-Ds. 14/7034 zu § 10 Abs. 5 RegE-WpÜG, S. 40.

310 *Melchior*, GmbHR 1996, 833, 834; *Müller*, DB 1997, 713, 715; Schmitt/Hörtnagel/*Stratz*, § 5 UmwG Rn. 55.

311 Geibel/Süßmann/*Grobys*, § 10 Rn. 73; *Grobys*, NZA 2002, 1, 3; HWK/*Seibt*, WpÜG Rn. 9; KK-WpÜG/*Hirte*, § 10 Rn. 87; *Seibt*, DB 2002, 529, 532; s. auch *Melchior*, GmbHR 1996, 833, 834 (zum UmwG).

312 Vgl. BAG vom 21.11.1978, AP Nr. 15 zu § 40 BetrVG.

(4) Konstellation IV: Zielgesellschaft herrschendes Unternehmen eines Konzerns bei Existenz eines Konzernbetriebsrats

Ist die Zielgesellschaft herrschendes Unternehmen eines (Unterordnungs-)Konzerns i.S.v. § 18 Abs. 1 Satz 1, 1. Hs. AktG und besteht auf der Grundlage der §§ 54 f. BetrVG ein Konzernbetriebsrat, so ist umstritten, ob dieser als zuständiger Betriebsrat i.S. des § 10 Abs. 5 Satz 2, 1. Alt. WpÜG qualifiziert werden kann.

(a) 1. Ansicht: Zuständigkeit des Konzernbetriebsrats

Insbesondere die Materialien lassen erkennen, dass nach Ansicht des Gesetzgebers bei diesem Sachverhalt eine originäre Zuständigkeit des Konzernbetriebsrats gemäß § 58 Abs. 1 BetrVG bestehen soll.[313] Diesem Standpunkt schließt sich ein Teil der Literatur mit der Begründung an, der Bieter erlange mit der Übernahme des Zielunternehmens mittelbar auch die Kontrolle über sämtliche abhängigen (vgl. § 17 AktG) Unternehmen.[314]

Weil die Mitteilungspflicht gemäß § 10 Abs. 5 Satz 2, 1. Alt. WpÜG nur gegenüber dem jeweils ranghöchsten Gremium bestehe,[315] bedürfe es bei Vorhandensein eines Konzernbetriebsrats daneben keiner zusätzlichen Unterrichtung weiterer Betriebsräte, etwa der Gesamtbetriebsräte oder der Betriebsräte einzelner Tochtergesellschaften.[316] Weil dieser Grundsatz aber auch in umgekehrter Richtung gelte, müsse für den Fall, dass die Zielgesellschaft abhängiges Unternehmen eines Unterordnungskonzerns sei, deren Vorstand lediglich den für sein Unternehmen zuständigen Gesamtbetriebsrat (ggf. Einzelbetriebsrat), nicht aber einen bei der Konzernobergesellschaft errichteten Konzernbetriebsrat von der Vorankündigung in Kenntnis setzen.[317]

(b) 2. Ansicht: Zuständigkeit des Gesamt- oder Einzelbetriebsrats

Nach anderer Auffassung soll dem aber die Vorschrift des § 58 Abs. 1 BetrVG – wonach der Konzernbetriebsrat für Angelegenheiten des Konzerns zuständig ist – entgegenstehen: Ziel eines Angebots sei nur die Zielgesellschaft selbst und daher müssten ausschließlich deren Organe informiert werden.[318] Daher sei ein Konzernbetriebsrat kein zuständiger Betriebsrat i.S.v. § 10 Abs. 5 Satz 2, 1. Alt. WpÜG, sondern die Kompetenz falle dem Gesamt-/Einzelbetriebsrat des (herrschenden) Zielunternehmens

---

313 BT-Ds. 14/7034 zu § 10 Abs. 5 RegE-WpÜG, S. 40.

314 *Assmann*, AG 2002, 114, 118 (dort Fn. 26); Ehricke/Ekkenga/*Oechsler*, § 10 Rn. 25; Geibel/Süßmann/*Grobys*, § 10 Rn. 74; *Grobys*, NZA 2002, 1, 3; *Handelsrechtsausschuss des DAV*, NZG 2001, 420, 427 (zu § 27 Abs. 2 RefE-WÜG); MüKo-AktG/*Wackerbarth*, § 10 WpÜG Rn. 75; *Riehmer*, in: Haarmann (u.a.), § 10 Rn. 60.

315 Vorstehend § 2B.II.2.a)aa)(2).

316 Geibel/Süßmann/*Grobys*, § 10 Rn. 76; *Grobys*, NZA 2002, 1, 3.

317 Geibel/Süßmann/*Grobys*, § 10 Rn. 77; vgl. auch *Melchior*, GmbHR 1996, 833, 835 (zum UmwG).

318 HWK/*Seibt*, WpÜG Rn. 9; KK-WpÜG/*Hirte*, § 10 Rn. 88; *Nehls*, in: FAZ, 24.4.2002, S. 25; *Seibt*, DB 2002, 529, 532; unentschieden *Simon*, in: Semler/Volhard, § 55 Rn. 9 f.

zu.[319] Entsprechend dem Grundsatz, nur das ranghöchste Gremium unterrichten zu müssen, beziehe sich die Verpflichtung zur Mitteilung zudem keinesfalls auch auf solche Personalvertretungen, die bei (abhängigen) Konzernunternehmen (§ 18 Abs. 1 Satz 1, 2. Hs. AktG) gebildet wären.[320]

(c) Stellungnahme

Die beiden Auffassungen kommen lediglich in Konstellationen, in denen die Zielgesellschaft abhängiges Unternehmen eines Unterordnungskonzerns ist, zum selben Ergebnis. Nach übereinstimmender Meinung hat der Vorstand in einem solchen Fall lediglich den für sein Unternehmen zuständigen Gesamtbetriebsrat (ggf. Einzelbetriebsrat), nicht aber einen auf Konzernebene errichteten Konzernbetriebsrat von der Bieterentscheidung zu informieren. Ist die Zielgesellschaft dagegen herrschendes Unternehmen eines Konzerns, bedarf es einer Streitentscheidung. Im Ergebnis kann dabei – trotz anderslautender Gesetzesbegründung[321] – mit der letztgenannten Auffassung ein Konzernbetriebsrat nicht als „zuständig" i.S. des § 10 Abs. 5 Satz 2, 1. Alt. WpÜG qualifiziert werden.

Zunächst besteht lediglich eine subsidiäre Zuständigkeit des Konzernbetriebsrats. So ist dieser nach der betriebsverfassungsrechtlichen Kompetenzverteilung lediglich für solche Angelegenheiten originär zuständig, die den Konzern insgesamt oder jedenfalls mehrere Konzernunternehmen betreffen und nicht durch die einzelnen Betriebsräte oder Gesamtbetriebsräte innerhalb ihrer Unternehmen geregelt werden können.[322] Die Vorankündigung des Bieters (sowie das spätere Angebot) betrifft in rechtlicher Hinsicht nur das Zielunternehmen, nicht jedoch den Konzern oder mehrere Konzernunternehmen; letztere sind nur *wirtschaftlich* betroffen.[323]

Außerdem stützt ein Vergleich zwischen der Pflicht des Bieters aus § 10 Abs. 5 Satz 1 WpÜG und der des Vorstands aus § 10 Abs. 5 Satz 2 WpÜG die These, dass ein etwaig bestehender Konzernbetriebsrat kein Mitteilungsempfänger ist. Es wurde bereits festgestellt, dass der Anbietende lediglich den Vorstand als Vertreter des herrschenden Unternehmens eines Unterordnungskonzerns zu informieren hat.[324] Wenn dieser daher letztlich das Zielunternehmen als juristische Person selbst kontaktieren muss, erscheint

---

319 HWK/*Seibt*, WpÜG Rn. 9; *Seibt*, DB 2002, 529, 532.

320 HWK/*Seibt*, WpÜG Rn. 10; KK-WpÜG/*Hirte*, § 10 Rn. 85; *Seibt*, DB 2002, 529, 532.

321 Vgl. dazu die Parallele im UmwG, wo trotz der Gesetzesbegründung, nach der ein Konzernbetriebsrat „zuständiger" Betriebsrat i.S. der §§ 5 Abs. 3, 126 Abs. 3, 194 Abs. 2 UmwG sein könne (s. BR-Ds. 75/94 zu § 5 Abs. 3 RegE, S. 83), ein Teil der Lehre auch bei Vorhandensein einer solchen Arbeitnehmervertretung für eine Zuleitungspflicht lediglich gegenüber den Gesamt-/ Betriebsräten der einzelnen Unternehmen plädiert (so *Boecken*, Rn. 334; Kallmeyer/*Willemsen*, § 5 UmwG Rn. 75; Lutter/*Lutter*, § 5 UmwG Rn. 86; *Marsch-Barner*, in Semler/Volhard, § 7 Rn. 248; *Willemsen*, RdA 1998, 23, 32; vgl. ferner *Bermel/Hannappel* in: Goutier, § 5 UmwG Rn. 126 (Zuleitung „in der Regel nicht erforderlich"); zweifelnd auch *Däubler*, RdA 1995, 136, 138).

322 S. § 58 Abs. 1 Satz 1 BetrVG; vgl. auch ErfK/*Eisemann*, § 58 BetrVG Rn. 3.

323 HWK/*Seibt*, WpÜG Rn. 9; *Seibt*, DB 2002, 529, 532.

324 S. oben § 2B.II.2.a)aa)(2).

die Annahme gerechtfertigt, dass lediglich die auf *Unternehmens*ebene errichteten Arbeitnehmervertretungen als Adressaten der Pflicht aus § 10 Abs. 5 Satz 2 WpÜG in Betracht kommen. Da ein Konzernbetriebsrat jedoch auf der Konzernebene angesiedelt ist, besteht der Informationsauftrag des Übernahmegesetzes nicht gegenüber diesem Gremium.

Zusammenfassend kann ein Konzernbetriebsrat schlechterdings kein zuständiger Betriebsrat i.S.v. § 10 Abs. 5 Satz 2 WpÜG sein. Infolgedessen ist der Gesamt- oder ggf. der Einzelbetriebsrat zuständig.

(5) Konstellation V: Zielgesellschaft herrschendes Unternehmen eines Konzerns bei Nichterrichtung eines Konzernbetriebsrats / Nicht-konzernbetriebsrats-fähige Unternehmensverbindungen

Ebenfalls umstritten ist die Frage nach dem zuständigen Betriebsrat i.S.v. § 10 Abs. 5 Satz 2, 1. Alt. WpÜG in Konstellationen, in denen ein Zielunternehmen das herrschende Unternehmen eines Unterordnungskonzerns i.S.v. § 18 AktG ist, dort aber kein Konzernbetriebsrat etabliert wurde.

Im Betriebsverfassungsrecht wird – ebenso wie in Situationen, in denen beim Zielunternehmen mit mehreren Betrieben und Einzelbetriebsräten kein Gesamtbetriebsrat installiert ist[325] – diskutiert, ob bei Nichterrichtung eines Konzernbetriebsrats eine Verlagerung der Zuständigkeit auf die Gesamtbetriebsräte eintritt. Nach der für diesen Bereich vorzugswürdigen Ansicht soll die Zuständigkeit des Konzernbetriebsrats gemäß § 58 Abs. 1 BetrVG die des Gesamtbetriebsrats oder der Einzelbetriebsräte zum selben Gegenstand ausschließen.[326] Bei Übertragung dieser Sichtweise auf Übernahmefälle wäre ein zuständiger Betriebsrat als Mitteilungsempfänger nicht vorhanden, so dass die Arbeitnehmer unmittelbar nach § 10 Abs. 5 Satz 2, 2. Alt. WpÜG unterrichtet werden müssten. Ungeachtet dessen wird speziell für den Bereich des WpÜG überwiegend unter Hinweis auf die Besonderheiten des übernahmerechtlichen Angebotsverfahrens die Auffassung vertreten, dass der Vorstand in diesem Fall zur Unterrichtung des Gesamt- oder Einzelbetriebsrats verpflichtet sei.[327]

Insbesondere aus Sinn- und Zweckmäßigkeitserwägungen gelten für das Angebotsverfahren in solchen Konstellationen die für einen fehlenden Gesamtbetriebsrat entwickelten Grundsätze[328] entsprechend, so dass bei einem herrschenden Zielunternehmen, bei dem aber kein Konzernbetriebsrat errichtet wurde, die Zuständigkeit an etwa bestehende Gesamt- oder Einzelbetriebsräte fällt. Dasselbe gilt ebenso für Unterneh-

---

325 Vorstehend § 2B.II.2.a)aa)(3)(a).

326 BAG vom 14.12.1993, AP Nr. 81 zu § 7 BetrAVG; ErfK/*Eisemann*, § 58 BetrVG Rn. 3; *Glock*, in: HSWG, § 58 BetrVG Rn. 4; a.A. DKK/*Trittin*, § 58 BetrVG Rn. 16, § 50 BetrVG Rn. 13.

327 HWK/*Seibt*, WpÜG Rn. 9; KK-WpÜG/*Hirte*, § 10 Rn. 88; *Seibt*, DB 2002, 529, 532; i.E. auch *Assmann*, AG 2002, 114, 118 (dort Fn. 26); für Zuständigkeit der Gesamt-/Einzelbetriebsräte der *abhängigen Tochter*unternehmen Geibel/Süßmann/*Grobys*, § 10 Rn. 74; *Grobys*, NZA 2002, 1, 3; MüKo-AktG/*Wackerbarth*, § 10 WpÜG Rn. 75.

328 Vorstehend § 2B.II.2.a)aa)(3)(c).

mensverbindungen, die nicht konzernbetriebsratsfähig sind.[329] Dabei ist an Sachverhalte zu denken, in denen es schon an den Voraussetzungen für die Errichtung eines Konzernbetriebsrats fehlt, z.B. Gleichordnungskonzerne gemäß § 18 Abs. 2 AktG, Gemeinschaftsunternehmen, Widerlegung der Konzernvermutung nach § 18 Abs. 1 Satz 3 AktG.[330]

bb) Beschränkung des § 10 Abs. 5 Satz 2 WpÜG auf im BetrVG typisierte Arbeitnehmervertretungen

Zwar hat die Zielgesellschaft, vertreten durch ihren Vorstand, nach § 10 Abs. 5 Satz 2, 1. Alt. WpÜG lediglich den „Betriebsrat" als kollektive Vertretung der Arbeitnehmer zu unterrichten. Es fragt sich jedoch, ob auch andere Organe der Unternehmensverfassung oder des Betriebsverfassungsrechts, wie Sprecher- und Wirtschaftsausschuss, Europäischer Betriebsrat oder Aufsichtsrat, von dieser gesetzlichen Mitteilungsverpflichtung erfasst werden.

(1) Fehlende Zuständigkeit eines Europäischen Betriebsrats

Insbesondere ein Europäischer Betriebsrat ist für die Entgegennahme der mitteilungspflichtigen Informationen nicht „zuständig" i.S.v. § 10 Abs. 5 Satz 2, 1. Alt. WpÜG.[331]
Dafür spricht zunächst die Parallele zum Konzernbetriebsrat. Dessen Zuständigkeit musste abgelehnt werden, weil Ziel eines Angebots nur die Zielgesellschaft selbst ist, so dass lediglich deren Organe zu informieren sind.[332] Erst recht besteht dann aber keine Unterrichtungspflicht gegenüber einem Europäischem Betriebsrat. Der Gesetzgeber (und mit ihm der überwiegende Teil des Schrifttums) neigt überdies offensichtlich zu der Ansicht, dass als Adressaten der Informationspflicht ausschließlich die im zweiten Teil des BetrVG angesprochenen Repräsentationsorgane in Frage kommen.[333] Unterstützung findet dieser Standpunkt in der Tatsache, dass der Europäische Betriebsrat funktionell einem Wirtschaftsausschuss entspricht[334] und die europäische Betriebsverfassung keine echten Mitbestimmungsrechte enthält. Die Annahme einer Kompetenz würde somit dem Gesetzeszweck des § 10 Abs. 5 Satz 2, 1. Alt. WpÜG zuwiderlaufen,

---

[329] Vgl. Geibel/Süßmann/*Grobys*, § 10 Rn. 75; *Grobys*, NZA 2002, 1, 3 (dort Fn. 24).

[330] Vgl. hierzu DKK/*Trittin*, § 54 BetrVG Rn. 12 ff.; MünchArbR/*Joost*, § 315 Rn. 17 ff.; Richardi/*Annuß*, § 54 BetrVG Rn. 3 ff.

[331] Geibel/Süßmann/*Grobys*, § 10 Rn. 86; *Grobys*, NZA 2002, 1, 3 f.; HWK/*Seibt*, WpÜG Rn. 9 (dort Fn. 7); KK-WpÜG/*Hirte*, § 10 Rn. 88; *Seibt*, DB 2002, 529, 532 (dort Fn. 24); *Simon*, in: Semler/Volhard, § 55 Rn. 7 (dort Fn. 22); a.A. MüKo-AktG/*Wackerbarth*, § 10 WpÜG Rn. 75 (der pauschal darauf hinweist, dass der Europäische Betriebsrat „die meisten Arbeitnehmer repräsentieren wird"); wohl auch *Beckmann*, in: Beckmann (u.a.), S. 116.

[332] S. oben § 2B.II.2.a)aa)(4)(c).

[333] BT-Ds. 14/7034 zu § 10 Abs. 5 RegE-WpÜG, S. 40; Geibel/Süßmann/*Grobys*, § 10 Rn. 78; *Grobys*, NZA 2002, 1, 3; HWK/*Seibt*, WpÜG Rn. 9 (dort Fn. 7); *Seibt*, DB 2002, 529, 532 (dort Fn. 24).

[334] *Gaul*, NJW 1995, 228; GK-BetrVG/*Oetker*, vor § 106 Rn. 150 f.; *Hess*, in: HSWG, vor § 1 BetrVG Rn. 109; *Schaub*, ArbR-Hdb., § 256 Rn. 2; *Schweibert*, in: Willemsen (u.a.), Kap. C Rn. 426.

den Gremien eine effektive Ausübung der bestehenden Arbeitnehmerrechte zu erlauben.[335]

(2) Analoge Anwendung des § 10 Abs. 5 Satz 2, 1. Alt. WpÜG

Zu denken wäre allerdings daran, die Unterrichtungspflicht nach § 10 Abs. 5 Satz 2, 1. Alt. WpÜG im Wege der Analogie auf weitere Gremien der Unternehmensverfassung oder des Betriebsverfassungsrechts auszuweiten.

(a) 1. Ansicht: Unterrichtung zumindest eines Sprecherausschusses

Speziell zum Sprecherausschuss i.S.v. § 1 SprAuG wird teilweise ausgeführt, dass die übernahmegesetzliche Mitteilungspflicht auch gegenüber diesem Repräsentationsorgan der leitenden Angestellten bestehen müsse.[336] Es sei unerklärlich, weshalb die von § 10 Abs. 5 Satz 2 WpÜG statuierte Unterrichtungspflicht nicht auch gegenüber diesem Gremium bestehe; insbesondere stünden die vorgesehenen Informationsrechte in keinerlei Widerspruch zu allgemeinen Prinzipien des SprAuG.

Eine wirkungsvolle Geltendmachung der vorhandenen und mit dem WpÜG neu hinzukommenden Beteiligungsrechte setze logisch zwingend voraus, dass *alle* Vertretungen auf gesetzlicher Grundlage gleichberechtigt in den Informationsfluss einbezogen würden. Eine Asymmetrie bei der Information über die Details einer geplanten Übernahme würde eine wirkungsvolle Interessenvertretung zugunsten der leitenden Angestellten bereits im Ansatz erschweren und diese Gruppe im Vergleich zu den übrigen Arbeitnehmern erheblich benachteiligen.

(b) 2. Ansicht: Keine Erweiterung auf andere Arbeitnehmervertretungen

Nach der Gegenauffassung kann eine Unterrichtung weiterer Organe nicht im Wege einer analogen Anwendung konstruiert werden.[337] Insbesondere sei weder ein Sprecher- und Wirtschaftsausschuss noch ein Europäischer Betriebsrat zu informieren. Der zu unterrichtende Adressatenkreis sei vielmehr in § 10 Abs. 5 Satz 2, 1. Alt. WpÜG ausdrücklich auf die Funktionsträger der Betriebsverfassung begrenzt, was vergleichbaren Regelungen in anderen europäischen Ländern – vgl. §§ 11 Abs. 3, 14 Abs. 3 öÜbG[338] – entspreche.

---

335 Vgl. BT-Ds. 14/7034, S. 28 sowie zu § 10 Abs. 5 RegE-WpÜG, S. 40; Geibel/Süßmann/*Grobys*, § 10 Rn. 78; *Grobys*, NZA 2002, 1, 3.

336 MüKo-AktG/*Wackerbarth*, § 10 WpÜG Rn. 75; *Schneider*, AG 2002, 125, 128; Stellungnahme der ULA vom 9.10.2001 zu § 10 Abs. 5 RegE-WpÜG, S. 2; ULA-Nachrichten Nr. 5/6 vom Juni 2001, S. 3 (Wo ging der Plural verloren?), Nr. 9/10 vom Oktober 2001, S. 2 (Die Entscheidung steht bevor) und Nr. 11/12 vom Dezember 2001, S. 1 (Ein Singular und seine Konsequenzen); kritisch auch Ehricke/*Ekkenga*/Oechsler, § 27 Rn. 3, zur Parallelproblematik i.R.d. § 27 Abs. 2 WpÜG („nicht unbedingt ein[leuchtend]"); *Nehls*, in: FAZ, 24.4.2002, S. 25.

337 Geibel/Süßmann/*Grobys*, § 10 Rn. 69, 86; *Grobys*, NZA 2002, 1, 3 f.; KK-WpÜG/*Hirte*, § 10 Rn. 89, 93; *Thiel*, in: Semler/Volhard, § 54 Rn. 6.

338 Zum Normtext des § 11 Abs. 3 öÜbG s. oben Fn. 277, zu dem des § 14 Abs. 3 öÜbG s. unten Fn. 739.

(c) Stellungnahme

Welche der beiden Meinungen vorzugswürdig ist, muss im Rahmen einer Analogieprüfung ermittelt werden. Voraussetzung einer analogen Anwendung des § 10 Abs. 5 Satz 2, 1. Alt. WpÜG auf andere Organe der Unternehmensverfassung oder des Betriebsverfassungsrechts ist eine planwidrige Regelungslücke bei vergleichbarer Interessenlage.[339]

(aa) Regelungslücke

Eine Regelungslücke liegt vor, wenn das Gesetz einen bestimmten Fall nicht geregelt hat.[340]

Da § 10 Abs. 5 Satz 2, 1. Alt. WpÜG neben der Aufzählung des Betriebsrats keine anderen Kollektivvertretungen nennt, besteht mit Blick auf Gremien wie Sprecher- und Wirtschaftsausschuss, Europäischer Betriebsrat oder (mitbestimmten) Aufsichtsrat eine Regelungslücke.

(bb) Planwidrigkeit

Des Weiteren müsste die Nichtaufnahme zusätzlicher Organe in den Normtext planwidrig sein, was dann zu bejahen ist, wenn der Gesetzgeber diese Regelungslücke nicht beabsichtigt hat.[341]

Neben dem insoweit eindeutigen Wortlaut der Bestimmung spricht gegen die Planwidrigkeit der Regelungslücke zunächst, dass auch bei den umwandlungsrechtlichen Vorläuferregelungen (§§ 5 Abs. 3, 126 Abs. 3, 194 Abs. 2 UmwG) zu § 10 Abs. 5 Satz 2, 1. Alt. WpÜG die Annahme einer Zuleitungspflicht an nicht zuständige Repräsentationsorgane im Wege einer analogen Anwendung abzulehnen ist. Der Gesetzgeber hat dort, in Kenntnis der Möglichkeit, dass bei einem umwandlungsbeteiligten Rechtsträger verschiedene Organe existieren, eine Begrenzung auf den „zuständigen Betriebsrat“ vorgenommen und nicht etwa allgemein – wie in den §§ 5 Abs. 1 Nr. 9, 126 Abs. 1 Nr. 11, 194 Abs. 1 Nr. 7 UmwG – nur auf „Vertretungen“ der Arbeitnehmer abgestellt.[342]

Ferner lässt die Entstehungsgeschichte der Vorschrift den Rückschluss auf eine fehlende Planwidrigkeit der Lücke zu.[343] Noch im Diskussionsentwurf[344] wurde durchgehend die Formulierung „Vertreter/Vertretung der Arbeitnehmer“ verwendet (vgl. §§ 11 Abs. 5 Satz 2, 17 Abs. 4 Satz 2, 30 Abs. 2 DiskE-ÜG). Dementsprechend war auch im späteren Referentenentwurf[345] in § 10 Abs. 5 Satz 2 (s. auch § 27 Abs. 2) RefE-WÜG die Pflicht zur unmittelbaren Unterrichtung der Mitarbeiter nur für den Fall vorge-

---

339 *Schmalz*, Rn. 373 ff.; *Wank*, Auslegung, S. 95 ff.

340 *Schmalz*, Rn. 383; *Wank*, Auslegung, S. 96 ff.

341 Vgl. *Schmalz*, Rn. 385 f.; *Wank*, Auslegung, S. 97.

342 *Boecken*, Rn. 335.

343 Geibel/Süßmann/*Grobys*, § 10 Rn. 86; *Grobys*, NZA 2002, 1, 3 f.

344 S. dazu oben § 1B.II.2.d).

345 S. oben § 1B.II.2.e).

schrieben, dass „*eine Vertretung* der Arbeitnehmer nicht besteht". Diese Formulierung hätte – gerade unter Berücksichtigung des Gesetzesentwurfs aus dem Jahre 1997[346] – in der Weise interpretiert werden können, dass auch die Existenz anderer Personalvertretungen als eines Betriebsrats die Pflicht zur direkten Unterrichtung der Belegschaftsmitglieder ausgeschlossen hätte.[347] Denn nach allgemeiner Auffassung und in Übereinstimmung mit der europäischen legislativen Praxis umfasst dieser Begriff neben den Betriebsräten etwa auch die Sprecherausschüsse der leitenden Angestellten.[348]

Von dieser Fassung wurde im Regierungsentwurf[349] Abstand genommen, nach dem durchgängig eine unmittelbare Information der Beschäftigten ausgeschlossen sein sollte, falls ein „zuständiger Betriebsrat" existiere.[350] In einer anschließenden Stellungnahme der Union der Leitenden Angestellten (ULA) wurde der Gesetzgeber aufgefordert, zur ursprünglichen Formulierungsweise des Diskussionsentwurfs zurückzukehren.[351] Darüber hinaus hatte die ULA im Rahmen einer vom Finanzausschuss durchgeführten öffentlichen Anhörung im Oktober 2001 Gelegenheit, sich zur Gesetzesvorlage zu äußern.[352] Insofern war der Gesetzgeber von den Einwänden gegenüber dem Normtext in ausreichendem Maße in Kenntnis gesetzt. Dass letzten Endes das WpÜG den Begriff der „Vertreter/Vertretung der Arbeitnehmer" nicht mehr enthält und die endgültige Fassung des § 10 Abs. 5 Satz 2 WpÜG mit derjenigen des Regierungsentwurfs übereinstimmt, erlaubt einen Rückschluss in die Richtung, dass die Legislative bewusst von einer Erweiterung des Adressatenkreises auf andere Gremien als den Betriebsrat abgesehen hat.

Deshalb kann zugunsten der ersten, extensiven Auffassung als Argumentationshilfe weder auf die Formulierung des § 11 Abs. 2 Satz 3 Nr. 2 WpÜG („Angaben über [...] die Arbeitnehmer und *deren Vertretungen*") noch auf die des § 27 Abs. 1 Satz 2 Nr. 2 WpÜG („Folgen [...] für [...] die Arbeitnehmer und *deren Vertretungen*") zurückgegriffen werden; diese sind vielmehr als Redaktionsversehen des Gesetzgebers zu qualifizieren.[353]

---

[346] Dazu oben § 1B.II.2.a) (inkl. Fn. 168).

[347] KK-WpÜG/*Hirte*, § 10 Rn. 4; vgl. auch Geibel/Süßmann/*Grobys*, § 10 Rn. 69.
Anders hingegen schon damals § 14 Abs. 4 Satz 2 RefE-WÜG: „Der Vorstand der Zielgesellschaft hat die Angebotsunterlage unverzüglich dem zuständigen Betriebsrat oder, sofern *ein solcher* nicht besteht, unmittelbar den Arbeitnehmern zu übermitteln." (Herv. d. Verf.); kritisch dazu äußerte sich die ULA i.R.d. ministeriellen Anhörung im April 2001 (oben § 1B.II.2.e)), vgl. ULA-Nachrichten Nr. 5/6 vom Juni 2001, S. 3 (Wo ging der Plural verloren?).

[348] Stellungnahme der ULA vom 9.10.2001, S. 2.

[349] S. oben § 1B.II.2.f).

[350] Vgl. §§ 10 Abs. 5 Satz 2, 14 Abs. 4 Satz 2, 27 Abs. 3 Satz 2 RegE-WpÜG; zum Stellungnahmerecht ebenso § 27 Abs. 2 RegE-WpÜG.

[351] Stellungnahme der ULA vom 9.10.2001, S. 2.

[352] BT-Ds. 14/7477, S. 48, 49; ULA-Nachrichten Nr. 11/12 vom Dezember 2001, S. 1 (Ein Singular und seine Konsequenzen); s. ebenfalls oben § 1B.II.2.g).

[353] Nach Ehricke/Ekkenga/*Oechsler*, § 11 Rn. 20 i.V.m. dies./*Ekkenga*, § 27 Rn. 15, bezieht sich die Formulierung dieser Normen (konsequenterweise) ausschließlich auf die Vertretung durch den

(cc) Zwischenergebnis

§ 10 Abs. 5 Satz 2, 1. Alt. WpÜG bezieht neben dem Betriebsrat keine weiteren Gremien in die Unterrichtungspflicht ein. Eine erweiternde oder analoge Anwendung der Vorschrift auf andere arbeitsrechtliche Repräsentationsorgane der Unternehmensverfassung oder des Betriebsverfassungsrechts verbietet sich.

(3) Information anderer Kollektivgremien der Zielgesellschaft nach allgemeinen Grundsätzen

Eine Unterrichtung dieser Institutionen über die dem Vorstand der Zielgesellschaft mitgeteilte Angebotsankündigung kommt demzufolge nur auf der Grundlage allgemeiner Rechtsgrundsätze in Betracht.

(a) Unterrichtung des Wirtschaftsausschusses gemäß § 106 Abs. 2 BetrVG

Sofern in der Zielgesellschaft ein Wirtschaftsausschuss nach §§ 106 f. BetrVG gebildet ist, könnte die AG in ihrer Funktion als Unternehmer[354] zu dessen Unterrichtung verpflichtet sein.

Die nach dem Betriebsverfassungsrecht bestehenden Informationsrechte[355] sind die schwächste Form der Beteiligung des Betriebsrats im Rahmen der Mitwirkungsrechte.[356] Sie verpflichten den Arbeitgeber lediglich dazu, den Betriebsrat über bestimmte Maßnahmen zu informieren, wobei er nicht einmal dessen Stellungnahme abwarten muss, um das Vorhaben durchführen zu können. Die besonderen Mitteilungspflichten des WpÜG ergänzen diese allgemeinen Informations- und Mitwirkungsrechte, d.h. unabhängig von den §§ 10 Abs. 5 Satz 2, 14 Abs. 4 Satz 2, 27 Abs. 3 Satz 2 WpÜG bleiben die betriebsverfassungsrechtlich fundierten Pflichten unverändert bestehen. Für ein solches Verständnis streitet insbesondere, dass der Gesetzgeber die Schaffung von eigenständigen Arbeitnehmerschutzbestimmungen mit der Erklärung verbunden hat, dass durch die Regelungen des Übernahmegesetzes die bestehenden Rechte der Beschäftigten nicht beschränkt werden sollten.[357] Zudem sind die materiell-rechtlichen Voraussetzungen der Unterrichtungspflichten nach dem BetrVG mit denen des WpÜG nicht deckungsgleich.

Gemäß § 106 Abs. 2 BetrVG hat die Zielgesellschaft den Wirtschaftsausschuss – der kein eigenständiges Organ der Belegschaft, sondern ein unselbständiges Hilfsorgan des jeweiligen (Einzel-/Gesamt-)Betriebsrats ist (vgl. §§ 106 Abs. 1 Satz 2 a.E., 107

Betriebsrat und die unternehmerische Vertretung im Aufsichtsrat; zu § 11 Abs. 2 Satz 3 Nr. 2 WpÜG s. ebenfalls unten § 3A.II.3.b)bb)(5)(b)(bb).

354 Hierzu BAG vom 15.1.1991, AP Nr. 21 zu § 113 BetrVG; *Joost*, in: FS Kissel (1994), S. 433, 439.

355 Z.B. § 80 Abs. 2, § 89 Abs. 2, § 90 Abs. 1, § 92 Abs. 1, §§ 99 Abs. 1, 100 Abs. 2, 105, §§ 106 ff., § 111 BetrVG.

356 *Dütz*, Rn. 796; *Gitter/Michalski*, S. 284.

357 S. oben § 2B.II.1.a) (Fn. 282); zur Parallele im Umwandlungsrecht *Boecken*, Rn. 342; *Bermel/Hannappel*, in: Goutier, § 5 UmwG Rn. 130; *Joost*, ZIP 1995, 976, 977; Kallmeyer/*Willemsen*, § 5 UmwG Rn. 48; *Priester*, in: Lutter, S. 99, 114.

Abs. 2 Satz 1 und 3, 108 Abs. 4 BetrVG)[358] – rechtzeitig und umfassend über die 'wirtschaftlichen Angelegenheiten' des Unternehmens unter Vorlage der erforderlichen Unterlagen zu unterrichten, soweit dadurch nicht die Betriebs- oder Geschäftsgeheimnisse des Unternehmens gefährdet werden, sowie die sich daraus ergebenden Auswirkungen auf die Personalplanung darzustellen. Dementsprechend besteht die Aufgabe des Wirtschaftsausschusses darin, nach Kenntnisverschaffung durch den Unternehmer über diese Angelegenheiten mit ihm in einen Meinungsaustausch zu treten und den Betriebsrat hierüber zu unterrichten, § 106 Abs. 1 Satz 2 BetrVG.

(aa) Anteilseignerwechsel als wirtschaftliche Angelegenheit i.S.v. § 106 Abs. 3 Nr. 10 BetrVG

Der weit gefasste Begriff der wirtschaftlichen Angelegenheiten wird konkretisiert durch § 106 Abs. 3 BetrVG.[359] Vorliegend ist die begrenzte Generalklausel in Nr. 10 einschlägig, die die Unterrichtung des Wirtschaftsausschusses durch den Unternehmer wegen „sonstige[r] Vorgänge und Vorhaben, welche die Interessen der Arbeitnehmer des Unternehmens wesentlich berühren können", fordert.[360] Vom betriebsverfassungsrechtlichen Schrifttum werden hierzu unter anderem auch Unternehmenszusammenschlüsse gezählt.[361] Umstritten ist allerdings, ob der Austausch eines Gesellschafters als Vorgang innerhalb des Unternehmensträgers als wirtschaftliche Angelegenheit i.S. des § 106 Abs. 3 Nr. 10 BetrVG zu qualifizieren ist.

Zum Teil wird dies mit dem Hinweis darauf abgelehnt, dass Angelegenheiten, welche die rechtlichen Grundlagen und Strukturen des Unternehmens beträfen, von § 106 Abs. 3 BetrVG nicht erfasst würden.[362] So handele es sich hierbei um Angelegenheiten der Inhaber des Unternehmens, nicht aber um eine Angelegenheit des Unternehmens. Da jedoch ein Gesellschafterwechsel eine Veränderung ist, die das Unternehmen in seinem Kern trifft, kann dieser Sichtweise nicht gefolgt werden. Ein solcher Vorgang wird von der Generalklausel des § 106 Abs. 3 Nr. 10 BetrVG regelmäßig erfasst, sofern durch die gesellschaftsrechtliche Veränderung Interessen der Mitarbeiter wesentlich berührt werden können.[363] Dies ist beispielsweise der Fall, wenn eine Veränderung des Unternehmenszwecks zu erwarten ist oder wenn der Erwerber eine Unternehmenssanierung plant. Auch das BAG erkennt in der Konstellation einen Informationsanspruch des Wirtschaftsausschusses an, dass der gesellschaftsrechtliche Vorgang wesentliche Interessen der Beschäftigten berühren kann. Dies ist nach Auffassung des Gerichts etwa bei einem Übergang der Geschäftsanteile einer GmbH auf einen neuen

---

[358] Vgl. BAG vom 1.8.1990, AP Nr. 8 zu § 106 BetrVG; ErfK/*Kania*, § 106 BetrVG Rn. 1; *Fitting*, § 106 BetrVG Rn. 4; GK-BetrVG/*Fabricius/Oetker*, § 106 Rn. 3; *Hess*, in: HSWG, § 106 BetrVG Rn. 21; Richardi/*Annuß*, § 106 BetrVG Rn. 4.

[359] Dazu *Schweibert*, in: Willemsen (u.a.), Kap. C Rn. 410.

[360] *Aubel*, S. 34; Geibel/Süßmann/*Grobys*, § 10 Rn. 103 i.V.m. 86; für die Einschlägigkeit von § 106 Abs. 3 Nr. 1 *und* Nr. 10 aber noch *Grobys*, GmbHR 2000, R389.

[361] *Dietz/Richardi*, § 106 BetrVG Rn. 47; *Fitting*, § 106 BetrVG Rn. 54; *Hess*, in: HSWG, § 106 BetrVG Rn. 51.

[362] MünchArbR/*Joost*, § 319 Rn. 27.

[363] DKK/*Däubler*, § 106 BetrVG Rn. 62, 79 f.; *Schweibert*, in: Willemsen (u.a.), Kap. C Rn. 409.

Gesellschafter der Fall.[364] Der Geschäftsführer der GmbH habe in solchen Fällen dem Ausschuss die Tatsache der Veräußerung, den Namen des neuen Erwerbers und eventuelle Planungen über die künftige Unternehmenspolitik mitzuteilen. Der Anteilskaufvertrag sei hingegen nur dann vorzulegen, wenn mit der Übertragung Absprachen über die künftige Geschäftsführung oder Geschäftspolitik verbunden wären;[365] hierbei handele es sich nämlich nicht um eine Angelegenheit des Unternehmens, sondern der Gesellschaft.[366]

Übertragen auf die vorliegende Situation gehört ein *abgeschlossener* Beteiligungserwerb infolge eines öffentlichen Angebots zu den Vorgängen, die sich ausschließlich auf gesellschaftsrechtlicher Ebene vollziehen und damit einer kollektiven Mitwirkung grundsätzlich entzogen sind.[367] Handelt es sich bei diesem Erwerb aber um eine Kontrollerlangung gemäß § 29 WpÜG, muss dieses Vorhaben generalisierend als wirtschaftliche Angelegenheit i.S.v. § 106 Abs. 3 Nr. 10 BetrVG qualifiziert werden, da typischerweise bestehende Synergiebestrebungen regelmäßig wesentliche Interessen der Arbeitnehmer berühren.[368] Im Übrigen kommt es darauf an, ob die Belegschaftsinteressen von dem erfolgten Wertpapiererwerb im Einzelfall wesentlich tangiert werden.

(bb) Konkretisierungsgrad

Problematisch ist allerdings, ob bereits durch die Entscheidung zur Abgabe eines (Übernahme-)Angebots gemäß § 10 Abs. 5 Satz 1 WpÜG eine Unterrichtungspflicht nach § 106 Abs. 2 BetrVG ausgelöst wird, weil diese Ankündigung dem eigentlichen Erwerb der Gesellschaftsanteile zeitlich vorgelagert ist. Die Verpflichtung zur Unterrichtung des Ausschusses setzt nämlich voraus, dass sich die in § 106 Abs. 3 BetrVG genannten Fallgruppen hinlänglich konkretisiert haben.

Der Wirtschaftsausschuss ist *rechtzeitig* über die wirtschaftlichen Angelegenheiten des Unternehmens zu unterrichten. Dies bedeutet, dass eine Unterrichtung zu einem möglichst frühen Termin nach Abschluss der Vorüberlegungen zu erfolgen hat. Mithin ist der Zeitpunkt so zu wählen, dass die Vorschläge und Ansichten des Ausschusses bei einer möglicherweise zu treffenden endgültigen Entscheidung noch in gebührendem Maße berücksichtigt und beeinflusst werden können.[369] Verspätet ist die Unterrichtung folglich immer dann, wenn Entscheidungen im zuständigen Unternehmensorgan be-

---

364 BAG vom 22.1.1991, AP Nr. 9 zu § 106 BetrVG.

365 BAG vom 22.1.1991, AP Nr. 9 zu § 106 BetrVG; DKK/*Däubler*, § 106 BetrVG Rn. 79; *Fitting*, § 106 BetrVG Rn. 54; *Hess*, in: HSWG, § 106 BetrVG Rn. 51.

366 *Schweibert*, in: Willemsen (u.a.), Kap. C Rn. 409; kritisch hingegen *Joost*, in: FS Kissel (1994), S. 433, 441 ff., 449.

367 Geibel/Süßmann/*Grobys*, § 10 Rn. 86 i.V.m. 103.

368 Dazu oben § 1.

369 BAG vom 22.1.1991, AP Nr. 9 zu § 106 BetrVG; 11.7.2000, AP Nr. 15 zu § 106 BetrVG; DKK/*Däubler*, § 106 BetrVG Rn. 41; ErfK/*Kania*, § 106 BetrVG Rn. 4; *Fitting*, § 106 BetrVG Rn. 22; GK-BetrVG/*Fabricius/Oetker*, § 106 Rn. 78, 80; *Hess*, in: HSWG, § 106 BetrVG Rn. 23; Richardi/*Annuß*, § 106 BetrVG Rn. 24.

reits gefallen sind oder mit der Realisierung der geplanten Maßnahme schon begonnen wurde.

Zwar wird der Vorstand der Zielgesellschaft in der Phase vor einer Veröffentlichung des eigentlichen Angebots häufig keine Kenntnisse über etwaige Planungen des Bieters haben, die dieser nach erfolgreicher Kontrollerlangung hinsichtlich künftiger Strukturveränderungen auf betrieblicher Ebene anstrebt. Jedoch ergibt sich sowohl aus dem Wortlaut als auch aus dem Vergleich mit den Nr. 1 bis 9 des § 106 Abs. 3 BetrVG, dass unter die Nr. 10 nicht nur unternehmensinterne Vorgänge oder Vorhaben des Unternehmens selbst gefasst werden können, sondern auch solche, die von außen das Unternehmen beeinflussen.[370] Hiernach und aufgrund der ratio dieser Vorschrift ergibt sich, dass eine Unterrichtung des Ausschusses über den Eingang der Vorankündigung (vgl. § 10 Abs. 5 Satz 1 WpÜG) und deren Inhalt erforderlich ist:[371] Dem Gesetzgeber ging es im Rahmen der §§ 106 ff. BetrVG darum, den Wirtschaftsausschuss ab einer bestimmten Unternehmensgröße fortlaufend und umfassend über alle wirtschaftlichen Entwicklungen unterrichtet zu halten und die Vertreter der Beschäftigten hierdurch in die Unternehmenspolitik mit einzubeziehen.[372] Auch dann, wenn die Voraussetzungen für eine beteiligungspflichtige Betriebsänderung i.S.v. § 111 BetrVG nicht erfüllt sind, soll die Arbeitnehmervertretung eingebunden werden und sodann die Möglichkeit erhalten, auf der Grundlage der ihr zur Verfügung gestellten Informationen eigenständig das Bestehen weitergehender Beteiligungsrechte zu prüfen.

Bereits von dem Augenblick der Inkenntnissetzung des Wirtschaftsausschusses an ist dieser in der Lage, – soweit ersichtlich – Ziele und Wege einer potenziellen Unternehmensübernahme zu erörtern; ihm wird die Gelegenheit gegeben, geplante Betriebsänderungen oder andere Maßnahmen mit nachteiligen Auswirkungen auf die Interessen der Belegschaft weit im Voraus zu erkennen.

(cc) Keine Gefährdung von Betriebs- und Geschäftsgeheimnissen

Darüber hinaus stellt die Mitteilung über die Vorankündigung i.S.v. §§ 34, 10 Abs. 5 Satz 1 WpÜG wegen der vorgeschriebenen Veröffentlichungspflicht (vgl. § 10 Abs. 3 WpÜG) kein von der Unterrichtungspflicht ausgenommenes Geheimnis i.S. des § 106

---

370 *Aubel*, S. 34; MünchArbR/*Joost*, § 319 Rn. 28.

371 Ähnlich Geibel/Süßmann/*Grobys*, § 10 Rn. 86 i.V.m. 103; *Grobys*, GmbHR 2000, R389 (für den Wirtschaftsausschuss des Bieters); MüKo-AktG/*Wackerbarth*, § 10 WpÜG Rn. 78; *Zeppenfeld*, in: FAZ, 3.3.2001, S. 23; s. auch *Hopt*, in: FS Lutter (2000), S. 1361, 1397 f.; a.A. *Lammers*, S. 116 (zum zeitlichen Vorfeld eines Übernahmeversuchs).

Steht das Zielunternehmen an der Spitze eines Konzernverbundes, hat dessen Vorstand den eigenen Wirtschaftsausschuss zu unterrichten, wegen fehlender Zuständigkeit aber keinesfalls die Ausschüsse abhängiger Unternehmen; das BetrVG sieht einen Wirtschaftsausschuss auf Konzernebene nicht vor (vgl. BAG vom 23.8.1989, AP Nr. 7 zu § 106 BetrVG; *Fitting*, § 106 BetrVG Rn. 8; *Hess*, in: HSWG, § 106 BetrVG Rn. 8). Jedoch können die Geschäftsleitungen der Tochtergesellschaften ihrerseits nach § 106 BetrVG verpflichtet sein, sofern das Angebot speziell die Interessen der dortigen Beschäftigten berührt (dazu ErfK/*Kania*, § 106 BetrVG Rn. 2). Ähnlich wie hier Geibel/Süßmann/*Grobys*, § 10 Rn. 86 i.V.m. 104.

372 *Schweibert*, in: Willemsen (u.a.), Kap. C Rn. 400 f., 410.

Abs. 2, 2. Hs. BetrVG dar, weil es sich hierbei um für jedermann zugängliche Informationen handelt.[373]

(b) Unterrichtung des Sprecherausschusses gemäß § 32 Abs. 1 Satz 1 SprAuG

Darüber hinaus ist ebenfalls eine Pflicht zur Unterrichtung des in der Zielgesellschaft bestehenden Sprecherausschusses über den Inhalt der Entscheidung des Bieters zu bejahen, da dieser gemäß § 32 Abs. 1 Satz 1 SprAuG entsprechend § 106 Abs. 3 BetrVG informiert werden muss.[374] Betriebs- oder Geschäftsgeheimnisse werden dadurch nicht verletzt.[375]

Zwar hat der Unternehmer den zuständigen Sprecherausschuss nach dieser Norm lediglich mindestens einmal im Kalenderhalbjahr über die wirtschaftlichen Angelegenheiten des Betriebs und des Unternehmens zu unterrichten. Bei Bedarf muss eine entsprechende Mitteilung jedoch aus dem Gesichtspunkt der vertrauensvollen Zusammenarbeit auch außer der Reihe und in geringeren Zeitabständen erfolgen.[376] Kündigt der Bieter in seiner Vorankündigung (pflichtgemäß) einen geplanten Kontrollerwerb an, besteht, da die Übernahme ein Vorgang von wesentlicher Bedeutung ist, insofern eine Unterrichtungspflicht auch außerhalb des regelmäßigen gesetzlichen Berichtszeitraums.[377] Abhängig von der Unternehmensverfassung der Zielgesellschaft ist der Einzel-[378] (§ 1 SprAuG) oder Gesamtsprecherausschuss (§§ 16-19 SprAuG) – vertreten durch den jeweiligen Vorsitzenden (vgl. §§ 11 Abs. 2 Satz 2, 19 Abs. 1, 20 Abs. 4 SprAuG) – für die Entgegennahme der Information zuständig.[379] Da Ziel einer Offerte ausschließlich das Zielunternehmen selbst ist, sind lediglich deren Organe zu informieren, so dass ein Konzernsprecherausschuss, der nach § 23 Abs. 1 SprAuG zuständig für Angelegenheiten des Konzerns ist, als Mitteilungsempfänger ausscheidet.[380]

Fraglich ist schließlich, ob die dem Sprecherausschuss gegenüber bestehende Unterrichtungspflicht auch die *Vorlage von Unterlagen* über die dem Vorstand der Zielgesellschaft vom Bieter gemäß § 10 Abs. 5 Satz 1 WpÜG übermittelte Ankündigung umfasst. Anders als in § 106 BetrVG ist in § 32 Abs. 1 SprAuG die Vorlage von Unterlagen nicht ausdrücklich vorgesehen. Im Schrifttum besteht jedoch Einigkeit darüber,

---

373 Geibel/Süßmann/*Grobys*, § 10 Rn. 86 i.V.m. 103; weiter MüKo-AktG/*Wackerbarth*, § 10 WpÜG Rn. 78, nach dem der Vorstand dem Wirtschaftsausschuss eine ihm ggf. bereits zugegangene Angebotsunterlage i.S. des § 11 Abs. 1 WpÜG vorzulegen habe (zur insiderrechtlichen Problematik s. unten § 2B.III.3.b)).

374 Ebenso Geibel/Süßmann/*Grobys*, § 10 Rn. 86 i.V.m. 105; *Zeppenfeld*, in: FAZ, 3.3.2001, S. 23.

375 Vorstehend § 2B.II.2.a)bb)(3)(a)(cc).

376 ErfK/*Oetker*, § 32 SprAuG Rn. 8; *Hromadka*, § 32 SprAuG Rn. 46; *Löwisch*, § 32 SprAuG Rn. 19.

377 Ähnlich Geibel/Süßmann/*Grobys*, § 10 Rn. 86 i.V.m. 105.

378 Gemäß § 20 SprAuG kann in einem Unternehmen mit mehreren Betrieben statt mehrerer betrieblicher Einzelsprecherausschüsse ein Unternehmenssprecherausschuss gewählt werden.

379 Geibel/Süßmann/*Grobys*, § 10 Rn. 86 i.V.m. 105.

380 Vgl. Parallele zum Konzernbetriebsrat (§ 58 BetrVG) oben § 2B.II.2.a)aa)(4)(c); a.A. Geibel/Süßmann/*Grobys*, § 10 Rn. 86 i.V.m. 105, nach dem – auch (dazu oben § 2B.II.2.a)aa)(4)(a)) – ein Konzernsprecherausschuss zuständig sein kann; s. ferner ErfK/*Oetker*, § 24 SprAuG Rn. 12.

dass eine Unterrichtung über die wirtschaftlichen Angelegenheiten ohne Vorlage von Unterlagen für den Sprecherausschuss vielfach nicht verständlich sein wird, so dass ihm diese entsprechend § 106 Abs. 2 BetrVG oder § 25 Abs. 2 Satz 2 SprAuG ggf. zur Verfügung zu stellen sind.[381]

Die gemäß § 10 Abs. 5 Satz 1 WpÜG übermittelte Entscheidung des Bieters zur Abgabe eines Angebots beinhaltet regelmäßig keine solchen Informationen, die für eine nachvollziehbare Unterrichtung des Sprecherausschusses über wirtschaftliche Angelegenheiten erforderlich wären. Mithin ist eine Vorlagepflicht abzulehnen.

(c) Unterrichtung des Europäischen Betriebsrats aufgrund des EBRG

Bei Errichtung eines Europäischen Betriebsrats kraft Vereinbarung (§ 18 EBRG) oder Bestehen eines Verfahrens zur Unterrichtung und Anhörung (§ 19 EBRG) obliegt dem gemeinschaftsweit tätigen Zielunternehmen (vgl. §§ 2-4, 6 f. EBRG) möglicherweise eine weitere Verpflichtung zur Information. Voraussetzungen und Umfang bestimmen sich dabei nach den von der zentralen Leitung und dem besonderen Verhandlungsgremium (§ 17 i.V.m. §§ 8 ff. EBRG) beschlossenen Absprachen.[382]

Hingegen gründet eine Unterrichtungs- und Anhörungspflicht über außergewöhnliche Umstände auf § 33 Abs. 1 EBRG, wenn (sekundär) ein Europäischer Betriebsrat kraft Gesetzes gemäß den §§ 21 ff. EBRG errichtet wurde.[383] Die in § 33 Abs. 1 Satz 2 EBRG – nicht abschließend („insbesondere“) – aufgezählten 'außergewöhnliche Umstände' zeichnen sich dadurch aus, dass sie allesamt erhebliche Auswirkungen auf die Interessen der Arbeitnehmer haben (vgl. § 33 Abs. 1 Satz 1 EBRG). In Anbetracht dessen ist die zentrale Leitung des Zielunternehmens zu einer Kontaktaufnahme nur angehalten, wenn in der Vorankündigung zum Ausdruck kommt, dass der Bieter eine Mehrheitsbeteiligung i.S.v. § 29 WpÜG anstrebt. Im Übrigen sind die zum Wirtschaftsausschuss gemachten Ausführungen[384] auf den Europäischen Betriebsrat zu übertragen, weil sich Aufgaben und Funktionen beider Gremien ähneln.[385]

(d) Unterrichtung des Aufsichtsrats gemäß § 90 Abs. 1 Satz 3 AktG

Im Rahmen des § 10 Abs. 5 Satz 2, 1. Alt. WpÜG ist eine gesonderte Anordnung der Pflicht zur unverzüglichen Unterrichtung des Aufsichtrats der Zielgesellschaft durch den Vorstand vor dem Hintergrund der allgemeinen aktienrechtlichen Regelungen

---

[381] *Hromadka*, § 32 SprAuG Rn. 47; *Kramer*, NZA 1993, 1024, 1025; *Löwisch*, § 32 SprAuG Rn. 32; MünchArbR/*Joost*, § 324 Rn. 99; *Schaub*, ArbR-Hdb., § 254 Rn. 7; *Schweibert*, in: Willemsen (u.a.), Kap. C Rn. 416.

[382] *Schweibert*, in: Willemsen (u.a.), Kap. C Rn. 423; zu den Vorteilen freiwilliger Vereinbarungen s. *Willemsen/Hohenstatt*, NZA 1995, 399 ff.; *Wirmer*, DB 1994, 2134 ff.

[383] Geibel/Süßmann/*Grobys*, § 10 Rn. 86 i.V.m. 106; KK-WpÜG/*Hirte*, § 10 Rn. 88 f.; dazu *Hess*, in: HSWG, vor § 1 BetrVG Rn. 92 ff.; *Schweibert*, in: Willemsen (u.a.), Kap. C Rn. 423, 426 f., 428 f.

[384] Vgl. vorstehend § 2B.II.2.a)bb)(3)(a) (aa) bis (cc) sowie Geibel/Süßmann/*Grobys*, § 10 Rn. 86 i.V.m. 103.

[385] S. oben Fn. 334.

nicht etabliert worden.[386] Denn nach § 90 Abs. 1 Satz 3 AktG hat der Vorstand den Vorsitzenden des Aufsichtsrats unverzüglich aus wichtigem Anlass zu informieren; diese Berichtspflicht gegenüber dem Aufsichtsrat besteht neben den vierteljährlich zu erstattenden Geschäftsberichten.[387] Mit „wichtigen Anlässen" sind diejenigen Angelegenheiten gemeint, die so weitreichende Folgen für Struktur und Tätigkeit der Gesellschaft besitzen, dass die Einhaltung des Vierteljahresrhythmus verfehlt wäre.[388] Die Möglichkeit eines Beteiligungserwerbs und die daraus ggf. resultierenden weitreichenden Folgen für die AG, sowie die Gefahren, die sich aus dem Interessenkonflikt[389] der Verwaltungsmitglieder ergeben können, sind als solche wichtigen Anlässe i.S.v. § 90 Abs. 1 Satz 3 AktG zu qualifizieren.

Somit hat der Vorstand die gemäß § 10 Abs. 5 Satz 1 WpÜG empfangene Mitteilung an den Aufsichtsrat weiterzuleiten.[390] Überdies muss diese Berichterstattung unverzüglich geschehen, um dem Aufsichtsrat oder doch mindestens seinem Vorsitzenden eine möglichst frühe und breite Mitberatung zu ermöglichen.[391] Die Vorschrift regelt ferner die Unterrichtung sämtlicher Aufsichtsratsmitglieder durch den Vorsitzenden des Aufsichtrats (vgl. § 90 Abs. 5 Satz 3 AktG: „spätestens in der nächsten Aufsichtsratssitzung").[392]

b) Einzelner Arbeitnehmer als Adressat der Unterrichtungspflicht (2. Alt.)

§ 10 Abs. 5 Satz 2, 2. Alt. WpÜG sieht vor, dass eine Mitteilungspflicht auch direkt gegenüber den Beschäftigten bestehen kann. Damit konnten sich Forderungen der Wirtschaftsverbände nicht durchsetzen, die eine solche Verpflichtung auf deren Vertretung beschränkt wissen wollten.[393] Der Vorstand der Zielgesellschaft hat jedoch in erster Linie die vorhandenen Betriebsräte im Betrieb oder Unternehmen zu informieren. Nur falls solche nicht gebildet worden sind, müssen die Arbeitnehmer (subsidiär) beteiligt werden. Insofern bezieht sich die Unterrichtungspflicht nach § 10 Abs. 5

---

386 BT-Ds. 14/7034 zu § 10 Abs. 5 RegE-WpÜG, S. 40; KK-WpÜG/*Hirte*, § 10 Rn. 97.

387 *Buchta/van Kann*, DStR 2003, 1665, 1666; MüKo-AktG/*Wackerbarth*, § 10 WpÜG Rn. 72; *Thiel*, in: Semler/Volhard, § 54 Rn. 9.

Das gilt auch bei einer KGaA als Zielgesellschaft, da auch hier der Aufsichtsrat das Informationsrecht nach § 90 AktG hat. Die Unterrichtungspflicht trifft dann den (oder die) persönlich haftenden Gesellschafter. Ist dieser eine juristische Person, kann sich auch eine Verpflichtung ergeben, ein etwa vorhandenes Aufsichtsorgan dieser juristischen Person oder deren Gesellschafterversammlung zu unterrichten; zum Ganzen KK-WpÜG/*Hirte*, § 10 Rn. 97.

388 Vgl. *Hüffer*, § 90 AktG Rn. 8, 14; KK-AktG/*Mertens*, § 90 Rn. 39; *Lammers*, S. 112 f.; *Lutter*, S. 17; *Lutter/Krieger*, Rn. 209.

389 Ausführlich dazu unten § 3B.II.

390 Ähnlich *Lammers*, S. 114.

391 *Lutter*, S. 17.

392 Allerdings hat der Gesetzgeber bei der Umbenennung von Satz 2 des § 90 Abs. 1 Satz 2 AktG in Satz 3 (vgl. Art. 1 TrPublG vom 19.7.2002, BGBl. I, S. 2681) übersehen, den § 90 Abs. 5 Satz 3 AktG entsprechend anzupassen.

393 S. FAZ, 19.10.2001, S. 18 (Bei Übernahmegesetz nicht auf EU warten).

Satz 2, 2. Alt WpÜG auf diejenigen Beschäftigten, deren Belange weder durch einen Gesamt-, noch durch einen Einzelbetriebsrat wahrgenommen werden.[394]

Seit dem 1. April 2002 findet sich dazu in § 613a Abs. 5 und 6 BGB ein vergleichbarer Regelungsansatz:[395] Abs. 5 normiert einen individuellen Unterrichtungsanspruch *jedes* vom Betriebsübergang betroffenen Arbeitnehmers, selbst wenn ein Betriebsrat oder Wirtschaftsausschuss gebildet worden ist, die ihrerseits gemäß § 80 Abs. 2 Satz 1 BetrVG[396] und § 106 Abs. 2 BetrVG[397] (oder im Falle der Betriebsänderung gemäß § 111 Satz 1 BetrVG) hierüber zu informieren sind.[398]

aa) Zweck des erweiterten Adressatenkreises

Die Tatsache, dass bei fehlender Existenz eines Betriebsrats bei der Zielgesellschaft die Pflicht aus § 10 Abs. 5 Satz 2, 2. Alt. WpÜG nicht entfällt, sondern vielmehr das Personal direkt zu unterrichten ist, stellt einen Unterschied zum UmwG dar, wo bei vergleichbarer Lage die Zuleitungspflicht entfällt.[399] Auch das bisherige Mitbestimmungs- und Betriebsverfassungsrecht sieht grundsätzlich keine direkte Beteiligung der Arbeitnehmer vor.[400] Verzichten diese auf die Bildung eines Betriebsrats, hat dies zugleich einen Verlust von Informationen zur Konsequenz.

Dadurch, dass die Normen des Übernahmegesetzes eine Informationspflicht gegenüber den Mitarbeitern als *Surrogat*[401] für einen nicht errichteten Betriebsrat statuieren, trägt die Legislative der sinkenden Bedeutung kollektiver Mitwirkungsrechte für die Arbeitnehmer und dem schwindenden Einfluss der Gewerkschaften Rechnung.[402]

---

394 Vgl. Geibel/Süßmann/*Grobys*, § 10 Rn. 79.

395 HWK/*Seibt*, WpÜG Rn. 9 (dort Fn. 2); KK-WpÜG/*Hirte*, § 10 Rn. 91; *Seibt*, DB 2002, 529, 532 (dort Fn. 31). § 613a BGB wurde in Art. 4 und 5 des Gesetzes zur Änderung des Seemannsgesetzes und anderer Gesetze vom 23.2.2002 (BGBl. I, 1163) um die Abs. 5 und 6 erweitert.

396 ErfK/*Kania*, § 80 BetrVG Rn. 20; *Fitting*, § 80 BetrVG Rn. 53.

397 BAG vom 22.1.1991, AP Nr. 9 zu § 106 BetrVG; ErfK/*Preis*, § 613a BGB Rn. 128.

398 *Willemsen/Lemke*, NJW 2002, 1159, 1161. Damit hat der deutsche Gesetzgeber die europarechtlichen Vorgaben der Betriebsübergangs-RL (2001/23/EG) überobligatorisch umgesetzt, denn dessen Art. 7 Abs. 6 fordert die Unterrichtung der einzelnen Arbeitnehmer nur für den Fall, dass es unabhängig von deren Willen keine Personalvertreter gibt, d.h. wenn der Betrieb nicht betriebsratsfähig i.S. des § 1 Abs. 1 BetrVG ist.

399 HWK/*Seibt*, WpÜG Rn. 9; KK-WpÜG/*Hirte*, § 10 Rn. 91; *Seibt*, DB 2002, 529, 532; zum Umwandlungsrecht vgl. *Bermel/Hannappel*, in: Goutier, § 5 UmwG Rn. 127; *Boecken*, Rn. 336; *Engelmeyer*, DB 1996, 2542, 2545; *Joost*, ZIP 1995, 976, 985; Lutter/*Lutter*, § 5 UmwG Rn. 87; *Müller*, DB 1997, 713, 716; Schmitt/Hörtnagel/*Stratz*, § 5 UmwG Rn. 53, 55, § 194 Rn. 12 f.

400 Ausnahmen bilden z.B. die §§ 81, 82, 110 BetrVG; vgl. Geibel/Süßmann/*Grobys*, § 3 Rn. 34; *Grobys*, NZA 2002, 1, 2; HWK/*Seibt*, WpÜG Rn. 9 (dort Fn. 2); *Seibt*, DB 2002, 529, 532 (dort Fn. 31).

401 Nach Geibel/Süßmann/*Grobys*, § 3 Rn. 34; *Grobys*, NZA 2002, 1, 2.

402 KK-WpÜG/*Hirte*, § 10 Rn. 91; dazu FAZ, 16.3.2004, S. 11 (Zahl der Gewerkschaftsmitglieder auf Tiefststand).

bb) „Nichtbestehen" eines Betriebsrats i.S.v. § 10 Abs. 5 Satz 2, 2. Alt. WpÜG

Nach dem Gesetzeswortlaut hat der Vorstand die Arbeitnehmer direkt zu kontaktieren, wenn ein Betriebsrat „nicht besteht".

(1) Konstellation I: Zielgesellschaft unterhält nur einen Betrieb

Zielgesellschaften, die nur einen Betrieb unterhalten, sind zur unmittelbaren Unterrichtung der dort tätigen Mitarbeiter verpflichtet, wenn es sich um einen nicht betriebsratsfähigen Kleinstbetrieb handelt oder die Beschäftigten von der ihnen zustehenden Möglichkeit der Bildung eines Betriebsrats keinen Gebrauch gemacht haben.[403]

(2) Konstellation II: Zielgesellschaft mit mehreren Betrieben

Sobald nur bei einem oder einigen Betrieb(en) des Zielunternehmens ein Einzel- und/oder ein Gesamtbetriebsrat fehlt, stellt sich die Frage, ob – ggf. neben diesen Gremien – auch solche Arbeitnehmer direkt zu informieren sind, die in Betrieben ohne Betriebsrat tätig sind.

Wird der isolierte Normtext des § 10 Abs. 5 Satz 2 WpÜG zugrundegelegt, könnte in der Tat eine derartige Unterrichtungspflicht in Bezug auf diejenigen Beschäftigten abgeleitet werden, die in einem betriebsratslosen Betrieb tätig sind. Dennoch wird allgemein vertreten, dass in solchen Fällen eine unmittelbare Unterrichtung der Belegschaftsmitglieder erst dann erforderlich sei, soweit sie betriebsverfassungsrechtlich nicht durch einen Gesamtbetriebsrat oder durch örtliche Betriebsräte repräsentiert würden.[404]

(a) Praktikabilität

Für den vom Schrifttum vertretenen Standpunkt spricht zunächst, dass die praktische Durchführung der Informationspflicht nach § 10 Abs. 5 Satz 2 WpÜG erheblich vereinfacht wird, wenn ausschließlich ein bestehender (Gesamt-)Betriebsrat zu unterrichten ist.[405] Das Gesetz selbst ordnet in seinen allgemeinen Grundsätzen in § 3 Abs. 4 Satz 2 WpÜG das Verbot an, die Zielgesellschaft über einen angemessenen Zeitraum hinaus in ihrer Geschäftstätigkeit zu behindern. Diese – bei der Auslegung einzelner Verhaltenspflichten zur Anwendung kommende[406] – Regelung streitet damit für diese Auffassung.

---

[403] Geibel/Süßmann/*Grobys*, § 10 Rn. 80; *Grobys*, NZA 2002, 1, 3.

[404] Geibel/Süßmann/*Grobys*, § 10 Rn. 81; *Grobys*, NZA 2002, 1, 3; HWK/*Seibt*, WpÜG Rn. 9; KK-WpÜG/*Hirte*, § 10 Rn. 92; *Seibt*, DB 2002, 529, 532; *Simon*, in: Semler/Volhard, § 55 Rn. 13.

[405] HWK/*Seibt*, WpÜG Rn. 9; *Seibt*, DB 2002, 529, 532.

[406] Ehricke/Ekkenga/*Oechsler*, § 3 Rn. 29; *Hirte*, in: Hirte, S. 1, 7; *Hopt*, ZHR 166 (2002), 383, 400; KK-WpÜG/*Hirte*, § 3 Rn. 3; *Zinser*, WM 2002, 15, 16.

(b) Annexkompetenz des Gesamtbetriebsrats

(aa) Zuständigkeitserstreckung auf vertretungslose Betriebe

Ferner erstreckt sich die Zuständigkeit des Gesamtbetriebsrats gemäß § 50 Abs. 1 Satz 1, 2. Hs. BetrVG auch auf (betriebsratsfähige) vertretungslose Betriebe. Damit kommt diesem in entsprechenden Konstellationen eine *Annexkompetenz* zu, die Mitteilung auch für die von ihm nicht vertretenen Arbeitnehmer der Zielgesellschaft entgegenzunehmen.[407]

(bb) Zuständigkeitserstreckung auf nicht-betriebsratsfähige Kleinstbetriebe

Umstritten ist allerdings, ob diese Annexkompetenz auch nicht-betriebsratsfähige Kleinstbetriebe des Zielunternehmens einschließt.

Nach einer Ansicht werden von § 50 Abs. 1 Satz 1, 2. Hs. BetrVG auch derartige Betriebe erfasst.[408] Damit bestünde eine Annexkompetenz zugunsten des Gesamtbetriebsrats, die Information i.S.v. § 10 Abs. 5 Satz 2 WpÜG stellvertretend für diejenigen Mitarbeiter zu empfangen, die bei einem nicht-betriebsratsfähigen Kleinstbetrieb der AG beschäftigt sind. Teilweise wird jedoch die Gegenthese aufgestellt, dass der in dieser Vorschrift verwendete Begriff „Betriebe ohne Betriebsrat" auch nach der Novellierung des BetrVG keinesfalls die nicht-betriebsratsfähigen Kleinstbetriebe als solche erfasse.[409] Die im Kleinstbetrieb tätigen Beschäftigten des Zielunternehmens müssten demzufolge unmittelbar nach § 10 Abs. 5 Satz 2, 2. Alt. WpÜG informiert werden. Anders müsse dann entschieden werden, wenn – entsprechend den von *Löwisch*[410] vorgegebenen Zuordnungsvoraussetzungen – der nicht-betriebsratsfähige Kleinstbetrieb nach § 4 Abs. 2 BetrVG einem anderem Betrieb (Hauptbetrieb) zuzuordnen wäre, für den ein Gesamt- oder Einzelbetriebsrat zuständig sei. Eine unmittelbare Unterrichtung der Arbeitnehmer des Kleinstbetriebs sei in dieser Situation entbehrlich, weil der insoweit „vorrangige" § 10 Abs. 5 Satz 2, 1. Alt. WpÜG Anwendung fände.

Im Ergebnis ist der letztgenannten Ansicht mit der Abweichung zu folgen, dass *in keinem Fall* die beim nicht-betriebsratsfähigen Kleinstbetrieb tätigen Arbeitnehmer Mitteilungsempfänger gemäß § 10 Abs. 5 Satz 2, 2. Alt. WpÜG sind. Von § 50 Abs. 1 Satz 1, 2. Hs. BetrVG erfasst werden ausschließlich betriebsratsfähige Betriebe oder Betriebsteile, die nach § 4 Abs. 1 Satz 1 BetrVG als selbständige Betriebe gelten. Hingegen erstreckt sich die Zuständigkeit des Gesamtbetriebsrats nicht auf nicht-

---

[407] Geibel/Süßmann/*Grobys*, § 10 Rn. 81; *Grobys*, NZA 2002, 1, 3; HWK/*Seibt*, WpÜG Rn. 9; KK-WpÜG/*Hirte*, § 10 Rn. 92; *Seibt*, DB 2002, 529, 532.

[408] *Däubler*, DB 2001, 1669, 1670; DKK/*Trittin*, § 50 BetrVG Rn. 17; *Fitting* (21. Aufl.), § 50 BetrVG Rn. 29; *Glock*, in: HSWG, § 50 BetrVG Rn. 8.

[409] ErfK/*Eisemann*, § 50 BetrVG Rn. 2; *Fitting*, § 50 BetrVG Rn. 29; Geibel/Süßmann/*Grobys*, § 10 Rn. 81; GK-BetrVG/*Kreutz*, § 50 Rn. 49; *Grobys*, NZA 2002, 1, 3; KK-WpÜG/*Hirte*, § 10 Rn. 92; *Löwisch/Kaiser*, § 50 BetrVG Rn. 14.

[410] In: BB 2001, 1734, 1735 sowie *Löwisch/Kaiser*, § 50 BetrVG Rn. 14 i.V.m. § 4 BetrVG Rn. 12, unter Berufung auf BAG vom 3.12.1985, AP Nr. 28 zu § 99 BetrVG: Zuordnung eines Kleinstbetriebs zu einem Hauptbetrieb nach § 4 Abs. 2 BetrVG nur möglich, wenn ersterer den gleichen (≠ eigenständigen) arbeitstechnischen Zweck verfolge wie der Hauptbetrieb.

betriebsratsfähige Kleinstbetriebe. Denn sie sind, da sie die Voraussetzungen der Betriebsratsfähigkeit nach § 1 Abs. 1 Satz 1 BetrVG nicht erfüllen, nach § 4 Abs. 2 BetrVG dem jeweiligen Hauptbetrieb zuzuordnen und deshalb auch nur dann betriebsratslos, wenn auch dieser ohne Betriebsrat ist; infolgedessen ist das Tatbestandsmerkmal „Betriebe ohne Betriebsrat" nicht erfüllt.[411]

Bei der damit im Zusammenhang stehenden Frage nach den Zuordnungsvoraussetzungen zu einem Hauptbetrieb ist jedoch nicht zu fordern, dass nur Kleinstbetriebe zugeordnet werden können, in denen der gleiche arbeitstechnische Zweck verfolgt wird wie im Hauptbetrieb, nicht aber Kleinstbetriebe mit eigenständiger – z.B. neue Geschäftsidee – arbeitstechnischer Zweckverfolgung.[412] Denn § 4 Abs. 2 BetrVG soll nach dem Willen des Gesetzgebers in genereller Weise sicherstellen, dass die in Kleinstbetrieben eines Unternehmens tätigen Arbeitnehmer nicht von einer Interessenvertretung ausgeschlossen sind.[413] Infolgedessen gibt es keine Kleinstbetriebe, die nicht zugeordnet werden könnten: Die Situation, dass keiner von mehreren Betrieben des Unternehmens betriebsratsfähig ist und deshalb die Zuordnung nicht möglich ist, kann im Falle eines bereits errichteten Gesamtbetriebsrats nicht gegeben sein. Die Kleinstbetriebe sind so *stets* Teil eines Hauptbetriebs, der seinerseits selbst dann nach § 50 Abs. 1 Satz 1, 2. Hs. BetrVG in die Zuständigkeit des Gesamtbetriebsrats fällt, wenn *dort* kein Betriebsrat gewählt wurde.[414]

Da demnach ein nicht-betriebsratsfähiger Kleinstbetrieb nach § 4 Abs. 2 BetrVG immer einem anderen (Haupt-)Betrieb zuzuordnen ist, sind die dort Beschäftigten niemals unmittelbarer Adressat der Unterrichtungspflicht nach § 10 Abs. 5 Satz 2 WpÜG. Denn entweder besteht beim (betriebsratsfähigen) Hauptbetrieb ein zuständiger Einzelbetriebsrat oder für diesen greift die Kompetenzerweiterungsnorm des § 50 Abs. 1 Satz 1, 2. Hs. BetrVG ein, so dass die Zuständigkeit des Gesamtbetriebsrats (als ranghöchstem Gremium)[415] eröffnet ist; nur diese Repräsentationsorgane sind Mitteilungsempfänger nach § 10 Abs. 5 Satz 2, 1. Alt. WpÜG.

(c) Zwischenergebnis

Es bleibt festzuhalten, dass in Situationen, in denen bei einem oder einigen Betrieb(en) des Zielunternehmens ein (Gesamt-)Betriebsrat fehlt, der Vorstand die Beschäftigten nur dann auf der Grundlage des § 10 Abs. 5 Satz 2, 2. Alt. WpÜG unterrichten muss, wenn deren Interessen weder durch örtliche Betriebsräte noch durch einen Gesamtbetriebsrat vertreten werden.

---

411 GK-BetrVG/*Kreutz*, § 50 Rn. 49.

412 So aber *Löwisch* (Fn. 410).

413 Vgl. Begründung zum RegE BetrVerf-ReformG, BT-Ds. 14/5741, S. 35; GK-BetrVG/*Kreutz*, § 50 Rn. 49.

414 ErfK/*Eisemann*, § 50 BetrVG Rn. 2.

415 Dazu oben § 2B.II.2.a)aa)(2).

(3) Konstellation III: Zielgesellschaft herrschendes Unternehmen eines Konzerns bei Existenz eines Konzernbetriebsrats und Nichterrichtung eines Gesamtbetriebsrats

Ist die Zielgesellschaft herrschendes Unternehmen eines Konzerns, für den ein Konzernbetriebsrat errichtet wurde, besteht daneben aber pflichtwidrig kein Gesamtbetriebsrat, ist fraglich, ob die Arbeitnehmer unmittelbar zu unterrichten sind.

Die Vertreter, die eine originäre Zuständigkeit des Konzernbetriebsrats gemäß § 58 Abs. 1 BetrVG annehmen, sind an dieser Stelle der (konsequenten) Auffassung, dass in dessen Zuständigkeitsbereich grundsätzlich keine Pflicht zur unmittelbaren Unterrichtung der Beschäftigten bestehe.[416] Nach § 58 Abs. 1 Satz 1, 2. Hs. BetrVG erstrecke sich die Zuständigkeit des Konzernbetriebsrats sowohl auf Unternehmen, in denen ein Gesamtbetriebsrat nicht errichtet wurde, als auch auf vertretungslose Betriebe der Konzernunternehmen. Eine Pflicht zur unmittelbaren Information der Mitarbeiter sei daher nur in Kleinstbetrieben anzuerkennen, sofern diese nicht nach § 4 Abs. 2 BetrVG einem Hauptbetrieb mit betriebsverfassungsrechtlicher Vertretung zuzuordnen wären.[417]

Da jedoch nach richtiger (Gegen-)Auffassung der Betriebsrat auf Konzernebene im Rahmen des Angebotsverfahrens zu keinem Zeitpunkt „zuständiger Betriebsrat“ i.S.v. § 10 Abs. 5 Satz 2, 1. Alt. WpÜG ist – sondern hierbei lediglich die Gesamt- oder Einzelbetriebsräte als Kompetenzträger in Betracht kommen –, hat sich der Vorstand bei einer solchen Sachlage an diejenigen Arbeitnehmer direkt zu wenden, die nicht durch einen Einzelbetriebsrat betriebsverfassungsrechtlich repräsentiert sind.[418]

(4) Konstellation IV: Zielgesellschaft herrschendes Unternehmen eines Konzerns bei Nichtbestehen eines Konzernbetriebsrats

Sollte es sich bei der Zielgesellschaft um das herrschende Unternehmen eines Konzerns handeln, bei dem kein Konzernbetriebsrat besteht, sind vorrangig die Gesamt- oder Einzelbetriebsräte des Zielunternehmens zu unterrichten.[419] Lediglich für den Fall, dass Beschäftigte nicht durch eines dieser beiden Repräsentationsorgane vertreten werden, sind sie direkt zu informieren.

cc) Pflicht zur Unterrichtung der bei Konzerngesellschaften beschäftigten Arbeitnehmer?

Die zu unterrichtenden Arbeitnehmer i.S.v. § 10 Abs. 5 Satz 2, 2. Alt. WpÜG sind zunächst diejenigen, die für die Zielgesellschaft tätig sind. Umstritten ist, ob daneben auch die Beschäftigten verbundener Unternehmen zum Empfängerkreis zählen.

---

[416] Geibel/Süßmann/*Grobys*, § 10 Rn. 82; *Grobys*, NZA 2002, 1, 3; s. ebenso oben § 2B.II.2.a)aa)(4)(a).

[417] Vgl. vorstehend § 2B.II.2.b)bb)(2)(b)(bb) ((2)).

[418] KK-WpÜG/*Hirte*, § 10 Rn. 92; vgl. ebenfalls oben § 2B.II.2.a)aa)(4)(c).

[419] KK-WpÜG/*Hirte*, § 10 Rn. 92; i.E. ebenso Geibel/Süßmann/*Grobys*, § 10 Rn. 83; *Grobys*, NZA 2002, 1, 3, wobei es allerdings nach dem hier vertretenen Standpunkt irrelevant ist, ob ein Konzernbetriebsrat besteht; s. auch oben § 2B.II.2.a)aa)(5).

Eine erste Ansicht will grundsätzlich die Unterrichtungspflicht des Vorstands des (herrschenden) Zielunternehmens nicht auf deren eigene Mitarbeiter beschränkt wissen; diese erstrecke sich ggf. auch auf das Personal abhängiger Tochterunternehmen, sofern ein Betriebsrat für sie nicht zuständig sei.[420] Hiervon könne eine Ausnahme – entsprechend dem Grundsatz, dass unabhängig von der Unternehmensform eine Pflicht zur Mitteilung nur gegenüber dem jeweils ranghöchsten Gremium besteht[421] – lediglich dann anerkannt werden, wenn die Zielgesellschaft abhängiges Unternehmen in einem Konzern sei (vgl. § 18 Abs. 1 AktG) und ein Betriebsrat dort nicht bestehe. In einem solchem Fall müsse der Vorstand unmittelbar lediglich die Arbeitnehmer des eigenen Unternehmens, nicht aber die bei der Konzernobergesellschaft beschäftigten Personen von der Vorankündigung informieren.[422] Dagegen soll sich nach anderer Auffassung die Verpflichtung zur Mitteilung nur auf die Arbeitnehmer des Zielunternehmens beziehen, nicht auch auf solche Mitglieder der Belegschaft, die bei anderen Konzernunternehmen beschäftigt sind.[423]

Solange die Zielgesellschaft abhängiges Unternehmen eines Unterordnungskonzerns ist, gelangen beide Auffassungen zum selben Ergebnis: Allein die Beschäftigten des (nachgeordneten) Zielunternehmens sind Informationsadressaten, sofern sie weder von einem Gesamt- noch von einem Einzelbetriebsrat repräsentiert werden. Im Übrigen müssen die Meinungsverschiedenheiten entschieden werden.

Zugunsten der ersten Ansicht wird – offensichtlich unter Bezugnahme auf die Surrogationsfunktion[424] – angeführt, dass es für den Fall des Nichtbestehens eines Betriebsrats i.S. der §§ 54 ff. BetrVG der Anerkennung einer Unterrichtungspflicht über die Grenzen der Zielgesellschaft bedürfe, da ein potenzieller Konzernbetriebsrat ebenfalls zur Weiterleitung der erhaltenen Information an die Belegschaft der abhängigen Unternehmen verpflichtet wäre. Zugleich entspreche ein derartiges Verständnis dem Wortlaut des § 10 Abs. 5 Satz 2, 2. Alt. WpÜG, wonach der Vorstand nicht „seine", sondern „die" Arbeitnehmer zu informieren habe.[425] Abgesehen davon, dass ein Konzernbetriebsrat nach zutreffender Ansicht nicht als „zuständig" i.S.v. § 10 Abs. 5 Satz 2 WpÜG qualifiziert werden kann,[426] vermag ein dermaßen konzernlastiges Verständnis der Gesetzesformulierung nicht zu überzeugen, denn „seine" Arbeitnehmer – nämlich die des Vorstands – sind es zu keiner Zeit.[427]

---

420 Geibel/Süßmann/*Grobys*, § 10 Rn. 84; *Grobys*, NZA 2002, 1, 3; MüKo-AktG/*Wackerbarth*, § 10 WpÜG Rn. 75 f.; *Thiel*, in: Semler/Volhard, § 54 Rn. 6.

421 Hierzu oben § 2B.II.2.a)aa)(2).

422 Geibel/Süßmann/*Grobys*, § 10 Rn. 77; vgl. ebenfalls oben § 2B.II.2.a)aa)(4)(a).

423 HWK/*Seibt*, WpÜG Rn. 10; KK-WpÜG/*Hirte*, § 10 Rn. 92 f., aaO/*Versteegen*, § 2 Rn. 110; *Seibt*, DB 2002, 529, 532; vgl. auch *Hopt*, ZGR 2002, 333, 353 (zu § 11 Abs. 2 Satz 3 Nr. 2 WpÜG).

424 Vorstehend § 2B.II.2.b).

425 Geibel/Süßmann/*Grobys*, § 10 Rn. 84.

426 Dazu oben § 2B.II.2.a)aa)(4)(c).

427 So KK-WpÜG/*Hirte*, § 10 Rn. 93.

Allerdings könnte unter Berufung auf die Begründung[428] – nach der (sinnwidrig)[429] eine Pflicht zur Unterrichtung des ggf. vorhandenen Konzernbetriebsrats bestehen soll – der Wille des Gesetzgebers abgeleitet werden, dass auch die Mitarbeiter nachgeordneter Konzerngesellschaften in das Angebotsverfahren unmittelbar eingebunden werden müssen.[430] Gegen eine separate Unterrichtung von Arbeitnehmern, die bei Konzerngesellschaften tätig sind, spricht allerdings, dass die Offerte einzig auf die Wertpapiere des Zielunternehmens zugeschnitten ist, was es sachlich gerechtfertigt erscheinen lässt, ausschließlich deren Organe zu informieren. Genauso, wie der Bieter zwecks Erfüllung seiner Pflichten aus § 10 Abs. 5 Satz 1 WpÜG lediglich das Geschäftsleitungsorgan der Zielgesellschaft selbst und nicht auch die Vertreter abhängiger Unternehmen unterrichten muss,[431] kann vom Vorstand im Rahmen des § 10 Abs. 5 Satz 2 WpÜG nur verlangt werden, die Mitarbeiter(-vertreter) des Zielunternehmens direkt zu kontaktieren. Selbst wenn in der Praxis nach einem erfolgreichen Übernahmeangebot auf Veranlassung des Akquisiteurs häufig nicht nur oder gar nicht im Mutterunternehmen, sondern bei den Töchtern Restrukturierungsmaßnahmen ergriffen werden und Personal entlassen wird,[432] bedeutet dies nicht, dass die Beschäftigten von Tochterunternehmen der Zielgesellschaft quasi auf dem Kompensationswege als Mitteilungsempfänger eingestuft werden müssten. Bestätigung findet dieses Verständnis erneut im Zusammenhang mit den Informationspflichten des Bieters in Bezug auf die Zielgesellschaft gemäß § 11 Abs. 2 Satz 3 Nr. 2 WpÜG: Danach beziehen sich diese nicht auf das Schicksal derjenigen Arbeitnehmer, die bei abhängigen Unternehmen der Zielgesellschaft beschäftigt sind.[433]

Infolgedessen ist zu unterrichtender „Arbeitnehmer“ i.S.v. § 10 Abs. 5 Satz 2, 2. Alt. WpÜG, wer aufgrund eines Arbeitsvertrages für die Zielgesellschaft tätig ist, nicht aber der Mitarbeiter eines verbundenen Unternehmens.

dd) Reichweite des individuellen Adressatenkreises i.S.v. § 10 Abs. 5 Satz 2, 2. Alt. WpÜG

(1) Arbeitnehmer i.S. des Arbeitsrechts

Die Unterrichtungspflicht nach § 10 Abs. 5 Satz 2, 2. Alt. WpÜG besteht nur gegenüber Arbeitnehmern im Sinne des Arbeitsrechts, wobei die allgemeinen Grundsätze zum Tragen kommen.[434] Zu diesem Personenkreis gehören daher neben Arbeitern und Angestellten (vgl. § 622 Abs. 1 BGB) etwa auch Teilzeitkräfte oder befristet Beschäftigte (§§ 2 f. TzBfG). Hingegen sind freie Mitarbeiter, Leiharbeitnehmer und im Rah-

---

428 Hierzu Fn. 313.

429 Vgl. oben § 2B.II.2.a)aa)(4)(c).

430 Kritisch darauf hinweisend *Nehls*, FAZ, 24.4.2002, S. 25.

431 Dazu oben § 2B.II.2.a)aa)(2).

432 S. *Hopt*, ZGR 2002, 333, 353; KK-WpÜG/*Versteegen*, § 2 Rn. 110.

433 Ausführlicher dazu unten § 3A.II.3.b)bb)(5)(b)(aa).

434 Geibel/Süßmann/*Grobys*, § 10 Rn. 85; *Grobys*, NZA 2002, 1, 3; KK-WpÜG/*Hirte*, § 10 Rn. 93; zur Abgrenzung s. *Wank*, Arbeitnehmer und Selbständige.

men von Werkverträgen tätige Personen mangels Arbeitnehmereigenschaft nach dem Wortlaut des Gesetzes nicht erfasst und von daher nicht empfangsberechtigt.[435] Irrelevant sind jedoch die Art und Weise der Beschäftigung sowie die Dauer des Arbeitsverhältnisses.

(2) Sonderfall: Leitende Angestellte

Unklar ist, ob auch die leitenden Angestellten der Zielgesellschaft informiert werden müssen. Dazu zählen solche Personen, die spezifisch-unternehmerische Aufgaben von erheblicher Bedeutung mit eigenem erheblichen Entscheidungsspielraum wahrnehmen (vgl. § 5 Abs. 3 Satz 2, Abs. 4 BetrVG).[436]

Gegen eine Mitteilungsberechtigung der leitenden Angestellten spricht, dass in § 10 Abs. 5 Satz 2 WpÜG nur der Betriebsrat als Vertretungsorgan der Arbeitnehmer angeführt wird, der Sprecherausschuss als Vertretung der leitenden Angestellten hingegen vom Gesetz gerade unerwähnt bleibt.[437] Zwar wird von der Gegenauffassung, welche die leitenden Angestellten zum Adressatenkreis des § 10 Abs. 5 Satz 2, 2. Alt. WpÜG rechnet, der Widerspruch erkannt, wonach der Sprecherausschuss als deren Vertretungsorgan nicht zu informieren ist.[438] Doch bliebe angesichts des insoweit klaren Normtextes keine andere Deutungsmöglichkeit, da auch die leitenden Angestellten (unstreitig) als Arbeitnehmer im Sinne des Arbeitsrechts einzuordnen wären.

Zugunsten des erstgenannten Standpunkts lässt sich anführen, dass das WpÜG eine Informationspflicht der Zielgesellschaft gegenüber den Arbeitnehmern (lediglich) als Surrogat für einen nicht vorhandenen Betriebsrat geschaffen hat.[439] Da jedoch ein Sprecherausschuss jedenfalls auf der Grundlage des § 10 Abs. 5 Satz 2, 1. Alt. WpÜG nicht zu unterrichten ist,[440] könnte die Einbindung der – von diesem gemäß § 25 Abs. 1 Satz 1 SprAuG vertretenen – leitenden Angestellten in das Angebotsverfahren eine entsprechende Ersatzfunktion unmöglich bewirken.

Gleichwohl ist eine Unterrichtungspflicht gegenüber diesen Personen zu bejahen. Zum einen lässt sich schwerlich die Ausklammerung der leitenden Angestellten aus dem Geltungsbereich der entsprechenden übernahmerechtlichen Vorschriften rechtfertigen. Erfahrungsgemäß stellen sich die beschäftigungsrelevanten Folgen von Übernahmen und vergleichbaren Transaktionen bei *allen* Arbeitnehmergruppen ein, unabhängig von ihrer betriebsverfassungsrechtlichen Zuordnung. In der Vergangenheit waren bei Umstrukturierungen oder einem Personalabbau infolge von Übernahmen leitende Angestellte und ihnen vergleichbare Arbeitnehmer auf Grund ihrer eingeschränkten Ver-

---

435 Geibel/Süßmann/*Grobys*, § 10 Rn. 85; *Grobys*, NZA 2002, 1, 3; HWK/*Seibt*, WpÜG Rn. 9; KK-WpÜG/*Hirte*, § 10 Rn. 93; *Seibt*, DB 2002, 529, 532.

436 Vgl. ErfK/*Eisemann*, § 5 BetrVG Rn. 30; *Gitter/Michalski*, S. 36; *Hess*, in: HSWG, § 5 BetrVG Rn. 40.

437 In diese Richtung tendierend *Nehls*, in: FAZ, 24.4.2002, S. 25.

438 KK-WpÜG/*Hirte*, § 10 Rn. 93.

439 Vgl. vorstehend § 2B.II.2.b).

440 Zur ausbleibenden Berücksichtigung (auch) des Sprecherausschusses s. oben § 2B.II.2.a)bb)(2) (a) bis (c).

weisbarkeit auf äquivalente Stellen im Vergleich zu den übrigen Beschäftigten in vielen Fällen sogar überproportional betroffen.[441] Eine wirkungsvolle Geltendmachung der vorhandenen und mit dem WpÜG neu hinzukommenden Rechte setzt von daher logisch zwingend voraus, dass *alle* betroffenen Arbeitnehmer auf gesetzlicher Grundlage gleichberechtigt in den Informationsfluss einbezogen werden. Eine Ausgrenzung der leitenden Angestellten würde demgegenüber zu einer sachlich nicht zu rechtfertigenden Schlechterstellung dieser Personengruppe führen und die Unruhe in den Belegschaften unnötig vergrößern.[442]

Zum anderen ist die Auffassung abzulehnen, wonach – (fälschlicherweise) unter Berufung auf die Gesetzesbegründung – Sinn und Zweck der Pflicht zur Information nach § 10 Abs. 5 Satz 2 WpÜG gegenüber dem Betriebsrat oder den Arbeitnehmern darin bestehe, diese in die Lage zu versetzen, (lediglich) ihre *betriebsverfassungsrechtlichen* Rechte wahrzunehmen.[443] Wäre dem so, müssten die leitenden Angestellten konsequenterweise nicht durch den Vorstand über die Entscheidung des Dritten informiert werden, da sie gemäß § 5 Abs. 3 Satz 1 BetrVG grundsätzlich vom Geltungsbereich des BetrVG ausgeschlossen sind und ihnen demnach Rechte betriebsverfassungsrechtlicher Art in aller Regel[444] nicht zustehen. Tatsächlich soll die Einbindung der Belegschaftsmitglieder in den Verfahrensablauf die Voraussetzung dafür schaffen, dass diese die ihnen zustehenden „Rechte" in Anspruch nehmen können.[445] In seiner Pauschalität verdeutlicht dieser Hinweis, dass nach dem Willen des Gesetzgebers gerade keine Eingrenzung der wahrnehmbaren Rechte, insbesondere auf solche aus dem BetrVG, stattfinden soll. Mit dem SprAuG besteht zugunsten der leitenden Angestellten ein eigenes Regelwerk, dass die kollektivrechtliche Mitbestimmung im Betrieb organisiert. Infolgedessen müssen die leitenden Angestellten ebenfalls Informationsadressaten sein, damit sie mittelbar die ihnen – über den Sprecherausschuss – zustehenden allgemeinen (Mitwirkungs-)Rechte i.S. der §§ 28, 30-32 SprAuG wirkungsvoll ausüben können.[446]

Im Übrigen wurde bereits darauf hingedeutet, dass die erhofften positiven Effekte einer Unternehmensübernahme jedenfalls nicht oder nur schwer gegen den Willen der Beschäftigten der Zielgesellschaft erreicht werden können.[447] Da es sich aber bei den

---

441 Stellungnahme der ULA vom 9.10.2001, S. 1 f.; ULA-Nachrichten Nr. 5/6 vom Juni 2001, S. 3 (Wo ging der Plural verloren?).

442 Stellungnahme der ULA vom 9.10.2001, S. 2.

443 So aber HWK/*Seibt*, WpÜG Rn. 7; *Seibt*, DB 2002, 529, 531.

444 Ausnahmen bilden die §§ 75 Abs. 1, 87 Abs. 1 Nr. 8 und 9, 105, 107 Abs. 1 Satz 2, 108 Abs. 2 Satz 2 BetrVG; vgl. ErfK/*Eisemann*, § 5 Rn. 30; *Hess*, in: HSWG, § 5 BetrVG Rn. 33.

445 BT-Ds. 14/7034 zu § 10 Abs. 5 RegE-WpÜG, S. 40.

446 Insb. in Übernahmeauseinandersetzungen können zwischen dem Sprecherausschuss und dem (abwehrwilligen) Vorstand der Zielgesellschaft gemäß § 28 Abs. 1 SprAuG Richtlinien über den Inhalt und die Beendigung von Arbeitsverhältnissen der leitenden Angestellten relevant werden, wobei diesen nach Vereinbarung (s. § 28 Abs. 2 SprAuG) unmittelbare und zwingende Wirkung beigelegt werden kann (vgl. ErfK/*Oetker*, § 28 SprAuG Rn. 4, 7, 13, 17 ff.; *Hess*, in: HSWG, § 5 BetrVG Rn. 175 ff.); hierzu auch unten § 3B.I.

447 S. oben § 2B.I.1.

leitenden Angestellten um eine Gruppe von Mitarbeitern handelt, die auf Grund ihrer Stellung im Hierarchiegefüge eine entscheidende Rolle für den wirtschaftlichen Erfolg oder Misserfolg einer Übernahme spielen, sollte auch den Unternehmensleitungen selber an der Einbeziehung dieses Personenkreises gelegen sein.[448]

Festzuhalten bleibt damit, dass die leitenden Angestellten der Zielgesellschaft ebenfalls Adressaten der Unterrichtungspflicht i.S.v. § 10 Abs. 5 Satz 2, 2. Alt. WpÜG sind.

3. Form, Frist und Inhalt der Unterrichtung über die Vorankündigung des Bieters gemäß § 10 Abs. 5 Satz 2 WpÜG

a) Unterrichtungsform

aa) Allgemeines

Aus einem Gegenschluss zu § 10 Abs. 5 Satz 1 WpÜG, nach dem die Mitteilung des Bieters gegenüber dem Vorstand der Zielgesellschaft in Schriftform zu erfolgen hat, ergibt sich, dass der Vorstand seinerseits bei der Unterrichtung des Betriebsrats oder der Arbeitnehmer nach Satz 2 an kein bestimmtes Formerfordernis gebunden ist.[449] Unabhängig vom Adressatenkreis kann die Information somit auf beliebigem Weg erfolgen, etwa schriftlich oder (fern-)mündlich. Allerdings hat die Zielgesellschaft gemäß § 40 Abs. 2 WpÜG (zwecks Überwachung der Pflicht aus § 10 Abs. 5 Satz 2 WpÜG) auf Verlangen der BaFin Auskunft zu erteilen und Unterlagen vorzulegen.[450] Deshalb ist aus Gründen der Beweissicherung und zu Dokumentationszwecken – zumindest ergänzend – eine schriftliche Fixierung der Informationsweitergabe zu empfehlen.[451]

bb) Form der Unterrichtung des Betriebsrats (1. Alt.)

In der Praxis sollte der zuständige Betriebsrat durch ein kurzes Anschreiben über die Bieterentscheidung in Kenntnis gesetzt werden, wobei jedes Kommunikationsmittel – vor allem E-Mail oder Telefax – zulässig ist.[452] Eine Übersetzung der vom Vorstand empfangenen Mitteilung für fremdsprachliche Arbeitnehmervertreter ist gesetzlich nicht vorgeschrieben.[453] Jedoch sollte die Unterrichtung in der zwischen den Betriebs-

---

[448] Stellungnahme der ULA vom 9.10.2001, S. 2; ULA-Nachrichten Nr. 11/12 vom Dezember 2001, S. 2 (Ein Singular und seine Konsequenzen).

[449] Geibel/Süßmann/*Grobys*, § 10 Rn. 91; *Grobys*, NZA 2002, 1, 4; HWK/*Seibt*, WpÜG Rn. 8; KK-WpÜG/*Hirte*, § 10 Rn. 90 und 94; *Seibt*, DB 2002, 529, 532.

[450] *Ehricke*/Ekkenga/Oechsler, § 40 Rn. 14; Geibel/*Süßmann*, § 40 Rn. 7; ausführlicher zum § 40 Abs. 2 WpÜG unten § 2C.II.

[451] Geibel/Süßmann/*Grobys*, § 10 Rn. 91; *Grobys*, NZA 2002, 1, 4; HWK/*Seibt*, WpÜG Rn. 8; KK-WpÜG/Hirte, § 10 Rn. 90; *Seibt*, DB 2002, 529, 532; *Simon*, in: Semler/Volhard, § 55 Rn. 15 sowie *Thiel*, aaO, § 54 Rn. 7.

[452] Geibel/Süßmann/*Grobys*, § 10 Rn. 91 f.; *Grobys*, NZA 2002, 1, 4; MüKo-AktG/*Wackerbarth*, § 10 WpÜG Rn. 79; *Thiel*, in: Semler/Volhard, § 54 Rn. 7.

[453] HWK/*Seibt*, WpÜG Rn. 8; KK-WpÜG/*Hirte*, § 10 Rn. 90; *Seibt*, DB 2002, 529, 532.

partnern üblichen Geschäftssprache erfolgen, was in der Regel die deutsche Sprache sein dürfte.[454] Darüber hinaus sollte zu Beweiszwecken ein Empfangsbekenntnis eingeholt werden.

cc) Form der Unterrichtung der Arbeitnehmer (2. Alt.)

(1) Art und Weise der Durchführung der Unterrichtung

Das Gesetz enthält keine Hinweise, auf welchem Weg – soweit erforderlich – die Beschäftigten direkt zu informieren sind. Fraglich ist insbesondere, ob die Unterrichtung nach § 10 Abs. 5 Satz 2, 2. Alt. WpÜG gegenüber jedem Mitarbeiter individuell zu erfolgen hat.

Obwohl die Rechtsprechung in Bezug auf kollektive Erklärungen des Arbeitgebers zum Teil entschieden hat, dass dieser für den tatsächlichen Zugang der Mitteilung bei jedem einzelnen Arbeitnehmer zu sorgen hätte,[455] vertritt die übernahmerechtliche Literatur einen anderen Standpunkt. Danach soll der Vorstand der Zielgesellschaft lediglich nach allgemeinen arbeitsrechtlichen Grundsätzen dazu verpflichtet sein, dass jedes Belegschaftsmitglied von der Mitteilung mühelos Kenntnis nehmen kann,[456] wobei die objektive *Möglichkeit* der Kenntnisnahme unter gewöhnlichen Umständen ausreiche.[457] Gegen die Annahme einer individuellen Kenntnisverschaffung spricht zunächst die fehlende Formbedürftigkeit[458] der Unterrichtungspflicht. Denn der Verzicht auf das Schriftformerfordernis würde leer laufen, wenn man gleichwohl den Nachweis der individuellen Information jedes einzelnen Arbeitnehmers verlangen würde.[459] Überdies besteht in der Praxis das Problem, dass infolge von Erkrankung, Urlaub[460] etc. oftmals nicht das gesamte Personal anwesend ist, was die Geschäftsführung vor zeitraubende Unwägbarkeiten stellen würde;[461] es könnten somit Konstellationen eintreten, die im Widerspruch zum Grundsatz des § 3 Abs. 4 Satz 2 WpÜG stünden.[462] Die Unterrichtung nach § 10 Abs. 5 Satz 2 WpÜG beabsichtigt ferner nicht die Setzung von Rechts-

---

[454] Geibel/Süßmann/*Grobys*, § 10 Rn. 92; KK-WpÜG/*Hirte*, § 10 Rn. 90; vgl. auch LAG Frankfurt vom 19.8.1993, DB 1994, 384.

[455] Vgl. LAG Rheinland-Pfalz vom 19.11.1999, NZA-RR 2000, 409 (Kein Widerruf einer Gratifikationszusage durch Aushang am schwarzen Brett).

[456] Vgl. dazu Parallele in § 110 BetrVG ErfK/*Kania*, § 110 BetrVG Rn. 3; *Fitting*, § 110 BetrVG Rn. 5; GK-BetrVG/*Fabricius/Oetker*, § 110 Rn. 18.

[457] Geibel/Süßmann/*Grobys*, § 10 Rn. 93; *Grobys*, NZA 2002, 1, 4; HWK/*Seibt*, WpÜG Rn. 9; KK-WpÜG/*Hirte*, § 10 Rn. 94; *Seibt*, DB 2002, 529, 532; *Simon*, in: Semler/Volhard, § 55 Rn. 16 sowie *Thiel*, aaO, § 54 Rn. 7.

[458] Dazu vorstehend § 2B.II.3.a)aa).

[459] KK-WpÜG/*Hirte*, § 10 Rn. 94.

[460] Allerdings lehnt es *Hirte*, in: KK-WpÜG, § 10 Rn. 93, ohne nähere Begründung generell ab, dass *beurlaubte* Arbeitnehmer i.R.d. § 10 Abs. 5 Satz 2, 2. Alt. WpÜG dem Kreis der zu unterrichtenden Personen angehören.

[461] Geibel/Süßmann/*Grobys*, § 10 Rn. 93; *Grobys*, NZA 2002, 1, 4; *Simon*, in: Semler/Volhard, § 55 Rn. 16.

[462] S. hierzu bereits oben § 2B.II.2.b)bb)(2)(a).

folgen, weshalb die §§ 116 ff. BGB unanwendbar sind. Bei ihr handelt es sich nicht um eine Willens-, sondern um eine bloße Wissenserklärung, für die ein Zugang i.S. des § 130 Abs. 1 BGB entbehrlich ist.[463]

Zugunsten des obigen Verständnisses lässt sich außerdem der systematische Gesichtspunkt anführen, dass den Vorstand für den Fall der Errichtung eines Betriebsrats keine Pflicht zur individuellen Information der Mitarbeiter trifft. Wenn die Arbeitnehmer andererseits autonom von der Repräsentation durch ein solches Gremium absehen, erscheint eine Ausweitung ihres Schutzes in Form eines tatsächlichen Zugangs bei jedem einzelnen Mitglied des Personals unangemessen.[464] Sind die Beschäftigten in einem nicht-betriebsratsfähigen Kleinstbetrieb tätig, ergibt sich nichts anderes. Hier muss mit der Wertung des BetrVG eine fehlende Schutzbedürftigkeit konstatiert werden; im Übrigen dürften die dortigen Arbeitnehmer ohnehin von einer bevorstehenden Bieterofferte erfahren.[465] Letzten Endes bestimmen Vorschriften zu vergleichbaren Vorgängen – die von ihrem Bedeutungsgehalt her über der Unterrichtung nach § 10 Abs. 5 Satz 2 WpÜG stehen –, dass der Arbeitgeber lediglich für eine Zugänglichmachung der Informationen an geeigneter Stelle im Betrieb Sorge trägt.[466] Als Beispiele sind die §§ 2 Abs. 4, 3 Abs. 4, 10 Abs. 2, 18 WO BetrVG und die §§ 2 Abs. 1 und 2, 14 Abs. 3 Satz 3, 26 Abs. 3, 40 Abs. 2 Satz 4, 67 Abs. 1 Satz 3 3. WO MitbestG bezüglich der Wahl eines Betriebs- oder Aufsichtsrats zu nennen.

Folglich setzt die Erfüllung der von § 10 Abs. 5 Satz 2, 2. Alt. WpÜG statuierten Verpflichtung nicht voraus, dass die Unterrichtung gegenüber jedem Mitarbeiter individuell erfolgen muss. Im Sinne einer wohl verstandenen Abwägung der beteiligten Interessengruppen liegt ein ordnungsgemäßer Vollzug vor, wenn sämtliche betroffenen Arbeitnehmer von der Mitteilung in zumutbarer Weise Kenntnis nehmen können; eine tatsächliche Kenntnisnahme ist nicht zu verlangen.

(2) Konkrete Ausgestaltung der Unterrichtung

Welche Maßnahmen und Vorkehrungen der Vorstand im Einzelnen treffen muss, um diese Anforderungen zu erfüllen, richtet sich in erster Linie nach den im Unternehmen oder Betrieb vorhandenen und üblicherweise belegschaftsweit genutzten Informationskanälen.[467]

Zum Zwecke der unmittelbaren Unterrichtung der Arbeitnehmer ist neben der Nutzung von Publikationsforen wie Aushang an dem für Personalangelegenheiten vorgehaltenen Schwarzen Brett, Rundschreiben durch Hauspost oder an die Privatanschrift sowie Benachrichtigungen über E-Mail/Intranet (vgl. § 126a BGB) auch eine Information mittels einer (Sonderausgabe der) Mitarbeiterzeitung möglich.[468] Demgegenüber ist

---

463 Geibel/Süßmann/*Grobys*, § 10 Rn. 93; *Grobys*, NZA 2002, 1, 4.

464 KK-WpÜG/*Hirte*, § 10 Rn. 94.

465 KK-WpÜG/*Hirte*, § 10 Rn. 94.

466 Geibel/Süßmann/*Grobys*, § 10 Rn. 93; *Grobys*, NZA 2002, 1, 4.

467 Geibel/Süßmann/*Grobys*, § 10 Rn. 94; *Grobys*, NZA 2002, 1, 4.

468 Geibel/Süßmann/*Grobys*, § 10 Rn. 94; *Grobys*, NZA 2002, 1, 4; HWK/*Seibt*, WpÜG Rn. 9; KK-WpÜG/*Hirte*, § 10 Rn. 95; MüKo-AktG/*Wackerbarth*, § 10 WpÜG Rn. 79; *Seibt*, DB 2002, 529,

eine erst mit einem gewissen Vorlauf anzuberaumende Betriebsversammlung gemäß § 43 BetrVG, wenn die Unterrichtung erst dort erfolgt, nicht ausreichend. Die Einladung zu einer solchen Versammlung erfüllt aber dann die gesetzlichen Anforderungen, wenn schon darin die erforderlichen Angaben enthalten sind.[469]

(3) Keine Pflicht zur Unterrichtung in ausländischer Sprache

Klärungsbedürftig bleibt, ob die Pflicht zur Unterrichtung der Beschäftigten über die dem Vorstand nach § 10 Abs. 5 Satz 1 WpÜG zugeleitete Erklärung auch deren Übersetzung für fremdsprachliches Personal beinhaltet.

Im Unterschied zu anderen Gesetzen, in denen der Arbeitgeber zur Beifügung einer Übersetzung zugunsten des ausländischen Arbeitnehmers verpflichtet wird (z.B. § 11 Abs. 2 Satz 2 AÜG), existiert im WpÜG keine vergleichbare Regelung. Infolgedessen müsste eigentlich der ausländische Mitarbeiter das Sprachrisiko tragen. Denkbar wäre jedoch, eine Pflicht zur Übersetzung der Mitteilung aus der allgemeinen Fürsorgepflicht des Arbeitgebers abzuleiten.[470]

Indes kommt dieses Institut nur unter der Voraussetzung zum Zuge, dass zu Lasten des Ausländers der Verlust materieller Rechte zu besorgen ist oder der Arbeitgeber gegenüber einem deutschsprachigen Mitarbeiter zu einem besonderen Hinweis verpflichtet wäre.[471] Während eines Angebotsverfahrens und speziell zum Zeitpunkt der Veröffentlichung der Vorankündigung des Bieters werden diese Anforderungen nicht erfüllt.[472] Gestützt wird die Ablehnung einer Übersetzungspflicht von § 10 Abs. 3 Satz 1 a.E. WpÜG. Danach muss die Entscheidung des Bieters – anders als bei Veröffentlichungen nach § 15 Abs. 3 Satz 1 WpHG, wo einem Emittenten mit Sitz im Ausland die Möglichkeit eingeräumt wird, durch die Aufsichtsbehörde von der Pflicht zur Veröffentlichung in deutscher Sprache befreit zu werden – zwingend in deutscher Sprache publiziert werden. Dies wird damit begründet, dass durch die Verbreitung der Entscheidung i.S. des § 10 Abs. 1 Satz 1 WpÜG nicht nur die Öffentlichkeit und die deutschen Aktionäre, sondern ebenso die Arbeitnehmer der Zielgesellschaft unterrichtet werden sollen, weswegen eine ausschließliche Verwendung der deutschen Sprache geboten sei.[473] Angesichts des typischen[474] Minimalinhalts der Vorankündigung erscheint die ausschließliche Verwendung der deutsche Sprache weder für den Bieter noch für fremdsprachliche Mitglieder der Arbeitnehmerschaft als unverhältnismäßige Belastung.

532; *Thiel*, in: Semler/Volhard, § 54 Rn. 7; aus dem Betriebsverfassungsrecht vgl. ErfK/*Kania*, § 110 BetrVG Rn. 3; *Hess*, in: HSWG, § 110 BetrVG Rn. 6.

469 Ähnlich KK-WpÜG/*Hirte*, § 10 Rn. 95.

470 Vgl. *Schaub*, ArbR-Hdb., § 42 Rn. 7.

471 Vgl. LAG Frankfurt vom 7.6.1974, BB 1975, 788.

472 Geibel/Süßmann/*Grobys*, § 10 Rn. 95.

473 BT-Ds. 14/7034 zu § 10 Abs. 3 RegE-WpÜG; Ehricke/Ekkenga/*Oechsler*, § 10 Rn. 20; *Geibel*/Süßmann, § 10 Rn. 59.

474 Dazu sogleich unter § 2B.II.3.c).

Infolgedessen ist im Rahmen des § 10 Abs. 5 Satz 2, 2. Alt. WpÜG eine Übersetzung der mitgeteilten Information von Gesetzes wegen nicht geboten.[475] Dies gilt auch in Fällen, in denen die Belegschaft zu einem großen Teil aus ausländischen Mitarbeitern besteht.

b) Unterrichtungsfrist

Die Unterrichtung des Betriebsrats oder der Arbeitnehmer über die Ankündigung eines bevorstehenden Angebots hat durch den Vorstand „unverzüglich", d.h. ohne schuldhaftes Zögern i.S.v. § 121 Abs. 1 Satz 1 BGB, nach dessen eigener Benachrichtigung gemäß § 10 Abs. 5 Satz 1 WpÜG zu erfolgen (vgl. § 10 Abs. 5 Satz 2 a.E. WpÜG).[476] Ausschlaggebend hierfür ist die objektive Sorgfalt eines pflichtbewussten Geschäftsleiters i.S. der §§ 76, 93 AktG, wobei das Kriterium des Unterrichtungsaufwands im Mittelpunkt steht.[477] Eine ′gleichzeitige′ Mitteilung (vgl. § 27 Abs. 3 Satz 2 WpÜG) gegenüber Betriebsräten und/oder einzelnen Arbeitnehmern wird hingegen nicht gefordert: So ist der Vorstand eines Zielunternehmens, bei dem kein Gesamtbetriebsrat besteht, nicht berechtigt, mit der Informierung der bestehenden Einzelbetriebsräte aus dem Grunde abzuwarten, weil die Unterrichtung der Arbeitnehmer in betriebsratslosen Betrieben (wegen technischer Schwierigkeiten o.Ä.) längere Zeit in Anspruch nimmt.[478]

In Anbetracht der fehlenden Formvorgaben und der Nutzungsmöglichkeit moderner Kommunikationswege hat die Bekanntmachung gegenüber einem Einzel-/Gesamtbe-

---

475 I.E. ebenso Geibel/Süßmann/*Grobys*, § 10 Rn. 95; *Grobys*, NZA 2002, 1, 4; HWK/*Seibt*, WpÜG Rn. 8; KK-WpÜG/*Hirte*, § 10 Rn. 95; *Seibt*, DB 2002, 529, 532; *Simon*, in: Semler/Volhard, § 55 Rn. 17 sowie *Thiel*, aaO, § 54 Rn. 8.

476 Geibel/Süßmann/*Grobys*, § 10 Rn. 96; HWK/*Seibt*, WpÜG Rn. 11; KK-WpÜG/*Hirte*, § 10 Rn. 84; *Seibt*, DB 2002, 529, 532; in diese Richtung auch BT-Ds. 14/7034 zu § 10 Abs. 5 RegE-WpÜG, S. 40 („Absatz 5 ordnet an, dass der Vorstand der Zielgesellschaft vom Bieter unverzüglich nach der Veröffentlichung nach Absatz 3 Satz 1 über die Entscheidung zur Abgabe eines Übernahmeangebots zu unterrichten ist. Der Vorstand der Zielgesellschaft hat seinerseits den zuständigen Betriebsrat oder, sofern ein solcher nicht besteht, die Arbeitnehmer unmittelbar zu unterrichten.").

Hingegen soll nach Ehricke/Ekkenga/*Oechsler*, § 10 Rn. 25, der Vorstand hinsichtlich der Pflicht zur Informationsweitergabe nicht auf die besondere Benachrichtigung nach § 10 Abs. 5 Satz 1 WpÜG abwarten dürfen, sondern müsse unverzüglich auf die *Veröffentlichung* der Vorankündigung nach § 10 Abs. 3 WpÜG reagieren. Dagegen spricht – neben dem Gesetzeswortlaut – jedoch die (Parallel-)Vorschrift des § 27 Abs. 3 Satz 1 WpÜG, nach welcher „[d]er Vorstand und der Aufsichtsrat der Zielgesellschaft [...] die Stellungnahme unverzüglich [erst] *nach Übermittlung der Angebotsunterlage* [...] *durch den Bieter* gemäß § 14 Abs. 3 Satz 1 zu veröffentlichen [haben]" und sodann dem Betriebsrat respektive den Arbeitnehmern übermitteln müssen (Herv. d. Verf.; zu § 27 Abs. 3 Satz 1 WpÜG s. unten § 2B.IV.1.a)). § 10 Abs. 5 Satz 1 und 2 WpÜG geben insofern eine zwingende chronologische Reihenfolge vor.

477 Geibel/Süßmann/*Grobys*, § 10 Rn. 96; KK-WpÜG/*Hirte*, § 10 Rn. 84.

478 Vgl. KK-WpÜG/*Hirte*, § 10 Rn. 84.

triebsrat innerhalb von ein oder zwei Werktagen zu erfolgen.[479] Muss die Geschäftsführung hingegen Maßnahmen zur Unterrichtung der einzelnen Belegschaftsmitglieder treffen, ist im Einzelfall eine Information erst nach dem Ablauf von vier Werktagen nach Erhalt der Mitteilung verspätet. Für die Frage der Unverzüglichkeit ist dabei nicht der Eintritt des Unterrichtungserfolgs, sondern der Zeitpunkt der Vornahme der Unterrichtungs*handlung* maßgeblich.[480]

c) Unterrichtungsinhalt

Der Vorstand hat den zuständigen Adressaten „über die Mitteilung nach Satz 1“ zu unterrichten, was gleichbedeutend mit der Weitergabe der vom Bieter konkret übermittelten Informationen ist.[481] Dabei kann der zusätzliche Hinweis angebracht sein, welche Arbeitnehmer/-gremien über die Vorankündigung informiert wurden.[482]

Die Entscheidung gemäß § 10 Abs. 1 Satz 1 WpÜG als solche hat nur zu beinhalten, dass ein Angebot beabsichtigt ist und dessen Art zu offenbaren (vgl. § 33 Abs. 1 Satz 1 WpÜG), die betroffenen Wertpapiere zu benennen und nach § 10 Abs. 3 Satz 2 WpÜG die Internetadresse anzugeben, unter der die spätere Angebotsunterlage publiziert werden wird. Der Bieter ist jedoch nicht gezwungen, bereits zu diesem Zeitpunkt den konkreten Inhalt des Angebots (vgl. § 11 Abs. 2 WpÜG)[483] in die Ankündigung aufzunehmen. Liegen entsprechende Eckpunkte der Offerte allerdings bereits vor, ist es im Interesse einer frühzeitigen und umfassenden Information der Zielgesellschaft und des Kapitalmarkts zumindest ratsam, diese ebenfalls zu veröffentlichen.[484] Hat daher der Bieter schon einen bestimmten Inhalt des Angebots in seine Publikation aufgenommen, sind die Arbeitnehmer respektive der Betriebsrat vom Vorstand der Zielgesellschaft auch hierüber zu unterrichten.[485] In solchen Situationen besteht kein Grund, zwischen pflichtigen Mindestangaben und (freiwillig) darüber hinausgehenden Angaben des Bieters zu differenzieren. Es stellt sich jedoch die Frage, ob dann die Unterrichtung lediglich auf die *arbeitsrechtlich relevanten* Aspekte zu beschränken ist.

---

479 MüKo-AktG/*Wackerbarth*, § 10 WpÜG Rn. 79; *Thiel*, in: Semler/Volhard, § 54 Rn. 10; weiter Geibel/Süßmann/*Grobys*, § 10 Rn. 96, der eine Frist von bis zu zwei Wochen (!) zugesteht.

480 Vgl. Geibel/Süßmann/*Grobys*, § 10 Rn. 96; KK-WpÜG/*Hirte*, § 10 Rn. 84.

481 Geibel/Süßmann/*Grobys*, § 10 Rn. 97; *Grobys*, GmbHR 2000, R389; KK-WpÜG/*Hirte*, § 10 Rn. 84; MüKo-AktG/*Wackerbarth*, § 10 WpÜG Rn. 77; unscharf *Seibt*, in: HWK, WpÜG Rn. 8 und DB 2002, 529, 532, nach dem (lediglich) „gegebenenfalls“ ein Hinweis auf die vom Bieter veranlasste Veröffentlichung erfolgen soll.

482 Geibel/Süßmann/*Grobys*, § 10 Rn. 92; KK-WpÜG/*Hirte*, § 10 Rn. 84.

483 Ausführlich zu § 11 Abs. 2 WpÜG unten § 3A.II.3.

484 BT-Ds. 14/7034 zu § 10 Abs. 1 RegE-WpÜG, S. 39; *Möller/Pötzsch*, ZIP 2001, 1256, 1258; nach Ehricke/Ekkenga/*Oechsler*, § 10 Rn. 14, wird der Bieter zu einer über den gesetzlichen Mindestinhalt hinausgehende Aufnahme weiterer Angaben durch die Gefahr der Spekulation auf die Gegenleistung motiviert, die dazu führen könne, dass sich ein Börsenkurs oberhalb eines realistischen Angebotspreises einstellt; a.A. MüKo-AktG/*Wackerbarth*, § 10 WpÜG Rn. 68; noch anders *Tröger*, DZWIR 2002, 353, 357 (nach dem bereits zu diesem Zeitpunkt eine *Pflicht* zur Veröffentlichung solcher Daten bestehen soll).

485 Geibel/Süßmann/*Grobys*, § 10 Rn. 92, 97; KK-WpÜG/*Hirte*, § 10 Rn. 84.

Wenn der Bieter z.B. bereits die Art und Höhe der Gegenleistung (vgl. § 11 Abs. 2 Satz 2 Nr. 4 WpÜG) in seine Veröffentlichung nach § 10 Abs. 1 Satz 1 WpÜG aufgenommen hat, würde dieser Inhalt einen Arbeitnehmer auf den ersten Blick nur interessieren, wenn er als Belegschaftsaktionär Anteile an der Zielgesellschaft hält. So gesehen, wäre eine Reduzierung auf Gesichtspunkte mit arbeitsrechtlicher Relevanz gerechtfertigt. Dennoch trifft in derartigen Fällen den Vorstand die Pflicht, *sämtliche* vom Bieter mitgeteilten Daten weiterzuleiten.[486]

Einmal stimmt dies mit der entsprechenden Lage im Umwandlungsrecht überein. Auch der in den §§ 5 Abs. 1, 126 Abs. 1, 194 Abs. 1 UmwG festgelegte Mindestinhalt muss dem zuständigen Betriebsrat unstreitig vollständig mitgeteilt werden, da die Bestimmungen über die Zuleitungspflicht (§§ 5 Abs. 3, 126 Abs. 3, 194 Abs. 2 UmwG) keine Beschränkung auf bestimmte Bestandteile des jeder Umwandlung zugrundeliegenden Rechtsgeschäfts enthalten.[487] Zwar leite der Betriebsrat seine Beteiligung an dem Umwandlungsvorgang aus der arbeits- und sozialrechtlichen Komponente der Strukturmaßnahme ab, doch rechtfertige dies keine den Wortlaut einschränkende Auslegung zum Gegenstand der Zuleitung. Vielmehr gebühre dem Betriebsrat der Anspruch, anhand der vorgelegten Urkunden die Authentizität und Vollständigkeit der für die Umwandlung erheblichen Erklärungen selbst festzustellen.[488] Diesem Anspruch werde nur durch vollständige Abschrift der Urkunden genüge getan. Hinzu kommt, dass der Gesetzgeber des WpÜG – in Anlehnung an europarechtliche Vorgaben[489] – das Prinzip eines zeitlichen und inhaltlichen Gleichlaufs bezüglich der Zurverfügungstellung von Informationen zwischen den Anteilseignern der Zielgesellschaft und deren Mitarbeitern verfolgt. Aktionäre und Beschäftigte müssen demnach zum (relativ) gleichen Zeitpunkt über denselben Datensatz verfügen.

d) Vergleich zur RL 2004/25/EG

Art. 8 der Übernahmerichtlinie enthält ergänzende Vorschriften zu den Informationspflichten nach Art. 6 RL. Der Kreis der Informationsempfänger wird durch dessen Abs. 2[490] auf ein vernünftiges Maß beschränkt. Unterrichtet werden müssen die Anleger nur in den Mitgliedstaaten, in denen die Wertpapiere der Zielgesellschaft auf ei-

---

[486] KK-WpÜG/*Hirte*, § 10 Rn. 84; ebenso *Seibt*, in: HWK, WpÜG Rn. 25 und DB 2002, 529, 535 (jeweils zu § 27 Abs. 3 Satz 2 WpÜG).

[487] *Boecken*, Rn. 315; Kallmeyer/*Willemsen*, § 5 UmwG Rn. 74; *Melchior*, GmbHR 1996, 833, 835; *Schmidt*, in: Lutter, S. 59, 72; *Willemsen*, RdA 1998, 23, 32.

[488] *Melchior*, GmbHR 1996, 833, 835.

[489] Oben § 1B.I.2.g).

[490] Art. 8 Abs. 2 RL lautet: „Die Mitgliedstaaten stellen sicher, dass alle erforderlichen Informationen und Unterlagen gemäß Artikel 6 in der Weise bekannt gemacht werden, dass sie den Wertpapierinhabern zumindest in den Mitgliedstaaten, in denen die Wertpapiere der Zielgesellschaft auf einem geregelten Markt zum Handel zugelassen sind, sowie den Arbeitnehmervertretern der Zielgesellschaft oder des Bieters oder – in Ermangelung solcher Vertreter – den Arbeitnehmern selbst ohne Weiteres und umgehend zur Verfügung stehen.“.

nem geregelten Markt zum Handel zugelassen sind. Der Vollständigkeit halber nochmals erwähnt wird die Unterrichtung der Arbeitnehmer oder deren Vertreter.[491]

Daneben fordert dieser Artikel bezüglich der Form der Veröffentlichung den Erlass von Vorschriften, nach denen alle erforderlichen Informationen und Unterlagen hinsichtlich der Entscheidung zur Abgabe eines Angebots (vgl. Art. 6 Abs. 1[492] RL) in der Weise bekannt gemacht werden, dass sie den Arbeitnehmervertretern der Zielgesellschaft oder – in Ermangelung solcher Vertreter – den Arbeitnehmern selbst ohne Weiteres und umgehend zur Verfügung stehen.[493] Damit wird in der Richtlinie davon abgesehen, die verschiedenen Offenlegungsformen aufzuführen; vielmehr wird den Mitgliedstaaten ein relativ breiter Ermessensspielraum eingeräumt, solange den Adressaten der Unterrichtungspflicht alle notwendigen Informationen in klarer Form und zügig zur Verfügung gestellt werden.[494] Diese Voraussetzungen werden unter Zugrundelegung der zuvor gemachten Erwägungen schon jetzt von § 10 Abs. 3 Satz 1 WpÜG erfüllt. Mithin besteht diesbezüglich kein Umsetzungsbedarf.

4. Erörterungs- oder Beratungspflicht über den Inhalt der Vorankündigung

Klärungsbedürftig bleibt, ob der Inhalt der Entscheidung zur Abgabe eines Angebots vom Vorstand der Zielgesellschaft mit der Belegschaft oder deren Vertretern zu diskutieren ist.

a) Keine ausdehnende Anwendung des § 10 Abs. 5 Satz 2 WpÜG

Aus § 10 Abs. 5 Satz 2 WpÜG folgt keine Pflicht der Geschäftsleitung zur Erörterung oder gar Beratung über den Inhalt der veröffentlichten Ankündigung des Bieters.[495]

Einerseits fehlt hierfür eine den §§ 90 Abs. 2 Satz 1, 92 Abs. 1 Satz 2, 92a Abs. 2, 96 Abs. 1 Satz 2, 108 Abs. 5 BetrVG vergleichbare gesetzliche Anordnung. Andererseits bestimmt § 3 Abs. 4 WpÜG – der neben den übrigen allgemeinen Grundsätzen des § 3 WpÜG bei der Auslegung der Einzelvorschriften zu beachten ist – in Satz 2, dass die Zielgesellschaft nicht über einen angemessenen Zeitraum hinaus in ihrer Geschäftstätigkeit behindert werden darf.[496] Diese Regelung trägt dem Umstand Rechnung, dass insbesondere der Vollzug eines Übernahmeverfahrens die Zielgesellschaft in abträglicher Weise berührt.[497] Regelmäßig hat der Vorstand in einer solchen Situation seine volle Konzentration auf die Kommunikation mit dem Kapitalmarkt zu richten. Dazu

---

[491] Vgl. *Neye*, AG 2000, 289, 294 zum Gemeinsamen Standpunkt (s. oben § 1B.I.2.g)aa)).

[492] Zum Normtext s. oben § 2B.II.1. (Fn. 278).

[493] *Becker*, GmbHR 2003, R185 und R187.

[494] Erläuterungen zu Art. 8 des Vorschlags, ABlEG (Fn. 115), S. 5; *Maul/Muffat-Jeandet*, AG 2004, 221, 234; s. auch KK-WpÜG/*Seydel*, § 14 Rn. 8 (zu § 14 WpÜG).

[495] Geibel/Süßmann/*Grobys*, § 10 Rn. 99; *Grobys*, GmbHR 2000, R389; *ders.*, NZA 2002, 1, 4; HWK/*Seibt*, WpÜG Rn. 7; KK-WpÜG/*Hirte*, § 10 Rn. 83; MüKo-AktG/*Wackerbarth*, § 10 WpÜG Rn. 77; *Seibt*, DB 2002, 529, 531; *Thiel*, in: Semler/Volhard, § 54 Rn. 5.

[496] Zu § 3 Abs. 4 WpÜG s. oben § 2B.II.2.b)bb)(2)(a) (Fn. 406).

[497] BT-Ds. 14/7034, S. 29; *Ihrig*, ZHR 167 (2003), 315, 336; KK-WpÜG/*Versteegen*, § 3 Rn. 40; anschaulich *Aha*, AG 2002, 160, 162; *Liebscher*, ZIP 2001, 853, 859.

gehört auch, dass das Gesetz in § 27 Abs. 1 Satz 1 WpÜG den Gesellschaftsorganen die Veröffentlichung einer Stellungnahme abverlangt, die sich detailliert mit dem Angebot auseinandersetzen muss. Häufig ist die Verwaltung dann für diesen Zeitraum lahmgelegt, so dass der operative Geschäftsbetrieb kaum noch wahrgenommen werden kann. Träfe den Vorstand zusätzlich eine Pflicht zur Beratung oder inhaltlichen Diskussion, hätte dies eine Ressourcenbindung zur Folge, die gegen das in § 3 Abs. 4 Satz 2 WpÜG niedergelegte Prinzip der verhältnismäßigen Beanspruchung verstoßen würde.

b) Erörterungs-/Beratungspflicht auf der Grundlage von § 2 Abs. 1 BetrVG

Eine Beratungs- oder Diskussionspflicht lässt sich auch nicht auf der Grundlage des Grundsatzes der vertrauensvollen Zusammenarbeit gemäß § 2 Abs. 1 BetrVG herleiten.[498] Diese Vorschrift ist keine subsidiäre, anspruchserzeugende Generalklausel; da sie aber eine gewisse Treubindung der Betriebspartner zueinander statuiert, kann die Verwaltung im Einzelfall nach diesem Gebot zur Beantwortung sachlicher Rückfragen gegenüber dem Betriebsrat verpflichtet sein.[499]

Insbesondere wenn eine Kommunikation im Interesse des Vorstands liegt, wird dieser jedoch regelmäßig bereit sein, den Inhalt und die weiteren Folgen der publizierten Vorankündigung mit der Arbeitnehmerseite freiwillig zu erörtern.[500]

c) Unterrichtungspflicht bei Angebotserledigung

In diesem Zusammenhang stellt sich das Problem, ob der Vorstand der Zielgesellschaft nach dem Übernahmegesetz auch dann zur Kontaktaufnahme mit den Mitarbeiter(n)/ -vertretern verpflichtet ist, wenn sich das Angebot vor dessen Vollzug infolge Rücknahme oder anderweitiger Aufhebung erledigt.[501]

Zur Beantwortung dieser Frage ist auf den Zweck der Unterrichtung abzustellen. Wie beschrieben, intendiert das WpÜG mit der Einbindung der Arbeitnehmerschaft in das Angebotsverfahren gemäß § 10 Abs. 5 Satz 2 (und den §§ 14 Abs. 4 Satz 2, 27 Abs. 3 Satz 2) WpÜG, dass die nach anderen Gesetzen zu ihren Gunsten bestehenden Informations- und Mitwirkungsrechte wirkungsvoll wahrgenommen werden können, welche bei Reorganisation der Zielgesellschaft nach erfolgreichem Beteiligungserwerb virulent werden.[502] Bei Erledigung der Offerte kann dieses Ziel nicht mehr erreicht werden, da Umstrukturierungsvorhaben im Zusammenhang mit einem Anteilseignerwechsel nicht mehr zu besorgen sind. Danach besteht in einer solchen Situation – auch mit Blick auf die Bußgeldbewehrung gemäß § 60 Abs. 1 Nr. 2 lit. b WpÜG – keine

---

498 Geibel/Süßmann/*Grobys*, § 10 Rn. 99; *Grobys*, NZA 2002, 1, 4.

499 Geibel/Süßmann/*Grobys*, § 10 Rn. 99; *Grobys*, GmbHR 2000, R389; *ders.*, NZA 2002, 1, 4; *Thiel*, in: Semler/Volhard, § 54 Rn. 5; s. zudem ErfK/*Eisemann*, § 2 BetrVG Rn. 1; GK-BetrVG/*Kraft*, § 2 Rn. 7, 13; *Zöllner/Loritz*, § 44 VII 1.

500 Vgl. Geibel/Süßmann/*Grobys*, § 10 Rn. 100; s. auch MüKo-AktG/*Wackerbarth*, § 10 WpÜG Rn. 77.

501 Zur fehlenden Bindungswirkung der Vorankündigung s. oben § 2B.II.1.b).

502 Hierzu vorstehend § 2B.II.1.a).

Pflicht zur Unterrichtung der Personalvertreter oder der Beschäftigten.[503] In der Praxis ist dem Vorstand der AG jedoch anzuraten, den ursprünglichen Adressatenkreis schnellstmöglichst hierüber zu informieren, um eventuell bereits entstandenen Gerüchten um Stellenabbau, Produktionsverlagerungen etc. und den damit verbundenen Unruhen im Unternehmen entgegenzuwirken.[504]

5. Unterrichtungspflicht bei auslandsbezogenen Sachverhalten

Hat die Zielgesellschaft mit Sitz in Deutschland (vgl. § 2 Abs. 3 a.E. WpÜG) ausländische Tochterunternehmen, eigene Betriebsstätten im Ausland oder sind für sie inländische Arbeitnehmer im Ausland tätig, trifft den Vorstand ebenfalls eine Pflicht zur Unterrichtung nach § 10 Abs. 5 Satz 2 WpÜG, sofern deutsches Recht Anwendung findet.

a) Zielgesellschaft mit Tochtergesellschaften im Ausland

Bei rechtlich selbständigen Tochtergesellschaften im Ausland scheidet eine Informationspflicht gegenüber deren Arbeitnehmer(n)/-vertretern bereits deswegen aus, weil Ziel eines Angebots nur die Zielgesellschaft selbst ist, so dass ausschließlich deren Organe informiert werden müssen.[505]

b) Zielgesellschaft mit Niederlassungen im Ausland

Unproblematisch sind rechtlich unselbständige Niederlassungen im Ausland nach deutschem Recht jedenfalls dann nicht zu unterrichten, wenn für sie in Deutschland ein Gesamtbetriebsrat zuständig ist.[506] Aber auch im Übrigen besteht gegenüber einer in der ausländischen Betriebsstätte bestehenden Belegschaftsvertretung keine Unterrichtungspflicht nach § 10 Abs. 5 Satz 2 WpÜG.[507] Sofern das ausländische Recht eigenständige Unterrichtungspflichten gegenüber den Beschäftigten der dortigen Niederlassung vorsieht, ist entscheidend, wie derartige Pflichten qualifiziert werden: Sieht man in ihnen eine Bestimmung des Übernahmerechts, so ist für ihre Anwendung durch Vorstände deutscher Zielgesellschaften kein Raum; denn diese unterliegen nur den

---

503 So i.E. auch Geibel/Süßmann/*Grobys*, § 10 Rn. 98; KK-WpÜG/*Hirte*, § 10 Rn. 83; *Thiel*, in: Semler/Volhard, § 54 Rn. 4; anders hingegen Art. 19 Abs. 1 des überarbeiteten Richtlinienvorschlags vom 10.9.1990, ABlEG (oben Fn. 70), S. 28.

504 S. auch Geibel/Süßmann/*Grobys*, § 10 Rn. 98; *Thiel*, in: Semler/Volhard, § 54 Rn. 4.

505 Dazu oben § 2B.II.2.a)aa)(4)(c); ferner KK-WpÜG/*Hirte*, § 10 Rn. 96; i.E. ebenso Geibel/Süßmann/*Grobys*, § 10 Rn. 88 f. (jedoch unter Hinweis auf die Grundsätze des internationalen Arbeitsrechts).

506 Ehricke/Ekkenga/*Oechsler*, § 10 Rn. 25; Geibel/Süßmann/*Grobys*, § 10 Rn. 88; KK-WpÜG/*Hirte*, § 10 Rn. 96. Zur fehlenden Unterrichtungspflicht ggü. einem bei der Zielgesellschaft errichteten Europäischen Betriebsrat s. vorstehend § 2B.II.2.a)bb)(1).

507 KK-WpÜG/*Hirte*, § 10 Rn. 96; ebenso (in Bezug auf „Tochterunternehmen“) Geibel/Süßmann/*Grobys*, § 10 Rn. 88; a.A. Ehricke/Ekkenga/*Oechsler*, § 1 Rn. 3a und § 10 Rn. 25, unter Verweis auf *Hahn*, RIW 2002, 741, 742, nach denen es sich bei § 1 WpÜG um eine *allseitige* Kollisionsnorm handeln soll, soweit arbeitsrechtliche Fragestellungen des Angebotsverfahrens betroffen sind; dagegen MüKo-AktG/*Wackerbarth*, § 1 WpÜG Rn. 10; *Mülbert*, ZIP 2001, 1221, 1228 f. (zu § 1 (i.V.m. § 2 Abs. 3, 7) RegE-WpÜG); *Santelmann*, S. 218.

Vorschriften des deutschen WpÜG (vgl. § 1 WpÜG). Qualifiziert man sie hingegen betriebsverfassungsrechtlich, kommt eine Anknüpfung an den ausländischen Betriebssitz in Betracht.

c) Entsendung von Arbeitnehmern einer deutschen Betriebsstätte ins Ausland

Deutsches Betriebsverfassungsrecht kann auf die von der Zielgesellschaft vorübergehend oder dauerhaft im Ausland eingesetzten Arbeitnehmer angewendet werden, soweit sich deren Auslandstätigkeit als „Ausstrahlung" des Inlandsbetriebs darstellt.[508] Ist dies der Fall, ist eine übernahmerechtliche Unterrichtung der einzelnen Mitarbeiter unter der Voraussetzung entbehrlich, dass für die ausstrahlende Betriebsstätte ein deutscher Gesamt-/Einzelbetriebsrat zuständig ist.[509]

Bei fehlender Ausstrahlung oder falls kein zuständiger Betriebsrat für den ausstrahlenden Betrieb besteht, hat die Zielgesellschaft die entsandten Arbeitnehmer wie im Inland Beschäftigte zu unterrichten, wenn ihre Arbeitsverhältnisse nach den Art. 27 ff., 30 EGBGB deutschem Recht unterfallen.[510]

d) Exkurs: Kollisionsrechtliche Bestimmungen der RL 2004/25/EG

Art. 4 Abs. 1 der Übernahmerichtlinie schreibt vor, dass die Mitgliedstaaten eine oder mehrere Stelle(n) benennen müssen, die für die Beaufsichtigung des Angebotsvorgangs zuständig ist/sind, wobei mit dieser Aufgabe auch eine Vereinigung oder private Einrichtung[511] betraut werden kann. Jedoch ist bei der Abgrenzung der behördlichen Zuständigkeiten wie bei der Bestimmung des anwendbaren Rechts zu differenzieren.[512]

Einerseits können die Wertpapiere der Zielgesellschaft auf einem geregelten Markt in deren Sitzmitgliedstaat zum Handel zugelassen sein; dann ist das Aufsichtsorgan dieses Staates zuständig (Art. 4 Abs. 2 lit. a RL). Zwar wird im Rahmen von Art. 4 Abs. 2 lit. a RL das anwendbare Recht nicht explizit geregelt, doch lässt sich aus Art. 4 Abs. 2 lit. e RL der Grundsatz entnehmen, dass im Anwendungsbereich der Richtlinie ein Gleichlauf zwischen zuständiger Aufsichtsbehörde und anwendbarem Recht bestehen soll.[513] Damit wendet die Aufsichtsbehörde im Sitzstaat ihr eigenes Recht auf Angebote an, die sich an Aktionäre von Gesellschaften richten, die in diesem Staat nach den Regeln des dort geltenden internationalen Gesellschaftsrechts ihren Sitz haben und für die gleichzeitig in diesem Staat eine Börsenzulassung besteht.

---

508 Zu den Voraussetzungen der Ausstrahlung vgl. BAG vom 7.12.1989, AP Nr. 27 zu § 102 BetrVG Internationales Privatrecht; 22.3.2000, AP Nr. 8 zu § 14 AÜG; ErfK/*Eisemann*, § 1 BetrVG Rn. 4; *Fitting*, § 1 BetrVG Rn. 22 ff.

509 Geibel/Süßmann/*Grobys*, § 10 Rn. 90; KK-WpÜG/*Hirte*, § 10 Rn. 96.

510 Geibel/Süßmann/*Grobys*, § 10 Rn. 90; KK-WpÜG/*Hirte*, § 10 Rn. 96.

511 Hierzu *Ehricke*/Ekkenga/Oechsler, § 61 Rn. 2; *Hopt*, ZHR 161 (1997), 368, 392 f.

512 *Kindler/Horstmann*, DStR 2004, 866, 867 f.; vgl. auch *Krause*, BB 2004, 113, 114; *ders.*, NZG 2000, 905, 907.

513 *von Hein*, AG 2001, 213, 215; *Kindler/Horstmann*, DStR 2004, 866, 867; *Seibt/Heiser*, ZIP 2002, 2193, 2194; *Zech*, S. 29 f.

Andererseits gilt in Konstellationen, in denen keine Börsenzulassung im Sitzstaat besteht, eine gespaltene Rechtsanwendungs- und Kompetenzregelung (Art. 4 Abs. 2 RL). *Zum einen* ist für Fragen, die das Angebot selbst betreffen, die Aufsichtsbehörde desjenigen Mitgliedstaates zuständig, auf dessen geregelten Markt die Wertpapiere (zuerst) zum Handel zugelassen wurden; anzuwenden ist das materielle Recht dieses Staates (Art. 4 Abs. 2 lit. b sowie lit. e Satz 1 RL). Wurden die Wertpapiere jedoch in mehr als einem Mitgliedstaat gleichzeitig erstmals zum Handel zugelassen, so hat nach Art. 4 lit. c Unterabs. 1 RL die Zielgesellschaft selbst zu entscheiden, welches mitgliedsstaatliche Aufsichtsorgan zuständig sein soll und legt damit auch das anwendbare Recht fest (vgl. Art. 4 Abs. 2 lit. e Satz 1 RL).[514] Für Fälle der gleichzeitigen Mehrfachzulassung, die zum Ablauf der Umsetzungsfrist[515] bereits existieren, müssen die Aufsichtsorgane der betroffenen Mitgliedstaaten gemeinsam festlegen, wer zuständig ist und bestimmen somit auch über das anzuwendende Recht (Art. 4 Abs. 2 lit. c Unterabs. 2 Satz 1 RL); in Ermangelung einer fristgemäßen Entscheidung der Aufsichtsstellen entscheidet wiederum die Zielgesellschaft, welche dieser Aufsichtsstellen zuständig sein soll. *Zum anderen* ist bei gesellschaftsrechtlichen Fragen sowie bei solchen, die die Unterrichtung der Arbeitnehmer betreffen (Artt. 6 Abs. 1 Satz 3, Abs. 2 Unterabs. 1 Satz 3, 8 Abs. 2, 9 Abs. 5 Satz 2 RL), das Recht des Sitzstaates maßgebend; zuständig ist dessen Aufsichtsorgan (Art. 4 Abs. 2 lit. b und c sowie lit. e Satz 2 RL).

6. Verhältnis von § 10 Abs. 5 Satz 2 WpÜG zu Unterrichtungspflichten nach dem BetrVG

a) Verhältnis zu den §§ 80, 111 BetrVG

Neben der Unterrichtungspflicht bezüglich der Ankündigung gemäß § 10 Abs. 5 Satz 2, 1. Alt. WpÜG könnten im Vorfeld einer Änderung der Beteiligungsverhältnisse weiterhin bedeutsame betriebsverfassungsrechtliche Pflichten der Zielgesellschaft zur Information des Betriebsrats nach den §§ 80 Abs. 2 und 111 Satz 1 BetrVG bestehen.[516]

aa) Unterrichtung des Betriebsrats gemäß § 80 Abs. 2 BetrVG

Nach dem Auffangtatbestand[517] des § 80 Abs. 2 Satz 1 BetrVG ist der Betriebsrat zur Durchführung seiner Aufgaben rechtzeitig und umfassend vom Arbeitgeber zu unterrichten; überdies sind ihm gemäß Satz 2, 1. Hs. auf Verlangen jederzeit die erforderlichen Unterlagen zur Verfügung zu stellen. Zu den betriebsverfassungsrechtlichen

---

514 Diese Entscheidung ist den geregelten Märkten und deren Aufsichtsstellen am ersten Handelstag mitzuteilen (Art. 4 Abs. 2 Unterabs. 1 lit. c) (a.E.) RL).

515 Die Richtlinie ist gemäß Art. 21 Abs. 1 Unterabs. 1 Satz 1 bis zum 20.5.2006 umzusetzen, s. oben § 1B.I.2.h)bb).

516 Zum Nebeneinander von Informationspflichten nach BetrVG und WpÜG s. bereits oben § 2B.II.2.a)bb)(3)(a).

517 Vgl. ebenfalls BAG vom 26.1.1995, AP Nr. 69 zu § 102 BetrVG; *Däubler*, RdA 1995, 136, 138; DKK/*Buschmann*, § 80 BetrVG Rn. 64; *Stege/Weinspach/Schiefer*, § 80 BetrVG Rn. 10.

Aufgaben des Betriebsrats zählt unter anderem die – im Zuge des BetrVerf-ReformG[518] neu aufgenommene – Beschäftigungssicherung i.S. des § 80 Abs. 1 Nr. 8 BetrVG, welche einen Tätigkeitsschwerpunkt bilden soll.[519] Der Gesetzgeber verfolgt damit die Intention, die bestehenden Arbeitsplätze zu erhalten, die infolge der vermehrt stattfindenden Umstrukturierungen und Unternehmenszusammenschlüsse und des hiermit verbundenen Personalabbaus bedroht sind.[520] Diesem Anliegen entsprechend soll der Betriebsrat Aufklärungsarbeit leisten sowie etwaige Betriebsschließungen abzuwenden versuchen, wozu die Regelungsmechanismen der §§ 111 ff. BetrVG zur Verfügung stehen.[521] Ausformungen dieser Aufgabenzuweisung finden sich zudem an weiteren Stellen des BetrVG.[522]

Angesichts dessen, dass vor allem im Anschluss an ein gelungenes Übernahmeangebot oftmals Maßnahmen durchgeführt werden, die in vielfältiger Weise den Bestand der Arbeitsplätze bei der übernommenen Gesellschaft berühren, muss dem dortigen Betriebsrat grundsätzlich ein berechtigtes Interesse zugesprochen werden, im größtmöglichen Umfange über die vom Bieter geplante Akquisition informiert zu werden, um die in § 80 Abs. 1 Nr. 8 BetrVG genannte Aufgabe angemessen wahrnehmen zu können. Doch fordert § 80 Abs. 2 Satz 1, 1. Hs. BetrVG – anders als § 10 Abs. 5 Satz 2 WpÜG („unverzüglich") – (lediglich) eine „rechtzeitige" Unterrichtung durch den Arbeitgeber. Danach muss die Information so frühzeitig geschehen, dass die Personalvertretung die betreffende gesetzliche Aufgabe ordnungsgemäß erfüllen und ggf. noch Einfluss auf die Entscheidung des Arbeitgebers nehmen kann.[523] Dies bedeutet aber nicht, dass der Betriebsrat über jede in Aussicht genommene oder auch nur angedachte Maßnahme informiert werden muss. Das BAG stellt vielmehr zu Recht darauf ab, dass das BetrVG dem Betriebsrat erst dann Aufgaben zuweist, wenn der Arbeitgeber durch sein Tätigwerden Beteiligungsrechte auslöst, sei es, dass er eine beteiligungspflichtige Maßnahme vornehmen will, sei es, dass er Maßnahmen in Erwägung zieht, über deren Planung der Betriebsrat zu unterrichten ist und die schon vorab mit diesem zu beraten sind.[524]

---

518 Gesetz zur Reform des Betriebsverfassungsgesetzes, BGBl. I, S. 1852 vom 27.7.2001.

519 BT-Ds. 14/5741, S. 46 zu Nr. 54a; DKK/*Buschmann*, § 80 BetrVG Rn. 56; *Fitting*, § 80 BetrVG Rn. 42; *Hänlein*, DB 2001, 2097; *Nicolai*, in: HSWG, § 80 BetrVG Rn. 41.

520 BT-Ds. 14/5741, S. 46 zu Nr. 54a; DKK/*Buschmann*, § 80 Rn. 56.

521 DKK/*Buschmann*, § 80 Rn. 58.

522 Z.B. § 92a (Vorschläge zur Beschäftigungssicherung) sowie § 111 Satz 1 (Unternehmensbezug der Beteiligungsrechte des Betriebsrats bei Betriebsänderungen); s. ferner DKK/*Buschmann*, § 80 BetrVG Rn. 57.

523 DKK/*Buschmann*, § 80 Rn. 79; ErfK/*Kania*, § 80 BetrVG Rn. 19; GK-BetrVG/*Kraft*, § 80 Rn. 68; *Nicolai*, in: HSWG, § 80 BetrVG Rn. 50.

524 Vgl. BAG vom 27.6.1989, AP Nr. 51 zu § 102 BetrVG; *Fitting*, § 80 BetrVG Rn. 55; *Nicolai*, in: HSWG, § 80 BetrVG Rn. 50.

Mit der Vorankündigung des potenziellen Übernehmers ist ein solches Maß an Konkretheit noch nicht erreicht.[525] Zu diesem Zeitpunkt ist noch völlig offen, ob sich der Aufgabenkatalog des § 80 Abs. 1 Nr. 8 BetrVG überhaupt eröffnet, denn der Inhalt der dem Vorstand mitgeteilten Entscheidung i.S. der §§ 34, 10 Abs. 5 Satz 1 WpÜG enthält grundsätzlich keine dahingehenden Angaben. Selbst wenn der Bieter ausnahmsweise schon in dieser Ankündigung zum Ausdruck bringt, dass er für den Fall einer erfolgreichen Kontrollerlangung Maßnahmen auf betrieblicher Ebene (Werksschließungen, Entlassungen o.Ä.) vorzunehmen beabsichtigt,[526] folgt daraus noch keine Pflicht zur Unterrichtung nach § 80 Abs. 2 Satz 1 BetrVG: Aufgrund der zeitlichen Distanz zwischen der Vorhersage des jeweiligen Vorhabens und dessen Umsetzung haben solche Angaben lediglich prognostischen Charakter und sind dementsprechend zu vage, als das Beteiligungsrechte ausgelöst würden.

bb) Unterrichtung und Beratung des Betriebsrats gemäß § 111 Satz 1 BetrVG

Möglicherweise trifft den Vorstand einer Zielgesellschaft auf der Grundlage des § 111 Satz 1 BetrVG eine Verpflichtung zur Einbindung des Betriebsrats in das beginnende Angebotsverfahren.

Dieser Vorschrift zufolge hat der Unternehmer den Betriebsrat über geplante Betriebsänderungen, mit denen wesentliche Nachteile zumindest für erhebliche Teile der Beschäftigten verbunden sein können, rechtzeitig und umfassend zu unterrichten und diese mit ihm zu beraten. Da das Zielunternehmen nach einer geglückten Akquisition häufig aus Gründen der Refinanzierung des Übernehmers oder der Rationalisierung des Geschäftsbetriebs grundlegend umstrukturiert wird, sind von der abschließenden[527] Aufzählung betriebsändernder Maßnahmen i.S. des § 111 Satz 3 BetrVG insbesondere die Nr. 1 (Personalreduzierung)[528] und Nr. 4 erfüllt.[529]

Letzten Endes kann in dieser Phase des Angebotsverfahrens aus § 111 Satz 1 BetrVG dennoch kein Mitwirkungsrecht zugunsten des Betriebsrats abgeleitet werden.[530] Die Unterrichtungspflicht setzt nämlich erst ein, sobald die Planung des Unternehmers zu

---

525 So wohl auch *Aubel*, S. 35 f.; Geibel/Süßmann/*Grobys*, § 10 Rn. 102 i.V.m. 86; *Zeppenfeld*, in: FAZ, 3.3.2001, S. 23; vgl. auch *Gach*, in: Semler/Volhard, § 27 Rn. 92; anders *Boecken*, Rn. 345; *Däubler*, RdA 1995, 136, 138 sowie *Gaul*, DB 1995, 2265 f. (jeweils zum UmwG).

526 Zur Möglichkeit, diese Angaben i.S.v. § 11 Abs. 2 Satz 3 Nr. 2 WpÜG bereits in der Vorankündigung vorwegzunehmen, s. vorstehend § 2B.II.3.c).

527 Vgl. *Hess*, in: HSWG, § 111 BetrVG Rn. 16; Richardi/*Annuß*, § 111 BetrVG Rn. 41 ff.; a.A. DKK/*Däubler*, § 111 BetrVG Rn. 33; *Fitting*, § 111 BetrVG Rn. 44.

528 Dazu BAG vom 22.5.1979, AP Nr. 3 zu § 111 BetrVG; *Fitting*, § 111 BetrVG Rn. 73; GK-BetrVG/*Fabricius/Oetker*, § 111 Rn. 65; *Hess*, in: HSWG, § 111 BetrVG Rn. 40; Richardi/*Annuß*, § 111 BetrVG Rn. 70.

529 *Lammers*, S. 116; vgl. auch *Sünner*, AG 1987, 276, 277 ff.

530 I.E. ebenso Geibel/Süßmann/*Grobys*, § 10 Rn. 86 i.V.m. 102 (s. dort auch Rn. 67); *Lammers*, S. 115 f. (zum Vorfeld eines Übernahmeangebots); MüKo-AktG/*Wackerbarth*, § 10 WpÜG Rn. 78; differenzierend noch *Grobys*, GmbHR 2000, R389, für den Betriebsrat des Bieters („im Regelfall“); a.A. wohl *Beß*, AG 1976, 169 (dort Fn. 5); vgl. auch *Behrens*, ZGR 1975, 433, 449 (dort Fn. 55).

einer gewissen *Reife* gelangt ist, d.h. sobald sich der Unternehmer im Grundsatz entschlossen hat, eine Maßnahme – vorbehaltlich der Bemühungen um eine Einigung mit dem Betriebsrat – durchzuführen.[531] Demnach braucht die Belegschaftsvertretung nicht an sämtlichen Vorüberlegungen der Unternehmensleitung zu partizipieren. Ausreichend ist es, wenn der Arbeitgeber den Betriebsrat informiert, nachdem sich seine allgemeinen Vorüberlegungen zu einem konkreten Konzept verdichtet haben, ohne dass die Überlegungen über die Umsetzung der Maßnahme (etwa wegen noch ausstehender Zustimmung des Aufsichtsrats) und ihre Details abgeschlossen sind.[532] Der frühestmögliche Zeitpunkt wird daher in der Regel erst nach der Information des Wirtschaftsausschusses liegen. Die Unterrichtung muss jedoch so rechtzeitig erfolgen, dass noch über einen Interessenausgleich und Sozialplan verhandelt und das weitere Verfahren nach § 112 BetrVG vorher abgeschlossen werden kann. Auf das Angebotsverfahren übertragen ist zum Zeitpunkt der Vorankündigung i.S.v. § 10 Abs. 1 Satz 1 WpÜG noch nicht vorhersagbar, ob der Übernahmeversuch überhaupt gelingt. Überdies ist – wenn das derzeitige Management der Zielgesellschaft keine eigenen Änderungspläne angekündigt hat – ungewiss, ob und welche konkreten Reorganisationen vom Bieter ins Auge gefasst sind, da der Inhalt des Angebots (typischerweise) noch nicht mitveröffentlicht ist.[533] Außerdem erhielte die Annahme einer Betriebsänderung besondere Brisanz dadurch, dass in Konsequenz der Vorstand der Zielgesellschaft Beratungen mit dem Betriebsrat zum Zwecke der Herbeiführung eines Interessenausgleichs und/oder der Aufstellung eines Sozialplans aufnehmen müsste. Neben der offensichtlichen Sinnwidrigkeit widerspricht ein solches Verständnis auch den Vorgaben des § 3 Abs. 4 Satz 2 WpÜG, weil die Zielgesellschaft dadurch zeitlich unverhältnismäßig in ihrer Geschäftstätigkeit behindert würde.[534]

Mit derselben Argumentation kann auch keine Ausnahme für solche (seltenen) Konstellationen anerkannt werden, in denen entsprechende Eckpunkte der Offerte schon in diesem Verfahrensstadium feststehen, d.h. der potenzielle Übernehmer bereits die Durchführung betriebsändernder Maßnahmen i.S. des § 111 Satz 3 BetrVG unmissverständlich ankündigt – um anvisierte Verbundeffekte (Synergien) realisieren zu können – und damit einen Teil des Angebotsinhalts vorwegnimmt (vgl. § 11 Abs. 2 Satz 3 Nr. 2 WpÜG). In einer derartigen Situation besteht ebenfalls kein so weit gereifter Plan, dass er die Informationspflicht nach § 111 Satz 1 BetrVG auslösen würde.[535] Insbesondere die fehlende Bindungswirkung[536] der Vorankündigung lässt es zudem unbillig erscheinen, dass es in den Händen des Bieters liegen soll, die Zielgesellschaft

---

[531] Vgl. BAG vom 14.9.1976, AP Nr. 2 zu § 113 BetrVG; *Aubel*, S. 36; *Bachner*, NJW 1995, 2881, 2886; *Ehlers*, NJW 2003, 2337, 2338; *Fitting*, § 111 BetrVG Rn. 107; GK-BetrVG/*Fabricius/Oetker*, § 111 Rn. 147 ff.; *Hess*, in: HSWG, § 111 BetrVG Rn. 30; *Willemsen*, in: Willemsen (u.a.), Kap. C Rn. 371.

[532] ErfK/*Kania*, § 111 BetrVG Rn. 20; *Hess*, in: HSWG, § 111 BetrVG Rn. 27.

[533] S. oben § 2B.II.3.c).

[534] Dazu vorstehend § 2B.II.4.a).

[535] Ebenso wohl *Aubel*, S. 36; Geibel/Süßmann/*Grobys*, § 10 Rn. 86 i.V.m. 102; *Lammers*, S. 116.

[536] S. oben § 2B.II.1.b).

schon zu diesem frühen Zeitpunkt zur Erfüllung betriebsverfassungsrechtlicher Pflichten anzuhalten.

Zusammenfassend bleibt zu konstatieren, dass mit dem bloßen Entschluss zur Abgabe eines (Übernahme-)Angebots noch keine konkrete Entscheidung über künftige Strukturveränderungen auf betrieblicher Ebene einhergeht. Weder die Vorankündigung als solche noch vom Bieter tatsächlich vorgesehene Umstrukturierungen stellen mitbestimmungspflichtige Betriebsänderungen i.S. des § 111 Satz 3 BetrVG dar. Der Vorstand der Zielgesellschaft ist mithin in dieser Situation nicht verpflichtet, einen zuständigen Betriebsrat von der Entscheidung gemäß § 111 Satz 1 BetrVG zu informieren oder in sonstiger Weise zu beteiligen.

b) Verhältnis zu § 110 BetrVG

Unklar ist zudem das Verhältnis von § 10 Abs. 5 Satz 2, 2. Alt. WpÜG zu der sich aus § 110 Abs. 1 und 2 BetrVG ergebenden Verpflichtung zur Unterrichtung der einzelnen Belegschaftsmitglieder.

In dem danach zu erstellenden Bericht sind die Arbeitnehmer (in groben Zügen) über die Wirtschaftslage des Unternehmens selbst und seiner Betriebe, die wirtschaftlichen und sozialen Leistungen, die Schwierigkeiten, die Marktlage und die Entwicklung, die das Unternehmen seit dem letzten Bericht genommen hat, sowie die Aussichten der künftigen Entwicklung zu unterrichten.[537] Diese unternehmensinterne Begrenzung ergibt sich aber nicht nur aus der Norm selbst, sondern auch aufgrund des gegenüber dem § 106 Abs. 2 BetrVG anderen Wortlauts sowie des Fehlens einer dem § 106 Abs. 3 BetrVG vergleichbaren Aufzählung.[538]

Die Entscheidung des Bieters zur Abgabe eines Angebots zum Erwerb von Wertpapieren der Zielgesellschaft wird dementsprechend als unternehmens*externer* Vorgang nicht von der Unterrichtungspflicht erfasst. Überdies wäre eine Information nach § 110 BetrVG oftmals wenig zweckdienlich.[539] Durch diese Vorschrift sollen die Arbeitnehmer in die Lage versetzt werden, in der Betriebsversammlung (§ 43 BetrVG) sachgerechte Fragen zu stellen.[540] Regelmäßig sind aber weder Betriebsrat noch teilnehmender Vorstand der Zielgesellschaft zur adäquaten Beantwortung in der Lage, denn sie verfügen häufig nicht über den dafür notwendigen Kenntnisstand.

III. Übermittlungspflicht der Geschäftsführung der Zielgesellschaft gegenüber den Beschäftigten in Bezug auf die Angebotsunterlage des Bieters, § 14 Abs. 4 Satz 2 WpÜG

§ 14 (i.V.m. § 34) WpÜG regelt bei *freiwilligen* Angeboten das weitere Verfahren im Hinblick auf das vom Bieter gemäß § 11 Abs. 1 Satz 1 WpÜG zu erstellende und zu veröffentlichende Dokument über das von ihm gemachte Angebot. Diese „Angebots-

537 *Fitting*, § 110 BetrVG Rn. 7; GK-BetrVG/*Fabricius/Oetker*, § 110 Rn. 5 ff.; *Hess*, in: HSWG, § 110 BetrVG Rn. 5; *Richardi/Annuß*, § 110 BetrVG Rn. 9.

538 *Aubel*, S. 35.

539 Ähnlich *Aubel*, S. 35 (bezogen auf Übernahmeofferte).

540 DKK/*Däubler*, § 110 BetrVG Rn. 6; ErfK/*Kania*, § 110 BetrVG Rn. 1.

unterlage" stellt einen formalisierten Antrag i.S.v. § 145 BGB an die Aktionäre der Zielgesellschaft dar, der auf den Abschluss einer Vielzahl einzelner Kauf- und/oder Tauschverträge abzielt; in ihr (und nicht in der Vorankündigung nach § 10 Abs. 1 Satz 1 WpÜG) liegt demnach die rechtsgeschäftlich verpflichtende Willenserklärung des Bieters.[541] § 14 Abs. 1 Satz 1 WpÜG begründet zunächst eine Verpflichtung des Bieters zur Übermittlung der Angebotsunterlage an die BaFin binnen vier[542] Wochen nach der Veröffentlichung der Entscheidung zur Abgabe einer Offerte. Nach ausdrücklicher Gestattung durch die Bundesanstalt oder Fristablauf ohne Untersagung hat der Bieter gemäß § 14 Abs. 2 Satz 1, Abs. 3 Satz 1 WpÜG die Angebotsunterlage durch Bekanntgabe im Internet sowie wahlweise durch Abdruck in einem überregionalen Börsenpflichtblatt oder durch Bereithalten zur kostenlosen Ausgabe bei einer geeigneten Stelle im Inland unverzüglich zu veröffentlichen. Des Weiteren sieht § 14 Abs. 4 Satz 1 WpÜG vor, dass der Bieter in gleicher Weise wie bei seiner Angebotsankündigung die Unterlage dem Vorstand der Zielgesellschaft übermittelt.

Auch bei einem *Pflicht*angebot besteht für den Kontrollerwerber – nach Veröffentlichung der Kontrollerlangung gemäß §§ 35 Abs. 1 Satz 4, 10 Abs. 5 Satz 1 WpÜG[543] – die Verpflichtung, eine Angebotsunterlage (vgl. §§ 39, 11 WpÜG) vorzubereiten und sie der Aufsichtsbehörde zu übermitteln (§ 35 Abs. 2 Satz 1 WpÜG). Das von der BaFin freigegebene Dokument hat der Bieter dann gemäß § 35 Abs. 2 Satz 1 a.E. WpÜG nach Maßgabe des § 14 Abs. 2 Satz 1 WpÜG zu publizieren. Anschließend ist die Angebotsunterlage dem Vorstand der Zielgesellschaft unverzüglich nach ihrer Veröffentlichung zu übermitteln, §§ 35 Abs. 2 Satz 2, 14 Abs. 4 Satz 1 WpÜG.

1. Normzweck und Einordnung der von § 14 Abs. 4 Satz 2 WpÜG statuierten Pflicht

Ebenso wie § 10 Abs. 5 Satz 1 WpÜG soll auch § 14 Abs. 4 Satz 1 (i.V.m. § 34, § 35 Abs. 2 Satz 2) WpÜG dem Vorstand der Zielgesellschaft vor allem ermöglichen, dass er seinerseits dem zuständigen Betriebsrat oder – in Ermangelung eines solchen – unmittelbar den Arbeitnehmern die Angebotsunterlage übermitteln kann (vgl. §§ 14 Abs. 4 Satz 2, 34, 35 Abs. 2 Satz 2 WpÜG).[544] Deshalb muss der Bieter dem Vorstand nach dieser Vorschrift kein im Original unterzeichnetes Angebotsdokument übersen-

---

[541] BT-Ds. 14/7034 zu § 11 Abs. 1 RegE-WpÜG, S. 41; Ehricke/Ekkenga/*Oechsler*, § 11 Rn. 1; *Geibel*/Süßmann, § 11 Rn. 2; KK-WpÜG/*Seydel*, § 11 Rn. 1; *Liebscher*, ZIP 2001, 853, 862; *Pötzsch/Möller*, WM 2000 Sonderbeil. Nr. 2, 3, 16; s. auch *Hamann*, ZIP 2001, 2249, der wegen der funktionalen Nähe der Angebotsunterlage zum Verkaufsprospekt die Bezeichnung „*Kauf-*" oder „*Übernahmeprospekt*" bevorzugt.

[542] Nach § 14 Abs. 1 Satz 3 WpÜG kann die Bundesanstalt diese Frist auf Antrag um bis zu vier weitere Wochen verlängern, wenn dem Bieter die Einhaltung der Frist nach Abs. 1 Satz 1 auf Grund eines grenzüberschreitenden Angebots oder auf Grund erforderlicher Kapitalmaßnahmen nicht möglich ist.

[543] S. oben § 2B.II.

[544] KK-WpÜG/*Seydel*, § 14 Rn. 69; *Liebscher*, ZIP 2001, 853, 861; *Pötzsch/Möller*, WM 2000 Sonderbeil. Nr. 2, 3, 16 (zu § 17 Abs. 4 Satz 1 DiskE-ÜG); vgl. ebenfalls *Assmann*, AG 2002, 114, 121; KK-WpÜG/*von Bülow*, § 35 Rn. 166; zur Parallele bei § 10 Abs. 5 Satz 2 WpÜG s. oben § 2B.II.1.

den, sondern es genügt die Übermittlung in Textform, die Übersendung einer entsprechenden Datei oder auch der Hinweis auf die Internetadresse, unter der die Unterlage nach § 14 Abs. 3 Satz 1 Nr. 1 WpÜG veröffentlicht wurde, solange dem Adressaten der Originalinhalt zugeht.[545]

Mit der Pflicht zur Weiterleitung der Angebotsunterlage an die Mitarbeiterschaft wird die in § 10 Abs. 5 Satz 2 WpÜG normierte Pflicht konsequent fortgeführt. Insbesondere bei Übernahmen können sich durch die nachhaltige Veränderung der Eigentümerstruktur tiefgreifende Folgen für das Personal ergeben. So kann der Bieter etwa beabsichtigen, die Zielgesellschaft zu zerschlagen oder Betriebsstätten zu schließen. Nach dem Willen des Gesetzgebers sollen die Beschäftigten vor diesem Hintergrund mittels einer alsbaldigen Unterrichtung über den Inhalt des Angebots in die Lage versetzt werden, die ihnen gesetzlich eingeräumten Rechte wahrzunehmen.[546] Das WpÜG beschneidet somit nicht bestehende Arbeitnehmerrechte, sondern verhilft gerade zu deren effektiven Inanspruchnahme. Daneben dient die Übermittlung des Antragsdokuments auch dem Zweck, die Abgabe einer eigenen Stellungnahme der Belegschaft zu dem Angebot (vgl. § 27 Abs. 2 WpÜG) vorzubereiten.[547] Die Parallelität zwischen § 10 Abs. 5 Satz 2 und § 14 Abs. 4 Satz 2 WpÜG wird schließlich auf der Tatbestandsebene fortgesetzt, so dass in diesem Zusammenhang größtenteils auf die zuvor gemachten Ausführungen zurückgegriffen werden kann.[548]

Nach österreichischem Recht hat der Bieter ebenfalls eine Angebotsunterlage zu erstellen (§ 7 öÜbG), die dem Vorstand sowie dem Aufsichtsratsvorsitzenden der Zielgesellschaft und dessen Stellvertreter zur Kenntnis zu bringen ist, vgl. § 11 Abs. 2 öÜbG. Der Vorstand seinerseits hat nach § 11 Abs. 3 öÜbG dem Betriebsrat die Unterlagen unverzüglich nach Erhalt zu übersenden.[549] Art. 6 Abs. 2 Unterabs. 1[550] Satz 3 der Übernahmerichtlinie sieht gleichsam die Pflicht des Leitungs- oder Verwaltungsorgans der Zielgesellschaft vor, die vom Bieter erstellte Angebotsunterlage nach deren Be-

---

545 Ehricke/Ekkenga/*Oechsler*, § 14 Rn. 14; *Geibel*/Süßmann, § 14 Rn. 53; KK-WpÜG/*Seydel*, § 14 Rn. 69; hierzu vorstehend § 2B.II.1.

546 BT-Ds. 14/7034 zu § 14 Abs. 4 RegE-WpÜG, S. 45; vgl. auch Geibel/Süßmann/*Grobys*, § 14 Rn. 54; *Grobys*, NZA 2002, 1, 4; HWK/*Seibt*, WpÜG Rn. 16; KK-WpÜG/*Seydel*, § 14 Rn. 5; *Seibt*, DB 2002, 529, 533.

547 *Zinser*, WM 2002, 15, 18; ähnlich KK-WpÜG/*Seydel*, § 11 Rn. 6, bezogen auf die nach § 11 WpÜG erforderlichen Angaben (allerdings – zu Unrecht – auf die Arbeitnehmer*vertretung* beschränkt); zu § 27 Abs. 2 WpÜG ausführlich unten § 2B.IV.2.

548 Geibel/Süßmann/*Grobys*, § 14 Rn. 54; *Grobys*, NZA 2002, 1, 4; HWK/*Seibt*, WpÜG Rn. 16; KK-WpÜG/*Seydel*, § 14 Rn. 71; *Seibt*, DB 2002, 529, 533.

549 Zum Normtext des § 11 Abs. 3 öÜbG oben Fn. 277; s. auch KK-WpÜG/*Seydel*, § 14 Rn. 10; *Roth/Zinser*, EWS 2000, 233, 236 (dort Fn. 36).

550 Art. 6 Abs. 2 Unterabs. 1 RL lautet: „Die Mitgliedstaaten sorgen dafür, dass ein Bieter eine Angebotsunterlage mit den notwendigen Informationen zu erstellen und rechtzeitig bekannt zu machen hat, damit die Inhaber von Wertpapieren der Zielgesellschaft in ausreichender Kenntnis der Sachlage entscheiden können. Der Bieter übermittelt die Angebotsunterlage vor ihrer Bekanntmachung der Aufsichtsstelle. Wenn sie bekannt gemacht ist, wird sie von den jeweiligen Leitungs- oder Verwaltungsorganen der Zielgesellschaft und der Bietergesellschaft ihren Arbeitnehmervertretern oder – in Ermangelung solcher Vertreter – den Arbeitnehmern selbst übermittelt.“.

kanntmachung der Arbeitnehmervertretung oder, bei deren Fehlen, den Mitarbeitern selbst zu übermitteln.

2. Adressatenkreis der Übermittlungspflicht i.S.v. § 14 Abs. 4 Satz 2 WpÜG

Sofern ein für die Entgegennahme der Angebotsunterlage zuständiger Betriebsrat bei der Zielgesellschaft besteht, ist dieser Adressat der Übermittlungspflicht (§ 14 Abs. 4 Satz 2, 1. Alt. WpÜG); anderenfalls (2. Alt.) ist die Unterlage den Mitarbeitern direkt zu übermitteln.

In Bezug auf die hiermit zusammenhängenden Probleme – Zuständigkeit des Betriebsrats, direkte Übermittlung an einzelne Arbeitnehmer, Auslandsbezug – ist auf die Ausführungen zu § 10 Abs. 5 Satz 2 WpÜG zu verweisen.[551]

3. Form, Frist und Inhalt der Übermittlung der Angebotsunterlage des Bieters gemäß § 14 Abs. 4 Satz 2 WpÜG

a) Übermittlungsform und -inhalt

Den Arbeitnehmern der Zielgesellschaft oder deren Vertretung ist die vom Vorstand nach § 14 Abs. 4 Satz 1 WpÜG empfangene Angebotsunterlage zu übermitteln. Obwohl § 10 Abs. 5 Satz 2 WpÜG vorgibt, dass die Mitarbeiterschaft zu „unterrichten" ist, kann aus dieser unterschiedlichen Wortwahl im Hinblick auf die Form der Mitteilung keine abweichende Schlussfolgerung gezogen werden:[552] Entsprechend den Ausführungen zu § 10 Abs. 5 Satz 2 WpÜG[553] ist die Weitergabe der vom Bieter konkret übersandten Informationen gemeint. Damit wurde die von Seiten des DGB im Verlaufe des Gesetzgebungsverfahrens geforderte schriftliche Unterrichtung unter Beifügung der Angebotsunterlage nicht aufgegriffen.[554]

Ferner trifft den Vorstand keine Verpflichtung zur Übersetzung der Angebotsunterlage in eine Fremdsprache.[555] Ist der Bieter ein ausländisches Unternehmen, ist es diesem gemäß § 11 Abs. 1 Satz 4 WpÜG verwehrt, seine (ggf. umfangreiche) Angebotsunterlage in englischer Sprache abzufassen; er hat dem Vorstand der Zielgesellschaft eine deutsche Fassung der Unterlage zu übermitteln. Von diesem kann dann aber erst recht nicht verlangt werden, zwecks Erfüllung der Vorgaben des § 14 Abs. 4 Satz 2 WpÜG eine entsprechend zeit- und kostenintensive Übersetzung vorzunehmen, selbst wenn

---

551 BT-Ds. 14/7034 zu § 14 Abs. 4 RegE-WpÜG, S. 45 (hierzu vorstehend § 2B.II.2. und 5.); vgl. auch Ehricke/Ekkenga/*Oechsler*, § 14 Rn. 14; Geibel/Süßmann/*Grobys*, § 14 Rn. 51, 55; KK-WpÜG/*Seydel*, § 14 Rn. 71; *Thiel*, in: Semler/Volhard, § 54 Rn. 11.

552 So *Grobys*, NZA 2002, 1, 4; KK-WpÜG/*Seydel*, § 14 Rn. 71.

553 Vgl. oben § 2B.II.3.c).

554 Stellungnahme des DGB vom 11.10.2000 zu § 17 DiskE-ÜG, S. 4. Allerdings ist zu Dokumentations- und Beweiszwecken (vgl. § 40 Abs. 2 WpÜG) eine schriftliche Übermittlung anzuraten, s. oben § 2B.II.3.a)aa); ebenso *Simon*, in: Semler/Volhard, § 55 Rn. 15 f.

555 Geibel/Süßmann/*Grobys*, § 14 Rn. 57 i.V.m. § 10 Rn. 92, 95; KK-WpÜG/*Seydel*, § 14 Rn. 71 i.V.m. aaO/*Hirte*, § 10 Rn. 90, 95; *Simon*, in: Semler/Volhard, § 55 Rn. 17.

bei der Zielgesellschaft mehrheitlich nichtdeutsche Arbeitnehmer tätig sind (vgl. § 3 Abs. 4 Satz 2 WpÜG)[556].

aa) Form und Inhalt der Übermittlung gegenüber dem Betriebsrat (1. Alt.)

Einem zuständigen Betriebsrat wird praktischerweise ein Exemplar des Antragsdokuments übermittelt.[557] Verfügt dieser über einen eigenen Anschluss zum Internet (vgl. § 40 Abs. 2 BetrVG: „in erforderlichem Umfang [...] Informations- und Kommunikationstechnik"), reicht sogar die Bekanntgabe der einschlägigen Internetadresse i.S.v. § 14 Abs. 3 Satz 1 Nr. 1 WpÜG zur Erfüllung der gesetzlichen Anordnung aus.[558]

bb) Form und Inhalt der Übermittlung gegenüber den Arbeitnehmern (2. Alt.)

Müssen die Arbeitnehmer unmittelbar informiert werden, hat der Vorstand dafür zu sorgen, dass dieser Personenkreis vom Inhalt der Unterlage mühelos Kenntnis nehmen kann.[559] Zu diesem Zweck muss er durch Rundschreiben, Aushänge etc. auf die Offerte aufmerksam machen und gleichzeitig (ein) Exemplar(e) des Angebotsdokuments zur Anschauung an geeigneter Stelle im Betrieb (Pausenräume, Personalbüro usw.) bereit stellen. Verfügt nicht jeder Arbeitsplatz über einen Internetzugang, wäre dementsprechend der Verweis unzureichend, wonach sich die Beschäftigten die Antragsunterlage selbst über das Internet beschaffen müssten. Ein nicht unerheblicher Personenkreis ist derzeit am Arbeitsplatz noch nicht vernetzt, so dass dieser Gruppe der Informationszugang verwehrt bliebe.[560] Allerdings kann von der Geschäftsführung nicht verlangt werden, das Dokument zu vervielfältigen und jedem einzelnen Mitarbeiter zu übersenden.[561] Dies würde nicht nur zu einer unangemessenen Belastung der Zielgesellschaft in finanzieller und zeitlicher Hinsicht (vgl. § 3 Abs. 4 Satz 2 WpÜG)[562] führen. Regelmäßig verzögerte sich auch die Informationsweitergabe, was gerade der vom Gesetz bezweckten unverzüglichen Teilhabe der Belegschaft am Verfahren zuwiderliefe.[563]

---

556 Zu § 3 Abs. 4 Satz 2 WpÜG oben § 2B.II.4.a).

557 S. vorstehend § 2B.II.3.a)bb); ebenso Geibel/Süßmann/*Grobys*, § 14 Rn. 57 i.V.m. § 10 Rn. 92; *Simon*, in: Semler/Volhard, § 55 Rn. 15.

558 Geibel/Süßmann/*Grobys*, § 14 Rn. 57; ähnlich MüKo-AktG/*Wackerbarth*, § 14 WpÜG Rn. 34; zu § 40 Abs. 2 BetrVG vgl. ErfK/*Eisemann*, § 40 BetrVG Rn. 16; *Fitting*, § 40 BetrVG Rn. 134; *Glock*, in: HSWG, § 40 BetrVG Rn. 85d.

559 Dazu ausführlich vorstehend unter § 2B.II.3.a)cc)(1); Geibel/Süßmann/*Grobys*, § 14 Rn. 57 i.V.m. § 10 Rn. 93 f.; MüKo-AktG/*Wackerbarth*, § 14 WpÜG Rn. 34; *Simon*, in: Semler/Volhard, § 55 Rn. 16 sowie *Thiel*, aaO, § 54 Rn. 13 i.V.m. 7.

560 *Geibel*/Süßmann, § 14 Rn. 46 sowie dies./*Grobys*, § 14 Rn. 57; *Simon*, in: Semler/Volhard, § 55 Rn. 16 (dort Fn. 41) sowie *Thiel*, aaO, § 54 Rn. 13.

561 Geibel/Süßmann/*Grobys*, § 14 Rn. 57; MüKo-AktG/*Wackerbarth*, § 14 WpÜG Rn. 34; *Thiel*, in: Semler/Volhard, § 54 Rn. 13.

562 Zu § 3 Abs. 4 Satz 2 WpÜG oben § 2B.II.4.a).

563 Vgl. Geibel/Süßmann/*Grobys*, § 10 Rn. 93; *Grobys*, NZA 2002, 1, 4.

b) Übermittlungsfrist

Auch im Anwendungsbereich des § 14 Abs. 4 Satz 2 WpÜG muss die Angebotsunterlage „unverzüglich", d.h. innerhalb von einem bis vier Werktag(en) übermittelt werden; solange der Bieter der Verpflichtung aus § 14 Abs. 4 Satz 1 WpÜG nicht nachgekommen ist, kann der Vorstand seiner Pflicht nicht Folge leisten.[564] Fraglich ist allerdings, ob eine Geschäftsleitung, die entgegen der Maßgabe des § 14 Abs. 2 Satz 2 WpÜG das Dokument schon *vor* der Veröffentlichung erhalten hat, zu einer sofortigen Weiterleitung an den oben genannten Adressatenkreis verpflichtet ist.

Der erste Problemkreis betrifft die Reichweite des Bekanntgabeverbots gemäß § 14 Abs. 2 Satz 2 WpÜG, wonach das Antragsdokument vor der Veröffentlichung nach Satz 1 nicht bekannt gegeben werden darf. Nach dieser Vorschrift sollen die Aktionäre der Zielgesellschaft Entscheidungen im Zusammenhang mit dem Angebot nur auf der Grundlage einer von der Aufsichtsbehörde geprüften und gestatteten Unterlage treffen, sei es aufgrund unmittelbarer Kenntnisnahme, sei es aufgrund der Tatsache, dass nach Veröffentlichung des geprüften Dokuments die in diesem enthaltenen Informationen im Markt verarbeitet werden.[565] Dabei ist allerdings zwischen einer „Veröffentlichung" gemäß § 14 Abs. 3 Satz 1 WpÜG und einer „Bekanntgabe" zu trennen:[566] Das Verbot soll verhindern, dass der Inhalt der Offerte einer Vielzahl von Dritten zugänglich gemacht wird; infolgedessen kann die Übermittlung der Angebotsunterlage an den Vorstand der Zielgesellschaft bereits vor deren offiziellen Publikation nicht als Verstoß, d.h. nicht als Bekanntgabe qualifiziert werden.[567] Diese schon unter dem Übernahmekodex gängige Praxis ist dann sinnvoll, wenn dem Angebot Verhandlungen zwischen Bieter und Zielgesellschaft vorausgegangen sind und der Vorstand der AG den Anteilseignern die Annahme des Angebots empfehlen will.[568]

Der zweite Problemkreis befasst sich mit der weitergehenden Frage, ob der Vorstand bei einem solchen Sachverhalt die rechtmäßigerweise entgegengenommene Angebotsunterlage unverzüglich an die (Vertretung der) Arbeitnehmer weiterleiten muss. Die Übernahmerichtlinie weist in diesem Zusammenhang (einem Änderungsvorschlag des Europäischen Parlaments folgend)[569] darauf hin, dass die Mitgliedstaaten Regelungen anwenden oder einführen können, nach denen die Mitarbeitervertreter vom *Bieter* – unbeschadet der Marktmissbrauchs-Richtlinie[570] – bereits *vor* Abgabe eines Über-

---

564 KK-WpÜG/*Seydel*, § 14 Rn. 70; *Thiel*, in: Semler/Volhard, § 54 Rn. 12 i.V.m. 10; ähnlich Mü-Ko-AktG/*Wackerbarth*, § 14 WpÜG Rn. 34; dazu oben § 2B.II.3.b) (insb. Fn. 476).

565 KK-WpÜG/*Seydel*, § 14 Rn. 57.

566 KK-WpÜG/*Seydel*, § 14 Rn. 60; so wohl auch Ehricke/Ekkenga/*Oechsler*, § 14 Rn. 9 i.V.m. § 10 Rn. 22.

567 *Geibel*/Süßmann, § 14 Rn. 36; KK-WpÜG/*Seydel*, § 14 Rn. 60.

568 BT-Ds. 14/7034 zu § 27 Abs. 3 RegE-WpÜG, S. 52; *Geibel*/Süßmann, § 14 Rn. 36

569 Legislative Entschließung des Europäischen Parlaments zum Vorschlag (Fn. 115) vom 16.12.2003, Änderungsantrag 6, P5_TA-PROV(2003)12-16, PE 339.903, S. 47.

570 RL 2003/6/EG des Europäischen Parlaments und des Rates vom 28.1.2003 über Insider-Geschäfte und Marktmanipulation, ABlEG Nr. L 96 vom 12.4.2003, S. 16.

nahmeangebots unterrichtet und angehört werden.[571] Grundlage bildet ein vom Juristischen Dienst des Rates verfasstes Gutachten vom 3. April 2003, wonach die Verschwiegenheitspflicht dieser Personen lediglich ein praktisches und kein rechtliches Problem darstellt.[572] Insbesondere aufgrund der Norm des § 79 BetrVG, nach der die Mitglieder des Betriebsrats im Hinblick auf die erlangten Kenntnisse zur Verschwiegenheit verpflichtet sind, scheint eine Übertragung dieses Gedankens auf die Belegschaftsvertretung der Zielgesellschaft nicht ausgeschlossen.[573]

Nach derzeitiger Rechtslage widerspricht allerdings eine Kooperation des Vorstands mit dem Betriebsrat vor Veröffentlichung der Angebotsunterlage dem Grundgedanken der §§ 10 Abs. 5 Satz 2, 14 Abs. 4 Satz 2 WpÜG, wonach lediglich die vom Bieter bereits *veröffentlichten* Informationen an die Arbeitnehmerseite weiterzuleiten sind.[574] Sofern bei der Zielgesellschaft kein Betriebsrat gebildet worden ist, darf die Geschäftsführung das Antragsdokument zudem deswegen nicht sämtlichen Arbeitnehmern sofort zukommen lassen, weil hierdurch der Kreis der Informationsempfänger bereits so groß wäre, dass dies einer von § 14 Abs. 2 Satz 2 WpÜG gerade zu unterbinden versuchten „Bekanntgabe" gleichkäme.[575] Letztlich steht dieses Verständnis im Einklang mit dem Prinzip der informellen Gleichbehandlung von Aktionären und Belegschaftsmitgliedern:[576] Erstere dürfen keinesfalls vorab über den Inhalt des Angebots in Kenntnis gesetzt werden.

Vor dem Hintergrund der Systematik der Sätze 1 und 2 des § 14 Abs. 4 WpÜG besteht demnach eine Übermittlungspflicht erst nach Veröffentlichung der Angebotsunterlage gemäß § 14 Abs. 3 Satz 1 WpÜG;[577] vor diesem Zeitpunkt ist eine (auch freiwillige) Weiterleitung durch den Vorstand der Zielgesellschaft unzulässig.

---

[571] Erwägungsgrund 23, Satz 3 RL lautet: „Unbeschadet der Vorschriften der Richtlinie 2003/6/EG [...] können die Mitgliedstaaten jederzeit nationale Bestimmungen über die Unterrichtung und Anhörung der Arbeitnehmervertreter des Bieters vor Abgabe eines Übernahmeangebots anwenden oder einführen.".

In der vom Rat am 27.11.2003 angenommenen Fassung war im deutschen Text (2002/0240 (COD) – 15476/03 DRS 106 CODEC 1702 vom 28.11.2003) noch von der „Unterrichtung und Anhörung der Arbeitnehmervertreter der *Ziel*gesellschaft" die Rede (Herv. d. Verf.). In seinem Bericht vom 27.11.2003 forderte der federführende Ausschuss für Recht und Binnenmarkt lediglich, dass nur eine „Bieter*gesellschaft*" zu einer Vorabinformation nach einzelstaatlichem Recht verpflichtet werden könne (Änderungsantrag 6 zu Erwägungsgrund 20, A5-0469/2003, PE 327.239 vom 8.12.2003, S. 6, 9 f.).

[572] *Kindler/Horstmann*, DStR 2004, 866, 870 unter Verweis auf *Becker*, GmbHR 2003, R185, R188.

[573] Vgl. dazu Geibel/Süßmann/*Grobys*, § 27 Rn. 37.

[574] Geibel/Süßmann/*Grobys*, § 14 Rn. 56 (sofortige Weiterleitung sei „nicht geboten") sowie § 27 Rn. 38; *Grobys*, NZA 2002, 1, 6; a.A. wohl KK-WpÜG/*Seydel*, § 14 Rn. 60; *Geibel*/Süßmann, § 14 Rn. 36; in diese Richtung (für die Arbeitnehmervertreter der *Bieter*gesellschaft) ebenso *Becker*, GmbHR 2003, R185, R188.

[575] *Geibel*/Süßmann, § 14 Rn. 36 sowie dies./*Grobys*, § 14 Rn. 56 und § 27 Rn. 37; KK-WpÜG/*Seydel*, § 14 Rn. 60; vgl. auch *Kort*, in: FS Lutter (2000), S. 1421, 1443.

[576] Zu diesem Prinzip s. oben § 1B.I.2.g).

[577] Geibel/Süßmann/*Grobys*, § 14 Rn. 56; KK-WpÜG/*Seydel*, § 14 Rn. 70; *Simon*, in: Semler/Volhard, § 55 Rn. 14 sowie *Thiel*, aaO, § 54 Rn. 12.

c) Vergleich zur RL 2004/25/EG

Die von Art. 8 Abs. 2[578] der Übernahmerichtlinie geforderte Implementierung von Vorschriften in die nationalen Gesetze zur Bekanntmachung aller erforderlichen Informationen und Unterlagen in Bezug auf die Angebotsunterlage (Art. 6 Abs. 2 RL) in der Weise, dass sie den Arbeitnehmervertretern der Zielgesellschaft respektive den Beschäftigten selbst ohne weiteres und umgehend zur Verfügung stehen, wird schon jetzt von § 14 Abs. 3 Satz 1 WpÜG erfüllt.

4. Keine Erörterungs- oder Beratungspflicht über den Inhalt der Angebotsunterlage

Den Vorstand der Zielgesellschaft trifft weder gegenüber dem Betriebsrat noch gegenüber den Arbeitnehmern – ebenso wenig wie im Rahmen der Unterrichtung i.S.v. § 10 Abs. 5 Satz 2 WpÜG[579] – eine Pflicht zur Diskussion über den Inhalt der Angebotsunterlage.[580]

Auch aus der allgemeinen Fürsorgepflicht (§ 611 i.V.m. § 242 BGB) ergibt sich nichts anderes. Der Zielgesellschaft als Arbeitgeber ist die entsprechende Pflicht aufgrund einer Abwägung zwischen deren besonderem Interesse an einer Nichtberatung – insbesondere in einer (feindlichen) Übernahmeauseinandersetzung – und den Belangen der Arbeitnehmer nicht zumutbar.[581] Denn letzteren steht gemäß § 27 Abs. 2 WpÜG das Recht zu, eine separate Meinungsäußerung zu dem Angebot zu verfassen und zu publizieren.[582] Dies sichert in ausreichendem Maße das Interesse der Belegschaft an einer inhaltlichen Auseinandersetzung mit dem Angebot.

5. Verhältnis von § 14 Abs. 4 Satz 2 WpÜG zu anderweitigen arbeitsrechtlichen Informationspflichten

Bei der Frage der Information im Hinblick auf die Angebotsunterlage gegenüber anderen Gremien der Unternehmensverfassung oder des Betriebsverfassungsrechts nach allgemeinen arbeitsrechtlichen Grundsätzen (Sprecher- und Wirtschaftsausschuss, Europäischer Betriebsrat und Aufsichtsrat) einerseits, sowie bei der Frage nach dem Verhältnis des § 14 Abs. 4 Satz 2 WpÜG zu den betriebsverfassungsrechtlichen Unterrichtungspflichten gegenüber dem Betriebsrat (§§ 80 Abs. 2, 111 Satz 1 BetrVG) und den Arbeitnehmern (§ 110 BetrVG) andererseits, kann prinzipiell auf die obigen Ausführungen verwiesen werden.[583]

---

578 Zum Wortlaut des Art. 8 Abs. 2 RL s. oben Fn. 490.

579 Vorstehend § 2B.II.4. a) und b).

580 Geibel/Süßmann/*Grobys*, § 14 Rn. 58 sowie § 10 Rn. 100; KK-WpÜG/*Seydel*, § 14 Rn. 71; *Thiel*, in: Semler/Volhard, § 54 Rn. 11; für ein Beratungsrecht zugunsten der „Arbeitnehmervertretungen" hingegen *Niessen*, in: Kreuzer, S. 35, 51; ULA-Nachrichten Nr. 9/10 vom Oktober 2001, S. 2 (Die Entscheidung steht bevor).

581 I.E. ebenso Geibel/Süßmann/*Grobys*, § 10 Rn. 100; dazu insb. auch oben § 2B.II.4.a).

582 Zu § 27 Abs. 2 WpÜG später unter § 2B.IV.2.

583 KK-WpÜG/*Seydel*, § 14 Rn. 70 f.; ausführlich dazu oben § 2B.II.2.a)bb)(3)(a) bis (d), § 2B.II.6.a) und b). In § 34 Abs. 2 Satz 4 Nr. 2 und 3 des Gesetzentwurfs der SPD-Fraktion aus dem Jahre 1997 (dazu oben Fn. 166) war hingegen noch vorgesehen, dass der Vorstand der Ziel-

a) Unterrichtung und Beratung des Betriebsrats gemäß § 111 Satz 1 BetrVG

Im Zusammenhang mit der Ankündigung des Bieters i.S. des § 10 Abs. 1 Satz 1 WpÜG liegt (wie beschrieben[584]) keine Betriebsänderung i.S.v. § 111 BetrVG vor. Der Vorstand der Zielgesellschaft ist deshalb auf der Basis dieser Bestimmung nicht verpflichtet, einen zuständigen Betriebsrat hierüber zu informieren. Zu erörtern bleibt, ob den Unternehmer, d.h. die AG, mit Blick auf das öffentliche Angebot selbst gegenüber der Arbeitnehmervertretung eine Informationspflicht gemäß § 111 Satz 1 BetrVG trifft. Nach dieser Norm ist der Betriebsrat zu unterrichten, sobald aufgrund von Vorüberlegungen der Plan zu einer Betriebsänderung dem Grundsatz nach so weit gereift ist, dass der Unternehmer zur Durchführung der Maßnahme entschlossen ist.[585] Zweifelsohne stellt die (Übernahme-)Offerte wegen der abschließenden Aufzählung in § 111 Satz 3 BetrVG selbst keine Betriebsänderung dar.[586] Allerdings könnten die in dem Angebotsdokument enthaltenen Angaben nach § 11 Abs. 2 WpÜG als hinlänglich konkrete Pläne i.S.v. § 111 BetrVG qualifiziert werden.

Nach der insofern maßgeblichen Trennungstheorie[587] können jedenfalls entsprechende Angaben zur künftigen Betriebsstruktur die bei einer Betriebsänderung eingreifenden Mitbestimmungsrechte des Betriebsrats nach den §§ 111 ff. BetrVG nicht beeinträchtigen oder diese gar verbrauchen.[588] Zudem sollte laut Gesetzesbegründung durch die Einführung des § 14 Abs. 4 WpÜG nicht in bestehende Arbeitnehmerrechte eingegriffen werden,[589] so dass an dieser Stelle ein Rückgriff auf Informationspflichten aus dem BetrVG nicht mit der Begründung verneint werden kann, dass bereits das Übernahmerecht zur Übermittlung des Antragsdokuments verpflichtet. Gegen die Annahme einer Unterrichtungspflicht spricht ebenfalls nicht eine etwaige Verletzung von Geschäfts- und Betriebsgeheimnissen. Nach einer Ansicht besteht die Verpflichtung zur Information im Rahmen des § 111 Satz 1 BetrVG ohne Vorbehalt, weil diese Bestimmung im Gegensatz zu § 106 BetrVG keinen Geheimhaltungsvorbehalt enthalte.[590] Aber auch nach der Gegenauffassung[591] ergibt sich nichts anderes, da die Informationen der Angebotsunterlage infolge ihrer Veröffentlichung gemäß § 14 Abs. 3 Satz 1 WpÜG einem beliebig großen Personenkreis bekannt und damit nicht mehr als schutzbedürftige Gesellschaftsgeheimnisse einzustufen sind.[592]

---

gesellschaft die Angebotsunterlage auch den Arbeitnehmervertretern im Aufsichtsrat sowie den eigenen Mitgliedern des Betriebsrates und des Wirtschaftsausschusses zur Kenntnis bringen musste.

584 S. oben § 2B.II.6.a)bb).

585 So bereits vorstehend § 2B.II.6.a)bb) (Fn. 531).

586 *Aubel*, S. 35.

587 Dazu oben § 2B.I.3.a).

588 Zur entsprechenden Lage im UmwG vgl. *Willemsen*, in: Willemsen (u.a.), Kap. C Rn. 374.

589 BT-Ds. 14/7034 zu § 14 Abs. 4 RegE-WpÜG, S. 45.

590 DKK/*Däubler*, § 111 BetrVG Rn. 134; ErfK/*Kania*, § 111 BetrVG Rn. 21; *Fitting*, § 111 BetrVG Rn. 111; GK-BetrVG/*Fabricius/Oetker*, § 111 Rn. 143; *Hess*, in: HSWG, § 111 BetrVG Rn. 26.

591 *Galperin/Löwisch*, § 111 BetrVG Rn. 41; Richardi/*Annuß*, § 111 BetrVG Rn. 145.

592 Geibel/Süßmann/*Grobys*, § 10 Rn. 86 i.V.m. 103; *Lammers*, S. 128.

Dennoch muss eine Pflicht zur Unterrichtung des Betriebsrats nach § 111 Satz 1 BetrVG verneint werden.[593] Wenn, wie hier, die Ergreifung von betriebsändernden Maßnahmen i.S. des § 111 Satz 3 BetrVG unter der „Bedingung" eines tatsächlichen Beteiligungserwerbs steht, kann nicht von der erforderlichen 'gewissen Reife' ausgegangen werden; eine (geplante) Betriebsänderung liegt zu diesem Zeitpunkt in keinem Fall vor.[594] Abgesehen davon sind die §§ 111-113 BetrVG von der Grundidee getragen, dass eine Betriebsänderung erst nach ausführlichen Beratungen mit dem Betriebsrat möglichst in beiderseitiger Übereinstimmung vollzogen wird.[595] Nach Veröffentlichung eines (Übernahme-)Angebots kann die Geschäftsführung jedoch nur über die Pläne eines *Dritten* – soweit diese bekannt sind – berichten; Beratungen (vgl. § 111 Satz 1 a.E. BetrVG) mit dem Betriebsrat über derartige Planungen gehören indes nicht zu seinen betriebsverfassungsgesetzlichen Pflichten. Im Kern geht es bei einer öffentlichen Kauf-/Tauschofferte um den Wechsel im Anteilseignerkreis der Zielgesellschaft, der keine Auswirkungen auf die einzelnen betrieblichen Einheiten der AG hat.[596] Der rein gesellschaftsrechtliche Vorgang eines auf der Unternehmensebene durchgeführten Wertpapiererwerbs löst als solcher kein Beteiligungsrecht des Betriebsrats aus. In Bezug auf die Rechte nach §§ 111 ff. BetrVG kann insofern der Ausgang des Angebotsverfahrens abgewartet und das im Falle einer Unternehmensübernahme vom Bieter eingesetzte neue[597] Management mit dem für Betriebsänderungen vorgesehenen Verfahren beauftragt werden.

b) Unterrichtung des Wirtschaftsausschusses gemäß § 106 Abs. 2 BetrVG

Dagegen ist eine Pflicht des Vorstands der Zielgesellschaft zur Information des Wirtschaftsausschusses über den Inhalt der nach § 14 Abs. 4 Satz 1 WpÜG empfangenen Angebotsunterlage gemäß § 106 Abs. 2, Abs. 3 Nr. 10 BetrVG zu bejahen: Wenn eine Unterrichtungspflicht bereits hinsichtlich der Vorankündigung des Bieters besteht,[598] muss dieselbe Verpflichtung erst recht im Zusammenhang mit dem eigentlichen Angebot angenommen werden.[599]

---

593 I.E. ebenso *Aubel*, S. 35 f.; Geibel/Süßmann/*Grobys*, § 10 Rn. 86 i.V.m. 102; ähnlich *Zeppenfeld*, in: FAZ, 3.3.2001, S. 23; anders *Lammers*, S. 128 f., die eine Informationspflicht des Vorstands der Zielgesellschaft ggü. dem Betriebsrat im Hinblick auf den Inhalt der Angebotsunterlage gemäß § 111 BetrVG (allein) damit rechtfertigt, dass der *Bieter* – unter Zugrundelegung der Rechtslage vor In-Kraft-Treten des WpÜG – nur die Aktionäre und nicht die Arbeitnehmer des Zielunternehmens zu unterrichten habe.

594 A.A. *Lammers*, S. 128 („Nach Veröffentlichung eines Übernahmeangebots [erstarken die unverbindlichen Erklärungen des Bieters] zu hinlänglich konkreten Plänen i.S.v. §§ 106 Abs. 2, 111 BetrVG.").

595 Vgl. *Fitting*, § 111 BetrVG Rn. 114 f.; *Lammers*, S. 128 f.

596 Vgl. oben § 2B.I.3.b); s. ferner *Hess*, in: HSWG, § 111 BetrVG Rn. 68 (zu einer auf Unternehmensebene durchgeführten Fusion); *Willemsen*, in: Willemsen (u.a.), Kap. B Rn. 6.

597 Dazu näher unten § 3A.IV.2.a).

598 S. oben § 2B.II.2.a)bb)(3)(a) (aa) bis (cc).

599 I.E. ebenso *Aubel*, S. 34, 174; Geibel/Süßmann/*Grobys*, § 10 Rn. 86 i.V.m. 103; *Lammers*, S. 127 ff.; *Peltzer*, in: Assmann (u.a.), S. 179, 215; *Zeppenfeld*, in: FAZ, 3.3.2001, S. 23; weiter KK-WpÜG/*Seydel*, § 14 Rn. 70 sowie MüKo-AktG/*Wackerbarth*, § 14 WpÜG Rn. 34 i.V.m.

In diesem Zusammenhang ist indes fraglich, ob darüber hinaus eine Pflicht zur Vorlage der Angebotsunterlage anzuerkennen ist. Nach einer Ansicht soll eine solche Verpflichtung lediglich dann zu bejahen sein, wenn die vom Bieter mit dem Angebot verfolgten Ziele mögliche Auswirkungen auf wesentliche Interessen der Arbeitnehmer des Zielunternehmens haben können; nur in einem solchen Fall handele es sich um eine „erforderliche Unterlage" i.S. des § 106 Abs. 2 BetrVG.[600] Gegen diese Auffassung könnte eingewendet werden, dass sie für denselben Gegenstand – die Übermittlung der Angebotsunterlage nach § 14 Abs. 4 Satz 1 WpÜG – zu unterschiedlichen Kompetenzen des Wirtschaftsausschusses im Hinblick auf die Unterrichtung einerseits und die Vorlage der Dokumente andererseits gelangt. Dem Wortlaut des § 106 Abs. 2 BetrVG zufolge scheint jedoch beides untrennbar miteinander verbunden zu sein. Folglich müsste der Wirtschaftsausschuss über den Inhalt der Offerte rechtzeitig und umfassend unterrichtet werden, wobei *stets* (soweit nicht Betriebs- oder Geschäftsgeheimnisse gefährdet werden) die erforderlichen, bereits vorhandenen Unterlagen vorzulegen wären.[601] Letztlich können diese Bedenken nicht überzeugen. Der Wirtschaftsausschuss ist zwar über die Konsequenzen eines möglichen Eigentümerwechsels zu unterrichten, hat aber keinen Anspruch auf Vorlage der Angebotsunterlage, da es sich hierbei nicht um eine Angelegenheit des Unternehmens, sondern der Aktionäre handelt.[602]

c) Unterrichtung des Europäischen Betriebsrats aufgrund des EBRG

Da der Europäische Betriebsrat mit einem Wirtschaftsausschuss vergleichbar ist,[603] kann auf das soeben Gesagte verwiesen werden. Dies gilt insbesondere für die Frage, inwieweit die Angebotsunterlage zu den „erforderlichen Unterlagen" i.S.v. § 33 Abs. 1 EBRG zählt.[604]

6. Sonderfall: Pflicht zur Übermittlung bei einer Angebotsänderung nach § 21 WpÜG

§ 21 WpÜG gestattet dem Bieter, sein Erwerbsangebot nachträglich einseitig zu ändern, sofern die Umgestaltung für die andere Vertragspartei – d.h. für den die ursprüngliche Offerte annehmenden Wertpapierinhaber – rechtlich oder wirtschaftlich vorteilhaft ist.[605] Dazu hat der Bieter zunächst diese Angebotsänderung unverzüglich in

§ 10 WpÜG Rn. 78, nach denen arbeitsrechtliche Unterrichtungspflichten schon *vor* Erfüllung der *Bieter*pflicht i.S.v. § 14 Abs. 4 Satz 1 WpÜG bestehen sollen; vgl. auch *Boecken*, Rn. 350 (zum UmwG); *Engels*, DB 1991, 966 (zum SpTrUG); *Hopt*, in: FS Lutter (2000), S. 1361, 1397 f.

600 Geibel/Süßmann/*Grobys*, § 10 Rn. 86 i.V.m. 103; vgl. auch *Schweibert*, in: Willemsen (u.a.), Kap. C Rn. 409.

601 *Joost*, in: FS Kissel (1994), S. 433, 441, 445 ff.; so i.E. auch *Aubel*, S. 34 (Vorlage stets erforderlich).

602 A.A. MüKo-AktG/*Wackerbarth*, § 14 WpÜG Rn. 34 i.V.m. § 10 WpÜG Rn. 78; vgl. BAG vom 22.1.1991, AP Nr. 9 zu § 106 BetrVG; *Schweibert*, in: Willemsen (u.a.), Kap. C Rn. 409.

603 Dazu oben § 2B.II.2.a)bb)(3)(c).

604 Geibel/Süßmann/*Grobys*, § 10 Rn. 86 i.V.m. 106.

605 Ehricke/Ekkenga/*Oechsler*, § 21 Rn. 1; *Steinmeyer/Häger*, § 21 Rn. 1.

den Formen des § 14 Abs. 3 Satz 1 WpÜG zu veröffentlichen, § 21 Abs. 2 Satz 1 WpÜG. Des Weiteren ist die Änderung der Angebotsunterlage gemäß § 21 Abs. 2 Satz 2 i.V.m. § 14 Abs. 4 Satz 1 WpÜG dem Vorstand der Zielgesellschaft zu übermitteln. Dieser hat, wie nach der Veröffentlichung der Angebotsunterlage, die Informationen wiederum an den Aufsichtsrat (§ 90 Abs. 1 Satz 3 AktG) und die Arbeitnehmer/-vertreter der Zielgesellschaft (§§ 21 Abs. 2 Satz 2, 14 Abs. 4 Satz 2 WpÜG) weiterzuleiten.[606]

Vom Wortlaut her hat damit die Übermittlungspflicht gegenüber der Belegschaft im Verhältnis zur Rechtslage im Umwandlungsrecht eine wesentliche Erweiterung erfahren. Wird der Umwandlungsvertrag oder -entwurf nach der Zuleitung an den Betriebsrat geändert, löst dies (nach umstrittener Meinung) im Regelfall keine erneute Zuleitungspflicht aus.[607] Denn eine Änderung in den von §§ 5 Abs. 1 Nr. 1-8, 126 Abs. 1 Nr. 1-10, 194 Abs. 1 Nr. 1-6 UmwG aufgeführten Bereichen tangiert nicht den Zweck der Zuleitung, eine „möglichst sozialverträgliche Durchführung"[608] zu erleichtern: Der Betriebsrat muss von den nach §§ 5 Abs. 1 Nr. 9, 126 Abs. 1 Nr. 11, 194 Abs. 1 Nr. 7 UmwG offenzulegenden arbeitsrechtlichen Folgen so rechtzeitig erfahren, dass er sich ein Urteil bilden kann, bevor der Umwandlungsvorgang abgeschlossen ist. Nur wenn sich im Nachhinein (wesentliche) Folgen der Umwandlung für die Arbeitnehmer und ihre Vertretungen sowie die insoweit vorgesehenen Maßnahmen ergeben, ist der Vertrag oder der Entwurf ausnahmsweise erneut zuzuleiten.[609]

Demgegenüber besteht im Übernahmerecht offenbar eine Pflicht zur Übermittlung des Antragsdokuments gemäß §§ 21 Abs. 2 Satz 2, 14 Abs. 4 Satz 2 WpÜG ohne jede Ausnahme dann, wenn der Bieter – spätestens einen Werktag vor Ablauf der Annahmefrist – die Gegenleistung erhöht, wahlweise eine andere Gegenleistung anbietet, den Mindestanteil oder die Mindestzahl der Wertpapiere oder den Mindestanteil der Stimmrechte, von dessen Erwerb der Bieter die Wirksamkeit seines Angebots abhängig gemacht hat, verringert oder auf Bedingungen verzichtet (vgl. § 21 Abs. 1 Satz 1 Nr. 1-4 WpÜG). Änderungen des Angebots sind nach § 21 Abs. 1 Satz 1 WpÜG jedoch nur als *Verbesserung* möglich und können daher in aller Regel keinen Grund für neue Erkenntnisse in Bezug auf die von § 14 Abs. 4 Satz 2 WpÜG verfolgten Zwecke – Wahrnehmung gesetzlich bereitgestellter Arbeitnehmerrechte/Vorbereitung der Stellungnahme – bilden. Allein im Einzelfall ist unter besonderen Voraussetzungen eine erneute Übermittlung entsprechend § 14 Abs. 4 Satz 2 WpÜG zu rechtfertigen. Dies betrifft etwa die Situation, in welcher der Bieter nachträglich auf die Bedingung verzichtet (vgl. § 21 Abs. 1 Satz 1 Nr. 4 WpÜG), dass sich die Zielgesellschaft – ggf. auf Druck der das Angebot positiv beurteilenden Aktionäre – von unrentablen Betriebstei-

---

606 BT-Ds. 14/7034 zu § 21 Abs. 2 RegE-WpÜG, S. 49; *Assmann*, AG 2002, 114, 123; Ehricke/Ekkenga/*Oechsler*, § 21 Rn. 15; Geibel/Süßmann/*Thun*, § 21 Rn. 36; *Steinmeyer/Häger*, § 21 Rn. 21.

607 OLG Naumburg vom 6.2.1997, DB 1997, 466, 467; Kallmeyer/*Willemsen*, § 5 UmwG Rn. 77; *Müller*, DB 1997, 713, 714; *Willemsen*, RdA 1998, 23, 33; für uneingeschränkte Neuvorlagepflicht dagegen *Melchior*, GmbHR 1996, 833, 836; *Priester*, in: Lutter, S. 99, 116.

608 S. oben § 2B.I.3. (Fn. 257).

609 *Müller*, DB 1997, 713 f.; Schmitt/Hörtnagel/*Stratz*, § 5 UmwG Rn. 53, 58.

len trennt oder personalpolitische Maßnahmen ergreift. Verzichtet der Bieter auf die Durchführung solcher die Mitarbeiterschaft berührenden Vorhaben, wäre es wenig zielführend und würde in unangemessener Weise Ressourcen binden, wenn diese sich über eventuelle Folgen und Maßnahmen sowie über den Inhalt etwaiger Stellungnahmen beratschlagt, welche sich aufgrund einer Angebotsänderung als überholt erweisen.

Folglich ist im Wege teleologischer Reduktion eine Zuleitung von Änderungen der Angebotsunterlage nur dann notwendig, wenn es sich um auf die Arbeitnehmer auswirkende Änderungen handelt.

IV. Stellungnahmepflichten und -rechte auf Seiten der Zielgesellschaft gemäß § 27 WpÜG

Die im Rahmen eines Angebotsverfahrens publizierten Stellungnahmen dienen primär der Schaffung einer Entscheidungsgrundlage zugunsten der Anleger, damit diese über die Annahme oder Nichtannahme der Offerte kompetent entscheiden können.[610] § 27 Abs. 1 (i.V.m. § 34) WpÜG verpflichtet insofern den Vorstand und den Aufsichtsrat der Zielgesellschaft zur Abgabe einer begründeten Stellungnahme zu dem freiwilligen Angebot. Damit ist der Gesetzgeber den während des parlamentarischen Verfahrens aufkommenden Forderungen[611] nicht gefolgt, bei einfachen Erwerbsangeboten auf die Meinungsäußerungspflicht zu verzichten.[612] Neben der Pflicht des Abs. 1 steht in Abs. 2 das Recht der Arbeitnehmer oder ihrer Vertreter, eine eigene Beurteilung abzugeben. Abs. 3 regelt schließlich das Verfahren für die Veröffentlichung der Stellungnahme(n). Über § 39 WpÜG finden diese Bestimmungen ebenfalls auf Pflichtangebote Anwendung.[613]

1. Im Zusammenhang mit der Stellungnahme stehende Pflichten der Gesellschaftsorgane

a) Pflicht zur Stellungnahme (Abs. 1) und Veröffentlichung (Abs. 3 Satz 1)

Die von § 27 Abs. 1 WpÜG statuierte Pflicht der Organe der Zielgesellschaft zur Abgabe einer Meinungsäußerung während des laufenden Angebotsverfahrens ist – zumindest bei unverändertem Angebot[614] – mit einer einmaligen Stellungnahme erfüllt. Sachlich ist dabei die Zielgesellschaft Adressat der Verpflichtung, wie dies Art. 18 Übernahmekodex auch noch ausdrücklich vorgesehen hatte. Vorstand und Aufsichtsrat geben die Stellungnahme daher in deren Namen und Interesse sowie auf deren Kosten ab.[615]

---

610 BT-Ds. 14/7034 zu § 27 Abs. 1 RegE-WpÜG, S. 52; Ehricke/*Ekkenga*/Oechsler, § 27 Rn. 2; KK-WpÜG/*Hirte*, § 27 Rn. 2.

611 *Handelsrechtsausschuss des DAV*, NZG 2001, 420, 426 (zu § 27 RefE-WÜG) sowie *ders.*, NZG 2001, 1003, 1005 (zu § 27 RegE-WpÜG).

612 KK-WpÜG/*Hirte*, § 27 Rn. 4; kritisch *Röh*, in: Haarmann (u.a.), § 27 Rn. 14.

613 Vgl. dazu *Assmann*, AG 2002, 114, 121; Ehricke/*Ekkenga*/Oechsler, § 27 Rn. 10.

614 S. dazu unten § 2B.IV.1.a)bb)(2)(e).

615 KK-WpÜG/*Hirte*, § 27 Rn. 18; s. auch Ehricke/*Ekkenga*/Oechsler, § 27 Rn. 1.

Die Stellungnahme ist unverzüglich nach Veröffentlichung der Angebotsunterlage zu publizieren, § 27 Abs. 3 Satz 1 WpÜG.[616] In Anlehnung an die früher in Art. 18 Übernahmekodex festgelegte Zeitspanne ist die Meinungsäußerung dann noch als „unverzüglich" (vgl. § 121 Abs. 1 Satz 1 BGB) veröffentlicht zu betrachten, wenn eine Frist von regelmäßig höchstens zwei Wochen eingehalten ist.[617] Die Form der Publikation ist identisch mit der Veröffentlichung der Angebotsunterlage durch den Bieter (vgl. § 14 Abs. 3 Satz 1 WpÜG). Nicht im Gesetz verankert wurde indessen der von Seiten des DGB eingebrachte Vorschlag, den Bieter zu Gesprächen respektive Verhandlungen mit dem Vorstand der Zielgesellschaft zu verpflichten, sofern letzterer dies vor Abgabe seiner Stellungnahme verlangt.[618]

In der Praxis erlangt diese Stellungnahme(-pflicht) nicht nur im Rahmen freundlicher Offerten Bedeutung, bei denen insbesondere die Gefahr nahe liegt, dass kritikwürdige Aspekte vom Management ausgespart blieben, damit die eigenen Anteilseigner nicht von einer Angebotsannahme abgeschreckt werden.[619] Bei unerwünschten Angeboten stellt sich das entgegengesetzte Problem, dass die Stellungnahme (i.S. einer -möglichkeit) zur Verfolgung managementeigener Interessen zweckentfremdet eingesetzt werden kann.

aa) Allgemeines

(1) Normzweck und praktische Bedeutung

Die kapitalmarktrechtliche Pflicht des § 27 WpÜG stellt eine Ausprägung des Transparenzgrundsatzes i.S.v. § 3 Abs. 2 WpÜG dar, nach dem alle Aktionäre der Zielgesellschaft über ausreichende Informationen verfügen müssen, um in Kenntnis der Sachlage über das Angebot sachlich fundiert entscheiden zu können.[620] Zu diesen Informationen zählt insbesondere auch die Stellungnahme durch den Vorstand und Aufsichtsrat der Zielgesellschaft.[621] Auch wenn im Einzelfall eine Stellungnahme denkbar ist, die sich einer konkreten Handlungsempfehlung an die Anleger enthält, kann sie

---

616 S. hierzu auch unten § 2B.IV.2.c)cc)(2) (insb. Fn. 882).

617 Ehricke/*Ekkenga*/Oechsler, § 27 Rn. 38; *Hopt*, ZHR 166 (2002), 383, 421; KK-WpÜG/*Hirte*, § 27 Rn. 67; *Krause*, NJW 2002, 705, 711 (dort Fn. 68); *Röh*, in: Haarmann (u.a.), § 27 Rn. 44; etwas weiter HWK/*Seibt*, WpÜG Rn. 22; MüKo-AktG/*Wackerbarth*, § 27 WpÜG Rn. 38 sowie *Seibt*, DB 2002, 529, 534 („mindestens 2 Wochen").

618 Stellungnahme des DGB vom 11.10.2000 zu § 30 DiskE-ÜG, S. 4.

619 Ehricke/*Ekkenga*/Oechsler, § 27 Rn. 2; KK-WpÜG/*Hirte*, § 27 Rn. 16; MüKo-AktG/*Wackerbarth*, § 27 WpÜG Rn. 6.

620 BT-Ds. 14/7034 zu § 3 Abs. 2 RegE-WpÜG, S. 35; Geibel/Süßmann/*Schwennicke*, § 3 Rn. 20 sowie § 27 Rn. 1; KK-WpÜG/*Hirte*, § 27 Rn. 2; zum Transparenzgrundsatz näher Ehricke/Ekkenga/*Oechsler*, § 3 Rn. 19 f.

621 BT-Ds. 14/7034 zu § 27 Abs. 1 RegE-WpÜG, S. 52; Geibel/Süßmann/*Schwennicke*, § 27 Rn. 1 (wobei nach Rn. 2 § 27 lex specialis ggü. § 3 sei); KK-WpÜG/*Hirte*, § 27 Rn. 2 (nach dem § 27 lediglich § 3 Abs. 2 ergänze); *Thoma*, NZG 2002, 105, 109 f.

grundsätzlich sowohl zustimmenden als auch ablehnenden Charakter haben.[622] Demnach gestattet § 27 (i.V.m. § 34, § 39) WpÜG – und gebietet[623] – der Verwaltung, mit der Stellungnahme ein Gegengewicht zur Angebotsunterlage zu schaffen und einer einseitigen Informationspolitik des Bieters entgegenzuwirken, verpflichtet also keineswegs zum neutralen Verhalten. Mithin ist die praktische Relevanz des § 27 WpÜG beträchtlich. Denn die Organe sind berechtigt, in der Stellungnahme unter umfassender Darlegung ihrer Bedenken für die Ablehnung des Angebots zu werben. Infolgedessen ist sie vor allem bei feindlichen Übernahmeofferten als wichtiges Abwehrmittel der Zielgesellschaft zu qualifizieren, weswegen sie auch als „defence document" tituliert wird.[624]

Die Meinungsäußerung ist nicht nur Entscheidungsgrundlage zugunsten der Adressaten des Antrags, sondern die Verwaltung der Zielgesellschaft kommt mit ihr zugleich ihrer gesellschaftsrechtlichen Verpflichtung zur sachgerechten Wahrnehmung der in der AG zusammentreffenden Interessen nach.[625] So dient/dienen die Stellungnahme(n) von Vorstand und Aufsichtsrat auch der Information der Belegschaft unter Berücksichtung ihrer Interessen im Angebotsverfahren.[626] Die Vorschrift hat also eine gesellschafts- und kapitalmarktrechtliche Doppelnatur.[627]

(2) Vorläuferregelungen

Schon früher wurde aus allgemeinem Aktienrecht eine Pflicht des Vorstands der Zielgesellschaft abgeleitet, zu einem Übernahmeangebot eine Stellungnahme abzugeben.[628]

---

622 BT-Ds. 14/7034 zu § 27 Abs. 1 RegE-WpÜG, S. 52; Ehricke/*Ekkenga*/Oechsler, § 27 Rn. 12; *Harbarth*, ZIP 2004, 3, 10; KK-WpÜG/*Hirte*, § 27 Rn. 16; *Land*, DB 2001, 1707, 1712; MüKo-AktG/*Wackerbarth*, § 27 WpÜG Rn. 2 und 10; zweifelnd AnwK-AktienR/*Haouache*, Kap. 15 Rn. 3.

623 KK-WpÜG/*Hirte*, § 27 Rn. 1; i.E. ebenso Geibel/Süßmann/*Schwennicke*, § 27 Rn. 2 (§ 27 ist lex specialis zu § 33).

624 *Ekkenga/Hofschroer*, DStR 2002, 724, 731; Geibel/Süßmann/*Schwennicke*, § 27 Rn. 6; *Handelsrechtsausschuss des DAV*, NZG 2001, 420, 426, 429 (zu § 27 Abs. 1 bzw. § 33 RefE-WÜG); *Hopt*, ZHR 166 (2002), 383, 418; *Kirchner*, BB 2000, 105, 109; KK-WpÜG/*Hirte*, § 27 Rn. 13; *Krause*, NJW 2002, 705, 711; *Land/Hasselbach*, DB 2000, 1747, 1749; MüKo-AktG/*Wackerbarth*, § 27 WpÜG Rn. 6; *Seibt*, in: Henze/Hoffmann-Becking, S. 337, 359; *Zschocke*, DB 2002, 79, 84.

625 BT-Ds. 14/7034 zu § 27 Abs. 1 RegE-WpÜG, S. 52; Geibel/Süßmann/*Schwennicke*, § 27 Rn. 1; MüKo-AktG/*Wackerbarth*, § 27 WpÜG Rn. 3; *Pötzsch/Möller*, WM 2000 Sonderbeil. Nr. 2, 3, 24 (zu § 30 DiskE-ÜG); *Witte*, BB 2000, 2161, 2163; s. hierzu ebenfalls unten § 2B.IV.1.a)cc)(3)(a) (insb. Fn. 722).

626 BT-Ds. 14/3895, S. 15; a.A. *Hopt*, ZHR 166 (2002), 383, 421, nach dem die Adressaten der Stellungnahme ausschließlich die Aktionäre am Kapitalmarkt sind.

627 Ehricke/*Ekkenga*/Oechsler, § 27 Rn. 5; *Röh*, in: Haarmann (u.a.), § 27 Rn. 12.

628 *Assmann/Bozenhardt*, in: Assmann (u.a.), S. 1, 104; *Dimke/Heiser*, NZG 2001, 241, 249; *Ebenroth/Daum*, DB 1991, 1157, 1159; *Hopt*, ZHR 161 (1997), 368, 411; *ders.* ZGR 1993, 534, 556; *Hirte/Schander*, in: Rosen/Seifert, S. 341, 346, 348; *Knoll*, S. 167; *Kort*, FS Lutter (2000), S. 1421, 1425, 1438 f.; *Krause*, AG 2000, 217, 220; *Lammers*, S. 124; *Mülbert*, IStR 1999, 83, 88.

Sie sollte aus dessen Pflicht folgen, die Interessen der Gesellschaft und der Aktionäre zu wahren. Diese Verpflichtung wurde mit Art. 18 in den Übernahmekodex aufgenommen. Der Vorstand hatte danach unverzüglich, spätestens aber zwei Wochen nach Veröffentlichung des Übernahmeangebots, Stellung zu beziehen.[629]

(3) Pflicht zur Stellungnahme nach anderweitigen Bestimmungen

(a) Art. 9 Abs. 5 Satz 1 der RL 2004/25/EG

Auch nach europarechtlichen Vorgaben muss die bedrängte Zielgesellschaft ihren Standpunkt zu dem Angebot erklären, wozu Argumente für und gegen das Angebot anzuführen sind. Dabei soll diese Äußerung für die Aktionäre bestimmt sein, die über das Angebot zu entscheiden haben.[630] Infolgedessen sieht Art. 9 Abs. 5 Satz 1[631] RL i.V.m. Erwägungsgrund 17[632] die Pflicht zur Erstellung und Veröffentlichung einer Stellungnahme des Leitungs- bzw. Verwaltungsorgans der Zielgesellschaft vor.

(b) Deutscher Corporate Governance Kodex (Nr. 3.7 Absatz 1)

Auch Nr. 3.7 Absatz 1 des am 26. Februar 2002 veröffentlichten Deutschen Corporate Governance[633] Kodex (DCGK), mit dem ein (unverbindlicher) Ordnungsrahmen für die Leitung und Überwachung eines Unternehmens etabliert worden ist, verpflichtet Vorstand und Aufsichtsrat der Zielgesellschaft, im Anschluss an ein an ihre Aktionäre gerichtetes Übernahmeangebot eine begründete Stellungnahme abzugeben, damit die Aktionäre in Kenntnis der Sachlage über das Angebot entscheiden können.[634] Das bleibt – da nur *Übernahme*angebote erfasst sind – hinter der in § 27 WpÜG niederge-

---

[629] Geibel/Süßmann/*Schwennicke*, § 27 Rn. 1; KK-WpÜG/*Hirte*, § 27 Rn. 6; *Schander*, NZG 1998, 799, 802; *Thoma*, ZIP 1996, 1725, 1730.

[630] Vgl. Erläuterungen zu Art. 9 des Vorschlags, ABlEG (Fn. 115), S. 6.

[631] Art. 9 Abs. 5 Satz 1 RL lautet: „Das Leitungs- bzw. Verwaltungsorgan der Zielgesellschaft erstellt und veröffentlicht zu dem Angebot eine mit Gründen versehene Stellungnahme, die unter anderem auf die Auswirkungen des Angebots auf die Interessen der Gesellschaft, insbesondere der Beschäftigung, und auf die strategische Planung des Bieters für die Zielgesellschaft sowie die voraussichtlichen Auswirkungen auf Arbeitsplätze und Standorte, wie in der Angebotsunterlage nach Artikel 6 Absatz 3 Buchstabe l) dargelegt, eingeht.“.

[632] Erwägungsgrund 17 RL lautet: „Das Leitungs- bzw. Verwaltungsorgan einer Zielgesellschaft sollte verpflichtet sein, zu dem Angebot eine schriftliche, mit Gründen versehene Stellungnahme zu veröffentlichen, in der unter anderem auf die Auswirkungen auf sämtliche Interessen der Gesellschaft, insbesondere auf die Beschäftigung, eingegangen wird.“.

[633] Der Begriff der Unternehmensverfassung kommt dem Ausdruck Corporate Governance wohl am nächsten, s. Ringleb/Kremer/Lutter/*Werder*, Vorbem. Rn. 1.

[634] *Ringleb*/Kremer/Lutter/Werder, Vorbem. Rn. 30 sowie 3.7 Rn. 316 (Nr. 3.7 Abs. 1 DCGK lautet: „Bei einem Übernahmeangebot müssen Vorstand und Aufsichtsrat der Zielgesellschaft eine begründete Stellungnahme zu dem Angebot abgeben, damit die Aktionäre in Kenntnis der Sachlage über das Angebot entscheiden können.“).

legten gesetzlichen Verpflichtung zurück, die sich auch auf einfache Erwerbsangebote erstreckt.[635]

bb) Pflicht des Aufsichtsrats zur Erstellung und Veröffentlichung einer Stellungnahme, § 27 Abs. 1 Satz 1 WpÜG

Mit der Einbeziehung des Aufsichtsorgans in die Pflicht zur Erstellung und Veröffentlichung einer Stellungnahme wird die schon nach Aktienrecht geltende Pflichtenlage der Verwaltung ausgedehnt. Aus dem AktG ergibt sich weder eine eigenständige Stellungnahmepflicht des Aufsichtsrats, noch eine Pflicht des Vorstands der Zielgesellschaft zu dessen Beteiligung an der Ausarbeitung seiner Angebotsbewertung.[636] Unter Zugrundelegung der bisherigen Rechtslage mussten die beiden Organe lediglich in den Fällen der §§ 58 Abs. 2, 171 f. AktG gemeinschaftlich handeln oder die AG gemeinschaftlich vertreten (vgl. §§ 246 Abs. 2 Satz 2, 249 Abs. 1 Satz 1 AktG).[637] Die hinzugekommene gesonderte Stellungnahmepflicht auch des Aufsichtsrats ist – als eigenständige übernahmerechtliche Pflicht – insofern eine spezialgesetzliche Ausprägung seiner allgemeinen Berichts- und Rechenschaftspflicht gegenüber der Hauptversammlung nach § 171 Abs. 2 AktG.[638]

(1) Hintergrund der Erweiterung der Pflicht zur Stellungnahme auf den Aufsichtsrat

Mit dem Recht von Vorstand und Aufsichtsrat, die Stellungnahme auch gesondert abzugeben, ist jedenfalls die Verbreiterung der Informationsbasis für die Beteiligten eines Angebots (vgl. § 3 Abs. 2 WpÜG) im Falle divergierender Ansichten bezweckt.[639] Im Übrigen bleibt vor dem Hintergrund der Mitbestimmungsvorschriften klärungsbedürftig, ob der Gesetzgeber mit der Ausdehnung des Adressatenkreises im Rahmen des § 27 Abs. 1 Satz 1 WpÜG daneben bewusst die Rechte der Arbeitnehmer der Zielgesellschaft stärken wollte.

Ebenso wie im DiskE-ÜG[640], bestand sowohl im RefE-WÜG[641] als auch im RegE-WpÜG[642] eine Stellungnahmepflicht ausschließlich für den Vorstand. Schon in seiner Stellungnahme zum Diskussionsentwurf sprach sich der DGB jedoch dafür aus, dass eine qualifizierte Minderheit des Aufsichtsrats das Recht erhalten solle, zu dem (Übernahme-)Angebot des Bieters auch öffentlich Stellung zu nehmen; dies gebiete das in

---

[635] Vgl. dazu Ehricke/*Ekkenga*/Oechsler, § 27 Rn. 2; KK-WpÜG/*Hirte*, § 27 Rn. 15; s. vorstehend § 2B.IV.

[636] Geibel/Süßmann/*Schwennicke*, § 27 Rn. 5; *Hopt*, in: FS Lutter (2000), S. 1361, 1382.

[637] KK-WpÜG/*Hirte*, § 27 Rn. 19.

[638] KK-WpÜG/*Hirte*, § 27 Rn. 16; MüKo-AktG/*Wackerbarth*, § 27 WpÜG Rn. 9; *Röh*, in: Haarmann (u.a.), § 27 Rn. 13.

[639] BT-Ds. 14/7477 zu § 27 RegE-WpÜG, S. 52 f.; *Hopt*, ZHR 166 (2002), 383, 418; KK-WpÜG/*Hirte*, § 27 Rn. 2.

[640] § 30 Abs. 1 Satz 1 DiskE-ÜG; dazu oben § 1B.II.2.d).

[641] § 27 Abs. 1 Satz 1 RefE-WÜG; s. oben § 1B.II.2.e).

[642] § 27 Abs. 1 Satz 1 RegE-WpÜG; vgl. oben § 1B.II.2.f).

Deutschland bewährte System der Unternehmensmitbestimmung, welches auf eine umfassende Beteiligung der Arbeitnehmer aufbaue.[643] Nachdem bereits die Regierungsbegründung eine Hinzuziehung des Aufsichtsrats aus praktischen Gründen für empfehlenswert gehalten hatte,[644] wurde letzten Endes auf Empfehlung des Finanzausschusses[645] in § 27 Abs. 1 Satz 1 WpÜG die gesellschaftsrechtlich etwas ungewöhnliche Inpflichtnahme beider Gesellschaftsorgane festgeschrieben. Diese Erweiterung soll (auch) die „Gesamtverantwortung von Vorstand und Aufsichtsrat für die Zielgesellschaft" betonen.[646] Damit wird zum Ausdruck gebracht, dass der Aufsichtsrat die Möglichkeit erhalten soll, einer etwa vom Vorstand abweichenden Auffassung bezüglich einer Erwerbsofferte angemessen Geltung zu verschaffen.[647] Besonders offenkundig wird dies, wenn im Rahmen eines Management Buy-Out der Vorstand der Zielgesellschaft als Bieter auftritt und selbst ein Angebot abgibt, so dass nur der Aufsichtsrat zu einer unabhängigen Stellungnahme in der Lage ist.[648]

Da mit der Ausweitung des verpflichteten Adressatenkreises keine nennenswerte Verbesserung des Informationsgehalts einhergeht, weil der Aufsichtsrat seinerseits auf die Informationen des Vorstands angewiesen ist, dürfte das Ziel der Erweiterung tatsächlich gewesen sein, den Belegschaftsvertretern im Aufsichtsrat Einfluss auf die Abfassung der Stellungnahme zum Angebot des Bieters einzuräumen, um den Interessen der Beschäftigten in mitbestimmten Gesellschaften mehr Geltung zu verschaffen.[649]

(2) Mit der Erweiterung neu entstandene Rechtsfragen

Die in letzter Minute erfolgte Ergänzung des Gesetzes um die Stellungnahmepflicht des Aufsichtsrats wirft eine Reihe praktischer Anwendungsprobleme auf.

(a) Pflicht zur Einberufung einer außerordentlichen Aufsichtsratssitzung

Anders als der Vorstand, führt der Aufsichtrat nicht laufend die Geschäfte und kommt hierzu zusammen. Vielmehr braucht er bei der börsennotierten AG nach § 110 Abs. 3 AktG nur zweimal im Halbjahr zu tagen. Findet daher nicht ohnehin eine Sitzung des Aufsichtsrats nach Übermittlung der Angebotsunterlage statt, ist dieses Organ jedenfalls durch seinen Vorsitzenden einzuberufen, um der Stellungnahmepflicht nachkommen zu können. Folglich ergibt sich aus § 27 Abs. 1 WpÜG mittelbar die Pflicht

---

643 Stellungnahme des DGB vom 11.10.2000 zu § 31 DiskE-ÜG, S. 4 f.

644 BT-Ds. 14/7034 zu § 27 Abs. 1 RegE-WpÜG, S. 52; so auch *Hopt*, in: FS Lutter (2000), S. 1361, 1382.

645 BT-Ds. 14/7477 zu § 27 RegE-WpÜG, S. 52 f.; s. oben § 1B.II.2.g).

646 BT-Ds. 14/7477 zu § 27 RegE-WpÜG, S. 52 f.; Geibel/Süßmann/*Schwennicke*, § 27 Rn. 5; *Hopt*, ZHR 166 (2002), 383, 419; KK-WpÜG/*Hirte*, § 27 Rn. 18; *Seibt*, DB 2002, 529, 531.

647 KK-WpÜG/*Hirte*, § 27 Rn. 18.

648 Ehricke/*Ekkenga*/Oechsler, § 27 Rn. 8 i.V.m. 10; KK-WpÜG/*Hirte*, § 27 Rn. 18; *Steinmeyer/Häger*, § 27 Rn. 4; zum MBO s. *Thiel*, in: Semler/Volhard, § 54 Rn. 50 ff.

649 Ehricke/*Ekkenga*/Oechsler, § 27 Rn. 8; KK-WpÜG/*Hirte*, § 27 Rn. 3; *Maul/Muffat-Jeandet*, AG 2004, 306, 307; *Seibt*, DB 2002, 529, 531; vgl. dazu auch BT-Ds. 14/7477, S. 50, wonach die Entscheidung zugunsten der Regelung des § 33 Abs. 1 Satz 2, 3. Var. WpÜG (dazu unten § 3B.II.1.b)cc)) u.a. aus Gründen des Arbeitnehmerschutzes getroffen worden ist.

zur Abhaltung einer außerordentlichen Aufsichtsratssitzung innerhalb der Annahmefrist.[650]

(b) Kompetenzzuweisung an einen Aufsichtsrats-/„Angebots"-ausschuss

Darüber hinaus ist wegen des in § 107 Abs. 3 Satz 2 AktG geregelten Delegationsverbots fraglich, ob der Aufsichtsrat die ihm durch § 27 Abs. 1 WpÜG zugewiesene Kompetenz auch einem Ausschuss zuweisen kann. Das Gesetz erlaubt in § 107 Abs. 3 Satz 1 AktG die Einsetzung vorbereitender Ausschüsse. Vorbehaltlich des Satzes 2 ist es daneben auch gestattet, Aufsichtsratsaufgaben zur endgültigen Erledigung auf einen Ausschuss zu übertragen.[651]

Im Ergebnis erfasst das aktienrechtliche Delegationsverbot nicht die Pflicht des Aufsichtsrats zur Abgabe einer Stellungnahme.[652] Denn nach zutreffender Ansicht ist ein Grundsatz, dass „alle wichtigen Entscheidungen" stets vom Gesamtplenum selbst getroffen werden müssen, nicht anzuerkennen; im Hinblick auf das in § 107 Abs. 3 Satz 2 AktG niedergelegte Enumerationsprinzip kann nicht angenommen werden, dass der Vorschrift insgesamt ein verallgemeinerungsfähiger Rechtsgedanke zugrunde liegt.[653] Dieses Verständnis kommt auch der vom Gesetzgeber mit der Erweiterung der Stellungnahmepflicht verfolgten Intention – Verbreiterung der Informationsbasis zugunsten des Kapitalmarkts – entgegen. Typischerweise steht der Aufsichtsrat bei der Abfassung seiner Meinungsäußerung aufgrund der im Angebotsverfahren bestehenden Eile unter großem zeitlichen Druck, der einer differenzierten inhaltlichen Auseinandersetzung mit der Offerte abträglich ist. Hingegen kann ein Ausschuss schneller und flexibler agieren, was letztlich auch dem Aufsichtsrat einschließlich der dortigen Arbeitnehmervertreter zugute kommt.[654] Das Gesamtorgan erfährt in dieser Situation ausreichenden Schutz dadurch, dass der Ausschuss verpflichtet ist, bei seiner Tätigkeit auf dessen Willen Rücksicht zu nehmen und diesem Gelegenheit zur Entscheidung zu geben, wenn zwischen der Mehrheitsmeinung des Ausschusses und der des Plenums Widersprüche bestehen.[655] Außerdem hat der Aufsichtsrat ein Rückholrecht, d.h. Entscheidungen, die er einem Ausschuss übertragen hat, kann er jederzeit wieder an sich ziehen.[656]

In der Praxis wird daher die Überweisung der durch § 27 Abs. 1 WpÜG zugewiesenen Aufsichtsratskompetenzen zu einem „Angebots"-Ausschuss sinnvoll sein, wobei we-

---

650 Geibel/Süßmann/*Schwennicke*, § 27 Rn. 5; KK-WpÜG/*Hirte*, § 27 Rn. 21; *Thiel*, in: Semler/Volhard, § 54 Rn. 19.

651 *Lutter/Krieger*, Rn. 622.

652 Ehricke/*Ekkenga*/Oechsler, § 27 Rn. 23; HWK/*Seibt*, WpÜG Rn. 34; KK-WpÜG/*Hirte*, § 27 Rn. 21; *Seibt*, DB 2002, 529, 531.

653 KK-AktG/*Mertens*, § 107 Rn. 152; *Lutter/Krieger*, Rn. 623; *Rellermeyer*, S. 23 ff.; *Seibt*, DB 2002, 529, 531; a.A. *Dose*, ZGR 1973, 300, 312 f.

654 Vgl. auch HWK/*Seibt*, WpÜG Rn. 34; KK-WpÜG/*Hirte*, § 27 Rn. 21; *Seibt*, DB 2002, 529, 531.

655 *Lutter/Krieger*, Rn. 627; *Rellermeyer*, S. 43 f.

656 BGH vom 14.11.1983, Z 89, 48, 55 f.; ErfK/*Oetker*, § 107 AktG Rn. 23; KK-AktG/*Mertens*, § 107 Rn. 86; *Lutter/Krieger*, Rn. 627; *Rellermeyer*, S. 140 f.

gen des nach § 171 Abs. 2 Satz 2, 2. Hs. AktG erforderlichen Aufsichtsratsberichts über eingerichtete Ausschüsse anzuraten ist, die Einrichtung des Ausschusses zwar vorzubereiten, diesen aber in Reserve zu halten und erst bei einem konkreten Anlass einzusetzen.[657] Eine Pflicht zur Berichterstattung über diesen Reserveausschuss scheint im Hinblick darauf verzichtbar, dass (und wenn) es hier nichts über seine Arbeit und die Zahl seiner Sitzungen zu berichten gibt. Denn § 171 AktG will dem Anleger lediglich Informationen über arbeitende Ausschüsse verschaffen, weshalb es auch keiner Begründung für die Nichterrichtung eines Ausschusses bedarf.[658]

(c) Geltung des Paritätsgebots bei der Zusammensetzung des Aufsichtsratsausschusses?

Ist demzufolge eine Überweisung auf einen Aufsichtsratsausschuss möglich, mit der diesem die Pflicht zur Stellungnahme gemäß § 27 Abs. 1 WpÜG übertragen wird, so ist nicht zuletzt aufgrund der Praxisrelevanz umstritten, ob für die Zusammensetzung dieses Ausschusses – dessen Mitglieder sich aus den Aufsichtsratsmitgliedern rekrutieren[659] – das Paritätsgebot gilt, d.h. ob eine Pflicht dahingehend besteht, derartige Ausschüsse unter Anwendung der für das Unternehmen geltenden unternehmensmitbestimmungsrechtlichen Regelungen zu besetzen.

Während zum Teil davon ausgegangen wird, dass die Parität des Aufsichtsratsplenums in den Ausschüssen abgebildet werden müsse,[660] überlässt die Gegenansicht die personelle Besetzung des Ausschusses der freien Entscheidung des Aufsichtsrats.[661] Nach der Rechtsprechung[662] und der überwiegenden Ansicht im Schrifttum[663] darf hingegen nach der Aufgabe des jeweiligen Ausschusses und nach der Befähigung der in Betracht kommenden Person unterschieden werden, solange nur sachwidrige Differenzierungen nach Gruppenzugehörigkeit der Aufsichtsratsmitglieder unterblieben (Grundsatz des allgemeinen Diskriminierungsverbots). Konsequenterweise wäre auch ein völliger Ausschluss einer Gruppe (Aktionär/Arbeitnehmer) von der Teilnahme an einem Ausschuss gegen ihren Willen nicht per se rechtswidrig.

---

657 HWK/*Seibt*, WpÜG Rn. 34; KK-WpÜG/*Hirte*, § 27 Rn. 21; MüKo-AktG/*Wackerbarth*, § 27 WpÜG Rn. 14; *Seibt*, DB 2002, 529, 531.

658 HWK/*Seibt*, WpÜG Rn. 34; KK-WpÜG/*Hirte*, § 27 Rn. 21 i.V.m. § 33 Rn. 87; *Seibt*, DB 2002, 529, 531.

659 *Lutter/Krieger*, Rn. 633-637.

660 So *Geitner*, AG 1976, 210, 211 f.; GK-MitbestG/*Naendrup*, § 25 Rn. 35; *Henssler*, 50 Jahre BGH (2000), S. 387, 395 ff.; *Nagel*, BB 1979, 1799, 1801; *Reich/Lewerenz*, AuR 1976, 261, 271.

661 *Hoffmann/Lehmann/Weinmann*, § 25 MitbestG Rn. 30 ff.; *Luther*, ZGR 1977, 306, 314; *Schaub*, ZGR 1977, 293, 302.

662 BGH vom 17.5.1993, NJW 1993, 2307, 2310 ff.; OLG Hamburg vom 29.9.1995, AG 1996, 84 ff.; OLG München vom 27.1.1995, AG 1995, 466, 467.

663 *Brandes*, WM 1994, 2177, 2182; ErfK/*Oetker*, § 107 AktG Rn. 17; Hanau/*Ulmer*, 25 MitbestG Rn. 127; *Hüffer*, § 107 AktG Rn. 21; *Mertens*, AG 1981, 113, 131 (nur Missbrauchsverbot); *Seibt*, DB 2002, 529, 531 (dort Fn. 20); *ders.*, in: Willemsen (u.a.), Kap. F Rn. 57; *Semler*, AG 1988, 60, 63; *Wank*, OLG München EWiR § 25 MitbestG 1/95, 605 f.; *Wiedemann*, GesR I, § 11 II 2 b), S. 615; *Zöllner*, AG 1981, 13, 15.

Die Rechtsmeinung, welche Parität für zwingend erforderlich hält, beruft sich auf den – wie sie meint – im MitbestG verwirklichten Paritätsgedanken („Geist des Mitbestimmungsgesetzes"). Dem kann in dieser absoluten Form nicht gefolgt werden. Denn wie sich insbesondere aus der Systematik dieses Gesetzes (Verweisung auf die Organisationsnormen des Gesellschaftsrechts) und aus seiner Entstehungsgeschichte ergibt, sollte in die Gestaltungsautonomie des Gesamtaufsichtsrats selbst gerade nicht eingegriffen werden.[664] Ein weiteres Argument gegen die Übertragung des Paritätsgebots auf den Aufsichtsratsausschuss liefert das Gesetz mit § 27 Abs. 3 MitbestG, der die zwingende Einrichtung eines Vermittlungsausschusses[665] vorgibt: Wenn nach dieser Vorschrift ausnahmsweise die Zusammensetzung eines Ausschusses – bestehend aus dem Aufsichtsratsvorsitzenden, dessen (ersten) Stellvertreter sowie aus je einem Aufsichtsratsmitglied der Anteilseigner und der Arbeitnehmer – detailliert geregelt ist, kann eine Schlussfolgerung in die Richtung gezogen werden, dass nach dem Willen des Gesetzgebers in anderen Ausschüssen der Gedanke der Parität keine Berücksichtigung findet.

Umgekehrt kann eine völlige Freiheit bei der Besetzung der Ausschüsse dazu führen, dass nur mit Vertretern der Aktionäre besetzte Ausschüsse alles vorab entscheiden und den Aufsichtsrat zum „Akklamationsorgan" degradieren.[666]

Kritiker der differenzierenden Ansicht zufolge soll in Konstellationen, in der dem Ausschuss keine Vertreter der Belegschaft angehören, eine Vermutung dahingehend bestehen, dass eine missbräuchliche Diskriminierung der Mitarbeitervertreter im Aufsichtsrat vorliege.[667] Dagegen spricht jedoch die Wertung in § 107 Abs. 3 Satz 2 AktG, demzufolge (nur) die dort konkret aufgeführten Beschlussgegenstände – auch aus mitbestimmungsrechtlichen Gründen – dem Aufsichtsratsplenum vorbehalten sind. Hieraus lässt sich der Umkehrschluss ableiten, dass in allen anderen Angelegenheiten eine Übertragung auf Aufsichtsratsausschüsse auch dann möglich sein muss, wenn hierdurch die Angelegenheit dem Einfluss der Arbeitnehmervertreter im Aufsichtsrat entzogen wird.[668] Mit der dritten Auffassung muss somit davon ausgegangen werden, dass eine imparitätische Zusammensetzung eines Ausschusses nur dann unzulässig ist, wenn eine sachwidrige Differenzierungen nach Gruppenzugehörigkeit der Aufsichtsratsmitglieder vorliegt. Insoweit kann auf den anerkannten und durch das MitbestG nicht veränderten Rechtssatz zurückgegriffen werden, wonach der Aufsichtsrat selbst durch Beschluss über die personelle Zusammensetzung seiner Ausschüsse befindet.

---

664 *Lutter*, S. 111 (dort Fn. 5); *Lutter/Krieger*, Rn. 633-637; *Wank*, OLG München EWiR § 25 MitbestG 1/95, 605, 606.

665 Die alleinige Aufgabe dieses Ausschusses folgt aus § 31 Abs. 3 Satz 1 und 5 MitbestG: Er muss dem Aufsichtsratsplenum Personalvorschläge unterbreiten, wenn die für die Bestellung oder Abbestellung von Vorstandsmitgliedern nach § 31 Abs. 2 und 5 MitbestG grundsätzlich erforderliche Zweidrittelmehrheit nicht erreicht worden ist.

666 So *Wank*, OLG München EWiR § 25 MitbestG 1/95, 605, 606.

667 *Altmeppen*, in: FS Brandner (1996), S. 3, 8 f.; *Jaeger*, ZIP 1995, 1735, 1737.

668 Dazu *Seibt*, in: Willemsen (u.a.), Kap. F Rn. 57; so auch *Oetker*, ZGR 2000, 19, 44; *Wiedemann*, GesR I, § 11 II 2 b), S. 615.

Für die Auswahl der Ausschussmitglieder gilt daher in erster Linie das Eignungsprinzip.[669]

Dennoch darf die mit der Erweiterung des Adressatenkreises im Rahmen des § 27 Abs. 1 Satz 1 WpÜG verbundene arbeitnehmerschützende Intention – Verbesserung der Einflussnahmemöglichkeiten zugunsten der Arbeitnehmervertreter im Aufsichtsrat – bei der Beantwortung der Frage nicht vollkommen außer Acht gelassen werden, wie ein Ausschuss zusammenzusetzen ist. Insofern sind im Hinblick darauf, dass in die Entscheidungen über den Inhalt der Stellungnahme auch Standpunkte der Beschäftigten einfließen sollen, deren Vertreter in den für die Erarbeitung der Stellungnahme zuständigen Ausschuss zu berufen.[670] In Anlehnung an die Rechtsprechung des BGH, nach der im (mitbestimmungsrechtlich besonders wichtigen) Personalausschuss regelmäßig jedenfalls ein Belegschaftsvertreter vorhanden sein muss,[671] ist dabei zur Gewährleistung eines ausreichenden Informationsflusses an die Arbeitsnehmervertreter im Aufsichtsrat in den Angebotsausschuss mindestens *einer* ihrer Vertreter zu wählen.[672]

(d) Weder Zustimmungsvorbehalt noch Erörterungspflicht des Vorstands

Während des Gesetzgebungsverfahrens wurde im Zusammenhang mit der Pflicht aus § 27 Abs. 1 Satz 1 WpÜG diskutiert, ob der Aufsichtsrat vor der befürwortenden oder ablehnenden Stellungnahme des Vorstands konsultiert werden müsse oder diese sogar zustimmungspflichtig sei.[673] So beinhaltete noch die Regierungsbegründung die Feststellung, dass es für den Vorstand in aller Regel angesichts der erheblichen Bedeutung, die der Stellungnahme bei öffentlichen Angeboten beigemessen werde, „angezeigt" sei, diese mit dem Aufsichtsrat vorab zu erörtern.[674]

Indes hat sich dieser Streit mit der Ausweitung der Stellungnahmepflicht auf den Aufsichtsrat erledigt.[675] Jedoch ist im Gegenzug ein Zustimmungsvorbehalt des Aufsichtsrats nach § 111 Abs. 4 Satz 2 AktG bezüglich der Stellungnahme des Vorstands unzulässig.[676]

---

669 *Lutter/Krieger*, Rn. 633-637; *Paefgen*, S. 332 f.

670 HWK/*Seibt*, WpÜG Rn. 34; KK-WpÜG/*Hirte*, § 27 Rn. 21 i.V.m. § 33 Rn. 87; *Seibt*, DB 2002, 529, 531; *ders.*, in: Willemsen (u.a.), Kap. F Rn. 57 (dort Fn. 171).

671 Vorstehend Fn. 662.

672 Ebenso HWK/*Seibt*, WpÜG Rn. 34; KK-WpÜG/*Hirte*, § 27 Rn. 21 i.V.m. § 33 Rn. 87; *Seibt*, DB 2002, 529, 531; *ders.*, in: Willemsen (u.a.), Kap. F Rn. 57 (dort Fn. 171); vgl. allgemein ErfK/*Oetker*, § 107 AktG Rn. 18; *Oetker*, ZGR 2000, 19, 52 ff.; *Wank*, OLG München EWiR § 25 MitbestG 1/95, 605, 606; *Wiedemann*, GesR I, § 11 II 2 b), S. 615.

673 Ablehnend *Hopt* in: FS Lutter (2000), S. 1361, 1382.

674 BT-Ds. 14/7034 zu § 27 Abs. 1 RegE-WpÜG, S. 52.

675 Ebenso *Fleischer*, NZG 2002, 545, 547; KK-WpÜG/*Hirte*, § 27 Rn. 18; a.A. *Röh*, in: Haarmann (u.a.), § 27 Rn. 32 (bzgl. der Erörterungspflicht).

676 KK-WpÜG/*Hirte*, § 27 Rn. 18; anders *Handelsrechtsausschuss des DAV*, NZG 2001, 420, 427 (zum noch anders gefassten § 27 RefE-WÜG).

(e) Stellungnahmepflicht des Aufsichtsrats zu jeder Änderung des Angebots nach § 21 WpÜG

Nach übereinstimmender Auffassung besteht für den Vorstand eine Pflicht zur Bewertung der Offerte ebenfalls bei Änderungen gemäß § 21 WpÜG.[677] Dabei genügt es, wenn sich die Stellungnahme lediglich mit den geänderten Daten des Angebotstextes auseinandersetzt.[678] Diskutiert wird allerdings, ob sich dieselbe Pflicht auch auf den Aufsichtsrat erstreckt.

Von einer Seite wird die Sinnhaftigkeit einer erneuten Einberufung des Aufsichtsrats anlässlich jeder Änderung des Angebots verneint.[679] Im Wege einer teleologischen Reduktion könne in dieser Situation eine Pflicht zur neuerlichen Meinungsäußerung nur für den Fall angenommen werden, dass dem Aufsichtsratsvorsitzenden bekannt geworden sei, dass ein wesentlicher Teil der Plenumsmitglieder seine Beurteilung über das Angebot in den § 27 Abs. 1 Satz 2 Nr. 1-4 WpÜG genannten Punkten geändert habe. Die Anhänger der Gegenthese sehen neben dem Vorstand der von einem Angebot betroffenen Gesellschaft auch deren Aufsichtsrat als verpflichtet an, zu jeder veröffentlichten Angebotsänderung eine begründete Stellungnahme abzugeben und zu publizieren.[680]

Gegen eine restriktive Handhabe der Stellungnahmepflicht des Aufsichtsrats bei einer Angebotsänderung nach § 21 WpÜG spricht zum einen der Wortlaut des § 27 Abs. 1 Satz 1 WpÜG, nach dem der Aufsichtsrat ausnahmslos zu jeder Änderung eine Einschätzung zu erstellen und zu veröffentlichen hat. Darüber hinaus vermögen die Bedenken der ersten Ansicht, nach denen die Übertragung der den Vorstand treffenden Stellungnahmepflicht zu jeder Änderung des Angebots auf den Aufsichtsrat zu „völlig praxisfremden Anforderungen" an dessen Arbeit führen würde, nicht zu überzeugen. Denn angesichts der soeben erörterten Möglichkeit, diese Frage einem Ausschuss zuzuweisen und der Erleichterung des Abstimmungsverfahrens im Aufsichtsrat nach § 108 Abs. 3 und 4 AktG wirft dies keine unüberwindbaren Probleme auf.[681] Letzten Endes widerspricht ein Verzicht auf die Angebotsbewertung durch den Aufsichtsrat – vor allem bei mitbestimmten Aktiengesellschaften – erkennbar dem gesetzgeberischen Willen zur größeren Berücksichtigung der Belange der Arbeitnehmer während der Angebotsphase, der sich in der Erweiterung des § 27 Abs. 1 Satz 1 WpÜG manifestiert.

(3) Gemeinsame vs. getrennte Stellungnahme der Gesellschaftsorgane

Die Meinungsäußerung des Vorstands kann mit derjenigen des Aufsichtsrats zu einer gemeinsamen Stellungnahme verbunden werden, was regelmäßig dann nahe liegt,

---

677 Geibel/Süßmann/*Thun*, § 21 Rn. 37; KK-WpÜG/*Hirte*, § 27 Rn. 25; *Röh*, in: Haarmann (u.a.), § 27 Rn. 33; zu § 21 WpÜG vorstehend § 2B.III.6.

678 KK-WpÜG/*Hirte*, § 27 Rn. 25; *Röh*, in: Haarmann (u.a.), § 27 Rn. 33.

679 Geibel/Süßmann/*Schwennicke*, § 27 Rn. 5; *Thiel*, in: Semler/Volhard, § 54 Rn. 23.

680 KK-WpÜG/*Hirte*, § 27 Rn. 25, 69; *Krause*, NJW 2002, 705, 711; MüKo-AktG/*Wackerbarth*, § 27 WpÜG Rn. 14; ohne Einschränkung auch Geibel/Süßmann/*Thun*, § 21 Rn. 37.

681 KK-WpÜG/*Hirte*, § 27 Rn. 25.

wenn beide Organe das Angebot in gleicher Weise beurteilen.[682] Denkbar ist ebenso, dass getrennte Stellungnahmen entwickelt werden, wobei wiederum die Möglichkeit der Veröffentlichung in einem gemeinsamen Dokument besteht.[683] Die Zusammenfassung in einem einheitlichen Dokument oder die gemeinsame Stellungnahme kann auch auf einzelne Teile der Meinungsäußerung beschränkt werden, wobei im Hinblick auf die übrigen Teile dann das jeweilige Organ seine abweichende Einschätzung abgeben muss.[684] In der Praxis wird es weiter sinnvoll sein, die Beurteilungen des Vorstands und des Aufsichtsrats zunächst in einem gemeinsamen Ausschuss mit Vertretern beider Gremien vorzubereiten, der anschließend den Entwurf zur Beschlussfassung an die Gesamtorgane übermittelt.[685]

In jedem Fall muss es sich um Stellungnahmen der beiden Organe jeweils in ihrer Gesamtheit handeln, so dass dissentierende Beurteilungen einzelner Mitglieder – etwa der Vertreter der Arbeitnehmer im Aufsichtsrat – zwar bei Einhaltung der allgemeinen aktienrechtlichen Grenzen (vgl. §§ 93 Abs. 1 Satz 2, 116 AktG) zulässig, aber nicht im Angebotsverfahren zu publizieren sind.[686]

cc) Pflichtinhalt der Stellungnahme

§ 27 Abs. 1 Satz 1 WpÜG fordert die Abgabe einer „begründeten" Stellungnahme, so dass der Antrag weder pauschal zurückgewiesen noch dessen Inhalt einfach repetiert werden darf.[687] Satz 2 konkretisiert dieses Begründungserfordernis in den Nr. 1 bis 4 durch eine Reihe von Punkten, zu denen zwingend Stellung zu nehmen ist: Danach muss die Stellungnahme insbesondere eingehen auf die voraussichtlichen Folgen eines erfolgreichen Angebots für die Zielgesellschaft, ihre Arbeitnehmer und die Standorte der Gesellschaft, die Art und Höhe der angebotenen Gegenleistung, die Absicht der Vorstands- und Aufsichtsratsmitglieder – soweit sie Anteile an der Zielgesellschaft

---

682 BT-Ds. 14/7034 zu § 27 Abs. 1 RegE-WpÜG, S. 52; Geibel/Süßmann/*Schwennicke*, § 27 Rn. 5; HWK/*Seibt*, WpÜG Rn. 19; *Krause*, NJW 2002, 705, 711; MüKo-AktG/*Wackerbarth*, § 27 WpÜG Rn. 2; *Seibt*, DB 2002, 529, 534.

683 BT-Ds. 14/7477 zu § 27 RegE-WpÜG, S. 53; *Ekkenga/Hofschroer*, DStR 2002, 724, 728; MüKo-AktG/*Wackerbarth*, § 27 WpÜG Rn. 2.

684 KK-WpÜG/*Hirte*, § 27 Rn. 24.

685 Nach HWK/*Seibt*, WpÜG Rn. 19 sowie *Seibt*, DB 2002, 529, 534.

686 Ehricke/*Ekkenga*/Oechsler, § 27 Rn. 9; HWK/*Seibt*, WpÜG Rn. 19; KK-WpÜG/*Hirte*, § 27 Rn. 20; *Röh*, in: Haarmann (u.a.), § 27 Rn. 20, 37; *Seibt*, DB 2002, 529, 534; vgl. auch BT-Ds. 14/7034 zu § 27 Abs. 1 RegE-WpÜG, S. 52; a.A. *Hopt*, ZGR 2002, 333, 354 f. (extensive Auslegung); *ders.*, ZHR 166 (2002), 383, 419, unter Hinweis auf die sich (angeblich) aus § 27 Abs. 1 Satz 2 Nr. 4 WpÜG ergebenden Differenzierung; MüKo-AktG/*Wackerbarth*, § 27 WpÜG Rn. 11; *Zech*, S. 113.

687 Ehricke/*Ekkenga*/Oechsler, § 27 Rn. 12; KK-WpÜG/*Hirte*, § 27 Rn. 30; zur Haftung für eine fehlerhafte Stellungnahme des Vorstands und Aufsichtsrats ausführlich *Friedl*, NZG 2004, 448 ff.; *Santelmann*, S. 267; *Seibt*, in: Henze/Hoffmann-Becking, S. 337, 361.

halten –, den Antrag anzunehmen sowie die vom Bieter mit dem Angebot verfolgten Ziele.[688]

Daneben sind grundsätzlich sämtliche Informationen zu offenbaren, die die Aktionäre zur Vorbereitung auf ihre Entscheidung benötigen, so dass die Meinungsäußerung (soweit möglich) beispielsweise eine Einschätzung möglicher Synergien zwischen Bieter und Zielgesellschaft oder einen Hinweis auf dem Bieter unterlaufene Verfahrens- oder sonstige Rechtsverstöße (fehlende oder unvollständige Angaben des Bieters in der Angebotsunterlage etc.) enthalten sollte.[689]

(1) Insbesondere: Arbeitnehmerbezogene Fragen des § 27 Abs. 1 Satz 2 Nr. 2 WpÜG

Beabsichtigt der Bieter die Zielgesellschaft zu übernehmen oder soll mit dem Angebot erstmalig eine unternehmerische Beteiligung erreicht werden, bildet regelmäßig die Darlegung der „voraussichtlichen Folgen eines erfolgreichen Angebots für die Zielgesellschaft, die Arbeitnehmer und ihre Vertretungen, die Beschäftigungsbedingungen und die Standorte der Zielgesellschaft" i.S. des § 27 Abs. 1 Satz 2 Nr. 2 WpÜG den Schwerpunkt der Stellungnahme.[690]

Diese Pflichtangaben sollen gewährleisten, dass die Anleger als Adressaten der Offerte umfassend über diese sowie über die Folgen eines erfolgreichen Beteiligungserwerbs für die Zielgesellschaft in Kenntnis gesetzt und zugleich ihrer sozialen Verantwortung bewusst werden.[691] Daneben sollen die Organe der AG gezwungen werden, eine potenzielle Beeinträchtigung von Arbeitnehmerinteressen infolge des Wertpapiererwerbs zu erkennen sowie ggf. durch Begleitmaßnahmen auszugleichen und die Beschäftigten und deren Vertreter hierüber zu informieren.[692]

---

688 BT-Ds. 14/7034 zu § 27 Abs. 1 RegE-WpÜG, S. 52; vgl. dazu *Harbarth*, ZIP 2004, 3; KK-WpÜG/*Hirte*, § 27 Rn. 30; MüKo-AktG/*Wackerbarth*, § 27 WpÜG Rn. 4; zu den arbeitsrechtlichen Pflichtangaben s. Darstellung der (parallelen) Informationspflichten des Bieters gemäß § 11 Abs. 2 Satz 3 Nr. 2 WpÜG unten § 3A.II.3.b)bb) (1) bis (5).

689 Ehricke/*Ekkenga*/Oechsler, § 27 Rn. 12 und 19; Geibel/Süßmann/*Schwennicke*, § 27 Rn. 21; *Harbarth*, ZIP 2004, 3; KK-WpÜG/*Hirte*, § 27 Rn. 31; *Steinmeyer/Häger*, § 27 Rn. 7.

690 Ehricke/*Ekkenga*/Oechsler, § 27 Rn. 15; KK-WpÜG/*Hirte*, § 27 Rn. 40; *Kort*, in: FS Lutter (2000), S. 1421, 1438; MüKo-AktG/*Wackerbarth*, § 27 WpÜG Rn. 4; *Steinmeyer/Häger*, § 27 Rn. 9.

691 *Hopt*, in: FS Lutter (2000), S. 1361, 1380; HWK/*Seibt*, WpÜG Rn. 17; *Pötzsch/Möller*, WM 2000 Sonderbeil. Nr. 2, 3, 10 (zu § 30 DiskE-ÜG); *Roth/Zinser*, EWS 2000, 233, 236; *Seibt*, DB 2002, 529, 533; *Zinser*, WM 2002, 15, 19; *ders.*, EuZW 2003, 10, 11.

692 Ähnlich Geibel/Süßmann/*Grobys*, § 27 Rn. 16; *Grobys*, NZA 2002, 1, 5; HWK/*Seibt*, WpÜG Rn. 17; *Seibt*, DB 2002, 529, 533; *Simon*, in: Semler/Volhard, § 55 Rn. 24; vgl. ebenfalls BT-Ds. 14/7034 zu § 27 Abs. 1 RegE-WpÜG, S. 52.

(a) Allgemeines

(aa) Vergleich zum Umwandlungsrecht

Gegenüber der Vorläuferregelung des § 5 Abs. 1 Nr. 9 UmwG[693] – nach dem ein Verschmelzungsvertrag oder sein Entwurf Angaben zu den „Folgen der Verschmelzung für die Arbeitnehmer und ihre Vertretungen sowie die insoweit vorgesehenen Maßnahmen" zu enthalten hat – wurde § 27 Abs. 1 Satz 2 Nr. 2 WpÜG dahin erweitert, dass in das Stellungnahmedokument auch Angaben zu den Beschäftigungsbedingungen und Standorten auszunehmen sind. Wie bereits beschrieben, ist diese Ausweitung insofern widersprüchlich, als der mit einem geglückten Beteiligungserwerb einhergehende bloße Gesellschafterwechsel von der arbeitsrechtlichen Intensität her hinter den Umwandlungsformen zurückbleibt.[694]

(bb) Gesetzesentwicklung

Abs. 1 Satz 2 Nr. 1 des § 30 DiskE-ÜG und § 27 RefE-WÜG sahen noch vor, dass die Stellungnahme auf „die Auswirkungen der Übernahme/des Angebots" auf die Interessen der Zielgesellschaft einschließlich der Arbeitnehmer und ihrer Vertretung einzugehen hatte. Der Regierungsentwurf präzisierte den Pflichtinhalt in § 27 Abs. 1 Satz 2 Nr. 2 (offensichtlich in Anlehnung an die Umwandlungsregelungen) insoweit, dass sich die Meinungsäußerung lediglich auf die „voraussichtlichen Folgen" eines erfolgreichen Angebots zu beziehen habe; andererseits wurde aber inhaltlich neu aufgenommen, dass dazu auch die Folgen für die Beschäftigungsbedingungen und die Standorte der Zielgesellschaft gehören.[695]

(cc) Vergleich zu Art. 9 Abs. 5 Satz 1 der RL 2004/25/EG

Die Übernahmerichtlinie enthält mit dem allgemeinen Grundsatz des Art. 3 Abs. 1 lit. b, 2. Hs.[696] sowie mit Erwägungsgrund 17[697] die Klarstellung, dass das Leitungs- bzw. Verwaltungsorgan der Zielgesellschaft bei der Beratung der Anteilseigner auch auf die Auswirkungen der Angebotsdurchführung auf die Beschäftigung, die Beschäftigungsbedingungen und die Standorte der Gesellschaft eingehen muss.[698] Aufgegriffen und näher ausgestaltet wird diese Verpflichtung in Art. 9 Abs. 5 Satz 1[699] RL: Dieser

---

[693] Dem entsprechen § 126 Abs. 1 Nr. 11 UmwG für die Spaltung und § 194 Abs. 1 Nr. 7 UmwG für den Formwechsel.

[694] Hierzu oben § 2B.I.3.b); s. ferner HWK/*Seibt*, WpÜG Rn. 5; KK-WpÜG/*Hirte*, § 27 Rn. 41; *Nehls*, in: FAZ, 24.4.2002, S. 25.

[695] KK-WpÜG/*Hirte*, § 27 Rn. 4.

[696] Art. 3 Abs. 1 lit. b), 2. Hs. RL lautet: „[D]as Leitungs- bzw. Verwaltungsorgan einer Zielgesellschaft muss bei der Beratung der Inhaber von Wertpapieren auf die Auswirkungen der Durchführung des Angebots auf die Beschäftigung, die Beschäftigungsbedingungen und die Standorte der Gesellschaft eingehen.".

[697] Zum Normtext vorstehend Fn. 632.

[698] Vgl. dazu *Maul/Muffat-Jeandet*, AG 2004, 221, 226 f.; *Neye*, ZIP 2001, 1120, 1122; *Zinser*, EuZW 2003, 10, 11.

[699] Zum Normtext vorstehend Fn. 631.

Bestimmung zufolge muss in der Stellungnahme unter anderem auf die Auswirkungen des Angebots auf sämtliche Interessen der Gesellschaft, einschließlich der Beschäftigung, und auf die strategische Planung des Bieters für die Zielgesellschaft sowie die – voraussichtlichen – Auswirkungen auf Arbeitsplätze und Standorte, wie in dem Antragsdokument des Bieters dargelegt, eingegangen werden. Die Richtlinie belässt demnach den Pflichtinhalt der Stellungnahme gegenüber dem Kompromisstext des Gemeinsamen Entwurfs unverändert.[700]

(dd) Regelungen anderer Mitgliedstaaten

Nicht zuletzt aufgrund der jahrelangen Bemühungen um die Verabschiedung einer gemeinschaftsweiten Übernahmeregelung sehen auch andere europäische Rechtsordnungen Bestimmungen vor, die § 27 Abs. 1 WpÜG entsprechen. So kann nach französischem Recht die Zielgesellschaft eine Stellungnahme ihres Vorstands veröffentlichen, wobei diese gemäß Art. 6 Réglement n^{0} 2002-04 de la Commission des Opérations relatif aux offres publiques d'acquisition auf die Vorteile des Angebots und die Konsequenzen für die Zielgesellschaft sowie deren Aktionäre und Arbeitnehmer eingehen kann.[701] Des Weiteren hat nach Rule 3.1, 25.1 des City Code die Verwaltung der Zielgesellschaft zu einem Angebot Stellung zu nehmen und dabei insbesondere die voraussichtlichen Auswirkungen eines erfolgreichen Angebots auf die Zielgesellschaft und ihre Arbeitnehmer zu berücksichtigen (Rule 25.2).[702] Nach § 14 Abs. 1 öÜbG muss auch dort der Vorstand der Zielgesellschaft unverzüglich nach der Veröffentlichung der Angebotsunterlage eine Äußerung zu dem Angebot verfassen (Satz 1). Dessen Satz 2, 1. Hs. gibt weiterhin vor, dass der Vorstand in seiner Beurteilung aufzunehmen hat, ob der Angebotsinhalt den Interessen der Aktionäre, Arbeitnehmer und Gläubiger sowie dem öffentlichen Interesse angemessen Rechnung trägt.[703]

(b) Schilderung der (un-)mittelbaren Folgen eines erfolgreichen Angebots

Im Hinblick auf Inhalt und Reichweite der die Gesellschaftsorgane treffenden Pflicht zur Darstellung der Angaben i.S.v. § 27 Abs. 1 Satz 2 Nr. 2 WpÜG sind jedenfalls die durch die Neugestaltung der Beteiligungsverhältnisse *unmittelbar* verursachten Folgen aufzuzeigen. Solche primären Rechtsfolgen für die Beschäftigten und deren Vertretungen können sich indes nur ergeben, wenn sich infolge des Anteilserwerbs die Kon-

---

700 Aus Art. 9 Abs. 1 lit. d) des Gemeinsamen Entwurfs (dazu oben § 1B.I.2.g)aa)(3)), welcher eine Stellungnahme zur „wahrscheinliche[n] Folgewirkung" der strategischen Planung des Bieters auf Arbeitsplätze und Standorte verlangte, ergibt sich keine Abweichung ggü. der in der RL geforderten Stellungnahme zu den „voraussichtlichen Auswirkungen" auf Arbeitsplätze und Standorte.

701 Ehricke/*Ekkenga*/Oechsler, § 27 Rn. 7.

702 Rule 25.2 (Views of the board on the offeror's plans for the company and its employees) lautet: „The board of the offeree company should, insofar als relevant, comment upon the statements in the offer document regarding the offeror's intentions in respect of the offeree company and its employees made pursant to Rule 24.1."; hierzu Ehricke/*Ekkenga*/Oechsler, § 27 Rn. 6; KK-WpÜG/*Hirte*, § 27 Rn. 9.

703 Ehricke/*Ekkenga*/Oechsler, § 27 Rn. 7; *Kirchner*, BB 2000, 105, 107; *Roth/Zinser*, EWS 2000, 233, 236; *Zschocke*, in: Rosen/Seifert, S. 77, 88; *Zwissler*, AG 1999, 411, 415.

zernzugehörigkeit des Zielunternehmens ändert oder dieses erstmalig in einen Konzern eingegliedert wird und sich daraus Veränderungen für die Betriebsverfassungsorgane oder die Unternehmensmitbestimmung im Aufsichtsrat der AG ergeben.[704]

Im Übrigen ist nicht a priori auszuschließen, dass § 27 Abs. 1 Satz 2 Nr. 2 WpÜG ebenfalls *mittelbare* Folgen des Aktienerwerbs erfasst, die zwar nicht direkte Ergebnisse eines erfolgreichen Verfahrensabschlusses sind, sich aber zwangsläufig aus der mit dem Angebot verknüpften unternehmerischen Intention ergeben. So hat vor allem ein gelungenes Übernahmeangebot mittelfristig in aller Regel arbeitsrechtlich relevante, grundlegende Umgestaltungen tatsächlicher und/oder rechtlicher Art zur Konsequenz, denn Akquisitionen sind typischerweise durch erwartete Synergieeffekte motiviert.[705] Die *rechtlichen* Veränderungen, die anlässlich einer Kontrollerlangung eintreten können, reichen vom individualrechtlichen Übergang der Arbeitsverhältnisse (§ 613a Abs. 1 Satz 1 BGB) im Fall einer sich an die Übernahme anschließenden Unternehmensveräußerung über die sich aus § 613a Abs. 1 Satz 2-4 BGB ergebenden Folgen in Bezug auf Tarifverträge und Betriebsvereinbarungen bis hin zu möglichen Auswirkungen auf den gesetzlichen Kündigungsschutz, Bestand und Zusammensetzung von Betrieben und Personalvertretungen sowie zur Veränderung des Mitbestimmungsstatuts. Hingegen sind die Zusammenlegung von Verwaltungen (der Bieter- und Zielgesellschaft) oder Betriebsstätten zur Erreichung von Verbundeffekten oder ein mittelfristig anvisierter Arbeitsplatzabbau Beispiele für *tatsächliche* Veränderungen.[706]

Mehr noch als bei den beschränkten Primärfolgen eines Beteiligungserwerbs, ist den Beschäftigten der Zielgesellschaft bei diesen arbeitsrechtlichen Sekundärfolgen an einer möglichst frühzeitigen Information gelegen. Klärungsbedürftig ist demnach, ob im Rahmen der nach § 27 Abs. 1 Satz 1 WpÜG zu verfassenden Stellungnahmen auch auf derartige bloß mittelbare Folgen des Wertpapiererwerbs für die Arbeitnehmerschaft eingegangen werden muss.

Aufgrund der Anlehnung des § 27 Abs. 1 Satz 2 Nr. 2 WpÜG an § 5 Abs. 1 Nr. 9 UmwG könnte mit Blick auf die überwiegende Auffassung im Umwandlungsrecht[707] argumentiert werden, dass im Wege einer „kleinen Lösung" die nur mittelbar mit einer Übernahme verbundenen Folgen nicht in das Stellungnahmedokument aufzunehmen sind. Lediglich die durch die Übernahme direkt ausgelösten arbeitsrechtlichen Primärfolgen wären mithin darzustellen. In der übernahmerechtlichen Lehre ist hingegen die

---

704 HWK/*Seibt*, WpÜG Rn. 5; KK-WpÜG/*Hirte*, § 27 Rn. 43; *Röh*, in: Haarmann (u.a.), § 27 Rn. 25; *Seibt*, DB 2002, 529, 530; vgl. ferner *Willemsen*, in: Willemsen (u.a.), Kap. B Rn. 12; *Hohenstatt*, aaO, Kap. D Rn. 7 (dort Fn. 12), 122 ff. sowie *Seibt*, aaO, Kap. F Rn. 27.

705 HWK/*Seibt*, WpÜG Rn. 5 (dort Fn. 4); *Seibt*, DB 2002, 529, 530 (dort Fn. 11); zu den ökonomischen Ursachen von Übernahmen s. oben § 1A.II.

706 Zum Ganzen vgl. *Willemsen*, RdA 1998, 23, 25; *ders.*, in: Willemsen (u.a.), Kap. C Rn. 368 (jeweils zum UmwG).

707 Vertreter der „kleinen" Lösung: *Drygala*, ZIP 1996, 1365, 1368; Lutter/*Lutter*, § 5 UmwG Rn. 53 ff.; *Müller*, DB 1997, 713, 714; Schmitt/Hörtnagel/*Stratz*, § 5 UmwG Rn. 47. Vertreter der „großen" Lösung: *Bachner*, NJW 1995, 2881, 2886; *Däubler*, RdA 1995, 136, 137 f.; *Engelmeyer*, DB 1996, 2542 f.; *Fitting*, § 1 BetrVG Rn. 169; *Grunewald*/Winter, in: Lutter, S. 19, 22; *Wlotzke*, DB 1995, 40, 45.

„große Lösung" vorherrschend, wonach die Gesellschaftsorgane ebenfalls mittelbare Folgen einschätzen müssten.[708]

Gegen den zuletztgenannten Standpunkt könnte sprechen, dass nach Abschluss einer erfolgreichen (Übernahme-)Offerte regelmäßig nur mittelbare Änderungen für die betrieblichen Strukturen der Zielgesellschaft eintreten, für die das Betriebsverfassungsrecht weitergehende Unterrichtungs- und Beteiligungsrechte (vor allem §§ 80 Abs. 2, 111 ff. BetrVG) bereit hält.[709] Im Hinblick darauf könnte die große Lösung zu einer *doppelten* Information führen. Dennoch sind diese Bedenken im Übernahmerecht letztlich nicht durchschlagend. Da nämlich die Durchführung des Aktienerwerbs – von seltenen Fällen abgesehen – keine unmittelbaren Auswirkungen auf die individual- oder kollektivarbeitsrechtliche Position der Mitarbeiter, Betriebsstrukturen und Beschäftigungsbedingungen bei der Zielgesellschaft hat und demzufolge § 27 Abs. 1 Satz 2 Nr. 2 WpÜG kein sinnvoller Anwendungsbereich verbliebe, sind an dieser Stelle zusätzlich die mittelbaren Folgen des Eigentümerwechsels zu schildern. Unterstützung findet diese Position überdies durch die ausdrückliche Erwähnung der Arbeitnehmervertretungen in § 27 Abs. 1 Satz 2 Nr. 2 WpÜG, weil ihre Existenz der Disposition des Bieters entzogen ist.[710] Der Fortfall von Betriebsräten oder anderen Vertretungen kann sich vielmehr stets nur als mittelbare Folge einer tatsächlich beabsichtigten und entsprechend umgesetzten Umstrukturierung ergeben.

Damit besteht eine Pflicht zur Stellungnahme auch dann, wenn der Bieter für den Fall einer erfolgreichen Übernahme Restrukturierungen (Verlagerung oder Verkauf einzelner Gesellschaften oder Standorte o.Ä.) oder Personalmaßnahmen zur Herbeiführung von Synergieeffekten im Antragsdokument (vgl. § 11 Abs. 2 Satz 3 Nr. 2 WpÜG) angekündigt hat. Bei der Bewertung der Offerte muss sich das betreffende Organ infolgedessen beispielsweise mit der Weitergeltung von arbeitsrechtlichen Individual- und Kollektivverträgen oder dem Schicksal der Belegschaftsvertretungen auseinandersetzen.[711]

(2) Grundlage der arbeitsrechtlichen Pflichtangaben

Ist demnach der arbeitsrechtliche Pflichtinhalt des § 27 Abs. 1 Satz 2 Nr. 2 WpÜG festgestellt, bleibt offen, worauf die diesbezüglichen Angaben des Vorstands und Aufsichtsrats basieren.

---

708 Geibel/Süßmann/*Grobys*, § 27 Rn. 17; KK-WpÜG/*Hirte*, § 27 Rn. 43; MüKo-AktG/*Wackerbarth*, § 27 WpÜG Rn. 27; *Simon*, in: Semler/Volhard, § 55 Rn. 25; wohl auch *Röh*, in: Haarmann (u.a.), § 27 Rn. 25 (der von einem Eingehen auf „individualrechtliche Folgen" spricht, die sich bei einem Beteiligungserwerb nach dem WpÜG nur mittelbar ergeben können); vgl. ebenfalls HWK/*Seibt*, WpÜG Rn. 14 sowie *Seibt*, DB 2002, 529, 533 (jeweils zur Angebotsunterlage).

709 Vgl. HWK/*Seibt*, WpÜG Rn. 5 (dort Fn. 4); *Seibt*, DB 2002, 529, 530 (dort Fn. 11); s. zudem *Drygala*, ZIP 1996, 1365, 1368, 1369 f.; Lutter/*Lutter*, § 5 UmwG Rn. 57 f. (jeweils zum UmwG).

710 Vgl. Geibel/Süßmann/*Grobys*, § 11 Rn. 27; *Grobys*, NZA 2002, 1, 5; s. auch KK-WpÜG/*Hirte*, § 33 Rn. 177; *Simon*, in: Semler/Volhard, § 55 Rn. 22 (dort Fn. 53).

711 Geibel/Süßmann/*Grobys*, § 27 Rn. 17; MüKo-AktG/*Wackerbarth*, § 27 WpÜG Rn. 27; *Röh*, in: Haarmann (u.a.), § 27 Rn. 25.

(a) Angebotsunterlage des Bieters

Ausgangspunkt dieser in der Stellungnahme gemachten Aussagen sind neben Pressemitteilungen und Internetauftritten des Bieters die Angaben in der Angebotsunterlage gemäß § 11 Abs. 2 Satz 3 Nr. 2 WpÜG.[712] Danach hat das Antragsdokument Ausführungen zu enthalten über die „Absichten des Bieters im Hinblick auf die künftige Geschäftstätigkeit der Zielgesellschaft, insbesondere den Sitz und den Standort wesentlicher Unternehmensteile, die Verwendung ihres Vermögens, ihre künftigen Verpflichtungen, die Arbeitnehmer und deren Vertretungen, die Mitglieder ihrer Geschäftsführungsorgane und wesentliche Änderungen der Beschäftigungsbedingungen einschließlich der insoweit vorgesehenen Maßnahmen". Diese – im Vergleich zu § 27 Abs. 1 Satz 2 Nr. 2 WpÜG – deutlich präzisere Umschreibung konkretisiert insoweit die Stellungnahmepflicht.[713]

Das Gesetz verlangt dennoch eine schwer zu erfüllende Aufgabe. Vorstand und Aufsichtsrat sind nämlich verpflichtet, vor dem Hintergrund der Absichten eines Dritten die „voraussichtlichen" Folgen einer erfolgreichen Offerte zu prognostizieren. Aufgrund dessen haben sie die Angaben des Bieters lediglich einer Plausibilitätskontrolle zu unterziehen.[714] Darüber hinaus sind die Organe nicht gezwungen ein eigenes Übernahmeszenario zu entwickeln, um sodann die möglichen Folgen für die Mitarbeiter/-vertreter und Beschäftigungsbedingungen aufzuzeigen; gleichwohl steht es ihnen frei, im Rahmen der gesetzlichen Möglichkeiten[715] eigene, auf Mitteilungen des Bieters basierende Zukunftsszenarien und deren Folgen zu veröffentlichen.[716]

(b) Keine Pflicht zur Einbindung externen Sachverstands zum Zwecke der Angebotsprüfung

Im Unterschied zu anderen europäischen Rechtsordnungen (z.B. Rule 25.1 City Code, § 13 öÜbG) ist die noch in § 14 DiskE-ÜG enthaltene Pflicht der Zielgesellschaft, zur Beurteilung des Angebots externe Berater einzuschalten, nicht in das Gesetz aufgenommen worden.[717] Allerdings wird es in der Praxis empfehlenswert sein, vor Abgabe

---

[712] Vgl. BT-Ds. 14/7034 zu § 27 Abs. 1 RegE-WpÜG, S. 52: „Grundlage der Stellungnahme werden hierbei *insbesondere* die Angaben des Bieters in der Angebotsunterlage über seine strategische Planung im Hinblick auf die Zielgesellschaft sein" (Herv. d. Verf.); ebenso Ehricke/*Ekkenga*/Oechsler, § 27 Rn. 15 f., 21; Geibel/Süßmann/*Grobys*, § 27 Rn. 17; *Hopt*, in: FS Lutter (2000), S. 1361, 1381; KK-WpÜG/*Hirte*, § 27 Rn. 41; *Liebscher*, ZIP 2001, 853, 861; *Simon*, in: Semler/Volhard, § 55 Rn. 25; zu § 11 Abs. 2 Satz 3 Nr. 2 WpÜG s. unten § 3A.II.3.b)bb).

[713] KK-WpÜG/*Hirte*, § 27 Rn. 41.

[714] Ehricke/*Ekkenga*/Oechsler, § 27 Rn. 21; HWK/*Seibt*, WpÜG Rn. 18; KK-WpÜG/*Hirte*, § 27 Rn. 42; *Seibt*, DB 2002, 529, 534; *Simon*, in: Semler/Volhard, § 55 Rn. 25.

[715] Vgl. §§ 93, 116 AktG sowie § 33 WpÜG (dazu näher unten § 3B.II.1.a)).

[716] Ehricke/*Ekkenga*/Oechsler, § 27 Rn. 22 (dort Fn. 58); Geibel/Süßmann/*Grobys*, § 27 Rn. 17; HWK/*Seibt*, WpÜG Rn. 18; MüKo-AktG/*Wackerbarth*, § 27 WpÜG Rn. 25; *Seibt*, DB 2002, 529, 534.

[717] Geibel/Süßmann/*Schwennicke*, § 27 Rn. 12; KK-WpÜG/*Hirte*, § 27 Rn. 4; zu § 14 DiskE-ÜG noch *Land/Hasselbach*, DB 2000, 1747, 1749.

der Meinungsäußerung professionellen Rat – etwa von Investmentbanken, Rechtsanwälten oder Wirtschaftsprüfern – einzuholen.[718]

Kann das jeweilige Gremium seine Stellungnahme nicht ohne Einbindung externen Sachverstands abfassen, verzichtet es aber dennoch auf dessen Beanspruchung, so erfordern die Interessen der Angebotsadressaten und Arbeitnehmer, dass die Äußerung den Hinweis enthält, dass eine endgültige Beurteilung nicht erfolgen konnte.[719]

(3) Ergebnis der Prüfung

Das Prüfungsergebnis des Vorstands und Aufsichtsrats ist (jeweils) in einer eigenen Meinung zusammenzufassen, so dass sich spätestens zu diesem Zeitpunkt herausstellt, ob es sich um ein freundliches oder um ein unerwünschtes Angebot handelt. Ist das Ergebnis negativ, muss dies in der Stellungnahme zum Ausdruck kommen. Andererseits sind die Gesellschaftsorgane nicht stets verpflichtet, die Schlussfolgerungen aus der Meinungsäußerung selbst zu ziehen; so ist im Einzelfall auch eine Stellungnahme denkbar, die sich einer konkreten Handlungsempfehlung an die Aktionäre enthält.[720] Im Übrigen steigen die Anforderungen an die Intensität der Stellungnahme von einfachen Angeboten über obligatorische Anträge bis hin zu Übernahmeofferten.[721]

(a) Interesse der Gesellschaft als Maßstab für den Inhalt der Stellungnahme

Vorstand und Aufsichtsrat haben sich bei ihrer Aufgabe, den Anlegern eine Entscheidungshilfe zur Verfügung zu stellen, vom „Interesse der Zielgesellschaft“ (vgl. § 3 Abs. 3 WpÜG) leiten zu lassen. Dieses sog. *Unternehmensinteresse* umfasst die Interessen der Aktionäre, der Arbeitnehmer und der Allgemeinheit.[722] Entsprechend sind die Auswirkungen eines erfolgreichen Angebots auf die Standorte der Zielgesellschaft, ihre Aktionäre und Mitarbeiter zu beurteilen. Bemerkenswert ist insofern, dass es, wenn das Aktionärs- vom Unternehmensinteresse abweicht, im Rahmen des § 27 Abs. 1 Satz 2 WpÜG nicht gesondert zum Gegenstand der Stellungnahme gemacht werden kann.[723]

---

718 Ehricke/*Ekkenga*/Oechsler, § 27 Rn. 21; *Hopt*, in: FS Lutter (2000), S. 1361, 1379; KK-WpÜG/*Hirte*, § 27 Rn. 17.

719 Hierzu auch KK-WpÜG/*Hirte*, § 27 Rn. 33.

720 Nachw. oben in Fn. 622.

721 Ähnlich KK-WpÜG/*Hirte*, § 27 Rn. 32; *Simon*, in: Semler/Volhard, § 55 Rn. 26; *Steinmeyer/Häger*, § 27 Rn. 5, 6.

722 BT-Ds. 14/7034 zu § 27 Abs. 1 RegE-WpÜG, S. 52 („Durch die Stellungnahme kommt der Vorstand zugleich seiner gesellschaftsrechtlichen Verpflichtung zur sachgerechten Wahrnehmung der in der Gesellschaft zusammentreffenden Interessen nach, deren Träger neben den Aktionären die Arbeitnehmer und das Gemeinwohl sind und deren ggf. divergierenden Interessen im Wege praktischer Konkordanz auszugleichen sind.“); vgl. auch *Ekkenga/Hofschroer*, DStR 2002, 724, 728; *Harbarth*, ZIP 2004, 3, 10 f., 12; KK-WpÜG/*Hirte*, § 27 Rn. 31; *Schüppen*, in: Haarmann (u.a.), § 3 Rn. 17; *Seulen*, S. 198 f.; abweichend KK-WpÜG/*Versteegen*, § 3 Rn. 38; ausführlich zum Unternehmensinteresse unten § 3B.II.3.b)cc)(1).

723 Kritisch dazu KK-WpÜG/*Hirte*, § 27 Rn. 31.

Eine einseitige Parteiergreifung zugunsten der Arbeitnehmerinteressen würde mit der Verpflichtung auf das Unternehmensinteresse konfligieren, was gerade auch im Zusammenhang mit der Meinungsäußerung des mitbestimmten Aufsichtsrats zu beachten ist.[724] Die Gesellschaftsorgane müssen vielmehr ebenso die wirtschaftlichen Effekte der vom Bieter geplanten Maßnahmen und ihre Bedeutung für das Wohl der Allgemeinheit und der Anteilseigner berücksichtigen. Insgesamt betrachtet zeigt dies jedoch, dass die Gremien in dieser Phase des Angebotsverfahrens nicht nur berechtigt sind mit dem Bieter zu verhandeln, um auf eine Verbesserung der Offerte im Sinne ihrer Aktionäre hinzuwirken, sondern auch um die Zukunftschancen ihrer Belegschaft zumindest zu erhalten.[725]

(b) Grenzen der Stellungnahmepflicht

Aus den allgemeinen gesellschaftsrechtlichen Grundsätzen kann sich eine Beschränkung des Rechts auf freie Beurteilung des Angebots ergeben.[726] Besteht nach den §§ 93 Abs. 1 Satz 2, 116 AktG eine Pflicht zur Verschwiegenheit, so darf das Management die jeweiligen Informationen nicht veröffentlichen, auch wenn diesen für die Beurteilung des Antrags wesentliche Bedeutung zukommt.[727] Die Gesellschaftsorgane können somit bezüglich zukunftsbezogener Informationen unter Umständen nicht in derselben Weise Prognosen abgeben wie der Bieter. Zudem ergibt sich aus der Pflicht des Vorstands zur ordnungsgemäßen Geschäftsführung gemäß §§ 76, 93 Abs. 1 Satz 1 AktG eine Beschränkung der Stellungnahmepflicht, wenn durch die Offenlegung von Tatsachen in der Meinungsäußerung das Unternehmensinteresse betroffen wäre. Das bedeutet aber auch, dass bei der Beurteilung des Angebots persönliche Interessen der Verwaltungsmitglieder nicht berücksichtigt werden dürfen.[728]

dd) Kein Anhörungs- oder Beratungsrecht der Arbeitnehmerseite vor Abgabe der Stellungnahme

Im Laufe des Gesetzgebungsverfahrens wurden Vorschläge unterbreitet, wonach den Beschäftigten respektive deren Vertretern *vor* Abgabe der Stellungnahme durch die Verwaltung der Zielgesellschaft besondere Rechte zustehen sollten.

---

[724] *Ekkenga/Hofschroer*, DStR 2002, 724, 728; Geibel/Süßmann/*Grobys*, § 27 Rn. 17; *Harbarth*, ZIP 2004, 3, 11; KK-WpÜG/*Hirte*, § 27 Rn. 43.

[725] So auch *Kirchner*, BB 2000, 105, 109; lediglich auf die Verbesserung im Hinblick auf die Aktionäre *Hopt*, in: FS Lutter (2000), S. 1361, 1379; KK-WpÜG/*Hirte*, § 27 Rn. 50.

[726] BT-Ds. 14/7034 zu § 27 Abs. 1 RegE-WpÜG, S. 52; Geibel/Süßmann/*Schwennicke*, § 27 Rn. 13.

[727] *Ebenroth/Daum*, DB 1991, 1157, 1159; KK-WpÜG/*Hirte*, § 27 Rn. 32; *Hopt*, in: FS Lutter (2000), S. 1361, 1381; *Röh*, in: Haarmann (u.a.), § 27 Rn. 21; a.A. *Assmann/Bozenhardt*, in: Assmann (u.a.), S. 1, 105 (dort Fn. 548); differenzierend Ehricke/*Ekkenga*/Oechsler, § 27 Rn. 24.
Die Verschwiegenheitspflicht betrifft praktisch alle wesentlichen Einzelheiten des betrieblichen Leistungsprogramms, der Finanzierung und der Organisation, soweit sie nicht in den Jahresabschlüssen oder auf sonstige Weise offenzulegen sind.

[728] Geibel/Süßmann/*Schwennicke*, § 27 Rn. 13; *Harbarth*, ZIP 2004, 3, 11; *Rümker*, in: FS Heinsius (1991), S. 683, 686 f.

Unter anderem plädierte der DGB dafür, dass § 30 DiskE-ÜG (der die Stellungnahme des Vorstands der Zielgesellschaft regelte) um ein Beratungsrecht zugunsten der Personalvertretung erweitert werden sollte, damit der Vorstand noch im Stadium der Entwicklung seiner Meinungsäußerung zu deren Anhörung gezwungen wäre.[729] Nur so könne garantiert werden, dass die Geschäftsführung vor Abgabe der Stellungnahme nicht nur die Position der Belegschaft kenne, sondern die Angebotsunterlage mit ihr berate. Zugleich werde den Arbeitnehmervertretern durch dieses Beratungsrecht die Möglichkeit eingeräumt, die Interessen der Mitarbeiter im Zusammenhang mit einem Angebot darzutun und auf den Inhalt der Stellungnahme Einfluss zu nehmen. Diese Idee orientierte sich an einem Änderungsantrag des Europaparlaments zu Art. 8 lit. b des Kommissionsvorschlags vom 7.2.1996[730], nach dem das Leitungs- oder Verwaltungsorgan vor der Fertigstellung der Stellungnahme die Arbeitnehmer oder deren Vertreter konsultieren sollte. Während des neuerlichen Mitentscheidungsverfahrens wurde diese Forderung im Frühjahr 2003 unter anderem vom Parlamentsausschuss für Industrie, Außenhandel, Forschung und Energie[731] und vom EWSA[732] wieder aufgegriffen.

Richtigerweise hat der Gesetzgeber ein solches Recht nicht in die nationale Übernahmeregelung aufgenommen. Denn im Unterschied zu § 30 Abs. 2 DiskE-ÜG, nach dem der Vorstand der Zielgesellschaft in seiner Stellungnahme die Position der Arbeitnehmer lediglich aufzunehmen hatte, besteht nach § 27 Abs. 2 WpÜG ein eigenständiges Stellungnahmerecht sowie eine Beifügungspflicht zugunsten der Arbeitnehmerseite.[733] Diese Ausweitung gewährleistet hinreichenden Schutz auch für den Fall, dass die Verwaltung vor Abgabe der Stellungnahme(n) die Auffassung der Beschäftigten zu der Offerte nicht in ausreichendem Maße kennt oder nicht in ihre öffentliche(n) Verlautbarung(en) einfließen lässt. Daneben würde die Informierung der Aktionäre ungerechtfertigterweise zeitlich verzögert. Auch in der endgültigen Richtlinienfassung ist eine Einbindung der Belegschaft vor Bekanntgabe der Stellungnahme (vgl. Art. 9

---

729 Stellungnahme des DGB vom 11.10.2000 zu § 30 DiskE-ÜG, S. 4; dazu *Wackerbarth*, WM 2001, 1741, 1742; in diese Richtung auch Stellungnahme der ULA zu § 27 RegE-WpÜG vom 9.10.2001, S. 4; vgl. auch *Niessen*, in: Kreuzer, S. 35, 52.

730 ABlEG Nr. C 222 vom 21.7.1997, S. 20, 24 (Änderungsantrag 21); zu diesem Kommissionsvorschlag s. oben § 1B.I.2.f); vgl. ferner KK-WpÜG/*Hirte*, § 27 Rn. 8.

731 Stellungnahme des Ausschusses für Industrie, Außenhandel, Forschung und Energie vom 30.4.2003, PE 327.239 vom 8.12.2003, S. 86, 94 f. Danach sollte Art. 9 Abs. 5 Satz 2 RL lauten: „Vor Fertigstellung dieses Dokuments informiert und konsultiert das Leitungs- bzw. Verwaltungsorgan die Arbeitnehmervertreter der Gesellschaft oder in Ermangelung solcher Vertreter die Arbeitnehmer selbst, detailliert und umfassend.“.

732 Stellungnahme EWSA zum Vorschlag (oben Fn. 115) vom 14./15.5.2003, ABlEG Nr. C 208 vom 3.9.2003, S. 55, 56. Art. 9 Abs. 5 Satz 2 RL sollte wie folgt gefasst sein: „Vor der Fertigstellung des Dokuments muss das Leitungs- bzw. Verwaltungsorgan der Zielgesellschaft die Arbeitnehmervertreter der Gesellschaft oder – in Ermangelung solcher Vertreter – die Arbeitnehmer selbst eingehend und umfassend unterrichten und anhören.“.

733 *Grobys*, NZA 2002, 1, 6; *Seibt*, DB 2002, 529, 534 (dort Fn. 54); vgl. auch *Pötzsch/Möller*, WM 2000 Sonderbeil. Nr. 2, 3, 25 (zu § 30 Abs. 2 DiskE-ÜG).

Abs. 5 Satz 1 RL)[734] nicht enthalten, was aus europarechtlicher Sicht vor dem Hintergrund des Art. 9 Abs. 5 Satz 3[735] RL keine Lücken im Arbeitnehmerschutz besorgen lässt.

b) Pflicht zur Übermittlung der Stellungnahmen an die Belegschaft (Abs. 3 Satz 2)

Im Regierungsentwurf wurde gegenüber dem Referentenentwurf die Vorschrift des jetzigen § 27 Abs. 3 Satz 2 WpÜG neu aufgenommen, womit im Vergleich zur bislang geltenden Lage im deutschen Gesellschaftsrecht ein Novum geschaffen wurde.[736] Gleichzeitig mit der Veröffentlichung der Stellungnahme(n) haben danach Vorstand und Aufsichtsrat diese dem Betriebsrat oder, falls ein solcher nicht besteht, direkt den Arbeitnehmern zu übermitteln. Die Norm stellt klar, dass beide Organe ihre Meinungsäußerung den (Vertretern der) Arbeitnehmern auf gesondertem Wege übermitteln müssen; die Bekanntgabe im Internet gemäß § 27 Abs. 3 Satz 1 WpÜG i.V.m. § 14 Abs. 3 Satz 1 Nr. 1 WpÜG genügt also nicht.[737]

aa) Vergleich mit Art. 9 Abs. 5 Satz 2 der RL 2004/25/EG und § 14 Abs. 3 öÜbG

Kongruent zur deutschen Rechtslage hat auch das Leitungs- bzw. Verwaltungsorgan der Zielgesellschaft nach Art. 9 Abs. 5 Satz 2[738] der Übernahmerichtlinie den Beschäftigten seine Beurteilung des Angebots zukommen zu lassen.

Auch § 14 Abs. 1 Satz 1 öÜbG verpflichtet den Vorstand einer Zielgesellschaft dazu, unverzüglich nach der Veröffentlichung der Angebotsunterlage eine Äußerung zum Angebot zu verfassen. Daneben kann der Aufsichtsrat eine Stellungnahme abgeben, muss es aber nicht (§ 14 Abs. 3[739] öÜbG). Gleichzeitig mit der Anzeige dieser Äußerung(en) muss der Vorstand diese der Arbeitnehmervertretung übermitteln.

bb) Materiell-rechtliche Übereinstimmung mit den §§ 10 Abs. 5 Satz 2, 14 Abs. 4 Satz 2 WpÜG

Die vom Vorstand und Aufsichtsrat verfasste(n) Stellungnahme(n) ist/sind dem zuständigen Betriebsrat (§ 27 Abs. 3 Satz 2, 1. Alt. WpÜG) oder, sofern ein solcher nicht

---

[734] Hierzu vorstehend § 2B.IV.1.a)aa)(3)(a).

[735] Zum Normtext des Art. 9 Abs. 5 Satz 3 RL unten Fn. 783.

[736] KK-WpÜG/*Hirte*, § 27 Rn. 4, 73; *Kort*, in: FS Lutter (2000), S. 1421, 1438.

[737] Ehricke/*Ekkenga*/Oechsler, § 27 Rn. 41.

[738] Art. 9 Abs. 5 Satz 2 RL lautet: „Das Leitungs- bzw. Verwaltungsorgan der Zielgesellschaft übermittelt diese Stellungnahme gleichzeitig den Arbeitnehmervertretern der Gesellschaft oder – in Ermangelung solcher Vertreter – den Arbeitnehmern selbst.“.

[739] *Kalss*, NZG 1999, 421, 429 (dort Fn. 100); *Zschocke*, in: Rosen/Seifert, S. 77, 88.

§ 14 Abs. 3 öÜbG lautet: „Der Vorstand hat seine Äußerung sowie eine allfällige Äußerung des Aufsichtsrats und die Beurteilung des Sachverständigen der Übernahmekommission innerhalb von zehn Börsentagen ab Veröffentlichung der Angebotsunterlage anzuzeigen und gleichzeitig dem Betriebsrat zu übermitteln; sie sind unverzüglich nach Anzeige an die Übernahmekommission von der Zielgesellschaft unter Beachtung des § 11 Abs. 1 dritter Satz sowie des § 18 AktG zu veröffentlichen.“.

besteht, unmittelbar den Arbeitnehmern (2. Alt.) zu übermitteln. Die in diesem Zusammenhang auftretenden Auslegungsfragen sind entsprechend der Ausführungen zu den §§ 10 Abs. 5 Satz 2, 14 Abs. 4 Satz 2 WpÜG zu entscheiden.[740] Dies gilt insbesondere für die Ermittlung des empfangszuständigen Repräsentationsorgans sowie den Kreis der zu unterrichtenden Mitarbeiter. Infolgedessen gelten für die Art und Weise der Übermittlung prinzipiell die gleichen Grundsätze wie für die Verhaltenspflichten des Vorstands nach diesen Bestimmungen.

(1) Form und Inhalt der Übermittlung

Das Gesetz sieht für die Übermittlung gemäß § 27 Abs. 3 Satz 2 WpÜG eine bestimmte Form nicht vor. Existiert kein Betriebsrat, so ist – ebenso wie bei § 14 Abs. 4 Satz 2 WpÜG[741] – eine Pflicht des Vorstands oder Aufsichtsrats zur Vervielfältigung ihrer Stellungnahme zu verneinen.[742]

In Übereinstimmung mit den Parallelvorschriften der §§ 10 Abs. 5 Satz 2, 14 Abs. 4 Satz 2 WpÜG[743] ist in inhaltlicher Hinsicht die vollständige Angebotsbeurteilung – d.h. ungekürzt und in vollem Wortlaut – zu übersenden, also nicht nur der Teil, der die arbeitsrechtlich relevanten Angaben nach § 27 Abs. 1 Satz 2 Nr. 2 WpÜG enthält.[744]

(2) Zeitpunkt der Übermittlung

Eine Besonderheit der Übermittlungspflicht i.S. des § 27 Abs. 3 Satz 2 WpÜG gegenüber den übrigen Pflichten ergibt sich insoweit, als die Übermittlung der Stellungnahme(n) an die Mitarbeiter/-vertretung „gleichzeitig“ mit der Veröffentlichung zu erfolgen hat. Hintergrund dieses Erfordernisses ist, dass die Belegschaft durch die Mitteilung der Vorstands- und Aufsichtsratsstellungnahme keinen – insiderrechtlich unter Umständen problematischen – Informationsvorsprung gegenüber den Aktionären erhält.[745]

Jedenfalls kann damit eine absolute Zeitgleichheit schon deshalb nicht gemeint sein, weil sowohl die tatsächliche Veröffentlichung des Stellungnahmedokuments – insbesondere in den Fällen der Veröffentlichung im Wege des Abdrucks in einem überregionalen Börsenpflichtblatt oder durch Bereithalten zur kostenlosen Ausgabe bei einer geeigneten Stelle im Inland (§§ 27 Abs. 3 Satz 1, 14 Abs. 3 Satz 1 Nr. 2 WpÜG) – als

---

740 Geibel/Süßmann/*Grobys*, § 27 Rn. 42; HWK/*Seibt*, WpÜG Rn. 25; KK-WpÜG/*Hirte*, § 27 Rn. 73; *Seibt*, DB 2002, 529, 535; *Simon*, in: Semler/Volhard, § 55 Rn. 27; für eine Zuleitungspflicht auch an den Sprecherausschuss s. Stellungnahme der ULA zu § 27 RegE-WpÜG vom 9.10.2001, S. 4 f.

741 Hierzu oben § 2B.III.3.a)bb).

742 Anders wohl *Grobys*, NZA 2002, 1, 5, der i.R.d. § 27 Abs. 3 Satz 2 WpÜG verlangt, dass „Vorstand und Aufsichtsrat [...] dem Betriebsrat bzw. den Arbeitnehmern gleichzeitig mit der Veröffentlichung [ihrer Stellungnahme] eine *Abschrift* hiervon zuzuleiten“ hätten (Herv. d. Verf.).

743 Vgl. Parallele zu § 10 Abs. 5 Satz 2 WpÜG (oben § 2B.II.3.c)) und § 14 Abs. 4 Satz 2 WpÜG (oben § 2B.III.3.a)).

744 Ehricke/*Ekkenga*/Oechsler, § 27 Rn. 41; Geibel/Süßmann/*Grobys*, § 27 Rn. 42; HWK/*Seibt*, WpÜG Rn. 25; KK-WpÜG/*Hirte*, § 27 Rn. 74; *Seibt*, DB 2002, 529, 535.

745 Ehricke/*Ekkenga*/Oechsler, § 27 Rn. 41.

auch ihre Kenntnisnahme durch den Betriebsrat oder die Arbeitnehmer nicht im Einflussbereich von Vorstand und Aufsichtsrat liegt. Mithin ist die verlangte Gleichzeitigkeit so zu verstehen, dass beide Gesellschaftsorgane die Veröffentlichung ihrer Stellungnahme und deren Übermittlung an die Beschäftigtenseite zeitgleich zu veranlassen haben.[746] Unerheblich ist dann der Zeitpunkt des Erfolgseintritts der veranlassten Maßnahme. Nur soweit die gemäß §§ 27 Abs. 3 Satz 1, 14 Abs. 3 Satz 1 Nr. 1 WpÜG zwingend erforderliche Veröffentlichung der Stellungnahme im Internet von der Zielgesellschaft selbst vorgenommen wird, lässt sich auch echte Gleichzeitigkeit erreichen.

cc) Verhältnis von § 27 Abs. 3 Satz 2 WpÜG zu BetrVG-Unterrichtungspflichten

Klärungsbedürftig bleibt, ob abseits der Übermittlungspflicht i.S.v. § 27 Abs. 3 Satz 2 WpÜG im Hinblick auf die Stellungnahme noch betriebsverfassungsrechtliche Unterrichtungspflichten der Zielgesellschaft nach den §§ 80 Abs. 2, 111 Satz 1 sowie 106 Abs. 2 BetrVG bestehen.

(1) Unterrichtung des Betriebsrats gemäß § 80 Abs. 2 BetrVG

Im Rahmen des § 80 Abs. 1 Nr. 8 BetrVG ist (wie ausgeführt)[747] unter anderem die Beschäftigungssicherung zu den Betriebsratsaufgaben zu zählen. Der Ausgangspunkt der Entscheidung, ob eine Unterrichtungspflicht des Arbeitgebers – d.h. der Zielgesellschaft als juristische Person, vertreten durch ihren Vorstand (§ 78 Abs. 1 AktG) – bezüglich des Inhalts der Meinungsäußerung(en) gemäß § 80 Abs. 2 Satz 1 BetrVG besteht, bildet die Feststellung, dass sich die vorliegende Sachlage von den vorhergehenden Erörterungen insofern unterscheidet, als die Organe mit der (im Namen der Zielgesellschaft abgegebenen) Stellungnahme einen *eigenen* Standpunkt darlegen und es sich nicht lediglich um die Erklärungen eines Dritten handelt, die der Belegschaft zugeleitet werden sollen.

Eine sich aus § 80 Abs. 2 Satz 1 BetrVG ergebende allgemeine Informationspflicht erfordert, dass die Mitteilung einen Bezug zum Aufgabenbereich des Betriebsrats aufweist, wofür eine gewisse Wahrscheinlichkeit genügt.[748] Dementsprechend muss jedenfalls nicht über den vollständigen Inhalt der Stellungnahme(n) unterrichtet werden, insbesondere nicht über die Art und Höhe der angebotenen Gegenleistung sowie die Absicht der Verwaltungsmitglieder, soweit sie Inhaber von Wertpapieren der Zielgesellschaft sind, das Angebot anzunehmen (vgl. § 27 Abs. 1 Satz 2 Nr. 1 und 4 WpÜG). Aber auch in Bezug auf die Angaben der Nr. 2 und 3 des § 27 Abs. 1 Satz 2 WpÜG erscheint eine Unterrichtungspflicht nicht erforderlich. Zwar werden speziell bei feindlichen Übernahmeangeboten Vorstand und Aufsichtsrat der bedrängten Gesellschaft die voraussichtlichen Folgen eines erfolgreichen Antrags sowie die vom potenziellen Akquisiteur mit diesem verfolgten Ziele in aller Regel anders als der Bieter beurteilen

---

[746] Geibel/Süßmann/*Grobys*, § 27 Rn. 42; KK-WpÜG/*Hirte*, § 27 Rn. 74; MüKo-AktG/*Wackerbarth*, § 27 WpÜG Rn. 39; *Simon*, in: Semler/Volhard, § 55 Rn. 27 sowie *Thiel*, aaO, § 54 Rn. 14.

[747] S. oben § 2B.II.6.a)aa).

[748] *Fitting*, § 80 BetrVG Rn. 51; *Nicolai*, in: HSWG, § 80 BetrVG Rn. 46.

und mitunter eigene arbeitnehmerbezogene Vorschläge unterbreiten. Doch besteht beim theoretischen Durchspielen von Alternativen oder beim Erstellen von Entwürfen im Vorfeld noch nicht getroffener unternehmerischer Entscheidungen noch keine Unterrichtungspflicht.[749]

Dies ist ausnahmsweise anders zu bewerten, wenn sich das derzeitige Management neben den Pflichtangaben gleichzeitig definitiv zu geplanten eigenen Maßnahmen auf betrieblicher Ebene äußert, mit denen etwa – vom Bieter in der Angebotsunterlage aufgedeckte[750] – Produktivitätsdefizite bestimmter Standorte abgebaut werden sollen, um das Vertrauen der Aktionäre in die eigene Unternehmensführung zu erhalten respektive zurückzugewinnen. In einer solchen Konstellation muss der Betriebsrat rechtzeitig und umfassend über diesen Teil der Meinungsäußerung(en) vom Vorstand unterrichtet werden. Dann ist diesem auf sein Verlangen hin gleichfalls das betreffende Dokument der Organstellungnahme (teilweise) zur Verfügung zu stellen, § 80 Abs. 2 Satz 2, 1. Hs. BetrVG.[751]

(2) Unterrichtung des Betriebsrats gemäß § 111 Satz 1 BetrVG

Eine Verpflichtung der Zielgesellschaft zur Unterrichtung des Betriebsrats über den Inhalt der Einschätzung des Angebots von Vorstand und Aufsichtsrat ergibt sich grundsätzlich nicht aus der Vorschrift des § 111 Satz 1 BetrVG.[752] Anders ist dies nur in dem Ausnahmefall zu beurteilen, dass das Management in seiner/seinen Stellungnahme(n) (erstmals) eindeutig ein betriebsänderndes Vorhaben i.S.v. § 111 Satz 3 BetrVG für die eigene Gesellschaft ankündigt.

(3) Unterrichtung des Wirtschafts-, des Sprecherausschusses und des Europäischen Betriebsrats

Dagegen besteht für die von dem Angebot betroffene Gesellschaft eine generelle Verpflichtung zur Unterrichtung des Wirtschaftsausschusses gemäß § 106 Abs. 2, Abs. 3 Nr. 10 BetrVG, weil die Vorstands- und Aufsichtsratsstellungnahmen aufgrund der vorstellbaren Reaktionen der Wertpapierinhaber Auswirkungen auf die Beteiligungsverhältnisse und mittelbar auch auf die Geschäftspolitik haben können.[753] Betriebs- oder Geschäftsgeheimnisse i.S.v. § 106 Abs. 2 BetrVG werden hierdurch nicht beeinträchtigt, denn es sind nur die Informationen mitzuteilen, die nach den §§ 27 Abs. 3 Satz 1, 14 Abs. 3 Satz 1 WpÜG ohnehin veröffentlicht werden müssen. Eine darüber

---

[749] So *Fitting*, § 80 BetrVG Rn. 54; ähnlich *Nicolai*, in: HSWG, § 80 BetrVG Rn. 50.

[750] Zur „Gefahr", dass sich das Management der Zielgesellschaft die aus der Angebotsunterlage ersichtlichen Informationen des Bieters kostenlos aneignet s. *Hopt*, ZHR 161 (1997), 368, 377; *Peltzer*, in: Assmann (u.a.), S. 179, 223 f.; *Tröger*, DZWIR 2002, 353, 359.

[751] Vgl. zur Parallele im Umwandlungsrecht *Boecken*, Rn. 347.

[752] So wohl auch *Aubel*, S. 36; a.A. *Lammers*, S. 128 f., die eine Informationspflicht des Vorstands der Zielgesellschaft ggü. dem Betriebsrat im Hinblick auf den Inhalt der Stellungnahme gemäß § 111 BetrVG (allein) damit rechtfertigt, dass der *Bieter* – unter Zugrundelegung der Rechtslage vor In-Kraft-Treten des WpÜG – nur die Aktionäre und nicht die Arbeitnehmer des Zielunternehmens zu unterrichten hat.

[753] *Aubel*, S. 34 f., 174; Ehricke/*Ekkenga*/Oechsler, § 27 Rn. 41; i.E. auch *Lammers*, S. 127 f., 129.

hinausgehende Pflicht zur Vorlage der entsprechenden Unterlagen kann nur dann angenommen werden, wenn die Meinungsäußerung Auswirkungen auf wesentliche Interessen der Arbeitnehmer des Zielunternehmens hat.[754]

Zudem besteht eine Informationsverpflichtung gegenüber dem Sprecherausschuss nach § 32 Abs. 1 Satz 1 SprAuG i.V.m. § 106 Abs. 3 BetrVG, sowie unter den Voraussetzungen des § 33 EBRG gegenüber einem Europäischen Betriebsrat.[755]

(4) Unmittelbare Unterrichtung der Arbeitnehmer gemäß § 110 BetrVG

Da die jeweilige Stellungnahme i.S.v. § 27 Abs. 1 WpÜG unter anderem Angaben zur derzeitigen wirtschaftlichen Situation des (Ziel-)Unternehmens sowie regelmäßig Einschätzungen der zukünftigen Entwicklung beinhaltet, erscheint eine Pflicht zur Unterrichtung hierüber gemäß § 110 BetrVG angebracht. Auch die infolge der kurzen Annahmefrist zwangsläufig oberflächliche Auseinandersetzung mit dem Begehren des Bieters hindert nicht an der Anwendung dieser Norm, denn § 110 BetrVG verlangt ohnehin lediglich eine allgemeine Darstellung in groben Zügen.[756] Zwar schreibt diese Regelung eine Information eigentlich nur einmal im Kalendervierteljahr vor, aber der Arbeitgeber muss bei ausreichendem Anlass die Belegschaft auch mehrmals innerhalb dieses Zeitraums unterrichten.[757] Die durch ein öffentliches Übernahmeangebot ausgelösten Stellungnahmen erfüllen diese Voraussetzung.

Vorteilhaft ist eine solche betriebsverfassungsrechtliche Information deshalb, weil neben der Einbindung eines bestehenden Betriebsrats nach den Vorschriften des WpÜG auch die Arbeitnehmer direkt unterrichtet werden und die Belegschaft des Zielunternehmens auf breiter(er) Basis in das Angebotsverfahren integriert ist.

2. Stellungnahmerecht der Arbeitnehmerseite / Beifügungs- und Veröffentlichungspflicht des Vorstands (§ 27 Abs. 2 und 3 Satz 1 WpÜG)

Neben der Pflicht der Verwaltungsorgane zur Stellungnahme sowie zu deren Veröffentlichung und Übermittlung, sieht das Gesetz vor, dass der Vorstand eine ihm vom zuständigen Betriebsrat oder direkt von den Arbeitnehmern übermittelte Meinungsäußerung seiner eigenen Stellungnahme beizufügen (§ 27 Abs. 2 WpÜG) und diese zu veröffentlichen (§ 27 Abs. 3 Satz 1 WpÜG) hat. Damit wird den Beschäftigten/-vertretern inzident das Recht eingeräumt, ein eigenes Sondervotum zum Angebot des Bieters zu entwickeln.[758]

Auch wenn § 27 Abs. 3 Satz 1 WpÜG ungenau die Formulierung „die Stellungnahme" verwendet, ohne zu differenzieren, ob auch der Betriebsrat oder die Belegschaft eine

---

[754] S. oben § 2B.III.5.b); a.A. *Aubel*, S. 34 f. (Vorlage stets erforderlich).

[755] Zum Sprecherausschuss s. oben § 2B.II.2.a)bb)(3)(b) und zum Europäischen Betriebsrat oben § 2B.II.2.a)bb)(3)(c).

[756] Vgl. *Fitting*, § 110 BetrVG Rn. 7; GK-BetrVG/*Fabricius/Oetker*, § 110 Rn. 5 ff.; *Hess*, in: HSWG, § 110 BetrVG Rn. 5; *Richardi/Annuß*, § 110 BetrVG Rn. 9.

[757] ErfK/*Kania*, § 110 BetrVG Rn. 5; *Löwisch/Kaiser*, § 110 BetrVG Rn. 2.

[758] HWK/*Seibt*, WpÜG Rn. 3, 20; KK-WpÜG/*Hirte*, § 27 Rn. 51; *Seibt*, DB 2002, 529 und 534; *ders.*, in: Henze/Hoffmann-Becking, S. 337, 361.

eigene Stellungnahme abgegeben hat, die der Angebotsbeurteilung des Vorstands beizufügen ist, ergibt sich aus § 27 Abs. 2 WpÜG, dass es sich bei der Stellungnahme des Vorstands einerseits und derjenigen der Mitarbeiterschaft andererseits um zwei voneinander zu unterscheidende Publikationsgegenstände handelt.[759] Auf diese Weise finden die Interessen der Arbeitnehmer auf zweifache Weise Berücksichtigung. Einmal steht die Möglichkeit der gesonderten Stellungnahme neben der Pflicht von Vorstand und Aufsichtsrat, im Rahmen ihrer eigenen Stellungnahme die Interessen der Belegschaft zu berücksichtigen (vgl. § 3 Abs. 3 WpÜG).[760] Zum anderen findet bei mitbestimmten Gesellschaften eine doppelte Repräsentation der Arbeitnehmerinteressen statt, wobei § 27 Abs. 2 WpÜG den Beschäftigten die Möglichkeit eröffnet, auch zu den sozialen und personellen Auswirkungen des Anteilserwerbs – statt vorwiegend zu den wirtschaftlichen – gehört zu werden.[761]

a) Hintergrund des Stellungnahmerechts

aa) Gesetzesentwicklung

§ 30 Abs. 2 DiskE-ÜG[762] statuierte noch keine Beifügungspflicht, sondern lediglich eine Verpflichtung des Vorstands der Zielgesellschaft zur Aufnahme der Position der Beschäftigten oder deren Vertretung in seine Stellungnahme. Erst auf Vorschlag des DGB wurde das Recht auf eine eigene Stellungnahme der Arbeitnehmerseite in § 27 Abs. 2 RefE-WÜG aufgenommen.[763]

bb) Normzweck

Das Recht der Belegschaft auf Entwicklung einer separaten Bewertung der Offerte trägt der Tatsache Rechnung, dass diese Gruppe typischerweise in besonderem Maße von einer Übernahme und der sich daran oftmals anschließenden Reorganisation der Zielgesellschaft betroffen ist. Ausweislich der Begründung soll sich der Informationsbedarf der Wertpapierinhaber nicht nur auf die Position von Vorstand und Aufsichtsrat, sondern auch auf die Einschätzung von Folgen des Erwerbsangebots durch die Mitarbeiter der AG beziehen; etwaige Divergenzen in der Beurteilung des Bieterantrags sollen dem Kapitalmarkt im Interesse vollständiger Informationsversorgung bekannt sein.[764] Somit steigert § 27 Abs. 2 WpÜG die Transparenz im Falle abweichender Ansichten – etwa weil die Arbeitnehmer für sich bei erfolgreichem Angebot ent-

---

759 HWK/*Seibt*, WpÜG Rn. 21; *Seibt*, DB 2002, 529, 534.

760 S. oben § 2B.IV.1.a)cc)(3)(a) sowie KK-WpÜG/*Hirte*, § 27 Rn. 52.

761 Ehricke/*Ekkenga*/Oechsler, § 27 Rn. 28.

762 In § 30 Abs. 2 DiskE-ÜG hieß es noch: „Der Vorstand der Zielgesellschaft hat in seine Stellungnahme die Position der Vertreter der Arbeitnehmer, oder, sofern eine Vertretung der Arbeitnehmer nicht besteht, unmittelbar der Arbeitnehmer aufzunehmen.".

763 Vgl. Stellungnahme des DGB vom 11.10.2000 zu § 30 DiskE-ÜG, S. 4; Ehricke/*Ekkenga*/Oechsler, § 27 Rn. 3; KK-WpÜG/*Hirte*, § 27 Rn. 4; *Seibt*, DB 2002, 529, 534.

764 BT-Ds. 14/7034 zu § 27 Abs. 2 RegE-WpÜG, S. 52; *Grobys*, NZA 2002, 1, 5; KK-WpÜG/*Hirte*, § 27 Rn. 51; *Seibt*, DB 2002, 529, 534; *ders.*, in: Henze/Hoffmann-Becking, S. 337, 361; *Simon*, in: Semler/Volhard, § 55 Rn. 28; *Thoma*, NZG 2002, 105, 110; *Zinser*, NZG 2001, 391, 395.

gegen anders lautender Bekundungen negative Auswirkungen befürchten – weiter und dient insoweit der Ergänzung von § 3 Abs. 2 WpÜG.[765]

Aber auch unter dem psychologischen Gesichtspunkt, dass die Erfolgsaussichten eines (feindlichen) Übernahmeangebots regelmäßig auch von den Einschätzungen des Kapitalmarkts und der Öffentlichkeit im Übrigen abhängen,[766] kommt einer Stellungnahme der Arbeitnehmerseite gewichtige Bedeutung zu. Die deutsche Öffentlichkeit steht – ebenso wie die Beschäftigten der Zielgesellschaft – gerade den hierzulande relativ selten vorkommenden unkoordinierten Versuchen eines Kontrollerwerbs regelmäßig zurückhaltend bis ablehnend gegenüber.[767] Werden die Bedenken durch entsprechende Äußerungen betroffener Mitarbeiter genährt, schenkt die öffentliche Meinung – wie schon in den Fällen Krupp-Hoesch/Thyssen[768] sowie Sanofi-Synthélabo/Aventis[769] zu beobachten war – den Befürchtungen um Arbeitsplatzabwanderung, Betriebsstillegungen, Massenentlassungen etc. überproportionale Aufmerksamkeit, so dass sich bisweilen sogar die Politik zur Intervention veranlasst sieht. Allerdings ist die Norm des § 27 Abs. 2 WpÜG Gegenstand von (rechtspolitischer) Kritik, da sie sich nicht nur auf Angebote i.S.v. § 29 Abs. 1 WpÜG beschränke und zudem zu überflüssigen Hindernissen im Ablauf des Angebotsverfahrens führe; auch übertreffe der mit dieser Bestimmung intendierte Arbeitnehmerschutz noch den des UmwG, obwohl der Schutzbedarf in Umwandlungsfällen höher sei.[770]

An dieser Stelle ist hervorzuheben, dass dem Stellungnahmerecht der Belegschaft – und der damit einhergehenden Pflicht des Vorstands, diese zu veröffentlichen –, in der Systematik des Übernahmegesetzes insofern ein Ausnahmecharakter beizumessen ist, als damit ein individual- oder kollektivrechtliches Mitwirkungsrecht geschaffen worden ist, das auf eine aktive Beeinflussung von Entscheidungen des Bieters, der Zielgesellschaft und ihrer Anteilseigner zielt.[771]

(1) Stellungnahmerecht vs. -pflicht

In diesem Zusammenhang steht die Frage, ob sich das Recht zur Stellungnahme gemäß § 27 Abs. 2 WpÜG ggf. zu einer *Pflicht* verdichten kann, den Angebotsadressaten eine Entscheidungshilfe zur Verfügung zur stellen.

---

[765] Vgl. BT-Ds. 14/7034 zu § 27 Abs. 1 RegE-WpÜG, S. 52; KK-WpÜG/*Hirte*, § 27 Rn. 2; Geibel/Süßmann/*Schwennicke*, § 27 Rn. 2 (§ 27 ist lex specialis zu § 3); MüKo-AktG/*Wackerbarth*, § 27 WpÜG Rn. 5; s. hierzu (paralleles) Zusammenspiel von § 27 Abs. 1 und § 3 Abs. 2 WpÜG oben § 2B.IV.1.a)aa)(1).

[766] Nachweise oben bei § 1 (Fn. 8).

[767] S. *Seulen*, S. 95; *Weisner*, S. 245.

[768] Dazu oben § 1A.III.

[769] S. oben § 1B.I.2.h)bb)(2).

[770] Ehricke/*Ekkenga*/Oechsler, § 27 Rn. 3; kritisch auch *Hopt*, ZHR 161 (1997), 368, 412; *Wackerbarth*, WM 2001, 1741, 1744 f.; dazu ebenfalls oben § 2B.I.3.b).

[771] S. oben § 2A.

Überwiegend wird in diesem Zusammenhang vertreten, dass die Bestimmung keine Stellungnahmepflicht begründe.[772] Richtig daran ist, dass sowohl der Gesetzeswortlaut[773] als auch die Materialien[774] gegen die Annahme einer entsprechenden Pflicht des Betriebsrats oder der Arbeitnehmer sprechen. Darüber hinaus wird der arbeitsrechtliche Grundsatz, wonach dem Betriebsrat bei seiner Amtsführung ein Beurteilungsspielraum zusteht,[775] von einigen Autoren in der Weise transferiert, dass diesem Gremium auch bei der Entscheidung über die Frage, „ob" und mit welchem Inhalt („wie") eine Reaktion auf die Offerte erfolgen soll, eine weitgehende Gestaltungsfreiheit zuzugestehen sei.[776] Dem kann in dieser Reichweite allerdings nur eingeschränkt zugestimmt werden.

(a) Entscheidung über das „Ob" der Stellungnahme

§ 27 Abs. 2 WpÜG wird m.E. von dem hinter der Gesamtregelung stehenden Rechtsgedanken überlagert. Sein vordringlicher Zweck ist die Versorgung der Aktionäre der Zielgesellschaft mit denjenigen Informationen, die sie benötigen, um über das Angebot kompetent entscheiden zu können.[777] Aufgrund der Zusammenarbeit zwischen dem Bieter und der Zielgesellschaft besteht jedoch bei koordinierten Angeboten für die Anleger die Gefahr von einseitigen Informationen, weil die Managementstellungnahme(n) häufig zu unkritisch verfasst ist/sind. Hingegen liegt bei unerwünschtem Auftreten eines Bieters die Gefahr vollständig entgegengesetzter Informationen nahe, denn die Mitglieder des Vorstands und Aufsichtsrats sind schon aus Eigeninteresse an einem Misslingen des Antrags interessiert.[778] Dem trägt das Gesetz unter anderem dadurch Rechnung, dass mit § 27 Abs. 2 WpÜG eine Regelung geschaffen worden ist, welche die Entscheidungsgrundlage auf die Beurteilung durch die Arbeitnehmer der Zielgesellschaft zugunsten des Kapitalmarkts ausdehnt. Folglich ist deren Meinungsäußerung kein Selbstzweck, sondern sie dient einem berechtigten Informationsbedürf-

---

772 So Ehricke/*Ekkenga*/Oechsler, § 27 Rn. 28; Geibel/Süßmann/*Grobys*, § 27 Rn. 27; HWK/*Seibt*, WpÜG Rn. 20; MüKo-AktG/*Wackerbarth*, § 27 WpÜG Rn. 29, 33; *Seibt*, DB 2002, 529, 534; *Simon*, in: Semler/Volhard, § 55 Rn. 30.

773 Vgl. § 27 Abs. 2 WpÜG: „Übermitteln der zuständige Betriebsrat oder, sofern ein solcher nicht besteht, unmittelbar die Arbeitnehmer der Zielgesellschaft dem Vorstand eine Stellungnahme zu dem Angebot [...].".

774 Vgl. BT-Ds. 14/7034 zu § 27 Abs. 2 RegE-WpÜG, S. 52: „Für den Vorstand der Zielgesellschaft wird es [...] angezeigt sein, [...] Kontakt mit dem zuständigen Betriebsrat bzw. den Arbeitnehmern aufzunehmen, um abzuklären, *ob* [...] eine Stellungnahme der Arbeitnehmerseite zu erwarten ist." (Herv. d. Verf.).

775 Vgl. BAG vom 15.1.1997, AP Nr. 118 zu § 37 BetrVG; 11.3.1998, AP Nr. 30 zu § 83 ArbGG.

776 Ehricke/*Ekkenga*/Oechsler, § 27 Rn. 28 (dort Fn. 73); Geibel/Süßmann/*Grobys*, § 27 Rn. 27.

777 Vgl. BT-Ds. 14/7034 zu § 27 Abs. 1 und 2 RegE-WpÜG, S. 52; Ehricke/*Ekkenga*/Oechsler, § 27 Rn. 2.

778 S. oben § 2B.IV.1.a).

nis der von dem Angebot betroffenen Adressaten.[779] Ob dem Betriebsrat bei der Frage des „Ob" der Stellungnahme ein Freiraum zusteht, bedarf daher einer differenzierten Betrachtung. Ausgegangen werden muss von der Prämisse, dass für den wirtschaftlichen Erfolg einer Übernahme die Akzeptanz in den Reihen der Arbeitnehmer von erheblicher Bedeutung ist.

Steht der überwiegende Teil von ihnen dem Angebot *neutral* gegenüber, wird dem Betriebsrat bei der Frage danach, ob er von seiner Stellungnahmemöglichkeit Gebrauch machen muss, eine weitreichende Gestaltungsfreiheit zuzubilligen sein. Anders ist die Lage zu beurteilen, wenn die Mehrzahl der Beschäftigten zum Ansinnen des Bieters eine eindeutige Position bezogen hat. Stehen diese dem Beteiligungserwerb *ablehnend* gegenüber, ist wahrscheinlich, dass es im Gefolge eines Kontrollerwerbs für eine geraume Zeit durch Arbeitsniederlegung o.Ä. zu vielfältigen Störungen des weiteren Geschäftsbetriebs kommen wird. Gleichzeitig würde der Börsenkurs der (Ziel-)Gesellschaft nachgeben, weswegen die Börsenkapitalisierung zum Nachteil der verbliebenen Anleger unter Druck geriete. In der umgekehrten Situation, in der die Arbeitnehmer den Eigentümerwechsel mehrheitlich *positiv* beurteilen,[780] werden sie verstärkt für ein wirtschaftliches Gelingen der Akquisition eintreten, womit eine Grundvoraussetzung für das (auch) im Interesse der Aktionäre liegende Ansteigen des Börsenwertes erfüllt wäre. Insofern ist es für den vom Angebot angesprochenen Personenkreis essentiell, bereits während des Angebotsverfahrens über die Einschätzung der Arbeitsplatzinhaber in Kenntnis gesetzt zu werden. Unter Abwägung aller erhaltenen Informationen können diese sich dann entscheiden, ob sie die Offerte akzeptieren oder ablehnen wollen.

Unter Berücksichtigung der der Norm zugrundeliegenden Intention verdichtet sich somit für den Betriebsrat das Stellungnahmerecht bei Vorliegen eines Übernahmeangebots ggf. zur Pflicht, eine solche abzugeben. Dieses Ergebnis stellt das Gremium in der Praxis auch nicht vor unüberwindbare Schwierigkeiten, denn dieses verfügt über die hierfür erforderlichen Mittel. Anders ist die Situation zu beurteilen, wenn die Arbeitnehmer direkt aufgefordert sind, eine Stellungnahme abzugeben. Diese sind zu einem koordinierten Verhalten nur in eng begrenztem Umfange fähig und ihnen stehen in der Regel nicht die Ressourcen zur Verfügung, um ein Sondervotum abzufassen; mithin besteht zu ihren Gunsten ausschließlich ein Recht zur Meinungsäußerung.

(b) Entscheidung über das „Wie" der Stellungnahme

Wird danach eine Pflicht zur Abgabe einer Stellungnahme bejaht, bleibt offen, ob zugunsten des Betriebsrats ein Beurteilungsspielraum hinsichtlich des Inhalts der Reaktion auf das Übernahmeangebot besteht. Die vom Gesetz vorgenommene Unterscheidung zwischen der Stellungnahme des Betriebsrats einerseits und derjenigen der Ar-

---

[779] Anders *Seibt*, in: HWK, WpÜG Rn. 21 und Henze/Hoffmann-Becking, S. 337, 362, nach dem die Bedeutung der Betriebsrats-/Arbeitnehmerstellungnahme als „gering einzuschätzen" sei; dazu unten § 2B.IV.2.e).

[780] Vgl. BT-Plenarprotokoll 14/201 vom 15.11.2001, S. 19829 (*Hauer*), in dem darauf hingewiesen wird, dass die Beschäftigten insb. dann Interesse an einer Übernahme haben, wenn ihr Unternehmen unter seinen Möglichkeiten wirtschaftet und damit Arbeitsplätze gefährdet.

beitnehmer andererseits schließt jedenfalls eine Verpflichtung des Gremiums aus, vor Abgabe der Meinungsäußerung die eigene Belegschaft zu konsultieren. Vielmehr kann der Betriebsrat über das „Wie" in unabhängiger Beratung innerhalb der eigenen Reihen entscheiden.[781]

(2) Zwischenergebnis

Sofern ein Betriebsrat nicht eingerichtet worden ist, besteht für die Arbeitnehmer ausnahmslos ein Stellungnahmerecht. Nur wenn in der Zielgesellschaft ein solches Repräsentationsorgan existiert und sich die Mehrheit der Belegschaft eindeutig zu einer beabsichtigten Kontrollerlangung positioniert hat, besteht eine Pflicht zur Erstellung einer Entscheidungshilfe zugunsten der Anteilsinhaber (§§ 34, 27 Abs. 2 WpÜG). Jedoch ist die Personalvertretung – in den allgemeinen Grenzen[782] – frei, über den Inhalt der Angebotsbewertung zu bestimmen.

cc) Vergleich zu Art. 9 Abs. 5 Satz 3 der RL 2004/25/EG

Art. 9 Abs. 5 Satz 3[783] der Übernahmerichtlinie sieht eine Beifügungspflicht für den Fall vor, dass eine eigene Stellungnahme der Arbeitnehmer*vertreter* rechtzeitig bei der Zielgesellschaft eingeht. Damit wird – parallel zu § 27 Abs. 2 WpÜG – denknotwendig ein Recht zur Abfassung eines solchen Votums vorausgesetzt.

Allerdings kann dem Wortlaut nach lediglich ein arbeitsrechtliches Vertretungsorgan eine Meinungsäußerung entwickeln, dagegen können es nicht auch die einzelnen Arbeitnehmer, so dass eventuell ein mittelbarer Zwang zur Errichtung von Betriebsräten in betriebsratslosen Betrieben ausgelöst wird; ggf. ist aus der statuierten Pflicht zur Beifügung einer arbeitnehmerseitigen Stellungnahme auch die (vorgelagerte) europarechtliche Pflicht zur Errichtung von Personalvertretungen abzuleiten.[784] Doch sprechen die Erwägungsgründe der Richtlinie davon, dass „[d]ie Arbeitnehmer der betroffenen Gesellschaften *oder* ihre Vertreter" die Möglichkeit zur Äußerung erhalten sollten.[785] Zudem lassen die Erläuterungen des Kommissionsvorschlags vom Herbst 2002 das Bestreben nach einer generellen Einbindung der Beschäftigten in das gesamte Übernahmeverfahren erkennen;[786] eine Beschränkung der Möglichkeit zur Bewertung des Angebots lediglich auf deren Repräsentationsorgane stünde hierzu in Widerspruch. Angesichts der in Art. 253 EGV vorgesehenen Begründungpflicht und der damit zu-

---

781 Zur Haftung der Mitglieder des Betriebsrats für einen inkorrekten Inhalt s. unten § 2B.IV.2.e).

782 Dazu sogleich unter § 2B.IV.2.b)aa)(3).

783 Art. 9 Abs. 5 Satz 3 RL lautet: „Soweit eine eigene Stellungnahme der Arbeitnehmervertreter zu den Auswirkungen auf die Beschäftigung rechtzeitig beim Leitungs- bzw. Verwaltungsorgan der Zielgesellschaft eingeht, ist diese beizufügen.".

784 Vgl. *Reichold*, NZA 2003, 289, 294 f., zur Parallelproblematik i.R.d. RL 2002/14/EG zur Unterrichtung und Anhörung der Arbeitnehmer.

785 Vgl. Erwägungsgrund 23, Satz 2 RL („Die Arbeitnehmer der betroffenen Gesellschaften oder ihre Vertreter sollten überdies die Möglichkeit erhalten, sich zu den voraussichtlichen Auswirkungen des Angebots auf die Beschäftigung zu äußern."); vgl. auch *Kindler/Horstmann*, DStR 2004, 866, 867 (dort Fn. 19) sowie zum Vorschlag oben § 1B.I.2.h)aa) (Fn. 123).

786 Hierzu oben § 1B.I.2.h)aa) (m. Nachw. in Fn. 116).

sammenhängenden entscheidenden Bedeutung der Begründungserwägungen bei der (teleologischen) Auslegung einer Richtlinie,[787] besteht eine Beifügungspflicht demnach auch dann, wenn die Mitarbeiter der Zielgesellschaft selbst eine Stellungnahme bei ihrem Leitungs- bzw. Verwaltungsorgan rechzeitig einreichen;[788] ein Zwang zur Errichtung einer Arbeitnehmervertretung ist mithin zu verneinen.

Mit dem In-Kraft-Treten der Richtlinie besteht z.B. in Großbritannien und Österreich die Notwendigkeit der Implementierung eines Stellungnahmerechts bis zum Ende der Umsetzungsfrist, denn weder Rule 25 des City Code noch § 14 öÜbG sehen bislang eine entsprechende Beifügungsverpflichtung vor.[789]

b) Ausgestaltung des Stellungnahmerechts der Arbeitnehmer/-vertretung

Als Adressaten des Rechts auf ein Sondervotum i.S. des § 27 Abs. 2 WpÜG nennt das Gesetz sowohl den Betriebsrat als auch die Arbeitnehmer.

aa) Stellungnahme des Betriebsrats (1. Alt.)

Nach § 27 Abs. 2, 1. Alt. WpÜG steht das Stellungnahmerecht primär dem Betriebsrat zu.

(1) „Zuständigkeit" spiegelbildlich zu den §§ 10 Abs. 5 Satz 2, 14 Abs. 4 Satz 2 WpÜG

Die Pflicht zur Beifügung setzt voraus, dass der „zuständige" Betriebsrat der Zielgesellschaft dem Vorstand eine Stellungnahme übermittelt, wobei sich die Zuständigkeit spiegelbildlich zu §§ 10 Abs. 5 Satz 2, 1. Alt., 14 Abs. 4 Satz 2, 1. Alt. WpÜG bestimmt.[790] Damit ist sichergestellt, dass die Repräsentation der Beschäftigten und ihrer Interessen während des gesamten Angebotsverfahrens bei dem selben Gremium liegt.

Stellungnahmen eines unzuständigen Betriebsrats oder gar einzelner Arbeitnehmer brauchen in dieser Situation nicht veröffentlicht zu werden; das gilt auch dann, wenn das zuständige Vertretungsorgan keine Meinungsäußerung abgibt.[791] Schließlich müssen zusätzliche Stellungnahmen anderer Organe der Betriebs- oder Unternehmensverfassung nicht veröffentlicht werden.[792]

---

[787] Vgl. dazu EuGH, Urteil vom 4.12.1997, Rs. C-97/96, Daihatsu Deutschland, Slg. 1997, I-6843 (I-6865, Rn. 22); Urteil vom 2.12.1997, Rs. C-188/95, Fantask u.a., Slg. 1997, I-6783 (I-6831, Rn. 21); s. auch *Bleckmann*, NJW 1982, 1177, 1178.

[788] A.A. *Wiesner*, ZIP 2004, 343, 347; *Zinser*, EuZW 2003, 10, 12.

[789] S. hierzu Ehricke/*Ekkenga*/Oechsler, § 27 Rn. 6.

[790] Vgl. BT-Ds. 14/7034 zu § 27 Abs. 2 RegE-WpÜG, S. 52; Geibel/Süßmann/*Grobys*, § 27 Rn. 24; *Grobys*, NZA 2002, 1, 5; KK-WpÜG/*Hirte*, § 27 Rn. 56; MüKo-AktG/*Wackerbarth*, § 27 WpÜG Rn. 32; *Simon*, in: Semler/Volhard, § 55 Rn. 29.

[791] Geibel/Süßmann/*Grobys*, § 27 Rn. 24; KK-WpÜG/*Hirte*, § 27 Rn. 56; MüKo-AktG/*Wackerbarth*, § 27 WpÜG Rn. 32.

[792] Geibel/Süßmann/*Grobys*, § 27 Rn. 24; zur fehlenden Erwähnung des Sprecherausschusses s. (kritische) Stellungnahme der ULA zu § 27 RegE-WpÜG vom 9.10.2001, S. 4.

(2) Übermittlung an den Vorstand und deren Form

Das Dokument des Betriebsrats (oder der Arbeitnehmer) ist dem Vorstand zuzuleiten. Ungeachtet der grundsätzlich bestehenden Formfreiheit für diese Stellungnahme, liegt eine Übermittlung i.S.v. § 27 Abs. 2, 1. Alt. WpÜG nur dann vor, wenn die Geschäftsleitung die Antragsbewertung in einer Form erhält, die ihre Beifügung in das eigene Dokument ermöglicht.[793] Eine Übermittlung erfordert daher, dass die Stellungnahme des Betriebsrats ohne nennenswerte Schwierigkeiten veröffentlicht werden kann, wozu ihr Inhalt feststehen und der Urheber eindeutig erkennbar sein muss. Dies schließt eine nur mündliche Erklärung aus, vielmehr bedarf die Stellungnahme der Textform gemäß § 126b BGB (Fax, E-Mail o.Ä.).[794]

(3) Inhalt der Stellungnahme

Das Gesetz gibt lediglich vor, dass es sich bei der Stellungnahme des Betriebsrats um eine Äußerung „zu dem Angebot", d.h. um eine Auseinandersetzung mit den konkreten Angaben der Angebotsunterlage handeln muss. Dementsprechend kann das Gesamtgremium eine zustimmende oder ablehnende Haltung zur Offerte einnehmen.[795]

Auf die Stellungnahme nach § 27 Abs. 2 WpÜG findet entsprechend der Gesetzessystematik der vorstehende Abs. 1 Anwendung, soweit dieser nicht zu dessen Zweck in Widerspruch steht.[796] Insofern muss der Betriebsrat nicht zu jeder Nummer des § 27 Abs. 1 Satz 2 WpÜG Angaben machen, denn vor allem zur Einschätzung der 'Art und Höhe der angebotenen Gegenleistung' (Nr. 1) werden dessen Mitglieder regelmäßig nicht in der Lage sein; Mutmaßungen von seiner Seite zu diesem Punkt wären nicht zur Förderung einer sachdienlichen Entscheidungshilfe zugunsten der Anleger geeignet. Können einzelne Angaben indes die Glaubwürdigkeit der Betriebsratsstellungnahme erschüttern oder untermauern, müssen diese in das Dokument aufgenommen werden. So haben die einzelnen Mitglieder über ihre Annahmeabsicht i.S. der Nr. 4 Auskunft zu geben.[797]

Aus dem Normzweck des § 27 Abs. 2 WpÜG – Transparenzerhöhung zugunsten der Angebotsadressaten – heraus erklärt sich die weitere Voraussetzung, wonach der Inhalt der Stellungnahme für einen Außenstehenden aus sich heraus verständlich sein

---

793 Ehricke/*Ekkenga*/Oechsler, § 27 Rn. 30; Geibel/Süßmann/*Grobys*, § 27 Rn. 25; KK-WpÜG/*Hirte*, § 27 Rn. 54; MüKo-AktG/*Wackerbarth*, § 27 WpÜG Rn. 30; *Röh*, in: Haarmann (u.a.), § 27 Rn. 40; *Simon*, in: Semler/Volhard, § 55 Rn. 31 sowie *Thiel*, aaO, § 54 Rn. 33.

794 Zu § 126b BGB s. Palandt/*Heinrichs*, § 126b BGB Rn. 3.

795 Geibel/Süßmann/*Grobys*, § 27 Rn. 26; *Grobys*, NZA 2002, 1, 5 f.; KK-WpÜG/*Hirte*, § 27 Rn. 57; MüKo-AktG/*Wackerbarth*, § 27 WpÜG Rn. 33; *Simon*, in: Semler/Volhard, § 55 Rn. 30; aus der Praxis s. Stellungnahme des Phoenix AG-Betriebsrats in FAZ, 11.5.2004, S. 14 (Phoenix hält Übernahmeangebot für angemessen).

796 KK-WpÜG/*Hirte*, § 27 Rn. 57; a.A. wohl Geibel/Süßmann/*Grobys*, § 27 Rn. 26 („Das Gesetz stellt keine besonderen Anforderungen an den Inhalt der Stellungnahme").

797 KK-WpÜG/*Hirte*, § 27 Rn. 57; a.A. *Simon*, in: Semler/Volhard, § 55 Rn. 30 (Inhalt der Stellungnahme beschränkt sich auf „Zustimmung oder Ablehnung der Übernahme sowie die mit der Übernahme verbundenen arbeitsrechtlichen Folgen und insoweit vorgesehenen Maßnahmen").

muss (Klarheitsgebot).[798] Dazu gehört auch, dass deutlich wird, auf welche Informationsquellen sich der Betriebsrat bei seiner Äußerung zu den möglichen Folgen eines Beteiligungserwerbs stützt.

(4) Hinzuziehung des Sachverstands dritter Personen bei der Abfassung der Stellungnahme

Nicht in eine deutsche Übernahmeregelung übernommen wurde die Forderung, dass die Arbeitnehmervertreter vor Abgabe ihrer Meinungsäußerung das Recht erhalten sollten, den Bieter aufzufordern, mit ihnen Gespräche (und Verhandlungen) zu führen.[799] In Frankreich wurde dagegen im Rahmen des Gesetzes über „Neue Wirtschaftliche Regulierungen" (NRE) vom 15. Mai 2001 dem Betriebsrat der Anspruch eingeräumt, bei einem Übernahmeangebot den Bieter vorzuladen, um sich von diesem das Angebot erklären zu lassen. Das Nichterscheinen zu dieser Anhörung wurde mit einer empfindlichen Sanktion versehen: Die dem potenziellen Übernehmer bereits zustehenden oder künftigen Stimmrechte können vorübergehend suspendiert werden (vgl. Art. L 432-1, 439-2, 434-6 Code de Travail i.d.F. durch Art. 4 NRE).[800]

In diesem Kontext stellt sich die Frage, ob und inwieweit der Betriebsrat im Rahmen der Stellungnahme gemäß § 27 Abs. 2 WpÜG sonstige Sachverständige hinzuziehen darf und ob die Zielgesellschaft die hierdurch anfallenden Kosten übernehmen muss.

(a) Kein Ausschluss nach Sinn und Zweck des Gesetzes

Da die Angebotsunterlage infolge ihrer Veröffentlichung im Internet gemäß § 14 Abs. 3 Satz 1 WpÜG von jedermann eingesehen werden kann, ist die Mitwirkung Dritter an der Stellungnahme nach Sinn und Zweck des Gesetzes nicht ausgeschlossen. Parallel zur Rechtslage beim Management,[801] kann demnach der Betriebsrat zur Abfassung seiner Stellungnahme grundsätzlich Sachverstand hinzuziehen.[802] Da für die Gesellschaftsorgane hierzu jedoch keine Verpflichtung besteht, kann eine solche für die Mitarbeitervertretung erst recht nicht anerkannt werden. Bei der Frage der Einbindung Dritter ist demzufolge eine „Waffengleichheit" zwischen der Zielgesellschaft und den bei ihr gebildeten Betriebsräten zu konstatieren.

Vorliegend findet § 80 BetrVG insoweit Berücksichtigung, als diese Norm nach ihrem Abs. 1 Nr. 1 auf alle gesetzlichen Aufgaben des Betriebsrats anwendbar ist, wozu auch

---

798 Ehricke/*Ekkenga*/Oechsler, § 27 Rn. 30.

799 So aber Stellungnahme des DGB vom 11.10.2000 zu § 30 DiskE-ÜG, S. 4.

800 *Storp*, RIW 2002, 409, 419 f.; dazu Börsen-Zeitung, 8.3.2000, S. 4 (Paris stärkt die Arbeitnehmer); zur Zusammenkunft von französischen Aventis-Belegschaftsvertretern und Sanofi-Chef *Dehecq* s. FAZ, 8.4.2004, S. 20 (Die Mitarbeiter sind stinksauer) und www.Welt.de, 10.4.2004 (Sanofi-Chef überzeugt Aventis-Gewerkschafter).

801 Hierzu vorstehend § 2B.IV.1.a)cc)(2)(b).

802 Geibel/Süßmann/*Grobys*, § 27 Rn. 28; HWK/*Seibt*, WpÜG Rn. 24; KK-WpÜG/*Hirte*, § 27 Rn. 58; MüKo-AktG/*Wackerbarth*, § 27 WpÜG Rn. 33; anders *Simon*, in: Semler/Volhard, § 55 Rn. 30.

die Wahrnehmung übernahmegesetzlicher Rechte zählt.[803] Als Mitwirkende können zunächst sachkundige Arbeitnehmer der Zielgesellschaft (vgl. § 80 Abs. 2 Satz 3 BetrVG), d.h. interner Sachverstand hinzugezogen werden.[804] Aber auch externe Sachkundige wie Vertreter der Gewerkschaften oder sonstige sachkundige Personen (vgl. § 80 Abs. 3 BetrVG) wie Rechtsanwälte, Steuerberater oder Wirtschaftsprüfer usw., kommen als Mitwirkende in Betracht.[805] Jedoch scheidet im Rahmen des § 27 Abs. 2 WpÜG die Hinzuziehung eines externen Sachverständigen – ebenso wie im Verhältnis von § 80 Abs. 2 Satz 3 zu Abs. 3 – aus, wenn sich der Betriebsrat die erforderliche Sachkunde durch die Inanspruchnahme sachkundiger Mitarbeiter verschaffen kann.[806] Selbstverständlich unterliegen dritte Personen, die an der Meinungsäußerung partizipieren, genauso wie der Betriebsrat der Geheimhaltungspflicht nach §§ 79, 80 Abs. 4 BetrVG.[807]

(b) Übernahme der entstandenen Beratungskosten durch die Zielgesellschaft

Die Antwort auf die sich anschließende Frage, ob die Zielgesellschaft die infolge der Hinzuziehung von Sachverständigenrat anfallenden Kosten übernehmen muss, richtet sich nach Betriebsverfassungsrecht.[808] Danach kann die AG als Arbeitgeber zur Übernahme der entstandenen Sachverständigenkosten nach §§ 80 Abs. 3, 40 Abs. 1 BetrVG verpflichtet sein.[809] Für den sachkundigen Arbeitnehmer (§ 80 Abs. 2 Satz 3 BetrVG) stellt die Auskunftstätigkeit gegenüber dem Betriebsrat Teil seiner Arbeitsleistung dar, so dass sie vom Arbeitgeber einschließlich etwaiger Mehrarbeit zu vergüten ist.[810]

Eine erste Einschränkung ergibt sich allerdings daraus, dass die Inanspruchnahme sachkundiger Belegschaftsmitglieder oder sachverständiger Dritter nach überwiegender Auffassung einer vorherigen Vereinbarung mit dem Arbeitgeber bedarf.[811] Denn

---

[803] Vgl. ErfK/*Kania*, § 80 BetrVG Rn. 3; Geibel/Süßmann/*Grobys*, § 27 Rn. 28; *Nicolai*, in: HSWG, § 80 BetrVG Rn. 13.

[804] Geibel/Süßmann/*Grobys*, § 27 Rn. 28; vgl. auch *Löwisch*, BB 2001, 1790 f.

[805] Geibel/Süßmann/*Grobys*, § 27 Rn. 28; zu § 80 Abs. 2 Satz 3 und Abs. 3 BetrVG vgl. ErfK/*Kania*, § 80 BetrVG Rn. 30a, 31; *Nicolai*, in: HSWG, § 80 BetrVG Rn. 73 ff.

[806] Vgl. BAG vom 26.2.1992, AP Nr. 48 zu § 80 BetrVG; ErfK/*Kania*, § 80 BetrVG Rn. 34; *Löwisch*, BB 2001, 1790, 1791.

[807] ErfK/*Kania*, § 80 BetrVG Rn. 31; Geibel/Süßmann/*Grobys*, § 27 Rn. 28; KK-WpÜG/*Hirte*, § 27 Rn. 58.

[808] Zur Übernahme der durch die Erstellung und Veröffentlichung der Stellungnahme von Vorstand und Aufsichtsrat der Zielgesellschaft entstehenden Kosten s. oben § 2B.IV.1.a).

[809] Ehricke/*Ekkenga*/Oechsler, § 27 Rn. 29 (dort insb. Fn. 76); Geibel/Süßmann/*Grobys*, § 27 Rn. 28; KK-WpÜG/*Hirte*, § 27 Rn. 58.

[810] DKK/*Buschmann*, § 80 BetrVG Rn. 124; *Löwisch*, BB 2001, 1790, 1791; *Löwisch/Kaiser*, § 80 BetrVG Rn. 47.

[811] BAG vom 19.4.1989, AP Nr. 35 zu § 80 BetrVG; 25.7.1989, AP Nr. 38 zu § 80 BetrVG; vgl. auch Ehricke/*Ekkenga*/Oechsler, § 27 Rn. 29; ErfK/*Kania*, § 80 BetrVG Rn. 30a, 35; Geibel/Süßmann/*Grobys*, § 27 Rn. 28; HWK/*Seibt*, WpÜG Rn. 24; KK-WpÜG/*Hirte*, § 27 Rn. 58; *Löwisch*, BB 2001, 1790, 1791; *Löwisch/Kaiser*, § 80 BetrVG Rn. 52; *Simon*, in: Semler/Volhard, § 55 Rn. 30.

nach § 80 Abs. 2 Satz 3 BetrVG hat der Arbeitgeber dem Betriebsrat die sachkundigen Personen „zur Verfügung zu stellen", d.h. der Betriebsrat kann sie nicht wie den Berater nach § 111 Satz 2 BetrVG selbst hinzuziehen, sondern er muss sich mit dem Arbeitgeber über die Zuziehung einigen. Gleiches gilt bezüglich der Einbindung externen Sachverstands: Nach § 80 Abs. 3 BetrVG kann der Betriebsrat diesen erst „nach näherer Vereinbarung" mit dem Arbeitgeber zu Rate ziehen. Kommt es nicht zu einer Einigung, muss der Betriebsrat seinen Anspruch im arbeitsgerichtlichen Beschlussverfahren nach § 2a Abs. 1 Nr. 1 ArbGG, notfalls im Wege der einstweiligen Verfügung, durchsetzen.[812]

Darüber hinaus hat der Betriebsrat generell den Grundsatz der Verhältnismäßigkeit zu beachten.[813] Infolgedessen muss er den jeweils kostengünstigsten Weg für die Anfertigung der Stellungnahme wählen. An der Geeignetheit fehlt es beispielsweise, wenn der Betriebsrat das Gutachten eines Wirtschaftsprüfers über die künftige Entwicklung des Shareholder Value – d.h. des Marktwerts des Eigenkapitals – einholt, weil diese Beurteilung nicht in seiner Kompetenz liegt.[814]

bb) Stellungnahme der Arbeitnehmer (2. Alt.)

Ein Recht zur Stellungnahme unmittelbar zugunsten der Arbeitnehmer i.S.v. § 27 Abs. 2, 2. Alt. WpÜG besteht nur in Konstellationen, in denen ein Betriebsrat nicht gebildet worden ist. Dieses Recht können sämtliche Beschäftigte, die Adressaten der Unterrichtungs- (§ 10 Abs. 5 Satz 2, 2. Alt. WpÜG) und Übermittlungspflicht (§ 14 Abs. 4 Satz 2, 2. Alt. WpÜG) sind, in Anspruch nehmen.[815] Damit hat der Vorstand etwa von Leiharbeitnehmern oder freien Mitarbeitern entwickelte Meinungsäußerungen nicht beizufügen.

(1) Option zur Abgabe mehrerer Stellungnahmen vs. Pflicht zur Abgabe einer kollektiv verfassten Stellungnahme

Unsicher ist, ob sich das Recht zur Abgabe einer Meinungsäußerung ggf. auf eine Vielzahl unterschiedlicher Stellungnahmen erstreckt, die von einzelnen Mitarbeitern abgegeben werden, oder ob die Belegschaft zu einer Koordinierung ihrer Interessen und demzufolge zur Abgabe einer einheitlichen Stellungnahme verpflichtet ist.

Einer Auffassung zufolge können die Arbeitnehmer auch mehrere Stellungnahmen verfassen, so dass der Vorstand die Äußerungen ggf. im Bündel zu publizieren habe; eine Reduzierung des Stellungnahmerechts auf eine einzige, zwischen den Beschäftig-

---

812 *Fitting*, § 80 BetrVG Rn. 93; *Löwisch*, BB 2001, 1790, 1791 (zu § 80 Abs. 2 Satz 3 BetrVG).

813 BAG vom 26.2.1992, AP Nr. 48 zu § 80 BetrVG; Ehricke/*Ekkenga*/Oechsler, § 27 Rn. 29; ErfK/*Kania*, § 80 BetrVG Rn. 34 (zu § 80 Abs. 3 BetrVG); Geibel/Süßmann/*Grobys*, § 27 Rn. 28; HWK/*Seibt*, WpÜG Rn. 24; KK-WpÜG/*Hirte*, § 27 Rn. 58.

814 Ehricke/*Ekkenga*/Oechsler, § 27 Rn. 29; zum Shareholder-Value-Ansatz vgl. *Schilling*, BB 1997, 373 ff.

815 Geibel/Süßmann/*Grobys*, § 27 Rn. 30.

ten abgestimmte Stellungnahme sei nicht anzunehmen.[816] Die Gegenansicht bevorzugt die Lösung, wonach das Personal nur zu einer Stellungnahme berechtigt ist.[817] Gingen unzulässigerweise mehrere Dokumente einzelner Arbeitnehmer oder -gruppen ein, brauche der Vorstand keine davon zu berücksichtigen respektive seiner Stellungnahme beizufügen. Da das Gesetz keine Angaben darüber enthalte, wie sich die Mitarbeiter ad hoc intern organisieren müssten, um eine dermaßen erforderliche gemeinsame Stellungnahme zu erarbeiten, fänden die Regeln über den nicht-rechtsfähigen Verein i.S. der §§ 21 ff. BGB auf ihren Entscheidungsfindungsprozess Anwendung. Das protokollierte Ergebnis einer nach diesen Regeln zustande gekommenen Betriebsversammlung (vgl. §§ 42 ff. BetrVG) könne dann dem Vorstand als Stellungnahme übermittelt werden.[818]

Die Verfechter der zuletzt genannten Auffassung stützen sich zum Teil auf den Wortlaut von § 27 Abs. 2 WpÜG, nach dem die Arbeitnehmer der Geschäftsleitung nur „eine" Stellungnahme zur Weiterverbreitung übermitteln dürfen.[819] Diese Begründung ist gleichwohl angreifbar, weil es sich ebenso um eine nur ungenaue Formulierung handeln könnte: Auch der Normtext des § 27 Abs. 3 Satz 1 WpÜG verwendet den Begriff „die" Stellungnahme, obwohl es sich dabei um *zwei* getrennte Erklärungen von Vorstand und Belegschaftsseite handelt.[820] Sofern jetzt im Rahmen des § 27 Abs. 2 WpÜG der Normtext als Bestätigung dafür herangezogen wird, dass die Beschäftigten nur *eine* einzige (gemeinsame) Stellungnahme an den Vorstand übermitteln dürfen, werden die zuvor erkannten gesetzestechnischen Schwächen des WpÜG negiert und demnach inkonsequente Schlussfolgerungen gezogen.

Hingegen bemühen die Anhänger der ersten Ansicht für ihre Argumentation (offenbar) das im Gesetz verankerte Prinzip der universalen Information zugunsten der Aktionäre der Zielgesellschaft, welches in § 3 Abs. 2 WpÜG zum Ausdruck kommt: Da die Interessen der einzelnen Belegschaftsmitglieder nicht zwingend deckungsgleich sein müssten, sei eine Reduzierung des Stellungnahmerechts auf eine einzige Meinungsäußerung wegen Verstoßes gegen diesen Grundsatz abzulehnen.[821] Bezogen auf die erfahrungsgemäß unterschiedliche Beurteilung der Offerte innerhalb der Arbeitnehmerschaft erscheint diese Argumentation auf den ersten Blick stichhaltig, denn insbeson-

---

816 Geibel/Süßmann/*Grobys*, § 27 Rn. 29; *Grobys*, NZA 2002, 1, 6; zweifelnd *Simon*, in: Semler/Volhard, § 55 Rn. 32.

817 Ehricke/*Ekkenga*/Oechsler, § 27 Rn. 31; HWK/*Seibt*, WpÜG Rn. 23; KK-WpÜG/*Hirte*, § 27 Rn. 59; MüKo-AktG/*Wackerbarth*, § 27 WpÜG Rn. 34; *Seibt*, DB 2002, 529, 535; *Thiel*, in: Semler/Volhard, § 54 Rn. 35.

818 Vgl. Ehricke/*Ekkenga*/Oechsler, § 27 Rn. 31; HWK/*Seibt*, WpÜG Rn. 23; KK-WpÜG/*Hirte*, § 27 Rn. 60; *Seibt*, DB 2002, 529, 535.

819 Ehricke/*Ekkenga*/Oechsler, § 27 Rn. 31; KK-WpÜG/*Hirte*, § 27 Rn. 60; HWK/*Seibt*, WpÜG Rn. 23; MüKo-AktG/*Wackerbarth*, § 27 WpÜG Rn. 34; *Seibt*, DB 2002, 529, 535; vgl. ebenfalls Wortlaut des Art. 9 Abs. 5 Satz 3 RL: „Soweit *eine* eigene Stellungnahme der Arbeitnehmervertreter [...] eingeht [...]" (Herv. d. Verf.) und hierzu oben § 2B.IV.2.a)cc) zum Stellungnahmerecht *auch* der Arbeitnehmer nach der RL 2004/25/EG.

820 Dazu oben § 2B.IV.2.; vgl. auch *Seibt*, DB 2002, 529, 534 (dort Fn. 56).

821 Geibel/Süßmann/*Grobys*, § 27 Rn. 29.

dere die Führungskräfte der Zielgesellschaft werden gegenüber einem geplanten Kontrollerwerb oftmals eine differenzierendere Haltung einnehmen und andere Interessen verfolgen als Beschäftigte in nicht-leitendenden Positionen. Sie hält einer näheren Prüfung jedoch nicht stand. Das Gesetz selbst beschränkt den zu informierenden Adressatenkreis im Rahmen der §§ 10 Abs. 5 Satz 2, 1. Alt., 14 Abs. 4 Satz 2, 1. Alt., 27 Abs. 3 Satz 2, 1. Alt. WpÜG ausdrücklich auf die Funktionsträger des Betriebsverfassungsrechts,[822] so dass jedenfalls nach dem Übernahmerecht weder Sprecher- und Wirtschaftsausschuss noch Europäischer Betriebsrat Mitteilungsempfänger sind. Da aber auch die Interessen der verschiedenen Repräsentationsorgane (ebenso wie die der von ihnen verkörperten Gruppen) nicht notwendigerweise kongruent sind, wird damit vom Gesetzgeber in Kauf genommen, dass einzelne dieser Interessen unberücksichtigt bleiben. Ein Grundgedanke, wonach jedes *tatsächlich* vorhandene Arbeitnehmerinteresse den Adressaten der Kauf-/Tauschofferte zur Kenntnis gelangen müsste, ist dem WpÜG mithin nicht zu entnehmen.

Überzeugender ist vielmehr die Gegenansicht, wonach ein extensives Verständnis des Stellungnahmerechts nach § 27 Abs. 2, 2. Alt. WpÜG diametral zum Transparenz- und Informationsziel des Gesetzes steht.[823] Hätte der Vorstand der Zielgesellschaft zahlreiche, sich unter Umständen widersprechende Angaben einzelner Mitarbeiter zu berücksichtigen und weiterzuleiten, würde einerseits den Anteilsinhabern praktisch unmöglich gemacht, festzustellen, welche Einstellung die Mehrheit der Beschäftigten gegenüber der Bieterofferte eingenommen hat. Andererseits wäre die Geschäftsführung – in Widerspruch zum Grundsatz des § 3 Abs. 4 Satz 2 WpÜG[824] – womöglich zu laufender Publikation verpflichtet, wenn die Einzelstellungnahmen zu unterschiedlichen Zeitpunkten bei ihr eingehen. Mit der Gesetzesfassung ist folglich davon auszugehen, dass Urheber der Stellungnahme „die Arbeitnehmer" sind; Gegenstand des Rechts i.S.v. § 27 Abs. 2 WpÜG ist eine kollektiv verfasste Meinungsäußerung, die die Belegschaft von sich aus koordinieren muss.

(2) Inhalt der Stellungnahme und Übermittlungsform

Auch für die Stellungnahme der Arbeitnehmer gilt das Klarheitsgebot.[825] Zudem ist eine Meinungsäußerung, deren Urheber nicht erkennbar sind, aufgrund der Zielsetzung des Gesetzes nicht zu veröffentlichen; vielmehr ist dem Vorstand eine schriftlich verkörperte Mitteilung mit eindeutigem Absender zu übermitteln.

---

822 S. oben § 2B.II.2.a)bb)(2)(c)(cc) zu § 10 Abs. 5 Satz 2, 1. Alt. WpÜG.

823 So Ehricke/*Ekkenga*/Oechsler, § 27 Rn. 31; HWK/*Seibt*, WpÜG Rn. 23; *Seibt*, DB 2002, 529, 535; *Simon*, in: Semler/Volhard, § 55 Rn. 32 sowie *Thiel*, aaO, § 54 Rn. 35.

824 Dazu näher oben § 2B.II.4.a).

825 Ehricke/*Ekkenga*/Oechsler, § 27 Rn. 31; Geibel/Süßmann/*Grobys*, § 27 Rn. 30; i.Ü. s. oben § 2B.IV.2.b)aa)(3).

(3) Erstattung entstandener Aufwendungen und Freistellung von der Arbeitsleistung?

Obwohl § 80 BetrVG bei der Abfassung der Stellungnahme direkt durch die Arbeitnehmer keine Anwendung findet, sind auch diese berechtigt, (externe) Sachverständige hinzuzuziehen.[826] Das folgt aus dem Sinn und Zweck der – im Vergleich zum UmwG – vorgenommenen Ausweitung des Adressatenkreises: Wenn das zugunsten der einzelnen Mitarbeiter bestehende Recht i.S.v. § 27 Abs. 2, 2 Alt. WpÜG auf der einen Seite der nachlassenden Bedeutung des kollektivrechtlichen Zusammenwirkens der Beschäftigten Rechnung tragen soll,[827] wäre es sinnwidrig, auf der anderen Seite einer betriebsverfassungsrechtlich unorganisierten Belegschaft die Möglichkeit der Einbindung Dritter im Rahmen der Anfertigung der Meinungsäußerung vorzuenthalten.

Daran anschließend ist jedoch einmal zweifelhaft, ob die Zielgesellschaft als Arbeitgeber den Mitarbeitern zur Tragung der Kosten verpflichtet ist, die aufgrund der Inanspruchnahme eines Fachkundigen anfallen. Da für einen entsprechenden Anspruch übernahmegesetzliche Vorschriften nicht zur Verfügung stehen, könnte sich eine Pflicht zur Aufwendungserstattung allenfalls aus §§ 675, 670 BGB analog ergeben. Indes sind diese Bestimmungen nicht zielführend, weil der Arbeitgeber hiernach lediglich zum Ersatz von solchen Aufwendungen verpflichtet ist, die durch *betrieblich veranlasste* Tätigkeiten entstehen.[828] Die im Rahmen der Einholung fachmännischen Rats entstehenden Kosten resultieren aber aus dem Recht zur Abgabe einer Stellungnahme und damit keineswegs in Ausübung der geschuldeten Arbeitsleistung. Um nicht auf den Kosten sitzen zu bleiben, werden die Arbeitnehmer folglich in aller Regel von der Zuziehung eines sachverständigen Dritten absehen. Demnach steht zu befürchten, dass sie bei einem komplizierten Antragsdokument auf die Entwicklung einer eigenen Beurteilung ganz verzichten oder sich derart oberflächlich mit dem Angebot auseinandersetzen, dass von einer Stellungnahme „zu dem Angebot" (vgl. § 27 Abs. 2 WpÜG) nicht mehr die Rede sein kann. In solchen Fällen wird der mit der Einführung eines arbeitnehmerseitigen Stellungnahmerechts intendierte Zweck – Offenlegung etwaiger Differenzen in der Beurteilung der Offerte zwischen Vorstand, Aufsichtsrat und Arbeitnehmerschaft[829] – nicht erreicht. Außerdem ist kritikwürdig, dass das Gesetz zwar ein Stellungnahmerecht der Beschäftigten als Surrogat für einen nicht vorhandenen Betriebsrat vorsieht, jedoch nur letzterem mit dem Kostenerstattungsanspruch nach §§ 80 Abs. 3, 40 Abs. 1 BetrVG eine effektive Wahrnehmung dieses Rechts ermög-

---

[826] HWK/*Seibt*, WpÜG Rn. 24; KK-WpÜG/*Hirte*, § 27 Rn. 61; zur Anwendbarkeit des § 80 BetrVG bei der Stellungnahme des Betriebsrats vorstehend § 2B.IV.2.b)aa)(4) (a) und (b).

[827] Dazu oben § 2B.II.2.b)aa).

[828] Ehricke/*Ekkenga*/Oechsler, § 27 Rn. 29; Geibel/Süßmann/*Grobys*, § 27 Rn. 31; KK-WpÜG/*Hirte*, § 27 Rn. 61; i.E. ebenso HWK/*Seibt*, WpÜG Rn. 24; MüKo-AktG/*Wackerbarth*, § 27 WpÜG Rn. 35; *Simon*, in: Semler/Volhard, § 55 Rn. 32; vgl. auch ErfK/*Preis*, § 611 BGB Rn. 691 f.

[829] Vorstehend § 2B.IV.2.a)bb).

licht wird.[830] Die gesetzlichen Regelungen weisen in diesem Punkt daher eine gewisse Inkonsequenz auf.

Ferner ist fraglich, ob die Mitarbeiter zum Zwecke der Entwicklung einer Angebotsbewertung einen Anspruch auf Freistellung von der Arbeitsleistung haben. Einem solchen Verlangen steht nicht schon die Wertung des § 3 Abs. 4 Satz 2[831] WpÜG entgegen, weil der infolge der Abfassung einer Meinungsäußerung zu verzeichnende Arbeitsausfall regelmäßig kurzzeitiger Natur sein wird. Im Ergebnis muss die von dem Angebot betroffene Gesellschaft ihre Arbeitnehmer dennoch nicht in gleicher Weise behandeln wie den Betriebsrat (vgl. § 30 Satz 1 BetrVG), d.h. diese haben keinen Anspruch darauf, die Stellungnahme während der regulären Arbeitszeit in einer gemeinsamen Sitzung zu entwickeln.[832] Ein anderes Ergebnis rechtfertigt sich insbesondere nicht unter Berufung auf die von § 27 WpÜG bezweckte größtmögliche Aufdeckung divergierender Meinungen zum Bieterbegehren. Je intensiver die aus dem Antragsdokument ersichtlichen Auswirkungen auf die Beschäftigung sind, desto wichtiger wird es für die betroffenen Aktionäre sein, zu erfahren, wie die Belegschaft die eigene Zukunft einschätzt und wie sie (mehrheitlich) zu dem Angebot steht. Allerdings werden sich die Mitarbeiter im gleichen Maße, wie die Intensität diesbezüglicher Angaben zunimmt, verstärkt positionieren und schon aus eigenem Interesse bereit sein, sich während der arbeitsfreien Zeit zusammenzufinden, um über eine Reaktion zu beraten und ggf. eine Stellungnahme zu erstellen. Insofern erhält der Kapitalmarkt auch ohne Freistellungsanspruch zumindest in den relevantesten Konstellationen Kenntnis über die Einstellung der Arbeitnehmerseite.

cc) Sonderfragen zum Stellungnahmerecht gemäß § 27 Abs. 2 WpÜG

(1) „Stellungnahmerecht" der Gewerkschaften

Ein Recht zu einem Sondervotum gemäß § 27 Abs. 2 WpÜG besteht lediglich zugunsten der (Vertretung der) Mitarbeiter. Unabhängig davon kann die für die Arbeitnehmer der Zielgesellschaft zuständige Gewerkschaft besondere „Stellungnahmen" in Form von Werbebotschaften abgeben, um etwa mit plakativen Hinweisen auf drohenden Arbeitsplatzabbau gezielt die Öffentlichkeit einschließlich der Adressaten des Angebots über ihre Einschätzung des Beteiligungserwerbs zu informieren. Offen bleiben die dabei einzuhaltenden Grenzen.

Einführend ist festzuhalten, dass die Bedeutung von Werbung als Mittel zur Beeinflussung der Meinungsbildung der Aktionäre in den vergangenen Jahren deutlich zugenommen hat.[833] So wurde in der Übernahmeauseinandersetzung zwischen Vodafone und Mannesmann von beiden Seiten ein sich auf 1 Mrd. € beziffernder Werbefeldzug

---

[830] Zur Surrogatsfunktion s. oben § 2B.II.2.b) und zur Kostenübernahme nach dem BetrVG § 2B.IV.2.b)aa)(4)(b).

[831] Zu § 3 Abs. 4 Satz 2 WpÜG s. oben § 2B.II.4.a).

[832] Ebenso Geibel/Süßmann/*Grobys*, § 27 Rn. 31; KK-WpÜG/*Hirte*, § 27 Rn. 61; *Simon*, in: Semler/Volhard, § 55 Rn. 32.

[833] BT-Ds. 14/7034 zu § 28 RegE-WpÜG, S. 52.

veranstaltet.[834] Insbesondere die ausufernden und teilweise polemisierenden Kampagnen dieser Unternehmen veranschaulichten, dass die Ordnungsgemäßheit eines Angebotsverfahrens durch nicht reglementierte und irreführende Werbung beeinträchtigt oder zumindest gefährdet werden kann. Darum wurde der BaFin mit § 28 (i.V.m. § 34, § 39) WpÜG eine Eingriffsbefugnis eingeräumt, um Missständen bei der Werbung im Zusammenhang mit öffentlichen Angeboten angemessen zu begegnen.[835] Dessen Abs. 1 beinhaltet die positive Aussage, dass Werbung im Zusammenhang mit Erwerbsofferten grundsätzlich zulässig ist, doch erlaubt die Vorschrift eine Untersagung von bestimmten Arten der Werbung für den Fall, dass ein „Missstand" vorliegt.[836] Zweifelhaft ist allerdings, ob sich diese Missstandsaufsicht auch auf die von einer Gewerkschaft initiierte Reklame erstreckt.

Übereinstimmung besteht insoweit darüber, dass die Möglichkeit zum Einschreiten in persönlicher Hinsicht jedenfalls gegenüber dem Bieter und der Zielgesellschaft besteht, selbst wenn sie die Werbung durch Dritte durchführen lassen.[837] Darüber hinaus wird zum Teil die Auffassung vertreten, dass die Bundesanstalt nur gegen Werbeaussagen solcher Personen vorgehen könne, die an der Beeinflussung des Anlegerverhaltens ein geschäftliches oder kapitalmarktliches Interesse hätten.[838] Damit würde die im Allgemeinen nicht von solchen Interessen getragene Sympathiewerbung der Gewerkschaften – die vielmehr die Interessen der Beschäftigten am Erhalt ihrer Arbeitsplätze verfechten und damit bei Übernahmeangeboten typischerweise für den Erhalt der Selbständigkeit der AG eintreten – nicht von § 28 WpÜG erfasst.

M.E. muss von dieser Vorschrift hingegen auch ein Vorgehen gegen eine solche Sympathiewerbung gedeckt sein.[839] Aus dem Zweck des § 28 WpÜG folgt, dass weder unrichtige noch exzessive Werbung erlaubt werden soll, um die Angebotsadressaten vor Beeinflussungsversuchen zu schützen.[840] Tendiert die Werbung in diese Richtung, spielt es für die Markttransparenz (vgl. § 3 Abs. 2 WpÜG) eine nur untergeordnete Rolle, von wem die Maßnahme ausgeht; entscheidend ist der beim Aktionär erzielte Effekt. Problematisch ist an der restriktiven Ansicht auch, dass sie (zumindest kurzfristig) Umgehungsmöglichkeiten eröffnet. Die Solidaraktion einer Gruppierung, die irreführende Werbemaßnahmen durchführt und scheinbar ausschließlich aus ideellen Gründen an der Erhaltung der Zielgesellschaft interessiert ist, könnte – obwohl sie tat-

---

834 Hierzu *Hopt*, in: FS Lutter (2000), S. 1361, 1382; *Horn*, ZIP 2000, 473, 482 (dort Fn. 93); KK-WpÜG/*Hirte*, § 28 Rn. 10; *Riehmer/Schröder*, NZG 2000, 820, 823; s. ebenfalls oben § 1B.II.2.b).

835 *Ekkenga/Schulz*, in: Ehricke/Ekkenga/Oechsler, § 28 Rn. 1, 7; *Röh*, in: Haarmann (u.a.), § 28 Rn. 1.

836 *Hopt*, in: FS Lutter (2000), S. 1361, 1383 (zu § 32 DiskE-ÜG); KK-WpÜG/*Hirte*, § 28 Rn. 12; *Thiel*, in: Semler/Volhard, § 54 Rn. 39; *Zech*, S. 115 f.

837 *Ekkenga/Schulz*; in: Ehricke/Ekkenga/Oechsler, § 28 Rn. 9 i.V.m. 5; KK-WpÜG/*Hirte*, § 28 Rn. 18; *Röh*, in: Haarmann (u.a.), § 28 Rn. 12.

838 *Ekkenga/Schulz*, in: Ehricke/Ekkenga/Oechsler, § 28 Rn. 9 i.V.m. 5.

839 Ähnlich KK-WpÜG/*Hirte*, § 28 Rn. 18; wohl auch *Zech*, S. 115; in diese Richtung bereits *Assmann/Bozenhardt*, in: Assmann (u.a.), S. 1, 111.

840 *Ekkenga/Schulz*, in: Ehricke/Ekkenga/Oechsler, § 28 Rn. 1; KK-WpÜG/*Hirte*, § 28 Rn. 2.

sächlich von einer der beiden Seite vorgeschoben worden ist – nicht auf der Grundlage des § 28 WpÜG unterbunden werden. Auch wenn die Umgehung später aufgedeckt werden sollte, käme diese Erkenntnis wegen des relativ kurzen Zeitraums, in dem das Angebot angenommen werden kann, für die Marktteilnehmer regelmäßig zu spät. Schließlich nehmen die Gewerkschaften gerade bei unabgestimmten Übernahmeversuchen eine nicht zu unterschätzende Rolle für das Gelingen oder Misslingen der Bieterofferte ein.[841] Wenn deren Position noch durch die Möglichkeit der Ergreifung rechtswidriger Sympathiewerbung gestärkt würde, schmälerte dies die Effektivität der Missstandsaufsicht zu stark.

Demgemäß haben auch Gewerkschaften bei eventuell vorgenommenen Werbemaßnahmen während des Angebotsverfahrens die Grenzen des § 28 WpÜG einzuhalten. Sie dürfen den Anlegern weder falsche oder unvollständige Informationen verabreichen noch unsachliche Motive als Entscheidungsgrundlage nahe legen.

(2) Gemeinsame Stellungnahmen von Vorstand, Aufsichtsrat und Belegschaft

Bei inhaltlicher Übereinstimmung können Management und Arbeitnehmerseite eine gemeinsame Stellungnahme abgeben.[842] Der von § 27 WpÜG verfolgte Zweck steht dem nicht entgegen, vielmehr wären in einer solchen Situation separate Publikationen unangebracht. Allerdings befreit dies nicht von der Einhaltung der jeweiligen Gesetzesanforderungen. Im Wege teleologischer Reduktion entfällt jedoch die Pflicht zur Übermittlung nach § 27 Abs. 3 Satz 2 WpÜG, da die gemeinsamen Verfasser hinlänglich über den Inhalt der Äußerung informiert sind.[843]

(3) Stellungnahmerecht zu Angebotsänderungen nach § 21 WpÜG

Fraglich ist, ob das Recht zur Stellungnahme gemäß § 27 Abs. 2 WpÜG auch dann besteht, wenn die Gesellschaftsorgane nach § 27 Abs. 1 WpÜG zu Änderungen des Angebots Stellung nehmen müssen.[844]

Der Wortlaut des § 27 Abs. 2 WpÜG, der von einer „Stellungnahme zu dem Angebot" anstatt von einer „Stellungnahme zu dem Angebot sowie zu jeder seiner Änderungen" (so § 27 Abs. 1 Satz 1 WpÜG) spricht, deutet nicht auf ein solches Verständnis hin. Darüber hinaus lässt auch der Gesetzeszweck eigentlich keine andere Schlussfolgerung zu, denn § 21 Abs. 1 WpÜG zufolge sind Änderungen des Angebots nur als Verbesserung möglich, so dass sie regelmäßig keine Grundlage für eine kritischere Stellungnahme der Mitarbeiter/-vertretung bilden können, der im Hinblick auf die Entscheidung der Anteilsinhaber Bedeutung zukäme.[845]

Wie jedoch bereits im Zusammenhang mit den §§ 21 Abs. 2 Satz 2, 14 Abs. 4 Satz 2 WpÜG festgestellt wurde, ist aufgrund besonderer Umstände des Einzelfalls eine

---

841 Vgl. insb. den Fall Krupp-Hoesch/Thyssen oben § 1A.III.

842 Ebenso Geibel/Süßmann/*Grobys*, § 27 Rn. 43, 24; KK-WpÜG/*Hirte*, § 27 Rn. 52, Rn. 24; *Thiel*, in: Semler/Volhard, § 54 Rn. 14.

843 Geibel/Süßmann/*Grobys*, § 27 Rn. 43; KK-WpÜG/*Hirte*, § 27 Rn. 74.

844 Zur diesbezüglichen Stellungnahmepflicht s. oben § 2B.IV.1.a)bb)(2)(e).

845 KK-WpÜG/*Hirte*, § 27 Rn. 55.

Pflicht des Vorstands zur Zuleitung von Änderungen der Angebotsunterlage anzuerkennen.[846] Parallel dazu ist ausnahmsweise ein erneutes Stellungnahmerecht entsprechend § 27 Abs. 2 WpÜG zu einer Angebotsänderung dann einzuräumen, wenn es sich dabei um Modifikationen handelt, die Auswirkungen auf die Belange der Arbeitnehmer haben.[847] In einer solchen Konstellation ist nicht auszuschließen, dass sich die Bewertung des Angebots durch die Mitarbeiter grundlegend wandelt, worüber die Anleger in Kenntnis gesetzt werden müssen. Gestützt wird diese Betrachtungsweise ebenfalls von der im Rahmen des § 27 WpÜG bestehenden Waffengleichheit zwischen der Verwaltung und der Arbeitnehmerseite:[848] Wenn sowohl Vorstand als auch Aufsichtsrat zu den Änderungen des Antrags Stellung zu nehmen haben, muss den Beschäftigten respektive deren Vertretern gleichermaßen ein Recht zur Meinungsäußerung zugestanden werden.

c) Beifügungs- und Veröffentlichungspflicht des Vorstands

§ 27 Abs. 2 WpÜG befasst sich mit der Verpflichtung des Vorstands, die ihm von den Mitarbeiter(n)/-vertretern übermittelte Angebotsbewertung seiner eigenen Stellungnahme „beizufügen".[849] Sie ist daher mit dieser in einem gemeinsamen Dokument zusammenzufassen, wobei deutlich dargetan werden muss, dass es sich um die besondere Stellungnahme der Belegschaft handelt.[850] Bei einer inhaltsgleichen Beurteilung reduziert sich diese Pflicht auf die Aufnahme eines Zusatzes in die Vorstandsstellungnahme, dass diese in wortgleicher Form vom Betriebsrat oder den Mitarbeitern abgegeben wurde.[851]

Aufgrund der eindeutigen Gesetzesformulierung – an der auch nach Erweiterung des § 27 Abs. 1 Satz 1 WpÜG hinsichtlich der verpflichteten Kreise festgehalten wurde – besteht für den Aufsichtsrat keine Pflicht zur Beifügung einer Betriebsrats- oder Arbeitnehmerstellungnahme.[852] Dennoch kann diesem Organ nicht das Recht abgesprochen werden, eine ihm (freiwillig) von Seiten der Beschäftigten zugeleitete Meinungsäußerung zusammen mit der eigenen Stellungnahme zu publizieren, was insbesondere dann Sinn macht, wenn beide Erklärungen das Angebot tendenziell gleich bewerten.[853]

---

846 Hierzu oben § 2B.III.6.

847 Ähnlich wohl KK-WpÜG/*Hirte*, § 27 Rn. 55; enger MüKo-AktG/*Wackerbarth*, § 27 WpÜG Rn. 31.

848 S. vorstehend § 2B.IV.2.b)aa)(4)(a).

849 Nach einem Vorschlag des DGB in seiner Stellungnahme vom 11.10.2000 zu § 30 DiskE-ÜG, S. 4.

850 KK-WpÜG/*Hirte*, § 27 Rn. 62; MüKo-AktG/*Wackerbarth*, § 27 WpÜG Rn. 36.

851 Geibel/Süßmann/*Grobys*, § 27 Rn. 33.

852 Geibel/Süßmann/*Grobys*, § 27 Rn. 24; KK-WpÜG/*Hirte*, § 27 Rn. 53; vgl. auch BT-Ds. 14/7477, S. 68; ebenso *Seibt*, in: HWK, WpÜG Rn. 20 und DB 2002, 529, 534 (jedoch insofern widersprüchlich, als nach einer Bemerkung in Rn. 3 bzw. auf S. 529 „Vorstand *und Aufsichtsrat* verpflichtet [sein sollen], eine etwaige Stellungnahme des zuständigen Betriebsrats bzw. der Arbeitnehmer der eigenen Stellungnahme beizufügen und diese zu veröffentlichen (§ 27 Abs. 2 WpÜG) [...]." (Herv. d. Verf.)).

853 KK-WpÜG/*Hirte*, § 27 Rn. 53.

Wird von Vorstand und Aufsichtsrat eine gemeinsame Stellungnahme erstellt, ist der Standpunkt der Beschäftigten oder deren Vertretung diesem Dokument beizufügen.[854]

Selbstverständlich hat der Vorstand (und ggf. der Aufsichtsrat) eine mit veröffentlichte Stellungnahme der Arbeitnehmer/-vertretung nicht mehr nach § 27 Abs. 3 Satz 2 WpÜG zu übersenden, weil es insoweit an einer Informationsfunktion fehlen würde.[855]

aa) Durchführung der Beifügung und Form der Veröffentlichung nach § 27 Abs. 3 Satz 1 WpÜG

Unter „Beifügung" ist einerseits die kommentarlose Veröffentlichung der übermittelten Angebotsbeurteilung zu verstehen (sog. Veränderungsverbot).[856] Da die Veröffentlichungspflicht der Herstellung größtmöglicher Meinungspluralität im Hinblick auf die Offerte dient, ist dem Vorstand eine inhaltliche Veränderung der fremden Stellungnahme im Grundsatz verwehrt.

Andererseits verpflichtet das Gesetz zur Veröffentlichung nach denselben Bestimmungen, die auch für die Stellungnahme des Vorstands selbst gelten.[857] § 27 Abs. 3 Satz 1 WpÜG verweist hierfür auf die Vorschriften zur Bekanntmachung der Antragsunterlage, so dass die Stellungnahme durch Bekanntgabe im Internet und Abdruck in einem überregionalen Börsenpflichtblatt oder Bereithalten zur kostenlosen Ausgabe bei einer geeigneten Stelle im Inland zu veröffentlichen ist (vgl. § 14 Abs. 3 Satz 1 Nr. 1 und 2 WpÜG). Damit die verschiedenen Einschätzungen der Offerte in der öffentlichen Auseinandersetzung in gleicher Weise Aufmerksamkeit erzeugen können, hat die Geschäftsführung zwar prinzipiell die von ihr gewählte Publikationsform beizubehalten.[858] Kann die übermittelte Meinungsäußerung jedoch aus technischen Gründen überhaupt nicht oder nur mit unverhältnismäßigem Aufwand in einer bestimmten Form veröffentlicht werden, darf der Vorstand ausnahmsweise zwischen den in § 14 Abs. 3 Satz 1 Nr. 2 WpÜG vorgesehenen Möglichkeiten auswählen.[859] Letzteres erscheint etwa bei mehrere hundert Seiten umfassenden Stellungnahmen gerechtfertigt: Da das Gesetz einen bestimmten Mindest- oder Höchstumfang für die Stellungnahme nicht vorsieht, kann der Vorstand solche überlangen Dokumente nicht zurückweisen oder eigenmächtig kürzen.[860] Aus Gründen der Gleichbehandlung ist der Vorstand in solchen Fällen allerdings verpflichtet, eine ihm von den Verfassern zur Verfügung ge-

---

[854] HWK/*Seibt*, WpÜG Rn. 20; *Seibt*, DB 2002, 529, 534; zur gemeinsamen Stellungnahme i.R.d. § 27 Abs. 1 Satz 1 WpÜG s. oben § 2B.IV.1.a)bb)(3).

[855] KK-WpÜG/*Hirte*, § 27 Rn. 74.

[856] Ehricke/*Ekkenga*/Oechsler, § 27 Rn. 32; Geibel/Süßmann/*Grobys*, § 27 Rn. 32; *Grobys*, NZA 2002, 1, 5 f.; MüKo-AktG/*Wackerbarth*, § 27 WpÜG Rn. 36; *Simon*, in: Semler/Volhard, § 55 Rn. 33 sowie *Thiel*, aaO, § 54 Rn. 32; so wohl auch HWK/*Seibt*, WpÜG Rn. 21; *Seibt*, DB 2002, 529, 534.

[857] Ehricke/*Ekkenga*/Oechsler, § 27 Rn. 32; Geibel/Süßmann/*Grobys*, § 27 Rn. 32, 34; *Grobys*, NZA 2002, 1, 5 f.; *Simon*, in: Semler/Volhard, § 55 Rn. 33 sowie *Thiel*, aaO, § 54 Rn. 36; *Zech*, S. 114.

[858] Ehricke/*Ekkenga*/Oechsler, § 27 Rn. 32; Geibel/Süßmann/*Grobys*, § 27 Rn. 34.

[859] Ehricke/*Ekkenga*/Oechsler, § 27 Rn. 32 f.; Geibel/Süßmann/*Grobys*, § 27 Rn. 35; *Simon*, in: Semler/Volhard, § 55 Rn. 33 (dort Fn. 82) sowie *Thiel*, aaO, § 54 Rn. 36.

[860] Geibel/Süßmann/*Grobys*, § 27 Rn. 33; KK-WpÜG/*Hirte*, § 27 Rn. 62.

stellte Zusammenfassung der übermittelten Beurteilung unter Hinweis auf die kostenfreie Ausgabe in einem Börsenpflichtblatt überregional bekannt zu machen (vgl. § 14 Abs. 3 Satz 1 Nr. 2, 2. Hs. WpÜG).[861] Hingegen ist es ihm nicht gestattet, eine solche selbst herzustellen, weil dies eine inhaltliche Auseinandersetzung mit der fremden Stellungnahme voraussetzt, die im Gesetz gerade nicht angelegt ist.

bb) Gegenständliche Grenzen der Beifügungspflicht

Innerhalb des Schrifttums ist ungeklärt, ob der Vorstand der Zielgesellschaft in Bezug auf die Stellungnahme der Arbeitnehmerseite die Einhaltung formeller und/oder materieller Anforderungen überprüfen darf, so dass er in Ausnahmesituationen nicht mehr an das Veränderungsverbot gebunden ist oder von einer Beifügung gänzlich absehen kann.

Einleitend ist nochmals zu betonen, dass es sich bei der Stellungnahme des Vorstands und des Betriebsrats oder der Arbeitnehmer um zwei voneinander rechtlich zu trennende Publikationsgegenstände handelt, weshalb der Vorstand für den Inhalt der beifügungspflichtigen Meinungsäußerung nicht verantwortlich ist. *Insoweit* trifft ihn jedenfalls keine formelle oder materielle Prüfungspflicht.[862]

(1) Formelles Prüfungsrecht

Zunächst stellt sich die Frage eines formellen Prüfungsrechts zugunsten des Vorstands, dass diesen dazu berechtigt, bei Nichteinhaltung der Stellungnahmeform von der grundsätzlich bestehenden Beifügungspflicht abzusehen.

Richtiger Ansicht nach entfällt die Pflicht zur Beifügung, wenn die Meinungsäußerung der (Vertretung der) Belegschaft nicht die formalen Mindestanforderungen (z.B. Gebot der Schriftlichkeit, Übermittlung durch zuständigen Betriebsrat) erfüllt; sofern die Arbeitnehmer eine eigene Stellungnahme abgeben, ist dabei vor allem Prüfungsgegenstand, ob die Vorgaben für die Willensbildung eingehalten wurden.[863]

(2) Materielles Prüfungsrecht

Überdies ist umstritten, ob und ggf. in welchem Umfang dem Vorstand zusätzlich ein Recht zur Überprüfung des Inhalts der Stellungnahme i.S.v. § 27 Abs. 2 WpÜG zukommt.

---

861 Ehricke/*Ekkenga*/Oechsler, § 27 Rn. 33; Geibel/Süßmann/*Grobys*, § 27 Rn. 35; *Thiel*, in: Semler/Volhard, § 54 Rn. 36; s. ebenfalls KK-WpÜG/*Hirte*, § 27 Rn. 71, wonach die Stellungnahme des Betriebsrats oder der Arbeitnehmer im Börsenpflichtblatt mindestens in Form einer Zusammenfassung veröffentlicht werden muss, die sich in ihrer Länge an der Stellungnahme der Verwaltung zu orientieren hat.

862 Vgl. HWK/*Seibt*, WpÜG Rn. 21; *Seibt*, DB 2002, 529, 534; *Simon*, in: Semler/Volhard, § 55 Rn. 33.

863 Ehricke/*Ekkenga*/Oechsler, § 27 Rn. 33; KK-WpÜG/*Hirte*, § 27 Rn. 62; a.A. wohl HWK/*Seibt*, WpÜG Rn. 21; KK-WpÜG/*Hirte*, § 27 Rn. 62 und *Seibt*, DB 2002, 529, 534, die keine Ausführungen zu einem etwaig bestehenden Prüfungsrecht enthalten; zu den formellen Anforderungen s. insb. oben § 2B.IV.2.b)aa)(2) sowie § 2B.IV.2.b)bb)(2).

(a) Extensiver Standpunkt

Unter entsprechender Heranziehung des Rechtsgedankens des § 126 Abs. 2 AktG wird von einem Teil der Literatur dem Vorstand die Berechtigung zuerkannt, Änderungen an der Angebotseinschätzung durch die Mitarbeiter(-vertretung) vorzunehmen oder deren Beifügung vollständig zu unterlassen, wenn eine Veröffentlichung unzumutbar wäre.[864] Dies sei vor allem dann der Fall, wenn sich der Vorstand durch die Beifügung strafbar machen würde (vgl. § 126 Abs. 2 Satz 1 Nr. 1 AktG) oder die Meinungsäußerung in wesentlichen Punkten offensichtlich falsche oder irreführende Angaben oder Beleidigungen enthalte (vgl. § 126 Abs. 2 Satz 1 Nr. 3 AktG). Der Geschäftsführung stünden dieselben Möglichkeiten überdies zur Verfügung, wenn die „Stellungnahme" keinen Bezug zum Angebot erkennen ließe oder allein aus bedeutungslosen Floskeln bestünde.[865] Lediglich bei einem Konglomerat von sachlichen und unsachlichen Aussagen solle die Beifügung der (vollständigen) Stellungnahme geboten sein; die entsprechende Pflicht entfalle erst, wenn die unsachlichen Äußerungen derart Überhand nähmen, dass begrifflich nicht mehr von einer Stellungnahme gesprochen werden könne.

(b) Restriktiver Standpunkt

Von einer anderen Ansicht wird ein Recht des Vorstands zur Überprüfung des Inhalts der Stellungnahme weitestgehend abgelehnt.[866] Dem Vorstand komme nicht das Recht zu, ohne Rücksprache mit der Mitarbeiterseite den Inhalt ihrer Stellungnahme zu verändern oder die Beifügung unter Bezugnahme auf den Inhalt abzulehnen. So müssten auch unzweckmäßige oder (offensichtlich) unrichtige Darstellungen veröffentlicht werden. Nur wenn die Beurteilung nicht inhaltlichen Minimalanforderungen entspräche, entfalle eine Pflicht zur Beifügung. Dazu sei einmal das Klarheitsgebot zu zählen. Auch dürfe der Vorstand überprüfen, ob es sich um eine Stellungnahme „zu dem Angebot" handele, was etwa bei rein politischen Äußerungen zu verneinen sei; enthielten das Dokument teilweise sachbezogene, teilweise nicht zur Sache gehörende Anmerkungen, sei jedoch insgesamt zu veröffentlichen.

(c) Streitentscheidung

Beide Auffassungen kommen zum übereinstimmenden Ergebnis, dass der Vorstand den vollständigen Text einer Betriebsrats- oder Arbeitnehmerstellungnahme seiner eigenen Meinungsäußerung beifügen und veröffentlichen muss, wenn diese sowohl sachliche als auch unsachliche Angaben beinhaltet. Regelmäßig wird der Mangel nur einen Teil der Beurteilung betreffen, so dass entweder dem Publikum der beanstandungsfreie Teil vorenthalten würde oder der Vorstand gezwungen wäre, die Meinungsäußerung unter Durchbrechung des Veränderungsverbots zu kürzen. Im Übrigen bedarf es einer Entscheidung, welcher der beiden Meinungen zu folgen ist.

---

864 Geibel/Süßmann/*Grobys*, § 27 Rn. 33; *Grobys*, NZA 2002, 1, 5 f.; HWK/*Seibt*, WpÜG Rn. 21; *Seibt*, DB 2002, 529, 534; *ders.*, in: Henze/Hoffmann-Becking, S. 337, 362; *Simon*, in: Semler/Volhard, § 55 Rn. 33.

865 S. vorstehend Fn. 864.

866 KK-WpÜG/*Hirte*, § 27 Rn. 62; ähnlich Ehricke/*Ekkenga*/Oechsler, § 27 Rn. 33.

Mit der zweiten Ansicht ist zumindest die Einhaltung des Gebots der Klarheit zu fordern. Auch muss es sich bei der Stellungnahme um eine Auseinandersetzung mit dem konkreten Inhalt der Offerte, d.h. mit den im Antragsdokument enthaltenen Angaben handeln. Dies ergibt sich aus dem Sinn und Zweck der Beifügungspflicht, die Anleger möglichst umfassend über die Einschätzung der von dem Angebot betroffenen Kreise zu informieren. Wenn auf diese Anforderungen verzichtet würde, müssten auch solche Standpunkte beigefügt werden, die in keiner Weise von den Wertpapierinhabern als weitere Entscheidungshilfe genutzt werden könnten.

Darüber hinaus gilt auch bei Angebotsbewertungen mit sachfremdem oder strafbarem Inhalt in weitem Umfange das Veränderungsverbot respektive die Beifügungspflicht. Denn der Vorstand macht sich durch die Einhaltung der gesetzlichen Pflicht nicht strafbar; vielmehr ist der Betriebsrat oder sind die Arbeitnehmer für den Inhalt selbst strafrechtlich verantwortlich.[867] Die propagierte weitergehende Analogie zu § 126 Abs. 2 AktG würde die Zumutbarkeitsschwelle zu sehr absenken und ist abzulehnen, denn § 27 Abs. 2 WpÜG will auch jenseits des (relativ) sachlichen Rahmens der Hauptversammlung die Möglichkeit des „Kampfes der Argumente" eröffnen.[868] Die Grenze der Zumutbarkeit ist daher erst erreicht, wenn die Stellungnahme Ausführungen enthält, die das Persönlichkeitsrecht anderer verletzen oder die Interessen der AG gefährden (Verächtlichmachungen, Geheimnisverrat usw.):[869] In einem solchen Fall kommt den unsachlichen Äußerungen im Gesamtkontext ein derartiges Übergewicht zu, dass keine „Stellungnahme" mehr vorliegt. Der Vorstand hat dann auf eine Korrektur durch den Urheber hinzuwirken, ansonsten muss er von einer Beifügung absehen.

In der Folge sind daher grundsätzlich auch in der Äußerung enthaltene unzweckmäßige und unrichtige Darstellungen unverändert zu publizieren. Dies gilt auch bei offensichtlich falschen Äußerungen, denn eine Differenzierung nach dem Kriterium der Evidenz sieht das Gesetz nicht vor und würde lediglich zu Rechtsunsicherheiten führen.[870] Einschränkend ist indes zu fordern, dass der Vorstand bei Vorliegen entsprechender Aussagen eine korrigierende Anmerkung in die *eigene* Stellungnahme aufzunehmen hat.[871] Insofern ist die Geschäftsleitung – wie bereits im Rahmen des § 27 Abs. 1 Satz 2 Nr. 2 WpÜG[872] – verpflichtet, die Stellungnahme nach § 27 Abs. 2 WpÜG einer Plausibilitätsprüfung zu unterziehen.

cc) Verspätet eingehende Stellungnahme

Das Gesetz sieht in § 27 Abs. 2 WpÜG eine bestimmte Frist zur Übermittlung der Stellungnahme an den Vorstand nicht ausdrücklich vor. Idealerweise geschieht dies so rechtzeitig, dass die Meinungsäußerung der Arbeitnehmer/-vertretung gemeinsam mit

---

867 KK-WpÜG/*Hirte*, § 27 Rn. 62.

868 S. Ehricke/*Ekkenga*/Oechsler, § 27 Rn. 34; KK-WpÜG/*Hirte*, § 27 Rn. 62.

869 Ehricke/*Ekkenga*/Oechsler, § 27 Rn. 34.

870 Ebenso Ehricke/*Ekkenga*/Oechsler, § 27 Rn. 33.

871 Ehricke/*Ekkenga*/Oechsler, § 27 Rn. 33 i.V.m. 21; ähnlich *Simon*, in: Semler/Volhard, § 55 Rn. 33; *Zech*, S. 114.

872 Hierzu vorstehend § 2B.IV.1.a)cc)(2)(a) (Fn. 714).

derjenigen des Managements nach § 27 Abs. 3 Satz 1 WpÜG veröffentlicht werden kann.[873] Da jedoch keine Pflicht zu einer solchen gemeinsamen Publikation besteht, sind Fälle denkbar, in denen die Anfertigung der Beurteilung durch die Beschäftigten – mangels spezifischer Sachkenntnisse[874] – längere Zeit in Anspruch nimmt, so dass diese dem Vorstand verspätet übermittelt wird.

(1) Zeitliche Grenzen der Beifügungspflicht

In einer solchen Situation stellt sich zunächst die Frage nach den zeitlichen Grenzen der von § 27 Abs. 2 WpÜG statuierten Pflicht.

Der Anspruch auf Beifügung entfällt mit Ablauf der dem Vorstand nach § 27 Abs. 3 Satz 1 WpÜG zur Verfügung stehenden Vorbereitungszeit.[875] Da das Gesellschaftsorgan seine Stellungnahme unverzüglich (d.h. spätestens zwei Wochen)[876] nach Übermittlung der Angebotsunterlage veröffentlichen muss, bestimmt sich die einzuhaltende Frist nicht nach dem Empfang der Stellungnahme i.S.v. § 27 Abs. 2 WpÜG. Eine Einrechnung der Vorbereitungszeit für die Arbeitnehmer/-vertreter bei der Bemessung der Unverzüglichkeit findet im Gesetz keinen Rückhalt. Darin liegt zwar eine Benachteiligung der Mitarbeiter, die aufgrund unzureichender Vorkenntnis oftmals mehr Vorbereitungsaufwand betreiben müssen als der Vorstand. Dieser Nachteil ist jedoch wegen des Beschleunigungsgrundsatzes nach § 3 Abs. 4 Satz 1 WpÜG hinzunehmen, denn anderenfalls wären die Aktionäre als eigentliche Schutzadressaten benachteiligt.[877] Dementsprechend darf die Geschäftsführung keinesfalls unter Hinweis auf den noch ausstehenden Erhalt des Belegschaftsvotums ihre eigene Stellungnahme gegenüber der zeitlichen Vorgabe des § 27 Abs. 3 Satz 1 WpÜG hinauszögern, denn die Beifügungspflicht besteht „unbeschadet" der Pflicht zur Veröffentlichung.[878]

Haben die Beschäftigten aber bereits angekündigt, eine Meinungsäußerung abfassen zu wollen und liegt nur eine zeitlich zu vernachlässigende Verzögerung vor, muss ausnahmsweise anders entschieden werden.[879] Indem das Gesetz den Anlegern die Beur-

---

873 Vgl. BT-Ds. 14/7034 zu § 27 Abs. 2 RegE-WpÜG, S. 52.

874 Zur zu erwartenden Tendenz, dass die Arbeitnehmer wegen fehlender Kostenübernahme durch die Zielgesellschaft auf die Hinzuziehung von Sachverstand verzichten s. oben § 2B.IV.2.b)bb)(3).

875 Ehricke/*Ekkenga*/Oechsler, § 27 Rn. 35; KK-WpÜG/*Hirte*, § 27 Rn. 64.

876 S. oben § 2B.IV.1.a).

877 Auch aus diesem Grund sollte der Gesetzgeber die Informationspflichten für den Fall ausbauen, dass der Vorstand vom Inhalt des (typischerweise freundlichen) Angebots bereits vor dessen Veröffentlichung durch den Bieter gemäß § 14 Abs. 3 Satz 1 WpÜG Kenntnis erlangt (dazu oben § 2B.III.3.b)): In einer solchen Situation sollte jedenfalls der Betriebsrat vorab informiert werden, damit dessen Stellungnahme zusammen mit derjenigen des Vorstands veröffentlicht werden kann. S. ebenfalls Ehricke/*Ekkenga*/Oechsler, § 27 Rn. 35; zur Schutzrichtung des § 3 Abs. 4 Satz 1 WpÜG s. BT-Ds. 14/7034 zu § 3 Abs. 4 RegE-WpÜG, S. 35.

878 Ausdrücklich auch BT-Ds. 14/7034 zu § 27 Abs. 2 RegE-WpÜG, S. 52; hierzu HWK/*Seibt*, WpÜG Rn. 22; KK-WpÜG/*Hirte*, § 27 Rn. 63 f.; MüKo-AktG/*Wackerbarth*, § 27 WpÜG Rn. 37; *Seibt*, DB 2002, 529, 534; *Simon*, in: Semler/Volhard, § 55 Rn. 34.

879 KK-WpÜG/*Hirte*, § 27 Rn. 64.

teilung des Antrags durch die Arbeitnehmerseite bewusst zugänglich machen will, hat der Informationsgewinn durch die schnellere Veröffentlichung allein der Vorstandsstellungnahme bei einer solchen Sachlage folgerichtig gegenüber der geringfügig verspäteten Publikation der differenzierteren Information zurückzutreten. Zudem steht es dem Vorstand frei, nach Übermittlung des Antragsdokuments gemäß § 14 Abs. 4 Satz 2 WpÜG Kontakt mit den Mitarbeitern zu halten, um zu klären, ob und wann eine separate Äußerung von dieser Seite zu erwarten ist. Auch wenn eine Verpflichtung zu einer solchen Kontaktaufnahme nicht besteht,[880] kann damit bei entsprechendem Interesse eine Bekanntgabe beider Stellungnahmen im Rahmen der Unverzüglichkeitsfrist ermöglicht werden.[881]

(2) „Nachträgliche Beifügungspflicht" des Vorstands

Demnach ist es möglich, dass der Vorstand seine Stellungnahme bereits unverzüglich veröffentlicht hat und die Belegschaft oder deren Vertretung erst danach ihre Beurteilung übermittelt. Für dermaßen verspätet eingehende Meinungsäußerungen hält das Gesetz keine Regelungen parat.

Endete mit der Veröffentlichung der Vorstandsstellungnahme die Beifügungspflicht, könnte die Geschäftsführung mit einer umgehenden Bekanntgabe der eigenen Entscheidungshilfe zugunsten der Anleger das Äußerungsrecht i.S. des § 27 Abs. 2 WpÜG de facto außer Kraft setzen. Besonders frappierend würde dies, wenn der Bieter und das Management der Zielgesellschaft die Angebotsunterlage und die Stellungnahme zeitgleich publizieren,[882] weil sie bereits im Vorfeld über den Beteiligungserwerb verhandelt haben. Hingegen führte eine zeitlich unbegrenzte Pflicht zur (nachträglichen) Publikation der Betriebsrats- oder Arbeitnehmerstellungnahme zu dem Problem, dass die Angebotsadressaten womöglich erst nach dem Ablauf der Annahmefrist (vgl. § 16 Abs. 1 WpÜG) von der Einschätzung dieser Personengruppe erfahren,[883] auch wenn die Arbeitnehmer/-vertreter regelmäßig ein Interesse daran haben, möglichst frühzeitig auf die Meinungsbildung der Aktionäre einzuwirken.

Zwischen diesen beiden Gegenpolen bewegen sich in der Lehre die Meinungen darüber, ob der Vorstand in solchen Fällen nachträglich zur isolierten Veröffentlichung des Sondervotums der Mitarbeiterschaft verpflichtet ist.

---

880 Unklar BT-Ds. 14/7034 zu § 27 Abs. 2 RegE-WpÜG, S. 52, wonach dieses Vorgehen „angezeigt" sei.

881 Vgl. BT-Ds. 14/7034 zu § 27 Abs. 2 RegE-WpÜG, S. 52; HWK/*Seibt*, WpÜG Rn. 22; KK-WpÜG/*Hirte*, § 27 Rn. 63; *Seibt*, DB 2002, 529, 534; *Steinmeyer/Häger*, § 27 Rn. 12; vgl. auch Ehricke/*Ekkenga*/Oechsler, § 27 Rn. 36.

882 So explizit BT-Ds. 14/7034 zu § 27 Abs. 3 RegE-WpÜG, S. 52; vgl. auch Geibel/Süßmann/*Grobys*, § 27 Rn. 36; *Grobys*, NZA 2002, 1, 6; *Land*, DB 2001, 1707, 1709; a.A. wohl KK-WpÜG/*Hirte*, § 27 Rn. 24 i.V.m. aaO/*Seydel*, § 11 Rn. 106 und *Lenz/Linke*, AG 2002, 361, 364, nach denen – unter Hinweis auf die entgegenstehende Praxis der BaFin – weder eine *gemeinsame* noch eine *gleichzeitige* Veröffentlichung der Stellungnahmen der Verwaltungsorgane der Zielgesellschaft mit der Angebotsunterlage möglich ist; ähnlich Ehricke/Ekkenga/*Oechsler*, § 11 Rn. 3; *Thiel*, in: Semler/Volhard, § 54 Rn. 29.

883 Ehricke/*Ekkenga*/Oechsler, § 27 Rn. 36; Geibel/Süßmann/*Grobys*, § 27 Rn. 36.

(a) 1. Ansicht: Keine Pflicht zur Nachtragsveröffentlichung

Einigen Autoren zufolge ist der Vorstand in keinem Fall zu einer Nachtrags-Veröffentlichung verpflichtet;[884] die Pflicht aus § 27 Abs. 2 WpÜG sei auf Sachverhalte beschränkt, in denen diesem die ausstehende Beurteilung bis zur Veröffentlichung seiner eigenen Stellungnahme vorläge. Die Beschäftigten oder deren Vertreter wären danach – ebenso wie die Geschäftsleitung – gezwungen, ihre Stellungnahme unverzüglich nach Übermittlung der Angebotsunterlage abzufassen.

Die Übernahmerichtlinie scheint diesem Verständnis zu folgen. Nach dessen Art. 9 Abs. 5 Satz 3[885] hat das Management der Zielgesellschaft eine Stellungnahme der Arbeitnehmervertreter seiner eigenen nur unter der Voraussetzung beizufügen, dass diese „rechtzeitig" bei ihm eingeht. Auch der Kommissionsvorschlag vom Herbst 2002 forderte, dass der Belegschaft die Möglichkeit der (lediglich) „zeitgleichen" Abgabe einer eigenen Stellungnahme eingeräumt werden müsse.[886]

(b) 2. Ansicht: Pflicht zur Nachtragsveröffentlichung

Nach der Gegenauffassung besteht bei einer schon publizierten Vorstandsstellungnahme die Pflicht, die Meinungsäußerung der Beschäftigten als Nachtrag zur eigenen Stellungnahme zu veröffentlichen.[887] Bei einer verspätet eingehenden Beurteilung der Offerte entfalle lediglich der Anspruch auf Beifügung i.S. des § 27 Abs. 2 WpÜG und damit der Aufmerksamkeitsgewinn, der darin liege, dass die Stellungnahme der Mitarbeiterseite gemeinsam mit derjenigen des Vorstands zur Kenntnis genommen werde.

(c) 3. Ansicht: Nur bei Hinweis keine Pflicht zur Nachtragsveröffentlichung

Eine dritte Ansicht differenziert schließlich danach, ob sich die Geschäftsführung bereits bei der Übermittlung der Angebotsunterlage gemäß § 14 Abs. 4 Satz 2 WpÜG danach erkundigt hat, ob und wann eine Betriebsrats-/Arbeitnehmerstellungnahme zu erwarten ist, und dabei zugleich mitgeteilt hat, dass sie ihre Äußerung unverzüglich veröffentlichen müsse. Würden diese Hinweise gegeben, sei eine Pflicht zur nachträglichen Veröffentlichung nicht gerechtfertigt.[888]

(d) Streitentscheidung

Die an letzter Stelle behandelte Meinung steht in Widerspruch zur früheren Bemerkung, dass im Zusammenhang mit dem Stellungnahmerecht der Arbeitnehmerseite keine Verpflichtung des Vorstands zur Kontaktaufnahme mit den Beschäftigten anzu-

---

[884] *Handelsrechtsausschuss des DAV*, NZG 2001, 420, 427 (zu § 27 Abs. 2 RefE-WÜG); HWK/*Seibt*, WpÜG Rn. 22; *Röh*, in: Haarmann (u.a.), § 27 Rn. 43; *Seibt*, DB 2002, 529, 534 f.; ähnlich Ehricke/*Ekkenga*/Oechsler, § 27 Rn. 36 („[D]ie Stellungnahme der Belegschaft [ist] rechtzeitig, wenn ihre unverzügliche Veröffentlichung noch möglich ist, und sei auch die Stellungnahme des Vorstands bereits erfolgt.").

[885] Zum Normtext oben Fn. 783.

[886] Erläuterungen zu Art. 9 des Vorschlags, ABlEG (Fn. 115), S. 6.

[887] Geibel/Süßmann/*Grobys*, § 27 Rn. 38; *Grobys*, NZA 2002, 1, 6; KK-WpÜG/*Hirte*, § 27 Rn. 65; MüKo-AktG/*Wackerbarth*, § 27 WpÜG Rn. 37; *Thiel*, in: Semler/Volhard, § 54 Rn. 34.

[888] *Steinmeyer/Häger*, § 27 Rn. 12.

erkennen ist.[889] Bei Annahme einer Pflicht zur Nachtrags-Veröffentlichung unter der Voraussetzung, dass der Vorstand nicht bereits bei der Übermittlung der Angebotsunterlage auf die von § 27 Abs. 3 Satz 1 WpÜG statuierte unverzügliche Publikationspflicht hingewiesen hat, würde auf diesem Umweg eine eben noch abgelehnte „Quasi-Pflicht" etabliert: Um sich die zusätzlich anfallende Arbeit einer isolierten Veröffentlichung der Meinungsäußerung nach § 27 Abs. 2 WpÜG zu ersparen, würde der Vorstand – wenn er die Stellungnahme der Beschäftigtenseite nicht ohnehin zur Stärkung seiner eigenen Position für zweckmäßig erachtet – notgedrungen zwecks Umgehung einer derartigen Pflicht entsprechenden Kontakt aufnehmen.

Von Vertretern des Standpunkts, demzufolge die Geschäftsführung eine verspätet eingehende Stellungnahme nicht nachträglich zu veröffentlichen habe, wird vereinzelt die These aufgestellt, weder der Wortlaut noch die Begründung des Gesetzes würden darauf hindeuten, dass eine solche Vorstandspflicht bestünde.[890] Weiterhin habe das Gebot der unverzüglichen Veröffentlichung nach § 27 Abs. 3 Satz 1 WpÜG den Sinn, den Anteilseignern Gewissheit darüber zu verschaffen, ob sie nach Ablauf der verkehrsüblichen Vorbereitungsphase über alle entscheidungsrelevanten Informationen verfügen. Dem widerspräche es, müssten sie damit rechnen, dass bis zum Ablauf der Annahmefrist noch weiteres Material „nachgeschoben" werde.[891]

Diese Argumentation kann nicht überzeugen. Speziell die Formulierung des § 27 Abs. 2 WpÜG, nach welcher der Vorstand die Stellungnahme der Arbeitnehmerseite „unbeschadet" seiner Veröffentlichung nach Abs. 3 Satz 1 beizufügen hat, spricht gegen eine Pflicht zur parallelen Veröffentlichung beider Beurteilungen.[892] Ein weiteres Indiz dafür, dass ein zeitliches Nebeneinander der unterschiedlichen Stellungnahmen nicht zwingend erforderlich ist, stellt die Tatsache dar, dass die noch in § 30 Abs. 2 DiskE-ÜG vorgesehene Pflicht des Vorstands, die Position der Belegschaft unmittelbar in seine Meinungsäußerung aufzunehmen, letztlich nicht im WpÜG verankert wurde.[893]

Gegen eine Beschränkung der Publikationsverpflichtung auf Situationen, in denen die Stellungnahme nach § 27 Abs. 2 WpÜG zeitgleich mit derjenigen des Vorstands vorliegt, spricht darüber hinaus, dass es dem Gesetz auch um die möglichst umfassende Offenlegung der (divergierenden) Arbeitnehmerposition geht.[894] Im Hinblick darauf sind Konstellationen vorstellbar, in denen die Beratungen zwischen dem Management und dem Bieter bereits vor Veröffentlichung der Vorankündigung i.S.v. § 10 WpÜG abgeschlossen sind und der Inhalt des Angebots bereits feststeht. Ist weiterhin eine gleichzeitige Veröffentlichung von Antragsdokument und Stellungnahme anvisiert,[895]

---

889 Vorstehend § 2B.IV.2.c)cc)(1) (inkl. Fn. 881).

890 *Röh*, in: Haarmann (u.a.), § 27 Rn. 43.

891 Ehricke/*Ekkenga*/Oechsler, § 27 Rn. 36.

892 Geibel/Süßmann/*Grobys*, § 27 Rn. 38; *Grobys*, NZA 2002, 1, 6.

893 Geibel/Süßmann/*Grobys*, § 27 Rn. 38; *Grobys*, NZA 2002, 1, 6; zum Text des § 30 Abs. 2 DiskE-ÜG oben Fn. 762.

894 Zum Normzweck des § 27 Abs. 2 WpÜG näher oben § 2B.IV.2.a)bb).

895 Vgl. BT-Ds. 14/7034 zu § 27 Abs. 3 RegE-WpÜG, S. 52.

müssten die (Vertreter der) Arbeitnehmer konsequenterweise so frühzeitig in diese Besprechungen integriert werden, dass ihnen vor der Publikation ausreichend Zeit zur Abfassung eines Sondervotums verbleibt. Jedoch sind zu diesem Zeitpunkt weder die Absicht, ein – wie hier typischerweise freundliches – (Übernahme-)Angebot abzugeben noch dessen Inhalt öffentlich bekannte Tatsachen, so dass eine unverzügliche Mitteilung der vom Bieter erhaltenen Informationen an die eigenen Mitarbeiter nach §§ 10 Abs. 5 Satz 2, 14 Abs. 4 Satz 2 WpÜG mit dem Verbot der unbefugten Weitergabe von Insidertatsachen (vgl. §§ 13 Abs. 1 Nr. 1, 14 Abs. 1 Nr. 2 WpHG) konfligiert.[896] Vorstehenden Ausführungen[897] zufolge kann hierbei insbesondere für die Mitglieder des Betriebsrats keine Ausnahme vom Verbot der Vorabinformation anerkannt werden. Doch selbst wenn gegenüber diesem Gremium schon in dieser Phase eine entsprechende Informationspflicht des Vorstands bejaht würde, müssten bei dessen Nichterrichtung die Beschäftigten direkt informiert werden. Infolgedessen würden sie zu Trägern von Insiderwissen aufsteigen, obgleich sie keine Pflicht zur Verschwiegenheit zu beachten hätten.[898]

Auch unter Berücksichtigung des in § 3 Abs. 4 Satz 1 und 2 WpÜG niedergelegten Beschleunigungs- und Nichtbehinderungsgrundsatzes ergibt sich nichts anderes. Ausprägungen dieser Prinzipien finden sich an zahlreichen Stellen des Gesetzes,[899] so dass eine Verpflichtung des Vorstands zur Nachtrags-Veröffentlichung dazu möglicherweise in Gegensatz stehen könnte. Infolge der Publikation einer verspätet eingegangenen Angebotsbewertung wird das Verfahren zwar insgesamt gesehen zeitlich nicht herausgezögert, nicht abzustreiten ist aber, dass die Kosten einer solchen Veröffentlichung die Zielgesellschaft zu tragen hat.[900] Allerdings wären diese finanziellen Aufwendungen größtenteils auch bei einer rechtzeitigen Übermittlung entstanden. Daneben werden die Belastungen durch die verschiedenen vom Gesetz zur Verfügung gestellten Publikationsformen (vgl. §§ 27 Abs. 3 Satz 1, 14 Abs. 3 Satz 1 Nr. 1 und 2 WpÜG) gering gehalten. Schließlich müssen zur Pflichterfüllung keine Maßnahmen ergriffen werden, welche die Zielgesellschaft über einen unangemessenen Zeitraum in ihrer Geschäftstätigkeit beeinträchtigt.

Im Ergebnis ist mit der zweiten Ansicht davon auszugehen, dass der Kapitalmarkt von einer verspätet eingehenden Stellungnahme der Arbeitnehmerseite Kenntnis erlangen muss. Der Vorstand hat deren Entscheidungshilfe daher den Adressaten der Offerte auch dann zur Verfügung zu stellen, wenn seine eigene Stellungnahme bereits veröffentlicht wurde. Voraussetzung hierfür ist immerhin, dass die Meinungsäußerung so rechtzeitig vor Ablauf der Angebotsfrist nach § 16 Abs. 1 WpÜG eingeht, dass sie

[896] Geibel/Süßmann/*Grobys*, § 27 Rn. 37.

[897] Dazu ausführlich oben § 2B.III.3.b) (insb. Fn. 574).

[898] Geibel/Süßmann/*Grobys*, § 27 Rn. 37.

[899] Vgl. BT-Ds. 14/7034, S. 29.

[900] So auch KK-WpÜG/Hirte, § 27 Rn. 65.

zum Zeitpunkt ihrer Bekanntmachung noch ihren Informationszweck zugunsten der Anteilsinhaber auszufüllen vermag.[901]

(e) Recht des Vorstands zur Fristsetzung

Aufgrund der soeben festgestellten separaten Veröffentlichungspflicht im Hinblick auf die Stellungnahme der Arbeitnehmerseite ist dem Vorstand der Zielgesellschaft im Gegenzug das Recht einzuräumen, dem Betriebsrat oder der Belegschaft eine angemessene Frist für die Übermittlung ihrer Stellungnahme zu setzen, sobald dessen eigenen Angebotsbewertung gemäß § 27 Abs. 3 Satz 1 WpÜG veröffentlicht worden ist.[902]

Indessen wird gelegentlich die Erforderlichkeit eines derartigen Rechts bestritten, da schon ihr eigenes Interesse die Beschäftigten/-vertreter zu einer baldmöglichen Stellungnahme zwingen würde.[903] Dem ist nicht zu folgen. Neben der hieraus resultierenden Rechtssicherheit für die Geschäftsleitung, ab welchem Zeitpunkt die Pflicht zur Nachtrags-Veröffentlichung entfällt, entsteht dem Personal mit der Möglichkeit zur Setzung einer – neben der absoluten zeitlichen Grenze des § 16 Abs. 1 WpÜG – weiteren Frist kein rechtlicher Nachteil, weil mit dem Näherrücken des Ablaufs der Annahmefrist regelmäßig auch die Anzahl der vom Bieter gehaltenen Wertpapiere steigen wird.[904] Eine Parallele dazu findet sich im Übrigen in § 613a Abs. 6 BGB, nach dem die Arbeitnehmer ihr Widerspruchsrecht im Falle eines Betriebsübergangs innerhalb einer Erklärungsfrist von einem Monat ausüben müssen.[905] In gleicher Weise wie dort ist es der Belegschaft zumutbar, dass ihr Recht zur Abgabe eines Sondervotums angemessene Zeit nach Übermittlung des Antragsdokuments nicht mehr ausgeübt werden darf.[906]

d) Belegübersendungspflicht nach § 27 Abs. 3 Satz 3 WpÜG

Gemäß § 27 Abs. 3 Satz 3 WpÜG haben Vorstand und Aufsichtsrat der Zielgesellschaft der BaFin unverzüglich einen Beleg über die nach Satz 1 erfolgte Veröffentlichung zu übersenden. Haben die Mitarbeiter(-vertreter) nach § 27 Abs. 2 WpÜG eine eigene Beurteilung abgegeben, die derjenigen des Vorstands beizufügen ist, muss der Aufsichtsbehörde demzufolge auch ein Beleg dieser Stellungnahme übersandt werden. Das gilt auch für den Fall, dass der Vorstand eine verspätet zugegangene Betriebsrats- oder Arbeitnehmeräußerung pflichtgemäß veröffentlicht.[907]

---

901 Zu dieser Einschränkung s. Geibel/Süßmann/*Grobys*, § 27 Rn. 39; *Grobys*, NZA 2002, 1, 6; KK-WpÜG/*Hirte*, § 27 Rn. 65; MüKo-AktG/*Wackerbarth*, § 27 WpÜG Rn. 37; *Simon*, in: Semler/Volhard, § 55 Rn. 35 sowie *Thiel*, aaO, § 54 Rn. 34.

902 *Simon*, in: Semler/Volhard, § 55 Rn. 35; ähnlich Ehricke/*Ekkenga*/Oechsler, § 27 Rn. 36 (dort Fn. 93) unter Verweis auf Geibel/Süßmann/*Grobys*, § 27 Rn. 39; *Grobys*, NZA 2002, 1, 6.

903 KK-WpÜG/*Hirte*, § 27 Rn. 65.

904 Vgl. Geibel/Süßmann/*Grobys*, § 27 Rn. 39; *Grobys*, NZA 2002, 1, 6.

905 Dazu BT-Ds. 14/7760, S. 12, 20; ErfK/*Preis*, § 613a BGB Rn. 84 ff.; *Franzen*, RdA 2002, 258 ff.; *Grobys*, BB 2002, 726, 729 f.; *Willemsen/Lembke*, NJW 2002, 1159 f.

906 So auch Geibel/Süßmann/*Grobys*, § 27 Rn. 39; *Grobys*, NZA 2002, 1, 6.

907 KK-WpÜG/*Hirte*, § 27 Rn. 78.

e) Sonderproblem: Fehlerhafte Stellungnahme der Mitarbeiter(vertretung)

Enthält die Stellungnahme des Betriebsrats oder der Arbeitnehmer unzutreffende oder irreführende Informationen, kommt zuvorderst eine Organhaftung der Vorstandsmitglieder gemäß § 93 Abs. 2 AktG in Betracht, wenn der Prüfungspflicht nicht nachgekommen worden ist.[908]

Gesetzlich nicht geregelt und umstritten ist hingegen, ob Beschäftigte und/oder Betriebsratsmitglieder, die von der Möglichkeit zur Stellungnahme nach § 27 Abs. 2 WpÜG Gebrauch machen, wie Organmitglieder für fahrlässige Falschangaben zivilrechtlich haftbar gemacht werden können. Für fehlerhafte Arbeitnehmer- oder Betriebsratsstellungnahmen, so eine erste Ansicht, komme eine Verursacherhaftung ausschließlich bei vorsätzlich-sittenwidriger Schädigung über § 826 BGB in Betracht.[909] Nach der Gegenauffassung eröffnet das Kapitalmarktrecht für die Arbeitnehmer keinen Haftungsfreiraum. Diese oder deren Vertreter müssten daher wie Organmitglieder für fahrlässige Falschangaben einstehen.[910]

Die Anhänger der ersten Ansicht begründen die faktische Haftungsfreistellung zugunsten der Mitarbeiter/-vertretung damit, dass § 27 Abs. 2 WpÜG statt einer Äußerungspflicht ein Äußerungsrecht statuiere.[911] Doch ist diese Begründung im Gegenteil ein Beleg dafür, dass die Verursacher für eine fehlerhafte Meinungsäußerung einstehen müssen, denn sie können sich etwaigen Haftungsrisiken entziehen, indem sie (in der Regel zulässigerweise)[912] von der Abgabe einer Stellungnahme absehen.[913] Der weiter aufgestellten Behauptung, wonach der Einfluss von Angebotsbeurteilungen durch die Arbeitnehmerschaft auf das Anlegerverhalten als gering einzuschätzen sei,[914] ist mit dem Argument zu begegnen, dass – gleichzeitige Veröffentlichung der Meinungsäußerung von Vorstand und Mitarbeitern unterstellt – das Stellungnahmedokument neben der Antragsunterlage die wichtigste Entscheidungsbasis für die Angebotsadressaten bildet.[915] Hierbei spielt auch die Bewertung der Angebotsfolgen durch die Belegschaft eine nicht zu unterschätzende Rolle, denn das wirtschaftliche Gelingen des Beteiligungserwerbs ist nicht zuletzt von der Unterstützung dieser Gruppe abhängig.

Allerdings ist zu klären, ob für eine Haftung jede Art von Fahrlässigkeit ausreicht, oder ob grobe Fahrlässigkeit vorliegen muss.[916] Aufgrund des (relativen) Gleichlaufs

---

[908] Ehricke/*Ekkenga*/Oechsler, § 27 Rn. 43; a.A. ohne Begründung Geibel/Süßmann/*Schwennicke*, § 27 Rn. 53; zur Prüfungspflicht vorstehend § 2B.IV.2.c)bb)(2)(c).

[909] AnwK-AktienR/*Haouache*, Kap. 15 Rn. 114; Geibel/Süßmann/*Schwennicke*, § 27 Rn. 53; noch enger HWK/*Seibt*, WpÜG, Rn. 21; *Seibt*, in: Henze/Hoffmann-Becking, S. 337, 362.

[910] Ehricke/*Ekkenga*/Oechsler, § 27 Rn. 47; KK-WpÜG/*Hirte*, § 27 Rn. 27 a.E.

[911] Geibel/Süßmann/*Schwennicke*, § 27 Rn. 53.

[912] Näher oben § 2B.IV.2.a)bb)(1) (a) und (b).

[913] Ebenso KK-WpÜG/*Hirte*, § 27 Rn. 27 (dort Fn. 52).

[914] So *Seibt*, in: HWK, WpÜG, Rn. 21 und Henze/Hoffmann-Becking, S. 337, 362.

[915] Vgl. oben § 2B.IV.1.a)aa)(1).

[916] Für ersteres Ehricke/*Ekkenga*/Oechsler, § 27 Rn. 47; für letzteres KK-WpÜG/*Hirte*, § 27 Rn. 27 a.E.

zwischen den Stellungnahmen nach § 27 Abs. 1 Satz 1 und Abs. 2 WpÜG,[917] hat sich eine Lösung an den Vorgaben des Einstehenmüssens der Gesellschaftsorgane zu orientieren. Zwar ist im Übernahmegesetz nicht geregelt, in welcher Weise Vorstands- und Aufsichtsratsmitglieder für die von ihnen abgegebenen Stellungnahmen haften, aber den im WpÜG enthaltenen speziellen Regelungen zur Haftung für die Angebotsunterlage gemäß § 12 und für die Bestätigung der Angebotsfinanzierung gemäß § 13 Abs. 2 und 3 ist nach überwiegender Ansicht eine Tendenz zur Haftungsbeschränkung auf grobe Fahrlässigkeit zu entnehmen.[918] Unter entsprechender Anwendung der für die Prospekthaftung geltenden Regeln besteht demnach eine kapitalmarktrechtliche Haftung zu Lasten der eine Stellungnahme verfassenden Arbeitnehmer/-vertreter, die in grob fahrlässiger Weise unzutreffende oder irreführende Informationen verbreiten.

Aufgrund ihrer Eigenschaft als Entscheidungshilfe zugunsten der Anleger kann die Aufsichtsbehörde überdies bei einer fehlerhaften Stellungnahme des Betriebsrats oder der Arbeitnehmer nach § 4 Abs. 1 Satz 3 WpÜG die geeigneten und erforderlichen Anordnungen treffen, um marktabträgliche Fehlinformation zu beseitigen oder zu verhindern.[919]

V. Folgen von Informationspflichtverletzungen durch die Zielgesellschaft

Nachstehend wird untersucht, welche Folgen die Verletzung bestehender Informationspflichten durch die Zielgesellschaft nach sich zieht.

1. Verletzung übernahmerechtlicher Informationspflichten

Einerseits können die Organe der von dem Angebot betroffenen Gesellschaft die nach dem WpÜG bestehenden Mitteilungspflichten gemäß §§ 10 Abs. 5 Satz 2, 14 Abs. 4 Satz 2, 27 Abs. 3 Satz 2 (i.V.m. § 34, § 35 Abs. 1 Satz 4, Abs. 2 Satz 2, § 39) verletzen.[920]

a) Keine arbeitsrechtlichen Konsequenzen bei Verstoß gegen Informationspflichten

Pflichtverletzungen der Verwaltung der Zielgesellschaft im Hinblick auf die Unterrichtung nach § 10 Abs. 5 Satz 2 WpÜG, die Übermittlung der Angebotsunterlage nach § 14 Abs. 4 Satz 2 WpÜG oder der Stellungnahme nach § 27 Abs. 3 Satz 2 WpÜG wirken sich jedenfalls nicht auf kollektiv- oder individualarbeitsrechtliche

---

917 Hierzu oben § 2B.IV.2.b)aa)(3) und § 2B.IV.2.b)aa)(4)(a).

918 Geibel/Süßmann/*Schwennicke*, § 27 Rn. 52; *Hopt*, ZGR 2002, 333, 355 f.; KK-WpÜG/*Hirte*, § 27 Rn. 27; *Röh*, in: Haarmann (u.a.), § 27 Rn. 51; zur Haftung nach § 13 WpÜG s. näher *Vogel*, ZIP 2002, 1421 ff.

919 *Seibt*, in: HWK, WpÜG Rn. 21 und Henze/Hoffmann-Becking, S. 337, 361.

920 Vgl. dazu Änderungsantrag 19 zu Art. 16 des Vorschlags (Fn. 115) des EP-Ausschusses für Beschäftigung und soziale Angelegenheiten vom 20.2.2003, PE 327.239 vom 8.12.2003, S. 69, 85: „Die Mitgliedstaaten legen [wirksame, verhältnismäßige und abschreckende] Sanktionen fest, [...] die bei einem Verstoß gegen die Pflichten der Bieter- und der Zielgesellschaft zur Durchführung eines ordnungsgemäßen Verfahrens der Unterrichtung und Konsultation ihrer Arbeitnehmer verhängt werden [...] müssen.“.

Maßnahmen aus, die dem Angebotsverfahren nachfolgen.[921] Unter Berücksichtigung der Materialien geht der Wille des Gesetzgebers eindeutig dahin, dass die Rechte der Beschäftigten von den übernahmerechtlichen Vorschriften unberührt bleiben sollen. Zudem schränken etwaige Pflichtverletzungen keinesfalls die Befugnisse des Bieters oder der Zielgesellschaft ein, geplante unternehmerische Maßnahmen nach einem erfolgreichen Eigentümerwechsel umzusetzen.[922]

b) Öffentlich-rechtliche Sanktionen

Jedoch enthält das Gesetz Sanktionen öffentlich-rechtlicher Art, die sicherstellen sollen, dass die Unterrichtungs- und Übermittlungspflichten auch tatsächlich wahrgenommen werden. Damit dienen sie zugleich dem Schutz berechtigter Interessen der Belegschaft.

aa) Ordnungswidrigkeit i.S. des § 60 Abs. 1 Nr. 2 lit. b und c WpÜG

Schuldhafte Verstöße gegen die in §§ 10, 14, 27 WpÜG normierten Pflichten stellen Ordnungswidrigkeiten dar und sind mit Geldbußen, deren Höhe von der Bedeutung des betreffenden Verstoßes für das Angebotsverfahren abhängt, sanktioniert.[923] Vor dem Hintergrund des Gewichts des Pflichtverstoßes lassen sich die Ordnungswidrigkeiten in drei Gruppen einteilen. Neben schwerwiegenden Verstößen, die mit einer Geldbuße bis zu 1 Mio. € geahndet werden können, und mittelschweren Ordnungswidrigkeiten, deren Bußgeldrahmen bis zu 500.000,- € reicht, können in einer dritten Gruppe die leichteren Verstöße zusammengefasst werden. Bei diesen sieht das Gesetz eine Ahndung mit Geldbuße bis zu 200.000,- € vor.

Verletzt der Vorstand (und ggf. der Aufsichtsrat) Informationspflichten aus § 10 Abs. 5 Satz 2, § 14 Abs. 4 Satz 2 oder § 27 Abs. 3 Satz 2 WpÜG, stellt dies eine Ordnungswidrigkeit i.S. des § 1 Abs. 1 OWiG[924] dar, wenn vorsätzliches oder leichtfertiges Verhalten vorzuwerfen ist (§ 60 Abs. 1 Nr. 2 lit. b und c WpÜG).[925] Dieses kann gemäß § 60 Abs. 3, 3. Var. WpÜG mit einer Geldbuße bis zu 200.000,- € geahndet werden, so dass das Gesetz diese Verstöße als minderschwer qualifiziert.

bb) Eingreifen der Aufsichtsbehörde

Als weitere öffentlich-rechtliche Sanktion kommt die Möglichkeit aufsichtsbehördlicher Anordnungen nach § 4 Abs. 1 Satz 3 WpÜG durch die BaFin gegenüber dem Ge-

---

[921] Geibel/Süßmann/*Grobys*, § 10 Rn. 123 sowie § 14 Rn. 66; *Grobys*, NZA 2002, 1, 6; *Simon*, in: Semler/Volhard, § 55 Rn. 39.

[922] Geibel/Süßmann/*Grobys*, § 10 Rn. 123; *Grobys*, NZA 2002, 1, 6; *Simon*, in: Semler/Volhard, § 55 Rn. 40.

[923] BT-Ds. 14/7034 zu § 61 Abs. 3 RegE-WpÜG, S. 69; *Möller*, AG 2002, 170, 174 f.; *Rönnau*, in: Haarmann (u.a.), Vor § 60 Rn. 17; *Simon*, in: Semler/Volhard, § 55 Rn. 38.

[924] Für die allgemeinen Zusammenhänge der Ordnungswidrigkeit gelten ergänzend die §§ 1-34 OWiG, *Ehricke*/Ekkenga/Oechsler, § 60 Rn. 3; *Steinmeyer/Häger*, § 60 Rn. 2.

[925] *Geibel*/Süßmann, § 14 Rn. 62 sowie dies./*Grobys*, § 10 Rn. 123; *Grobys*, NZA 2002, 1, 6; HWK/*Seibt*, WpÜG Rn. 30; KK-WpÜG/*Hirte*, § 10 Rn. 98 und § 27 Rn. 76; KK-WpÜG/*Seydel*, § 14 Rn. 75; *Seibt*, DB 2002, 529, 535 f.; *Thiel*, in: Semler/Volhard, § 54 Rn. 15.

sellschaftsorgan in Betracht, die geeignet und erforderlich sind, um Verletzungen der übernahmegesetzlichen Verfahrensbestimmungen abzustellen oder auszugleichen.[926] Diese Verfügungen fallen in den Anwendungsbereich des § 46 WpÜG, so dass die Bundesanstalt den Vorstand bei mangelhafter Unterrichtung oder Übermittlung ferner mit den Mitteln dieser Norm zur Mitteilung zwingen kann.[927]

cc) Sonderproblem: Unterlassene Beifügung i.S.v. § 27 Abs. 2 WpÜG als Ordnungswidrigkeit

In diesem Zusammenhang steht die Problematik, dass das Gesetz eine Verletzung der Beifügungspflicht nach § 27 Abs. 2 WpÜG zumindest explizit nicht als Ordnungswidrigkeit einordnet.

Die unterlassene, nicht richtige, nicht vollständige, nicht in der vorgeschriebenen Weise erfolgende oder nicht rechtzeitige Veröffentlichung der Vorstandsstellungnahme stellt nach § 60 Abs. 1 Nr. 1b WpÜG jedoch eine Ordnungswidrigkeit dar. Eine unterlassene Beifügung der (rechtzeitig eingegangenen) Beurteilung nach § 27 Abs. 2 WpÜG ist mithin als fehlerhafte – weil „nicht vollständige" – Veröffentlichung in diesem Sinne einzustufen und unterfällt dem Bußgeldtatbestand des § 60 Abs. 1 Nr. 1b WpÜG, sofern dies vorsätzlich oder leichtfertig geschieht.[928]

Schließlich kann die Verletzung der Belegübersendungspflicht i.S. des § 27 Abs. 3 Satz 3 WpÜG nach § 60 Abs. 1 Nr. 5 WpÜG eine Ordnungswidrigkeit darstellen.[929]

c) Anspruch auf Erfüllung der Informationspflichten?

Möglicherweise besteht ein gerichtlich durchsetzbarer Anspruch auf Erfüllung der sich aus den §§ 10 Abs. 5 Satz 2, 14 Abs. 4 Satz 2, 27 Abs. 3 Satz 2 WpÜG ergebenden Pflichten. Dafür müssten diese Vorschriften den Arbeitnehmern oder deren Vertretern *subjektive Rechte* einräumen.

In der Tat wird von *Hirte*[930] im Rahmen der Unterrichtungspflicht aus § 10 Abs. 5 Satz 2 WpÜG (pauschalisierend) die Existenz von subjektiven Rechten zugunsten der Mitarbeiter angenommen. Demnach sei bei einer gesetzeswidrigen Unterrichtung ein Erfüllungsanspruch denkbar, vor allem soweit die Mitteilung nach § 10 Abs. 5 Satz 2, 1. Alt. WpÜG gegenüber bestimmten Repräsentationsorganen zu erfolgen habe. Doch wird dieser Standpunkt insoweit relativiert, als ein solcher Anspruch wenig weiterfüh-

---

926 *Geibel*/Süßmann/*Grobys*, § 10 Rn. 123; *Grobys*, NZA 2002, 1, 6; HWK/*Seibt*, WpÜG Rn. 32; *Seibt*, DB 2002, 529, 536; vgl. auch KK-WpÜG/*Hirte*, § 10 Rn. 98 und § 27 Rn. 76, nach dem die BaFin gemäß § 4 Abs. 1 Satz 3 WpÜG nur bei einer systematischen Verkürzung von Arbeitnehmerrechten einschreiten dürfe.

927 KK-WpÜG/*Hirte*, § 10 Rn. 98; s. auch *Ehricke*/Ekkenga/Oechsler, § 46 Rn. 2 sowie dies./*Oechsler*, § 4 Rn. 6.

928 Ehricke/*Ekkenga*/Oechsler, § 27 Rn. 37; KK-WpÜG/*Hirte*, § 27 Rn. 66 i.V.m. Rn. 72; a.A. HWK/*Seibt*, WpÜG Rn. 30; *Seibt*, DB 2002, 529, 535 f.; *Simon*, in: Semler/Volhard, § 55 Rn. 38.

929 KK-WpÜG/*Hirte*, § 27 Rn. 79; zu dieser Pflicht s. vorstehend § 2B.IV.2.d).

930 In: KK-WpÜG, § 10 Rn. 98; a.A. hingegen aaO/*Seydel*, § 14 Rn. 81, der explizit die Annahme von subjektiven Rechten des Betriebsrats und der Arbeitnehmer i.R.d. § 14 Abs. 4 Satz 2 WpÜG ablehnt (s. dort auch Fn. 95).

rend sei, da und wenn das Antragsdokument selbst in Vollzug der sich aus § 14 Abs. 4 Satz 2 WpÜG ergebenden Pflicht kurze Zeit später korrekt weitergeleitet werde.

Nach vorzugswürdiger Ansicht besteht jedoch weder nach dem Normtext ein Anspruch des einzelnen Mitglieds des Betriebsrats oder der Belegschaft, die vorgesehene Mitteilung persönlich zu erhalten, noch erfordert Sinn und Zweck der Informationspflichten die Anerkennung subjektiver Rechte.[931] Vielmehr geben die §§ 10 Abs. 5 Satz 2, 14 Abs. 4 Satz 2, 27 Abs. 3 Satz 2 WpÜG lediglich Verhaltensmaßstäbe für das Vorstands- und Aufsichtsratshandeln vor, ohne unmittelbar den Schutz bestimmter Arbeitnehmerrechte zu verfolgen.[932] Dieser Gedanke manifestiert sich ebenfalls in § 12 Abs. 1 WpÜG, der eine Haftung des Bieters für fehlerhafte Angaben in dessen Angebotsunterlage ausschließlich gegenüber den annehmenden Anlegern vorsieht. Da eine entsprechende Bestimmung für Pflichtverletzungen des Managements fehlt, liegt dem WpÜG im Umkehrschluss der Gedanke zugrunde, dass das Personal respektive deren Vertretung bei Nichtbeachtung der Mitteilungsregeln nicht unmittelbar geschädigt ist und keine übernahmerechtlichen Ersatzansprüche erhalten soll.

Ein weiteres Argument liefern die erwähnten öffentlich-rechtlichen Sanktionen. Die Bestimmung des Rechtsguts einer Sanktionsnorm setzt die Analyse des vom jeweiligen Tatbestand geschützten Interesses voraus. Dieser Vorgang wird bei den in § 60 WpÜG angeführten Bußgeldvorschriften dadurch erschwert, dass von den dort aufgelisteten Pflichtverstößen in der Regel vielfältige Interessen berührt werden.[933] So haben auch die Arbeitnehmer der Zielgesellschaft Interesse an einer möglichst frühzeitigen Unterrichtung, um sich auf die durch die Veränderung der Beteiligungsverhältnisse ausgelöste neue Situation einstellen zu können. Hinter den Bußgeldvorschriften steht aber immer das zum Wohle der Allgemeinheit angestrebte Ziel, durch das WpÜG verlässliche Rahmenbedingungen für Unternehmensbeteiligungen zu schaffen, um einen Strukturwandel am Wirtschaftsstandort Deutschland zu ermöglichen und die internationale Wettbewerbsfähigkeit des hiesigen Finanzplatzes sicherzustellen.[934] Das derart definierte Allgemeininteresse lässt sich nicht (vollständig) in verschiedene Einzel- oder Gruppeninteressen von betroffenen Arbeitnehmern, Wertpapierinhabern etc. auflösen. Diese werden vielmehr nur als *Reflex* geschützt, treten also hinter das übergeordnete Interesse des Staates an einem geordneten Angebotsverfahren und hinter den Schutz des Vertrauens der Anleger wie auch potenzieller Bieter an einem funktionierenden Kapitalmarkt zurück.[935]

Bei den §§ 10 Abs. 5 Satz 2, 14 Abs. 4 Satz 2, 27 Abs. 3 Satz 2 WpÜG handelt es sich folglich – in Übereinstimmung etwa zur Auflage i.S.d. § 1940 BGB – um Rechts-

---

931 Geibel/Süßmann/*Grobys*, § 10 Rn. 124 sowie § 14 Rn. 66; vgl. ebenfalls *Grobys*, NZA 2002, 1, 6; *Hopt*, ZHR 166 (2002), 383, 386; KK-WpÜG/*Seydel*, § 14 Rn. 81; *Schnorbus*, ZHR 166 (2002), 72, 79, 91, 107.

932 Vgl. oben § 2B.II.1.a) (inkl. Nachweise in Fn. 283).

933 *Rönnau*, in: Haarmann (u.a.), Vor § 60 Rn. 12.

934 Vgl. BT-Ds. 14/7034, S. 27.

935 *Rönnau*, in: Haarmann (u.a.), Vor § 60 Rn. 12; i.E. ebenso Geibel/Süßmann/*Grobys*, § 10 Rn. 124.

pflichten, denen kein subjektives Recht gegenübersteht. Durch diese Pflichten werden zwar auch die Interessen der von den Normen Begünstigten geschützt, doch kann der einzelne vom verpflichteten Organ der Zielgesellschaft keine Erfüllung verlangen.[936] Die tatsächlichen Begünstigungen in Form von Informationsmitteilungen sind lediglich Reflexwirkungen des objektiven Rechts.

d) Zivilrechtliche Sanktionen

Innerhalb der Literatur wird diskutiert, ob den Arbeitnehmern oder deren Vertretern ein Schadensersatzanspruch wegen Verletzung der Informationspflichten nach § 823 Abs. 2 BGB i.V.m. §§ 10 Abs. 5 Satz 2, 14 Abs. 4 Satz 2, 27 Abs. 3 Satz 2 WpÜG zusteht.

Insbesondere im Zusammenhang mit der Pflicht zur Unterrichtung gemäß § 10 Abs. 5 Satz 2 WpÜG soll wiederum nach *Hirte*[937] ein solcher Anspruch dem Grunde nach gegeben sein. Jedoch könne hier ein Schaden nur darin bestehen, dass die (Vertreter der) Beschäftigten nicht frühzeitig genug über die bevorstehende Offerte unterrichtet worden seien. Da und wenn ihnen das Antragsdokument selbst nach Maßgabe des § 14 Abs. 4 Satz 2 WpÜG kurze Zeit später korrekt weitergeleitet würde, müsse der Ersatzanspruch aber letzten Endes aufgrund eines mangelnden Schadens ausscheiden.[938] In konsequenter Fortführung der Prämisse, dass § 10 Abs. 5 Satz 2 WpÜG Schutzgesetz i.S. des § 823 Abs. 2 BGB ist, d.h. mindestens neben der Allgemeinheit auch der Einzelne geschützt werden soll,[939] müsste m.E. gleichwohl ein kausal ersatzfähiger Schaden und damit eine Inanspruchnahme der Zielgesellschaft bejaht werden. Dieser kann dem einzelnen Mitarbeiter nämlich dann entstehen, wenn er wegen unterlassener oder verspäteter Unterrichtung eine Chance verstreichen lässt, andernorts ein Beschäftigungsverhältnis zu beginnen, und später sein Arbeitsverhältnis mit der Zielgesellschaft infolge des Beteiligungserwerbs beendet wird.[940]

Ungeachtet der Frage nach dem Vorliegen eines Schadens können dennoch nach richtigem Verständnis weder die Beschäftigten der Zielgesellschaft noch deren Vertreter Schadensersatzansprüche aus § 823 Abs. 2 BGB i.V.m. § 10 Abs. 5 Satz 2 WpÜG herleiten, weil dieser Norm – wie auch den übrigen Mitteilungsvorschriften – bereits der Schutzgesetzcharakter fehlt.[941] Das WpÜG bezweckt nicht den Schutz bestimmter Ar-

---

936 Unzutreffend ist hingegen die Bezeichnung als Informations-„obliegenheit" (so aber *Simon*, in: Semler/Volhard, § 55 Rn. 39 unter Verweis auf Geibel/Süßmann/*Grobys*, § 10 Rn. 124), denn es handelt sich bei den §§ 10 Abs. 5 Satz 2, 14 Abs. 4 Satz 2, 27 Abs. 3 Satz 2 WpÜG nicht um Verhaltensanforderungen, die im eigenen Interesse des belasteten Gesellschaftsorgans liegen.

937 In: KK-WpÜG, § 10 Rn. 98; a.A. aaO/*Seydel*, § 14 Rn. 81, der explizit die Annahme von subjektiven Rechten des Betriebsrats und der Arbeitnehmer i.R.d. § 14 Abs. 4 Satz 2 WpÜG ablehnt (s. dort auch Fn. 95).

938 I.E. ebenso Geibel/Süßmann/*Grobys*, § 10 Rn. 125 a.E.

939 Zum Schutzgesetzcharakter vgl. BGH vom 26.2.1993, NJW 1993, 1580 ff.; MüKo-BGB/*Wagner*, § 823 Rn. 340; Palandt/*Sprau*, § 823 BGB Rn. 56 ff.

940 Ebenso Ehricke/Ekkenga/*Oechsler*, § 10 Rn. 25.

941 So für § 10 Abs. 5 Satz 2 WpÜG: Geibel/Süßmann/*Grobys*, § 10 Rn. 125; *Grobys*, NZA 2002, 1, 6; Ehricke/Ekkenga/*Oechsler*, § 10 Rn. 25. Für § 14 Abs. 4 Satz 2 WpÜG: Gei-

beitnehmerrechte.[942] Damit scheiden der Betriebsrat und die Belegschaftsmitglieder bei Nichteinhaltung der Informationspflichten als rechtlich Betroffene aus.[943] Wie zuvor beschrieben, wollen die §§ 10 Abs. 5 Satz 2, 14 Abs. 4 Satz 2, 27 Abs. 3 Satz 2 WpÜG ebenso wenig Individualinteressen einzelner Mitarbeiter bewahren.[944] Soweit durch diese Regelungen ein Rechtsverlust bei der Ergreifung von Rechten nach anderen (Arbeits-)Gesetzen verhindert wird, kann das lediglich als ein Reflex des gestillten Informationsinteresses angesehen werden. Zudem richten sich diese Managementverpflichtungen gerade nicht gegen die Schädigung eines bestimmten Rechtsguts, weswegen auch nicht behauptet werden kann, sie dienten dem Schutz etwaiger Vermögensinteressen einzelner Arbeitnehmer.[945] Überdies fehlt dem Betriebsrat aufgrund seiner bloßen *Teil*rechtsfähigkeit – nach der dieser lediglich innerhalb des ihm gesetzlich zugewiesenen Wirkungsbereichs berechtigt und verpflichtet werden kann – die Möglichkeit zur Wahrnehmung etwaiger zivilrechtlicher Ansprüche.[946]

e) „Durchgriff" auf das BetrVG bei Verletzungen der WpÜG-Informationspflichten

Zu erwägen wäre, dass – entsprechend einem Teil der Lehre zum UmwG[947] – im Fall der Verletzung der §§ 10 Abs. 5 Satz 2, 14 Abs. 4 Satz 2, 27 Abs. 3 Satz 2 WpÜG durch den Arbeitgeber die betriebsverfassungsrechtlichen Sanktionsinstrumente der §§ 23 Abs. 3 und 121 BetrVG herangezogen werden dürfen. Allerdings wird vom übernahmerechtlichen Schrifttum – soweit ersichtlich – übereinstimmend vom Gegenteil ausgegangen.[948] Angesichts der eingeschränkten Prüfungskompetenz der BaFin im Rahmen der Untersagung des Angebots gemäß § 15 Abs. 1 WpÜG,[949] kommt der vorliegenden Problematik für die Betriebsratsarbeit durchaus praktische Relevanz zu.

---

bel/Süßmann/*Grobys*, § 14 Rn. 66; KK-WpÜG/*Seydel*, § 14 Rn. 81. Für § 27 Abs. 3 Satz 2 WpÜG: Ehricke/*Ekkenga*/Oechsler, § 27 Rn. 4. Allgemein: *Seibt*, DB 2002, 529, 536 (einschränkend aber HWK/*Seibt*, WpÜG Rn. 32: „im *Regelfall* keine Schadensersatzansprüche aus § 823 Abs. 2 BGB (i.V.m. den WpÜG-Mitteilungsvorschriften)" (Herv. d. Verf.)); vgl. auch *Hopt*, in: FS Lutter (2000), S. 1361, 1397 f.; *Simon*, in: Semler/Volhard, § 55 Rn. 39.

942 Vgl. oben § 2B.II.1.a) (inkl. Nachw. in Fn. 283); s. ferner Geibel/Süßmann/*Grobys*, § 10 Rn. 124.

943 Geibel/Süßmann/*Grobys*, § 10 Rn. 125; *Grobys*, NZA 2002, 1, 6; vgl. auch MüKo-BGB/*Wagner*, § 823 Rn. 344.

944 Vorstehend § 2B.V.1.c).

945 Geibel/Süßmann/*Grobys*, § 10 Rn. 125; *Grobys*, NZA 2002, 1, 6; ähnlich Ehricke/Ekkenga/*Oechsler*, § 10 Rn. 25; vgl. dazu MüKo-BGB/*Wagner*, § 823 Rn. 345 f.

946 Zur „partiellen Rechtsfähigkeit" des Betriebsrats vgl. BAG vom 9.12.1997, AP Nr. 11 zu § 77 BetrVG Tarifvorbehalt; *Dütz*, Rn. 760; ErfK/*Eisemann*, § 1 BetrVG Rn. 17, 20; anders *Fitting*, § 1 BetrVG Rn. 199, 217.

947 *Herbst*, AiB 1995, 5, 8; *Laumann*, in: Goutier, § 194 UmwG Rn. 30; *Mengel*, S. 347.

948 Ehricke/*Ekkenga*/Oechsler, § 27 Rn. 28; Geibel/Süßmann/*Grobys*, § 10 Rn. 126 sowie § 14 Rn. 66; *Grobys*, NZA 2002, 6; KK-WpÜG/*Hirte*, § 10 Rn. 98. Zur selben Auffassung im UmwG bei Verletzung der Zuleitungspflicht s. *Bermel/Hannappel*, in: Goutier, § 5 UmwG Rn. 133; *Düwell*, NZA 1996, 393, 397; *Engelmeyer*, DB 1996, 2542, 2545; *Gaul*, DB 1995, 2265, 2266; *Willemsen*, RdA 1998, 23, 34; *ders.*, in: Willemsen (u.a.), Kap. C Rn. 380.

949 Ausführlich zum § 15 Abs. 1 WpÜG s. unten § 3A.III.1.a).

Hier bleibt im Ergebnis nur festzuhalten, dass das Betriebsverfassungsrecht entsprechend dem Trennungsprinzip[950] kein Regelungsgegenstand der §§ 10 Abs. 5 Satz 2, 14 Abs. 4 Satz 2, 27 Abs. 3 Satz 2 WpÜG ist. Die Informationspflichten der Verwaltung erweitern also nicht die Zuständigkeiten des Betriebsrats nach dem BetrVG.[951] Gegen einen Rückgriff auf dessen Sanktionsinstrumentarium spricht auch, dass die übernahmegesetzlichen Pflichten zur Unterrichtung und Übermittlung ausreichend dadurch sanktioniert sind, dass ihre Verletzung eine Ordnungswidrigkeit darstellt, welche mit Geldbuße geahndet werden kann. Ferner obliegt die Sicherung des geschützten Informationsinteresses allein der zuständigen Behörde, so dass die Möglichkeit des öffentlich-rechtlichen Einschreitens der Bundesanstalt nach § 4 Abs. 1 Satz 3 WpÜG dem erstgenannten Standpunkt zuwiderläuft.[952] Der Betriebsrat kann daneben die gemäß § 61 WpÜG i.V.m. § 36 Abs. 1 Nr. 1 OWiG zuständige Aufsichtsbehörde auf evidente Lücken in den arbeitsrechtlichen Pflichtangaben i.S.v. § 27 Abs. 1 Satz 2 Nr. 2 WpÜG hinweisen.[953]

Demzufolge kann der Betriebsrat (oder die im Betrieb vertretene Gewerkschaft) bei Missachtung der übernahmegesetzlichen Informationspflichten nicht nach § 23 Abs. 3 BetrVG vorgehen und ein Verfahren gegen die Zielgesellschaft wegen grober Pflichtverletzungen anstrengen, indem beim Arbeitsgericht ein Antrag auf Anordnung der Unterrichtung über die Vorankündigung oder Übermittlung der Angebotsunterlage respektive der Stellungnahme gestellt wird.[954] Das geht auch aus dem Wortlaut des § 23 Abs. 3 Satz 1 BetrVG hervor, nach dem lediglich bei groben Verstößen des Arbeitgebers gegen seine Verpflichtungen „aus diesem Gesetz" ein Anspruch auf Handlung, Duldung oder Unterlassung besteht. Darüber hinaus sind die Regelungen des Übernahmerechts in § 121 BetrVG nicht aufgeführt, so dass ein Bußgeld wegen Missachtung der im WpÜG geregelten Mitteilungsverpflichtungen nicht in Betracht kommt; auch eine analoge Anwendung scheidet aus (nulla poena sine lege).[955]

Insofern ist die Anwendung betriebsverfassungsrechtlicher Sanktionsbestimmungen aufgrund des besonderen Rechtscharakters der übernahmerechtlichen Informationsvorschriften nicht möglich. Es handelt sich bei den §§ 10 Abs. 5 Satz 2, 14 Abs. 4 Satz 2,

---

950 Dazu s. oben § 2B.I.3.a).

951 Ehricke/*Ekkenga*/Oechsler, § 27 Rn. 28; a.A. offenbar MüKo-AktG/Wackerbarth, § 10 WpÜG Rn. 74, demzufolge die die arbeitsrechtlichen Pflichten der Zielgesellschaft statuierenden §§ 10 Abs. 5 Satz 2, 14 Abs. 4 Satz 2, 27 Abs. 3 Satz 2 WpÜG „*an und für sich im BetrVG 1976* [hätten] *geregelt werden müssen*" und „*lediglich wegen des funktionalen Zusammenhangs mit dem Angebot im WpÜG aufgenommen*" wurden (s. auch aaO, § 14 WpÜG Rn. 34 und § 27 WpÜG Rn. 32).

952 Geibel/Süßmann/*Grobys*, § 10 Rn. 126; *Grobys*, NZA 2002, 1, 6; KK-WpÜG/*Hirte*, § 10 Rn. 98.

953 Ähnlich zum Umwandlungsrecht *Willemsen*, RdA 1998, 23, 34.

954 Ehricke/*Ekkenga*/Oechsler, § 27 Rn. 28; Geibel/Süßmann/*Grobys*, § 10 Rn. 124 ff., 126 sowie § 14 Rn. 66; *Grobys*, NZA 2002, 1, 6; für das UmwG ebenso *Willemsen*, RdA 1998, 23, 34; a.A. *Herbst*, AiB 1995, 5, 8; *Laumann*, in: Goutier, § 194 UmwG Rn. 30; *Mengel*, S. 347.

955 So auch zur Situation im UmwG *Düwell*, NZA 1996, 393, 397; *Engelmeyer*, DB 1996, 2542, 2545; *Gaul*, DB 1995, 2265, 2266; *Mengel*, S. 347; *Willemsen*, RdA 1998, 23, 34; a.A. *Bachner*, NJW 1995, 2881, 2886 f.; *Herbst*, AiB 1995, 5, 8.

27 Abs. 3 Satz 2 WpÜG um kapitalmarktrechtliche Normen, so dass im Hinblick auf die Rechtsfolgen das BetrVG nicht einschlägig sein kann. Die jeweilige Informationspflicht hat ihre Rechtsgrundlage ausschließlich im Übernahmerecht; sie ist nicht – wie etwa die Unterrichtungspflichten nach den §§ 106, 111 BetrVG – betriebsverfassungsrechtlicher Natur.

In diesen Zusammenhang gehört, dass bei Verletzung des Beteiligungsrechts[956] nach § 27 Abs. 2 WpÜG betriebsverfassungsrechtliche Rechtsbehelfe oder Erzwingungsmöglichkeiten aufgrund des Trennungsprinzips ebenfalls nicht zur Verfügung stehen.[957]

f) Rechtsverlust auf Seiten des Bieters infolge Verletzung von WpÜG-Informationspflichten

Speziell bei der Verletzung von Zuleitungspflichten nach den §§ 10 Abs. 5 Satz 2, 14 Abs. 4 Satz 2 WpÜG durch den Vorstand der Zielgesellschaft ergibt sich das Problem, ob der Bieter als Konsequenz daraus seine Rechte aus Aktien gemäß § 59 Satz 1 (i.V.m. § 35 Abs. 1 Satz 4, Abs. 2 Satz 2) WpÜG verliert.

Diese Sanktionsnorm bezieht sich auf die Pflichtangebote des fünften Abschnitts des Gesetzes und dabei insbesondere auf die Veröffentlichungspflichten des § 35 WpÜG. § 59 Satz 1 WpÜG regelt den Rechtsverlust für Rechte des Bieters aus Aktien für die Zeit, für welche die Pflichten nach § 35 Abs. 1 oder 2 WpÜG nicht erfüllt werden. Damit liegt der Schluss nahe, dass der Rechtsverlust so lange andauert, bis *alle* in § 35 Abs. 1 und 2 WpÜG genannten Pflichten erfüllt sind.[958] Das ist insoweit überzeugend, als die *Primär*pflichten der Veröffentlichung der Kontrollerlangung gemäß § 35 Abs. 1 Satz 1 WpÜG sowie der Veröffentlichung und Übermittlung der Angebotsunterlage gemäß § 35 Abs. 2 Satz 1 WpÜG betroffen sind. Neben diesen zentralen Pflichten verweisen § 35 Abs. 1 Satz 4, Abs. 2 Satz 2 WpÜG aber auch auf die sich aus den §§ 10 und 14 WpÜG im Übrigen ergebenden (*Sekundär-*)Pflichten. Damit würden speziell Verstöße gegen die §§ 10 Abs. 5 Satz 2, 14 Abs. 4 Satz 2 WpÜG während des Pflichtangebotsverfahrens an und für sich den Rechtsverlust nach § 59 Satz 1 WpÜG auslösen.

Obgleich diese Pflichten der Unterrichtung und Übermittlung grundsätzlich nachholbar sind, wäre der Verhältnismäßigkeitsgrundsatz dennoch verletzt, wenn infolge dieser Verfahrensfehler (über die Verweisungen in den § 35 Abs. 1 Satz 4, Abs. 2 Satz 2 WpÜG) ein Rechtsverlust bejaht werden würde.[959] Denn die betroffenen Arbeitnehmer/-vertreter der Zielgesellschaft erlangen durch die Veröffentlichung der Kontrollerlangung nach § 35 Abs. 1 Satz 1 WpÜG und durch das Pflichtangebot gemäß § 35

---

956 S. oben § 2B.IV.2.a)bb).

957 I.E. ebenso Ehricke/*Ekkenga*/Oechsler, § 27 Rn. 37; Geibel/Süßmann/*Grobys*, § 10 Rn. 126; *Grobys*, NZA 2002, 1, 6.

958 So in der Tat *Hommelhoff/Witt*, in: Haarmann (u.a.), § 59 Rn. 10.

959 *Ehricke*/Ekkenga/Oechsler, § 59 Rn. 9; Geibel/Süßmann/*Tschauner*, § 59 Rn. 8; ähnlich *Cahn*, ZHR 167 (2003), 262, 277; KK-WpÜG/*Kremer/Oesterhaus*, § 59 Rn. 34, 40; a.A. s. Nachw. in Fn. 958; wohl auch *Steinmeyer/Häger*, § 59 Rn. 7 ff.

Abs. 2 Satz 1 WpÜG in aller Regel von diesen Tatsachen Kenntnis. Folglich liegt der Schluss nahe, dass es sich bei § 59 Satz 1 WpÜG um ein Redaktionsversehen handelt, soweit insgesamt auf § 35 Abs. 1 und 2 WpÜG verwiesen wird:[960] Der Gesetzgeber hat es versäumt, die Rechtsfolge des § 59 Satz 1 WpÜG ausschließlich für Verstöße gegen die primären Pflichten nach § 35 Abs. 1 Satz 1, Abs. 2 Satz 1 WpÜG anzuordnen. Bei Verstößen gegen die in § 35 Abs. 1 Satz 4, Abs. 2 Satz 2 WpÜG geregelten Nebenpflichten tritt mithin – entgegen des Wortlauts des § 59 WpÜG[961] – der Rechtsverlust nicht ein.[962]

2. Verletzungen betriebsverfassungsrechtlicher Informationspflichten

Andererseits hat die Zielgesellschaft in ihrer Funktion als Arbeitgeber (oder Unternehmer) betriebsverfassungsrechtlichen Informationspflichten nachzukommen. Sie muss einen vorhandenen Wirtschaftsausschusses nach § 106 Abs. 2 BetrVG über die Vorankündigung,[963] den Inhalt des Angebots[964] sowie über den Inhalt der Managementstellungnahme(n)[965] unterrichten. Weiterhin ist gegenüber dem Betriebsrat eine Informationspflicht gemäß §§ 80 Abs. 2 Satz 1, 111 Satz 1 BetrVG nur ausnahmsweise in Bezug auf die Einschätzung(en) über die Offerte i.S.v. § 27 Abs. 1 WpÜG anzuerkennen.[966] Die Arbeitnehmer selbst sind hierüber dagegen im Regelfall zu unterrichten, § 110 BetrVG.[967]

Die Nicht- oder Schlechterfüllung der Informationspflichten i.S. der §§ 106, 110 und 111 BetrVG durch die Zielgesellschaft ist als Ordnungswidrigkeit bußgeldbewehrt (§ 121 BetrVG). Daneben kann die AG im Fall einer ungenügenden Unterrichtung nach § 23 Abs. 3 BetrVG zur Erfüllung ihrer Pflichten angehalten werden, so dass die Möglichkeit zur Verhängung von Zwangsgeld besteht, vgl. Satz 3.[968]

3. Verletzungen von Informationspflichten gegenüber anderen Kollektivgremien

Die Nichtbeachtung der nach § 32 Abs. 1 Satz 1 SprAuG i.V.m. § 106 Abs. 3 BetrVG bestehenden Unterrichtungspflichten der von dem Angebot betroffenen Gesellschaft gegenüber einem Sprecherausschuss über die Bieterankündigung, den Inhalt der An-

---

960 *Ehricke*/Ekkenga/Oechsler, § 59 Rn. 10; Geibel/Süßmann/*Tschauner*, § 59 Rn. 10; KK-WpÜG/*Kremer/Oesterhaus*, § 59 Rn. 17.

961 Vgl. dazu KK-WpÜG/*Kremer/Oesterhaus*, § 59 Rn. 16.

962 Nach *Seibt*, in: HWK, WpÜG Rn. 33 und DB 2002, 529, 536, ist § 59 Satz 1 WpÜG im Wege teleologischer Reduktion nur auf die Verletzung von dem *Bieter* obliegenden Pflichten anwendbar.

963 S. oben § 2B.II.2.a)bb)(3)(a).

964 S. oben § 2B.III.5.b).

965 S. oben § 2B.IV.1.b)cc)(3).

966 S. oben § 2B.IV.1.b)cc)(1) und § 2B.IV.1.b)cc)(2).

967 S. oben § 2B.IV.1.b)cc)(4).

968 Zum Verstoß gegen § 80 Abs. 2 BetrVG: ErfK/*Kania*, § 80 BetrVG Rn. 37; *Hess*, in: HSWG, § 80 BetrVG Rn. 90; zum Verstoß gegen § 106 Abs. 2 BetrVG: *Aubel*, S. 34 f.; zum Verstoß gegen § 111 Satz 1 BetrVG: *Fitting*, § 111 BetrVG Rn. 139.

gebotsunterlage sowie den Inhalt der Stellungnahme(n) stellt eine Ordnungswidrigkeit dar, die mit einer Geldbuße bis zu 10.000,- € geahndet werden kann, § 36 SprAuG.[969] Des Weiteren hat der Gesetzgeber die Verletzung der Pflicht zur Unterrichtung des Europäischen Betriebsrats gemäß § 45 Abs. 1 Nr. 2 EBRG als Ordnungswidrigkeit qualifiziert; diesbezüglich kann ein Bußgeld in Höhe von maximal 15.000,- € verhängt werden (Abs. 2).[970]

4. Verletzungen gesellschaftsrechtlicher Informationspflichten

Schließlich ist vorstellbar, dass der Vorstand der Zielgesellschaft die ihn gegenüber den Beschäftigten treffenden gesellschaftsrechtlichen Informationspflichten verletzt. In einem solchen Fall kommen sowohl Ansprüche der Zielgesellschaft als auch deren Aktionäre gegen dieses Organ in Betracht.

a) Schadensersatzansprüche der Gesellschaft gemäß § 93 Abs. 2 Satz 1 AktG

Da die Geschäftsleitung basierend auf §§ 76 Abs. 1, 93 Abs. 1 Satz 1 AktG jedenfalls im Zusammenhang mit dem angestrebten Kontrollerwerb eines Dritten einer (zusätzlichen) Pflicht zur Information der Mitarbeiterschaft über die Angebotsfolgen und den Verfahrensstand nachzukommen hat,[971] kann die Verletzung von aktienrechtlichen Aufklärungspflichten zu einer Schadensersatzhaftung gegenüber der Gesellschaft nach §§ 93 Abs. 2 Satz 1, 112 (ggf. i.V.m. § 147) AktG führen.[972]

Zwar ist der Eintritt eines Schadens bei Pflichtverletzungen dieser Art häufig theoretischer Natur, zumal die Vorankündigung sowie der Inhalt des Antrags- und Stellungnahmedokuments der Arbeitnehmerseite sowieso ohne wesentliche Verzögerung bekannt werden dürfte.[973] Durch die Nicht- oder Schlechterfüllung von Informationspflichten gegenüber dem Personal kommt eine Schädigung der AG jedoch insbesondere in Folge eines Bußgeldverfahrens in Betracht.[974] So stellen schuldhafte Verletzungen der WpÜG-Mitteilungspflichten Ordnungswidrigkeiten dar, die gemäß § 60 Abs. 1 Nr. 2 lit. b und c, Abs. 3, 3. Var. WpÜG mit Geldbuße geahndet werden können. Zudem kann die Zielgesellschaft bei Verletzung von betriebsverfassungsrechtlichen Unterrichtungspflichten zwecks Begleichung von Bußgeldern i.S.v. § 121 BetrVG gemäß § 30 Abs. 1 Nr. 1 OWiG in Anspruch genommen werden. Ähnliches gilt für Zwangsgelder nach § 23 Abs. 3 Satz 3, 4 BetrVG.[975]

Daneben lässt sich in besonderen Konstellationen ein Kausalzusammenhang mit einem Schaden belegen. Gehen die Beschäftigten davon aus, dass die Übernahme ihren Inte-

---

969 Dazu oben § 2B.II.2.a)bb)(3)(b), § 2B.III.2. sowie § 2B.IV.1.b)cc)(3).

970 S. oben § 2B.II.2.a)bb)(3)(c), § 2B.III.5.c) sowie § 2B.IV.1.b)cc)(3).

971 Hierzu oben § 2B.I.2.

972 Allgemein HWK/*Seibt*, WpÜG Rn. 31; *Seibt*, DB 2002, 529, 536; zu § 14 Abs. 4 Satz 2 WpÜG s. KK-WpÜG/*Seydel*, § 14 Rn. 81 sowie aaO/*Hirte*, § 27 Rn. 76 (zu § 27 Abs. 3 Satz 2 WpÜG).

973 Ähnlich HWK/*Seibt*, WpÜG Rn. 31; KK-WpÜG/*Seydel*, § 14 Rn. 81 und aaO/*Hirte*, § 27 Rn. 76; *Seibt*, DB 2002, 529, 536.

974 KK-WpÜG/*Seydel*, § 14 Rn. 81.

975 Vgl. ebenfalls *Aubel*, S. 57.

ressen entgegensteht, werden sie mit Arbeitsniederlegungen oder anderen Maßnahmen ihre Ablehnung bereits während des Angebotsverfahrens deutlich machen. Reagiert der Vorstand hierauf nicht mit einer geeigneten Informationspolitik und sind Produktionsausfälle die Folge, unterlässt er die Schadensabwendung und macht sich schadensersatzpflichtig.[976] Im umgekehrten Fall, dass die Geschäftsführung von sich aus agiert, indem sie – wie typischerweise bei einem unfreundlichen Übernahmeversuch – den Bieter eines umfänglichen Stellenabbaus und -exports ins Ausland o.Ä. bezichtigt und der AG dadurch infolge Protestkundgebungen, Streiks etc. ein Schaden entsteht, gilt es zu differenzieren.[977] Treffen diese Äußerungen zu, weil entsprechende Angaben bereits in der Angebotsunterlage des potenziellen Akquisiteurs oder sonstigen ihm zuzuordnenden Äußerungen enthalten sind, ist der eingetretene Schaden dem Vorstand nicht zuzurechnen. Wenn er hingegen die eigenen Mitarbeiter wahrheitswidrig informiert – etwa aus dem Beweggrund, diese im Abwehrkampf gegen das Angebot zu instrumentalisieren –, trägt dieser für daraus resultierende Schäden die Verantwortung und macht sich ersatzpflichtig.

b) Verbandsrechtliche Unterlassungsansprüche der Aktionäre

Mangels eines Eingriffs in die Mitgliedschaft bestehen bei Verletzungen von gesellschaftsrechtlichen Informationspflichten verbandsrechtliche Unterlassungsansprüche zugunsten der Aktionäre der Zielgesellschaft weder aus dem Aktiengesetz (vgl. § 147 AktG)[978] noch aus § 823 i.V.m. § 1004 BGB wegen Schadenersatz aus unerlaubter Handlung. Denn durch die Verletzung dieser Pflichten ist allenfalls die Entscheidungs*bildung* über die Mitgliedschaft, nicht aber die Entscheidungs*befugnis* der Aktionäre aus der Mitgliedschaft beeinträchtigt.[979]

c) Sonderproblem: Schadensersatz-/Unterlassungsanspruch bei unterlassener Beifügung i.S.v. § 27 Abs. 2 WpÜG

Bei unterlassener Beifügung des Sondervotums i.S.v. § 27 Abs. 2 WpÜG scheiden Schadensersatzansprüche der Gesellschaft nach § 93 AktG mangels Schadens und Unterlassungsansprüche von Aktionären mangels eines Eingriffs in die Mitgliedschaft aus, denn auch hier ist allenfalls der Entscheidungsprozess über die Mitgliedschaft betroffen.[980]

VI. Zwischenergebnis zu den Informationspflichten sowie dem Stellungnahmerecht nach dem Übernahmegesetz

Mit der Einführung von Unterrichtungs- und Übermittlungspflichten in das WpÜG hat der Gesetzgeber in konsequenter Weise sein Ziel verwirklicht, das Informationsinte-

---

976 S. oben § 2B.I.2.

977 Ähnlich *Aubel*, S. 57; vgl. auch KK-WpÜG/*Hirte*, § 27 Rn. 27 f.

978 Zur Anwendung des § 147 AktG auf Ansprüche auf Unterlassung gesellschaftsschädlicher Maßnahmen s. *Hüffer*, § 147 AktG Rn. 2 und 5.

979 HWK/*Seibt*, WpÜG Rn. 31; KK-WpÜG/*Hirte*, § 27 Rn. 76; *Seibt*, DB 2002, 529, 536; vgl. LG Düsseldorf vom 14.12.1999, WM 2000, 528, 530 (Mannesmann).

980 KK-WpÜG/*Hirte*, § 27 Rn. 66.

resse der Arbeitnehmer während des Angebotsverfahrens in angemessener Art und Weise zu befriedigen. Er geht jedoch nicht so weit, den Beschäftigten individuell oder kollektiv durchsetzbare Informationsansprüche einzuräumen. Denn obgleich die Belegschaft mit Hilfe der §§ 10 Abs. 5 Satz 2, 14 Abs. 4 Satz 2, 27 Abs. 3 Satz 2 WpÜG in die Lage versetzt werden soll, sich bereits im Moment des Auftretens von freiwilligen oder obligatorischen Offerten über die ihr in der Zukunft potenziell zustehenden Rechte bewusst zu werden, ist das primäre Regelungsziel die Förderung des wirtschaftlichen Erfolgs des Beteiligungserwerbs. Da die Mitarbeiter einen Wechsel der Eigentümerstruktur in aller Regel distanziert begleiten und diese Haltung bei ausbleibender Information noch verstärkt würde, versuchen die entsprechenden Vorschriften mittels größtmöglicher Transparenz unbegründete Befürchtungen im Voraus zu entkräften, so dass ein Bieter im direkten Anschluss an ein erfolgreiches Erwerbsangebot idealerweise keine wirtschaftlich nachteiligen Widerstände von dieser Seiten befürchten soll. Hieran ist wiederum dem Übernehmer selbst gelegen, der darauf angewiesen ist, dass die von ihm angedachten Maßnahmen möglichst reibungslos und zügig durchgeführt werden; Proteste seitens der Arbeitnehmer oder der Öffentlichkeit insgesamt, die die Akzeptanz des Bieters oder seine Strategie gefährden können, beeinträchtigen den Übernahmevorgang in erheblichem Maße und können mitunter zu dessen gänzlicher Unrentabilität führen.[981] Ferner dient die Implementierung des § 27 Abs. 2 WpÜG in erster Linie dem Schutz der Interessen der Angebotsadressaten, die ihre Entscheidung in Kenntnis der Einschätzungen der betroffenen Mitarbeiter treffen und sich (auch) ihrer sozialen Verantwortung bewusst werden sollen.[982]

Der vereinzelt vorgetragenen Kritik[983] an der Pflicht des Managements zur unmittelbaren Kontaktaufnahme mit dem für die Zielgesellschaft tätigen Personal kann nicht gefolgt werden. Die als Kompensation für eine fehlende Interessenvertretung vom Gesetzgeber vorgesehene Einbindung wirft unter Zugrundelegung der rechtlichen Vorgaben keineswegs solche gravierenden Schwierigkeiten auf, dass sie einer praktischen Umsetzung unzugänglich wären. Wertungswidersprüche ergeben sich vielmehr daraus, dass die Legislative mit Blick auf eine bevorstehende Änderung der Beteiligungsverhältnisse besondere Rechte ausschließlich zugunsten der hierzulande relativ geringen Anzahl von Arbeitnehmern einräumt, die bei börsennotierten Gesellschaften beschäftigt sind.[984] Handelt es sich bei dem Arbeitgeber indes um eine nicht unter den sachlichen Anwendungsbereich des Gesetzes fallende Gesellschaft, existiert bei einer Anteilsübertragung kein vergleichbar durchstrukturiertes Verfahren, in das die Mitarbeiter einbezogen werden, obwohl in diesen Fällen das Risiko von Entlassungen oder anderen wirtschaftlichen Nachteilen nicht als geringer einzuschätzen ist.

---

981 *Budde/Lawall*, in: FS W. Müller (2001), S. 27, 51; *Dimke/Heiser*, NZG 2001, 241, 243; *Simon*, in: Semler/Volhard, § 55 Rn. 1; s. auch FAZ, 26.4.2004, S. 20 (Übernahmen erfolgreich gestalten).

982 Ebenso die Intention der Pflichtangaben i.S.v. § 27 Abs. 1 Satz 2 Nr. 2 WpÜG, dazu oben § 2B.IV.1.a)cc)(1).

983 Geibel/Süßmann/*Grobys*, § 3 Rn. 34.

984 I.E. ebenso *Nehls*, in: FAZ, 24.4.2002, S. 25; *Wackerbarth*, WM 2001, 1741, 1744 f., 1750 (Verstoß gegen Art. 3 GG).

C. Institutionelle Absicherung der Belange der Belegschaft

Die von Gewerkschaftsseite – in Anlehnung an Wünsche des Europäischen Parlaments[985] – gestellte Forderung, wonach in einer Übernahmeregelung vorgesehen werden sollte, dass die Aufsichtsbehörde im Anschluss an ein gelungenes öffentliches Angebot während eines Zeitraums von fünf Jahren regelmäßig einen Bericht zu publizieren habe, aus dem die Zahl der Arbeitnehmer sowohl des Bieters als auch der Zielgesellschaft vor und nach dem Beteiligungserwerb hervorgehen müsse,[986] wurde nicht in das WpÜG aufgenommen. Jedoch finden sich in der jetzigen Gesetzesfassung andere Bestimmungen, die die Belange der Beschäftigten institutionell abzusichern versuchen.

I. Partizipation im Beirat, § 5 WpÜG

Der BaFin als zuständigen Behörde wurde ein Beirat zur Seite gestellt, der bei der Gesetzesaufsicht mitwirken und die Anstalt beraten soll (§ 5 Abs. 3 WpÜG). Hierbei ist das erklärte Ziel, die unmittelbar und mittelbar durch eine Offerte berührten Interessengruppen im Beirat zu repräsentieren.[987] Dies sind neben den Emittenten die institutionellen und privaten Anleger, die Wertpapierdienstleistungsunternehmen, die Wissenschaft sowie die Arbeitnehmer (vgl. § 5 Abs. 1 Satz 2 WpÜG). So sind unter den vom BMF bestellten Mitgliedern des fünfzehnköpfigen Gremiums zwingend auch zwei Vertreter der Arbeitnehmer, deren Bestellung nach Anhörung der „betroffenen Kreise" – z.B. Gewerkschaften – erfolgen soll, § 5 Abs. 1 Satz 2 Nr. 4, Satz 3, 2. Hs. WpÜG; nicht aufgenommen wurde damit die Anregung, dass für die Bestellung der Beschäftigtenvertreter in den Beirat der DGB das Vorschlagsrecht haben sollte.[988] Das WpÜG sieht bei der behördlichen Überwachung der Gesetzesanwendung mithin eine mittelbare Beteiligung der Arbeitnehmer vor.[989]

Der Vorschlag für eine Übernahmeregelung der SPD-Opposition aus dem Jahre 1997[990] enthielt in Anlehnung an den Übernahmekodex mit § 45 Abs. 1 Satz 3 eine Regelung, nach der aus unabhängigen Vertretern der betroffenen Verkehrskreise eine „Übernahmekommission" anstelle einer staatlichen Aufsichtsbehörde gebildet werden sollte. Diesem Gremium sollten in gewissem Umfang notwendige hoheitliche Befugnisse übertragen werden, um durch Einzelentscheidungen und durch Formulierung genereller Empfehlungen die Entwicklung öffentlicher Unternehmensübernahmen be-

---

985 Stellungnahme des Europäischen Parlaments vom 26.7.1997, oben § 1B.I.2.g) (Fn. 87); s. ferner *Neye*, ZIP 1997, 2172, 2173.

986 Stellungnahme des DGB vom 11.10.2000, S. 6.

987 BT-Ds. 14/7034 zu § 5 Abs. 1 RegE-WpÜG, S. 36; Ehricke/Ekkenga/*Oechsler*, § 5 Rn. 11; KK-WpÜG/*Schäfer*, § 5 Rn. 13.

988 Stellungnahme des DGB vom 11.10.2000 zu § 5 DiskE-ÜG, S. 2 f.; s. ebenfalls MüKo-AktG/*Bauer*, § 5 WpÜG Rn. 10.

989 Vgl. *Grobys*, GmbHR 2000, R389 f.; *ders.*, NZA 2002, 1 f.; HWK/*Seibt*, WpÜG Rn. 35; *Seibt*, DB 2002, 529, 531.

990 S. oben § 1B.II.2.a).

einflussen und lenken zu können.[991] Indessen rief die Besetzung der Kommission, in der sich nach der geplanten Formulierung die Interessen der Anleger, Arbeitnehmer und Börsen widerspiegeln müssten, seinerzeit Kritik an der Vereinbarkeit mit dem wettbewerblichen Ansatz des Gesetzes hervor.[992] Mehrheitlich, so wurde argumentiert, beschränkten sich Übernahmeangebote auf Transaktionen auf Anteilseignerebene und hätten keine erkennbaren Auswirkungen auf Belegschaftsinteressen. Soweit im Fall eines Kontrollwechsels Belange von Mitarbeitern berührt seien, könne deren Wahrung ohnedies nicht einem – überstimmbaren – betriebsfremden Mitglied der Übernahmekommission überantwortet werden.

Während der österreichische Gesetzgeber eine solche zwölfköpfige Kommission etabliert hat (§§ 28 f. öÜbG), der drei Mitglieder angehören, die auf Vorschlag der Österreichischen Bundesarbeitskammer bestellt werden,[993] nahm die deutsche Legislative letzten Endes von dieser Idee Abstand und ließ die Interessen der am Angebotsverfahren betroffenen Gruppen in den Beirat einfließen. Allerdings wird dieses Gremium rein beratend tätig, so dass seine Einflussmöglichkeit als eher gering eingeschätzt wird.[994] Richtig daran ist, dass die Vorschläge des Beirats für die BaFin keine Bindungswirkung entfalten. Des Weiteren fehlt in der Verordnungsermächtigung zugunsten des BMF in § 5 Abs. 2 WpÜG die Vorgabe, dass sämtliche Entscheidungen des Beirats zu veröffentlichen sind, was die Transparenz erhöhen und die Akzeptanz von Entscheidungen fördern würde.[995] Dennoch ist der Beirat zumindest bei wesentlichen Entscheidungen und in kritischen Einzelfällen anzuhören, weil ansonsten das angestrebte Ziel der Einbringung komprimierten Sachverstands konterkariert würde (vgl. auch § 28 Abs. 2 WpÜG).[996]

II. Auskunftsrechte der BaFin

Darüber hinaus wird durch § 40 WpÜG das Informationsinteresse der Belegschaft geschützt. Diese Norm regelt die aufsichtsrechtlichen Ermittlungsbefugnisse der BaFin, die ihr zur Überwachung der vom WpÜG statuierten Pflichten zustehen. Danach kann die Aufsichtsbehörde zwecks Kontrolle verschiedener zentraler Pflichten im Zusammenhang mit dem Angebotsverfahren die Erteilung von Auskünften und die Vorlage von Unterlagen fordern. Ein entsprechendes Verlangen stellt einen belastenden Verwaltungsakt dar, der mit den Mitteln des Verwaltungszwangs (vgl. § 46 WpÜG)

---

991 Vgl. BT-Ds. 13/8164 zu § 45 WpHG, S. 14; *Baums*, ZIP 1997, 1310 und 1315.

992 *Baums*, in: Rosen/Seifert, S. 165, 180; Ehricke/Ekkenga/*Oechsler*, § 5 Rn. 2.

993 Dazu *Santelmann*, S. 84 f.; *Zschocke*, in: Rosen/Seifert, S. 77, 79.

994 *Grobys*, GmbHR 2000, R389 f.; *Handelsrechtsausschuss des DAV*, NZG 2001, 420, 421 (zu § 5 RefE-WÜG).

995 So der Vorschlag des DGB in seiner Stellungnahme vom 11.10.2000 zu § 5 Abs. 2 DiskE-ÜG, S. 3; vgl. dazu die Verordnung über die Zusammensetzung, die Bestellung der Mitglieder und das Verfahren des Beirats bei der BaFin (WpÜG-BeiratsVO), BGBl. I 2001, S. 4259.

996 MüKo-AktG/*Bauer*, § 5 WpÜG Rn. 14; ähnlich Ehricke/Ekkenga/*Oechsler*, § 5 Rn. 5; vgl. § 5 Abs. 3 Satz 2 WpÜG zum Erlass von RVOen durch die BaFin.

durchgesetzt werden kann.[997] Diese Norm dient insbesondere der Überprüfung der Richtigkeit und Vollständigkeit der in der Angebotsunterlage gemachten Angaben.[998]

§ 40 Abs. 1 WpÜG nennt als Normadressaten unter anderem den Bieter. Nach dessen Nr. 1 bestehen Auskunftsrechte ebenfalls im Hinblick auf die Pflicht zur Veröffentlichung der Stellungnahme von Vorstand, Aufsichtsrat und Mitarbeiterseite (§ 27 Abs. 3 WpÜG) sowie der Beifügungspflicht i.S.v. § 27 Abs. 2 WpÜG. Systematisch geht dieser Verweis fehl, weil § 27 Abs. 2 und 3 WpÜG solche Pflichten regeln, die die Zielgesellschaft betreffen; der Bieter ist mithin der falsche Normadressat, so dass dies nur als Redaktionsfehler eingestuft werden kann.[999]

Die Zielgesellschaft ihrerseits hat gemäß § 40 Abs. 2 WpÜG auf Verlangen Auskünfte zu erteilen und Unterlagen vorzulegen, die die Bundesanstalt zur Überwachung der sich aus den §§ 10 Abs. 5 Satz 2, 14 Abs. 4 Satz 2 und 27 WpÜG ergebenden Verpflichtungen benötigt.[1000] Für den Fall der Nichtbeachtung der behördlichen Aufforderung sieht das Gesetz in § 60 Abs. 2 Nr. 2 WpÜG eine Geldbußzahlung bis zu 200.000,- € vor.

Der Betriebsrat der Zielgesellschaft oder deren Arbeitnehmer sind hingegen keine Adressaten der in § 40 Abs. 2 WpÜG geregelten Ermittlungsbefugnisse. Bei diesen besteht jedoch regelmäßig ein Interesse an einer freiwilligen Kommunikation mit der Aufsichtsbehörde.[1001]

D. Arbeitsrechtliche Pflichten des Bieters gegenüber der eigenen Belegschaft bei öffentlichen Angeboten

Bislang konzentrierten sich die Darstellungen auf die von der Zielgesellschaft einzuhaltenden arbeitsrechtlichen Pflichten. Zu prüfen bleibt, ob der Bieter ebenfalls angehalten ist, ein bei ihm gebildetes Repräsentationsorgan der Beschäftigten oder diese selbst in das Angebotsverfahren einzubinden. Eine derartige Pflicht könnte sich sowohl aus dem WpÜG als auch aus allgemeinen Rechtsgrundsätzen ergeben.

I. Übernahmegesetzliche Pflicht zur Information / Recht auf Stellungnahme

Die §§ 10 und 14 WpÜG enthalten keine ausdrückliche Anordnung, dass der Bieter seine Arbeitnehmer oder die bei ihm gewählten Belegschaftsvertretungen über die Vorankündigung oder den Inhalt der Angebotsunterlage informieren muss. Auch fehlt

---

[997] *Ehricke*/Ekkenga/Oechsler, § 40 Rn. 27.

[998] BT-Ds. 14/7034 zu § 40 Abs. 1 RegE-WpÜG, S. 62; s. ebenfalls *Ehricke*/Ekkenga/Oechsler, § 40 Rn. 2; Geibel/*Süßmann*, § 40 Rn. 1; KK-WpÜG/*Schäfer*, § 40 Rn. 3; *Land*, DB 2001, 1707, 1713; *Lenz/Linke*, AG 2002, 361.

[999] So auch *Ehricke*/Ekkenga/Oechsler, § 40 Rn. 12; Geibel/*Süßmann*, § 40 Rn. 6 (beschränkt auf die Beifügungspflicht des § 27 Abs. 2 WpÜG); KK-WpÜG/*Schäfer*, § 40 Rn. 30.

[1000] Vgl. BT-Ds. 14/7034 zu § 40 Abs. 2 RegE-WpÜG, S. 62; *Ehricke*/Ekkenga/Oechsler, § 40 Rn. 14; Geibel/*Süßmann*, § 40 Rn. 7; zur Pflicht aus § 10 Abs. 5 Satz 2 WpÜG s. bereits oben § 2B.II.3.a)aa).

[1001] Vgl. KK-WpÜG/*Schäfer*, § 40 Rn. 38.

eine Regelung zur Beifügung und Veröffentlichung einer eventuell von dieser Seite eingehenden Stellungnahme entsprechend §§ 27 Abs. 2 und 3 Satz 1, 14 Abs. 3 Satz 1 WpÜG.

1. Keine Analogie zu den §§ 10 Abs. 5 Satz 2, 14 Abs. 4 Satz 2, 27 Abs. 2 WpÜG

Für eine entsprechende Anwendung der §§ 10 Abs. 5 Satz 2, 14 Abs. 4 Satz 2, 27 Abs. 2 und 3 Satz 1 (i.V.m. § 34, §§ 35 Abs. 1 Satz 4, Abs. 2 Satz 2, 39) WpÜG liegt zwar eine Regelungslücke vor, denn das Gesetz orientiert sich an der Zielgesellschaft als Normadressaten. Dennoch scheidet eine Analogie an dieser Stelle aus, weil die Lücke nicht planwidrig ist. Der Gesetzgeber hat die fehlende Erstreckung dieser Pflichten auf den Bieter vielmehr beabsichtigt. Dafür spricht, dass von Seiten der Gewerkschaften sowohl während des nationalen Gesetzgebungsverfahrens als auch auf europäischer Ebene der Versuch unternommen wurde, in einer künftigen Übernahmeregelung auch die Arbeitnehmer des Bieters als Mitteilungsempfänger einzustufen.[1002] Diese Bemühungen mündeten darin, dass Mitte 2001 in Art. 6 Abs. 3 lit. h des Gemeinsamen Entwurfs auf Vorschlag des Europaparlaments[1003] eine entsprechende Verpflichtung enthalten war.[1004] Insofern war – aufgrund des fortgeschrittenen Diskussionsstandes – bereits seit Ende des Jahres 2000 naheliegend, dass eine Richtlinie Informationspflichten auch gegenüber der für den Bieter tätigen Belegschaft beinhalten würde, die vom deutschen Gesetzgeber hätten umgesetzt werden müssen. Indem die Materialien jedoch an keiner Stelle derartige Bieterpflichten erwähnen, ist davon auszugehen, dass es sich um eine bewusste Lücke handelt. Der Gesetzgeber des WpÜG ist mithin offensichtlich der Ansicht, dass das Personal des Bieters nicht im selben Maße wie dasjenige der Zielgesellschaft schutzbedürftig ist. Insbesondere im Anschluss an eine gelungene Kontrollerlangung zeigt sich hingegen in der Praxis, dass Arbeitnehmerinteressen nicht nur bei der Zielgesellschaft, sondern ebenso beim Bieter betroffen sind, da nachfolgende Rationalisierungsmaßnahmen regelmäßig nicht auf erstere beschränkt bleiben.[1005] So wird etwa ein Personalabbau, mit dem nach einem Eigentümerwechsel Synergien ausgeschöpft werden sollen, in aller Regel nicht auf die Mitarbeiter der übernommenen Gesellschaft beschränkt bleiben.

1002 Vgl. FTD, 8.3.2000, S. 13 (Bundesregierung will im Übernahmegesetz auf obligatorisches Barangebot verzichten); Stellungnahme des DGB vom 11.10.2000, S. 1; SZ, 9.3.2000, S. 26 (2001 soll Übernahmegesetz gelten).

1003 Änderungsantrag 13 (oben Fn. 97) zu Art. 6 Abs. 3 lit. h) des Gemeinsamen Standpunkts.

1004 Näher dazu oben § 1B.I.2.g)aa)(3) (inkl. Fn. 109).

1005 In diese Richtung schon *Beß*, AG 1976, 169, 173, in Bezug auf Angaben zu geplanten Betriebsänderungen in der Bietergesellschaft (vgl. dazu den heutigen Art. 6 Abs. 3 lit. i) RL); s. ebenfalls *Assmann/Bozenhardt*, in: Assmann (u.a.), S. 1, 17; *Kindler/Horstmann*, DStR 2004, 866, 870; *Lange*, WM 2002, 1737, 1744; *Nehls*, in: FAZ, 24.4.2002, S. 25; *Richter*, S. 9 und 13.

2. In der RL 2004/25/EG vorgesehene arbeitnehmerbezogene Pflichten des Bieters

Der Vorschlag der Kommission vom Herbst 2002 enthielt – neben der bereits im Gemeinsamen Entwurf vorgesehenen Informationspflicht durch obligatorische Angaben in der Angebotsunterlage – neue arbeitsrechtliche Bieterpflichten.[1006] Der Grundsatz, wonach die Einbindung der Arbeitnehmer auch der Bietergesellschaft für den Erfolg des Übernahmeangebots von wesentlicher Bedeutung ist, findet dementsprechend in der endgültigen Richtlinienfassung vom April 2004 bei der Ausgestaltung der Regelungen über den Verfahrensablauf umfängliche Berücksichtigung.[1007]

Sobald der Bieter die Entscheidung zur Abgabe eines Angebots getroffen hat, ist diese – zum Zwecke der Verhinderung von Insidergeschäften[1008] – nach Art. 6 Abs. 1 Satz 1[1009] RL unverzüglich bekannt zu machen und das jeweilige Aufsichtsorgan über die Offerte zu unterrichten. Die Verwaltung der Bietergesellschaft muss sodann (Satz 3) unverzüglich eine etwaig bei ihr bestehende Arbeitnehmervertretung, ansonsten die Beschäftigten direkt über die Vorankündigung informieren. Die im Anschluss daran zu erstellende Angebotsunterlage (Art. 6 Abs. 2 Unterabs. 1 Satz 1[1010] RL) wird, nachdem sie dem Aufsichtsorgan übermittelt wurde, wiederum vom Bieter veröffentlicht. Neben der Information der Anleger der Zielgesellschaft wird dadurch die Verwaltung der Bietergesellschaft in die Lage versetzt, ihrerseits die Angebotsunterlage an die eigene(n) Arbeitnehmer(-vertretung) zu übersenden (Art. 6 Abs. 2 Unterabs. 1 Satz 3 RL); das Antragsdokument hat zu diesem Zweck unter anderem Angaben über die voraussichtlichen Auswirkungen des Angebots auf die Beschäftigung, die Beschäftigungsbedingungen und Unternehmensstandorte zu enthalten (Art. 6 Abs. 3 lit. i RL). Des Weiteren fasst Art. 8 Abs. 2 RL beides dahingehend zusammen, dass alle erforderlichen Informationen und Unterlagen i.S.v. Art. 6 RL [1011] in der Weise bekannt gemacht werden müssen, dass sie auch den Arbeitnehmervertretern des Bieters oder – in Ermangelung solcher – dessen Mitarbeitern selbst ohne Weiteres und umgehend zur Verfügung stehen.

Bezüglich der Beifügung und Veröffentlichung einer Beurteilung der Offerte durch die Belegschaft des potenziellen Übernehmers ist die Richtlinie insofern missverständlich, als nach dem Wortlaut des Art. 9 Abs. 5 Satz 3 (lediglich) den Arbeitnehmervertretern der *Ziel*gesellschaft (oder den Beschäftigten selbst) das Recht zuteil wird, eine separate Stellungnahme zu entwickeln.[1012] Hingegen ist im Satz 2 des Erwägungsgrundes 23 RL explizit davon die Rede, dass die Arbeitnehmer/-vertreter der „betroffenen Gesell-

---

[1006] Dazu oben § 1B.I.2.h)aa) (insb. Fn. 121).

[1007] *Kindler/Horstmann*, DStR 2004, 866, 869 f.; s. ebenfalls oben § 1B.I.2.h)aa) (m. Nachw. in Fn. 116).

[1008] Erwägungsgrund 12 RL (dazu oben Fn. 279).

[1009] Zum Normtext oben Fn. 278.

[1010] Zum Normtext des Art. 6 Abs. 2 Unterabs. 1 RL oben Fn. 550.

[1011] Zu Art. 6 Abs. 1 RL oben § 2B.II.3.d) sowie zu Art. 6 Abs. 2 RL oben § 2B.III.3.c).

[1012] Zu Art. 9 Abs. 5 Satz 3 RL oben § 2B.IV.2.a)cc) (mit Normtext in Fn. 783); s. auch *Kindler/Horstmann*, DStR 2004, 866, 867 (dort Fn. 19).

schaf*ten*“[1013] die Möglichkeit erhalten sollten, sich hierzu zu äußern, wobei unter Bezugnahme auf Satz 1[1014] deutlich wird, dass damit Bieter- wie Zielgesellschaft gemeint sind. In konsequenter Befolgung des eingangs genannten Prinzips der Richtlinie, die Belegschaften der beteiligten Akteure umfassend in das Übernahmeverfahren einzubinden, muss dies – unter Zugrundelegung der bei Richtlinien anerkannten Auslegungsmaßstäben[1015] – demnach so verstanden werden, dass die Mitgliedstaaten auch zugunsten der Mitarbeiter der *Bieter*gesellschaft oder deren Vertretungsgremien ein Stellungnahmerecht sowie eine damit korrespondierende Beifügungs- und Veröffentlichungspflicht zu etablieren haben.[1016]

II. Pflicht zur Information nach allgemeinen Grundsätzen

Da das WpÜG (noch) keine Regelungen enthält, die den Bieter zur Information seines Personals oder deren Repräsentationsorgane über die Eckpunkte des Angebotsverfahrens anhalten, richten sich dessen Verhaltenspflichten ausschließlich nach allgemeinen Rechtsgrundsätzen.

1. Unterrichtung des Betriebsrats gemäß §§ 80 Abs. 2, 111 Satz 1 BetrVG

In Betracht kommt zunächst eine Pflicht zur Unterrichtung gemäß § 80 Abs. 2 Satz 1 BetrVG.[1017] Zwar wird der Aufgabenbereich des § 80 Abs. 1 Nr. 8 BetrVG insbesondere im Zusammenhang mit Übernahmeangeboten eröffnet sein, da sich anschließende Restrukturierungsvorhaben auch auf die beim Bieter beschäftigten Personen auswirken werden. Trotzdem muss der Bieter im Regelfall die eigenen Mitarbeitervertreter weder über den Inhalt seiner Angebotsankündigung (§ 10 Abs. 1 Satz 1 WpÜG) noch über den der Unterlage (§ 11 Abs. 1 WpÜG) informieren, denn in der Praxis enthalten diese Publikationsgegenstände keine derart weitgehenden Aussagen, die sein eigenes Unternehmen betreffen.[1018] Zudem wird die Vorankündigung regelmäßig zu unspezifizierte Aussagen enthalten, als das durch sie Beteiligungsrechte ausgelöst würden.

Ebenso wenig ist der Bieter nach § 111 Satz 1 BetrVG[1019] verpflichtet, die bei ihm zuständigen Einzel-/Gesamtbetriebsräte von der Vorankündigung in Kenntnis zu setzen:

[1013] Herv. d. Verf.; zum Wortlaut des Erwägungsgrundes 23, Satz 2 RL oben Fn. 785; ebenso die englische Fassung: „The employees of the companies concerned, or their representatives, should nevertheless be given an opportunity to state their views on the forseeable effects of the bid on employment.“.

[1014] Zum Wortlaut des Erwägungsgrundes 23, Satz 1 RL unten Fn. 1042.

[1015] Dazu oben § 2B.IV.2.a)cc) (m. Nachw. in Fn. 787).

[1016] Damit korrespondiert die aktiengesetzliche Pflicht des Vorstands der Bietergesellschaft, über die Hintergründe eines (Übernahme-)Angebots *aufzuklären* und dazu *Stellung zu nehmen*, vgl. *Hirte/Schander*, in: Rosen/Seifert, S. 341, 346.

Zum Recht der Beschäftigten, bei Nichterrichtung einer Arbeitnehmervertretung auf der Grundlage des Art. 9 Abs. 5 Satz 3 RL eine eigene Stellungnahme zu verfassen, s. vorstehend § 2B.IV.2.a)cc).

[1017] Zum § 80 Abs. 2 Satz 1 BetrVG s. auch oben § 2B.II.6.a)aa).

[1018] Ähnlich Geibel/Süßmann/*Grobys*, § 10 Rn. 102 und § 14 Rn. 59.

[1019] Zu § 111 BetrVG näher oben § 2B.II.6.a)bb) sowie § 2B.III.5.a).

Mit ihr gehen noch keine konkreten Entscheidungen über künftige Strukturveränderungen auf betrieblicher Ebene einher, so dass das Tatbestandsmerkmal einer betriebsändernden Maßnahme i.S. des § 111 Satz 3 BetrVG nicht vorliegt.[1020] Auch über den Inhalt des Antragsdokuments muss der Bieter die eigene Belegschaft grundsätzlich nicht informieren. Enthält dieses allerdings (freiwillige) Angaben zu Betriebsänderungen, die im Bieterunternehmen geplant sind, besteht unter den Voraussetzungen des § 111 Satz 1 BetrVG eine Unterrichtungspflicht.[1021]

2. Unterrichtung des Wirtschafts- und Sprecherausschusses sowie des Europäischen Betriebsrats

Ein beim Bieter gebildeter Wirtschaftsausschuss ist hingegen gemäß § 106 Abs. 2, Abs. 3 Nr. 10 BetrVG sowohl über die Entscheidung zur Abgabe einer Offerte als auch über den Inhalt der Angebotsunterlage zu unterrichten.[1022] In gleicher Weise ist ein Einzel- oder Gesamtsprecherausschuss zu beteiligen, § 32 Abs. 1 SprAuG.[1023]

Unterfällt das Bieterunternehmen dem Geltungsbereich des Gesetzes über Europäische Betriebsräte (vgl. §§ 2 ff. EBRG), kann es zur Unterrichtung und Anhörung hinsichtlich der Vorankündigung und des Antragsdokuments verpflichtet sein, sofern ein Europäischer Betriebsrat kraft Vereinbarung (§ 18 EBRG) errichtet wurde oder ein Verfahren i.S. des § 19 EBRG besteht und die von den Betriebspartnern für das Entstehen einer entsprechenden Pflicht niedergelegten Grundsätze erfüllt sind.[1024] Eine Unterrichtung und Anhörung über außergewöhnliche Umstände gemäß § 33 Abs. 1 EBRG kommt zudem in Betracht, wenn ein Europäischer Betriebsrat auf gesetzlicher Grundlage (§§ 21 ff. EBRG) entstanden ist.[1025]

3. Unterrichtung des Aufsichtsrats gemäß § 90 Abs. 1 Satz 3 AktG

Handelt es sich schließlich bei dem Bieter um eine AG, hat der Vorstand den Vorsitzenden des Aufsichtsrats nach § 90 Abs. 1 Satz 3 AktG – soweit nach der internen Gesellschaftsverfassung die Entscheidung der Geschäftsleitung zur Abgabe eines Ange-

---

[1020] Geibel/Süßmann/*Grobys*, § 10 Rn. 102; weiter noch *Grobys*, GmbHR 2000, R389, der davon ausgeht, dass in dem Entschluss zur Abgabe eines Übernahmeangebots (lediglich) „im Regelfall" noch keine mitbestimmungspflichtige Betriebsänderung i.S. des § 111 BetrVG liege.

[1021] Geibel/Süßmann/*Grobys*, § 14 Rn. 59 i.V.m. § 10 Rn. 102; vgl. Parallele zum Stellungnahmedokument des Vorstands der Zielgesellschaft oben § 2B.IV.1.b)cc)(2).

[1022] Geibel/Süßmann/*Grobys*, § 10 Rn. 103 f. und § 14 Rn. 59; *Grobys*, GmbHR 2000, R389; *Kübler*, in Semler/Volhard, § 3 Rn. 77; näher zu § 106 Abs. 2 BetrVG oben § 2B.II.2.a)bb)(3)(a) sowie § 2B.III.5.b).

[1023] Geibel/Süßmann/*Grobys*, § 10 Rn. 105 und § 14 Rn. 59; zum § 32 Abs. 1 SprAuG näher oben § 2B.II.2.a)bb)(3)(b).

[1024] Geibel/Süßmann/*Grobys*, § 10 Rn. 106 sowie § 14 Rn. 59; dazu ebenfalls oben § 2B.II.2.a)bb)(3)(c) sowie § 2B.III.5.c).

[1025] Dazu oben § 2B.II.2.a)bb)(3)(c).

bots keiner Zustimmung des Kontrollorgans bedarf[1026] – über die Vorankündigung sowie über den Inhalt der Angebotsunterlage unverzüglich zu unterrichten.[1027]

E. Umsetzung arbeitnehmerbezogener Aspekte der Übernahmerichtlinie in nationales Recht

Die am 20.5.2004 in Kraft getretene Richtlinie 2004/25/EG zwingt zu teilweise erheblichen Ergänzungen und Änderungen im deutschen Übernahmegesetz. Vom Anpassungsbedarf sind dabei nicht nur kapitalmarktrechtliche,[1028] sondern ebenfalls arbeitnehmerschützende Regelungen betroffen.

I. Anpassungsbedarf bei den Informationspflichten

1. Anpassungen der §§ 10 Abs. 5 Satz 2, 14 Abs. 4 Satz 2 WpÜG

Im Rahmen des Angebotsverfahrens muss – zumindest für den Anwendungsbereich der Richtlinie[1029] – die Pflicht zur Unterrichtung und Übermittlung gemäß §§ 10 Abs. 5 Satz 2, 14 Abs. 4 Satz 2 WpÜG entsprechend Art. 6 Abs. 1 Satz 3[1030] und Abs. 2 Unterabs. 1 Satz 3[1031] RL auf die für eine Bietergesellschaft tätigen Arbeitnehmer/-vertreter ausgeweitet werden.[1032] Unter ausschließlicher Zugrundelegung des Normtextes wäre demzufolge ein Bieter, der keine Gesellschaft ist, nach europarechtlichen Vorgaben nicht verpflichtet, seine Belegschaft über den Angebotsprozess zu informieren.

In seinem Entwurf vom 27. November 2003 für eine legislative Entschließung des Europäischen Parlaments zum Kommissionsvorschlag verlangte der federführende Ausschuss für Recht und Binnenmarkt einschränkend, dass einheitlich die Mitarbeiter „der Bietergesellschaft" oder deren Vertreter zum Kreis der Mitteilungsempfänger gehören sollten.[1033] Trotzdem lässt die endgültige Richtlinienformulierung eine solche Stringenz vermissen. So ist nach Art. 6 Abs. 1 Satz 3, Abs. 2 Unterabs. 1 Satz 3 RL einerseits die Bietergesellschaft zur Unterrichtung über die Vorankündigung und Übermittlung der Angebotsunterlage verpflichtet, andererseits benennt Art. 8 Abs. 2[1034] RL als Adressa-

---

[1026] Vgl. BT-Ds. 14/7034 zu § 10 Abs. 1 RegE-WpÜG, S. 36; Ehricke/Ekkenga/*Oechsler*, § 10 Rn. 7.

[1027] Geibel/Süßmann/*Grobys*, § 14 Rn. 59; zu § 90 Abs. 1 Satz 3 AktG näher oben § 2B.II.2.a)bb)(3)(d).

[1028] S. dazu *Kindler/Horstmann*, DStR 2004, 866, 871 ff.

[1029] Ausführlich hierzu oben § 1B.II.3.c)aa).

[1030] Vgl. oben § 2B.II.1.

[1031] Vgl. oben § 2B.III.1.

[1032] *Kindler/Horstmann*, DStR 2004, 866, 872; *Maul/Muffat-Jeandet*, AG 2004, 221, 232 f.; *Mülbert*, NZG 2004, 633, 640.

[1033] Änderungsantrag 17 zu Art. 8 Abs. 2 des Vorschlags (s. Fn. 115), A5-0469/2003, PE 327.239 vom 8.12.2003, S. 22.

[1034] Dazu oben § 2B.II.3.d) (mit Wortlaut in Fn. 490) sowie § 2B.III.3.c); vgl. den Text der englischen Fassung des Art. 6 Abs. 1 Satz 3, Abs. 2 Unterabs. 1 Satz 3 RL: „[...] the boards of the offeree company and of the offeror shall inform/communicate [...]", sowie Art. 8 Abs. 2 RL: „[...] the representatives of the employees of the offeree company and the offeror [...]".

tenkreis generalisierend die Belegschaft „des Bieters". Bei letzterem kann es sich nach der Legaldefinition des Art. 2 Abs. 1 lit. c RL entweder um eine juristische oder um eine natürliche Person handeln.

In den weitaus meisten Fällen geht ein öffentliches Angebot ohnehin von einer Gesellschaft aus, so dass sich die fehlende Übereinstimmung nicht auswirkt. Doch sollte der deutsche Gesetzgeber bestimmen, dass auch eine natürliche Person als potenzieller Übernehmer die eigene Mitarbeiterschaft über den Stand des Verfahrens entsprechend zu informieren hat.[1035] Dafür spricht einmal Satz 3 des Erwägungsgrundes 23[1036] RL, dem der Gedanke zugrunde liegt, dass von den Mitgliedstaaten über das von der (Rahmen-)Richtlinie vorgesehene Maß hinaus Vorschriften zur Konsultation zugunsten der beim 'Bieter' beschäftigten Arbeitnehmer geschaffen werden können. Daneben folgt dies aus den Erläuterungen des Kommissionsvorschlags: Wenn dort zutreffenderweise davon die Rede ist, dass die Einbeziehung der Arbeitnehmer für den späteren wirtschaftlichen Erfolg des Angebots wesentlich ist,[1037] macht es keinen Unterschied, ob deren Arbeitgeber eine juristische Person ist oder nicht. Letztlich muss das Personal in beiden Konstellationen in den Angebotsprozess integriert werden, damit eine Grundvoraussetzung für das Gelingen der Akquisition erfüllt ist.

a) Begriff „Leitungs- bzw. Verwaltungsorgan"

Bei der Umsetzung der Richtlinienvorgaben ist klärungsbedürftig, was unter dem Begriff „Leitungs- bzw. Verwaltungsorgan" im dualistischen Verwaltungsmodell zu verstehen ist.

Zutreffenderweise ist dieser Begriff *funktional* in dem Sinne auszulegen, dass es darauf ankommt, welches Organ in dem jeweiligen Mitgliedsstaat für die betreffende Aufgabe zuständig ist.[1038] Danach kann der Vorstand und der Aufsichtsrat oder nur der Vorstand erfasst sein. Art. 6 Abs. 1 Satz 3 sowie Abs. 2 Unterabs. 1 Satz 3 RL verpflichten zur Information der Arbeitnehmerschaft. Diese Aufgabe ist im deutschen Aktienrecht funktional als Geschäftsführungsmaßnahme[1039] nach § 76 AktG einzuordnen, weswegen lediglich der Vorstand als Normadressat einzustufen ist.

b) Begriff „Arbeitnehmervertreter"

Des Weiteren hat der Vorstand nach derzeitiger Rechtslage ausschließlich den Betriebsrat als arbeitsrechtliches Repräsentationsorgan zu kontaktieren, vgl. §§ 10 Abs. 5 Satz 2, 14 Abs. 4 Satz 2 WpÜG.[1040] Möglicherweise könnte es infolge des Anpas-

---

1035 A.A. *Maul/Muffat-Jeandet*, AG 2004, 221, 232 f.; *Neye*, NZG 2002, 1144 („Die Informationspflicht wird lediglich auch auf die Arbeitnehmer der Bietergesellschaft (sofern es sich beim Bieter um eine Gesellschaft handelt) erstreckt.").

1036 Zum Wortlaut des Erwägungsgrundes 23, Satz 3 RL oben Fn. 571.

1037 S. oben § 1B.I.2.h)aa) (m. Nachw. in Fn. 116).

1038 So *Maul/Muffat-Jeandet*, AG 2004, 221, 232.

1039 Zum Begriff der Geschäftsführungsmaßnahme s. *Hüffer*, § 76 AktG Rn. 7 f.

1040 Zu § 10 Abs. 5 Satz 2, 1. Alt. WpÜG s. oben § 2B.II.2.a)bb)(2)(c)(cc); zu § 14 Abs. 4 Satz 2, 1. Alt. WpÜG s. oben § 2B.III.5.

sungsprozesses erforderlich werden, auch andere Organe der Unternehmensverfassung oder des Betriebsverfassungsrechts (Sprecher-, Wirtschaftsausschuss, Europäischer Betriebsrat, Aufsichtsrat etc.) in das Angebotsverfahren zu integrieren.

In Art. 6 Abs. 1 Satz 3, Abs. 2 Unterabs. 1 Satz 3 sowie in Art. 8 Abs. 2 RL wird der Begriff „Arbeitnehmervertreter“ verwendet, der in der europäischen Legislativpraxis neben den Mitgliedern des Betriebsrats etwa auch diejenigen des Sprecherausschusses umfasst.[1041] Dennoch muss der deutsche Gesetzgeber die bislang vom WpÜG vorgenommene Fokussierung der Informationspflicht auf den Betriebsrat nicht aufgeben. Die in der Übernahmerichtlinie vorgegebene Information und Konsultation der Belegschaftsvertreter soll durch einzelstaatliche Bestimmungen geregelt werden, insbesondere durch Umsetzung der verschiedenen in diesem Bereich bestehenden Gemeinschaftsregelungen, vgl. Satz 1 des Erwägungsgrundes 23[1042] RL. Nach Art. 2 lit. d der (Unterrichtungs- und Anhörungs-)Richtlinie 2002/14/EG[1043] ist diejenige Person Mitglied einer Arbeitnehmervertretung, die nach einzelstaatlichen Rechtsvorschriften und/oder Gepflogenheiten als Vertreter der Beschäftigten vorgesehen ist. Überdies gibt die Übernahmerichtlinie lediglich einen äußeren Rahmen vor,[1044] weshalb sich detaillierte Festschreibungen der Begrifflichkeiten verbieten. Mithin steht den Mitgliedstaaten ein weiter Gestaltungsspielraum bei der Frage zur Verfügung, welches Repräsentationsorgan der Beschäftigten konkret in den Verfahrensablauf einzubeziehen ist.

2. Unterrichtung und Anhörung der Arbeitnehmervertreter vor Abgabe eines Übernahmeangebots

Vorstehend wurde bereits die in Satz 3 des Erwägungsgrundes 23 RL enthaltene Klarstellung thematisiert, dass aus europarechtlicher Perspektive mitgliedstaatliche Vorschriften zulässig sind, nach denen die Arbeitnehmervertreter des Bieters schon *vor* Abgabe eines Übernahmeangebots unterrichtet respektive angehört werden.[1045]

[1041] Dazu Stellungnahme der ULA vom 9.10.2001, S. 2; s. ferner oben § 2B.II.2.a)bb)(2)(c)(bb) ((2)).

[1042] Erwägungsgrund 23, Satz 1 RL lautet: „Information und Konsultation der Arbeitnehmervertreter der Bieter- sowie der Zielgesellschaft sollten durch einschlägige einzelstaatliche Bestimmungen geregelt werden, insbesondere durch die Vorschriften zur Umsetzung der Richtlinie 94/95/EG des Rates vom 22. September 1994 über die Einsetzung eines Europäischen Betriebsrats oder die Schaffung eines Verfahrens zur Unterrichtung und Anhörung der Arbeitnehmer in gemeinschaftsweit operierenden Unternehmen und Unternehmensgruppen, der Richtlinie 98/59/EG des Rates vom 20. Juli 1998 zur Angleichung der Rechtsvorschriften der Mitgliedstaaten über Massenentlassungen, der Richtlinie 2001/86/EG des Rates vom 8. Oktober 2001 zur Ergänzung des Statuts der Europäischen Gesellschaft hinsichtlich der Beteiligung der Arbeitnehmer und der Richtlinie 2002/14/EG des Europäischen Parlaments und des Rates vom 11. März 2002 zur Festlegung eines allgemeinen Rahmens für die Unterrichtung und Anhörung der Arbeitnehmer in der Europäischen Gemeinschaft – Gemeinsame Erklärung des Europäischen Parlaments, des Rates und der Kommission zur Vertretung der Arbeitnehmer.“.

[1043] ABlEG Nr. L 80 vom 23.3.2002, S. 29 ff.; dazu *Hanau*/Steinmeyer/Wank, § 19 Rn. 130 ff.

[1044] Vgl. oben § 1B.II.3.c)bb).

[1045] S. oben § 2B.III.3.b); vgl. auch *Niessen*, in: Kreuzer, S. 35, 52.

Momentan herrscht im Übernahmegesetz das Prinzip der Gleichstellung von Mitarbeitern und Anteilseignern bezüglich der Bereitstellung von Informationen vor.[1046] Dennoch sollte der Gesetzgeber im Zuge der notwendigen Anpassungsarbeit eine solche Bestimmung einführen, da eine frühzeitige Beteiligung der Belegschaftsvertretung des Bieters für den erfolgreichen Abschluss des Erwerbsvorgangs nur förderlich sein kann. Aufgrund der Tatsache, dass speziell freundlichen Übernahmeofferten regelmäßig Verhandlungen zwischen dem Bieter und dem Management der Zielgesellschaft vorausgehen, erscheint es außerdem gerechtfertigt, diesen Gedanken auf die Betriebsratsmitglieder der *Ziel*gesellschaft zu übertragen.[1047] Hierbei kann er sich am niederländischen Recht orientieren: Danach muss der Bieter fünfzehn Tage vor der Veröffentlichung der Angebotsankündigung den Vorstand der Zielgesellschaft informieren, der seinerseits gemäß Art. 5 Abs. 2 SER (Sociaal Economische Raad) Fusiegedragsregels 2000[1048] die Arbeitnehmervertreter zu unterrichten hat.[1049]

II. Anpassungsbedarf beim Stellungnahmerecht und bei der Beifügungs-/Veröffentlichungspflicht

Sowohl bei der Pflicht zur Übermittlung der Stellungnahme (Art. 9 Abs. 5 Satz 2 RL) als auch bei der im Zusammenhang mit dem Stellungnahmerecht der Arbeitnehmer/-vertreter stehenden Beifügungs- und Veröffentlichungspflicht des Leitungs- bzw. Verwaltungsorgans der Zielgesellschaft (Art. 9 Abs. 5 Satz 3 RL) handelt es sich im dualistischen System der deutschen AG jeweils um Geschäftsführungsmaßnahmen i.S.v. § 76 AktG. Folglich obliegt die Aufgabenerfüllung nach einer funktionalen Auslegung in beiden Fällen dem Vorstand,[1050] was mit dem bereits geltenden Recht übereinstimmt, vgl. § 27 Abs. 3 Satz 2, Abs. 2 WpÜG.

Darüber hinaus setzt die Richtlinie – nach der hier vertretenen Ansicht – ein Recht zur Abgabe eines Sondervotums und eine damit korrespondierende Pflicht zur Beifügung

---

[1046] S. oben § 2B.II.3.c).

[1047] Vgl. dazu oben § 2B.III.3.b), § 2B.IV.2.c)cc)(2)(d) sowie Fn. 877; ebenso Änderungsantrag 18 zu Art. 13 des Vorschlags (Fn. 115) des EP-Ausschusses für Beschäftigung und soziale Angelegenheiten vom 20.2.2003, PE 327.239 vom 8.12.2003, S. 69, 84: „Die Leitungs- bzw. Verwaltungsorgane der Bieter- *und* der Zielgesellschaft müssen die Vertreter ihrer jeweiligen Arbeitnehmer oder – in Ermangelung solcher Vertreter – die Arbeitnehmer selbst rechtzeitig vor und während jeder Phase der Übernahme in allen Einzelheiten und umfassend unterrichten und konsultieren." (Herv. d. Verf.).

[1048] Dabei handelt es sich um einen Verhaltenskodex von Arbeitgebern, Arbeitnehmern und Regierungsvertretern zum Schutz der Interessen der Arbeitnehmer bei Übernahmen.

[1049] Näher dazu *Grablowitz*, RIW 2003, 272, 274 f.; s. auch *Assmann/Bozenhardt*, in: Assmann (u.a.), S. 1, 29 f.

[1050] Dem steht nicht entgegen, dass auch der Aufsichtsrat nach § 27 Abs. 3 Satz 2 WpÜG verpflichtet ist, seine Stellungnahme den Arbeitnehmer(n)/-vertretern zu übermitteln: Art. 9 Abs. 5 Satz 1 RL verlangt lediglich, dass die Geschäftsführung eine Einschätzung zu dem Angebot abgibt; ebenso *Maul/Muffat-Jeandet*, AG 2004, 306, 307. Vgl. auch *Kirchner*, BB 2000, 105, 109, sowie vorstehend § 2E.I.1.a).

und Publikation ebenfalls zugunsten des Personals der Bietergesellschaft fest.[1051] In Anbetracht der Umstände, dass die Begründung des Kommissionsvorschlags die Einbeziehung der Arbeitnehmer in die Stellungnahme damit rechtfertigte, dass deren – ggf. abweichende – Auffassung für die Entscheidungsfindung der Aktionäre bedeutsam sei,[1052] sollte der deutsche Gesetzgeber jedenfalls bei Übernahme- und Pflichtangeboten weitergehend der Belegschaft eines Bieters generell die Gelegenheit zur öffentlichen Beurteilung einräumen. Denn für die Bewertung der Mitarbeiterstellungnahme durch die Eigentümer der Zielgesellschaft macht es keinen Unterschied, ob deren Arbeitgeber, d.h. der Anbietende, eine Gesellschaft ist oder nicht.

Hinsichtlich der Umsetzung der so verstandenen Richtlinienvorgaben in nationales Recht ist an dieser Stelle auf die Parallele zu verweisen, dass der Bieter mit der Angebotsunterlage ein der Stellungnahme i.S.v. § 27 Abs. 1 Satz 1 WpÜG vergleichbares Dokument publiziert. Demnach hat der Antragende entsprechend § 27 Abs. 2 WpÜG grundsätzlich eine rechtzeitig bei ihm eingehende Stellungnahme seiner Beschäftigten oder deren Vertreter der Angebotsunterlage beizufügen und dieses Dokument nach § 14 Abs. 3 Satz 1 WpÜG zu veröffentlichen. Hinsichtlich der Anforderungen an die „Rechtzeitigkeit“ des Eingangs ist m.E. nach dem Absender zu differenzieren. Handelt es sich bei diesem um einen (zuständigen) Betriebsrat, ist es europarechtlich zulässig[1053] und dürfte praktikabel sein, wenn der Bieter diesem gleichzeitig mit der Übermittlung der Angebotsunterlage an die BaFin (vgl. § 14 Abs. 1 Satz 1 WpÜG) die Materialien übermittelt. Sofern die Betriebsratsstellungnahme zusammen mit der Gestattung der Aufsichtsbehörde, anderenfalls spätestens zehn Werktage nach dem Eingang der Unterlage bei der Anstalt beim Bieter eingeht, ist dieser zur Beifügung verpflichtet, arg. § 14 Abs. 2 Satz 1 WpÜG. Denn vor diesem Zeitpunkt ist es dem Bieter gemäß § 14 Abs. 2 Satz 2 WpÜG ohnehin verwehrt, das Antragsdokument bekannt zu geben.

In Ermangelung einer zuständigen Arbeitnehmervertretung hat der Bieter die Angebotsunterlage hingegen entsprechend § 27 Abs. 3 Satz 2 WpÜG gleichzeitig[1054] mit deren Veröffentlichung unmittelbar dem Personal zu übermitteln. Damit entfällt in diesen Fällen zwar der Beifügungsanspruch, jedoch nicht die Veröffentlichungspflicht des Bieters. Allerdings muss die gemeinsame Stellungnahme der Beschäftigten so rechtzeitig eingehen, dass sie ihre Zweckbestimmung noch erreichen kann; hierzu darf der Bieter eine Antwortfrist setzen.[1055] Für ein derartiges Resultat spricht, dass nicht einzusehen ist, warum die Pflicht zur Nachtragsveröffentlichung ausschließlich auf die Zielgesellschaft beschränkt werden sollte. Gleichzeitig wird die von § 27 Abs. 2

1051 Zur Übertragbarkeit des Art. 9 Abs. 5 Satz 3 RL auf die Arbeitnehmer(-vertreter) der Bietergesellschaft s. oben § 2D.I.2.

1052 Erläuterungen zu Art. 9 des Vorschlags, ABlEG (Fn. 115), S. 6.

1053 Näher dazu vorstehend § 2E.I.2. sowie oben § 2B.III.3.b).

1054 Zur Gleichzeitigkeit s. Parallele zu § 27 Abs. 3 Satz 2 WpÜG, oben § 2B.IV.1.b)bb)(2).

1055 Zum Ganzen oben § 2B.IV.2.c)cc)(2)(d) und (e).

WpÜG proklamierte Transparenz zugunsten der Anleger im Falle divergierender Folgeeinschätzungen von Bieter und dessen Belegschaft gesteigert.[1056]

Zusammenfassend bleibt festzuhalten, dass den beim Bieter gebildeten Einzel-/Gesamtbetriebsräten oder bei deren Fehlen den Arbeitnehmern unmittelbar während des Angebotsverfahrens auf gesetzlicher Grundlage die Gelegenheit zur Abgabe eines Sondervotums gegeben werden muss. Da diese separate Bewertung des Angebots die Information der Angebotsadressaten bezweckt, hat damit eine Pflicht zur Beifügung und Veröffentlichung einherzugehen.[1057] Zu diesem Zweck sollte in § 14 WpÜG ein neuer Absatz eingefügt werden.[1058]

1056 Zur Intention des § 27 Abs. 2 WpÜG s. oben § 2B.IV.2.a)bb).

1057 *Kindler/Horstmann*, DStR 2004, 866, 872 f.

1058 Vorschlag für § 14 Abs. 5 (n.F.) WpÜG:

„Gleichzeitig mit der Übermittlung der Angebotsunterlage an die Bundesanstalt hat der Bieter diese dem zuständigen Betriebsrat zu übermitteln; geht eine eigene Stellungnahme des Betriebsrats zu den Auswirkungen auf die Beschäftigung rechtzeitig beim Bieter ein, ist diese der Angebotsunterlage beizufügen.

Besteht beim Bieter kein Betriebsrat, hat der Bieter die Angebotsunterlage gleichzeitig mit deren Veröffentlichung unmittelbar den Arbeitnehmern zu übermitteln; äußern sich diese rechtzeitig zu den Auswirkungen auf die Beschäftigung, muss der Bieter die Stellungnahme nachträglich gemäß Absatz 3 Satz 1 veröffentlichen.

Der Bieter hat der Bundesanstalt unverzüglich einen Beleg über die Beifügung oder Veröffentlichung gemäß § 14 Abs. 3 Satz 1 Nr. 2 zu übersenden.“.

§ 3 Die Arbeitnehmer der Zielgesellschaft betreffende Zusagen des Bieters und der Zielgesellschaft im Rahmen von feindlichen Übernahmeangeboten

In diesem Abschnitt werden die rechtlichen Folgen von solchen Zusagen untersucht, die im Verlaufe des übernahmegesetzlichen Angebotsverfahrens gegenüber der Belegschaft der von einem feindlichen Übernahmebegehren betroffenen Aktiengesellschaft gemacht werden. Der Begriff der Zusage ist in diesem Zusammenhang weit zu verstehen: Er umfasst diejenigen tatsächlichen und rechtlichen Erklärungen, welche die Interessen der bei der Zielgesellschaft beschäftigten Personen gerade in ihrer Eigenschaft als Arbeitnehmer, sei es unmittelbar oder lediglich mittelbar, berühren können. Dabei wird im Folgenden nach der Person des Erklärenden, dem Erklärungsinhalt und dem Zeitpunkt der Erklärung differenziert.

A. Zusagen des Bieters an die Arbeitnehmer der Zielgesellschaft

Zunächst kommt als (natürliche oder juristische) Person(-engesellschaft), von der eine Zusage in diesem Sinne ausgeht, der Bieter in Betracht. Dieser wird häufig versuchen, die typischerweise unter den Beschäftigten der Zielgesellschaft anfänglich vorherrschende Zurückhaltung im Hinblick auf eine geplante Unternehmensübernahme zu seinen Gunsten zu verändern.

I. Bedeutung von Zusagen in der Akquisitionspraxis

Aus der Praxis beispielhaft genannt sei zunächst die von Vodafone-Chef *Chris Gent* während des Übernahmekampfes gemachte öffentliche Zusage, dass es nach einem Zusammenschluss mit der Mannesmann AG keine Entlassungen geben werde. Für den Ausbau der Marktstellung brauche der Konzern „jeden einzelnen Mann". Die Mannesmann-Beschäftigten hätten nichts von der Akquisition zu befürchten, wobei diese Arbeitsplatzgarantien medienwirksam publiziert wurden.[1059] Der Widerstand der Arbeitnehmervertreter im Aufsichtsrat von Mannesmann wurde aber letztlich erst durch die Erklärung gebrochen, dass keine Zerschlagung des Mannesmann-Konzerns geplant sei. Dennoch befürchteten die Gremien der Mitarbeiter nach dem Einschwenken des eigenen Managements auf die Linie von Vodafone, dass im Gefolge des Kontrollererwerbs und der sich anschließenden Fusion Stellenabbau betrieben würde. Tatsächlich wurde im Anschluss an die geglückte Akquisition der angegriffene Konzern zwecks Finanzierung des kostenintensiven Übernahmeangebots zerschlagen; damit einhergehend wurden die meisten der Versprechungen gegenüber den Arbeitnehmern und Gewerkschaften nicht eingehalten. Auf die mit dieser Diskrepanz zusammenhängende

---

[1059] Börsen-Zeitung, 5.2.2000, S. 12 (Positive Reaktionen nach der Schlacht); FAS, 6.2.2000, S. 33 (Gent: Stellen bei Mannesmann bleiben sicher); SZ, 5.2.2000, S. 1 (Der Sieger diktiert den Frieden); Tages-Anzeiger, 7.2.2000, S. 28 (Job-Garantien für Mannesmann).

Problematik wies der ehemalige Vorstandsvorsitzende von Mannesmann in einer Anhörung des Finanzausschusses hin und forderte den Gesetzgeber zum Handeln auf.[1060]

Auch im Rahmen des (ursprünglich) feindlichen Übernahmeversuchs von Sanofi-Synthélabo bezüglich Aventis spielten Arbeitnehmerinteressen in der Öffentlichkeitsarbeit des Bieterkonzerns eine herausragende Rolle, denn mit Übernahmen und Fusionen erfahrene Finanzanalysten rechneten mittelfristig mit einem Stellenabbau im Zuge der Transaktion.[1061] Bestärkt wurden diese Annahmen einerseits durch die anvisierten Einspar-/Synergieeffekte im Zuge des Zusammenschlusses beider Konzerne, welche mit 1,6 Mrd. € vom Jahr 2006 an beziffert wurden; andererseits finanzierte das bietende Unternehmen den auf 30 Prozent erhöhten Bargeldanteil der Offerte mit einer Kreditaufnahme im Volumen von 16 Mrd. €. Demzufolge musste davon ausgegangen werden, dass bei einer Fusion 10.000 bis 12.000 der insgesamt rund 110.000 Arbeitsplätze gestrichen würden.[1062] Nachdem schließlich die französische Regierung öffentlich erklärte, dass im Gefolge der Übernahme von Aventis jedenfalls in Frankreich der Personalstamm erhalten bliebe,[1063] sorgten sich viele der 9.000 Beschäftigten der Deutschland-Tochter von Aventis um den Fortbestand ihrer Arbeitsplätze; zwischenzeitlich sollten Vermutungen zufolge sogar bis zu einem Drittel ihrer Stellen in Frankfurt-Höchst und Bad Soden bedroht sein.[1064] Zudem gibt es in Frankreich keinerlei Verpflichtung, das Aufsichtsratsgremium zur Hälfte mit Arbeitnehmervertretern zu besetzen, so dass die deutsche Mitbestimmung gefährdet war.[1065] In dieser aufgeheizten

---

1060 Vgl. BT-Plenarprotokoll 14/201 vom 15.11.2001, S. 19833 (*Lötzer*); oben § 1B.II.2.g).

1061 FAZ, 27.1.2004, S. 14 (Bei Aventis droht der Abbau von Arbeitsplätzen in Deutschland); FTD, 27.4.2004 (Große Skepsis gegenüber der Aventis-Sanofi-Ehe); www.FAZ.net, 26.4.2004 (Aventis-Betriebsrat: Sorge um Standort Frankfurt); www.FTD.de, 27.4.2004 (Aventis-Belegschaft protestiert gegen Übernahme). Zur Entwicklung dieser Auseinandersetzung vgl. oben § 1B.I.2.h)bb)(2).

1062 Während der Übernahmeschlacht kolportierte Aventis-Chef *Landau* – unrealistischerweise – mit einem Abbau von 30.000 Arbeitsplätzen, sollte es zu einer Verbindung mit Sanofi-Synthélabo kommen (vgl. www.FAZ.net, 5.4.2004, 'Landau: Aventis-Arbeitsplätze durch Novartis sicherer'); s. ebenso Antwort der Bundesregierung auf die Kleine Anfrage der Bundestagsfraktion der CDU/CSU – BT-Ds. 15/2498 vom 10.2.2004, S. 2 – zur möglichen Übernahme des Pharma-Konzerns Aventis, BT-Ds. 15/2560 vom 25.2.2004, S. 2; www.FAZ.net, 27.1.2004 (Sorge um deutsche Arbeitsplätze bei Aventis), 10.5.2004 (Aventis: Kündigungen ausgeschlossen – Stellenabbau nicht); www.FTD.de, 2.4.2004 (Aventis ruft Novartis zu Angebot auf).

1063 www.FAZ.net, 27.1.2004 (Sorge um deutsche Arbeitsplätze bei Aventis).

1064 Von den 9.000 Mitarbeitern der *Aventis Pharma Deutschland* GmbH sind 4.000 in der Produktion und Fertigung, 1.600 in der Forschung und Entwicklung, 1.600 in Marketing und Vertrieb sowie 1.150 in Zentralfunktionen (Personal-, Finanz-, und Rechnungswesen; Informationssysteme etc.) beschäftigt. Die deutsche *Sanofi-Synthélabo* GmbH ist dagegen eine reine Vertriebsgesellschaft, für die rund 1.000 Mitarbeiter tätig sind, davon 400 in Berlin und im Vertriebszentrum in Garching bei München; der Rest der Belegschaft arbeitet im Außendienst.

Vgl. auch FAZ, 27.7.2004, S. 12 (Große Teile der Aventis-Verwaltung bleiben im Raum Frankfurt); www.FAZ.net, 27.4.2004 (Beschäftigte von Aventis demonstrieren – Vorstand: „Stellen sind sicher"), 10.5.2004 (Aventis: Kündigungen ausgeschlossen – Stellenabbau nicht); www.Handelsblatt.com, 26.4.2004 (Aventis-Beschäftigte fühlen sich hintergangen).

1065 www.FAZ.net, 11.6.2004 (Aventis-Chef Landau verteidigt Übernahme durch Sanofi).

Situation zeigte *Hanspeter Speck*, Vorstandsmitglied bei Sanofi-Synthélabo, Verständnis für diese Befürchtungen und betonte in der Presse, am Forschungsstandort Deutschland festhalten zu wollen.[1066] Im Falle einer Kontrollerlangung werde es am Standort Frankfurt weder in der Forschung noch in der Produktion zu einer nennenswerten Reduzierung von Personal kommen. Zusätzlich schaltete sich Konzernchef *Dehecq* während der Übernahmeverhandlungen ein und versprach in einer Unterredung mit französischen Betriebsratsmitgliedern von Aventis, bei der Durchführung von Strukturmaßnahmen von „kalten Entlassungen", d.h. von betriebsbedingten Kündigungen abzusehen und die Entscheidungszentren in Europa zu belassen.[1067] Die Zusage, die deutschen Standorte von Aventis sowie Forschung und Produktion am Standort Frankfurt in einem fusionierten Unternehmen zu erhalten, wiederholte er überdies in einem Schreiben an den deutschen Wirtschafts- und Arbeitsminister.[1068]

II. Die Arbeitnehmer der Zielgesellschaft betreffende Angaben in der Angebotsunterlage

Die §§ 34, 11 Abs. 1 WpÜG verpflichten den Bieter zur Erstellung und Veröffentlichung einer Unterlage über das Übernahmengebot, wobei das deutsche Gesetz schon in seiner jetzigen Fassung die Vorgaben des Art. 6 Abs. 2 Unterabs. 1[1069] Satz 1 RL erfüllt. Die Veröffentlichung der Angebotsunterlage (§ 14 Abs. 2 WpÜG) ist die standardisierte Offerte des Bieters zum Erwerb von Anteilen der Zielgesellschaft, welche gegenüber deren Aktionären abgegeben wird.[1070] Mithin muss das entsprechende Dokument sämtliche Angaben zu Gegenstand und Inhalt des Vertrags enthalten, so dass die Annahme des Antrags durch ein einfaches „Ja" erfolgen kann, vgl. § 11 Abs. 1 Satz 2 WpÜG.[1071]

Gerade bei der feindlichen Übernahme großer börsennotierter Gesellschaften kann es sinnvoll sein, auch etwaige Pläne oder Zusagen an die Arbeitnehmer der Zielgesellschaft in das Angebotsdokument aufzunehmen, denn das Schicksal dieser Personengruppe ist ein wichtiges Argument im von der attackierten Gesellschaft geführten Abwehrkampf.[1072] Diesen Gedanken hat der Gesetzgeber insoweit aufgegriffen, als der Bieter in seine Offerte gemäß §§ 34, 11 Abs. 2 Satz 1 WpÜG verschiedene Pflichtangaben aufnehmen muss. Hierunter befinden sich auch solche 'Zusagen', die besonders das Interesse der Arbeitnehmer der Zielgesellschaft und deren Vertreter auf sich lenken.

1066 www.FTD.de, 7.2.2004 (Sanofi und Aventis beharken sich per Interview), 18.2.2004 (Aventis-Standort Frankfurt steht außerhalb der Debatte).

1067 www.FAZ.net, 19.5.2004 (Sanofi: Für Debatte um Standorte in Deutschland noch zu früh); www.FTD.de, 9.4.2004 (Aventis: Sanofi verspricht Übernahme ohne Entlassungen); www.Welt.de, 10.4.2004 (Sanofi-Chef überzeugt Aventis-Gewerkschafter).

1068 www.Reuters.de, 27.4.2004 (Clement kritisiert Frankreichs Rolle bei Sanofi/Aventis); www.Sueddeutsche.de, 28.4.2004 (Aventis, Sanofi und die Gerüchte).

1069 Zum Normtext s. oben § 2B.III.1. (Fn. 550).

1070 S. oben § 2B.III.

1071 Geibel/Süßmann/*Zehetmeier-Müller*, Einl. Rn. 67; *Hamann*, ZIP 2001, 2249.

1072 *Riehmer/Schröder*, BB 2001, Beilage 5, 1, 7; aus der Praxis s. dazu unten § 3B.

1. Zweck der Erstellung einer Angebotsunterlage

Die verpflichtende Erstellung eines Dokuments über den Inhalt des Angebots stellt den Kern des Informations- und Transparenzgrundsatzes (vgl. § 3 Abs. 2 WpÜG) dar.[1073] Die Information über Inhalt und Ziele des Angebots wird im Interesse aller von dem Angebot Betroffenen – Bieter, Zielgesellschaft, Anteilseigner –, der Öffentlichkeit und der Aufsichtsbehörde sichergestellt.[1074] Ausweislich der Materialien besteht Sinn und Zweck der Regelung des § 11 WpÜG aber auch darin, die Arbeitnehmer respektive deren Vertretung(en) frühzeitig über die Absichten des Bieters zu informieren, damit bereits im Vorfeld der Übernahme eine sozialverträgliche Durchführung gefördert werden kann.[1075] Dies gilt insbesondere für die Angaben nach § 11 Abs. 2 Satz 3 Nr. 2 WpÜG. Dieselbe Ausrichtung verfolgt auch die Übernahmerichtlinie, in der ausdrücklich auf die Eigenschaft der Angebotsunterlage als Informationsträger zugunsten der Belegschaft hingewiesen wird.[1076] Keinesfalls vernachlässigt werden darf schließlich der Gesichtspunkt, dass die Organe der Zielgesellschaft sowie die Arbeitnehmer/-vertreter häufig erst durch die nach § 11 Abs. 2 WpÜG erforderlichen Angaben in die Lage versetzt werden, den Anteilseignern eine Entscheidungshilfe in Gestalt der Stellungnahme nach § 27 WpÜG zukommen zu lassen.[1077]

Danach sind die Interessen der Beschäftigten der Zielgesellschaft Inhalt gleich der beiden wichtigsten Publikationsgegenstände des Übernahmeverfahrens. Neben der Pflicht zur Aufnahme arbeitsrechtlicher Angaben in das Stellungnahmedokument gemäß § 27 Abs. 1 Satz 2 Nr. 2 WpÜG, besteht auch für den Bieter gegenüber diesem Personenkreis eine Aufklärungspflicht, der er mit der Erstellung einer Angebotsunterlage nachkommt.[1078] Dies führt im Übernahmerecht – nach derzeitiger Rechtslage – zu der paradoxen Situation, dass dem Bieter Mitteilungspflichten gegenüber einer Arbeitnehmerschaft auferlegt werden, zu der er in keiner Rechtsbeziehung steht, wohingegen seine eigene Belegschaft unberücksichtigt bleibt.[1079]

[1073] Geibel/Süßmann/*Zehetmeier-Müller*, Einl. Rn. 67; KK-WpÜG/*Seydel*, § 11 Rn. 2; *Liebscher*, ZIP 2001, 853, 861; *Pötzsch/Möller*, WM 2000 Sonderbeil. Nr. 2, 3, 16 (zu § 17 DiskE-ÜG); *Renner*, in: Haarmann (u.a.), § 11 Rn. 9; s. auch oben § 2A.

[1074] Vgl. BT-Ds. 14/7034 zu § 11 Abs. 1 RegE-WpÜG, S. 41; KK-WpÜG/*Seydel*, § 11 Rn. 2; *Seibt*, ZIP 2003, 1865, 1870.

[1075] Vgl. BT-Ds. 14/7034 zu § 11 Abs. 1 RegE-WpÜG, S. 41; BT-Ds. 14/7477, S. 50; *Grobys*, NZA 2002, 1, 4; *Hamann*, ZIP 2002, 2249 (dort Fn. 5); HWK/*Seibt*, WpÜG Rn. 12; *Liebscher*, ZIP 2001, 853, 861; *Renner*, in: Haarmann (u.a.), § 11 Rn. 10; *Seibt*, DB 2002, 529, 532 f.; *Willemsen*, in: Willemsen (u.a.), Kap. B Rn. 148a; einschränkend KK-WpÜG/*Seydel*, § 11 Rn. 5 („nachgelagerter Regelungszweck"); ähnlich MüKo-AktG/*Wackerbarth*, § 11 WpÜG Rn. 53.

[1076] S. Erwägungsgrund 13 RL: „Die Wertpapierinhaber sollten durch eine Angebotsunterlage angemessen über die Angebotskonditionen unterrichtet werden. Auch sollten die Arbeitnehmervertreter der Gesellschaft oder – in Ermangelung solcher Vertreter – die Arbeitnehmer selbst ebenfalls in angemessener Weise unterrichtet werden.".

[1077] KK-WpÜG/*Seydel*, § 11 Rn. 6 sowie aaO/*Hirte*, § 27 Rn. 44; s. auch oben § 2B.III.1.

[1078] Vgl. BT-Ds. 14/3895, S. 9; *Berger*, Bank 2000, 558, 562; *Hopt*, in: FS Lutter (2000), S. 1361, 1398; *Niessen*, in: Kreuzer, S. 35, 51 f.

[1079] S. auch oben § 2D.I.1.

2. Formelle Aspekte der Angebotsunterlage, § 11 Abs. 1 WpÜG

a) Keine schriftliche Aushändigung der Unterlage an Arbeitnehmer erforderlich

Während des parlamentarischen Verfahrens forderten die Gewerkschaften, dass der Bieter in einem Übernahmegesetz verpflichtet werden sollte, die Angebotsunterlage den Vertretern der Arbeitnehmer auszuhändigen.[1080] Diese könnten die weitreichenden Konsequenzen von Unternehmensakquisitionen im Interesse der Belegschaft nur einschätzen und beraten, wenn ihnen die Angebotsunterlage schriftlich vorläge.

Der Gesetzgeber hat diese Anregung bei der Ausgestaltung des § 11 WpÜG zu Recht nicht aufgegriffen: Der Bieter muss vielmehr dem gegnerischen Vorstand das Antragsdokument unverzüglich nach dessen Veröffentlichung zukommen lassen (§§ 34, 14 Abs. 4 Satz 1 WpÜG), woraufhin die Geschäftsleitung ihrerseits die Unterlage an die eigenen Mitarbeiter(-vertreter) weiterzuleiten hat.[1081] Die Annahme einer entsprechenden Bieterpflicht erscheint zum einen in Fällen unangemessen, in denen bei der Zielgesellschaft kein Betriebsrat besteht. Dann wäre der eventuelle Übernehmer nämlich verpflichtet, eine Vielzahl ihm regelmäßig unbekannter Arbeitnehmer zu informieren; die Vorstandsmitglieder der Zielgesellschaft verfügen dagegen über eine größere Nähe zu diesem Personenkreis. Zum anderen ist nicht ersichtlich, warum die rechtzeitige und umfassende Wahrnehmung der Belegschaftsinteressen durch die Arbeitnehmervertreter eine schriftliche Vorlage des Angebotsdokuments erforderlich machen soll; für die praktische Arbeit reicht die Möglichkeit, vom Inhalt der Offerte Kenntnis zu erlangen, aus.[1082] So besteht auch vor dem Hintergrund der Vorgaben des Art. 8 Abs. 2 RL kein Anpassungsbedarf.[1083]

b) Abfassung in deutscher Sprache und in leicht verständlicher Form

Ebenso wie im Rahmen des § 10 Abs. 3 Satz 1 a.E. WpÜG[1084] ist die Angebotsunterlage gemäß § 11 Abs. 1 Satz 4 WpÜG zwingend in deutscher Sprache zu veröffentlichen, was dem Interessenschutz der Anteilseigner und Arbeitnehmer der deutschen Zielgesellschaft (vgl. § 2 Abs. 3 WpÜG) dienen soll.[1085] Da das Übernahmegesetz – im Gegensatz zur BörsZulVO und zum VerkProspG – eben auch arbeitsrechtliche Informationspflichten vorsieht, findet sich folglich keine Öffnungsklausel für ausländische Bieter.[1086]

1080 Stellungnahme des DGB vom 11.10.2000 zu § 12 DiskE-ÜG, S. 3; dazu *Wackerbarth*, WM 2001, 1741, 1742.

1081 Zu § 14 Abs. 4 Satz 2 WpÜG s. oben § 2B.III.3.a); kritisch zu diesem Ablauf *Niessen*, in: Kreuzer, S. 35, 51.

1082 Hierzu oben § 2B.III.3.a) aa) und bb).

1083 Dazu bereits oben § 2B.III.3.c).

1084 S. oben § 2B.II.3.a)cc)(3).

1085 BT-Ds. 14/7034 zu § 11 Abs. 1 RegE-WpÜG, S. 41; Geibel/Süßmann/*Schwennicke*, § 3 Rn. 18; dies./*Geibel*, § 11 Rn. 5; *Hopt*, ZHR 166 (2002), 383, 402 f.; *Renner*, in: Haarmann (u.a.), § 11 Rn. 16; *Steinmeyer/Häger*, § 11 Rn. 17.

1086 KK-WpÜG/*Seydel*, § 11 Rn. 41.

Weiterhin ist das Dokument in einer Form abzufassen, die dessen Verständnis und Auswertung erleichtert (§ 11 Abs. 1 Satz 4 WpÜG). Der Gesetzgeber gewichtet damit das Informations- und Schutzbedürfnis der Angebotsadressaten und Arbeitnehmer der Zielgesellschaft höher als das Interesse des Bieters an einer schnellen und möglichst preiswerten Erstellung der notwendigen Unterlagen.[1087] Im Ergebnis sei dem Bedürfnis der Anleger und Mitarbeiter nach einer verständlichen und nachvollziehbaren Entscheidungs- und Informationsgrundlage der Vorzug zu geben. Dem ist deswegen zu folgen, weil die Wertpapierinhaber bei Einhaltung dieser Form eher bereit sind, die Offerte anzunehmen, was letzten Endes auch im Interesse des Bieters liegt. Zugleich wird der ablehnenden Haltung der Arbeitnehmerschaft gegenüber dem feindlichen Übernahmebegehren entgegengewirkt, wenn aus dem Dokument eindeutig hervorgeht, welche Ziele und Absichten vom Bieter verfolgt werden, was den Übernahmeprozess nur positiv beeinflussen kann.

c) Unterzeichnung der Angebotsunterlage

Als letztes Formerfordernis sieht das Gesetz die Unterzeichnung der Angebotsunterlage durch den Bieter vor, § 11 Abs. 1 Satz 5 WpÜG. Die Unterschrift stellt die intensivste Übernahme von Verantwortung für den Prospekt dar, d.h. der Bieter gibt zu erkennen, dass er haftungsrechtlich für die Unrichtigkeit der Angebotsunterlage einsteht.[1088]

3. Materielle Aspekte der Angebotsunterlage, § 11 Abs. 2 WpÜG

Bezüglich des Inhalts der Angebotsunterlage unterscheidet § 11 Abs. 2 Satz 1 WpÜG zwischen Angaben über den „Inhalt des Angebots" und „ergänzende[n] Angaben". Neben diesen zentralen[1089] (Pflicht-)Angaben sind weitere (ergänzende) Angaben nach § 2 AngebotsVO erforderlich.[1090] Diese Aufteilung der Angaben hat den Vorzug, dass sich je nach den Erfahrungen der Praxis ohne Gesetzesänderung in der Verordnung weitere Angaben flexibel regeln lassen.[1091]

Die Übernahmerichtlinie enthält in Art. 6 Abs. 3 ebenfalls eine Aufzählung von Mindestangaben, die in der Angebotsunterlage enthalten sein müssen, wobei eine dem deutschen Recht entsprechende Unterteilung nicht besteht.

1087 BT-Ds. 14/7034 zu § 11 Abs. 1 RegE-WpÜG, S. 41; KK-WpÜG/*Seydel*, § 11 Rn. 5; *Steinmeyer/Häger*, § 11 Rn. 17.

1088 BT-Ds. 14/7034 zu § 11 Abs. 1 RegE-WpÜG, S. 41; Ehricke/Ekkenga/*Oechsler*, § 11 Rn. 7; *Geibel*/Süßmann, § 11 Rn. 7.

1089 BT-Ds. 14/7034 zu § 11 Abs. 4 RegE-WpÜG, S. 42 sowie zu § 2 RegE-AngebotsVO, S. 78 („Über die in Absatz 2 Satz 2 und 3 genannten *grundlegenden* Angaben hinausgehend [...].") (Herv. d. Verf.).

1090 *Geibel*/Süßmann, § 11 Rn. 19 ff.; *Hamann*, ZIP 2001, 2249, 2252; differenzierend KK-WpÜG/*Seydel*, § 11 Rn. 47; *Renner*, in: Haarmann (u.a.), § 11 Rn. 22 ff.; *Steinmeyer/Häger*, § 11 Rn. 28.

1091 Vgl. BT-Ds. 14/7034 zu § 11 Abs. 4 und 5 RegE-WpÜG, S. 42; Ehricke/Ekkenga/*Oechsler*, § 11 Rn. 1; *Hamann*, ZIP 2001, 2249, 2252; kritisch zur Regelungstechnik *Liebscher*, ZIP 2001, 853, 863; *Schüppen*, WPg 2001, 958, 961.

a) Angaben zum Inhalt des Angebots (Satz 2) vs. ergänzende Angaben (Satz 3)

Bei den Angaben zum Inhalt des Angebots i.S.v. § 11 Abs. 2 Satz 2 WpÜG handelt es sich quasi um die *essentialia negotii*, d.h. um die für das Zustandekommen des Vertrags maßgeblichen Punkte.[1092] Dagegen enthalten die ergänzenden Angaben i.S.v. § 11 Abs. 2 Satz 3 WpÜG zusätzliche Informationen zur Unterrichtung der Adressaten, die dazu dienen, ein möglichst alle Perspektiven ausleuchtendes Gesamtbild der Offerte zu zeichnen (vgl. § 11 Abs. 1 Satz 2 WpÜG).[1093]

Indes kommt dieser Differenzierung keine rechtlich relevante Bedeutung zu.[1094] Insbesondere die Haftung nach § 12 WpÜG[1095] wegen Unrichtigkeit oder Unvollständigkeit wesentlicher Angaben der Angebotsunterlage besteht unabhängig davon, ob es sich dabei um Angaben nach § 11 Abs. 2 Satz 2 WpÜG oder um solche nach Satz 3 handelt. Auch die Verordnungsermächtigung nach § 11 Abs. 4 WpÜG, nach der der Erlass näherer Bestimmungen über die Form und den Inhalt der Unterlage im Einzelnen einer Rechtsverordnung des BMF vorbehalten ist, erfasst beide Angabearten.

b) Ausgewählte ergänzende Angaben des § 11 Abs. 2 Satz 3 WpÜG

Nachfolgend werden diejenigen ergänzenden Angaben i.S.v. § 11 Abs. 2 Satz 3 WpÜG untersucht, die die Interessen der Beschäftigten der Zielgesellschaft gerade in feindlichen Übernahmeauseinandersetzungen vornehmlich berühren.

aa) Finanzierung des Angebots und dessen Auswirkungen für den Bieter, Nr. 1

Unter anderem hat der Bieter – im Einklang mit Art. 6 Abs. 3 lit. l[1096] RL – Angaben zu den Maßnahmen zu machen, die sicherstellen, dass ihm die zur vollständigen Erfüllung der Offerte notwendigen Mittel zu Verfügung stehen, und sich zu den erwarteten Auswirkungen eines erfolgreichen Antrags auf seine Vermögens-, Finanz- und Ertragslage zu äußern (§ 11 Abs. 2 Satz 3 Nr. 1 WpÜG).

(1) Maßnahmen zur Sicherstellung der Angebotsfinanzierung (1. Alt.)

Bei der Offenlegung der Finanzierung muss der Bieter zunächst darlegen, welche Mittel zur Erfüllung des Angebots vonnöten sind, was eine detaillierte Herleitung und Berechnung des bei vollständiger Annahme der Offerte maximal zu zahlenden Kaufprei-

---

1092 *Geibel*/Süßmann, § 11 Rn. 8; KK-WpÜG/*Seydel*, § 11 Rn. 46; *Liebscher*, ZIP 2001, 853, 862; *Renner*, in: Haarmann (u.a.), § 11 Rn. 17; *Tröger*, DZWIR 2002, 353, 358.

1093 *Geibel*/Süßmann, § 11 Rn. 8; KK-WpÜG/*Seydel*, § 11 Rn. 46; *Tröger*, DZWIR 2002, 353, 358; ähnlich *Steinmeyer/Häger*, § 11 Rn. 21.

1094 *Geibel*/Süßmann, § 11 Rn. 8; KK-WpÜG/*Seydel*, § 11 Rn. 47.

1095 Näher zum § 12 WpÜG unten § 3A.IV.1.a).

1096 Art. 6 Abs. 3 lit. l) RL lautet: „Die Angebotsunterlage gemäß Absatz 2 muss nach diesen Vorschriften mindestens folgende Angaben enthalten: [...] l) Angaben zur Finanzierung des Angebots [...]".

ses erforderlich macht. Anschließend sind die Finanzierungsmaßnahmen (Darlehenszusage, liquide Mittel, Barkapitalerhöhungen etc.) ihrer Art nach darzustellen.[1097]

Die Regelung dient der Verhinderung unseriöser, wirtschaftlich nicht erfüllbarer Übernahmeangebote und der Information der Werthaltigkeit der angebotenen Gegenleistung: Es liegt weder im Interesse der Zielgesellschaft noch der Aktionäre, Beteiligte eines Angebotsverfahrens zu sein, das auf der Seite des Bieters auf keiner vertretbaren wirtschaftlichen Grundlage steht und unter Umständen von Anfang an zum Scheitern verurteilt ist.[1098]

(2) Erwartete Auswirkungen des Angebots (2. Alt.)

Die „erwarteten Auswirkungen“ eines Angebots auf die Vermögens-, Finanz- und Ertragslage des Bieters sind meist sehr weitreichend und realisieren sich oft erst nach Jahren. Entsprechend der Gesetzesbegründung sind hierunter insbesondere die finanziellen Belastungen zu verstehen, die der Bieter zu tragen hat, wenn er die Gegenleistung bei einem erfolgreichen Verfahrensabschluss erbringen muss.[1099] Vor diesem Hintergrund ist davon auszugehen, dass lediglich die direkten Auswirkungen der Offerte darzustellen sind und keine langfristige Prognose, z.B. im Hinblick auf Personalkosten oder Synergieeffekte, gefordert wird.[1100]

Mit der Pflicht zu einer solchen Auskunftserteilung soll sichergestellt werden, dass der potenzielle Akquisiteur sich mit den Risiken eines erhöhten Finanzbedarfs sorgfältig auseinandersetzt und nicht infolge der Übernahme in finanzielle Schwierigkeiten gerät und möglicherweise sogar den Geschäftsbetrieb einstellen muss.[1101] Damit dient die Vorschrift dem Schutz des Bieters und seiner Stakeholder.[1102] Daneben soll eine als unseriös empfundene Finanzierung des Angebots mit Mitteln der Zielgesellschaft (LBO)[1103] erschwert werden.[1104] Schließlich dienen diese Angaben als Informations-

---

1097 Ehricke/Ekkenga/*Oechsler*, § 11 Rn. 14 i.V.m. § 13 Rn. 2; KK-WpÜG/*Seydel*, § 11 Rn. 59 f.; *Lenz/Behnke*, BKR 2003, 43, 46; s. dazu auch FAZ, 2.6.2004, S. 25 (Die Übernahmewächter arbeiten mit sanfter Gewalt).

1098 BT-Ds. 14/7034 zu § 11 Abs. 2 RegE-WpÜG, S. 41; Ehricke/Ekkenga/*Oechsler*, § 11 Rn. 14; *Geibel*/Süßmann, § 11 Rn. 19; KK-WpÜG/*Seydel*, § 11 Rn. 58; *Liebscher*, ZIP 2001, 853, 863; *Renner*, in: Haarmann (u.a.), § 11 Rn. 47.

1099 BT-Ds. 14/7034 zu § 11 Abs. 2 RegE-WpÜG, S. 41.

1100 *Geibel*/Süßmann, § 11 Rn. 21; *Hamann*, ZIP 2001, 2249, 2254; KK-WpÜG/*Seydel*, § 11 Rn. 63; weiter *Oechsler*, in: Ehricke/Ekkenga/Oechsler, § 11 Rn. 15 und NZG 2001, 817, 823, der zumindest bei Aktientauschangeboten Aussagen zur *finanziellen Vergangenheit* des Bieters und zu *Gewinnerwartungen* für erforderlich hält.

1101 *Geibel*/Süßmann, § 11 Rn. 21 sowie dies./*Zehetmeier-Müller*, Einl. Rn. 56; *Liebscher*, ZIP 2001, 853, 863; *Peltzer*, in: Assmann (u.a.), S. 179, 200; *Pötzsch/Möller*, WM 2000 Sonderbeil. Nr. 2, 3, 20; *Renner*, in: Haarmann (u.a.), § 11 Rn. 38; *Steinmeyer/Häger*, § 11 Rn. 46; differenzierend KK-WpÜG/*Seydel*, § 11 Rn. 62, nach dem bei *Bar*angeboten deutlich geringere Anforderungen an die Darstellung der Auswirkungen zu stellen sind als bei *Umtausch*angeboten (dazu Ehricke/Ekkenga/*Oechsler*, § 11 Rn. 14).

1102 *Steinmeyer/Häger*, § 11 Rn. 46; zum Stakeholder-Begriff s. oben § 1.

1103 Hierzu bereits oben § 1A.III.1.

und Entscheidungsgrundlage: Einmal kann die finanzielle Situation des Bieters vor allem für die nichtannahmewilligen Wertpapierinhaber von ausschlaggebender Bedeutung sein, wenn sie vor der Entscheidung stehen, ob sie auch als Minderheitsaktionäre in der Gesellschaft verbleiben wollen; für die verkaufsbereiten Aktionäre erhalten diese Angaben hingegen in der Regel nur Bedeutung, wenn der Bieter als Gegenleistung eigene Wertpapiere anbietet.[1105] Andererseits bezwecken sie eine umfassende Information der Arbeitnehmer der Zielgesellschaft, des Managements und der Öffentlichkeit insoweit, als die finanzielle Lage des Mutterunternehmens Auswirkungen auf die Zielgesellschaft hat.[1106]

bb) Bieterabsichten und anvisierte Kompensationsmaßnahmen, Nr. 2

Daneben hat der mögliche Übernehmer nach § 11 Abs. 2 Satz 3 Nr. 2 WpÜG seine „Absichten" und „insoweit vorgesehenen Maßnahmen" offen zu legen. Erforderlich sind in diesem Zusammenhang Angaben über die künftige Geschäftstätigkeit der Zielgesellschaft, die Verwendung ihres Vermögens, ihre künftigen Verpflichtungen, die Arbeitnehmer und deren Vertretungen, die Mitglieder ihrer Geschäftsführungsorgane und wesentliche Änderungen der Beschäftigungsbedingungen.[1107]

(1) Grundsätzliches

(a) Anwendungsbereich und Regelungszweck des § 11 Abs. 2 Satz 3 Nr. 2 WpÜG

Diese Informationen sind für die Beurteilung der Seriosität des Antrags von besonderem Interesse, wenn das weitere Schicksal der Gesellschaft weitgehend in den Händen des neuen maßgebenden Großaktionärs liegt. Folglich wird der Anwendungsbereich des § 11 Abs. 2 Satz 3 Nr. 2 WpÜG ausschließlich bei Übernahme- oder Pflichtangeboten eröffnet sein, denn bei einem unter der Kontrollschwelle i.S.v. § 29 Abs. 2 WpÜG verbleibenden Gesamtanteil können diesbezüglich keine Angaben gemacht werden, weil der Bieter die Zielgesellschaft nicht kontrolliert und z.B. keinen Einfluss auf die künftige Geschäftstätigkeit nehmen kann.[1108] Verfolgt demnach der Bieter keine

---

[1104] *Geibel*/Süßmann, § 11 Rn. 21; KK-WpÜG/*Seydel*, § 11 Rn. 62; *Liebscher*, ZIP 2001, 853, 863.

[1105] KK-WpÜG/*Seydel*, § 11 Rn. 62; *Steinmeyer/Häger*, § 11 Rn. 46.

[1106] *Hirte*, in: Hirte, S. 1, 15; *Liebscher*, ZIP 2001, 853, 863; *Steinmeyer/Häger*, § 11 Rn. 46.

[1107] Entgegen KK-WpÜG/*Seydel*, § 11 Rn. 68, handelt es sich bei der „*künftige*[n] *Geschäftstätigkeit der Zielgesellschaft*" nicht um einen Oberbegriff, der von den folgenden Einzelangaben („nicht abschließend") ausgestaltet wird. Vielmehr sind sämtliche Angaben des § 11 Abs. 2 Satz 3 Nr. 2 WpÜG isoliert voneinander zu betrachten, was sich insb. aus BT-Ds. 14/7034 zu § 11 Abs. 2 Satz 3 Nr. 2 RegE-WpÜG, S. 41 ergibt: „Handelt es sich um ein Angebot [...], [...] in dessen Folge auf Grund der geringen Höhe der angestrebten Beteiligung *beispielsweise* kein Einfluss auf die künftige Geschäftstätigkeit der Zielgesellschaft genommen werden kann, ist in der Angebotsunterlage nur darauf hinzuweisen, dass entsprechende Absichten mit der Abgabe des Angebotes nicht verbunden sind." (Herv. d. Verf.).

[1108] Ehricke/Ekkenga/*Oechsler*, § 11 Rn. 19; *Handelsrechtsausschuss des DAV*, NZG 2001, 420, 423 (zu § 11 RefE-WÜG); *Liebscher*, ZIP 2001, 853, 864; weiter *Tröger*, DZWIR 2002, 353, 358 f., der eine Darstellung der mit dem Aufbau der Minderheitsposition verfolgten Ziele verlangt.

vergleichbaren Absichten und/oder kann er es nicht, weil sein Anteil an der Zielgesellschaft zu gering ist – wie dies etwa bei kontrollneutralen Teilangeboten der Fall sein kann –, genügt im Wege teleologischer Reduktion in der Unterlage der Hinweis, dass entsprechende Absichten mit der Abgabe der Offerte nicht verbunden sind (sog. Negativerklärung);[1109] die Formulierung muss dann hinreichend deutlich zum Ausdruck bringen, dass dies für sämtliche in Nr. 2 aufgeführten Punkte gilt.

Die Verpflichtung des Bieters, seine Absichten und geplanten Ausgleichsmaßnahmen offen zu legen, dient dem Interesse der Angebotsadressaten, der Zielgesellschaft sowie ihrer Arbeitnehmer und erlaubt Rückschlüsse auf dessen Leitungs- und Integrationsprogramm.[1110] Die Angaben tragen zunächst dem Interesse der Aktionäre als Eigentümer der AG am Erhalt des Unternehmens Rechnung. Auch wenn deren Interesse an den Planungen des neuen Gesellschafters bei Barangeboten auf den ersten Blick lediglich in emotionaler Hinsicht betroffen zu sein scheint, sind entsprechende Angaben dadurch gerechtfertigt, dass dieser Personenkreis darüber informiert wird, ob sich ein Verbleib in der Zielgesellschaft rentiert und ob die Gegenleistung ausreichend bemessen ist.[1111] Ferner sensibilisieren diese Daten die betroffenen Mitarbeiter, indem sie auf anstehende Veränderungen infolge der neuen Beteiligungsverhältnisse aufmerksam machen, und gewähren der Öffentlichkeit Einblicke in die sozialpolitische Tragweite der Offerte. Bei der Abfassung der Angebotsunterlage sollte der Bieter daher besonders berücksichtigen, dass der Betriebsrat oder ggf. direkt die Arbeitnehmer der Zielgesellschaft nach § 14 Abs. 4 Satz 2 WpÜG unverzüglich Kenntnis von deren Inhalt erhalten.[1112]

(b) Reichweite der Angaben

Hinsichtlich der Frage, in welchem Ausmaß der Bieter darlegungsbelastet ist, gilt für die Angaben zu arbeitsrechtlichen Vorgängen der Grundsatz der subjektiven Determinierung: Dieser im Betriebsverfassungsrecht entwickelten Theorie zufolge muss der Arbeitgeber dem Betriebsrat nur diejenigen Kündigungsgründe mitteilen, die er zum Zeitpunkt eines Anhörungsverfahrens nach § 102 BetrVG kennt und auf die er die Kündigung stützen will; es müssen dem Betriebsrat also nicht alle objektiv rechtserheblichen Tatsachen, sondern nur die vom Arbeitgeber für die Kündigung als aus-

---

[1109] BT-Ds. 14/7034 zu § 11 Abs. 2 RegE-WpÜG, S. 41 (vorstehend Fn. 1107); Ehricke/Ekkenga/*Oechsler*, § 11 Rn. 19; *Geibel*/Süßmann, § 11 Rn. 36; *Hamann*, ZIP 2001, 2249, 2254; KK-WpÜG/*Seydel*, § 11 Rn. 67 sowie § 15 Rn. 21; *Lenz/Behnke*, BKR 2003, 43, 46 f.; *Lenz/Linke*, AG 2002, 361, 364; *Renner*, in: Haarmann (u.a.), § 11 Rn. 52; *Simon*, in: Semler/Volhard, § 55 Rn. 21, 23; *Steinmeyer/Häger*, § 11 Rn. 48; ebenso *Liebscher*, ZIP 2001, 853, 864 zum RefE-WÜG; ähnlich HWK/*Seibt*, WpÜG Rn. 15; *Seibt*, DB 2002, 529, 533.

[1110] BT-Ds. 14/3895, S. 15; Ehricke/Ekkenga/*Oechsler*, § 11 Rn. 19 sowie § 12 Rn. 4; *Geibel*/Süßmann, § 11 Rn. 22; KK-WpÜG/*Seydel*, § 11 Rn. 66; *Steinmeyer/Häger*, § 11 Rn. 49; *Tröger*, DZWIR 2002, 353, 358.

[1111] Ehricke/Ekkenga/*Oechsler*, § 11 Rn. 19; KK-WpÜG/*Seydel*, § 11 Rn. 66.

[1112] *Hamann*, ZIP 2001, 2249, 2254; s. oben § 2B.III.1.

schlaggebend angesehenen Umstände mitgeteilt werden.[1113] Dementsprechend ist der Bieter nicht verpflichtet, sich zu Vorgängen arbeitsrechtlicher Art, deren Inhalt er bei der Dokumentserstellung nicht absehen kann, zu äußern.[1114] So muss er beispielsweise keine Ausführungen über das Ergebnis von Verhandlungen über einen Interessenausgleich und Sozialplan anlässlich von Betriebsänderungen, die weitere Entwicklung der Beschäftigungsbedingungen in Unternehmensteilen, die veräußert werden sollen oder Eigenkündigungen von Leistungsträgern der Zielgesellschaft anlässlich des Kontrollerwerbs machen.

Dieses Ergebnis lässt sich auf die übrigen Angaben (künftige Geschäftstätigkeit der Zielgesellschaft, die Verwendung ihres Vermögens, ihre künftigen Verpflichtungen sowie die Mitglieder ihrer Geschäftsführungsorgane) übertragen. Auch diese basieren auf internen Entscheidungen, so dass sich deren Darstellung auf die dem Bieter bekannten Umstände beschränkt.

Zusammenfassend fordern die im Rahmen des § 11 Abs. 2 Satz 3 Nr. 2 WpÜG geschützten Interessen, dass der Bieter trotz der notwendigerweise subjektiven, prognostischen Elemente seiner Angaben Ausführungen zu tatsächlich bestehenden Absichten und anvisierten Ausgleichsmaßnahmen macht;[1115] eine Auflistung lediglich der schon (vorbehaltlich der Kontrollerlangung) beschlossenen Umgestaltungen ist demzufolge unzureichend. Die Angaben müssen auf dem Planungshorizont des Bieters im Zeitpunkt der Herstellung der Angebotsunterlage beruhen.[1116]

(c) Europäischer Vergleich

Die Aufnahme von Informationen über die Absichten des Bieters i.S.v. § 11 Abs. 2 Satz 3 Nr. 2 WpÜG in die Angebotsunterlage entspricht im Übrigen internationalem Standard.[1117] So bestehen mit § 7 Nr. 8[1118] öÜbG und Rule 24.1[1119] des City Code vergleichbare Regelungen.

1113 Vgl. hierzu BAG vom 21.5.1992, AP Nr. 28 zu § 1 KSchG Verhaltensbedingte Kündigung; 6.2.1997, AP Nr. 85 zu § 102 BetrVG; ErfK/*Kania*, § 102 BetrVG Rn. 6; *Fitting*, § 102 BetrVG Rn. 41; *Schlochauer*, in: HSWG, § 102 BetrVG Rn. 32.

1114 Geibel/Süßmann/*Grobys*, § 11 Rn. 28; *Simon*, in: Semler/Volhard, § 55 Rn. 19.

1115 *Hamann*, ZIP 2001, 2249, 2251 f.; KK-WpÜG/*Seydel*, § 11 Rn. 66 sowie Rn. 33, 36; vgl. auch *Berger*, ZIP 1991, 1644, 1660; *Siebel/Gebauer*, WM 2001, 173, 184.

1116 Geibel/Süßmann/*Grobys*, § 11 Rn. 28; *Grobys*, NZA 2002, 1, 5; *Simon*, in: Semler/Volhard, § 55 Rn. 19; *Steinmeyer/Häger*, § 11 Rn. 11; a.A. (Zeitpunkt der Veröffentlichung maßgeblich) Ehricke/Ekkenga/*Oechsler*, § 11 Rn. 3 i.V.m. § 12 Rn. 4; HWK/*Seibt*, WpÜG Rn. 13; KK-WpÜG/*Seydel*, § 11 Rn. 66 sowie Rn. 33, 36; *Seibt*, DB 2002, 529, 533; *Seulen*, S. 163.

1117 *Baums*, in: Rosen/Seifert, S. 165, 179 (dort Fn. 64); *Hopt*, ZGR 2002, 333, 352; KK-WpÜG/*Seydel*, § 11 Rn. 16.

1118 § 7 Nr. 8 öÜbG lautet: „[Die Angebotsunterlage muss Angaben enthalten über] die Absichten des Bieters über seine künftige Geschäftspolitik, insbesondere in bezug auf die künftige Tätigkeit der Zielgesellschaft, auf ihre Beschäftigten einschließlich geplanter Änderungen der Beschäftigungsbedingungen und auf das Management [...]"; vgl. dazu *Santelmann*, S. 92 f.

1119 Rule 24.1 (Intentions regarding the offeree company and its employees) lautet: „An offeror will normally be expected to cover the following points in the offer document: (a) its intentions regar-

Zudem verpflichtet Art. 6 Abs. 3 lit. i[1120] der RL 2004/25/EG die Mitgliedstaaten, Vorschriften zu etablieren, nach denen die Arbeitnehmer vom Bieter zu informieren sind. Danach besteht für den deutschen Gesetzgeber insoweit Regelungsbedarf, als der bislang in § 11 Abs. 2 Satz 3 Nr. 2 WpÜG vorhandene Katalog um Angaben zur *Bieter*gesellschaft erweitert werden muss, falls aufgrund des Beteiligungserwerbs Veränderungen zum status quo in dieser Beziehung zu erwarten sind. Außerdem hat sich der Bieter ausdrücklich zu den voraussichtlichen Folgen der von ihm erwarteten unternehmerischen Entwicklung auf die Weiterbeschäftigung der Mitarbeiter zu erklären. Mit der ausdrücklichen Erwähnung der Arbeitnehmer des Bieters wird – sofern es sich bei diesem um eine Gesellschaft handelt – die Einbindung dieser Stakeholder in das Angebotsverfahren konsequent fortgesetzt.[1121] Infolge der Umsetzung der Richtlinienvorgaben werden damit jedenfalls bei Übernahme- und Pflichtangeboten die Informationsverpflichtungen gegenüber dem Betriebsrat in wirtschaftlichen Angelegenheiten künftig weit ausgedehnt (vgl. § 111 Satz 1 BetrVG).[1122]

(2) Künftige Geschäftstätigkeit der Zielgesellschaft (1. Var.)

Für die Beurteilung des Angebots ist zunächst notwendig, dass der eventuelle Akquisiteur seine Absichten hinsichtlich der künftigen Geschäftstätigkeit der Zielgesellschaft offen legt. Hierzu gehören insbesondere Informationen über eine mögliche Sitzverlegung und die Verlagerung wesentlicher Unternehmensteile.[1123]

Im Rahmen der Angaben über die 'Geschäftstätigkeit' stellt sich vor allem die Frage nach der künftigen strategischen Ausrichtung der Zielgesellschaft (z.B. Veränderungen der Kerngeschäftsfelder oder Produktpalette, Kooperationen mit anderen Marktteilnehmern).[1124] Daneben ist eine geplante Integration der Zielgesellschaft in den Bieterkonzern aufzudecken. Dies betrifft einmal die Aussicht auf den Abschluss eines Unternehmensvertrags, die Vornahme einer Eingliederung o.Ä. Der Erwerber hat zudem Maßnahmen für eine wirtschaftliche Integration in seinen Konzern einschließlich Synergieeffekte genauso zu offenbaren wie die weitere Investitions- und Wachstumspoli-

---

ding the continuation of the business of the offeree company; (b) its intentions regarding any mayor changes to be introduced in the business, including any redeployement of the fixed assets of the offeree company; (c) the long-term commercial justification for the proposed offer; and (d) its intentions with regard to the continued employment of the employees of the offeree company and of its susidiaries.“; vgl. hierzu *Zinser*, RIW 2001, 481, 483.

1120 Art. 6 Abs. 3 lit. i) RL lautet: „Die Angebotsunterlage gemäß Absatz 2 muss nach diesen Vorschriften mindestens folgende Angaben enthalten: [...] i) die Absichten des Bieters in Bezug auf die künftige Geschäftstätigkeit der Zielgesellschaft und, soweit von dem Angebot betroffen, der Bietergesellschaft und in Bezug auf die Weiterbeschäftigung ihrer Beschäftigten und ihrer Geschäftsleitung, einschließlich etwaiger wesentlicher Änderungen der Beschäftigungsbedingungen; dies betrifft insbesondere die strategische Planung des Bieters für diese Gesellschaften und deren voraussichtliche Auswirkungen auf Arbeitsplätze und Standorte, [...].“.

1121 Zum Ganzen s. oben § 2E.I.1.

1122 Ebenso *Wiesner*, ZIP 2004, 343, 347.

1123 BT-Ds. 14/7034 zu § 11 Abs. 2 RegE-WpÜG, S. 41.

1124 *Geibel*/Süßmann, § 11 Rn. 23; KK-WpÜG/*Seydel*, § 11 Rn. 68.

tik.[1125] Auch sind Absichten im Hinblick auf die Aufsichtsorgane der Zielgesellschaft (§ 111 AktG) mitzuteilen.[1126]

Ferner sind Angaben über den 'Sitz und Standort wesentlicher Unternehmensteile' der Zielgesellschaft erforderlich. Hier spielen vor allem die Interessen der Beschäftigten an frühzeitiger Unterrichtung zwecks eigener Disposition eine erhebliche Rolle. Bei einer Übernahme durch ein ausländisches Unternehmen wird die Konzernleitung oftmals ins Ausland verlagert,[1127] was mit einer Betriebsverlagerung oder -zusammenlegung verbunden sein kann, die Kündigungen und Versetzungen zur Folge haben. Folglich kommt es darauf an, wo künftig die Produktionsstätten und Verwaltungseinrichtungen der übernommenen Gesellschaft ihren faktischen Sitz haben. Anzugeben ist z.B. die Planung, den Sitz der Zielgesellschaft oder einzelne Standorte zu verlegen, Standorte mit eigenen Standorten des Bieters zusammenzulegen oder Standorte zu schließen oder zu veräußern. Die Verlagerung des Sitzes der Zielgesellschaft hat etwa, sofern sie ins Ausland erfolgt, Auswirkungen auf die Zusammensetzung des Aufsichtsrats, da die Mitbestimmungsgesetze nur auf Unternehmen mit Sitz in Deutschland Anwendung finden. In der Praxis weisen daneben Angaben zum Standort wesentlicher Unternehmensteile häufig auf Restrukturierungsmaßnahmen hin, welche dann bei der Umsetzung betriebsverfassungsrechtliche Mitwirkungsrechte auslösen können.[1128] Im Übrigen wird das Merkmal des „wesentlichen" Unternehmensteils typischerweise erfüllt sein, denn beabsichtigt der Bieter die Vornahme konkreter Maßnahmen, spricht dies gegen die „Unwesentlichkeit" der jeweiligen Aktivität.[1129]

(3) Vermögensverwendung und künftige Verpflichtungen der Zielgesellschaft (2. und 3. Var.)

Ferner muss gemäß § 11 Abs. 2 Satz 3 Nr. 2 WpÜG Auskunft über die beabsichtigte Verwendung des Vermögens der Zielgesellschaft (2. Var.) und über deren künftige Verpflichtungen (3. Var.) gegeben werden.

Hiernach ist nicht nur eine beabsichtigte Veräußerung, Abspaltung oder Ausgliederung wesentlicher Unternehmensteile anzuzeigen, sondern ebenso der Plan zur Verschmelzung der Zielgesellschaft mit anderen Unternehmen.[1130] Solche Hinweise über die Verwendung des Vermögens lassen Schlussfolgerungen auf Umstrukturierungsvorhaben zu, die ggf. zu Mitwirkungsrechten des Betriebsrats nach dem BetrVG führen können.[1131] Die Pflicht zur Offenlegung künftiger Verpflichtungen des Übernahmekandidatens bezieht sich etwa auf die Neugestaltungen wesentlicher Vertragsbeziehun-

---

1125 KK-WpÜG/*Seydel*, § 11 Rn. 68; *Siebel/Gebauer*, WM 2001, 173, 183 f. (zum entsprechenden Inhalt des Übernahmeangebots von Vodafone und der Stellungnahme von Mannesmann).

1126 KK-WpÜG/*Seydel*, § 11 Rn. 74; MüKo-AktG/*Wackerbarth*, § 11 WpÜG Rn. 47.

1127 Vgl. BT-Ds. 14/7034 zu § 11 Abs. 2 RegE-WpÜG, S. 41; Ehricke/Ekkenga/*Oechsler*, § 11 Rn. 20; *Schneider/Burgard*, DB 2001, 963, 965.

1128 HWK/*Seibt*, WpÜG Rn. 14; *Seibt*, DB 2002, 529, 533; *Simon*, in: Semler/Volhard, § 55 Rn. 20.

1129 So KK-WpÜG/*Seydel*, § 11 Rn. 69.

1130 *Geibel*/Süßmann, § 11 Rn. 24; KK-WpÜG/*Seydel*, § 11 Rn. 70.

1131 HWK/*Seibt*, WpÜG Rn. 14; *Seibt*, DB 2002, 529, 533.

gen.[1132] Außerdem sind hierzu konzernrechtliche Maßnahmen, wie der Abschluss von Beherrschungs- und Ergebnisabführungsverträgen zu zählen.

(4) Mitglieder der Geschäftsführungsorgane der Zielgesellschaft (5. Var.)

Das Gesetz verlangt daneben, dass der potenzielle Übernehmer seine Absichten im Hinblick auf die Mitglieder des Vorstands der Zielgesellschaft darlegt, § 11 Abs. 2 Satz 3 Nr. 2, 5. Var. WpÜG. Dies betrifft einen beabsichtigten Austausch des Managements wie auch eine Ergänzung der Geschäftsführung durch Repräsentanten des Bieters.[1133] Dadurch wird nicht nur der betroffene Personenkreis unterrichtet, sondern zugleich werden etwaige Interessenkonflikte zwischen dem Vorstand der attackierten Gesellschaft und dem Bieter offenkundig.

(5) Arbeitsrechtlich relevante Veränderungen (4. und 6. Var.)

Primär arbeitsrechtlichen Inhalt haben die Angaben i.S.v. § 11 Abs. 2 Satz 3 Nr. 2, 4. und 6. Var. WpÜG: Im Interesse der Beschäftigten der Zielgesellschaft hat der Bieter über geplante wesentliche Änderungen der Beschäftigungsbedingungen sowie über die Arbeitnehmer und deren Vertretungen betreffende Veränderungen zu informieren.[1134]

Im Vergleich zu den übrigen Angaben über den Inhalt des Angebots gemäß § 11 Abs. 2 Satz 2 WpÜG und ergänzenden Angaben nach Satz 3 erscheinen diese vom Bieter abzufassenden Aussagen auf den ersten Blick deplaziert. Dies liegt darin begründet, dass beide Varianten die Information der bei der Zielgesellschaft beschäftigten Arbeitnehmer in den Vordergrund stellen. Allerdings bewirken sie, dass die Anteilseigner in verdichteter Weise über die mit der Übernahmeofferte ggf. verbundene soziale Dimension in Kenntnis gesetzt werden.[1135] Teilweise können diese Angaben für die Beurteilung des Angebots sogar mitentscheidend sein, etwa wenn infolge der genannten Maßnahmen erhebliche Kosten – z.B. Finanzierung sozialverträglicher Lösungen für die Beschäftigten – entstehen.[1136]

(a) Absichten vs. Folgen

Die Formulierung der 4. und 6. Var. lehnt sich einerseits an § 613a Abs. 5 Nr. 3 BGB an, nach dem der Betriebsveräußerer oder -erwerber die von einem Betriebsübergang betroffenen Arbeitnehmer im Voraus in Textform über die sie betreffenden „rechtlichen, wirtschaftlichen und sozialen Folgen des Übergangs" zu unterrichten hat.[1137] Andererseits besteht eine Parallele zu den §§ 5 Abs. 1 Nr. 9, 126 Abs. 1 Nr. 11, 194

[1132] *Geibel*/Süßmann, § 11 Rn. 25; KK-WpÜG/*Seydel*, § 11 Rn. 71.

[1133] KK-WpÜG/*Seydel*, § 11 Rn. 74; MüKo-AktG/*Wackerbarth*, § 11 WpÜG Rn. 47.

[1134] S. BT-Ds. 14/7034 zu § 11 Abs. 2 RegE-WpÜG, S. 41; nach *Santelmann*, S. 59, zählen die Arbeitnehmer, in einer Linie mit den Wertpapierinhabern, zu den „Primäradressaten" der Angebotsunterlage.

[1135] Vgl. oben § 1B.I.1.

[1136] So auch *Grunewald*/Winter, in: Lutter, S. 19, 22 f. (zu § 5 Abs. 1 Nr. 9 UmwG); kritisch zum Ganzen hingegen *Zech*, S. 52 f.

[1137] Dazu näher *Grobys*, BB 2002, 726, 728 f.; *Willemsen/Lembke*, NJW 2002, 1159, 1162 f.

Abs. 1 Nr. 7 UmwG, die eine Darstellung der „Folgen" der Umwandlung für die Arbeitnehmer und ihre Vertretungen im Umwandlungsvertrag, -entwurf, oder -beschluss vorschreiben.[1138]

Aufgrund des abweichenden Gesetzeswortlauts und der abweichenden Rechtsfolgen sind Schlussfolgerungen aus dem Betriebsübergangs- und Umwandlungsrecht allerdings nur eingeschränkt möglich.[1139] Einmal geht das Übernahmegesetz mit dem Hinweis auf die Änderung der Beschäftigungsbedingungen über die Anforderungen des UmwG sowie des § 613a Abs. 5 BGB hinaus. Daneben muss die Angebotsunterlage lediglich Angaben über die „Absichten" des Bieters im Hinblick auf bestimmte Umstände, die in der Zukunft liegen, enthalten. § 12 Abs. 2 Satz 2 Nr. 8 DiskE-ÜG sah demgegenüber noch Angaben über die „Folgen der Übernahme" vor;[1140] während des weiteren Gesetzgebungsverfahrens wurde diese Formulierung offenbar aus dem Grunde abgeändert, weil die Übernahme – im Unterschied zum Betriebsübergang und zur Umwandlung – als solche keine unmittelbaren arbeitsrechtlichen Folgen auslösen kann.[1141]

(b) Arbeitnehmer und deren Vertretungen (4. Var.)

Ausdrücklich muss nach § 11 Abs. 2 Satz 3 Nr. 2, 4. Var. WpÜG in der Angebotsunterlage über die Auswirkungen der veränderten Beteiligungsverhältnisse auf die Arbeitnehmer und deren Vertretungen berichtet werden.

(aa) Keine Angabepflicht bezüglich der Arbeitnehmerschaft der abhängigen Gesellschaften

Handelt es sich bei der Zielgesellschaft um ein herrschendes Unternehmen eines Unterordnungskonzerns i.S.v. § 18 Abs. 1 AktG, ist problematisch, ob sich die Informationspflicht auch auf die Arbeitnehmer der abhängigen Gesellschaften und ihre Vertretungen bezieht.

Anders als nach Rule 24.1 (d)[1142] des City Code und Art. 10 Abs. 1 lit. l des überarbeiteten Vorschlags vom 10.9.1990[1143] sind die Mitarbeiter/-vertreter der Tochterunternehmen der Zielgesellschaft nach dem Wortlaut von § 11 Abs. 2 Satz 3 Nr. 2 WpÜG

1138 S. auch oben § 2B.I.3.; zu diesen Vorschriften ausführlich *Boecken*, Rn. 308 ff.; Kallmeyer/*Willemsen*, § 5 UmwG Rn. 47 ff., § 126 UmwG Rn. 43, § 194 UmwG Rn. 58 f.

1139 Geibel/Süßmann/*Grobys*, § 11 Rn. 26; *Grobys*, NZA 2002, 1, 5; HWK/*Seibt*, WpÜG Rn. 14; KK-WpÜG/*Seydel*, § 11 Rn. 72; *Seibt*, DB 2002, 529, 533.

1140 Geibel/Süßmann/*Grobys*, § 11 Rn. 26; *Grobys*, NZA 2002, 1, 5; *Seibt*, DB 2002, 529, 533 (dort Fn. 40); vgl. auch kritische Stellungnahme des DGB vom 3.9.2001, S. 5.

1141 Geibel/Süßmann/*Grobys*, § 11 Rn. 26; dazu oben § 2B.IV.1.a)cc)(1)(b).

1142 Dazu vorstehend Fn. 1119: „An offeror will normally be expected to cover [...] (d) its intentions with regard to the continued employment of the employees of the offeree company and *of its susidiaries*." (Herv. d. Verf.).

1143 S. oben § 1B.I.2.e); dessen Art. 10 Abs. 1 lit. l) lautete: „Der Bieter muss eine Unterlage über das Angebot erstellen, die mindestens Angaben enthält [über die von ihm verfolgte] Beschäftigungspolitik in der Zielgesellschaft und in den Gesellschaften, die sie [gemäß Art. 8 der RL 88/627/EWG] kontrolliert", ABlEG (Fn. 70), S. 7, 21.

nicht erfasst.[1144] Dies ist insofern misslich, als die vom Übernehmer eingesetzte neue Führung häufig nicht nur oder gar nicht im Mutterunternehmen, sondern bei den Töchtern Restrukturierungsmaßnahmen ergreifen und Personal entlassen will. Indessen erlaubt § 11 Abs. 4 Nr. 2 WpÜG in der Rechtsverordnung weitere ergänzende Angaben vorzuschreiben, soweit dies notwendig ist, um den Empfängern des Angebots ein „zutreffendes und vollständiges Urteil" über die Offerte zu ermöglichen. Hierzu können auch Angaben über die Absichten bezüglich der Arbeitnehmer der Töchter der Zielgesellschaft gehören, so dass die Möglichkeit zur Lückenfüllung besteht.[1145]

(bb) Umfang des Merkmals „Vertretungen" der Arbeitnehmer

Unklar ist die Reichweite des in § 11 Abs. 2 Satz 3 Nr. 2 WpÜG verwendeten unspezifischen und betriebsverfassungsrechtlich nicht geregelten Begriffs der „Vertretung" der Arbeitnehmer.

Zum Teil wird behauptet, als Vertretungen in diesem Sinne kämen sämtliche Gremien in Betracht, die kraft Gesetzes unmittelbar mit der Wahrnehmung von Arbeitnehmerinteressen befasst seien.[1146] Demzufolge müsste der Bieter unter Umständen nicht nur Angaben zur Zukunft von Gesamt- und Einzelbetriebsräten in seine Angebotsunterlage aufnehmen, sondern auch solche zu Sprecher- und Wirtschaftsausschüssen, Jugend- und Auszubildendenvertretungen, Schwerbehindertenvertretungen sowie zu einem Europäischen Betriebsrat. Anhänger des gegenteiligen Standpunkts reduzieren dieses Tatbestandsmerkmal indes auf die Vertretung durch den Betriebsrat.[1147]

Die hier festzustellende Abkehr von der in den §§ 10 Abs. 5 Satz 2, 14 Abs. 4 Satz 2 sowie § 27 Abs. 2 und 3 WpÜG gebräuchlichen Formulierung („Betriebsrat") könnte so verstanden werden, dass der Gesetzgeber den § 11 Abs. 2 Satz 3 Nr. 2 (und § 27 Abs. 1 Satz 2 Nr. 2) WpÜG im Vergleich zu diesen Bestimmungen extensiver fassen wollte, was er durch die Verwendung eines weniger eingegrenzten Begriffs zum Ausdruck gebracht haben könnte. Dennoch muss die Bezeichnung der „Vertretung" restriktiv ausgelegt werden. Das Übernahmegesetz erklärt von den verschiedenen arbeitsrechtlichen Repräsentationsorganen einzig den Betriebsrat zur Entgegennahme von Informationen (vgl. §§ 10 Abs. 5 Satz 2, 14 Abs. 4 Satz 2, 27 Abs. 3 Satz 2 WpÜG) und zur Abgabe eines Sondervotums (§ 27 Abs. 2 WpÜG) für berechtigt.[1148] Wenn aber die Angebotsunterlage der Arbeitnehmerseite insbesondere als Basis für eine (Betriebsrats-)Stellungnahme dienen soll,[1149] erfordert weder Sinn noch Zweck der Pflichtangabe gemäß § 11 Abs. 2 Satz 3 Nr. 2, 4. Var. WpÜG vom Bieter ein Einge-

---

[1144] Vgl. oben § 2B.II.2.b)cc); so auch *Hopt*, ZGR 2002, 333, 353; a.A. Geibel/Süßmann/*Grobys*, § 11 Rn. 29 (in konsequenter Fortführung zu oben Fn. 420); differenzierend *Santelmann*, S. 55 f.

[1145] *Hopt*, ZGR 2002, 333, 352 f. (dort auch mit weitergehender Kritik im Hinblick auf Art. 80 GG).

[1146] Geibel/Süßmann/*Grobys*, § 11 Rn. 30; HWK/*Seibt*, WpÜG Rn. 14; KK-WpÜG/*Seydel*, § 11 Rn. 72; *Seibt*, DB 2002, 529, 533; Stellungnahme der ULA zu § 11 RegE-WpÜG vom 9.10.2001, S. 3.

[1147] Ehricke/Ekkenga/*Oechsler*, § 11 Rn. 20.

[1148] S. oben § 2B.II.2.a)bb)(2)(c)(cc).

[1149] S. oben § 3A.II.1.

hen auf das Schicksal anderer Gremien des Arbeitsrechts: So ist der Betriebsrat beispielsweise nach der „Kann"-Vorschrift des § 2 Abs. 2 Satz 2 SprAuG nicht verpflichtet, die Mitglieder des Sprecherausschusses zu der Sitzung einzuladen, auf welcher über den Inhalt der Meinungsäußerung beraten wird; verzichtet er auf die Einräumung eines solchen Rechts, kann dem Betriebsrat entsprechend dem Rechtsgedanken dieser Norm schwerlich abverlangt werden, anstelle der Vertretung der leitenden Angestellten in seiner Angebotsbewertung gemäß § 27 Abs. 2 WpÜG auf die Folgen des Übernahmeangebots auf den Sprecherausschuss eingehen zu müssen. Zudem wäre es gesetzessystematisch verfehlt, den Bieter auf der einen Seite zu Ausführungen etwa bezüglich eines für die Zielgesellschaft zuständigen Europäischen Betriebsrats anzuhalten, während dieses Gremium auf der anderen Seite – wie geschildert[1150] – über diese Information nicht über § 14 Abs. 4 Satz 2 WpÜG in Kenntnis gesetzt werden muss.

Die Gesetz gewordenen Fassungen in §§ 11 Abs. 2 Satz 3 Nr. 2, 27 Abs. 1 Satz 2 Nr. 2 WpÜG sind infolgedessen als Redaktionsversehen einzustufen;[1151] sie wurden nicht an die während des parlamentarischen Verfahrens in den §§ 10 Abs. 5 Satz 2, 14 Abs. 4 Satz 2, 27 Abs. 2 und 3 WpÜG vorgenommenen Änderungen angepasst.

Zweifelhaft ist zudem, ob unter „Vertretungen" der Arbeitnehmer auch mitbestimmte Aufsichtsräte zu fassen sind. Das Schrifttum bejaht diese Frage,[1152] obwohl die Regelungen der Unternehmensmitbestimmung nichts daran ändern, dass diese keine Partikularinteressen vertreten, sondern als Kontrollorgane dem Unternehmen als Ganzes verpflichtet sind.[1153] Gleichzeitig scheidet eine erweiternde Anwendung der §§ 10 Abs. 5 Satz 2, 14 Abs. 4 Satz 2, 27 Abs. 2 und 3 WpÜG auf diese Gremien der Unternehmensverfassung aus.[1154]

Dennoch hat der Bieter ebenfalls Angaben zum Schicksal mitbestimmter Aufsichtsräte in die Angebotsunterlage aufzunehmen. Zum einen ist allgemein anerkannt, dass zu den Arbeitnehmervertretungen i.S. der §§ 5 Abs. 1 Nr. 9, 126 Abs. 1 Nr. 11, 194 Abs. 1 Nr. 7 UmwG auch mitbestimmte Organe der Unternehmensverfassung zählen.[1155] Zum anderen wird der Begriff im Plural verwendet, was darauf hindeutet, dass der Angabenpflicht neben dem Betriebsrat grundsätzlich auch andere „Vertretungen" der Arbeitnehmer zugänglich sind. Ausschlaggebend für diesen Standpunkt ist letztlich aber die zum Ende des Gesetzgebungsverfahrens vorgenommene Ausweitung des Kreises der Stellungnahmepflichtigen auf den Aufsichtsrat. Mit ihr sollte den Interessen der Beschäftigten der Zielgesellschaft über die Mitwirkung der Arbeitnehmerver-

---

1150 Dazu oben § 2B.III.2. i.V.m. § 2B.II.2.a)bb)(2)(c)(cc).

1151 S. oben § 2B.II.2.a)bb)(2)(c)(bb).

1152 Ehricke/Ekkenga/*Oechsler*, § 11 Rn. 20; Geibel/Süßmann/*Grobys*, § 11 Rn. 30; HWK/*Seibt*, WpÜG Rn. 14; KK-WpÜG/*Seydel*, § 11 Rn. 72; *Seibt*, DB 2002, 529, 533.

1153 Vgl. *Hüffer*, § 111 AktG Rn. 1 ff.

1154 S. oben § 2B.II.2.a)bb)(2)(c)(cc).

1155 *Boecken*, Rn. 327; *Engelmeyer*, DB 1996, 2542, 2543; *Joost*, ZIP 1995, 976, 983; Kallmeyer/*Willemsen*, § 5 UmwG Rn. 53, 60a; Lutter/*Lutter*, § 5 UmwG Rn. 52; *Willemsen*, in: Willemsen (u.a.), Kap. C Rn. 365.

treter im Aufsichtsrat mehr Geltung verschafft werden.[1156] Ein gegenüber dem zuvor Gesagten anderes Ergebnis ist folglich deswegen gerechtfertigt, weil Angaben über die Absichten des Bieters bezüglich des mitbestimmten Aufsichtsrats in der Angebotsunterlage für den weiteren Verlauf des Angebotsverfahrens systemgerecht sind: Dadurch, dass der Aufsichtsrat – anders als Wirtschafts- oder Sprecherausschuss, Europäischer Betriebsrat usw. – nach § 27 Abs. 1 Satz 1 WpÜG in das weitere Angebotsverfahren eingebunden ist und eine eigene Meinungsäußerung verfassen und veröffentlichen muss, können entsprechende Angaben im Antragsdokument ihre Zweckbestimmung erfüllen.

(cc) Schilderung der (un-)mittelbaren Folgen eines öffentlichen Angebots

Demnach sind zwar – in Ausnahme vom Grundsatz der Mitbestimmungsneutralität des Gesellschafterwechsels – die infolge der Durchführung des Aktienerwerbs ggf. unmittelbar eintretenden Änderungen für die Unternehmensmitbestimmung im Aufsichtsrat der Zielgesellschaft (vgl. §§ 1, 4 ff. DrittelbG, § 1 MitbestG, § 1 MontanMitbestG) und die betriebsverfassungsrechtlichen Organe anzugeben.[1157] Hingegen scheint die Aufnahme von im Anschluss an den Eigentümerwechsel – regelmäßig – eintretenden rechtlichen und/oder tatsächlichen (Sekundär-)Folgen in das Angebotsdokument unter Zugrundelegung einer streng am Wortlaut („Absicht“) orientierten Auslegung nicht erforderlich. In Übereinstimmung mit den Ausführungen zu § 27 Abs. 1 Satz 2 Nr. 2 WpÜG,[1158] sind im Ergebnis aber auch die mittelbar beabsichtigten Auswirkungen des Anteilserwerbs zu schildern.[1159]

(dd) Beispiele / Konkretisierungsgrad

Die Interessen der für die Zielgesellschaft tätigen Mitarbeiter sind zuvorderst darauf gerichtet, zu erfahren, ob der Bieter im Anschluss an ein erfolgreiches Angebot Restrukturierungsvorhaben beabsichtigt, welche vorhandene Arbeitsplätze gefährden oder Um-/Versetzungen mit sich bringen.[1160] Darüber hinaus besteht (nachrangig) ein Informationsbedarf dahingehend, ob der alte Betrieb als solcher eigenständig bleibt oder mit einem anderen zusammengelegt wird, ob künftig die tatsächlichen Voraussetzungen für die Wahl eines Konzernbetriebsrats vorliegen werden und ob die Zielgesellschaft einem anderen Modell der Unternehmensmitbestimmung unterliegen wird. In der Regel hat der Bieter die (Vertreter der) Arbeitnehmer mit Hilfe der Angebotsunterlage dementsprechend über die (mittelbaren) Folgen des Eigentümerwechsels zu informieren, insbesondere im Hinblick auf (i) das Entfallen des mitbestimmten Auf-

---

1156 S. dazu oben § 2B.IV.1.a)bb)(1).

1157 HWK/*Seibt*, WpÜG Rn. 14; *Seibt*, DB 2002, 529, 533; *ders.*, in: Willemsen (u.a.), Kap. F Rn. 17; *Simon*, in: Semler/Volhard, § 55 Rn. 21; s. oben § 2B.IV.1.a)cc)(1)(b).

1158 S. oben § 2B.IV.1.a)cc)(1)(b).

1159 Ebenso Ehricke/Ekkenga/*Oechsler*, § 11 Rn. 20; Geibel/Süßmann/*Grobys*, § 11 Rn. 27; *Grobys*, NZA 2002, 1, 5; HWK/*Seibt*, WpÜG Rn. 14; KK-WpÜG/*Seydel*, § 11 Rn. 72; *Seibt*, DB 2002, 529, 533; *Simon*, in: Semler/Volhard, § 55 Rn. 22; a.A. MüKo-AktG/*Wackerbarth*, § 11 WpÜG Rn. 53.

1160 Ehricke/Ekkenga/*Oechsler*, § 11 Rn. 20; MüKo-AktG/*Wackerbarth*, § 11 WpÜG Rn. 54.

sichtsrats der Zielgesellschaft wegen einer Sitzverlegung ins Ausland, (ii) die Arbeitsverträge der Beschäftigten einschließlich des Übergangs gemäß § 613a BGB im Fall einer sich an die Übernahme anschließenden Unternehmensveräußerung, (iii) die (Weiter-)Geltung von Tarifverträgen und Betriebsvereinbarungen und (iv) die Existenz der Organe des BetrVG.[1161] Einschränkend sind gleichwohl nur solche Vorhaben aufzuführen, die aus der Sicht des Bieters zum Zeitpunkt der Abfassung[1162] der Unterlage (eine erfolgreiche Kontrollbeteiligung unterstellt) tatsächlich beabsichtigt sind. Dazu müssen die dem Bieter bekannten Umstände bereits ein konkretes Planungsstadium erreicht haben und dürfen nicht nur den Charakter von vagen Ideen haben.[1163] So sind z.B. die sich aus einem – vom zuständigen Gremium – beschlossenen internen Übernahmekonzept ergebenden arbeitsrechtlichen Folgen anzugeben.

In diesen Kontext gehört auch die in der Begründung zu § 11 Abs. 2 Satz 3 Nr. 2, 4. Var. WpÜG vorgenommene Einschränkung, nach der die Angebotsunterlage nur dann über die Bieterabsichten im Hinblick auf die Arbeitnehmer und deren Vertretungen informieren müsse, wenn es sich – in Parallele zur 6. Var. – um „wesentliche“ Veränderungen handele.[1164] Wie im Rahmen des § 11 Abs. 2 Satz 3 Nr. 1 WpÜG sind jedoch an diese Voraussetzung nur geringe Anforderungen zu stellen:[1165] Beruht das arbeitsrechtlich relevante Vorhaben auf einer hinreichend konkret formulierten Planung, deutet dies bereits für sich genommen gegen die „Unwesentlichkeit“ der betroffenen Maßnahme hin.

(c) Wesentliche Änderungen der Beschäftigungsbedingungen (6. Var.)

§ 11 Abs. 2 Satz 3 Nr. 2, 6. Var. WpÜG sieht ferner die Pflicht zur Auskunft über die Absichten in Bezug auf wesentliche Änderungen der Beschäftigungsbedingungen vor.[1166]

In der Unterlage muss hierüber nur in dem Maße Auskunft gegeben werden, als der Bieter zum Erstellungszeitpunkt[1167] Veränderungen der Arbeitsbedingungen in dem übernommenen Unternehmen fest in Aussicht genommen hat.[1168] Notwendig ist, dass

---

[1161] Geibel/Süßmann/*Grobys*, § 11 Rn. 27 sowie Rn. 32; *Grobys*, NZA 2002, 1, 5; HWK/*Seibt*, WpÜG Rn. 14; KK-WpÜG/*Seydel*, § 11 Rn. 72; *Seibt*, DB 2002, 529, 533; *Simon*, in: Semler/Volhard, § 55 Rn. 22.

[1162] S. oben § 3A.II.3.b)bb)(1)(b).

[1163] Geibel/Süßmann/*Grobys*, § 11 Rn. 28; *Grobys*, NZA 2002, 1, 5; HWK/*Seibt*, WpÜG Rn. 14; KK-WpÜG/*Seydel*, § 11 Rn. 72; *Seibt*, DB 2002, 529, 533; *Simon*, in: Semler/Volhard, § 55 Rn. 19; vgl. auch Kallmeyer/*Willemsen*, § 5 UmwG Rn. 55 (für die Angabe arbeitsrechtlicher Folgen im Verschmelzungsvertrag).

[1164] BT-Ds. 14/7034 zu § 11 Abs. 2 RegE-WpÜG, S. 41.

[1165] Dazu vorstehend § 3A.II.3.b)bb)(2).

[1166] S. auch *Zinser*, RIW 2001, 481, 484 (dort Fn. 48), der fälschlicherweise davon ausgeht, dass noch im Diskussionsentwurf keine dem § 11 Abs. 2 Satz 3 Nr. 2, 6. Var. WpÜG entsprechende Regelung enthalten gewesen sei (vgl. dazu § 12 Abs. 2 Satz 3 Nr. 8 DiskE-ÜG).

[1167] S. oben § 3A.II.3.b)bb)(1)(b).

[1168] Geibel/Süßmann/*Grobys*, § 11 Rn. 28; *Grobys*, NZA 2002, 1, 5; HWK/*Seibt*, WpÜG Rn. 14; KK-WpÜG/*Seydel*, § 11 Rn. 72; *Seibt*, DB 2002, 529, 533.

die anvisierten Vorhaben Teil eines vom potenziellen Akquisiteur entwickelten unternehmerischen Konzepts sind, das zu einer nicht unerheblichen Umgestaltung des bestehenden Lohn- oder Gehaltsgefüges oder sonstiger Arbeitsbedingungen bei der Zielgesellschaft führen soll. Auf welche Weise die Änderung durchgesetzt werden soll, ist irrelevant. Beruhen die zu erwartenden Auswirkungen auf die Mitarbeiter allerdings auf allgemeinen wirtschaftlichen Entwicklungen – drohende Rezession etc. – und nicht auf konkreten Maßnahmen des Bieters, ist dieser nicht zu einer entsprechenden Angabe verpflichtet, da er hierauf keinen Einfluss hat.[1169]

Zu den für die Arbeitsbedingungen relevanten Bieterabsichten können beispielsweise gehören (i) Änderungskündigungen, (ii) Austritt aus dem Arbeitgeberverband oder Herauswachsen aus dem Anwendungsbereich von Tarifverträgen infolge der Übernahme oder strategischer und operativer Neuausrichtung des Geschäfts, (iii) Personalabbau zur Realisierung von Synergieeffekten, (iv) Vereinheitlichung der betrieblichen Altersversorgung bei dem Bieter und der Zielgesellschaft, (v) Vereinheitlichung von Beschäftigungsbedingungen mit wesentlichen Auswirkungen auf die Arbeitnehmer (z.B. Einführung von Schichtarbeit oder neuer Produktionsmethoden) sowie (vi) Einführung einer neuen Vergütungsstruktur.[1170]

(6) Geplante arbeitsrechtliche Ausgleichsmaßnahmen

Neben den Bieterabsichten sind als weitere Angaben schließlich die 'insoweit vorgesehenen Maßnahmen' zu benennen, § 11 Abs. 2 Satz 3 Nr. 2 (a.E.) WpÜG.

Zunächst lässt die Gesetzesformulierung erkennen, dass zwischen den 'Absichten' einerseits und diesem Begriff andererseits differenziert werden muss. Unter letzterem sind – wie die an den „Absichts"-begriff anknüpfende Wortwahl („insoweit") verdeutlicht – die von Seiten des Bieters geplanten Maßnahmen der Folgenbewältigung zu verstehen, d.h. solche, mit denen auf die (un-/mittelbaren) Auswirkungen eines Kontrollerwerbs reagiert werden soll.[1171] Diese Ausweitung des Pflichtinhalts findet auf europarechtlicher Ebene keine Entsprechung;[1172] wiederum dienen § 613a Abs. 5 Nr. 4 BGB („hinsichtlich der Arbeitnehmer in Aussicht genommene Maßnahmen") und die §§ 5 Abs. 1 Nr. 9, 126 Abs. 1 Nr. 11, 194 Abs. 1 Nr. 7 UmwG als Vorbildbestimmungen. Aus diesem Grunde bezieht sich dieser Satzteil auch nicht auf sämtliche in Nr. 2 genannten Gegenstände,[1173] sondern lediglich auf Erklärungen zu arbeitsrechtlichen Vorgängen.

In Übereinstimmung mit den vorstehenden Ausführungen besteht eine Angabenpflicht ausschließlich für im Zeitpunkt der Abfassung des Dokuments vom Bieter konkret

---

1169 Geibel/Süßmann/*Grobys*, § 11 Rn. 31; KK-WpÜG/*Seydel*, § 11 Rn. 72.

1170 Ehricke/Ekkenga/*Oechsler*, § 11 Rn. 20; Geibel/Süßmann/*Grobys*, § 11 Rn. 32; HWK/*Seibt*, WpÜG Rn. 14; KK-WpÜG/*Seydel*, § 11 Rn. 72; MüKo-AktG/*Wackerbarth*, § 11 WpÜG Rn. 54; *Seibt*, DB 2002, 529, 533; *Simon*, in: Semler/Volhard, § 55 Rn. 20, 22.

1171 Vgl. zur Parallele im UmwG *Boecken*, Rn. 320; *Däubler*, RdA 1995, 136, 138; *Wlotzke*, DB 1995, 40, 45.

1172 Dazu vorstehend Fn. 1120.

1173 So aber MüKo-AktG/*Wackerbarth*, § 11 WpÜG Rn. 46.

geplanten Maßnahmen zur Kompensation beeinträchtigter Arbeitnehmerinteressen, auf deren Umsetzung er unmittelbaren Einfluss hat. Infolgedessen muss das Ergebnis etwaiger Sozialplanverhandlungen, die aufgrund der anvisierten Vorhaben notwendig werden, nicht mitgeteilt werden.[1174] Der mögliche neue Großaktionär hat vielmehr in den Fällen der Varianten 1, 4 und 6 des § 11 Abs. 2 Satz 3 Nr. 2 WpÜG Angaben über die Abmilderung sozialer Härten (z.B. Ausgleichsleistungen für den Verlust eines Arbeitsplatzes oder infolge einer räumlichen Verlagerung des Betriebs) zu machen.[1175]

4. Inhalt und Arten arbeitsrechtlicher Zusagen im Antragsdokument

Entsprechend dem Umfang der arbeitsrechtlichen Pflichtangaben können die verschiedenen in der Praxis vorkommenden Arten von Zusagen nach ihrem Inhalt systematisiert werden. Einmal kann das Antragsdokument eine „Beschäftigungs-/Arbeitsplatzgarantie" enthalten. Diese bezieht sich bei (feindlichen) Übernahmeangeboten in aller Regel lediglich auf den Ausschluss betriebsbedingter Kündigungen (ggf. für eine bestimmte Zeit), da sie allein vor übernahmespezifischen Gefahren wie Unternehmensumstrukturierungen schützen soll.[1176] Verhaltens- und krankheitsbedingte Kündigungen sind daher im Rahmen von § 1 KSchG nach wie vor zulässig.

Weiterhin kann es Zusagen geben, die nicht die Kündigung individueller Arbeitsverhältnisse betreffen, sondern eine bestimmte Anzahl an Arbeitsplätzen an einem Standort oder in einer bestimmten Berufssparte garantieren („Arbeitsvolumengarantien"). Denkbar sind daneben „Standortzusagen", mit denen der Bieter zum Ausdruck bringt, dass er im Anschluss an das Angebotsverfahren bislang bei der Zielgesellschaft bestehende Betriebsstätten aufrechterhalten und/oder dort Investitionen oder Produktionen vornehmen will.[1177] Schließlich ist nicht auszuschließen, dass ein potenzieller Übernehmer in die Unterlage Angaben in Form von „Lohngarantien" und „Sozialplanzusagen" aufnimmt, mit denen Aussagen über (spätere) Aufstellungen von Sozialplänen und deren Dotierungen gemacht werden.[1178]

5. Außerhalb der Angebotsunterlage getätigte arbeitnehmerbezogene Zusagen

Obwohl auch nach den französischen Bestimmungen das Antragsdokument eine Erklärung des Bieters zu seinen Absichten bezüglich der Arbeitnehmer enthalten muss

---

1174 Geibel/Süßmann/*Grobys*, § 11 Rn. 28; *Grobys*, NZA 2002, 1, 5; anders *Simon*, in: Semler/Volhard, § 55 Rn. 20.

1175 Geibel/Süßmann/*Grobys*, § 11 Rn. 32; *Simon*, in: Semler/Volhard, § 55 Rn. 20.

1176 Ebenso *Ebenroth/Rapp*, DWiR 1991, 2, 7; vgl. auch BT-Ds. 14/7477, S. 51 sowie *Junker*, Rn. 529.

Nach *Santelmann*, S. 266 (dort Fn. 800), soll die in der Angebotsunterlage enthaltene Ankündigung des Bieters, in Gefolge der Übernahme keine Entlassungen vorzunehmen, nicht als Beschäftigungsgarantie anzusehen sein, weil Arbeitgeber weiterhin die Zielgesellschaft selbst bliebe. Dem ist entgegenzuhalten, dass der Übernehmer als neuer Großaktionär maßgeblichen Einfluss auf die künftige Geschäftspolitik der Zielgesellschaft nehmen kann (s. dazu unten § 3A.IV.2.).

1177 Vgl. auch ErfK/*Kania*, § 77 BetrVG Rn. 33.

1178 Hierzu auch BT-Ds. 14/7477, S. 51.

(vgl. Art. 7 der Verordnung Nr. 89-03 der Commission des Opérations de Bourses),[1179] nahm Sanofi-Synthélabo die in den Medien verbreiteten Äußerungen zum Schicksal der Belegschaft des angegriffenen Unternehmens nicht in das Antragsdokument auf.[1180] Dort hieß es lediglich, dass die Bietergesellschaft „noch keinen Zugang zu den notwendigen Informationen [hatte], um ihre Absichten bezüglich der Arbeitnehmerschaft von Aventis klar formulieren zu können". Dieser Praxisfall veranschaulicht die Diskrepanz zwischen dem Einsatz arbeitnehmerbezogener Zusagen im Kampf des Bieters um die Gunst der betroffenen Anteilseigner und Beschäftigten durch ausgedehnte Werbekampagnen in Presse, Rundfunk, Internet etc. auf der einen, und die zurückhaltende Berücksichtigung in der zu erstellenden Angebotsunterlage auf der anderen Seite.

III. Schutz- und Sanktionsmöglichkeiten bis zum Ende der Annahmefrist bei fehlenden oder unzutreffenden arbeitsrechtlichen Zusagen in der Angebotsunterlage

Aufgrund dessen ist zu klären, welche Instrumentarien der Bundesanstalt und dem Personal der Zielgesellschaft während eines laufenden Angebotsverfahrens an die Hand gegeben sind, um den Bieter einerseits zur Aufnahme von arbeitsrechtlichen Pflichtangaben i.S. des § 11 Abs. 2 Satz 3 Nr. 2, 4. und 6. Var. WpÜG in das Antragsdokument sowie andererseits zu wahrheitsgemäßen Erklärungen anzuhalten.

1. Öffentlich-rechtliche(r) Schutz / Sanktion

a) Untersagung des Angebots gemäß § 15 Abs. 1 WpÜG

Nach § 14 Abs. 2 Satz 1 WpÜG darf der Bieter die Unterlage nicht veröffentlichen, wenn die Aufsichtsbehörde die Offerte gemäß § 15 Abs. 1 WpÜG untersagt hat. Dieser Vorschrift entsprechend überwacht die BaFin im Rahmen ihrer Zuständigkeit, dass der Bieter die Unterlage nach Maßgabe des § 11 WpÜG erstellt. Enthält diese Pflichtangaben nicht (formelle Kontrolle, Nr. 1) oder verstoßen die in ihr enthaltenen Angaben offensichtlich gegen Vorschriften des Übernahmegesetzes oder der AngebotsVO (materielle Kontrolle, Nr. 2), führt dies zwangsläufig zu einer Untersagung des Angebots (§ 15 Abs. 1 WpÜG).[1181]

aa) Zweck der Überprüfung durch die BaFin

Die Überprüfung i.S.v. § 15 WpÜG dient, anders als die ausschließlich formelle Vollständigkeitskontrolle eines Verkaufsprospekts nach § 8a Abs. 2 VerkProspG, nicht ausschließlich dem Schutz der Adressaten der Kauf-/Tauschofferte, sondern auch dem

---

1179 Dazu *Hurstel/Süß*, EuZW 1998, 203, 205; *Klein/Stucki*, RIW 2001, 488 f.; *Prüfer*, NZG 1998, 86, 88 ff.

1180 Vgl. Angebotsunterlage in der Fassung des Nachtrags Nr. 4 vom 11.5.2004 der Sanofi-Synthélabo S.A. an die Aktionäre von Aventis S.A., S. 95 sowie oben § 3A.I.

1181 *Geibel*/Süßmann, § 14 Rn. 3, 21; HWK/*Seibt*, WpÜG Rn. 26; KK-WpÜG/*Seydel*, § 15 Rn. 16; *Lenz/Behnke*, BKR 2003, 43; *Seibt*, DB 2002, 529, 535; *Zschocke*, DB 2002, 79, 81.

Schutz der Zielgesellschaft und deren Arbeitnehmer.[1182] Neben der Idee, den Aktionären durch möglichst breit angelegte Informationen zu einer ausgewogenen Entscheidungsfindung zu verhelfen, bezweckt die nach Abs. 1 Nr. 1 vorzunehmende Vollständigkeitsprüfung daher, dass sowohl die AG als auch deren Beschäftigte über die sie betreffenden Absichten des Bieters ausführlich in Kenntnis gesetzt werden. Den für den Verfahrensablauf maßgeblichen allgemeinen Grundsätzen des § 3 WpÜG wird demgegenüber mit Hilfe der Überprüfung auf offensichtliche Verstöße (Abs. 1 Satz 2) Geltung verschafft.[1183]

bb) Uneingeschränkte formelle (Nr. 1) und eingeschränkte materielle (Nr. 2) Prüfungspflicht

Unterbleiben die in § 11 Abs. 2 Satz 3 Nr. 2 WpÜG geforderten arbeitnehmerbezogenen Angaben vollständig, muss die Bundesanstalt folglich gemäß § 15 Abs. 1 Satz 1 WpÜG im Wege einer gebundenen Entscheidung eine Untersagungsverfügung (§ 35 VwVfG) erlassen.[1184] Des Weiteren hat der Bieter sämtliche in dieser Nummer behandelten Momente anzusprechen.[1185] Enthält das Dokument beispielsweise trotz vorhandener Absichten im Hinblick auf wesentliche Änderungen der Beschäftigungsbedingungen (6. Var.) lediglich Angaben zur Zukunft der Arbeitnehmer und ihrer Vertretungen (4. Var.), liegt an sich ein Untersagungsgrund nach § 15 Abs. 1 Nr. 1 WpÜG vor. Indes darf die BaFin bei Unvollständigkeit der Unterlage des Angebots nicht sofort untersagen, sondern muss die Möglichkeit überprüfen, ob der Bieter im zeitlichen Rahmen des § 14 Abs. 2 Satz 1 und 3 WpÜG dem Mangel abhelfen kann.[1186]

Bei inhaltlicher Unrichtigkeit oder Unvollständigkeit (vgl. § 11 Abs. 1 Satz 2 WpÜG) von Angaben, die zu den in § 11 Abs. 2 Satz 3 Nr. 2 WpÜG aufgeführten Momenten gemacht wurden, ist eine Untersagung nur dann gerechtfertigt, wenn eine „Offensichtlichkeit" i.S.v. § 15 Abs. 1 Nr. 2 WpÜG festgestellt werden kann.[1187] Im Rahmen der hierfür erforderlichen Evidenzprüfung (vgl. § 25 VwVfG) geht es jedenfalls um Rechtsverstöße, die aus der Angebotsunterlage selbst erkennbar werden.[1188] Die Auf-

---

1182 *Geibel*/Süßmann, § 14 Rn. 22; vgl. auch *Lenz/Behnke*, BKR 2003, 43; *Lenz/Linke*, AG 2002, 361, 362 f.

1183 *Geibel*/Süßmann, § 14 Rn. 22.

1184 Ehricke/Ekkenga/*Oechsler*, § 15 Rn. 1; KK-WpÜG/*Seydel*, § 15 Rn. 16; *Lenz/Behnke*, BKR 2003, 43, 44 (dort Fn. 6); *Zeppenfeld*, in: FAZ, 3.3.2001, S. 23.

1185 S. KK-WpÜG/*Seydel*, § 15 Rn. 21; *Lenz/Linke*, AG 2002, 361, 364; zur „Negativerklärung" s. oben § 3A.II.3.b)bb)(1)(a).

1186 *Bundesaufsichtsamt*, NZG 2002, 165; Ehricke/Ekkenga/*Oechsler*, § 15 Rn. 3; KK-WpÜG/*Seydel*, § 15 Rn. 22; *Lenz/Linke*, AG 2002, 361, 362.

1187 Vgl. BT-Ds. 14/7034 zu § 15 Abs. 1 RegE-WpÜG, S. 45; KK-WpÜG/*Seydel*, § 15 Rn. 19, 24; ähnlich *Zeppenfeld*, in: FAZ, 3.3.2001, S. 23; a.A. wohl Ehricke/Ekkenga/*Oechsler*, § 15 Rn. 4, nach dem – ohne Erwähnung des § 11 Abs. 1 Satz 2 WpÜG und ohne weitere Begründung – lediglich ein Verstoß gegen die §§ 16-19, 21, 22, 28, 31 und 32 WpÜG die Rechtsfolgen des § 15 Abs. 1 Nr. 2 WpÜG auszulösen vermag.

1188 *Cahn*, ZHR 167 (2003), 262, 274; *Geibel*/Süßmann, § 14 Rn. 24 sowie dies./*Angerer*, § 15 Rn. 16; KK-WpÜG/*Seydel*, § 15 Rn. 27; *Steinmeyer/Häger*, § 15 Rn. 3 f.

sichtsbehörde hat daher im Grundsatz von sich aus keiner weiterreichenden Ermittlungspflicht nachzukommen; sobald sie aber aus anderen Quellen konkrete Anhaltspunkte für eine mögliche Fehlerhaftigkeit des Antragsdokuments erhält, die für sich einen 'offensichtlichen Verstoß' begründen könnten, hat die Behörde den Sachverhalt aufzuklären.[1189] Unzureichend ist allerdings z.B. die pauschale Behauptung von Seiten der Mitarbeiter der Zielgesellschaft, die Unterlage enthielte wahrheitswidrige Angaben zu Arbeitsplatzgarantien, weil eine Nachforschungspflicht ausschließlich bei konkreten Hinweisen anzuerkennen ist.

b) Anordnungen nach § 4 Abs. 1 Satz 3 WpÜG

Daneben kann die BaFin zur Einhaltung der übernahmerechtlichen Vorschriften gemäß der Generalermächtigungsnorm des § 4 Abs. 1 Satz 3 WpÜG alle Anordnungen treffen, die geeignet und erforderlich sind, Missstände zu beseitigen oder zu verhindern.[1190] Ein „Missstand" in diesem Sinne liegt vor, wenn der ordnungsgemäße Ablauf des Angebotsverfahrens beeinträchtigt wird oder erhebliche Nachteile für den Wertpapiermarkt durch den Verlust des Vertrauens in seine Funktionsfähigkeit zu befürchten sind.[1191] Zu diesem Zwecke kann die Aufsichtsbehörde im Wege schlichten/informellen Verwaltungshandelns sowie durch den Erlass von Verwaltungsakten i.S.v. § 35 Satz 1 VwVfG tätig werden.[1192]

Da die Bundesanstalt mit der Anordnung jedes Bieterverhalten erzwingen darf, das dieser ansonsten freiwillig nach dem WpÜG vornehmen könnte, besitzt sie das erforderliche Instrumentarium, um dem möglichen Akquisiteur im Einzelfall – nötigenfalls unter Einsatz von Zwangsmitteln (vgl. § 46 WpÜG) – die Aufnahme von korrekten und vollständigen arbeitsrechtlichen Angaben i.S.v. § 11 Abs. 2 Satz 3 Nr. 2, 4. und 6. Var. WpÜG vorzuschreiben.[1193] Ausgeschlossen ist nach dieser Norm der Erlass einer Untersagungsverfügung hingegen dann, wenn die Voraussetzungen des § 15 Abs. 1 Nr. 1 oder 2 WpÜG nicht erfüllt sind: § 4 Abs. 1 Satz 3 WpÜG dient als Generalklausel immer (nur) dann als Eingriffsermächtigung, wenn ein Missstand zu beheben ist, für den das WpÜG keine Sonderregelung vorsieht.[1194]

2. Schutz- und Sanktionsmöglichkeiten zugunsten der Arbeitnehmer der Zielgesellschaft

Neben dem aus den §§ 4 Abs. 1 Satz 3, 15 Abs. 1 WpÜG resultierenden Schutz der Arbeitnehmerinteressen gilt es zu untersuchen, ob der betroffenen Belegschaft bei feh-

---

1189 KK-WpÜG/*Seydel*, § 15 Rn. 29; *Lenz/Behnke*, BKR 2003, 43 (dort Fn. 5); *Steinmeyer/Häger*, § 15 Rn. 5; a.A. Geibel/Süßmann/*Angerer*, § 15 Rn. 16 f. sowie dies./*Geibel*, 14 Rn. 24.

1190 Vgl. dazu auch *Schnorbus*, ZHR 166 (2002), 72, 74 sowie oben § 2B.V.1.b)bb).

1191 *Cahn*, ZHR 167 (2003), 262, 266; Ehricke/Ekkenga/*Oechsler*, § 4 Rn. 4; KK-WpÜG/*Giesberts*, § 4 Rn. 17.

1192 Ehricke/Ekkenga/*Oechsler*, § 4 Rn. 6; KK-WpÜG/*Giesberts*, § 4 Rn. 18.

1193 HWK/*Seibt*, WpÜG Rn. 26; *Seibt*, DB 2002, 529, 535.

1194 *Cahn*, ZHR 167 (2003), 262, 266; Geibel/Süßmann/*Angerer*, § 15 Rn. 4; KK-WpÜG/*Giesberts*, § 4 Rn. 1, 5, 14 sowie aaO/*Seydel*, § 15 Rn. 15; *Schnorbus*, ZHR 166 (2002), 72, 74; *Steinmeyer/Häger*, § 4 Rn. 5; *Stögmüller*, in: Haarmann (u.a.), § 4 Rn. 35; *Zech*, S. 42 f.

lenden arbeitsrechtlichen Angaben nach § 11 Abs. 2 Satz 3 Nr. 2, 4. und 6. Var. WpÜG oder bei konkreten Hinweisen auf deren Fehlerhaftigkeit eigene Ansprüche zur Verfügung stehen. Als Anspruchsberechtigte kommen hierbei jeweils die einzelnen Mitarbeiter in Betracht; der Betriebsrat scheidet wegen fehlender Rechtsfähigkeit insoweit aus.[1195]

a) Öffentlich-rechtlicher Anspruch auf Einschreiten der BaFin?

Unter Umständen steht einem Arbeitnehmer der von dem Angebot betroffenen Gesellschaft in dieser Situation ein öffentlich-rechtlicher Anspruch auf Einschreiten der Bundesanstalt gegen Missstände mit der Maßgabe zu, dass das Angebot untersagt oder eine Berichtigung der Angebotsunterlage angeordnet wird. Ein derartiger Anspruch setzt indes voraus, dass § 15 Abs. 1 respektive § 4 Abs. 1 Satz 3 WpÜG *Drittschutz* vermitteln.[1196] Infolgedessen bedarf es der Klärung, inwiefern Dritten im Rahmen des Angebotsverfahrens subjektive Rechte erwachsen können.

aa) Grundlagen zur Bestimmung subjektiver Rechte

Die Aufsicht der BaFin über das Angebotsverfahren kann zu massiven Eingriffen in private Rechtspositionen führen. Das betrifft den Erlass von Verwaltungsakten ebenso wie die Unterlassung einer Eingriffsmaßnahme.[1197] So können sich beispielsweise die Arbeitnehmer der Zielgesellschaft in ihren Rechten verletzt sehen, wenn die Anstalt nicht gegen eine rechtswidrige Offerte eines Bieters einschreiten will.

(1) Schutznormtheorie

Ist der Betroffene nicht Adressat des begehrten Verwaltungsakts, stellt sich das Problem, ob subjektive eigene Rechte oder nur Interessen verletzt sind.[1198] Demnach kommt es darauf an, ob die Normen, die der Dritte als verletzt rügt, drittschützende Wirkung haben. Nach der maßgeblichen Schutznormtheorie bedeutet Drittschutz, dass der in Frage stehende Rechtssatz nicht nur die Interessen der Allgemeinheit schützen soll, sondern – zumindest auch – den durchsetzbaren Individualinteressen des Dritten zu dienen bestimmt ist.[1199] Ob eine einzelne Norm als Schutznorm zu qualifizieren ist, ist insofern schwierig zu beantworten, als die Verwaltung grundsätzlich im öffentlichen Interesse tätig wird.[1200] Soll die Norm darüber hinaus auch den Schutz Dritter vermitteln, ist dies im Wege der Auslegung zu ermitteln. Hierbei ist zu beachten, dass Vorschriften existieren, die zwar faktisch auch Individualinteressen zugute kommen kön-

---

[1195] S. oben § 2B.V.1.d).

[1196] Zu dieser Frage *Ehricke*/Ekkenga/Oechsler, § 48 Rn. 17; Geibel/Süßmann/*Schwennicke*, § 4 Rn. 12; *Ihrig*, ZHR 167 (2003), 315, 324; KK-WpÜG/*Pohlmann*, § 48 Rn. 68; *Liebscher*, ZIP 2001, 853, 858; *Schneider*, AG 2002, 125, 132 f.; *Steinmeyer/Häger*, Vor §§ 41 ff. Rn. 7; *Zschocke*, DB 2002, 79, 84.

[1197] *Schnorbus*, ZHR 166 (2002), 72, 75.

[1198] BVerfG vom 17.12.1969, E 27, 297, 307; Ehricke/Ekkenga/*Oechsler*, § 4 Rn. 9.

[1199] *Möller*, ZHR 167 (2003), 301, 303 f.; *Schnorbus*, ZHR 166 (2002), 72, 80; *ders.*, WM 2003, 657.

[1200] KK-WpÜG/*Giesberts*, § 4 Rn. 34; *Maurer*, § 1 Rn. 10 f.

nen, dies jedoch lediglich als Nebenwirkung (Rechtsreflex) einer ansonsten ausschließlich öffentlichen Interessen dienenden Norm.

(2) Subjektive Rechte und Grundrechte

Subjektive öffentliche Rechte ergeben sich primär aus dem grundrechtsgeprägten einfachen Recht. Daneben wirken auch die Grundrechte direkt auf die Theorie vom subjektiven öffentlichen Recht ein; dies folgt schon aus Art. 1 Abs. 3 GG, der die gesamte staatliche Gewalt an die Grundrechte als unmittelbar geltendes Recht bindet. Die Einflussnahme der Grundrechte auf den Drittschutz kann dabei auf zweierlei Weise erfolgen: Grundrechte können zum einen bei der Interpretation des einfachen Rechts ergänzend und verdeutlichend herangezogen werden, soweit sie mit dem in Frage stehenden Rechtsbereich thematisch in Beziehung stehen (norminterne Wirkung).[1201] Darüber hinaus kann bei Fehlen einer zugunsten des Dritten wirkenden Schutznorm des einfachen Rechts ausnahmsweise die Rechtsbeeinträchtigung auch unmittelbar aus einer Grundrechtsnorm hergeleitet werden (normexterne Wirkung).[1202] Ein Rückgriff auf Grundrechte ist mithin nur dann möglich, wenn das WpÜG den grundrechtlichen Mindesterfordernissen nicht Genüge leistet.

bb) Drittschutz im WpÜG

Nach § 4 Abs. 2 WpÜG nimmt die BaFin ihre Aufgaben und Befugnisse ausschließlich im *öffentlichen Interesse* wahr, worunter alle Interessen einer staatlichen oder sonstigen öffentlichen Gemeinschaft als einer Wirk- und Ordnungseinheit ihrer Mitglieder zu verstehen sind.[1203] Folglich ist klärungsbedürftig, ob hierdurch sämtlicher Drittschutz aus dem WpÜG ausgeschlossen wird, oder ob durch grundrechtliche Wertungen zumindest partieller Drittschutz angenommen werden muss.

(1) Kein Ausschluss subjektiver Rechte durch die Regelung des § 4 Abs. 2 WpÜG

(a) Wortlaut von § 4 Abs. 2 WpÜG

Explizite Aussagen über die Wahrung und insbesondere über die Durchsetzung der Interessen Dritter trifft das Gesetz nicht.[1204] Unter Zugrundelegung des Wortlauts von § 4 Abs. 2 WpÜG, nach dem die Bundesanstalt die ihr „nach dem Gesetz zugewiesenen Aufgaben und Befugnisse nur im öffentlichen Interesse“ – d.h. zur Erhaltung der Funktionsfähigkeit der Kapitalmärkte insgesamt durch Sicherung des Vertrauens der

---

1201 Vgl. etwa BVerfG vom 19.9.1989, DVBl. 1989, 1247 f.; BVerwG vom 9.4.1987, E 77, 188 ff.; *Möller*, ZHR 167 (2003), 301, 304; *Schmitt Glaeser/Horn*, Rn. 163.

1202 KK-WpÜG/*Giesberts*, § 4 Rn. 36; *Möller*, ZHR 167 (2003), 301, 304; *Schmitt Glaeser/Horn*, Rn. 163.

1203 KK-WpÜG/*Giesberts*, § 4 Rn. 25; *Wolff/Bachof/Stober*, VerwR I, § 29 Rn. 6 ff.

1204 *Schnorbus*, ZHR 166 (2002), 72, 79, mit dem Hinweis (in Fn. 20) auf das insoweit abweichende österreichische Übernahmerecht, das in § 33 Abs. 2 öÜbG ausdrücklich regelt, welche Personen Partei des Feststellungsverfahrens vor der Übernahmekommission und somit kraft Gesetzes antragsbefugt sind.

Investoren in eine ordnungsgemäße Abwicklung von öffentlichen Angeboten zum Erwerb von Wertpapieren und von Unternehmensübernahmen[1205] – wahrnimmt, scheint jedoch ein Drittschutz ausgeschlossen.[1206] Der Schutz Dritter vor oder durch hoheitliche(n) Verfügungen der Behörde könnte damit generell nur ein bloßer Rechtsreflex sein, aber nicht ein eigenes subjektives Recht begründen.[1207] Der Wortlaut des § 4 Abs. 2 WpÜG wurde denn auch schon vor Inkrafttreten des Gesetzes als „gravierende Schwäche" des gesetzlichen Rechtsschutzsystems kritisiert.[1208]

(b) Wille des Gesetzgebers

Auch der Verfahrensgang und die Begründung des Gesetzes zeigen, dass der Gesetzgeber subjektive Rechte Dritter in einem übernahmerechtlichen Angebotsverfahren nicht begründen wollte.[1209] Während Diskussions-, Referenten- und Regierungsentwurf jeweils in § 42 noch den Tatbestand des Schadensersatzes bei rechtsmissbräuchlicher Inanspruchnahme von Rechtsbehelfen vorsahen und schließlich auch der Bundesrat die Aufnahme einer solchen Regelung begrüßte[1210], ist diese Bestimmung entsprechend den Vorschlägen des Finanzausschusses letztlich nicht Gesetz geworden. Begründet wurde dies damit, dass die Vorschrift keinen praktischen Anwendungsbereich habe, weil Dritte durch Verfügungen der Aufsichtsbehörde nicht in ihren Rechten verletzt sein könnten. Deshalb könnten diese keine(n) Widerspruch oder Beschwerde einlegen, die als missbräuchlich zu qualifizieren wären.[1211]

(c) Gesetzessystematik

Bei der Kehrtwende im letzten Stadium des Gesetzgebungsverfahrens ist jedoch nicht hinreichend bedacht worden, dass das WpÜG – wie im seinerzeitigen § 42 RegE-WpÜG – auch an anderen Stellen nach wie vor die Existenz subjektiver Rechte im Angebotsverfahren voraussetzt.[1212] Dies zeigt insbesondere die Begründung zu § 49 WpÜG (ex § 50 RegE-WpÜG), der die aufschiebende Wirkung von Beschwerden im Angebotsverfahren auf wenige Fälle beschränkt. Die Regierungsbegründung rechtfertigte diese Einschränkung mit der Erwägung, dass anderenfalls eine zügige Durchführung des Verfahrens durch Einlegung von Widerspruch und Beschwerde durch die

---

1205 BT-Ds. 14/7034 zu § 4 Abs. 2 RegE-WpÜG, S. 36; vgl. auch Geibel/Süßmann/*Schwennicke*, § 4 Rn. 11; HWK/*Seibt*, WpÜG Rn. 26; *Seibt*, DB 2002, 529, 535.

1206 KK-WpÜG/*Giesberts*, § 4 Rn. 51.

1207 So *Lenz*, NJW 2003, 2073, 2075; *Oechsler*, ZIP 2003, 1330, 1332; *Seibt/Heiser*, ZHR 165 (2001), 466, 484 f.; *Zschocke*, DB 2002, 79, 84; s. auch HWK/*Seibt*, WpÜG Rn. 26; *Seibt*, DB 2002, 529, 535; *Simon*, in: Semler/Volhard, § 55 Rn. 36; *Wagner*, NZG 2003, 718; *Willemsen*, in: Willemsen (u.a.), Kap. B Rn. 148a.

1208 *Liebscher*, ZIP 2001, 853, 858; *Schnorbus*, ZHR 166 (2002), 72, 83.

1209 *Cahn*, ZHR 167 (2003), 262, 290; KK-WpÜG/*Giesberts*, § 4 Rn. 52 f.; *Lenz*, NJW 2003, 2073, 2075; *Schnorbus*, ZHR 166 (2002), 72, 86 f.; *Wagner*, NZG 2003, 718 (dort Fn. 12).

1210 Stellungnahme des Bundesrates zu § 42 RegE-WpÜG, BT-Ds. 14/7034, S. 84, 86; zu § 42 DiskE-ÜG s. *Land/Hasselbach*, DB 2000, 1747, 1755.

1211 BT-Ds. 14/7477 zu § 42 RegE-WpÜG, S. 53.

1212 *Schnorbus*, ZHR 166 (2002), 72, 87 ff.

Zielgesellschaft und ihre *Aktionäre* behindert werden könnte.[1213] Diese vom Finanzausschuss nicht veränderte Bestimmung setzt damit voraus, dass Regelungen über das Angebotsverfahren den Schutz der Zielgesellschaft und ihrer Aktionäre bezwecken und zur Geltendmachung von Rechtsbehelfen gegenüber aufsichtsbehördlichen Maßnahmen berechtigen können, die nicht an sie gerichtet sind.[1214]

Die Vorschrift des § 41 Abs. 1 WpÜG liefert ein weiteres Argument dafür, dass der Ausschluss subjektiver Rechte im Widerspruch zur Systematik des WpÜG steht. Während nach dessen Satz 1 vor der Einlegung einer Beschwerde grundsätzlich ein Widerspruchsverfahren durchzuführen ist, bedarf es nach Satz 2 einer solchen Nachprüfung nicht, wenn der Abhilfe- oder Widerspruchsbescheid „erstmalig eine Beschwer enthält". Als klassischer Anwendungsfall dieser Norm gelten im Allgemeinen Verwaltungsrecht Verwaltungsakte mit Drittwirkung, woraus sich die notwendige Existenz drittschützender Normen ergibt.[1215] Systematische Bedenken ergeben sich des Weiteren aus § 48 Abs. 3 WpÜG, der die Beschwerde gegen die Unterlassung einer beantragten Verfügung regelt.[1216] Denn würde § 4 Abs. 2 WpÜG tatsächlich die Beschwerdebefugnis Dritter ausschließen, hätte § 48 Abs. 3 WpÜG, der eben diese voraussetzt, keinen Anwendungsbereich mehr.

Infolgedessen erscheint § 4 Abs. 2 WpÜG als gesetzestechnisch misslungen, weil er zwar Drittschutz zu verhindern versucht, dies jedoch aus systematischen Erwägungen trotz des eindeutigen Wortlauts nicht erreichen kann.

(d) Teleologische Bedenken gegen den Ausschluss subjektiver öffentlicher Rechte Dritter wegen beabsichtigter Schutzrichtung des Gesetzes

Verschiedentlich nimmt das WpÜG auf Mitarbeiter- und Anlegerinteressen Bezug. Dies könnte darauf hindeuten, dass ungeachtet der scheinbar klaren Aussage des § 4 Abs. 2 WpÜG Zweck des Gesetzes gleichwohl der Aktionärs- und Arbeitnehmerschutz ist. Dass subjektive Rechte gewährt werden, muss indessen eine derartige Berücksichtigung nicht automatisch bedeuten, da hiermit auch lediglich objektive „typisierte Gruppeninteressen"[1217] angesprochen sein können, die keinerlei Schutz zugunsten Dritter etablieren.

Bereits aus dem erklärten Willen des Gesetzgebers ergibt sich für das WpÜG ein eindeutiges Ergebnis dahingehend, dass eine Reduzierung der Schutzrichtung auf lediglich objektive typisierte Gruppeninteressen ungenügend ist.[1218] Die Regierungsbegründung führt dazu aus, dass „insbesondere" die „rechtliche Stellung von Minderheitsaktionären bei Unternehmensübernahmen" gestärkt und die „Information und Transparenz für die betroffenen Wertpapierinhaber und Arbeitnehmer verbessert" werden

---

[1213] BT-Ds. 14/7034 zu § 50 RegE-WpÜG, S. 65.

[1214] *Cahn*, ZHR 167 (2003), 262, 291; *Ihrig*, ZHR 167 (2003), 315, 323 (dort Fn. 29); *Nietsch*, BB 2003, 2581, 2585; *Schnorbus*, ZHR 166 (2002), 72, 87 f.

[1215] *Cahn*, ZHR 167 (2003), 262, 291 ; *Schnorbus*, ZHR 166 (2002), 72, 88 f.

[1216] *Aha*, AG 2002, 160 f.; a.A. *Ihrig*, ZHR 167 (2003), 315, 324.

[1217] Nach KK-WpÜG/*Giesberts*, § 4 Rn. 54.

[1218] Ebenso KK-WpÜG/*Giesberts*, § 4 Rn. 58.

soll(en).[1219] Dabei werden beide Aspekte als gleichrangige Hauptintentionen neben der Schaffung von 'Leitlinien für ein faires und geordnetes Angebotsverfahren' und der 'Orientierung an international üblichen Standards' genannt. In der gesetzgeberischen Umsetzung dieser Ziele verlangt § 11 Abs. 2 Satz 3 Nr. 2 WpÜG die Aufnahme arbeitnehmerbezogener Angaben in die Angebotsunterlage; des Weiteren haben Vorstand und Aufsichtsrat der Zielgesellschaft in ihrer Stellungnahme (§ 27 Abs. 1 WpÜG) auch über die Auswirkungen des Angebots auf die Interessen der Arbeitnehmer und ihrer Vertretungen zu unterrichten.[1220] Über § 39 WpÜG gelten beide Vorschriften schließlich auch für Pflichtangebote.

(e) Konsequenzen für den Drittschutz

Aufgrund der sich zum Teil widersprechenden Auslegungsergebnisse ist demnach jedenfalls nicht a priori auszuschließen, dass durch das Übernahmegesetz auch Individualinteressen geschützt werden sollen. Das Bestehen eines subjektiven öffentlichen Rechts kann insbesondere nicht schon mit der Begründung verneint werden, dass der Normtext des § 4 Abs. 2 WpÜG auf das „öffentliche Interesse" abstellt, denn die Berücksichtigung von Individualinteressen stellt regelmäßig auch einen wesentlichen Teil der staatlichen Aufgaben zur Wahrung des Gemeinwohls dar; öffentliches Interesse und Individualinteresse schließen sich folglich nicht notwendigerweise aus.[1221]

Steht § 4 Abs. 2 WpÜG der Anerkennung von subjektiven Rechten Dritter im Angebotsverfahren nicht im Wege, können somit einzelne Normen Drittschutz entfalten.[1222] Hierfür ist die erwähnte Schutznormtheorie maßgebend, d.h. die jeweilige Vorschrift muss auch den Schutz von Individualinteressen bezwecken. In diesem Zusammenhang ist zwar vor allem der (nachweisbare) Wille des Gesetzgebers zu beachten. Aber auf der Grundlage eines modernen Verständnisses der Schutznormtheorie[1223] sind zur Ermittlung etwaigen Drittschutzes daneben auch der Wortlaut sowie das Ergebnis einer teleologischen Auslegung und das umgebende Normgefüge sowie insbesondere die Grundrechte zu berücksichtigen.

(2) Drittschutz im WpÜG im Lichte der Grundrechte

Wie soeben festgestellt, verband der Gesetzgeber mit der Streichung der Ersatzpflicht des Widerspruchs- oder Beschwerdeführers für Schäden, die anderen Beteiligten durch dessen missbräuchliches Verhalten entstehen, die Intention, jeglichen Drittschutz zu unterbinden. Im Gegensatz dazu stehen die unverändert beibehaltenen Regelungen, die

---

1219 BT-Ds. 14/7034, S. 28.

1220 *Schnorbus*, ZHR 166 (2002), 72, 79; vgl. ebenfalls *Ihrig*, ZHR 167 (2003), 315, 324 f.

1221 Vgl. BVerwG vom 25.2.1977, E 52, 122, 125; 4.6.1986, E 74, 234, 235 f.; 3.3.1987, E 77, 70, 73 f.; *Cahn*, ZHR 167 (2003), 262, 284 f.; *Schmitt Glaeser/Horn*, Rn. 167; *Schnorbus*, ZHR 166 (2002), 72, 86; *ders.*, WM 2003, 657, 658.

1222 *Cahn*, ZHR 167 (2003), 262, 285, 290; Ehricke/Ekkenga/*Oechsler*, § 4 Rn. 9; KK-WpÜG/*Giesberts*, § 4 Rn. 75; *Nietsch*, BB 2003, 2581, 2584; *Schnorbus*, ZHR 166 (2002), 72, 85 f.; *ders.*, WM 2003, 657, 658; *Zech*, S. 45; a.A. *Ihrig*, ZHR 167 (2003), 315, 320; *Möller*, ZHR 167 (2003), 301, 306; *Zschocke*, DB 2002, 79, 84.

1223 Ausführlich Maunz/Dürig/*Schmidt-Aßmann*, Art. 19 Abs. 4 GG Rn. 128 f.

ihrem Sinngehalt nach die Existenz drittschützender Normen voraussetzen. Zudem widerspricht sich der Gesetzgeber selbst, wenn er auf der einen Seite ein Regelwerk erlässt, das auch dem Schutz von Einzelinteressen dienen soll, auf der anderen Seite diesen Geschützten jedoch jegliches subjektives Recht vorenthält. Dieser Widerspruch ist im Wege einer verfassungsrechtlichen Abwägung dahingehend aufzulösen, dass zumindest in Konstellationen, in denen Grundrechte Dritter betroffen sind, § 4 Abs. 2 WpÜG dergestalt auszulegen ist, dass Drittschutz nicht verwehrt werden soll. Bei einer solchen Betrachtung ist dieser Bestimmung allerdings im Umkehrschluss das Prinzip zu entnehmen, dass, soweit sich aus einzelnen Normen des WpÜG nicht ausnahmsweise etwas anderes ergibt, keine Drittwirkung besteht.[1224]

Infolgedessen könnten Verstöße gegen Vorschriften des WpÜG durch Dritte angegriffen werden, wenn dies durch die Verfassung geboten ist.[1225] Bei der Normauslegung des § 15 Abs. 1 und § 4 Abs. 1 Satz 3 WpÜG sind daher die Grundrechte zu beachten, welche dem Dritten im Falle einer *schweren und substantiellen Grundrechtsbetroffenheit* jeweils zwingend einen Anspruch einräumen. Die verfassungskonforme Auslegung einer Norm des WpÜG kann daher deren Verständnis als subjektiv öffentliches Recht gebieten.[1226] Vor diesem Hintergrund ist fraglich, ob durch das Unterlassen der Aufsichtsbehörde in Bezug auf fehlende arbeitsrechtliche Angaben i.S.v. § 11 Abs. 2 Satz 3 Nr. 2, 4. und 6. Var. WpÜG oder bei konkreten Hinweisen auf deren Fehlerhaftigkeit eine derartige Grundrechtsverletzung auf Seiten eines Beschäftigten der Zielgesellschaft überhaupt vorstellbar ist. Generell in Betracht kommt dabei ein Verstoß gegen Art. 12 GG.[1227]

Arbeitnehmer können insbesondere durch eine Übernahme ihres Arbeitgebers ganz erhebliche wirtschaftliche Schädigungen erleiden. Das betrifft etwa die Konstellation des Kontrollerwerbs durch einen „Raider“, der die Zielgesellschaft nach der Übernahme ausschlachten und liquidieren will und den Beschäftigten dadurch ihren Arbeitsplatz und ihre Existenzgrundlage entzieht.[1228] In einer solchen Situation führt etwa das Unterlassen einer gemäß § 15 Abs. 1 WpÜG gebotenen Untersagung des Angebots dazu, dass die Interessen des Personals essentiell berührt sind. Der Zweck des WpÜG umfasst – wie vorstehend erwähnt – die Gruppe der Belegschaftsmitglieder durchaus. Der Gesetzgeber hat dabei reflektiert, dass Akquisitionen wegen der veränderten Eigentümerstruktur zu sehr weitreichenden Folgen für die Mitarbeiter führen können.[1229] Das Leitziel des WpÜG ist allerdings ausschließlich die Schaffung von Information und Transparenz im Angebotsverfahren, um die Arbeitnehmer in die Lage zu versetzen, die Auswirkungen der Transaktion zu übersehen und so die ihnen bereits zuste-

---

1224 Ehricke/Ekkenga/*Oechsler*, § 4 Rn. 9; KK-WpÜG/*Giesberts*, § 4 Rn. 76; so i.E. auch *Schnorbus*, ZHR 166 (2002), 72, 85 f.

1225 Vgl. BVerfG vom 2.4.2004, NJW 2004, 3031 f.

1226 Ehricke/Ekkenga/*Oechsler*, § 4 Rn. 9; *Schnorbus*, ZHR 166 (2002), 73, 81 f., 89, 91.

1227 Vgl. *Dütz*, Rn. 13; KK-WpÜG/*Giesberts*, § 4 Rn. 66.

1228 *Schnorbus*, WM 2003, 657, 659 (dort Fn. 120); *ders.*, ZHR 166 (2002), 72, 79; vgl. hierzu oben § 1A.I.3.

1229 Vgl. oben § 2A.

henden Rechte effizienter wahrnehmen zu können.[1230] Durch die vom Übernahmegesetz statuierten Informations- und Transparenzpflichten wird aber kein zusätzlicher Arbeitnehmerschutz etabliert. Verbleibt es also bei den bisherigen arbeitsgesetzlichen Schutzmechanismen, geht der Wille des Gesetzgebers offensichtlich dahin, dass während des Verfahrens auch nicht über den Umweg der Inanspruchnahme von Grundrechten subjektive Rechte zur Entstehung gelangen sollen.

Tatsächlich scheidet bei einem Handeln oder Unterlassen der BaFin ein schwerer und unerträglicher Eingriff in grundrechtsrelevante Positionen der Beschäftigten (in aller Regel) aus, denn letzteren steht es bei – aus ihrer Sicht – fehlenden oder fehlerhaften arbeitsrechtlichen Angaben i.S.v. § 11 Abs. 2 Satz 3 Nr. 2 WpÜG frei, die jeweiligen unzureichenden oder unzutreffenden Informationen im Rahmen einer Stellungnahme gemäß § 27 Abs. 2 WpÜG selbst zu korrigieren.[1231] Im Übrigen würde die Auseinandersetzung über eine Angebotsberichtigung oder -untersagung bei allen am Verfahrensablauf Beteiligten zu nachhaltiger Verunsicherung führen, weshalb ein solches Vorgehen auch den Interessen der Mitarbeiter abträglich wäre. Deshalb besteht in dieser Situation gegen die Aufsichtsbehörde weder ein Anspruch auf Erlass einer Untersagungsverfügung nach § 15 Abs. 1 WpÜG noch auf Anordnung nachträglicher, inhaltlicher Berichtigung oder Ergänzung der Angebotsunterlage nach § 4 Abs. 1 Satz 3 WpÜG. Dies mag bei systematischer Verkürzung von Arbeitnehmerrechten anders zu beurteilen sein,[1232] doch wird es sich dabei (aus praktischer Perspektive) um zu vernachlässigende Einzelfälle handeln.

Zusammenfassend bleibt festzuhalten, dass die Verletzung übernahmegesetzlicher Normen im Hinblick auf die betroffenen Arbeitnehmer keinen grundrechtsrelevanten Eingriff darstellt. Diesem Personenkreis vermitteln die einzelnen Gesetzesbestimmungen kein subjektiv-öffentliches Recht, so dass insoweit kein individueller Anspruch auf ein Einschreiten der BaFin geltend gemacht werden kann. Ein hier nicht weiter verfolgter Aspekt ist, ob die Anordnung des Gesetzgebers an dieser Stelle angesichts der essentiell berührten Interessen der Belegschaft *ordnungspolitisch* überzeugt.[1233]

b) Verpflichtungsbeschwerde gemäß § 48 Abs. 3 Satz 1 WpÜG

Möglicherweise können die Arbeitnehmer der Gesellschaft, die Gegenstand eines mangelhaften Angebots ist, die Bundesanstalt durch eine Verpflichtungsbeschwerde[1234] nach § 48 Abs. 3 Satz 1 WpÜG zwingen, gegen den Bieter eine Verfügung auf Unter-

---

[1230] S. dazu oben § 2B.II.1.a).

[1231] I.E. ebenso Ehricke/Ekkenga/*Oechsler*, § 4 Rn. 12; KK-WpÜG/*Giesberts*, § 4 Rn. 79; aaO/*Seydel*, § 11 Rn. 6 und § 14 Rn. 83 (zu Rechtsbehelfen der Zielgesellschaft); *Möller*, ZHR 167 (2003), 301, 307, 313; *Schnorbus*, ZHR 166 (2002), 72, 91; *Simon*, in: Semler/Volhard, § 55 Rn. 36.

[1232] So KK-WpÜG/*Hirte*, § 10 Rn. 98 und § 27 Rn. 76, für den Fall, dass der Bieter oder die Organe der Zielgesellschaft seiner/ihrer Mitteilungsverpflichtung i.S.v. § 10 Abs. 5 Satz 1/§ 27 Abs. 3 Satz 2 WpÜG nicht in der vom Gesetz vorgesehenen Weise nachgekommen ist/sind; ähnlich *Schnorbus*, ZHR 166 (2002), 72, 91 („in der Regel").

[1233] Kritisch *Schnorbus*, WM 2003, 657, 659 (dort Fn. 120).

[1234] Dazu näher *Möller*, AG 2002, 170 ff.; *Schnorbus*, WM 2003, 616, 623 f.

sagung des Angebots oder auf Aufnahme von korrekten und vollständigen arbeitsrechtlichen Angaben i.S.v. § 11 Abs. 2 Satz 3 Nr. 2, 4. und 6. Var. WpÜG zu erlassen.

Die Verpflichtungsbeschwerde kann erhoben werden gegen die einen Antrag ablehnende Verfügung der BaFin mit dem Ziel, diese zum Erlass der begehrten Verfügung, auf deren Vornahme der Beschwerdeführer ein Recht zu haben behauptet, zu verpflichten. Voraussetzung hierfür ist unter anderem die Beschwerdebefugnis des Antragstellers, d.h. die Geltendmachung eines subjektiven Rechts entsprechend § 42 Abs. 2 VwGO.[1235] Wie soeben gesehen, scheidet jedoch ein Beschwerderecht der Beschäftigten aus, da nicht die rechtlichen, sondern allenfalls die wirtschaftlichen Interessen dieser Personengruppe von der Entscheidung abhängen; ein subjektives öffentliches Recht, das durch ein Unterlassen der Bundesanstalt verletzt werden könnte, besteht nicht.[1236] Die Gelegenheit zur Einreichung einer Verpflichtungsbeschwerde gemäß § 48 Abs. 3 Satz 1 WpÜG ist dementsprechend nicht gegeben.

c) Unterlassungsanspruch gegen eine Verfahrensfortsetzung

Bei fehlenden Angaben arbeitsrechtlicher Art (§ 11 Abs. 2 Satz 3 Nr. 2 WpÜG) oder bei konkreten Hinweisen auf deren Fehlerhaftigkeit könnte jedoch ein quasinegatorischer Anspruch gemäß § 1004 BGB zugunsten der Arbeitnehmer der Zielgesellschaft gegen eine Fortführung des Angebotsverfahrens bestehen.[1237] Dieser erstreckt sich auf alle von § 823 Abs. 2 BGB geschützten Rechtspositionen, so dass bei Schutzgesetzeigenschaft des § 11 WpÜG ein Unterlassungs- oder Beseitigungsanspruch gegen den ungesetzlich handelnden Bieter bestünde. Tatsächlich gibt es Stimmen, die diese Regelung als Schutzgesetz i.S. des § 823 Abs. 2 BGB qualifizieren.[1238]

Eine Charakterisierung des WpÜG als Schutzgesetz kann jedoch aus grundsätzlichen Erwägungen nicht überzeugen.[1239] § 823 Abs. 2 BGB setzt diesbezüglich voraus, dass der Anspruchssteller in den persönlichen Schutzbereich der verletzten Norm fällt, wozu die betreffende Norm auch seinem Schutz zu dienen bestimmt sein muss. Weiter ist erforderlich, dass die Begründung eines individuellen Anspruchs vom Gesetz auch gewollt ist oder zumindest im Rahmen der haftungsrechtlichen Gesamtordnung tragbar und sinnvoll erscheint.[1240] Zwar ist zu konstatieren, dass die Pflicht zur Erstellung der

---

[1235] *Aha*, AG 2002, 160 f.; *Ehricke*/Ekkenga/Oechsler, § 48 Rn. 22; *Schnorbus*, WM 2003, 616, 623; *Schüppen/Schweizer*, in: Haarmann (u.a.), § 48 Rn. 18; *Steinmeyer/Häger*, § 48 Rn. 33 ff.

[1236] So i.E. auch *Grobys*, GmbHR 2000, R389; s. ebenfalls *Schnorbus*, ZHR 166 (2002), 72, 107.

[1237] Zum Rechtsschutz nach Bürgerlichem Recht s. *Krause*, NJW 2002, 705, 714; *Schnorbus*, WM 2003, 657, 658; vgl. auch BGH vom 26.2.1993, NJW 1993, 1580 ff.; MüKo-BGB/*Medicus*, § 1004 Rn. 6; Palandt/*Sprau*, Einf. v. § 823 BGB Rn. 28 f.

[1238] *Aha*, AG 2002, 160 ff. (im Rahmen einer verfassungskonformen Auslegung); vgl. auch *Ekkenga/Hofschroer*, DStR 2002, 724, 730.

[1239] I.E. ebenso *Schnorbus*, WM 2003, 657, 663; *Schüppen/Schweizer*, in: Haarmann (u.a.), § 41 Rn. 4; vgl. auch *Seibt*, DB 2002, 529, 535; *Seibt/Heiser*, ZHR 165 (2001), 466, 484 f.; *Willemsen*, in: Willemsen (u.a.), Kap. B Rn. 148a.

[1240] BGH vom 8.6.1976, WM 1976, 1163; Palandt/*Sprau*, § 823 BGB Rn. 57; *Schnorbus*, WM 2003, 657, 663.

Angebotsunterlage auf den Schutz eines individualisierbaren Dritten gerichtet ist.[1241] Doch der Gesetzgeber hat sich gerade dagegen entschieden, Dritten individuelle Ansprüche aus der Verletzung der Vorschriften des WpÜG zuzuerkennen. Es wäre daher ein Wertungswiderspruch, die Verletzung ein und derselben Vorschrift unterschiedlich nach öffentlichem und bürgerlichem Recht zu beurteilen: So kann nicht der subjektiv-öffentliche Charakter einer Norm verneint und gleichzeitig ihr Schutzgesetzcharakter bejaht werden, um hierauf einen Anspruch gegen den ungesetzlich handelnden Bieter zu stützen.[1242]

IV. Schutz- und Sanktionsmöglichkeiten nach erfolgreichem Kontrollerwerb bei Nichteinhaltung der in die Angebotsunterlage aufgenommenen arbeitsrechtlichen Zusagen

Umfasst das Antragsdokument arbeitnehmerbezogene Angaben i.S. des § 11 Abs. 2 Satz 3 Nr. 2, 4. und 6. Var. WpÜG und war das Übernahmeangebot erfolgreich, stellt sich die Frage, ob der neue Großaktionär zu deren Einhaltung gezwungen werden kann und welche Sanktionsmechanismen ggf. zur Verfügung stehen.

1. Schutz- und Sanktionsmöglichkeiten zugunsten der Aktionäre der Zielgesellschaft

Möglicherweise steht den – ehemaligen – Aktionären der Zielgesellschaft als Kauf- und/oder Tauschvertragspartnern des Bieters in einer solchen Situation ein Anspruch auf Schadensersatz zu. Wäre dies zu bejahen, könnte der Übernehmer auf diesem Wege mittelbar dazu gezwungen werden, die im Vertragstext enthaltenen Angaben bezüglich des weiteren Schicksals der Arbeitnehmerbelange auch tatsächlich umzusetzen.

a) Haftung gemäß § 12 Abs. 1 WpÜG

Zugunsten der das Angebot annehmenden Wertpapierinhaber kommt zunächst ein Schadensersatzanspruch gemäß §§ 34, 12 Abs. 1 WpÜG in Betracht.[1243]

Diese Haftungsgrundlage ist derjenigen der Haftung für unrichtige Börsenzulassungsprospekte nach §§ 45, 46 BörsG nachgebildet und folgt im Übrigen der investmentrechtlichen Prospekthaftung nach §§ 19, 20 KAGG und § 12 AuslInvestmG.[1244] Gegenstand der Haftung nach § 12 Abs. 1 WpÜG ist die nach § 11 WpÜG zu erstellende

---

[1241] S. oben § 3A.II.1.

[1242] Ehricke/Ekkenga/*Oechsler*, § 4 Rn. 9; *Schnorbus*, WM 2003, 657, 663; i.E. ebenso *Seibt*, DB 2002, 529, 535 (einschränkend aber HWK/*Seibt*, WpÜG Rn. 26: „Im *Regelfall* scheiden auch [...] Unterlassungsansprüche [...] aus" (Herv. d. Verf.)); *Simon*, in: Semler/Volhard, § 55 Rn. 37; anders *Ihrig*, ZHR 167 (2003), 315, 338.

[1243] Anders *Renner*, in: Haarmann (u.a.), § 12 Rn. 9, nach dem die Haftung für unrichtige bzw. unvollständige Angaben in der Angebotsunterlage einen Schadensersatzanspruch wegen Verletzung eines Schutzgesetzes i.S. des § 823 Abs. 2 BGB begründen soll; kritisch hierzu *Santelmann*, S. 264 (dort Fn. 796).

[1244] Vgl. BT-Ds. 14/7034 zu § 12 RegE-WpÜG, S. 42 ff.; *Assmann*, AG 2002, 153; *Ekkenga/Hofschroer*, DStR 2002, 724, 729; Geibel/Süßmann/*Schwennicke*, § 12 Rn. 1; *Hamann*, ZIP 2001, 2249, 2255.

und zu veröffentlichende, von der BaFin gebilligte Angebotsunterlage. Durch den Verweis in § 21 Abs. 3 WpÜG wird die Haftung über das erstmalige Erstellen des Angebotsdokuments hinaus auf Änderungen der Offerte ausgedehnt. Adressat der (gesamtschuldnerischen) Haftung sind zum einen diejenigen, die nach § 11 Abs. 3 WpÜG für die Angebotsunterlage die Verantwortung übernommen haben – also regelmäßig sowohl der Bieter als auch die dort als Verantwortliche angeführten – und zum anderen die Personen, von denen der Erlass der Angebotsunterlage ausgeht, d.h. die typischerweise ein eigenes wirtschaftliches Interesse an der Übernahme haben.[1245]

aa) Fehlerhaftigkeit der Angebotsunterlage

Der Anspruch auf Ersatz des aufgrund der Antragsannahme entstandenen Schadens besteht, wenn wesentliche Angaben der Angebotsunterlage fehlerhaft sind.

(1) Beurteilungsmaßstab

Die Beantwortung der Frage, ob eine arbeitsrechtliche Pflichtangabe i.S.v. § 11 Abs. 2 Satz 3 Nr. 2 WpÜG fehlerhaft ist, hat aus der Perspektive eines (Vertreters der) Arbeitnehmer(s) zu erfolgen und richtet sich nicht, wie bei den übrigen Inhalts- und ergänzenden Angaben, danach, was ein Aktionär der Zielgesellschaft vernünftigerweise verstehen darf. Denn die Aufklärung durch die Angebotsunterlage dient in diesem Zusammenhang auch der Unterrichtung der Beschäftigten und ihrer Vertretungen, so dass sich die insoweit einschlägigen Angaben diesem Sonderhorizont anpassen müssen.[1246]

(2) Unvollständigkeit oder Unrichtigkeit der Angebotsunterlage

Fehlerhaftigkeit in diesem Sinne liegt vor, wenn Angaben der Angebotsunterlage unrichtig oder unvollständig sind. Schon der allgemeine Grundsatz des § 11 Abs. 1 Satz 3 WpÜG enthält die Vorgabe, dass die Daten in der Angebotsunterlage „richtig und vollständig“ sein müssen.[1247] Die im Rahmen des § 11 Abs. 2 Satz 3 Nr. 2, 4. und 6. Var. WpÜG geschützten Interessen fordern diesem Prinzip entsprechend, dass die tatsächlich beim Bieter bestehenden Absichten komplett und korrekt dargestellt werden: Würden die vom Gesetz geforderten arbeitsrechtlichen Pflichtangaben ausschließlich als unverbindliche Absichtserklärungen qualifiziert, könnte der Bieter rechtlich sanktionslos gerade diejenigen Absichten anführen, die die höchste Akzeptanz des Angebots versprechen, auch wenn er niemals ernsthaft an deren Umsetzung interessiert war.[1248]

Nicht nur Angaben tatsächlicher Art, sondern auch im Antragsdokument wiedergegebene Werturteile, Prognosen, Meinungen und zukunftsbezogenen Informationen können unrichtig i.S.v. § 12 Abs. 1 WpÜG sein. Dieses Merkmal wird nur erfüllt, wenn

---

1245 BT-Ds. 14/7034 zu § 12 Abs. 1 RegE-WpÜG, S. 42; *Hamann*, ZIP 2001, 2249, 2255.

1246 Ehricke/Ekkenga/*Oechsler*, § 12 Rn. 4; a.A. *Assmann*, AG 2002, 153, 155 und *Santelmann*, S. 154 ff., nach denen auf die Perspektive eines durchschnittlichen Wertpapierinhabers abzustellen sei.

1247 *Hamann*, ZIP 2001, 2249, 2251.

1248 *Steinmeyer/Häger*, § 11 Rn. 50; s. insb. auch oben § 3A.II.3.b)bb)(1)(a).

die Angaben nicht in ausreichendem Maße durch Tatsachen untermauert werden können und kaufmännisch nicht vertretbar sind. Speziell im Zusammenhang mit den zukunftsbezogenen Angaben nach § 11 Abs. 2 Satz 3 Nr. 2 WpÜG ist zu beachten, dass es sich bei diesen um die Darstellung innerer Tatsachen handelt. Für eine Unrichtigkeit dieser Angaben ist deshalb entscheidend, ob der Bieter im Zeitpunkt der Prospektererstellung tatsächlich die angegebenen Absichten verfolgte, wobei auf die interne Willensbildung der maßgeblichen Organe abzustellen ist.[1249]

Daneben muss die Angebotsunterlage entsprechend § 11 Abs. 1 Satz 2 WpÜG Angaben enthalten, die notwendig sind, um in Kenntnis der Sachlage über die Offerte entscheiden zu können. Jedenfalls bei Fehlen einer der aufgelisteten Inhalts- oder ergänzenden Angaben (§§ 11 Abs. 2 Satz 2 und 3 WpÜG, § 2 AngebotsVO) liegt das Merkmal der Unvollständigkeit vor.[1250]

Enthält die Unterlage demnach Ausführungen zu arbeitsrechtlichen Pflichtangaben, obwohl der Bieter zum Zeitpunkt der Erstellung in Wahrheit keine diesbezüglichen Absichten und Ausgleichsmaßnahmen verfolgte, ist eine Unrichtigkeit gemäß § 12 Abs. 1 WpÜG zu bejahen, wenn der Übernehmer die Ankündigungen im Anschluss an den Kontrollerwerb nach § 29 Abs. 2 WpÜG nicht einhält. Aufgrund der Beweisführungsschwierigkeiten im Zusammenhang mit inneren Tatsachen ist zudem ein Abweichen ohne erkennbaren Grund von den in der Angebotsunterlage geschilderten Absichten und Vorhaben zumindest als *Indiz* dafür zu werten, dass der Bieter diese nicht ernsthaft anstrebte: In einer solchen Situation hat der neue Gesellschafter substantiiert die Gründe darzulegen, aus denen sich die Abkehr seines tatsächlichen Handelns von den ursprünglichen Plänen ergibt.[1251] Um Haftungsrisiken zu vermindern, ist diesem daher anzuraten, durch geeignete Unterlagen (z.B. Pläne, Protokolle) eine lückenlose Dokumentation über die Umstände, auf denen die in der Angebotsunterlage dargestellten Angaben beruhen, zu erstellen.[1252] Vor dem Hintergrund der unternehmerischen Freiheit des Akquisiteurs hat dieser hierbei (lediglich) plausibel darzulegen, dass spätere Absichtsänderungen wirtschaftlich nicht schlechthin unvertretbar erscheinen. Wenn der Bieter daher im Antragsdokument etwa eine Beschäftigungsgarantie ankündigt, nach der Akquisition aber die Zielgesellschaft zerschlägt, ohne dass dies wirtschaftlich anders als durch eine Sanierung des Übernehmers zu rechtfertigen wäre, und dadurch viele Arbeitsstellen wegfallen, ist die Angebotsunterlage fehlerhaft i.S. des § 12 Abs. 1 WpÜG.[1253] Falls andererseits nach (vernünftiger) Auffassung des Bieters bei Durchführung der vorgesehenen Maßnahmen keine Änderungen zum Stand vor

---

[1249] *Assmann*, AG 2002, 153, 155 f.; KK-WpÜG/*Seydel*, § 11 Rn. 33; s. oben § 3A.II.3.b)bb)(1)(b).

[1250] KK-WpÜG/*Möllers*, § 12 Rn. 40; ähnlich Ehricke/Ekkenga/*Oechsler*, § 12 Rn. 6 („in der Regel [unvollständig]“); KK-WpÜG/*Seydel*, § 11 Rn. 35 („regelmäßig“); *Steinmeyer/Häger*, § 11 Rn. 12 („In aller Regel“).

[1251] *Assmann*, AG 2002, 153, 156; Ehricke/Ekkenga/*Oechsler*, § 11 Rn. 22 („Beweis des ersten Anscheins“); *Santelmann*, S. 154; *Steinmeyer/Häger*, § 11 Rn. 50.

[1252] *Hamann*, ZIP 2001, 2249, 2252; HWK/*Seibt*, WpÜG Rn. 13 (dort Fn. 1); *Seibt*, DB 2002, 529, 533 (dort Fn. 42); *Steinmeyer/Häger*, § 11 Rn. 50.

[1253] Ähnlich *Santelmann*, S. 154.

dem Beteiligungserwerb zu erwarten sind, ist die Unterlage (auch dann) unvollständig, wenn zu den in § 11 Abs. 2 Satz 3 Nr. 2, 4. und 6. Var. WpÜG genannten Aspekten keinerlei Aussagen (einschließlich einer Negativerklärung) gemacht wurden.[1254] Sollte der Bieter hingegen trotz Vorliegens einer Negativerklärung im maßgeblichen Zeitpunkt dennoch Absichten in Bezug auf die Belegschaft verfolgen, ist die Angebotsunterlage wiederum unrichtig.

bb) Qualifizierung arbeitsrechtlicher Angaben als „wesentlich" i.S.v. § 12 Abs. 1 WpÜG

Weitere Voraussetzung für eine Haftung nach § 12 Abs. 1 WpÜG ist, dass der fehlerhaften Angabe für die Beurteilung der Offerte „wesentliche" Relevanz zukommt. Umgekehrt bedeutet dies, dass nicht jede der Angaben, die nach § 11 Abs. 2 WpÜG und § 2 AngebotsVO in die Unterlage aufgenommen werden muss, per se als wesentlich einzustufen ist. Nach Auffassung des Gesetzgebers kommt es insoweit darauf an, „ob sich im konkreten Fall bei einer ordnungsgemäßen Angabe die für die Beurteilung der Wertpapiere maßgeblichen oder rechtlichen Verhältnisse verändern würden", d.h. ob ein Aktionär die ordnungsgemäße Angabe bei seiner Entscheidung berücksichtigen würde.[1255] Wesentlich sind daher – im Gegensatz zur Frage der Fehlerhaftigkeit[1256] – nach nahezu einhelliger Meinung alle wertbildenden Faktoren, die ein durchschnittlicher und verständiger Anteilsinhaber bei seiner Anlageentscheidung „eher als wesentlich erachtet, als dass er sie für nicht wesentlich" hält.[1257]

Zu den Angaben, die hiernach Berücksichtigung finden würden, zählen zumindest die Angaben, die die essentialia negotii[1258] des Erwerbsvertrages begründen (vgl. § 11 Abs. 2 Satz 2 WpÜG). Innerhalb der Lehre ist darüber hinaus umstritten, ob auch fehlerhafte arbeitsrechtliche Angaben nach § 11 Abs. 2 Satz 3 Nr. 2 WpÜG 'wesentlich' i.S.v. § 12 Abs. 1 WpÜG sein können. Während entsprechende Angaben zum Teil regelmäßig als wesentlich qualifiziert werden,[1259] behaupten Vertreter der Gegenansicht, dass unrichtige oder unvollständige arbeitnehmerbezogene Pflichtangaben jedenfalls in der Regel keine Umstände bildeten, die den Anleger der Zielgesellschaft bei seiner

---

[1254] S. oben § 3A.II.3.b)bb)(1)(a); a.A. HWK/*Seibt*, WpÜG Rn. 15; *Seibt*, DB 2002, 529, 533; so auch zum Umwandlungsrecht Kallmeyer/*Willemsen*, § 5 UmwG Rn. 59, 60a.

[1255] BT-Ds. 14/7034 zu § 12 Abs. 1 RegE-WpÜG, S. 42; vgl. auch *Renner*, in: Haarmann (u.a.), § 12 Rn. 24.

[1256] Hierbei ist der Verständnishorizont der *Arbeitnehmer/-vertreter* der Zielgesellschaft ausschlaggebend, s. vorstehend § 3A.IV.1.a)aa)(1).

[1257] *Assmann*, AG 2002, 153, 154; Ehricke/Ekkenga/*Oechsler*, § 12 Rn. 3; Geibel/Süßmann/*Schwennicke*, § 12 Rn. 9; *Hamann*, ZIP 2001, 2249, 2256; KK-WpÜG/*Möllers*, § 12 Rn. 77; *Steinmeyer/Häger*, § 12 Rn. 9; vgl. auch HWK/*Seibt*, WpÜG Rn. 27; *Seibt*, DB 2002, 529, 535; gegen eine Heranziehung subjektiver Elemente bei der Beurteilung der Wesentlichkeit *Santelmann*, S. 162 ff.

[1258] S. oben § 3A.II.3.a).

[1259] *Assmann*, AG 2002, 153, 154 f.; wohl auch Ehricke/Ekkenga/*Oechsler*, § 12 Rn. 3; *Grobys*, GmbHR 2000, R389; *Steinmeyer/Häger*, § 12 Rn. 10.

Entscheidung bestimmen würden, so dass diese Daten lediglich unwesentliche Ausführungen darstellten.[1260]

Zugunsten der zuletzt genannten These wird die (angebliche) Wertung des § 11 Abs. 2 WpÜG bemüht, nach der den ergänzenden Angaben (Satz 3) im Gegensatz zu den Inhaltsangaben (Satz 2) in aller Regel die erforderliche Wesentlichkeit abzuerkennen sei.[1261] Dem ist jedoch entgegenzuhalten, dass den Materialien gerade keine Differenzierung zwischen den beiden Angabearten zu entnehmen ist; vielmehr werden die Informationen nach § 11 Abs. 2 WpÜG *insgesamt* als „grundlegend" für die Beurteilung einer Offerte bezeichnet.[1262] Demnach kann die Haftung gemäß § 12 WpÜG nicht ohne weiteres davon abhängig gemacht werden, ob es sich bei den fehlerhaften Angaben um solche zum Angebotsinhalt oder um ergänzende Angaben handelt.[1263]

Die Anhänger der ersten Ansicht argumentieren ihrerseits, dass der gewöhnliche Anteilseigner seiner Annahmeentscheidung nicht nur kurzfristige Informationen über die Angebotskonditionen und die gegenwärtige Werthaltigkeit der betroffenen Wertpapiere zugrunde legen, sondern ebenso im weiten Umfange mittelfristige Entwicklungen für den Fall der Nichtannahme des Angebots berücksichtigen würde.[1264] In dieser Pauschalität vermag eine solche Begründung nicht zu überzeugen. Einerseits ist für den veräußernden Aktionär ohne Belang, welche Pläne der Bieter im Anschluss an die Kontrollerlangung hegt. Denn dieser wird in der Zukunft weder an der Entwicklung der übernommenen Gesellschaft noch an der des Bieters teilhaben, so dass ihn diese Angaben in seiner Entscheidungsfindung „eher nicht" beeinflussen.[1265] Dem kann nicht entgegnet werden, dass sich der durchschnittliche Angebotsadressat bei Aufnahme arbeitnehmerbetreffender Angaben seiner sozialen Verantwortung bewusst würde und dadurch seine Anlageentscheidung manipulierbar wäre:[1266] Wie schon der Übernahmekampf zwischen Vodafone und Mannesmann zeigte, bei dem sogar die den Eigentümerwechsel ansonsten skeptisch beurteilenden Belegschaftsaktionäre des angegriffenen Unternehmens zu attraktiven Konditionen über die Börse in großem Umfang ihre Anteile verkauften,[1267] erzeugen die Angaben zum Schicksal der Beschäftigten bei einem auf die Steigerung seiner Kapitalanlage bedachten Aktionär eher marginale Aufmerksamkeit. Aber auch in Konstellationen, in denen der Anteilsinhaber ein Tauschangebot des Bieters annimmt, stellen die arbeitsrechtlichen Pflichtangaben keine wertbildenden Tatsachen dar; eher werden den durchschnittlichen und verständigen Aktio-

---

[1260] HWK/*Seibt*, WpÜG Rn. 27; KK-WpÜG/*Hirte*, § 27 Rn. 28; *Seibt*, DB 2002, 529, 535; *Stephan*, AG 2003, 551, 555; *Willemsen*, in: Willemsen (u.a.), Kap. B Rn. 148b.

[1261] HWK/*Seibt*, WpÜG Rn. 27 (dort Fn. 6); KK-WpÜG/*Hirte*, § 27 Rn. 28; *Seibt*, DB 2002, 529, 535 (dort Fn. 66).

[1262] Vgl. dazu oben § 3A.II.3.

[1263] Vgl. dazu oben § 3A.II.3.a).

[1264] *Assmann*, AG 2002, 153, 154.

[1265] Ähnlich *Harbarth*, ZIP 2004, 3, 11; *Santelmann*, S. 163; *Stephan*, AG 2003, 551, 555.

[1266] S. oben § 3A.II.3.b)bb)(5).

[1267] KK-WpÜG/*Hirte*, § 33 Rn. 181 (dort Fn. 455); *Krause*, AG 2002, 133, 139 (dort Fn. 86).

när lediglich die Auswirkungen des Antrags auf die Vermögens-, Finanz- und Ertragslage des Bieters Anleger § 11 Abs. 2 Satz 3 Nr. 1 WpÜG interessieren.[1268]

Sofern hingegen der Aktionär das Angebot aufgrund einer fehlerhaften Angabe ablehnen sollte, ist für ihn im Grundsatz zwar die zukünftige Entwicklung der Zielgesellschaft – wie sie sich aus der Unterlage ergibt – wesentlich. Dennoch scheidet ein Anspruch nach § 12 Abs. 1 WpÜG aus, denn dieser steht ausschließlich den annehmenden Angebotsadressaten zu.[1269]

cc) Zwischenergebnis

Auch wenn das Antragsdokument hinsichtlich der Daten gemäß § 11 Abs. 2 Satz 3 Nr. 2, 4. und 6. Var. WpÜG fehlerhaft sein sollte, steht den die Übernahmeofferte annehmenden Wertpapierinhabern auf der Grundlage der §§ 34, 12 Abs. 1 WpÜG kein Anspruch auf Schadensersatz zu. Demnach besteht jedenfalls auf dieser Grundlage keine Möglichkeit, den Bieter zur Einhaltung der Zusagen in Richtung auf die Mitarbeiter indirekt unter Druck zu setzen.

b) Haftung gemäß § 823 Abs. 2 BGB i.V.m. § 11 WpÜG

Weiter steht den Aktionären der Zielgesellschaft bei fehlerhaften Angaben mit Bezug zu den arbeitsrechtlichen Verhältnissen kein Schadensersatzanspruch aus § 823 Abs. 2 BGB i.V.m. § 11 Abs. 2 Satz 3 Nr. 2 WpÜG zu. In der Literatur wird zwar vereinzelt ein Schutzgesetzcharakter des § 11 WpÜG zugunsten dieser Personen angenommen:[1270] Die Materialien, wonach die Anteilseigner eine hinreichende Grundlage für ihre Entscheidung über die Annahme des Antrags erhalten sollen,[1271] deuteten darauf hin, dass diese Norm die Individualinteressen dieser Gruppenmitglieder schützen solle. Richtigerweise ist jedoch dem Standpunkt zu folgen, dass der Gesetzgeber zugunsten Dritter keinen individuellen Schadensersatzanspruch begründen wollte.[1272] Mithin bezweckt § 11 WpÜG nicht, neben der Allgemeinheit auch den einzelnen Aktionär zu schützen, so dass die Vorschrift kein Schutzgesetz i.S. des § 823 Abs. 2 BGB ist.

2. Schutz- und Sanktionsmöglichkeiten zugunsten der Arbeitnehmer der Zielgesellschaft

Anhand des feindlichen Übernahmeangebots von Vodafone für die Aktien der Mannesmann AG offenbarte sich der Missstand, dass der potenzielle Akquisiteur während des Angebotsverfahrens den Arbeitnehmern des Zielkonzerns zwar öffentlich versicherte, dass nach einer Mehrheitsbeteiligung ihre berufliche Zukunft sicherer und ein späteres Zusammengehen der Unternehmen zum Nutzen aller Beteiligten sei, tatsäch-

---

1268 Vgl. BT-Ds. 14/7034 zu § 12 Abs. 1 RegE-WpÜG, S. 42; s. auch Ehricke/Ekkenga/*Oechsler*, § 12 Rn. 3, § 11 Rn. 15; *Stephan*, AG 2003, 551, 555.

1269 *Santelmann*, S. 163.

1270 So wohl *Aha*, AG 2002, 160, 161; vgl. auch *Ekkenga/Hofschroer*, DStR 2002, 724, 730.

1271 BT-Ds. 14/7034 zu § 11 Abs. 1 RegE-WpÜG, S. 41.

1272 *Schnorbus*, WM 2003, 657, 663; i.E. ebenso HWK/*Seibt*, WpÜG Rn. 26; *Seibt*, DB 2002, 529, 535; s. auch oben § 3A.III.2.c).

lich aber später durch umfangreiche Umstrukturierungen etliche tausend Arbeitsplätze wegrationalisiert wurden. Daran anknüpfend soll im Folgenden erörtert werden, ob und inwieweit nach der erfolgreichen Veränderung der Beteiligungsverhältnisse Schutzmechanismen zugunsten der Beschäftigten der Zielgesellschaft existieren, damit der Übernehmer die zuvor getätigten Zusagen auch wirklich realisiert.

a) Schutzwürdige Arbeitnehmerbelange bei Auswechselung des Managements

Einleitend ist die Schutzbedürftigkeit der Mitarbeiter der Zielgesellschaft in solchen Situationen zweifelhaft, weil sich durch den Anteilserwerb an einer börsennotierten Gesellschaft der *abstrakte* Arbeitgeber nicht ändert; Partei des Arbeitsverhältnisses bleibt weiterhin die AG als juristische Person.[1273] Überdies ist der neue Großaktionär nicht berechtigt, dem Vorstand der übernommenen Gesellschaft rechtsverbindliche Weisungen zu erteilen.[1274] Der Kontrollwechsel ändert nichts daran, dass das originäre Management – so lange kein Beherrschungsvertrag gemäß § 308 Abs. 1 AktG geschlossen ist – zur eigenverantwortlichen Leitung der Gesellschaft verpflichtet bleibt.

Doch ist für den erfolgreichen Bieter die Abberufung der Aufsichtsratsmitglieder der Zielgesellschaft, die ihrerseits die Mitglieder des Vorstands nach § 84 Abs. 1 Satz 1 AktG bestellen, einer der wesentlichen Schritte zur Erlangung der Kontrolle über die Geschäftstätigkeit. So will der Übernehmer typischerweise schnellstmöglich den bisherigen Vorstand durch Personen seines Vertrauens ersetzen,[1275] denn in der Regel kommt eine Geschäftsleitung den Wünschen des kontrollierenden Gesellschafters nach. Der Vorstand fungiert als *konkreter* Arbeitgeber, d.h. er vertritt die AG im Außenverhältnis auch gegenüber der eigenen Belegschaft. Hat der Erwerber indes maßgeblichen Einfluss auf die Zusammensetzung des Organs, kann er durch dieses die von ihm gewünschten Vorhaben (z.B. Zerschlagung der AG durch Einzelveräußerung der Vermögenswerte) durchführen lassen. Vor diesem Hintergrund bestehen insbesondere nach Übernahmeauseinandersetzungen schützwürdige Interessen der betroffenen Arbeitnehmer.

Die vorzeitige Abberufung von Aufsichtsratsmitgliedern erfordert indessen gemäß § 103 Abs. 1 Satz 2 AktG einen mit 75 % Stimmenmehrheit gefassten Beschluss der Hauptversammlung, wobei immerhin die Satzung eine andere Mehrheit und weitere

---

[1273] Vgl. oben § 2B.I.3.b); zur begrifflichen Unterscheidung zwischen abstraktem und konkretem Arbeitgeber s. *Gitter/Michalski*, S. 41 f.

[1274] *Altmeppen*, ZIP 2001, 1073, 1075; Geibel/Süßmann/*Schwennicke*, § 3 Rn. 39; *Drygala*, ZIP 2001, 1861, 1864; *Riehmer*, in: Haarmann (u.a.), Vor §§ 29 bis 34 Rn. 19; vgl. auch *Hüffer*, § 311 AktG Rn. 8.

[1275] *Altmeppen*, ZIP 2001, 1073, 1075; Geibel/Süßmann/*Zehetmeier-Müller*, Einl. Rn. 44; *Krause*, AG 2002, 133, 141; *Riehmer*, in: Haarmann (u.a.), Vor §§ 29 bis 34 Rn. 20 ff.; *Schanz*, NZG 2000, 337, 342.

Hierfür steht beispielhaft die Besetzung des 18-köpfigen gemeinsamen Vorstands von Sanofi-Aventis nach dem Zusammenschluss beider Konzerne, der zwar aus mehr Mitgliedern von Aventis als von Sanofi-Synthélabo besteht, die Schlüsselpositionen jedoch von *Jean-François Dehecq* an Personen seines Vertrauens vergeben wurden, dazu FAZ, 23.6.2004, S. 15 (Mächtige Position für Dehecq bei Sanofi-Aventis), S. 16 (Starke Kontrolle).

Erfordernisse bestimmen kann (Satz 3). So enthalten die Satzungen vieler Publikumsgesellschaften – wie auch der seinerzeitige § 16 Abs. 3 der Satzung der Mannesmann AG[1276] – eine Generalklausel, nach der die Beschlüsse der Hauptversammlungen (vorbehaltlich anderweitiger Gesetzesvorgaben) mit einfacher Mehrheit gefasst werden. Ist dem Bieter in einem Zwischenschritt die Neubesetzung des Aufsichtsrats gelungen, ist die vorzeitige Abberufung der Vorstandsmitglieder wegen § 84 Abs. 3 Satz 1 AktG an einen 'wichtigen Grund' gebunden. Dazu kann bereits ein mit einfacher Mehrheit der abgegebenen Stimmen beschlossener Entzug des Vertrauens durch die Hauptversammlung zählen, ohne dass dies aus einem offenbar unsachlichen Grund erfolgt, § 84 Abs. 3 Satz 2 AktG. Da dieser Vertrauensentzug weder schuldhaftes Fehlverhalten voraussetzt noch in der Person des jeweiligen Mitglieds liegen muss, reicht es für einen sachlichen Grund aus, dass berechtigte Zweifel an der Ausübung des Leitungsermessens unter loyaler Berücksichtigung unternehmenskonformer Interessen der neuen Mehrheit bestehen.[1277] Insbesondere bei feindlichen Kontrollerwerben ist zu erwarten, dass sich die Zusammenarbeit zwischen dem neuen Großaktionär und dem Vorstand als konfliktträchtig darstellen wird, so dass die Bestellung zum Vorstandsmitglied widerrufen werden kann.

Aber auch wenn die Zweiteilung in Aufsichtsrat und Vorstand mitunter die Neubesetzung des Managements der Zielgesellschaft außerordentlich erschwert,[1278] beugen sich in der Praxis der Vorstand und die Anteilseignervertreter im Aufsichtsrat letztlich dem Willen des erfolgreichen Übernehmers und bieten zumindest ihren Rücktritt an. Nach einer kurzen Übergangszeit werden sie dann regelmäßig mit einem „goldenen Handschlag" aus dem Unternehmen verabschiedet.[1279]

b) Nicht aufgegriffene Initiativen zur bindenden Wirkung von Bieterzusagen

Während des Gesetzgebungsverfahrens gab es verschiedene Vorschläge, wie in das künftige Übernahmegesetz ein über Informationspflichten hinausgehender Arbeitnehmerschutz implementiert werden könnte. Darunter befanden sich auch Anregungen,

---

1276 Stand Oktober 1999; s. *Krause*, AG 2002, 133, 141 (dort Fn. 129); *Riehmer*, in: Haarmann (u.a.), Vor §§ 29 bis 34 Rn. 20; vgl. ebenfalls *Bayer*, ZGR 2002, 588, 591.

1277 Vgl. BGH vom 28.4.1954, NJW 1954, 998, 999; *Dreher*, AG 2002, 214, 217; *Hauschka/Roth*, AG 1988, 181, 188; *Richter*, in: Semler/Volhard, § 52 Rn. 142; ähnlich *Seulen*, S. 94 f.

1278 Dazu *Gordon*, AG 2002, 670, 673; *Hauschka/Roth*, AG 1988, 181, 188; *Schanz*, NZG 2000, 337, 342 f.

1279 *Kübler*, in Semler/Volhard, § 3 Rn. 101; *Schneider/Burgard*, DB 2001, 963, 967; *Wackerbarth*, WM 2001, 1741, 1744.

So erhielt der seinerzeit amtierende Vorstandsvorsitzende von Aventis, *Igor Landau*, anlässlich seines Abschieds mutmaßlich annähernd 25 Mio. €, s. FAZ, 27.4.2002, S. 14 (Sanofi-Aventis startet mit hohen Schulden) und www.Sueddeutsche.de, 9.6.2004 (Zwölf Millionen Euro und tschüss!). Auch Mannesmann-Chef *Esser* wurde mit 29 Mio. DM zuzüglich einer Anerkennungsprämie i.H.v. 31 Mio. DM von Vodafone abgefunden, dazu *Burgard*, WM 2000, 611, 612; FAZ, 2.11.2001, S. 22 (Gutachter: Die Millionen Abfindung für Esser war angemessen); KK-WpÜG/*Seydel*, § 33 Rn. 191 (dort Fn. 479).

die den Bieter zu rechtsverbindlichen Aussagen über die Zukunft der Beschäftigten verpflichten wollten.[1280]

aa) Verpflichtender Abschluss eines Fusionstarifvertrags

Am weitesten ging dabei der – gescheiterte Antrag[1281] – der PDS-Fraktion im Deutschen Bundestag aus dem Jahre 2000,[1282] in dem für die Gewerkschaften ein gesetzliches Recht auf den Abschluss eines Fusionstarifvertrags gefordert wurde. In diesem sollten die Fragen von Beschäftigungssicherung, Qualifizierung, Erhalt sozialer und tariflicher Standards und die Regelungen zur Sicherstellung betrieblicher und gewerkschaftlicher Mitbestimmungsrechte und -gremien festgelegt werden.[1283]

bb) Verpflichtende Erklärung einer Beschäftigungsgarantie

Noch in seiner Stellungnahme zu einem europäischen Richtlinienentwurf im Jahre 1990 setzte sich der DGB dafür ein, dass der Bieter bei einem feindlichen Übernahmeangebot eine mittelfristige Beschäftigungsgarantie abgeben müsse.[1284] Nach anfänglicher Erneuerung dieser Forderung im Zusammenhang mit der Einführung einer nationalen Übernahmeregelung im Frühjahr 2000[1285] nahm die Gewerkschaft hiervon erst Abstand, nachdem die Bundesregierung in ihrer Antwort auf eine Große Anfrage der FDP-Fraktion deutlich machte, dass sie keine Möglichkeit sehe, Bieter gesetzlich dazu zu verpflichten, dass bei einer Übernahme keine Arbeitsplätze verloren gehen.[1286] Daraufhin verlangte der DGB bei einer Nichtumsetzung der in der Angebotsunterlage gemachten Angaben durch den Bieter, dass den Arbeitnehmervertretungen der Zielgesellschaft gegenüber dem (ggf. neu besetzten) Vorstand ein Verhandlungsanspruch eingeräumt werden müsse, mit dem Ziel, entstandene oder zu befürchtende Nachteile auszugleichen.[1287] Sofern von diesem Verhandlungsrecht kein Gebrauch gemacht werde, sollte eine § 113 BetrVG nachgebildete Bestimmung Anwendung finden.

1280 Zu Vorschlägen auf europäischer Ebene s. oben Fn. 920.

1281 BT-Plenarprotokoll 14/201 vom 15.11.2001, S. 19788 f.

1282 S. oben § 1B.II.2.c).

1283 BT-Ds. 14/3394, S. 3; dazu BT-Plenarprotokoll 14/125 vom 13.10.2000, S. 12062 (*Kolb*) zu BT-Ds. 14/3394.

1284 Stellungnahme des DGB vom 10.9.1990 zum überarbeiteten Richtlinienvorschlag (s. oben § 1B.I.2.e)), Düsseldorf, 12.11.1990; kritisch hierzu *Ebenroth/Rapp*, DWiR 1991, 2, 7 f.

1285 DGB-Chef *Dieter Schulte* forderte eine Garantie des Bieters, dass unmittelbar durch die Fusion keine Arbeitsplätze verloren gehen (einblick, Heft 5/00 vom 13.3.2000, S. 3 (Das große Fressen – nur ausgebremst)).

Ähnlich die Situation im Vorfeld der Verabschiedung des österreichischen Übernahmegesetzes, wo die Arbeiterkammer forderte, dass der Übernahmekommission (dazu oben § 2C.I.) in besonderen Fällen die Möglichkeit eingeräumt werden müsse, vom Aufkäufer Beschäftigungsgarantien einzufordern (vgl. Wirtschaftsblatt, 27.1.1998, S. 1: Übernahmegesetz auf der langen Bank).

1286 Antwort der Bundesregierung auf die Große Anfrage der Fraktion der FDP – BT-Ds. 14/2826 vom 23.2.2000, S. 1 ff. –, BT-Ds. 14/3895 vom 13.7.2000, S. 9.

1287 Stellungnahme des DGB zu § 13 DiskE-ÜG vom 11.10.2000, S. 3; kritisch dazu *Wackerbarth*, WM 2001, 1741, 1742, 1749.

c) (Ausschließlicher) Schutz durch die §§ 111 ff. BetrVG (Sekundärschutz)

Die Legislative erkannte erst zum Ende des parlamentarischen Verfahrens die Praxisrelevanz dieser Problematik. Dementsprechend befasste sich der federführende Finanzausschuss des Deutschen Bundestages im Spätherbst 2001 auch mit der Frage, welche Möglichkeiten zur Verfügung stünden, dass Zusagen des Bieters *aus dem Angebot* gegenüber der betroffenen Arbeitnehmerschaft eingehalten würden. Auf Empfehlung des mitberatenden Ausschusses für Arbeit und Soziales,[1288] nahm der Finanzausschuss zu diesem Zweck die Ausführungen des Bundesministeriums für Arbeit und Sozialordnung (BMA) in seinen Abschlussbericht als Klarstellung zu § 12 RegE-WpÜG auf.

Nach Auffassung des BMA sollen für den Fall, dass der Bieter nach einer erfolgreichen Übernahme von seinen Angaben betreffend die Arbeitnehmer im Übernahmeangebot (vgl. §§ 34, 11 Abs. 2 Satz 3 Nr. 2 WpÜG) abweicht und dadurch Arbeitnehmer entlassen werden oder andere wirtschaftliche Nachteile erleiden, ausschließlich die Schutzregelungen des BetrVG eingreifen.[1289] Unter der Prämisse, dass eine Maßnahme des Übernehmers die Voraussetzungen des § 111 BetrVG erfülle, sei zwischen Arbeitgeber (gemeint ist der Vorstand in seiner Funktion als konkreter Arbeitgeber, dessen Mitglieder ggf. bereits den Wünschen des Bieters entsprechend ausgetauscht wurden) und Betriebsrat zunächst eine Einigung über die Unternehmerentscheidung zur geplanten Betriebsänderung als solche zu versuchen (Interessenausgleich, § 112 Abs. 1 Satz 1 BetrVG). Dabei gehe es um die Frage, ob, wann und in welchem Umfang (ganz oder teilweise, Alternativen) die vom Unternehmer geplante Betriebsänderung durchgeführt werden solle. Zwecks Ausgleichs oder Milderung der sozialen Folgen, die den Arbeitnehmern infolge der geplanten Betriebsänderung entstünden, sei darüber hinaus zwischen den Betriebspartnern ein (erzwingbarer) Sozialplan gemäß § 112 Abs. 1 Satz 2 BetrVG aufzustellen. Weiche der Unternehmer schließlich von einem vereinbarten Interessenausgleich ohne zwingenden Grund ab und würden Arbeitnehmer deswegen entlassen oder erlitten sie andere Nachteile (§ 113 Abs. 1 und 2 BetrVG) oder unternähme der Arbeitgeber nicht einmal den Versuch, sich mit dem Betriebsrat über einen Interessenausgleich zu einigen (§ 113 Abs. 3 BetrVG), hätten die Arbeitnehmer einen Nachteilsausgleichsanspruch in Form von Abfindungen.

aa) Auswirkungen von Interessenausgleich und Sozialplan auf angestrebte Liquidationen im Anschluss an feindliche Unternehmensübernahmen

In diesem Zusammenhang stellt sich zunächst die Frage, in welchem Umfang Interessenausgleich und Sozialplan Schutz vor ausschließlich finanziell motivierten feindlichen Übernahmeangeboten bieten, bei denen naturgemäß die Gefahr besonders groß ist, dass arbeitnehmerbezogene Angaben der Angebotsunterlage vom Bieter nicht eingehalten werden.[1290] Insbesondere in den USA erwerben Konkurrenten oder reine Pro-

---

1288 BT-Ds. 14/7477, S. 49.

1289 BT-Ds. 14/7477, S. 51 f.; vgl. auch HWK/*Seibt*, WpÜG Rn. 28; *Seibt*, DB 2002, 529, 535; *Willemsen*, in: Willemsen (u.a.), Kap. B Rn. 148c.

1290 S. oben § 1A.I.3.

fiteure die Kontrollmehrheit an einem gutgehenden kleinen oder mittleren Unternehmen, um es anschließend zu liquidieren.[1291] Diese geläufige Praxis mit dem Ziel der Zerschlagung der Zielgesellschaft ist in der Bundesrepublik hingegen nur im Ausnahmefall profitabel, da jedenfalls die obligatorischen Sozialpläne erhebliche Kosten verursachen.[1292] So ist zu konstatieren, dass den betriebsverfassungsrechtlichen Regelungen der §§ 111-113 BetrVG durchaus Abschreckungswirkung gegen derartige Vernichtungsaktionen zukommt.

bb) Schwäche des ausschließlichen Schutzes durch die §§ 111 ff. BetrVG

Obschon die Materialien eine Auseinandersetzung mit der Problematik erkennen lassen, dass arbeitsrechtliche Zusagen in der Unterlage nach einem gelungenen Erwerbsangebot vom Übernehmer nicht eingehalten werden, ist aus rechtlicher Sicht der – *ausschließliche* – Verweis auf die §§ 111 ff. BetrVG unbefriedigend.

(1) Verfehlung des ordnungspolitischen Ziels

Einmal sind diese Vorschriften zur Erreichung des erklärten ordnungspolitischen Ziels, den Bieter zur Umsetzung der Angaben betreffend die Arbeitnehmer im Übernahmeangebot anzuhalten, ungeeignet. Denn für die Anwendbarkeit der §§ 112 Abs. 1 Satz 1 und 2, 113 BetrVG ist irrelevant, ob das Dokument Angaben i.S.v. § 11 Abs. 2 Satz 3 Nr. 2, 4. und 6. Var. WpÜG enthält oder nicht.[1293] Folglich erscheint der Hinweis auf diese Normen im Kontext der hier zu erörternden Frage wenig zielführend.

(2) Erforderlichkeit eines Betriebsrats zur Anwendung der §§ 111 ff. BetrVG

Unabhängig davon offenbart der proklamierte (alleinige) Schutz durch die §§ 111 ff. BetrVG eine Diskrepanz zur Einbindung der Arbeitnehmerinteressen in den übernahmegesetzlichen Verfahrensablauf.

Ausgangspunkt der nachfolgenden Überlegungen ist, dass zwingende Voraussetzung für die Auslösung der Beteiligungsrechte gemäß §§ 111 ff. BetrVG die Errichtung eines Betriebsrats in dem von der Maßnahme betroffenen Betrieb ist.[1294] Folglich sind die Beschäftigten einer betriebsratslosen Zielgesellschaft bei der Durchführung von Restrukturierungsmaßnahmen aus betriebsverfassungsrechtlicher Sicht schutzlos gestellt, wenn Entlassungen oder andere wirtschaftliche Schäden drohen. Nach den Bestimmungen des WpÜG bestehen dagegen bei Fehlen eines Betriebsrats Informationspflichten der Verwaltung der Zielgesellschaft unmittelbar gegenüber den Arbeitnehmern. Außerdem hat der Bieter über seine Absichten im Hinblick auf die Beschäftigten und deren Vertretungen Auskunft zu geben (vgl. § 11 Abs. 2 Satz 3 Nr. 2 WpÜG), wobei diese Verpflichtung auch dann nicht entfällt, wenn in der von dem Antrag be-

---

1291 S. dazu bereits *Ebenroth/Rapp*, DWiR 1991, 2, 4, 8; *Frank/Moreland*, RIW 1989, 761; *Sünner*, AG 1987, 276, 277 f.

1292 DKK/*Däubler*, § 111 BetrVG Rn. 21; *Hauschka/Roth*, AG 1988, 181, 195; vgl. auch *Ehlers*, NJW 2003, 2337, 2339.

1293 Vgl. oben § 2B.III.5.a).

1294 Dazu DKK/*Däubler*, § 111 BetrVG Rn. 117; ErfK/*Kania*, § 111 BetrVG Rn. 6; *Fitting*, § 111 BetrVG Rn. 33.

troffenen Gesellschaft kein Betriebsrat gebildet wurde. Letzteres kann verfahrensrechtlich insbesondere durch die Möglichkeit zur Stellungnahme nach § 27 Abs. 2, 2. Alt. WpÜG gerechtfertigt werden.

Beabsichtigt der Gesetzgeber einerseits mit Hilfe der genannten Regelungen des WpÜG *allen* betroffenen Arbeitnehmern verbesserte Möglichkeiten einzuräumen, die ihnen nach anderen Gesetzen zustehenden Rechte wahrzunehmen,[1295] ist es andererseits inkonsequent, *nur Teile* dieses Personenkreises bei Unzulänglichkeiten des Angebotsverfahrens in Gestalt der fehlerhaften Unterlage i.S.v. § 11 Abs. 1 Satz 1 WpÜG einzig auf die Regelungen des BetrVG zu verweisen (und zugleich vertragliche Anspruchsgrundlagen pauschal abzulehnen). Die Befolgung des aus den Materialien erkennbaren Verständnisses führte m.E. im Hinblick auf § 11 Abs. 2 Satz 3 Nr. 2, 4. und 6. Var. WpÜG bei Nichterrichtung eines Betriebsrats auf Seiten der Zielgesellschaft ferner zu schweren Legitimationsdefiziten: Aus welchem Grund sollte ein Bieter insbesondere bei feindlichen Übernahmeauseinandersetzungen in diesen Punkten seine wahren – den Mitarbeiterinteressen oftmals entgegengesetzten – Absichten kundgeben, wenn er weder mittelbar durch die §§ 34, 12 Abs. 1 WpÜG[1296] noch durch die §§ 111 ff. BetrVG zur „Einhaltung" der Angaben betreffend die Arbeitnehmer in der Offerte gezwungen werden kann? Tatsächlich setzte der DGB diesen Gedanken fort und regte während des Gesetzgebungsverfahrens (erfolglos) die Aufnahme einer § 113 BetrVG nachgebildeten Vorschrift in eine Übernahmeregelung an: Bestünde bei der Zielgesellschaft keine Arbeitnehmervertretung, müssten bei Differenzen zwischen den Ankündigungen im Antragsdokument und den tatsächlich durchgeführten/unterlassenen Maßnahmen die in dieser Norm vorgesehenen Bestimmungen zum Nachteilsausgleich herangezogen werden.[1297]

Dieser Kritik kann nicht entgegengehalten werden, dass unorganisierte Arbeitnehmer zur Wahrnehmung ihrer Rechte i.S. der §§ 111 ff. BetrVG einen Betriebsrat wählen könnten. Einerseits werden immer noch diejenigen Arbeitnehmer schutzlos gestellt, die in Kleinstbetrieben beschäftigt sind. Andererseits wird eine Wahl oftmals zu spät kommen, denn einem neu gewählten Betriebsrat stehen keine Beteiligungsrechte mehr zu, wenn dieser erst zu einem Zeitpunkt gewählt wird, in dem der Unternehmer schon mit der Betriebsänderung begonnen hat, selbst wenn diesem im Zeitpunkt seines Beschlusses bereits bekannt war, dass eine Arbeitnehmervertretung gebildet werden sollte.[1298]

1295 S. oben § 2B.II.1.a) zu § 10 Abs. 5 Satz 2 WpÜG sowie § 2B.III.1. zu § 14 Abs. 4 Satz 2 WpÜG.

1296 S. vorstehend § 3A.IV.1.a)cc).

1297 Stellungnahme des DGB zu § 13 DiskE-ÜG vom 11.10.2000, S. 3 f.; kritisch dazu *Wackerbarth*, WM 2001, 1741, 1742, 1749.

1298 BAG vom 28.10.1992, AP Nr. 63 zu § 112 BetrVG; *Ehlers*, NJW 2003, 2337; ErfK/*Kania*, § 111 BetrVG Rn. 6; a.A. *Bauer*, DB 1994, 217; *Fitting*, § 111 BetrVG Rn. 34.

(3) Möglichkeiten zur Umgehung des § 111 BetrVG a.F. und Neuerung im Jahre 2001

Darüber hinaus wird in den Materialien das exklusive Eingreifen der betriebsverfassungsrechtlichen Schutzbestimmungen damit gerechtfertigt, dass der Bieter aufgrund des Gesetzes zur Reform des BetrVG[1299] im Anschluss an ein erfolgreiches Übernahmeangebot keine Möglichkeit mehr habe, durch Umstrukturierungsmaßnahmen im (Ziel-)Unternehmen die Beteiligungsrechte der dortigen Betriebsräte nach den §§ 111 ff. BetrVG zu unterlaufen.[1300]

Indessen sind diese Ausführungen zu pauschal, da auch nach der Gesetzesänderung für ein vom Übernehmer neu zusammengesetztes Verwaltungsgremium durchaus Umgehungsmöglichkeiten im Hinblick auf diese Mitwirkungs- und Mitbestimmungsrechte der Arbeitnehmervertretung bestehen.

(a) Frühere Rechtslage: Lücke bei kleineren Betrieben, die größeren Unternehmen angehören

Bis zum 27. Juli 2001 gab es Beteiligungsrechte des Betriebsrats gemäß § 111 Satz 1 BetrVG (a.F.) nur, wenn im *Betrieb* – also in der Organisationseinheit, innerhalb derer ein Arbeitgeber unter Einsatz von personellen und sachlichen Mitteln bestimmte arbeitstechnische Zwecke fortgesetzt verfolgt[1301] – in der Regel mehr als zwanzig wahlberechtigte Arbeitnehmer beschäftigt wurden. Infolgedessen bestand die Gefahr, dass der Unternehmer seinen Betrieb in mehrere Kleinbetriebe mit jeweils weniger als einundzwanzig Beschäftigten aufspaltete und damit den vorgenannten Beteiligungsrechten entging, zumal eine entsprechende Absicht und damit ein Umgehungstatbestand nur ausnahmsweise nachgewiesen werden konnte.[1302]

(b) Heutige Rechtslage: Umstellung auf eine unternehmensbezogene Betrachtungsweise

Diese Lücke wurde mit dem In-Kraft-Treten des BetrVerf-ReformG am 28. Juli 2001 geschlossen. Danach gelten die Beteiligungsrechte gemäß §§ 111 ff. BetrVG nunmehr für *Unternehmen* – d.h. für organisatorische Einheiten, der ein oder mehrere Betriebe zugeordnet sind und mit welcher der Inhaber entferntere wirtschaftliche oder ideelle Zwecke verfolgt[1303] – mit in der Regel mehr als zwanzig wahlberechtigten Arbeitnehmern. Mit dieser Änderung soll sichergestellt werden, dass der Schutzzweck der Arbeitnehmergrenzzahl, kleinere Unternehmen vor zu starken wirtschaftlichen Belastungen, insbesondere durch Sozialpläne, zu schützen, auch tatsächlich nur diesen Unter-

---

[1299] S. oben Fn. 518.

[1300] BT-Ds. 14/7477, S. 52.

[1301] BAG vom 23.3.1984, AP Nr. 4 zu § 23 KSchG; *Hess*, in: HSWG, § 111 BetrVG Rn. 12b; *Stege/Weinspach/Schiefer*, §§ 111-113 BetrVG Rn. 4a.

[1302] Vgl. DKK/*Däubler* (7. Aufl.), § 111 BetrVG Rn. 29.

[1303] *Hess*, in: HSWG, § 111 BetrVG Rn. 12b; *Stege/Weinspach/Schiefer*, §§ 111-113 BetrVG Rn. 4a.

nehmen zugute kommt.[1304] Dies führt dazu, dass Kleinbetriebe größerer Unternehmen dem Mitwirkungs- und Mitbestimmungsverfahren nach den §§ 111-113 BetrVG unterstellt werden. Demnach kann ein Bieter, der infolge eines öffentlichen Angebots die Kontrolle i.S.v. § 29 Abs. 2 WpÜG erworben hat, nicht mehr – mittelbar über den ihm gefügigen Vorstand der übernommenen Gesellschaft – einen bei der Zielgesellschaft vorhandenen Betrieb in mehrere Kleinbetriebe aufspalten und im Anschluss daran betriebsändernde Maßnahmen i.S.v. § 111 Satz 3 BetrVG durchführen, ohne dass Beteiligungsrechte des Betriebsrats ausgelöst werden.

Eventuell verbleibt für den Übernehmer jedoch trotz dieser Umstellung die Option, die Rechte der §§ 111 ff. BetrVG dadurch zu unterlaufen, dass er einzelne Betriebe der Zielgesellschaft zu Unternehmen verselbständigen lässt und dass dabei die Schwelle des § 111 Satz 1 BetrVG unterschritten wird.

Ob kleinere Unternehmen mit weniger als einundzwanzig Arbeitnehmern auch dann von den genannten Beteiligungsrechten ausgenommen bleiben, wenn sie größeren *Konzernen* angehören, ist allerdings umstritten. Vereinzelt wird davon ausgegangen, dass im Wege entsprechender Anwendung der §§ 111 ff. BetrVG die unternehmensbezogene Betrachtung über den Wortlaut des § 111 Satz 1 BetrVG hinaus durch eine konzernbezogene ergänzt werden müsse.[1305] Hingegen soll nach anderer Auffassung die Arbeitnehmergrenzzahl durchweg auf das Unternehmen beschränkt bleiben und auch ein Analogieschluss scheide aus; die Beschäftigten kleinerer Unternehmen blieben vom Anwendungsbereich der Rechte bei Betriebsänderungen folglich ausgenommen, wenn sie größeren Konzernen angehörten.[1306]

Dem erstgenannten Standpunkt ist darin zuzustimmen, dass das vom Gesetzgeber intendierte Abstellen auf die wirtschaftliche Belastbarkeit nur dann konsequent verwirklicht wäre, wenn es nicht auf die Zahl der im Unternehmen, sondern auf diejenige der im Konzern beschäftigten Arbeitnehmer ankäme: Vom Sinn des § 111 BetrVG her ist schwerlich erklärbar, weshalb ein fünfzehn Personen beschäftigendes Tochterunternehmen von Siemens aus dem Anwendungsbereich der §§ 111 ff. BetrVG ausgeschlossen sein sollte.

Doch trotz der erkannten Regelungslücke des Beteiligungsrechts des Betriebsrats bei Betriebsänderungen kann diese nicht durch eine analoge Anwendung geschlossen werden, da es insoweit an deren Planwidrigkeit fehlt. Denn für eine konzernweite Anwendung fehlen aufgrund der Neuregelung des § 111 BetrVG jegliche Anhaltspunk-

---

1304 Begründung des RegE BT-Ds. 14/5741, S. 51; DKK/*Däubler*, § 111 BetrVG Rn. 24; *Engels/Trebinger/Löhr-Steinhaus*, DB 2001, 532, 540; *Fitting*, § 111 BetrVG Rn. 19; *Löwisch*, BB 2001, 1790, 1796; *Löwisch/Kaiser*, § 111 BetrVG Rn. 1; kritisch *Bauer*, NZA 2001, 375 f.; vgl. auch BAG vom 8.6.1999, AP Nr. 47 zu § 111 BetrVG.

1305 *Däubler*, AuR 2001, 285, 291; DKK/*Däubler*, § 111 BetrVG Rn. 24b; ähnlich *Fischer*, AiB 2001, 565, 568.

1306 GK-BetrVG/*Fabricius/Oetker*, § 111 Rn. 10; *Hess*, in: HSWG, § 111 BetrVG Rn. 12g; *Löwisch*, BB 2001, 1790, 1797; *Löwisch/Kaiser*, § 111 BetrVG Rn. 3; *Reichold*, NZA 2001, 857, 864 f.; *Stege/Weinspach/Schiefer*, §§ 111-113 BetrVG Rn. 7c.

te.[1307] Schon vor der Verabschiedung des BetrVerf-ReformG war umstritten, ob im Rahmen der Frage nach dem Schwellenwert auch auf die Zahl der in einem Konzern beschäftigten Personen abgestellt werden dürfe. Indem der Gesetzgeber sich bei der Reformierung des Betriebsverfassungsrechts explizit für eine unternehmensbezogene Betrachtungsweise entschieden hat und damit offensichtlich der Intention der Rechtsprechung des BAG entsprechen wollte, muss von einer *beabsichtigten* Lücke ausgegangen werden. Mithin kann die Anwendung der §§ 111 ff. BetrVG oftmals dadurch umgangen werden, dass der Arbeitgeber aus Betrieben selbständige Unternehmen macht.

Hat die Zielgesellschaft beispielsweise zwei Betriebe mit jeweils zwanzig Arbeitnehmern und soll nach einer Übernahme infolge von Reorganisationen einer dieser Betriebe stillgelegt (vgl. § 111 Satz 3 Nr. 1 BetrVG) werden, ist diese Betriebsänderung, da auf das Unternehmen abzustellen ist, interessenausgleichs- und sozialplanpflichtig. Lässt der Akquisiteur dagegen die Betriebseinheiten zu Unternehmen verselbständigen, kann er anschließend beide durch Einzelveräußerung zerschlagen, ohne das diese Maßnahmen Beteiligungsrechte des Betriebsrats auslösen würden, weil der Schwellenwert des § 111 Satz 1 BetrVG unterschritten wird. Darüber hinaus ist dem Unternehmer in der Praxis regelmäßig eine Umgehungsabsicht im Hinblick auf die §§ 111-113 BetrVG nicht nachzuweisen, so dass auch ein Umgehungstatbestand leer laufen wird.

Entgegen der übernahmerechtlichen Gesetzesmaterialien ist der Bieter demzufolge durchaus in der Lage, nach einer geglückten Kontrollerlangung durch entsprechende Umstrukturierungen im Zielunternehmen diese betriebsverfassungsrechtlichen Beteiligungsrechte zu konterkarieren.

d) Schutz auf der Zusagenebene (Primärschutz)

Die vorstehenden Ausführungen lassen erkennen, dass nach dem gesetzgeberischen Willen den Beschäftigten der Zielgesellschaft offensichtlich ein rein *sekundärer* Schutz zuteil werden soll, wenn der Bieter die zunächst laut Übernahmeangebot geplanten arbeitsrechtlichen Vorhaben gar nicht oder in veränderter Form durchführen lässt. Denn die Beteiligungsrechte der §§ 111 ff. BetrVG setzen nicht auf der Ebene der Zusage als solcher an (erste Stufe), sondern wirken sich erst auf der nachgelagerten Ebene der tatsächlichen Durchführung von unternehmerischen Maßnahmen aus (zweite Stufe).

Im Folgenden soll aufgezeigt werden, dass den Arbeitnehmern bereits nach derzeitiger Rechtslage gleichwohl aus der Angebotsunterlage nach § 11 Abs. 1 Satz 1 WpÜG selbst Ansprüche erwachsen können. Dieser Personengruppe ist ggf. schon auf der ersten Stufe, d.h. im Vorfeld einer geplanten Betriebsänderung, *Primär*schutz zu gewähren.

[1307] GK-BetrVG/*Fabricius/Oetker*, § 111 Rn. 10; *Hess*, in: HSWG, § 111 BetrVG Rn. 12g.

aa) Rechtscharakter der arbeitnehmerbetreffenden Angaben

Die Gewährung von weitergehenden Rechte neben den §§ 111-113 BetrVG hängt entscheidend von der rechtlichen Qualifizierung der im Antragsdokument enthaltenen arbeitsrechtlichen Angaben ab.

(1) Zusagen im Umwandlungsrecht

Im Hinblick auf die Frage der Rechtsverbindlichkeit von Angaben i.S.v. § 11 Abs. 2 Satz 3 Nr. 2, 4. und 6. Var. WpÜG stellt sich im Umwandlungsrecht eine vergleichbare Problematik.

Nach der dort vorherrschenden Ansicht sollen die arbeitsrechtlichen Pflichtangaben nach den §§ 5 Abs. 1 Nr. 9, 126 Abs. 1 Nr. 11, 194 Abs. 1 Nr. 7 UmwG im Umwandlungsvertrag, -entwurf oder -beschluss rein deskriptiv sein und für den Betriebsrat ausnahmslos Informations- und Berichtscharakter haben.[1308] Angaben über die „Folgen für die Arbeitnehmer und ihre Vertretungen sowie die insoweit vorgesehenen Maßnahmen" seien *Wissens*erklärungen der am Umwandlungsvorgang beteiligten Rechtsträger, weswegen sie in keinem Fall Inhalt der vertraglichen Regelungen werden könnten.[1309] Mithin hätten insbesondere die betroffenen Arbeitnehmer trotz solcher arbeitsrechtlicher Angaben im Vertrag – etwa einer Garantie für den Fortbestand ihrer Arbeitsplätze für eine bestimmte Zeit – grundsätzlich keine Möglichkeit, individuelle Ansprüche geltend zu machen.

Dennoch wird von einem großen Teil der Lehre für möglich gehalten, dass *im* Umwandlungsvertrag enthaltene Zusagen den Arbeitnehmern im Einzelfall *konkrete Ansprüche* einräumen könnten.[1310]

(2) Situation im Übernahmerecht

Fraglich ist, ob die zum UmwG gemachten Aussagen sinngemäß auf die arbeitnehmerbezogenen Pflichtangaben in der Angebotsunterlage übertragen werden können. Hierfür gilt es zu untersuchen, ob diese Absichtsbekundungen Bindungswirkung entfalten oder nicht.

(a) Grundsätzlich kein Rechtsbindungswille

Ausschlagend muss insofern sein, ob der Bieter – aus der Perspektive eines objektiven Erklärungsempfängers – erkennbar dafür einstehen will, dass die in der Unterlage enthaltenen Erklärungen über das Personal der Zielgesellschaft tatsächlich umgesetzt werden. Beispielhaft genannt sei die Situation, dass dort der Ausspruch betriebsbe-

---

1308 *Joost*, ZIP 1995, 976, 978; Kallmeyer/*Willemsen*, § 5 UmwG Rn. 49; *Mengel*, S. 350; *Willemsen*, NZA 1996, 791, 796; *ders.*, in: Willemsen (u.a.), Kap. C Rn. 375.

1309 Vgl. *Joost*, ZIP 1995, 976, 978; Kallmeyer/*Willemsen*, § 5 UmwG Rn. 49; *Willemsen*, NZA 1996, 791, 796; *ders.*, in: Willemsen (u.a.), Kap. C Rn. 375.

1310 *Boecken*, Rn. 317 (dort Fn. 25); *Däubler*, RdA 1995, 136, 138; *Engelmeyer*, DB 1996, 2542, 2543 (dort Fn. 9); *Joost*, ZIP 1995, 976, 985; a.A. *Willemsen*, in: Willemsen (u.a.), Kap. C Rn. 376, nach dem sich die Arbeitnehmer/-vertreter *außerhalb* des Umwandlungsvertrages absichern müssten.

dingter Kündigungen für einen Zeitraum von drei Jahren nach dem Kontrollerwerb kategorisch ausgeschlossen wird.

Rein tatsächlich spricht gegen eine Unverbindlichkeit solcher Erklärungen, dass ihnen bisweilen erhebliche Relevanz für den Ausgang des Übernahmeverfahrens zukommt. Dies zeigen die Erfahrungen des Versuchs einer feindlichen Übernahme von Krupp-Hoesch auf die Aktien der Thyssen AG, der maßgeblich aufgrund befürchteter Arbeitsplatzvernichtung scheiterte.[1311] So kann ein Bieter in die Unterlage Angaben über den Erhalt von Arbeitsplätzen und Standorten aufnehmen, um der zu erwartenden Kritik von Beschäftigten und Gewerkschaften zuvorzukommen und damit diese potenzielle Störungsquelle ausschalten. Sobald das Angebotsverfahren abgeschlossen ist, könnte er dann aber, wie von vornherein angedacht, die zuvor gemachten Zusagen kassieren, d.h. Betriebsstätten schließen und Arbeitsplätze verlagern. Hätten die betroffenen Kreise schon im Vorfeld von diesen Absichten erfahren, bestünde – wie die Erfahrungen zeigen – jedenfalls die Möglichkeit, dass der Kontrollerwerb vorzeitig gescheitert wäre.

Des Weiteren stellen die detaillierten Vorgaben des § 11 Abs. 2 Satz 2 und 3 WpÜG an den Bieter hohe Anforderungen. Um der Angabenpflicht nachkommen zu können, sind umfangreiche Kenntnisse über die zu übernehmende Gesellschaft nötig, was zumeist nur mit erheblichem Aufwand unter Hinzuziehung externer Finanzdienstleistungsspezialisten erreicht werden kann. Übernahmen erfordern mithin eine wohlüberlegte Vorbereitung.[1312] Daher ist zu vermuten, dass der Bieter aufgrund von Analysen im Vorfeld des Angebotsverfahrens über exaktere Informationen verfügt, worunter sich vor allem auch Produktivitätsdaten der Arbeitnehmer des Übernahmekandidatens befinden. Hiermit stünde es nicht im Einklang, wenn der Bieter sich im Nachhinein nicht mehr an die Aussagen in der Angebotsunterlage festhalten lassen will, indem er darauf hinweist, er hätte zum Erstellungszeitpunkt keine Detailkenntnis über Mitarbeiterzahlen, -struktur etc. gehabt.[1313]

Ferner ist zu beachten, dass noch nach § 17 Abs. 1 Satz 2 DiskE-ÜG der Bieter die Angebotsunterlage innerhalb von nur zwei Wochen nach Veröffentlichung der Vorankündigung an die Aufsichtsbehörde zu übermitteln hatte. Nach kritischen Stimmen, die eine Erstellung des Antrags innerhalb dieser kurzen Zeitspanne als nicht praxistauglich ablehnten,[1314] wurde die Übermittlungsfrist in § 14 Abs. 1 Satz 1 RefE-WÜG auf vier Wochen ausgedehnt; sodann erfolgte auf Empfehlung des Finanzausschusses am Ende des Gesetzgebungsverfahrens die Möglichkeit einer Fristverlängerung auf bis zu weitere vier Wochen nach § 14 Abs. 1 Satz 3 WpÜG.[1315] Diese Ausdehnung räumt dem Bieter mithin mehr Zeit für eine genaue Beschreibung sämtlicher Pflichtangaben ein.

[1311] S. oben § 1A.III.

[1312] Vgl. *Seulen*, S. 159; anders *Simon*, in: Semler/Volhard, § 55 Rn. 23.

[1313] Vgl. auch den Inhalt der Angebotsunterlage von Sanofi-Synthélabo oben § 3A.II.5. sowie www.FAZ.net, 27.4.2004 (Sanofi-Vorstand: Zu Gesprächen mit Betriebsrat von Aventis bereit).

[1314] *Liebscher*, ZIP 2001, 853, 861; *Riehmer/Schröder*, NZG 2000, 820 f.

[1315] BT-Ds. 14/7477, S. 67; dazu KK-WpÜG/*Seydel*, § 14 Rn. 8.

Ungeachtet dessen entspricht ein Verständnis, wonach der Belegschaft aus den arbeitsrechtlichen Angaben generelle Individualansprüche/-rechte erwachsen können, nicht der gesetzlichen Regelung. Das WpÜG fordert vom Bieter lediglich die Darlegung beabsichtigter Maßnahmen mit Auswirkungen auf die Arbeitnehmer, jedoch nicht die Bildung und Erklärung eines rechtsgeschäftlichen Willens. Diese Angaben haben, wie sich auch unter Zugrundelegung des durch § 11 Abs. 2 Satz 3 Nr. 2 WpÜG geschützten Interesses zeigt,[1316] keine rechtsändernde Bedeutung, sondern dienen lediglich einem Aufklärungsinteresse. Folgerichtig weist die Gesetzesbegründung explizit auf den Informationszweck hin.[1317] Im Mittelpunkt steht die infolge der Kontrollerlangung angestrebte Veränderung und nicht die Einräumung besonderer Ansprüche oder Rechte, die mit den Restrukturierungsmaßnahmen als solche nicht bereits verbunden sind.[1318]

Eine andere Sichtweise erschiene daneben wenig plausibel. Zum einen gibt es keinen Grund dafür, warum das Übernahmegesetz die Veränderung der Eigentümerstruktur als gesellschaftsrechtlichen Vorgang mit Zugeständnissen an die Belegschaft in Form von Ansprüchen oder Rechten verknüpfen sollte. Zum anderen besteht für den Bieter – entgegen den Vorschlägen von Gewerkschaftsseite[1319] – keine gesetzliche Pflicht zur Gewährung von (Mindest-)Rechten bestimmter Art; besteht aber für diesen eine völlige Freiheit, kann eine Verpflichtung schwerlich angenommen werden.[1320]

Schließlich zeigt sich an der Unterzeichnungspflicht[1321] des § 11 Abs. 1 Satz 5 WpÜG und der Haftungsfolge des § 12 Abs. 1 WpÜG zwar die grundsätzliche Verantwortlichkeit für die Fehlerfreiheit der der Angebotsunterlage zugrundegelegten Tatsachen. Doch § 11 Abs. 2 Satz 3 Nr. 2 WpÜG zwingt den Bieter zu Prognosen, deren tatsächliche Voraussetzungen Änderungen unterworfen sind und die nach erfolgter Übernahme gerade entfallen können. Dieser Umstand sowie die Tatsache, dass nach Einschätzungen der Praxis bei einer feindlichen Übernahmeofferte die Unternehmenswert- und -risikoanalyse im Vorfeld des Angebots nur mit großen Einschränkungen möglich ist,[1322] folgt, dass der Bieter an die Angaben nicht fest gebunden sein kann, sondern

---

[1316] S. oben § 3A.II.1. und § 3A.II.3.b)bb)(1)(a).

[1317] BT-Ds. 14/7034 zu § 11 Abs. 2 RegE-WpÜG, S. 41: „Im Interesse der Beschäftigten der Zielgesellschaft hat der Bieter darüber hinaus über geplante wesentliche Änderungen der Beschäftigungsbedingungen sowie die Arbeitnehmer und deren Vertretungen betreffende wesentliche Veränderungen zu *informieren*." (Herv. d. Verf.).

[1318] Ähnlich *Joost*, ZIP 1995, 976, 985 (zum UmwG).

[1319] Vorstehend § 3A.IV.2.b)bb).

[1320] So auch zum Umwandlungsrecht *Joost*, ZIP 1995, 976, 985.

[1321] Dazu oben § 3A.II.2.c).

[1322] Vgl. Ehricke/Ekkenga/*Oechsler*, § 10 Rn. 31; *Liebscher*, ZIP 2001, 853, 868; *Steinmeyer/Häger*, § 11 Rn. 50, die – richtigerweise – darauf hinweisen, dass der Bieter auf interne Informationen der Zielgesellschaft, die als verlässliche Grundlage für Aussagen über das weitere Schicksal der Gesellschaft i.S.v. § 11 Abs. 2 Satz 3 Nr. 2 WpÜG dienen können, nur bei einem Pflichtangebot zugreifen kann, bei welchem er bereits Großaktionär ist und daher das Unternehmen von „innen" heraus kennt.

dass es ihm offen stehen muss, seine Meinung im Anschluss an eine geänderte Tatsachenlage zu revidieren.[1323]

Dadurch, dass das Gesetz den Bieter lediglich zu Angaben über seine „Absichten“ anhält, besteht in arbeitsrechtlicher Hinsicht *keine Bindungswirkung* gegenüber Arbeitnehmern oder Betriebsräten im Sinne eines rechtlichen Einstehenwollens.[1324] Bei ihrer Darstellung handelt es sich nicht um eine Willenserklärung, die auf die Herbeiführung bestimmter Rechtsfolgen gerichtet ist, sondern die Äußerungen können allenfalls als moralisch verbindlich angesehen werden: Ein späteres Abrücken von diesen Absichtserklärungen wird den Bieter einem erheblichen Rechtfertigungsdruck aussetzen. Die subjektive Determination[1325] der Angaben führt dazu, dass die unternehmerische Handlungsfreiheit nach erfolgter Antragsveröffentlichung gemäß § 14 Abs. 2 Satz 1 WpÜG unberührt bleibt.[1326] Aus alledem folgt, dass den arbeitnehmerbezogenen Angaben sowohl aus Betriebsrats- wie auch aus Arbeitnehmersicht rechtsdogmatisch lediglich eine Hilfsfunktion zukommt. Mit ihrer Hilfe sollen die (Vertreter der) Mitarbeiter vor arbeitsrechtlichen Konsequenzen der ggf. im Anschluss an den Beteiligungserwerb durchgeführten Maßnahmen frühzeitig gewarnt werden, damit sie zu gegebener Zeit ihre originären Rechte wahrnehmen können.[1327]

Demzufolge ist der Beschlussempfehlung des Finanzausschusses im Grundsatz zuzustimmen, dass die betroffenen Arbeitnehmer (bei „einfachen“ Angaben) wegen fehlender Rechtsbeziehungen zum Bieter keine direkten, einklagbaren Ansprüche gegen den Übernehmer haben, wenn dieser seine Absichten verschleiert oder kurzfristig ändert;[1328] der mit dem jeweiligen Angebotsadressaten geschlossene Kauf- oder Tausch-

---

1323 Ehricke/Ekkenga/*Oechsler*, § 11 Rn. 22.

1324 Ehricke/Ekkenga/*Oechsler*, § 11 Rn. 22; *Geibel*/Süßmann, § 11 Rn. 22; dies./*Grobys*, § 11 Rn. 34; *Grobys*, BB 2002, 726, 727 (dort Fn. 20); *ders.*, NZA 2002, 1, 5; HWK/*Seibt*, WpÜG Rn. 13; *Immenga*, in: Kreuzer, S. 11, 25; KK-WpÜG/*Seydel*, § 11 Rn. 73; *Liebscher*, ZIP 2001, 853, 868 („unverbindliche Absichtserklärungen“); *Peltzer*, in: Assmann (u.a.), S. 179, 200; *Seibt*, DB 2002, 529, 533; *Simon*, in: Semler/Volhard, § 55 Rn. 37.

A.A. – ohne nähere Begründung – *Haid, Alfred/Hornschild, Kurt*, in: DIW-Wochenbericht 35/00, 1, 6 (abrufbar unter www.DIW.de/deutsch/produkte/publikationen/wochenberichte/docs/00-35-1.html; zuletzt besucht am 26.8.2004): „Die jeweils [im Übernahmeangebot] vorgelegten Konzepte sind zwar weitgehend *rechtlich verbindlich*, doch dürften bei Abweichungen dem Klageweg enge Grenzen gesetzt sein.“ (Herv. d. Verf.).

1325 S. oben § 3A.II.3.b)bb)(1)(b).

1326 Geibel/Süßmann/*Grobys*, § 11 Rn. 34; *Grobys*, BB 2002, 726, 728 (dort Fn. 27); *ders.*, NZA 2002, 1, 5; *Liebscher*, ZIP 2001, 853, 868; *Niessen*, in: Kreuzer, S. 35, 44.

1327 Vgl. BT-Ds. 14/7034 zu § 11 Abs. 2 RegE-WpÜG, S. 41 und zu § 14 Abs. 4 RegE-WpÜG, S. 45; *Simon*, in: Semler/Volhard, § 55 Rn. 18, 37; so auch zum UmwG *Willemsen*, in: Willemsen (u.a.), Kap. C Rn. 375.

1328 BT-Ds. 14/7477, S. 51; ebenso *Geibel*/Süßmann, § 11 Rn. 22; dies./*Grobys*, § 11 Rn. 34; *Grobys*, NZA 2002, 1, 5; HWK/*Seibt*, WpÜG Rn. 28; KK-WpÜG/*Seydel*, § 11 Rn. 36, 73; *Liebscher*, ZIP 2001, 853, 868; *Renner*, in: Haarmann (u.a.), § 11 Rn. 51; *Santelmann*, S. 59; *Seibt*, DB 2002, 529, 533; *Simon*, in: Semler/Volhard, § 55 Rn. 37; ULA-Nachrichten Nr. 9/10 vom Oktober 2001, S. 2 (Die Entscheidung steht bevor).

vertrag wirkt vielmehr nur inter partes. Einerseits begründen die Ausführungen in der Offerte somit keinen *Erfüllungs*anspruch auf Umsetzung der genannten Absichten zugunsten der Beschäftigten der Zielgesellschaft. Die arbeitsrechtlichen Pflichtangaben werden nicht unmittelbar Inhalt der vertraglichen Rechtstellung des Arbeitnehmers. Zudem kann der zwischen Bieter und Anteilseigner geschlossene Kontrakt über den Erwerb von Wertpapieren regelmäßig nicht als Vertrag zugunsten Dritter i.S. des § 328 BGB verstanden werden, bei dem Regelungen, welche die Mitarbeiter gegenüber dem objektiven Recht begünstigen, auch ohne deren Beteiligung am Abschluss des Vertrages wirksam werden könnten.

Andererseits können die Beschäftigten aus der Angebotsunterlage für den Fall, dass der Akquisiteur angekündigte Maßnahmen nach erfolgreichem Beteiligungserwerb nicht umsetzt, keinen *Schadensersatz*anspruch herleiten; der Schutz individueller und kollektiver Arbeitnehmerinteressen ist vielmehr spezialgesetzlich abschließend geregelt (vgl. §§ 111 ff. BetrVG, § 613a BGB). Zur Vermeidung von Missverständnissen ist dem Bieter dennoch zu empfehlen, dem Angebot den Vorbehalt beizufügen, dass die arbeitnehmerbezogenen Angaben lediglich die sich ohnehin aus dem Gesetz ergebenden Rechte wiedergeben.[1329]

(b) Ausnahmsweise Bindungswirkung

Je nach Lage des Falles kann es durchaus sinnvoll sein, nachteilige Folgen[1330] des Beteiligungserwerbs für die Arbeitnehmer auszugleichen und ihnen einen Status einzuräumen, den sie ohne die im Anschluss an ein geglücktes Erwerbsangebot durchgeführten Maßnahmen gehabt hätten. Demnach ist nicht auszuschließen, dass sich der Bieter *freiwillig* zur Umsetzung entsprechender Zusagen verpflichten will, weil er sich hiervon etwa einen schnelleren, komplikationsloseren Abschluss des Übernahmeverfahrens verspricht. Fraglich ist allein, ob sich die Beschäftigten und der Betriebsrat der Zielgesellschaft außerhalb des „übernahmerechtlichen" Vertrages absichern müssen,[1331] oder ob zumindest den Mitarbeitern hieraus auch unmittelbar Ansprüche und Rechte erwachsen können.

Aus der Existenz der §§ 10 Abs. 5 Satz 2, 14 Abs. 4 Satz 2 WpÜG, mit denen das Übernahmegesetz selbst ein Interesse an der Aufrechterhaltung bestehender Arbeitnehmerrechte zum Ausdruck bringt,[1332] sowie der Vorschrift des § 11 Abs. 2 Satz 3 Nr. 2 WpÜG, die primär dem Arbeitnehmerschutz dient,[1333] ergibt sich m.E. der Rechtsge-

---

Zur entsprechenden Lage auf der Ebene der Übernahme-RL s. Rede *Kuckelkorn* (MdEP/SPE-Fraktion) vom 6.10.2003 (abrufbar unter www.Wilfried-Kuckelkorn.de/documents/Mitbestimmung.pdf; zuletzt besucht am 3.6.2004).

1329 So auch *Joost*, ZIP 1995, 976, 985 f. (zum UmwG).

1330 Zum Begriff vgl. oben § 2B.IV.1.a)cc)(1)(b) sowie § 3A.II.3.b)bb)(5)(b).

1331 S. oben § 3A.II.5. zur Praxis, entsprechende Angaben nicht in die Angebotsunterlage aufzunehmen, sondern auf anderen Wegen der interessierten Öffentlichkeit zugänglich zu machen.

1332 Vgl. oben § 2B.II.1.a) (zu § 10 Abs. 5 Satz 2 WpÜG) sowie § 2B.III.1. (zu § 14 Abs. 4 Satz 2 WpÜG).

1333 S. oben § 3A.II.1. sowie § 3A.II.3.b)bb)(1)(a).

danke, dass der Bieter nicht daran gehindert ist, auf der Grundlage des Antragsdokuments den Mitgliedern der Belegschaft mittels „qualifizierter" Angaben neue Rechte einzuräumen, die diesen nach den Gesetzen nicht zustehen. In gleicher Weise kann auch der potenzielle Neugesellschafter, wenn er dies für angemessen erachtet, übernahmebegleitende Rechtsfolgen auf anderer rechtsgeschäftlicher Grundlage vorsehen.[1334]

Für eine solche Lösung streiten ebenfalls systematische Erwägungen. § 11 Abs. 2 Satz 3 Nr. 3 WpÜG fordert vom Bieter Angaben über Geldleistungen oder andere geldwerte Vorteile, die den Vorstands- oder Aufsichtsratsmitgliedern der Zielgesellschaft gewährt oder in Aussicht gestellt werden. Hierzu zählen insbesondere Zusagen im Hinblick auf Abfindungszahlungen, bestimmte Positionen in der Zielgesellschaft oder beim Bieter sowie die Verlängerung oder inhaltliche Verbesserung der Anstellungsverträge.[1335] Speziell bei Übernahmeofferten untersagt § 33 Abs. 3 WpÜG zwar dem Bieter, den Organmitgliedern der Zielgesellschaft im Zusammenhang mit dem Angebot derartige Vorteile zu gewähren. Doch sind laut Gesetzesbegründung solche Zusagen gerechtfertigt, die aus der Sicht der Zielgesellschaft und ihrer Anteilseigner aus „sachlich nachvollziehbaren Erwägungen" gewährt werden, wobei als Exempel die Zusage einer Weiterbeschäftigung nach erfolgreichem Kontrollerwerb genannt wird.[1336] Eine solche Zusage könne schon deshalb gerechtfertigt sein, weil die Qualität des Managements einen wesentlichen Faktor für die Bewertung des Unternehmens darstelle und unter Umständen die Übernahme insgesamt oder der gebotene Preis nur im Falle der Weiterbeschäftigung einzelner oder aller Organmitglieder der Zielgesellschaft vertretbar sei. Derartige Zusagen unterlägen indessen wiederum der Offenlegungspflicht nach § 11 Abs. 2 Satz 3 Nr. 3 WpÜG. Sind demzufolge nach den Wertungen des Gesetzes selbst Zusagen zugunsten des Managements zulässig, bestehen keine Bedenken dagegen, dass im Vertrag mit den Wertpapierinhabern der Zielgesellschaft der Wille des Bieters, den Beschäftigten besondere Rechte einzuräumen, eindeutig manifestiert wird.

Nach einem in das Angebot aufgenommenen Passus können die einzelnen Verträge mit den angesprochenen Aktionären infolgedessen ausdrücklich vorsehen, dass die Vertragsparteien den betroffenen Mitarbeitern auf *vertraglicher* Grundlage Rechte oder Ansprüche zugestehen wollen.[1337] Solche Rechtsgeschäfte sind als Verträge zugunsten Dritter i.S.v. § 328 BGB zu qualifizieren. Abweichend vom Regelfall des § 362 Abs. 1 BGB wird der Übernehmer hierbei verpflichtet, einen Teil seiner Verbindlichkeiten durch Leistung an die Beschäftigten der Zielgesellschaft zu erfüllen. Sofern im Einzelfall ein echter, d.h. die Arbeitnehmer berechtigender, Vertrag zugunsten Dritter (vgl. § 328 Abs. 1 BGB) vorliegt, erwerben diese aus dem Vertrag einen

---

[1334] Dazu KK-WpÜG/*Seydel*, § 11 Rn. 27, 106; *Renner*, in: Haarmann (u.a.), § 11 Rn. 19.

[1335] BT-Ds. 14/7034 zu § 11 Abs. 2 RegE-WpÜG, S. 41 f.; KK-WpÜG/*Seydel*, § 11 Rn. 76.

[1336] BT-Ds. 14/7034 zu § 33 Abs. 3 RegE-WpÜG, S. 59; vgl. auch *Assmann*, AG 2002, 114, 123 (dort Fn. 47); *Hopt*, ZHR 166 (2002), 383, 429; KK-WpÜG/*Seydel*, § 33 Rn. 189.

[1337] Vgl. aus der umwandlungsrechtlichen Literatur *Grunewald*/Winter, in: Lutter, S. 19, 24; *Joost*, ZIP 1995, 976, 985 f.

Anspruch direkt gegen den Kontrollerwerber. Da der neue Großaktionär mit dem Beteiligungserwerb nicht (automatisch) in die Position des Arbeitgebers aufrückt und demzufolge nicht unmittelbar auf die arbeitsvertragliche Rechtstellung der Arbeitnehmer einwirken kann, muss er zur Erfüllung dieses Anspruchs auf den – ihm gegenüber loyalen[1338] – Vorstand der übernommenen Gesellschaft insoweit Einfluss ausüben, dass die vertraglich zugesicherten Maßnahmen durchgeführt oder unterlassen werden.

Anhand dieser Ausgestaltungsmöglichkeit wird offenbar, dass die Ausführungen des BMA im Gesetzgebungsverfahren zu pauschal waren, wonach jedwede Rechtsbeziehung zwischen Bieter und Arbeitnehmer abgestritten wurde.[1339]

bb) Möglichkeiten des Schutzes außerhalb des Anteilserwerbsvertrages

Sehen die mit den Anteilseignern geschlossenen Verträge unmittelbar keine Ansprüche und Rechte zugunsten der Arbeitnehmer der Zielgesellschaft vor, können sie versuchen, mit dem Bieter separate Vereinbarungen zu treffen, um auf diesem Wege die arbeitnehmerbezogenen Pflichtangaben rechtsverbindlich werden zu lassen.

(1) Vorvertrag

Beinhaltet die Angebotsunterlage den Hinweis, dass den Mitarbeitern der von einem Angebot betroffenen Gesellschaft zwar noch nicht durch die Verträge mit den Aktionären Ansprüche und Rechte erwachsen sollen, dass aber „geplant“ sei, diese auf anderer Grundlage (Interessenausgleich, Sozialplan, Individualarbeitsvertrag etc.) im weiteren Verfahrensablauf einzuräumen oder zu ändern, wird den Absichtsbekundungen regelmäßig kein rechtsgeschäftlicher Bindungswille zu entnehmen sein.[1340] Nicht auszuschließen ist jedoch, dass der Bieter – trotz ungewissen Ausgangs des Angebotsverfahrens – bereits in dieser Phase mit den jeweiligen Arbeitnehmern einen Vorvertrag vereinbaren möchte.[1341] Dieser begründet für den potenziellen Übernehmer die Pflicht zum Abschluss eines anderen schuldrechtlichen Kontraktes. Inhalt dieses sog. Hauptvertrages kann z.B. sein, dass die erworbene Kontrollmehrheit dazu eingesetzt wird, den Vorstand der übernommenen Gesellschaft zur Umsetzung der zuvor getroffenen Abmachungen (z.B. Abschluss einer Betriebsvereinbarung, arbeitsvertragliche Änderungen) zu bewegen.

(2) Vertrag sui generis

Selbstverständlich kann zwischen dem Bieter und den einzelnen Mitarbeitern der Zielgesellschaft weiterhin ein Vertrag eigener Art gemäß §§ 311 Abs. 1, 241 Abs. 1 BGB geschlossen werden. Darin kann inhaltlich beispielsweise geregelt werden, dass nach einem geglückten Beteiligungserwerb die gestiegenen Einflussmöglichkeiten in der

---

[1338] S. oben § 3A.IV.2.

[1339] BT-Ds. 14/7477, S. 51 („Auf Nachfrage eines Vertreters der Fraktion der SPD stellte der Vertreter des BMA klar, dass [...] wegen fehlender Rechtsbeziehungen zum Bieter die Arbeitnehmer der Zielgesellschaft *keine direkten Ansprüche* gegen den Bieter haben [...].“ (Herv. d. Verf.)).

[1340] Ähnlich zum Umwandlungsrecht *Joost*, ZIP 1995, 976, 986.

[1341] Vgl. hierzu *Brox/Walker*, SchR AT, § 4 Rn. 75 f.; Palandt/*Heinrichs*, Einf. v. § 145 BGB Rn. 19.

Weise genutzt werden, dass für eine gewisse Zeitspanne keine Änderungen zum status quo ante vorgenommen werden. Allerdings wird das Angebot mit der doppelt aufschiebenden Bedingung i.S. des § 158 Abs. 1 BGB verknüpft sein, dass das Übernahmeangebot erfolgreich und das Management der AG ausgewechselt worden ist.

cc) Sanktionen bei fehlender Bindungswirkung der Zusagen

Ist die zwischen Bieter und Anteilseigner getroffene Vereinbarung über den Wertpapiererwerb ausnahmsweise (in Teilen) als Vertrag zugunsten Dritter zu qualifizieren oder bestehen zwischen dem Bieter und den Beschäftigten direkte vertragliche Abkommen, greifen bei Vertragsverletzungen die allgemeinen Vorschriften des Zivilrechts ein.

Im Übrigen wird jedoch das Problem der Inanspruchnahme des Akquisiteurs durch die Arbeitnehmer virulent, wenn dieser nach erfolgreichem Abschluss des Übernahmeverfahrens von seinen (einfachen)[1342] Aussagen im Hinblick auf § 11 Abs. 2 Satz 3 Nr. 2, 4. und 6. Var. WpÜG und den insoweit vorgesehenen Kompensationsmaßnahmen abweicht.

(1) Gesetzesgeschichte

Im Vorfeld der vom Finanzausschuss am 18. Oktober 2001 durchgeführten öffentlichen Anhörung zum Regierungsentwurf äußerte sich die daran teilnehmende ULA in einer Stellungnahme kritisch zur Reichweite des § 12 RegE-WpÜG.[1343] Anders als bei einer Haftung des Bieters gegenüber den Aktionären der Zielgesellschaft fehle es für dessen Haftung gegenüber dem Personal an einem unmittelbaren Anknüpfungspunkt. Da es nach dem Regierungsentwurf ohne jegliche Konsequenz bliebe, wenn im Zuge des Angebotsverfahrens gemachte arbeitnehmerbezogene Zusagen später nicht eingehalten würden und sich daraus für die Beschäftigten der jeweiligen Gesellschaft persönliche und finanzielle Nachteile ergäben, sollte eine derartige Bieterhaftung ebenfalls explizit in ein künftiges Übernahmegesetz aufgenommen werden. In der Anhörung selber schloss sich der DGB dieser Sichtweise an und forderte, auch den Arbeitnehmern gegenüber dem neuen Großaktionär bei einer fehlerhaften Angebotsunterlage einen Schadensersatzanspruch zuzugestehen.[1344]

(2) Kein Schadensersatzanspruch gemäß § 12 WpÜG analog

Unabhängig von der Erfüllung der Tatbestandsmerkmale des § 12 WpÜG[1345] scheidet eine analoge Heranziehung dieser Vorschrift als Anspruchsgrundlage zugunsten der Mitarbeiter der Zielgesellschaft aus, wenn in der Angebotsunterlage enthaltene arbeitsrechtliche Angaben nach erfolgter Akquisition nicht eingehalten werden.[1346] Das Ge-

---

1342 Zum Begriff vorstehend § 3A.IV.2.d)aa)(2)(a).

1343 Stellungnahme der ULA zu § 12 RegE-WpÜG vom 9.10.2001, S. 3; vgl. auch BT-Ds. 14/7477, S. 48 f.; oben § 2B.II.2.a)bb)(2)(c)(bb).

1344 FAZ, 19.10.2001, S. 18 (Bei Übernahmegesetz nicht auf EU warten).

1345 S. oben § 3A.IV.1.a).

1346 I.E. ebenso Geibel/Süßmann/*Grobys*, § 3 Rn. 33; *Grobys*, GmbHR 2000, R389.

setz sieht in § 12 Abs. 1 WpÜG nur für die das Angebot annehmenden Wertpapierinhaber ausdrücklich eine Haftung für unrichtige oder unvollständige Angaben im Antragsdokument vor. Die Legislative geht also offensichtlich davon aus, dass bei Nichteinhaltung der dort gemachten Zusagen weder der Betriebsrat noch die Arbeitnehmer direkt geschädigt oder nach den Vorschriften des WpÜG Ersatzberechtigte sind.[1347]

Überdies wäre, wie auch der DGB zutreffend herausgestellt hat, ein aus § 12 WpÜG abgeleiteter Schadensersatzanspruch bei Nichteinhaltung der in der Unterlage gemachten Erklärungen kaum durchsetzbar und damit ungeeignet.[1348]

(3) Kein Schadensersatzanspruch gemäß § 823 Abs. 2 BGB i.V.m. § 11 WpÜG

Auch erwächst dem einzelnen Arbeitnehmer aus der Darstellung der Bieterabsichten kein eigener Schadensersatzanspruch gemäß § 823 Abs. 2 BGB i.V.m. § 11 Abs. 2 Satz 3 Nr. 2 WpÜG;[1349] der Gesetzgeber wollte mit der Schaffung des § 11 WpÜG Dritten keinen individuellen Schadensersatzanspruch einräumen.[1350]

dd) Exkurs: Bedeutung von Zusagen in Pflichtangeboten, §§ 35 ff. WpÜG

Im Kontext mit den arbeitnehmerbezogenen Angaben ergeben sich beim Pflichtangebot besondere Fragestellungen.

(1) Rechtsverlust infolge fehlerhafter arbeitsrechtlicher Angaben

Problematisch ist einmal die Vorschrift des § 59 Satz 1 WpÜG, nach der für die Zeit, für welche die Pflichten nach § 35 Abs. 1 oder 2 WpÜG nicht erfüllt werden, die Rechte aus Aktien, die dem Bieter gehören, nicht bestehen.[1351] Da § 35 Abs. 2 Satz 1 WpÜG den Bieter dazu anhält, innerhalb von vier Wochen nach der Veröffentlichung der Kontrollerlangung der Aufsichtsbehörde eine Angebotsunterlage entsprechend § 11 WpÜG zu übermitteln, könnte nach einer streng am Wortlaut orientierten Auslegung eine unrichtige oder unvollständige arbeitsrechtliche Angabe i.S.v. § 11 Abs. 2 Satz 3 Nr. 2 WpÜG zum Ruhen der Stimmrechte des Bieters führen. Dies wäre insofern misslich, als diese Rechtsfolge auf unbestimmte Zeit gelten würde, weil die Pflicht zur vollständigen Angebotsunterlage nach Abschluss des Angebotsverfahrens nicht mehr nachgeholt werden kann.[1352]

1347 Vgl. Stellungnahme der ULA zu § 12 RegE-WpÜG vom 9.10.2001, S. 3.

1348 Stellungnahme des DGB zu § 13 DiskE-ÜG vom 11.10.2000, S. 3.

1349 *Seibt*, DB 2002, 529, 535; *ders.*, in: Henze/Hoffmann-Becking, S. 337, 358 (einschränkend aber HWK/*Seibt*, WpÜG Rn. 26: „Im *Regelfall* scheiden [...] Schadensersatzansprüche aus § 823 Abs. 2 BGB i.V.m. § 11 WpÜG [...] aus" (Herv. d. Verf.)); *Willemsen*, in: Willemsen (u.a.), Kap. B Rn. 148a; hingegen lässt *Santelmann*, S. 265 f., den Schutzgesetzcharakter von § 11 WpÜG in Bezug auf die Gruppe der Arbeitnehmer der Zielgesellschaft ausdrücklich offen.

1350 S. oben § 3A.IV.1.b); *Grunewald*, in: Lutter, S. 19, 24, hält es hingegen ohne weitere Ausführungen für möglich, § 5 Abs. 1 Nr. 9 UmwG als Schutzgesetz i.S.v. § 823 Abs. 2 BGB zugunsten der Arbeitnehmer zu qualifizieren.

1351 Vgl. dazu oben § 2B.V.1.f).

1352 *Seibt*, DB 2002, 529, 535.

Augenscheinlich hat der Gesetzgeber eine solche unverhältnismäßig harte Sanktion nicht intendiert, denn einzig die BaFin ist nach § 15 Abs. 1 WpÜG für die Überwachung der Fehlerfreiheit des Antragsdokuments zuständig. Mithin ist eine teleologische Reduktion des § 59 WpÜG notwendig, damit eine Verletzung der Pflichten aus § 11 Abs. 2 WpÜG keinen Rechtsverlust i.S.v. § 59 Satz 1 WpÜG zur Folge hat.[1353]

(2) Sonderfall: Pflichtangebot und Beschäftigungsgarantien in Sanierungssituationen

Wie oben geschildert,[1354] kann die Bundesanstalt eine natürliche oder juristische Person oder Personengesellschaft, die den Tatbestand der Kontrollerlangung nach §§ 39, 29 Abs. 2, 30 WpÜG erfüllt und demnach als Bieter ein Pflichtangebot abzugeben hat, von dieser Verpflichtung unter anderem dann befreien, wenn die Erlangung der Kontrolle über die Zielgesellschaft im Zusammenhang mit deren Sanierung steht, § 37 Abs. 2 WpÜG i.V.m. § 9 Satz 1 Nr. 3 AngebotsVO.

Beim Entschluss der BaFin, den Aufkäufer eines Sanierungsbetriebs vom Pflichtangebot zu befreien, können durchaus Beschäftigungsgarantien eine Rolle spielen. Die Aufsichtsbehörde hat im Zusammenhang mit der Befreiung von der Angebotsverpflichtung Entschließungs- und Auswahlermessen.[1355] Zwar gibt § 37 Abs. 1 WpÜG die bei der pflichtgemäßen Ermessenausübung zu berücksichtigenden Aspekte insoweit vor, als die Interessen der Aktionäre der Zielgesellschaft an der Unterbreitung des Pflichtangebots gegen das Interesse des Bieters an einer Befreiung von der Angebotspflicht abzuwägen sind, so dass Interessen sonstiger Dritter, insbesondere der Arbeitnehmer, die Annahme eines Befreiungsgrundes nicht zu stützen vermögen. Doch schließt dies ihre Mitberücksichtigung nicht aus, weil nicht ersichtlich ist, dass der Gesetzgeber auch die ermessensleitenden Gesichtspunkte in § 37 Abs. 1 WpÜG abschließend regeln wollte.[1356] Speziell beim Erwerb der Aktien im Rahmen der Sanierung der Zielgesellschaft heben die Materialien selber hervor, dass die ausnahmslose Verpflichtung zur Abgabe eines Pflichtangebots gleichsam den Interessen der Arbeitnehmer entgegenstehen würde.[1357] Da überdies Nebenbestimmungen gemäß § 36 Abs. 2 VwVfG zulässig sind, kann somit die Befreiungsverfügung insbesondere mit einer Bedingung (Nr. 2) oder einer Auflage (Nr. 4) verbunden werden, deren Inhalt z.B. das Absehen von betriebsbedingten Kündigungen ist.[1358]

1353 So auch *Ehricke*/Ekkenga/Oechsler, § 59 Rn. 10; HWK/*Seibt*, WpÜG Rn. 29; KK-WpÜG/*Kremer/Oesterhaus*, § 59 Rn. 43; *Seibt*, DB 2002, 529, 535; a.A. Geibel/Süßmann/*Tschauner*, § 59 Rn. 14.

1354 S. oben § 2B.II.

1355 Ehricke/*Ekkenga*/Oechsler, § 37 Rn. 1.

1356 Ehricke/*Ekkenga*/Oechsler, § 37 Rn. 36; vgl. BVerwG vom 16.7.1963, E 16, 224, 226; *Kopp/Ramsauer*, § 40 VwVfG Rn. 43.

1357 BT-Ds. 14/7034 zu § 9 Satz 1 Nr. 3 RegE-AngebotsVO, S. 81.

1358 Vgl. zum Entschluss der Übernahmekommission im österreichischen Übernahmegesetz auch Wirtschaftsblatt, 27.1.1998, S. 1 (Übernahmegesetz auf der langen Bank).

e) Zwischenergebnis

Nimmt der erfolgreiche Übernehmer im Anschluss an das Erwerbsangebot abweichend zu den Angaben in der Angebotsunterlage Reorganisationen vor, die nachteilige Auswirkungen auf die bei der Zielgesellschaft beschäftigten Arbeitnehmer haben, so greifen die betriebsverfassungsrechtlichen Schutzregelungen ein. Allerdings weisen insbesondere die §§ 111 ff. BetrVG verschiedene Schwachstellen auf. Dem kann indes nur im Ausnahmefall mit der Einräumung direkter (Erfüllungs-/Schadensersatz-)Ansprüche zugunsten der Belegschaft abgeholfen werden; grundsätzlich sind die arbeitsrechtlichen Pflichtangaben i.S.v. § 11 Abs. 2 Satz 3 Nr. 2, 4. und 6. Var. WpÜG einschließlich der vorgesehenen Ausgleichsmaßnahmen als reine „Wissens"-erklärungen einzuordnen.

Somit wird die Angebotsunterlage regelmäßig (lediglich) für den politisch-moralischen Bereich relevant.[1359] Besonders von Seiten der Arbeitnehmer und der Gewerkschaften kann dieses Dokument dazu benutzt werden, die Glaubwürdigkeit des Übernehmers zu erschüttern und diesen unter öffentlichen Druck zu setzen, wenn im Anschluss an den Beteiligungserwerb entgegen den dortigen Ausführungen Arbeitsplätze abgebaut und Standorte geschlossen werden. Dies erklärt auch die in der Praxis festzustellende Zurückhaltung, entsprechende Angaben in die Angebotsunterlage einzubauen; vielmehr werden sie häufig auf anderen Wegen an die Öffentlichkeit transportiert.[1360]

B. Zusagen des Managements der bedrängten Gesellschaft an die eigenen Arbeitnehmer

Bei den zurückliegenden feindlichen Übernahmen größerer börsennotierter Gesellschaften begründete deren Management die Ablehnung des Angebots häufig auch damit, dass ein Kontrollerwerb des Bieters kurz- bis mittelfristig negative Auswirkungen auf die Interessen der Beschäftigten hätte.[1361]

Exemplarisch hierfür ist der Abwehrversuch des Aventis-Konzernchefs in Bezug auf das unerwünschte Übernahmeangebot durch Sanofi-Synthélabo.[1362] Neben der Tatsache, dass das finanziell unangemessene Angebot erhebliche soziale Risiken bei begrenztem Nutzen für Aventis nach sich ziehe – weswegen die (ursprüngliche) Offerte nicht im besten Interesse des Unternehmens, seiner Aktionäre und Arbeitnehmer lä-

---

1359 S. *Immenga*, in: Kreuzer, S. 11, 25; *Steinmeyer/Häger*, § 11 Rn. 3.

1360 Dazu oben § 3A.II.5.

1361 Vgl. *Riehmer/Schröder*, BB 2001, Beilage 5, 1, 7; s. ebenfalls *Ebenroth/Daum*, DB 1991, 1157, die darauf hinweisen, dass der Vorstand der Continental AG das Angebot des konkurrierenden Pirelli-Konzerns u.a. mit der Begründung ablehnte, der Vorschlag liege nicht im Interesse der Gesellschaft, ihrer Beschäftigten, Aktionäre und Kunden (zu diesem Übernahmekampf s. oben § 1A.III.).

1362 Ausführlich zur Akquisition von Aventis durch Sanofi-Synthélabo oben § 1B.I.2.h)bb)(2).

ge –,[1363] drohe bei einer feindlichen Akquisition die Abwanderung leistungsstarker Mitarbeiter. Dies wiege umso folgenschwerer, weil der Wert eines Pharmaunternehmens nicht nur in seinen Produkten, sondern ebenso in Forschern, Managern und der übrigen Beschäftigten bestehe.[1364] Darüber hinaus wurde mehrfach in ganzseitigen Zeitungsinseraten darauf hingewiesen, dass im Falle eines Gelingens des Angebots ein massiver Stellenabbau vor allem in Frankreich und Deutschland drohe, wenn die vom Bieterkonzern versprochenen Kosteneinsparungen in Höhe von mehr als 1 Mrd. € erzielt werden sollten,[1365] weshalb allen Anteilseignern die Nichtannahme empfohlen wurde. Selbst ein von der Aventis-Verwaltung präferierter „Zusammenschluss unter Gleichen“ (engl. merger of equals)[1366] mit dem Schweizer Arzneimittelhersteller Novartis brächte den eigenen Mitarbeitern eine größere Arbeitsplatzsicherheit, denn ein solches Zusammengehen hätte erheblich weniger Stellenstreichungen zur Folge als eine Verbindung mit Sanofi-Synthélabo.[1367]

Daran anknüpfend geht es im Folgenden um die Frage, im welchen Umfang dem Management der Zielgesellschaft bei einer unerwünschten Übernahmeofferte gestattet ist, gegenüber der eigenen Belegschaft (rechtserhebliche) Erklärungen/Zusagen abzugeben.

I. Vereinbarungen zwischen Vorstand und Betriebsrat der Zielgesellschaft zur Vermeidung oder Abmilderung entstehender Nachteile

In der Beschlussempfehlung des Finanzausschusses vom November 2001 wurde darauf hingewiesen, dass den Arbeitnehmern der von einem Übernahmeangebot betroffenen Gesellschaft oder deren Vertretern (regelmäßig) zwar keine direkten Ansprüche gegen den Bieter zukämen, dass dem zuständigen Betriebsrat aber – unabhängig von dem Übernahmegesetz – die Gelegenheit eröffnet sei, mit dem (Vorstand als konkreten) Arbeitgeber *Vereinbarungen* zur Vermeidung oder Abmilderung der durch die Kontrollerlangung entstehenden Nachteile zu treffen.[1368] Demnach sollen nicht nur bereits entstandene abträgliche Folgen der Unternehmensübernahme sozialverträglich entschärft werden, vielmehr wird davon ausgegangen, dass bereits vor dem Ende der Annahmefrist i.S.v. § 16 WpÜG entsprechende Abmachungen getroffen werden kön-

---

[1363] Aventis-Pressemitteilung vom 17.2. und 2.4.2004 (dazu Angebotsunterlage in der Fassung des Nachtrags Nr. 4 vom 11.5.2004 der Sanofi-Synthélabo S.A. an die Aktionäre von Aventis S.A., S. 42 f., 44); FTD, 27.1.2004 (Aventis kämpft gegen Übernahme).

[1364] www.FTD.de, 7.2.2004 (Sanofi und Aventis beharken sich per Interview).

[1365] Vgl. Anzeigen „Nebenwirkungen Nr. 1 bis 3“ in FAZ, 11.3.2004, S. 21, 23, 25; der Aventis-Chef vermied es jedoch, seinerseits eine Bestandsgarantie für die Arbeitsplätze in Deutschland abzugeben, FAZ, 2.2.2004, S. 27 (Aventis schließt ein Gegenangebot für Sanofi nicht aus).

[1366] Näher hierzu *Hopt*, in: FS Lutter (2000), S. 1361, 1384 f.

[1367] Hierzu oben Fn. 1062; www.FAZ.net, 5.4.2004 (Landau: Aventis-Arbeitsplätze durch Novartis sicherer).

[1368] BT-Ds. 14/7477, S. 51; s. auch oben § 1B.II.2.g) und § 3A.IV.2.d)aa)(2)(a) (dort Fn. 1328); vgl. ebenfalls Stellungnahme des DGB vom 11.10.2000, S. 2 („Die Zielsetzung [, Arbeitsplätze zu erhalten,] kann gewährleistet werden durch den Abschluss von Kollektivverträgen, die der Beschäftigungssicherung, sowie den Schutz sozialer und tariflicher Standards dienen.“).

nen. Danach sind Arbeitgeber- und Arbeitnehmerseite offensichtlich in der Lage, sich bereits zu einem Zeitpunkt auf arbeitsrechtliche Maßnahmen zu einigen, in dem der Erfolg oder Misserfolg der Offerte überhaupt noch nicht feststeht.

1. Rechtfertigung einer Zusagenerteilung durch die Zielgesellschaft

Abgesehen von diesen Ausführungen ergibt sich die Frage, ob in der Übernahmeregelung selbst angelegt ist, dass Zusagen des Vorstands der Zielgesellschaft an die eigenen Mitarbeiter oder deren Vertreter in der Angebotsphase gerechtfertigt sind.

Das WpÜG und dessen Begründung enthalten ausdrücklich lediglich Hinweise auf solche Zusagen, die vom Bieter ausgehen: Sichert dieser den Mitgliedern des Managements der Zielgesellschaft für den Fall eines erfolgreichen Beteiligungserwerbs die Weiterbeschäftigung zu, hat er dies gemäß § 11 Abs. 2 Satz 3 Nr. 3 WpÜG in die Angebotsunterlage aufzunehmen; derartige Zusicherungen sind auch bei einem Übernahmeangebot rechtmäßig und verstoßen nicht gegen das Verbot des § 33 Abs. 3 WpÜG.[1369] Aus Gründen der Waffengleichheit zwischen Bieter und Zielgesellschaft muss es folglich jedenfalls im Grundsatz gestattet sein, dass der Vorstand des Übernahmekandidatens Zusagen gegenüber der eigenen Belegschaft zwecks Bindung an das Unternehmen auch noch während des Angebotsverfahrens trifft. Die Begründung zu § 27 Abs. 1 WpÜG unterstützt ein solches Verständnis: Mit der sich aus dessen Satz 2 Nr. 2 ergebenden Verpflichtung, in ihrer Stellungnahme zu dem Angebot auf die voraussichtlichen Folgen des Angebots für die Arbeitnehmer und deren Vertretungen sowie die Beschäftigungsbedingungen einzugehen, sollen die Organe der Zielgesellschaft gezwungen werden, eine mögliche Beeinträchtigung von Arbeitnehmerinteressen durch das Angebot zu erkennen und ggf. „auszugleichen", wie dies etwa durch (rechtsverbindliche) Vereinbarungen zwischen den Betriebspartnern geschehen kann.[1370]

Schließlich bestehen auch nach der Übernahmerichtlinie keine Anhaltspunkte für eine generelle Unwirksamkeit solcher Abmachungen. Entsprechend den Vorgaben des Art. 10 RL haben börsennotierte Unternehmen die Pflicht zur Offenlegung bestimmter Gesellschaftsstrukturen und Abwehrmechanismen im Lagebericht.[1371] Nach dessen Abs. 1 lit. j müssen die Gesellschaften i.S. des Art. 1 Abs. 1 RL „alle bedeutenden Vereinbarungen, an denen die Gesellschaft beteiligt ist und die bei einem Kontrollwechsel in der Gesellschaft infolge eines Übernahmeangebotes wirksam werden, sich ändern oder enden, sowie die hieraus folgenden Wirkungen" offen legen. Ob eine 'Bedeutsamkeit' in diesem Sinne vorliegt, hängt entscheidend von der vereinbarten Rechtsfolge ab. Nur wenn diese geeignet ist, eine mögliche Übernahme zu verhindern

---

1369 Zu § 11 Abs. 2 Satz 3 Nr. 3 WpÜG und § 33 Abs. 3 WpÜG s. oben § 3A.IV.2.d)aa)(2)(b).

1370 BT-Ds. 14/7034 zu § 27 Abs. 1 RegE-WpÜG, S. 52; Geibel/Süßmann/*Grobys*, § 27 Rn. 16; *Grobys*, NZA 2002, 1, 5; HWK/*Seibt*, WpÜG Rn. 17; *Seibt*, DB 2002, 529, 533; vgl. auch oben § 2B.IV.1.a)aa)(1) sowie § 2B.IV.1.a)cc)(3)(a) (dort Fn. 722).

1371 Ausführlich zu Art. 10 RL unten § 3B.II.1.d)aa).

oder erheblich zu erschweren, ist dieses Merkmal gegeben.[1372] Demnach ist zumindest im Hinblick auf arbeitsrechtliche Vereinbarungen, die diese Voraussetzungen nicht ausfüllen, der Umkehrschluss erlaubt, dass auch das europäische Übernahmerecht ihrer Zulässigkeit nicht entgegensteht.

2. Praktische Ausgestaltung der zwischen den Betriebspartnern getroffenen Vereinbarungen

Laut Abschlussbericht des Finanzausschusses sollen die Zielgesellschaft und der Betriebsrat *verbindliche* Vereinbarungen über die zukünftige Stellung der Arbeitnehmer und deren Vertretungen für die Zeit nach einem Beteiligungserwerb treffen können, an die auch der Bieter gebunden sei.[1373] Klärungsbedürftig ist, wie solche Vereinbarungen insbesondere vor dem Hintergrund eines feindlichen Übernahmeangebots in der Praxis rechtlich ausgestaltet werden können.

a) Absichtserklärung

Zum einen ist denkbar, dass der Vorstand der Zielgesellschaft eine Absichtserklärung abgibt, die keinerlei rechtliche Verpflichtung schafft. Bei einem vom Bieter beabsichtigten Kontrollerwerb, in dessen Folge oftmals Betriebsstandorte geschlossen werden und Arbeitsplätze verloren gehen, werden sich die Belegschaftsvertreter allerdings mit solchen Erklärungen nicht zufrieden zeigen. Aber auch das sich der Akquisition widersetzende Management wird in der akuten Phase eines Angebotsverfahrens versuchen, die Reihen seiner Verbündeten geschlossen zu halten und deswegen ohne weiteres bereit sein, rechtlich verbindliche Abreden zu treffen.

b) Freiwillige Betriebsvereinbarung, § 88 BetrVG

Insofern wird zwischen den Betriebspartnern oftmals eine, ohne den Druck eines Mitbestimmungsrechts stattfindende, freiwillige Betriebsvereinbarung geschlossen.[1374]

aa) Rechtsgrundlage

Die Betriebsvereinbarung enthält neben dem schuldrechtlichen Teil, der Arbeitgeber und Betriebsrat verpflichtet, einen normativen Teil, dessen Inhalt unmittelbar und zwingend für die Arbeitsverhältnisse der im Betrieb beschäftigten Arbeitnehmer gilt (vgl. § 77 Abs. 4 Satz 1 BetrVG), weswegen die Betriebsvereinbarung auch als das „Gesetz des Betriebs" bezeichnet wird.[1375]

Für die normative Wirkung einer Angelegenheit durch Betriebsvereinbarung ist stets eine gesetzliche Ermächtigungsgrundlage erforderlich. § 77 Abs. 4 Satz 1 BetrVG ist hierfür unzureichend, denn dieser verdeutlicht lediglich die normative Wirkung und

---

[1372] *Seibt/Heiser*, ZIP 2002, 2193, 2198; *Lanfermann/Maul*, BB 2004, 1517, 1520 (die u.a. explizit auf bedeutende Anstellungsverträge hinweisen, welche für die Aufrechterhaltung des Geschäftsbetriebs der Zielgesellschaft von Bedeutung sind).

[1373] BT-Ds. 14/7477, S. 52.

[1374] S. auch HWK/*Seibt*, WpÜG Rn. 28; *Seibt*, DB 2002, 529, 535; *Willemsen*, in: Willemsen (u.a.), Kap. C Rn. 376 (zu Umwandlungsfällen).

[1375] *Dütz*, Rn. 817; *Fitting*, § 77 BetrVG Rn. 12.

enthält keine Angaben darüber, welche Angelegenheiten normativer Regelung zugänglich sind.[1376] Letzteres ergibt sich (neben § 112 BetrVG) vor allem aus § 88 BetrVG, der zunächst nur für „soziale" Angelegenheiten und nicht für sonstige betriebsverfassungsrechtliche Angelegenheiten (wie die §§ 92-105 oder §§ 106-113 BetrVG) gilt. Nach der gefestigten Rechtsprechung des BAG und nach der im arbeitsrechtlichen Schrifttum vorherrschenden Ansicht sollen die Betriebsparteien jedoch eine umfassende Regelungskompetenz innehaben, die nicht auf soziale Angelegenheiten beschränkt sei.[1377] So seien sie befugt, durch Betriebsvereinbarung alle Gegenstände zu regeln, die durch Tarifvertrag normiert werden oder die Inhalt des Einzelarbeitsvertrags sein könnten.

Dies steht nicht nur im Einklang mit der Entstehungsgeschichte,[1378] sondern wird überdies durch die neuere Regelung des § 28 SprAuG verdeutlicht. Nach dessen Abs. 1 können Arbeitgeber und Sprecherausschuss Richtlinien über den Inhalt, Abschluss und die Beendigung von Arbeitsverhältnissen der leitenden Angestellten schriftlich vereinbaren. Der Inhalt der Richtlinie entfaltet unmittelbare und zwingende Wirkung für die Arbeitsverhältnisse, soweit dies zwischen Arbeitgeber und Sprecherausschuss vereinbart wird, vgl. Abs. 2 Satz 1. Da nicht davon auszugehen ist, dass der Gesetzgeber dem Sprecherausschuss eine größere Regelungskompetenz als dem Betriebsrat einräumen wollte, wird daher durch § 28 SprAuG eine umfassende Regelungsbefugnis des Betriebsrats zum Abschluss von Betriebsvereinbarungen bestätigt.[1379]

Verständigen sich demnach der Vorstand der angegriffenen AG und der zuständige Betriebsrat über Maßnahmen, welche die infolge einer Unternehmensübernahme zu erwartenden Nachteile vermeiden oder wenigstens abmildern sollen, können sie darüber grundsätzlich eine freiwillige Betriebsvereinbarung nach Maßgabe des § 88 BetrVG abschließen.[1380]

[1376] ErfK/*Kania*, § 77 BetrVG Rn. 3.

[1377] BAG GS vom 7.11.1989, AP Nr. 46 zu § 77 BetrVG; BAG vom 1.12.1992, AP Nr. 3 zu § 77 BetrVG Tarifvorbehalt; 1.12.1992, AP Nr. 20 zu § 87 BetrVG Ordnung des Betriebes; DKK/*Berg*, § 88 BetrVG Rn. 4; ErfK/*Kania*, § 77 BetrVG Rn. 3 und § 88 BetrVG Rn. 1; *Fitting*, § 88 BetrVG Rn. 2; GK-BetrVG/*Wiese*, § 88 Rn. 10; *Worzalla*, in: HSWG, § 88 BetrVG Rn. 4 i.V.m. § 77 BetrVG Rn. 15; a.A. *Schliemann*, in: FS Hanau (1999), S. 577, 599; *Waltermann*, NZA 1996, 357, 359 ff.; *Wank*, NJW 1996, 2273, 2280.

[1378] Vgl. BT-Ds. VI/1786, S. 47; ErfK/*Kania*, § 88 BetrVG Rn. 1; *Fitting*, § 88 BetrVG Rn. 2.

[1379] BAG GS vom 7.11.1989, AP Nr. 46 zu § 77 BetrVG; ErfK/*Kania*, § 88 BetrVG Rn. 1; *Fitting*, § 88 BetrVG Rn. 2.

[1380] Nach GK-BetrVG/*Wiese*, § 88 Rn. 10; *Richardi*, § 88 BetrVG Rn. 3, 5 und *Worzalla*, in: HSWG, § 88 BetrVG Rn. 4 i.V.m. § 77 BetrVG Rn. 15, soll § 88 BetrVG hingegen nur für den Bereich der sozialen Angelegenheiten gelten. Inwieweit Betriebsvereinbarungen außerhalb dieses Bereichs zulässig seien, bestimme sich allein nach ausdrücklichen gesetzlichen Regelungen und allgemeinen Grundsätzen.

bb) Zustandekommen

Für das Zustandekommen freiwilliger Betriebsvereinbarungen nach § 88 BetrVG gelten die allgemeinen Vorschriften des § 77 BetrVG.[1381] Nach der insoweit herrschenden Vertragstheorie kommt die Betriebsvereinbarung durch einen (schriftlichen, § 77 Abs. 2 Satz 1 und 2 BetrVG) rechtsgeschäftlichen Vertrag, d.h. durch übereinstimmende Willenserklärungen von Betriebsrat und Arbeitgeber, zustande, wobei es sich um einen privatrechtlich kollektiven Normenvertrag handelt.[1382] Die Vorschriften des BGB gelten entsprechend.

(1) Bindungswirkung von Stellungnahmen des Vorstands gemäß § 27 WpÜG

Stets ist zu prüfen, ob nur eine (unverbindliche) Absichtserklärung oder aber eine bindende Verpflichtung gewollt war, was von einem objektiven Empfängerhorizont aus zu beurteilen ist. Sollte der Vorstand in die Stellungnahme nach §§ 34, 27 Abs. 1 Satz 1 WpÜG von ihm konzipierte, die Arbeitnehmerschaft begünstigende Elemente aufgenommen haben, ergibt sich die Schwierigkeit, ob dies für eine Qualifizierung als Antrag i.S.v. § 145 BGB auf Abschluss einer Betriebsvereinbarung ausreicht.

Gegen das Vorliegen eines Rechtsbindungswillens spricht einmal, dass sich die während des Angebotsverfahrens zu publizierende Einschätzung des Managements für Außenstehende erkennbar vor allem an die Anteilsinhaber der Zielgesellschaft richtet.[1383] Darüber hinaus beziehen sich die arbeitsrechtlichen Angaben (§ 27 Abs. 1 Satz 2 Nr. 2 WpÜG) des Stellungnahmedokuments lediglich auf die „voraussichtlichen" Folgen der Übernahmeofferte, so dass sie weder für den Betriebsrat und/oder die Arbeitnehmer bindend sind noch Ansprüche gegen den Vorstand (und Aufsichtsrat) der Zielgesellschaft begründen, wenn nach erfolgreicher Übernahme Vorhaben durchgeführt werden, die von der Meinungsäußerung der Geschäftsleitung abweichen (z.B. eine größere Zahl von Beschäftigten entlassen werden als zunächst von der Verwaltung erwartet).[1384] Dann erscheint es aber widersprüchlich, wenn im selben Dokument arbeitnehmerbetreffende Zusagen, die über die Pflichtangaben i.S.v. § 27 Abs. 1 Satz 2 WpÜG hinausgehen, ungeachtet dessen als rechtsverbindlich klassifiziert würden. Äußert sich der Vorstand in der Stellungnahme nicht nur zu den von ihm prognostizierten (negativen) Folgen einer Änderung der Beteiligungsverhältnisse für die Arbeitnehmerschaft, sondern berichtet er außerdem von Begleitmaßnahmen, die diese Nachteile ausgleichen sollen, kann mithin nur im besonderen Ausnahmefall[1385] von einem Angebot auf Abschluss einer Betriebsvereinbarung ausgegangen werden.

[1381] *Fitting*, § 88 BetrVG Rn. 6; *Worzalla*, in: HSWG, § 77 BetrVG Rn. 14.

[1382] Vgl. *Fitting*, § 77 BetrVG Rn. 13, 18 ff.; *Waltermann*, NZA 1995, 1179; *Worzalla*, in: HSWG, § 77 BetrVG Rn. 5, 7a.

[1383] S. oben § 2B.IV.1.a)aa)(1).

[1384] Geibel/Süßmann/*Grobys*, § 27 Rn. 17; KK-WpÜG/*Hirte*, § 27 Rn. 73; *Simon*, in: Semler/Volhard, § 55 Rn. 24 sowie *Thiel*, aaO, § 54 Rn. 26.

[1385] Vgl. auch § 2B.IV.1.b)cc)(1).

(2) Aufnahme einer (aufschiebenden) Bedingung, § 158 Abs. 1 BGB

Wird dem Vorstand der Zielgesellschaft zugestanden, mit dem Betriebsrat rechtsverbindliche Vereinbarungen zu treffen, ist diesem daran gelegen, dass die AG nur für den Fall eines erfolgreichen Übernahmeangebots an die Betriebsvereinbarung gebunden ist. Denn nur in dieser Situation gilt es aus seiner Perspektive nachteilige Folgen für die betroffenen Beschäftigten auszugleichen. Dies wird dadurch erreicht, dass die Geschäftsleitung noch vor dem Ende des Angebotsverfahrens mit dem Betriebsrat eine aufschiebend bedingte Betriebsvereinbarung gemäß § 158 Abs. 1 BGB abschließt, deren Wirkung eintritt, falls und sobald der Bieter die Kontrolle über die Gesellschaft erlangt hat.[1386] Da der Eintritt für alle Beteiligten ohne weiteres feststellbar ist, bestehen keine Bedenken gegen die Zulässigkeit einer solchen Bedingung.[1387]

cc) Inhalt der (freiwilligen) Betriebsvereinbarung

Grundsätzlich kann jede tarifvertraglich regelbare Angelegenheit auch Gegenstand einer Betriebsvereinbarung sein, sofern nicht die Regelungssperre des § 77 Abs. 3 Satz 1 BetrVG eingreift.[1388] Demnach ist es möglich, dass die Betriebsvereinbarung als Normenvertrag ebenso wie der Tarifvertrag Regelungen über alle *Arbeits*bedingungen im weitesten Sinne, d.h. über Inhalt, Abschluss und Beendigung von Arbeitsverhältnissen sowie über betriebliche und betriebsverfassungsrechtliche Fragen (vgl. § 1 Abs. 1 TVG), enthält.[1389] Allerdings können Betriebsvereinbarungen nur über solche Materien geschlossen werden, die zum gesetzlichen Aufgabenbereich des Betriebsrats gehören, d.h. seiner funktionellen Zuständigkeit unterliegen.[1390] Hierzu zählt, neben den Beteiligungsrechten in sozialen (§§ 87 ff. BetrVG), personellen (§§ 92 ff. BetrVG) und wirtschaftlichen (§§ 106 ff. BetrVG) Angelegenheiten, die umfassende Wahrnehmung der Arbeitnehmerinteressen, soweit sie nur den Betrieb und seine Belegschaft betrifft.

1386 ErfK/*Kania*, § 77 BetrVG Rn. 47; dazu auch BAG vom 24.3.1977, AP Nr. 6 zu § 613a BGB; *Fitting*, § 77 BetrVG Rn. 20; *Hanau/Vossen*, in: FS Hilger/Stumpf (1983), S. 271, 285 f.; *Seiter*, S. 122 f.; a.A. nur schuldrechtlicher (Vor-)Vertrag: GK-BetrVG/*Kreutz*, § 77 Rn. 43; *Schwertner*, SAE 1978, 65; zur europarechtlichen Zulässigkeit s. vorstehend § 3B.I.1.

1387 Vgl. BAG vom 15.1.2002, NZA 2002, 1112; zweifelnd *Richter*, in: Semler/Volhard, § 52 Rn. 167, nach dem nicht auszuschließen sei, dass die Zielgesellschaft an die Vereinbarung auch im Fall einer gescheiterten Übernahme gebunden bliebe.

1388 BAG GS vom 7.11.1989, AP Nr. 46 zu § 77 BetrVG; *Dütz*, Rn. 816; ErfK/*Kania*, § 77 BetrVG Rn. 3; *Fitting*, § 77 BetrVG Rn. 45 f.; *Henssler*, ZfA 1994, 487, 499; *Lieb*, NZA 1994, 289, 290; *Worzalla*, in: HSWG, § 77 BetrVG Rn. 15.

1389 *Fitting*, § 77 BetrVG Rn. 45; *Worzalla*, in: HSWG, § 77 BetrVG Rn. 15; einschränkend GK-BetrVG/*Kreutz*, § 77 Rn. 186, 202 ff.

1390 *Fitting*, § 77 BetrVG Rn. 45; *von Hoyningen-Huene*, § 11 III 4 a), S. 222; *Richardi*, § 77 BetrVG Rn. 66 ff.; *Worzalla*, in: HSWG, § 77 BetrVG Rn. 15 f.

(1) Beschäftigungssicherung

Nach den Ausführungen des Bundestagsfinanzausschusses könnte die Zielgesellschaft in ihrer Funktion als Arbeitgeber mit dem Betriebsrat verbindliche Absprachen zur *Beschäftigungssicherung* treffen.[1391]

In jüngerer Zeit bekannt geworden ist die am 30. April 2004 unterzeichnete Gesamtbetriebsvereinbarung „Personal- und Sozialpolitische Rahmenvereinbarung" zwischen der Geschäftsleitung von Aventis Pharma Deutschland GmbH und dem Gesamtbetriebsrat. Sogleich nach der für viele überraschenden Einigung zwischen den Unternehmensspitzen von Sanofi-Synthélabo und Aventis[1392] forderten insbesondere der DGB-Hessen, die IG BCE und die Betriebsräte für die rund 9.000 Mitarbeiter in Deutschland einen Standortsicherungsvertrag und eine Beschäftigungssicherung bis 2008 oder 2010, mit der betriebsbedingte Kündigungen ausgeschlossen werden sollten, sowie eine Ausbildungsplatzsicherung für die etwa 600 Auszubildenden.[1393] Nach spontanen Belegschaftsprotesten sprach sich auch *Heinz-Werner Meier*, Personalvorstand und Geschäftsführer der deutschen Aventis-Tochter, für eine mittel- und langfristige Beschäftigungssicherung aus. Zu diesem Zweck müsste die Zusicherung von Seiten des Bieters, keine Kündigungen in Deutschland vorzunehmen, vertraglich festgeschrieben werden.[1394]

Ende April 2004 wurde schließlich der Beschäftigungspakt unterzeichnet, nach dem es bis zum 31.12.2007 zu keinen betriebsbedingten Kündigungen kommt.[1395] Unter Punkt 3.1 und 4 der Vereinbarung ist stattdessen geregelt, dass die Mitarbeiterzahl durch Vorruhestandsregelungen, Abfindungen, Weiterbildungen und Versetzungen gesenkt werden soll. In der Präambel wurde des Weiteren der Hinweis auf ein „Memorandum of Understanding" eingefügt, das Aventis und Sanofi-Synthélabo am 25.4.2004 ver-

---

1391 BT-Ds. 14/7477, S. 52; vgl. auch HWK/*Seibt*, WpÜG Rn. 28; *Seibt*, DB 2002, 529, 535.

1392 Vgl. auch oben § 1B.I.2.h)bb)(2).

1393 DGB Region Frankfurt-Rhein-Main, Presseerklärung vom 27.4.2004, abrufbar unter: www.Hessen.DGB.de/homepages/frankfurt/standpunkte/presse/presse270404.html (zuletzt besucht am 29.4.2004); FAZ, 27.4.2004, S. 1 f. (Paris höchst erfreut über deutsch-französische Pharma-Fusion); IG-BCE, Medieninformation vom 26.4.2004 (Arbeitsplätze sichern – Mitbestimmungsrechte erhalten); www.FAZ.net, 26.4.2004 (Aventis-Betriebsrat: Sorgen um Standort Frankfurt), 27.4.2004 ('Sanofi-Vorstand: Zu Gesprächen mit Betriebsrat von Aventis bereit', 'Beschäftigte von Aventis demonstrieren – Vorstand: „Stellen sind sicher"'); www.Handelsblatt.com, 26.4.2004 (Aventis-Beschäftigte fühlen sich hintergangen); www.Sueddeutsche.de, 26.4.2004 (Betriebsrat von Aventis Deutschland fordert Beschäftigungssicherung); vgl. auch Bundesministerium für Wirtschaft und Arbeit, Pressemitteilung vom 26.4.2004 (Clement zu Aventis/Sanofi), abrufbar unter www.BMWI.de.

1394 Hierzu www.FTD.de, 27.4.2004 (Aventis-Belegschaft protestiert gegen Übernahme).

1395 S. www.FAZ.net, 30.4.2004 ('Nicht alle Fragen zu Aventis in Frankfurt geklärt', 'Keine Entlassungen bei Aventis Deutschland bis 2007'), 10.5.2004 (Aventis: Kündigungen ausgeschlossen – Stellenabbau nicht); www.Reuters.de, 30.4.2004 (Aventis: Vorerst keine betriebsbedingten Kündigungen); www.Sueddeutsche.de, 30.4.2004 (Betriebsrat: Arbeitsplätze bei Aventis Deutschland bis Ende 2007 sicher); www.Welt.de, 30.4.2004 (Beschäftigungspakt bei Aventis); vgl. auch *Ehlers*, NJW 2003, 2337, 2343.

einbart hatten.[1396] Für den Fall eines erfolgreichen Angebots sollten danach die darin enthaltenen Zusicherungen zur Standorterhaltung in Frankfurt die Rahmenvereinbarung ergänzen. Zudem enthält die Vereinbarung eine Absichtserklärung zur Übernahme aller Lehrlinge; Verpflichtungen, die einen neuen Eigentümer zusätzlich binden würden, wollte Aventis-Deutschland nicht eingehen. So blieb anfangs vor allem offen, in welchem Umfang der durch eine Fusion neu entstehende Konzern Sanofi-Aventis am Frankfurter Standort investieren würde und ob die Deutschland-Zentrale in der Frankfurter Nachbarstadt Bad Soden mit 800 Beschäftigten verbleiben oder nach Berlin zur Vertretung von Sanofi-Synthélabo verlegt würde.[1397] Im Hinblick auf die zurückhaltende Ausgestaltung der Rahmenvereinbarung bleibt anzumerken, dass sie zu einem Zeitpunkt getroffen wurde, in dem sich das feindliche Angebot in ein freundliches gewandelt hatte.

(a) Betriebsverfassungsnormen

Einmal kann durch Betriebsvereinbarung die gesetzliche Regelung über die Betriebsverfassung modifiziert und ergänzt werden, soweit dem nicht zwingende Bestimmungen des Gesetzes entgegenstehen.[1398] Dementsprechend können Zielgesellschaft und Betriebsrat nach § 102 Abs. 6 BetrVG im Rahmen einer freiwilligen Betriebsvereinbarung die (ordentliche und außerordentliche) Kündigung von Arbeitsverhältnissen dadurch erschweren, dass diese der vorherigen Zustimmung der Arbeitnehmervertretung bedarf.[1399] Diese Norm sieht aber lediglich die verfahrensmäßige Sicherung des Zustimmungserfordernisses des Betriebsrats vor, so dass hiernach eine Erweiterung des Kündigungsschutzes nicht möglich ist.[1400]

(b) Beendigungsnormen

Insofern ist naheliegend, dass die Betriebspartner sog. Beendigungsnormen, d.h. Regelungen über das „Ob“ und „Wie“ der Beendigung von Arbeitsverhältnissen, zum Gegenstand der Betriebsvereinbarung machen.[1401]

Es bestehen keine Bedenken dagegen, dass durch Betriebsvereinbarung eine zahlenmäßige Obergrenze für Kündigungen oder den Personalabbau insgesamt bestimmt wird. Auch kann der Arbeitgeber den Kündigungsschutz durch die Zusage erweitern,

---

[1396] S. Angebotsunterlage in der Fassung des Nachtrags Nr. 4 vom 11.5.2004 der Sanofi-Synthélabo S.A. an die Aktionäre von Aventis S.A., S. 49.

[1397] S. www.FAZ.net, 2.6.2004 (Aventis Deutschland: Gesundheitspolitik bedroht Arbeitsplätze).

[1398] *Fitting*, § 77 BetrVG Rn. 48; GK-BetrVG/*Kreutz*, § 77 Rn. 210; *Richardi*, § 77 BetrVG Rn. 61; zur Gestaltung von Betriebsvereinbarungen nach § 102 Abs. 6 BetrVG s. *Mauer/Schüßler*, BB 2000, 2518 ff.

[1399] Vgl. auch *Richter*, in: Semler/Volhard, § 52 Rn. 166.

[1400] ErfK/*Kania*, § 102 BetrVG Rn. 43; GK-BetrVG/*Raab*, § 102 Rn. 198; *Henssler*, RdA 1991, 268, 273; *Löwisch/Kaiser*, § 102 BetrVG Rn. 65; *Schlochauer*, in: HSWG, § 102 BetrVG Rn. 190; a.A. DKK/*Kittner*, § 102 BetrVG Rn. 311 ff.; *Halberstadt*, BB 1973, 1442 ff.; *Schaub*, ArbR-Hdb., § 123 Rn. 136.

[1401] Vgl. *Fitting*, § 88 BetrVG Rn. 3; GK-BetrVG/*Kreutz*, § 77 Rn. 204; aaO/*Wiese*, § 88 Rn. 11 f.; *Löwisch/Kaiser*, § 77 BetrVG Rn. 19; *Worzalla*, in: HSWG, § 77 BetrVG Rn. 35.

nach einem Kontrollerwerb i.S.v. § 29 Abs. 2 WpÜG im Wege eines öffentlichen Angebots zumindest zeitweise von betriebsbedingten ordentlichen Kündigungen vollständig abzusehen, die Kündigungsfristen zu verlängern oder den Kündigungsschutz so zu begrenzen, dass eine ordentliche Kündigung nur erlaubt ist, soweit ein Sozialplan eingreift.[1402]

(c) Betriebsnormen / Organisationsregelungen

Während des Gesetzgebungsverfahrens zum WpÜG wies das BMA ferner darauf hin, dass insbesondere die neu eingeführten Vorschriften der §§ 80 Abs. 1 Nr. 8, 92a BetrVG zwecks Ausgleichs beeinträchtigter Arbeitnehmerinteressen *instrumentalisiert* werden könnten.[1403] Nachdem sich der Bundestag diese Argumentation durch Annahme der Beschlussempfehlung des Finanzausschusses zu Eigen gemacht hatte,[1404] sollen die Betriebsparteien während eines Angebotsverfahrens offensichtlich vor allem auch betriebliche Fragen zulässigerweise in einer Betriebsvereinbarung regeln können.

Bei diesen über das einzelne Arbeitsverhältnis hinausgehenden Betriebsnormen handelt es sich der Sache nach um Angelegenheiten, die unmittelbar die Organisation und Gestaltung des Betriebs, also der Betriebsmittel und der Belegschaft betreffen.[1405] Sie regeln das betriebliche Rechtsverhältnis zwischen dem Arbeitgeber und der Gesamtheit oder Gruppen der Arbeitnehmerschaft und haben, trotz ihres normativen Charakters, nur mittelbare Wirkung für das Einzelarbeitsverhältnis.[1406]

(aa) Allgemeine Aufgabe der Beschäftigungssicherung, § 80 Abs. 1 Nr. 8 BetrVG

Nach der Reform des Betriebsverfassungsrechts ist dem Betriebsrat unter anderem erstmals die Aufgabe zugewiesen worden, die Beschäftigung im Betrieb zu sichern, § 80 Abs. 1 Nr. 8 BetrVG.[1407] Diese Aufgabe hat ihre Bedeutung für alle Tätigkeitsbereiche des Betriebsrats, bildet jedoch weder einen Ansatz für die Durchsetzung konkret erzwingbarer Beteiligungsrechte noch für einen einklagbaren Anspruch gegen den Arbeitgeber auf bestimmte Handlungen.[1408] Sie berechtigt die Personalvertretung nicht zu einseitigen Eingriffen in die Betriebsführung; insoweit gilt § 77 Abs. 1 BetrVG, nach dem es Sache des Arbeitgebers ist, Vereinbarungen zwischen den Betriebsparteien

---

1402 Vgl. oben § 3A.II.4.; MüKo-AktG/*Schlitt*, § 33 WpÜG Rn. 119; *Richter*, in: Semler/Volhard, § 52 Rn. 166; s. auch den Vorschlag für eine Betriebsvereinbarung im Sinne eines Beschäftigungspaktes bei *Ehlers*, NJW 2003, 2337, 2343.

1403 BT-Ds. 14/7477, S. 51 f.

1404 S. oben Fn. 212.

1405 BAG vom 17.6.1997, AP Nr. 19 zu § 99 BetrVG Einstellung; ErfK/*Schaub*, § 1 TVG Rn. 111; GK-BetrVG/*Kreutz*, § 77 Rn. 207; *Kempen/Zachert*, § 3 TVG Rn. 13; *Zöllner/Loritz*, § 35 II.

1406 *Fitting*, § 77 BetrVG Rn. 47, 129; *Löwisch/Kaiser*, § 77 BetrVG Rn. 20 („An normativer Wirkung gegenüber den Arbeitnehmern bleibt übrig, dass die Arbeitnehmer nach § 615 BGB ihre Arbeitsleistung solange ohne Verlust ihres Entgeltanspruchs zurückbehalten können, wie der Arbeitgeber die Betriebsnorm nicht beachtet."); *Richardi*, § 77 BetrVG Rn. 61 i.V.m. 52; *Worzalla*, in: HSWG, § 77 BetrVG Rn. 15 f.

1407 Vgl. oben § 2B.II.6.a)aa).

1408 ErfK/*Kania*, § 80 BetrVG Rn. 1; *Nicolai*, in: HSWG, § 80 BetrVG Rn. 8.

durchzuführen und es dem Betriebsrat untersagt ist, durch einseitige Handlungen in die Leitung des Betriebs einzugreifen.[1409]

(bb) Vorschlags- und Beratungsrecht zur Beschäftigungssicherung, § 92a BetrVG

Die Erweiterung des Katalogs der Betriebsratsaufgaben in § 80 Abs. 1 Nr. 8 BetrVG wird vornehmlich durch die ebenfalls neu geschaffene Vorschrift des § 92a BetrVG konkretisiert. Mit dieser Regelung wird das betriebsverfassungsrechtliche Repräsentationsorgan in die Lage versetzt, unter anderem die Aufgabe der Beschäftigungssicherung aktiv wahrzunehmen und hierzu im Betrieb eigene Initiativen zu ergreifen.[1410] Nach dessen Abs. 1 steht dem Betriebsrat ein diesbezügliches Vorschlagsrecht zu. Im Vorfeld einer erwarteten Unternehmensübernahme sind dabei für die Beschäftigten die aufgeführten Beispiele[1411] der „Produktions- und Investitionsprogramme" und der „Alternativen zur Ausgliederung von Arbeit oder ihrer Vergabe an andere Unternehmen" von besonderem Interesse. Eingeschlossen ist auch das Recht, Konzepte zu entwickeln, wie der Abbau von Arbeitsplätzen verhindert werden kann. Dem Vorschlagsrecht stellt § 92a Abs. 2 BetrVG eine Beratungspflicht des Arbeitgebers gegenüber. Dieser ist verpflichtet, sich mit den Konzepten des Betriebsrats auseinander zu setzen, sie mit diesem zu beraten und bei einer Ablehnung (ggf. schriftlich) zu begründen.

Da die von der Regelung gewährten Vorschlags- und Beratungsrechte auch Bereiche der Unternehmensführung betreffen, konnten sie nicht als Mitbestimmungstatbestände ausgestaltet werden.[1412] Insoweit stellt § 92a BetrVG lediglich eine Konkretisierung des allgemeinen Vorschlagsrechts aus § 80 Abs. 1 Nr. 8 BetrVG und der Befugnisse des Wirtschaftsausschusses nach §§ 106 ff. BetrVG dar.

(cc) Wirksamkeit der Aufnahme von Organisationsregelungen

Soweit über den Vorschlag der Arbeitnehmervertretung oder eine andere beschäftigungssichernde Maßnahme Einigkeit erzielt wird, können – entsprechend der vom übernahmerechtlichen Gesetzgeber proklamierten Instrumentalisierungsfunktion der §§ 80 Abs. 1 Nr. 8, 92a BetrVG – während des laufenden Angebotsverfahrens durchgeführte Beratungen zwischen dem Vorstand der Zielgesellschaft und dem Betriebsrat prinzipiell im Abschluss einer freiwilligen Betriebsvereinbarung nach § 88 BetrVG münden. Das gilt allerdings nur, soweit der betriebsverfassungsrechtliche Aufgabenbereich[1413] im Sinne dieser Vorschrift betroffen ist. Denkbar ist beispielsweise, dass sich

---

1409 *Nicolai*, in: HSWG, § 80 BetrVG Rn. 10.

1410 BT-Ds. 14/5741, S. 49; ErfK/*Kania*, § 92a BetrVG Rn. 1; *Fitting*, § 92a BetrVG Rn. 1; *Glock*, in: HSWG, § 92a BetrVG Rn. 1; *Löwisch*, BB 2001, 1790.

1411 Die möglichen Vorschläge des Betriebsrats sind von ihrem Gegenstand her nicht begrenzt, vgl. BT-Ds. 14/5741, S. 49; *Hänlein*, DB 2001, 2097; *Rieble*, NZA-Sonderheft 2001, 48.

1412 BT-Ds. 14/5741, S. 64 f.; *Bauer*, NZA 2001, 375, 378; DKK/*Däubler*, § 92a BetrVG Rn. 1; *Engels/Trebinger/Löhr-Steinhaus*, DB 2001, 532, 539 (dort Fn. 64); *Fitting*, § 92a BetrVG Rn. 3; *Glock*, in: HSWG, § 92a BetrVG Rn. 4; *Reichold*, NZA 2001, 857, 863; *Rieble*, NZA-Sonderheft 2001, 48.

1413 S. oben § 3B.I.2.b)cc) (zur Standortzusage).

die Zielgesellschaft in einer Betriebsvereinbarung zwecks Beschäftigungssicherung zur Vornahme bestimmter Investitionen oder Produktionen (vgl. § 92a Abs. 1 Satz 2 a.E. BetrVG) verpflichten will. Bei unternehmerischen Maßnahmen wie diesen oder der Fremdvergabe von Aufträgen (Outsourcing) handelt es sich nicht um Arbeits-, sondern um *Wirtschafts*bedingungen, womit der Bereich der regelbaren („sozialen") Angelegenheiten verlassen wird und Betriebsvereinbarungen nicht mehr möglich sind.[1414] Unternehmerische Verhaltensweisen sind mithin keiner normativen Regelung zugänglich und demnach der Disposition im Wege einer freiwilligen Betriebsvereinbarung vollständig entzogen.

(2) Standortsicherung (als nur schuldrechtliche Abmachung)

In diesem Kontext stellt sich das weitergehende Problem, ob in einer Betriebsvereinbarung auch Standortsicherungen die Aufrechterhaltung einer Produktionsstätte und den Fortbestand eines Betriebs garantieren können.[1415]

Im Betriebsverfassungsrecht findet der arbeitsrechtliche Schutz der Beschäftigten seine Grenzen in einem durch Art. 12 GG gewährleisteten Bereich unternehmerischer Entscheidungsfreiheit.[1416] Betriebsstilllegung und Produktionsverminderung gehören in den Kernbereich dieser Freiheit. Dem entspricht, dass das BetrVG einzig den Sozialplan als erzwingbar ausgestaltet hat, nicht aber den Interessenausgleich. Die Kompensation wirtschaftlicher Folgen einer Betriebsstilllegung kann daher durch den Betriebsrat zwingend mitgestaltet werden, nicht aber deren Modalitäten. Bei Zulassung einer Standortsicherungsbetriebsvereinbarung würden deshalb die §§ 111 ff. BetrVG – welche gerade Ausdruck der Unternehmensautonomie sind – unterlaufen, da nach ihnen die letzte Entscheidung über die Betriebsänderung beim Arbeitgeber verbleibt.[1417] Dagegen könnte argumentiert werden, dass sich der Arbeitgeber nach dem Grundsatz 'pacta sunt servanda' an einer freiwillig zustandegekommenen Einigung festhalten lassen muss. Jedoch spricht gegen die Regelung im Wege einer Betriebsvereinbarung, dass Übereinkommen, Betriebe nicht zu schließen, nicht als Betriebsnormen, sondern ausschließlich als *schuldrechtlicher* Bestandteil einer solchen Vereinbarung qualifiziert werden können.[1418] Da nach vorzugswürdiger Ansicht – entsprechend der von § 77 Abs. 4 Satz 1 BetrVG angeordneten unmittelbaren und zwingenden Wirkung –

[1414] *Fitting*, § 92a BetrVG Rn. 9; *Glock*, in: HSWG, § 92a BetrVG Rn. 14; *Löwisch*, BB 2001, 1790, 1794; *Löwisch/Kaiser*, § 92a BetrVG Rn. 7; *Rieble*, NZA-Sonderheft 2001, 48, 50; kritisch auch *Bauer*, NZA 2001, 375, 378 („[§ 92a Abs. 1 Satz 2 BetrVG spricht Themen an,] die den Kernbereich der unternehmerischen Dispositionsfreiheit betreffen und daher eigentlich der betrieblichen Mitbestimmung entzogen sind."); s. ebenfalls BT-Ds. 14/5741, S. 65.

[1415] S. oben § 3A.II.4.

[1416] *Hanau/Thüsing*, ZTR 2001, 49, 53.

[1417] Vgl. AG Hagen vom 16.5.2000 – 4 Ca 9/00 –; bestätigt LAG Hamm vom 31.5.2000, NZA-RR 2000, 535, 537.

[1418] Ebenso zu Standortsicherungstarifverträgen *Hanau/Thüsing*, ZTR 2001, 49, 53; *Wolter*, RdA 2002, 218, 226.

nur Regelungen mit normativem Inhalt als Betriebsvereinbarung gelten,[1419] müssen solche Abreden, die diese Voraussetzung nicht erfüllen, mithin in anderer Form getroffen werden.[1420]

Im Ergebnis ist damit eine Standortsicherung kein wirksamer Inhalt einer freiwilligen Betriebsvereinbarung.

(3) Rahmensozialplan

Darüber hinaus kann der originär besetzte Vorstand der Zielgesellschaft mit Hilfe eines „Sozialplans" und Angaben zu dessen Volumen noch vor einem Wechsel in der Eigentümerstruktur versuchen, zumindest die mittelfristig durch eine Übernahme entstehenden Nachteile für die betroffenen Mitarbeiter auszugleichen oder abzumildern.[1421] Insofern könnte das Unternehmen in der Angebotsphase Abfindungszahlungen für zu kündigende oder zu versetzende Arbeitnehmer festsetzen, Beihilfen zu Umzugskosten sowie Zahlungen zum Ausgleich bei Betriebsverlegungen, Zuschüsse zu Umschulungsmaßnahmen o.Ä. vorsehen. Die Aufstellung eines Sozialplans gemäß § 112 Abs. 1 Satz 2 BetrVG setzt allerdings die tatsächliche Planung einer Betriebsänderung i.S.v. § 111 BetrVG voraus. Zwar können die Betriebsparteien nach der Rechtsprechung des BAG bei bestehenden Unsicherheiten hinsichtlich des Vorliegens einer Betriebsänderung vorausschauend einen Sozialplan für den Fall vereinbaren, dass es sich bei der Maßnahme um eine solche handelt.[1422] Doch fällt bei einer noch überhaupt nicht geplanten Betriebsänderung die Aufstellung eines derartigen „vorsorglichen" Sozialplans nicht unter die §§ 111 ff. BetrVG und ist auch nicht erzwingbar.[1423] Mithin kann sich die Zielgesellschaft nicht mit dem Betriebsrat über den Abschluss eines Sozialplans im eigentlichen Sinne einigen, denn weder im Zusammenhang mit der Vorankündigung (§ 10 Abs. 1 Satz 1 WpÜG) noch mit dem eigentlichen Angebot (§ 14 Abs. 2 Satz 1 WpÜG) liegt eine Betriebsänderung vor.[1424]

Dessen ungeachtet können der Betriebsrat und das Unternehmen bei einer noch nicht konkret geplanten, aber in groben Umrissen schon abschätzbaren Betriebsänderung einen sog. *Rahmensozialplan* für künftig auftretende Betriebsänderungen in Form ei-

---

[1419] *Birk*, ZfA 1986, 73, 79; ErfK/*Kania*, § 77 BetrVG Rn. 2, 9, 31; *Fitting*, § 77 BetrVG Rn. 50; GK-BetrVG/*Kreutz*, § 77 Rn. 187 ff.; *Hanau*, RdA 1989, 209; *Schaub*, ArbR-Hdb., § 231 Rn. 31; a.A. *Fitting* (21. Aufl.), § 77 BetrVG Rn. 50; *Heinze*, NZA 1994, 580, 582; *Richardi*, § 77 BetrVG Rn. 59-62; *Worzalla*, in: HSWG, § 77 BetrVG Rn. 17.

[1420] A.A. wohl *Wolter*, RdA 2002, 218 f., 226.

[1421] Ebenso *Richter*, in: Semler/Volhard, § 52 Rn. 166; ähnlich der Vorschlag des DGB zu einem „Verhandlungsanspruch" in seiner Stellungnahme zu § 13 DiskE-ÜG vom 11.10.2000, S. 3 (s. oben § 3A.IV.2.b)bb)); kritisch dazu *Wackerbarth*, WM 2001, 1741, 1742, 1749 (der allerdings fälschlicherweise von einem „Interessenausgleich" spricht); vgl. ebenfalls oben § 3A.II.4.

[1422] BAG vom 1.4.1998, AP Nr. 123 zu § 112 BetrVG.

[1423] Vgl. BAG vom 25.10.1983 – 1 AZR 225/82 – (n.v.); *Fitting*, §§ 112, 112a BetrVG Rn. 80; GK-BetrVG/*Fabricius/Oetker*, §§ 112, 112a Rn. 102 f.; *Hess*, in: HSWG, § 112 BetrVG Rn. 31; Richardi/*Annuß*, § 112 BetrVG Rn. 61.

[1424] S. dazu oben § 2B.II.6.a)bb) zu § 10 WpÜG und § 2B.III.5.a) zu § 14 WpÜG.

ner freiwilligen Betriebsvereinbarung aufstellen;[1425] die Zulässigkeitsgrenze ist erst erreicht, wenn die Betriebspartner Art oder Umfang der Betriebsänderung noch nicht überschauen können. Diese Voraussetzungen werden von den Ankündigungen des Bieters im Antragsdokument (vgl. § 11 Abs. 2 Satz 3 Nr. 2 WpÜG) regelmäßig erfüllt: Mittels der vom möglichen Übernehmer gemachten Angaben zu dessen Absichten werden das Management der Zielgesellschaft und die Belegschaftsvertreter in die Lage versetzt, die in absehbarer Zeit nach einem erfolgreichen Erwerbsangebot anvisierten betriebsändernden Maßnahmen vorherzusehen.[1426] Nach Ansicht der Rechtsprechung sollen in einem solchen „vorweggenommenen" Sozialplan neben abstrakt-generellen Regelungen auch konkret-materielle Leistungs- und Verfahrensgrundsätze in Form von Abfindungen, Sonder- und Ausgleichszahlungen, Zuschüssen zum Arbeitslosengeld o.Ä. vereinbart werden können.[1427] Dies steht im Einklang mit der Befriedungsfunktion des Rahmensozialplans, denn speziell wenn ein Unternehmen in absehbarer Zukunft umfangreiche Restrukturierungsmaßnahmen ergreifen will und zukünftige Verhandlungen über einen Sozialplan nach Möglichkeit ohne Auseinandersetzungen über das Bestehen einer Sozialplanpflicht geführt werden sollen, bietet sich dieses Regelungsinstrument in der Praxis an. Soweit der Rahmensozialplan wirksame Regelungen enthält, ist das Mitbestimmungsrecht des Betriebsrats nach § 112 Abs. 1 Satz 2 BetrVG verbraucht, wenn die vorhergesagte Betriebsänderung tatsächlich eintritt;[1428] für diese ist dann kein Sozialplan mehr aufzustellen.

(4) Rahmeninteressenausgleich

Auch wenn demnach die Betriebspartner einen Rahmensozialplan im Wege einer freiwilligen Betriebsvereinbarung aufstellen können, gilt das nicht in gleichem Umfang für den Abschluss eines Rahmeninteressenausgleichs für künftige Betriebsänderungen.[1429]

Bei Sozialplänen geht es um die Festlegung von Ansprüchen der Arbeitnehmer für den Fall, dass sie infolge einer Betriebsänderung bestimmte Nachteile (in Form von Entlassungen usw.) erleiden. Dieser Gegenstand ist einer auf künftige Fälle bezogenen Regelung in abstrakt-genereller Form zugänglich. Von den besonderen Umständen der

---

1425 BAG vom 26.8.1997, AP Nr. 117 zu § 112 BetrVG; 19.1.1999, AP Nr. 37 zu § 113 BetrVG; DKK/*Däubler*, §§ 112, 112a BetrVG Rn. 132a; *Dütz*, Rn. 886; ErfK/*Kania*, §§ 112, 112a BetrVG Rn. 15; *Fitting*, §§ 112, 112a BetrVG Rn. 80; *Hess*, in: HSWG, § 112 BetrVG Rn. 35a; *Löwisch/Kaiser*, § 112 BetrVG Rn. 52; Richardi/*Annuß*, § 112 BetrVG Rn. 63 f.; vgl. auch *Willemsen*, NZA 1996, 791, 797 (vorweggenommener Sozialplan in Umwandlungsfällen).

1426 Vgl. oben § 3A.II.3.b)bb)(5)(b)(dd).

1427 BAG vom 26.8.1997, AP Nr. 117 zu § 112 BetrVG; a.A. *Birk*, ZfA 1986, S. 73, 90; *C. Meyer*, Anm. zu BAG vom 19.1.1999, AP Nr. 37 zu § 113 BetrVG.

1428 BAG vom 26.8.1997, AP Nr. 117 zu § 112 BetrVG; 19.1.1999, AP Nr. 37 zu § 113 BetrVG; *Dütz*, Rn. 886; ErfK/*Kania*, §§ 112, 112a BetrVG Rn. 15; *Hess*, in: HSWG, § 112 BetrVG Rn. 35a; anders *Birk*, ZfA 1986, 73, 90 f.; DKK/*Däubler*, §§ 112, 112a BetrVG Rn. 132a; *Fitting*, §§ 112, 112a BetrVG Rn. 80; *Löwisch/Kaiser*, § 112 BetrVG Rn. 52; Richardi/*Annuß*, § 112 BetrVG Rn. 64.

1429 S. BAG vom 19.1.1999, AP Nr. 37 zu § 113 BetrVG (Anm. *C. Meyer*).

einzelnen Betriebsänderung kann dabei abgesehen werden. Im Unterschied dazu ist der Interessenausgleich seiner Natur nach auf den *Einzelfall* bezogen, denn durch ihn soll der Betriebsrat Einfluss auf die Gestaltung der konkreten Betriebsänderung nehmen können.[1430] Dies schließt vorweggenommene Regelungen für künftige, in ihren Einzelheiten nicht absehbaren Maßnahmen aus. In einer solchen Regelung läge in Wirklichkeit ein Verzicht auf die Mitgestaltung der künftigen Betriebsänderung.[1431] Der Abschluss eines „vorweggenommenen" Interessenausgleichs (z.B. mit dem Inhalt der Aufnahme zusätzlicher Produktion zur Vermeidung von Entlassungen) ist demzufolge unzulässig und entbindet den Unternehmer nicht von der Notwendigkeit eines weiteren Interessenausgleichsversuchs und/oder von der Inanspruchnahme durch einen Nachteilsausgleich i.S.v. § 113 Abs. 3 BetrVG, wenn sich später eine Betriebsänderung konkretisiert.[1432]

c) Regelungsabrede

Zwischen der Zielgesellschaft als Arbeitgeber und dem Betriebsrat können zur Regelung betrieblicher Angelegenheiten aber nicht nur Betriebsvereinbarungen geschlossen werden. In Betracht kommen vielmehr auch bindende Regelungsabreden, die auch als Betriebsabsprachen oder betriebliche Einigungen bezeichnet werden.

aa) Begriff und Zustandekommen

Der Begriff „Vereinbarung" in § 77 Abs. 1 Satz 1 BetrVG umfasst nicht nur Betriebsvereinbarungen i.S. des § 77 Abs. 2 BetrVG, sondern alle Abreden zwischen Arbeitgeber und Betriebsrat.[1433] Daneben finden sich aber keine weiteren gesetzlichen Vorschriften zur Regelungsabrede. Bei dieser handelt es sich um einen (regelmäßig formlosen) schuldrechtlichen Vertrag ohne normative Wirkung auf die Arbeitsverhältnisse, d.h. durch sie werden nur Arbeitgeber und Betriebsrat verpflichtet. Wie die Betriebsvereinbarung kommt die Regelungsabrede demnach durch übereinstimmende Willenserklärungen der Betriebsparteien zustande.[1434] Darüber hinaus ist es möglich, die Rege-

---

[1430] BAG vom 29.11.1983, AP Nr. 10 zu § 113 BetrVG; 20.5.1999, AP Nr. 5 zu § 1 KSchG Namensliste; *Fitting*, §§ 112, 112a Rn. 15; *Löwisch*, RdA 1989, 216, 218.

[1431] BAG vom 29.11.1983, AP Nr. 10 zu § 113 BetrVG; 26.8.1997, AP Nr. 117 zu § 112 BetrVG; 19.1.1999, AP Nr. 37 zu § 113 BetrVG (Anm. *C. Meyer*).

[1432] I.E. ebenso *Fitting*, §§ 112, 112a BetrVG Rn. 15; GK-BetrVG/*Fabricius/Oetker*, §§ 112, 112a Rn. 11; *Hess*, in: HSWG, § 112 BetrVG Rn. 2; *Löwisch/Kaiser*, § 112 BetrVG Rn. 13; Richardi/*Annuß*, § 112 BetrVG Rn. 63; *Rieble*, NZA-Sonderheft 2001, 48, 50; a.A. wohl ErfK/*Kania*, §§ 112, 112a BetrVG Rn. 4 i.V.m. 9 (der von einer (evtl.) Bindungswirkung des Rahmeninteressenausgleichs ausgeht); *Grobys*, GmbHR 2000, R389, R390; zum vorweggenommenen Interessenausgleich i.R.d. § 5 Abs. 1 Nr. 9 UmwG s. *Willemsen*, NZA 1996, 791, 797.

[1433] GK-BetrVG/*Kreutz*, § 77 Rn. 6; *Worzalla*, in: HSWG, § 77 BetrVG Rn. 103.

[1434] *Dütz*, Rn. 825a; ErfK/*Kania*, § 77 BetrVG Rn. 26; *Richardi*, § 77 BetrVG Rn. 227; *Worzalla*, in: HSWG, § 77 BetrVG Rn. 96 i.V.m. 7a; a.A. GK-BetrVG/*Kreutz*, § 77 Rn. 10; unklar *Fitting*, § 77 BetrVG Rn. 216.

lungsabrede unter der aufschiebenden Bedingung des erfolgreichen Übernahmeangebots abzuschließen.[1435]

bb) Inhalt

Sie ist jedenfalls für Angelegenheiten zulässig, die zwar durch Betriebsvereinbarung geregelt werden könnten, nach dem Willen eines oder beider Betriebspartner(s) aber nur durch eine Regelungsabrede geregelt werden sollen.[1436] Nach überwiegender Ansicht in Rechtsprechung und Literatur unterliegt sie dabei mangels normativer Wirkung nicht der Sperrwirkung des § 77 Abs. 3 BetrVG.[1437]

(1) Beendigung von Arbeitsverhältnissen / Rahmensozialplan / Zustimmung bei Kündigungen

Der Vorstand und der Betriebsrat können somit grundsätzlich während des Angebotsverfahrens im Wege einer Regelungsabrede die Ausweitung des Kündigungsschutzes[1438] oder die Aufstellung eines Rahmensozialplans[1439] vereinbaren. Hingegen genügt der Abschluss einer Betriebsabsprache nicht für die Erweiterung der Mitbestimmung gemäß § 102 Abs. 6 BetrVG.[1440]

(2) Beschäftigungs- und Standortsicherungsverträge

Weiterhin ist umstritten, ob die Betriebsparteien im gesamten Funktionsbereich der Arbeitnehmervertretung bindende Regelungsabreden vereinbaren können, oder ob dies auf solche Materien beschränkt ist, die normativer Regelung zugänglich sind. Bedeutsam wird diese Meinungsverschiedenheit vor allem bei den in der Praxis üblichen Beschäftigungs- und Standortsicherungsverträgen[1441]: Während sich der Arbeitgeber in ersteren zur Vornahme bestimmter beschäftigungssichernder Maßnahmen in Anlehnung an die §§ 80 Abs. 1 Nr. 8, 92a BetrVG[1442] verpflichtet, verspricht er im zweiten Fall die Aufrechterhaltung eines Standorts[1443].

[1435] ErfK/*Kania*, § 77 BetrVG Rn. 47; s. auch oben § 3B.I.2.b)bb)(2).

[1436] BAG GS vom 3.12.1991, AP Nr. 51 zu § 87 BetrVG Lohngestaltung; ErfK/*Kania*, § 77 BetrVG Rn. 32.

[1437] BAG vom 20.4.1999, AP Nr. 89 zu Art. 9 GG; 20.4.1999, AP Nr. 30 zu § 23 BetrVG; *Dörrwächter*, Anm. zu BAG vom 9.12.1997, EzA Nr. 61 zu § 77 BetrVG; ErfK/*Kania*, § 77 BetrVG Rn. 71; *Fitting*, § 77 BetrVG Rn. 102; GK-BetrVG/*Kreutz*, § 77 Rn. 13; *Wank*, RdA 1991, 129, 133; Wiedemann/*Wank*, § 4 TVG Rn. 577; a.A. *Annuß*, RdA 2000, 287, 291; DKK/*Berg*, § 77 BetrVG Rn. 78; *Richardi*, § 77 BetrVG Rn. 292 f.; *Worzalla*, in: HSWG, § 77 BetrVG Rn. 98a.

[1438] Vgl. vorstehend § 3B.I.2.b)cc)(1)(b).

[1439] Dazu vorstehend § 3B.I.2.b)cc)(3).

[1440] S. oben § 3B.I.2.b)cc)(1)(a); hierzu BAG vom 14.2.1978, AP Nr. 60 zu § 9 TVG Arbeitskampf; ErfK/*Kania*, § 102 BetrVG Rn. 42; *Fitting*, § 102 BetrVG Rn. 124; *Schlochauer*, in: HSWG, § 102 BetrVG Rn. 190.

[1441] Z.B. Beschäftigungssicherungs- und Standortvertrag bei *General Motors Europe* vom 5.3.2001, AuR 2001, 183.

[1442] S. oben § 3B.I.2.b)cc)(1)(c).

[1443] S. oben § 3B.I.2.b)cc)(2).

(a) 1. Ansicht: Beschränkung auf den Bereich normativer Regelungen

Vertreten wird, dass bindende Vereinbarungen zwischen Arbeitgeber und Betriebsrat nur in dem Bereich möglich seien, der nach §§ 88, 112 BetrVG und anderen Ermächtigungsnormen normativ durch Betriebsvereinbarung geregelt werden könne; zulässiger Gegenstand einer Regelungsabrede seien lediglich solche Bestimmungen, die gleichzeitig Inhalt einer Betriebsvereinbarung sein könnten.[1444] Da somit speziell im Bereich des § 92a BetrVG Regelungsabreden auf „soziale Angelegenheiten" (vgl. § 88 BetrVG) beschränkt werden müssten,[1445] könne der Arbeitgeber auf diesem Weg keine Verpflichtungen in Bezug auf unternehmerische Maßnahmen, wie z.B. die Erweiterung der Produktion, Ausdehnung der Dienstleistungen und Geschäftsfelder, „Insourcing" bislang fremdvergebener Arbeiten oder die Vornahme bestimmter Investitionen, eingehen.[1446] Zudem wäre es nicht möglich, mit Hilfe einer betrieblichen Einigung den Fortbestand von Betriebsstandorten zu regeln.[1447]

Dieses Verständnis führt somit regelmäßig zur Unwirksamkeit von Beschäftigungs- und Standortsicherungsverträgen im oben genannten Sinne.

(b) 2. Ansicht: Beschränkung auf den funktionalen Zuständigkeitsbereich des Betriebsrats

Der Gegenauffassung zufolge können die Betriebspartner im gesamten Bereich, für den der Betriebsrat nach den §§ 80 ff. BetrVG zuständig sei, rechtlich bindende Vereinbarungen treffen.[1448] So sei hinsichtlich des § 92a BetrVG eine vollständige Vereinbarungsbefugnis von Arbeitgeber- und Arbeitnehmerseite anzuerkennen.[1449] Allein der Gegenstand der schuldrechtlichen Verpflichtung müsse in den funktionalen Zuständigkeitsbereich[1450] der Belegschaftsvertretung fallen.

Folglich könnte im Wege der Regelungsabrede eine Standort- und Beschäftigungssicherung rechtswirksam vereinbart werden.

(c) Stellungnahme

Zunächst gilt es im Zusammenhang mit dem § 92a BetrVG darauf hinzuweisen, dass eine Bestimmung des Referentenentwurfes zum BetrVerf-ReformG, nach welcher der

---

1444 BAG vom 14.8.2001, AP Nr. 4 zu § 77 BetrVG Regelungsabrede; *Veit*, S. 271; wohl auch *Löwisch*, BB 2001, 1790, 1794 („[Ist] der Bereich der sozialen Angelegenheiten verlassen, [...] kommt insoweit nur in den Fällen von Betriebsänderungen der Abschluss eines Interessenausgleichs [in Betracht].").

1445 So explizit *Löwisch/Kaiser*, § 92a BetrVG Rn. 7; *Rieble*, NZA-Sonderheft 2001, 48, 50; vgl. dazu auch oben § 3B.I.2.b)aa) (Fn. 1380).

1446 Vgl. oben § 3B.I.2.b)cc)(1)(c)(cc).

1447 Vgl. oben § 3B.I.2.b)cc)(2).

1448 *Birk*, ZfA 1986, 73, 77; ErfK/*Kania*, § 77 BetrVG Rn. 33; *Fitting*, § 77 BetrVG Rn. 45, 220; GK-BetrVG/*Kreutz*, § 77 Rn. 14; so wohl auch *Richter*, in: Semler/Volhard, § 52 Rn. 166.

1449 DKK/*Däubler*, § 92a BetrVG Rn. 16; ErfK/*Kania*, § 92a BetrVG Rn. 1; *Hänlein*, DB 2001, 2097, 2098.

1450 Zum Begriff s. oben § 3B.I.2.b)cc).

Arbeitgeber berechtigt sein sollte, von entsprechenden Vereinbarungen abzugehen, nicht umgesetzt wurde.[1451] Mit dieser Abkehr verdeutlicht der Gesetzgeber seinen Willen, insbesondere im Bereich der Beschäftigungssicherung umfänglich *bindende* Absprachen zuzulassen.

Für die zweitgenannte Ansicht spricht daneben § 76 Abs. 6 BetrVG. Danach kann das freiwillige Einigungsstellenverfahren in allen Angelegenheiten durchgeführt werden, die in die funktionale Zuständigkeit des Betriebsrats fallen, d. h. die der Arbeitgeber mit diesem auch freiwillig zu regeln vermag, und über die die Betriebspartner verfügungsbefugt sind.[1452] Vorgesehen werden kann ein solches Verfahren etwa zur Regelung von Meinungsverschiedenheiten im Rahmen der allgemeinen Aufgaben des Betriebsrats (§ 80 BetrVG), zur Erzielung einer freiwilligen Betriebsvereinbarung (§ 88 BetrVG), zu Fragen der Beschäftigungssicherung (§ 92a BetrVG) oder über die Mitbestimmung bei Kündigungen (§ 102 Abs. 6 BetrVG). Zwar weist § 76 Abs. 6 Satz 2 BetrVG einem Spruch, der im freiwilligen Einigungsstellenverfahren zustande kommt, keine bindende Wirkung zu, doch tritt eine Bindung der Betriebsparteien dann ein, wenn sie sich im Voraus mit dem Spruch einverstanden erklären oder ihn nachträglich annehmen. Demzufolge eröffnet das Gesetz selbst den Betriebspartnern die Gelegenheit, durch den Spruch der Einigungsstelle für den Zuständigkeitsbereich des Betriebsrats nach §§ 80 ff. BetrVG eine rechtsverbindliche Übereinkunft zu treffen. Dann ist aber nicht einzusehen, warum sie sich nicht auch außerhalb dieses Verfahrens an ihren Erklärungen festhalten lassen sollten. Die von Anhängern der erstgenannten Ansicht behauptete Einschränkung von bindenden Einigungen auf den Bereich, der normativ durch Betriebsvereinbarung geregelt werden kann, ist somit nicht haltbar. Auch wenn unternehmerische Verhaltensweisen, wie die Frage der Aufrechterhaltung von Standorten, nicht wirksam in einer Betriebsvereinbarung geregelt werden können, sind diese Materien doch zulässiger Inhalt einer Regelungsabrede. Hierfür kann vor allem § 80 Abs. 1 Nr. 8 BetrVG als Ermächtigungsgrundlage herangezogen werden.[1453]

Schließlich liegt ein solches Verständnis auf einer Linie mit den Ausführungen des Gesetzgebers des WpÜG.[1454] Auch dieser vertritt den Standpunkt, dass die neuen betriebsverfassungsrechtlichen Bestimmungen von den Betriebsparteien in einer Übernahmesituation zum Zwecke des Abschlusses verbindlicher und beschäftigungssichernder „Vereinbarungen"[1455] instrumentalisiert werden könnten.

Zu konstatieren bleibt damit, dass sowohl der Vorstand der vom Angebot betroffenen Gesellschaft als auch deren Betriebsrat durch die Einfügung der §§ 80 Abs. 1 Nr. 8, 92a BetrVG die Möglichkeit erhalten haben, in beträchtlichem Ausmaß Initiativen

---

[1451] Vgl. § 92a Abs. 2 Satz 3 RefE-BetrVerf-ReformG; *Däubler*, AuR 2001, 1, 6; ErfK/*Kania*, § 92a BetrVG Rn. 1.

[1452] *Fitting*, § 76 BetrVG Rn. 79; GK-BetrVG/*Kreutz*, § 76 Rn. 22; *Worzalla*, in: HSWG, § 76 BetrVG Rn. 13.

[1453] ErfK/*Kania*, § 80 BetrVG Rn. 1.

[1454] S. oben § 3B.I.2.b)cc)(1)(c).

[1455] Zur Auslegung dieses Begriffs im BetrVG s. oben § 3B.I.2.c)aa).

zum Schutze der Arbeitnehmer vor kurz- bis mittelfristigen Folgen eines Kontrollerwerbs zu ergreifen.

cc) Ausgestaltung der Regelungsabrede als Vertrag zugunsten Dritter

Offen bleibt die Möglichkeit, ob den Arbeitnehmern im Rahmen einer Regelungsabrede auch direkte Ansprüche eingeräumt werden können, in dem dieser als (echter) Vertrag zugunsten Dritter gemäß § 328 Abs. 1 BGB ausgestaltet wird.[1456]

Nach Ansicht des BAG und eines Teils der Lehre sollen die Parteien des Betriebs einen derartigen Vertrag nicht schließen können, weil das Betriebsverfassungsrecht zur vertraglichen Rechtsgestaltung zugunsten der Mitarbeiterschaft das Instrument der Betriebsvereinbarung zur Verfügung stelle.[1457] Für ein weiteres, paralleles Gestaltungsmittel bestünden keine Anhaltspunkte und auch kein Bedürfnis; außerdem werde die Schranke der betrieblichen Normsetzungsbefugnis umgangen. Eine andere Auffassung hält hingegen eine Betriebsabsprache mit Begünstigungsabrede zugunsten der Beschäftigten, nach der diese unmittelbar Leistungsansprüche gegen den Arbeitgeber erwerben, für rechtlich zulässig.[1458]

Die Meinung der obersten Rechtsprechung ist insofern inkonsequent, als das BAG in früheren Fällen entschieden hat, dass Ansprüche leitender Angestellter oder bereits ausgeschiedener Belegschaftsmitglieder (einzig) im Wege eines Vertrages zugunsten Dritter gemäß § 328 BGB begründet werden könnten.[1459] Wenig überzeugend ist die Argumentation auch deshalb, weil § 77 Abs. 1 BetrVG unstreitig neben Betriebsvereinbarungen auch andere, schuldrechtlich wirkende Absprachen erfasst;[1460] unklar bleibt, warum dann ausgerechnet das vorliegende schuldrechtliche Institut kategorisch unzulässig sein soll.[1461] Im Übrigen ist es mitunter zweckmäßig oder sogar rechtlich geboten, eine zwischen Arbeitgeber und Personalvertretung getroffene Abmachung im Verhältnis zu den Mitarbeitern nicht normativ, sondern auf der Ebene des Individualarbeitsvertrages durchzusetzen, beispielsweise wenn das Günstigkeitsprinzip eine normative Regelung teilweise ausschließt.[1462] Aus diesem Grunde sind auch schuldrechtliche Tarifverträge und sonstige Koalitionsvereinbarungen zugunsten Dritter anerkannt:[1463] So können etwa in einem schuldrechtlichen Vertrag zwischen Gewerk-

---

1456 Zum echten Vertrag zugunsten Dritter s. oben § 3A.IV.2.d)aa)(2)(b).

1457 BAG vom 9.12.1997, AP Nr. 11 zu § 77 BetrVG Tarifvorbehalt; zustimmend *Löwisch/Kaiser*, § 77 BetrVG Rn. 54; MünchArbR/*Matthes*, § 328 Rn. 97.

1458 ErfK/*Kania*, § 77 BetrVG Rn. 26; GK-BetrVG/*Kreutz*, § 77 Rn. 13; *Worzalla*, in: HSWG, § 77 BetrVG Rn. 98a; i.E. ebenso *Fitting*, § 77 BetrVG Rn. 50; wohl auch *Veit*, S. 271.

1459 BAG GS vom 16.3.1956, AP Nr. 1 zu § 57 BetrVG; BAG vom 31.1.1979, AP Nr. 8 zu § 112 BetrVG.

1460 S. oben § 3B.I.2.c)aa).

1461 *Dörrwächter*, Anm. zu BAG vom 9.12.1997, EzA Nr. 61 zu § 77 BetrVG; ErfK/*Kania*, § 77 BetrVG Rn. 26.

1462 So ErfK/*Kania*, § 77 BetrVG Rn. 26.

1463 BAG vom 5.11.1997, AP Nr. 29 zu § 1 TVG; s. auch *Dörrwächter*, Anm. zu BAG vom 9.12.1997, EzA Nr. 61 zu § 77 BetrVG; *Dütz*, Rn. 825a i.V.m. 490 (a.E.); ErfK/*Schaub*, § 1 TVG Rn. 124.

schaft und Arbeitgeber für die einzelnen Beschäftigten Ansprüche gegen ihren Vertragspartner auf Änderung des jeweiligen Arbeitsvertrages begründet werden.

Dagegen kann nicht eingewendet werden, dass mit der Möglichkeit zur Begründung von Leistungsansprüchen im Wege einer Regelungsabrede die Sperre des § 77 Abs. 3 BetrVG umgangen würde. Denn der von dieser Norm verfolgte Zweck, normativ wirkende Absprachen zwischen den Betriebsparteien im Bereich der tariflichen Regelungen und der Tarifüblichkeit auszuschalten, wird durch die Konstruktion des Vertrags zugunsten Dritter nicht berührt. Dieser ermöglicht dem jeweiligen Arbeitnehmer nur die Inanspruchnahme seines Arbeitgebers bezüglich eines bestimmten Verhaltens und wirkt gerade nicht auf das einzelne Arbeitsverhältnis ein.[1464] Zudem trägt dieser Einwand deswegen nicht, weil die Regelungsschranke auch nach Ansicht des BAG nur Betriebsvereinbarungen, nicht aber betriebliche Einigungen erfasst.[1465]

Demnach kann in Absprache zwischen dem Vorstand der Zielgesellschaft und der zuständigen Arbeitnehmervertretung einer Regelungsabrede nach § 328 Abs. 1 BGB verpflichtende Wirkung zugunsten der betroffenen Mitarbeiter beigelegt werden.[1466]

d) Fazit zu den Zusagen auf Betriebsebene / Weitere Ausgestaltungsmöglichkeiten

Neben Absichtserklärungen, freiwilligen Betriebsvereinbarungen sowie Regelungsabreden (die ggf. als Vertrag zugunsten der Beschäftigten ausgestaltet sind) bestehen damit für die Betriebspartner während des Ablaufs eines feindlichen Übernahmeangebots verschiedenartige Möglichkeiten, um die Stellung der Arbeitnehmer und deren Vertretungen für die Zeit nach einem Kontrollerwerb durch den Bieter rechtsverbindlich festzusetzen.

Absprachen mit entsprechender Zwecksetzung können jedoch auch auf der Ebene der Tarifvertrags- oder Arbeitsvertragsparteien (bindend) konstruiert werden.

aa) (Freiwilliger) Haustarifvertrag zwischen Zielgesellschaft und Gewerkschaft

Sind die Anteile einer AG Gegenstand eines (feindlichen) Angebots i.S.v. § 2 Abs. 1 WpÜG, können Zielgesellschaft und zuständige Gewerkschaft als tariffähige Parteien nach § 2 Abs. 1 TVG einen Haustarifvertrag abschließen. Der Tarifvertrag regelt – parallel zur Betriebsvereinbarung[1467] – in einem schuldrechtlichen Teil Rechte und Pflichten der Vertragspartner und in einem normativen Teil die Einzelarbeitsverhältnisse der Mitglieder der Tarifparteien (§§ 1 Abs. 1, 4 Abs. 1, 3 Abs. 1 TVG). Da die Tarifvertragsparteien nach Art. 9 Abs. 3 Satz 1 GG das Recht zur Regelung von Arbeits- und Wirtschaftsbedingungen haben, können Inhalt des gesetzesgleichen Teils

---

1464 *Dörrwächter*, Anm. zu BAG vom 9.12.1997, EzA Nr. 61 zu § 77 BetrVG; anders insoweit *Worzalla*, in: HSWG, § 77 BetrVG Rn. 98a, wonach § 77 Abs. 3 BetrVG analog auf Regelungsabreden anzuwenden sei.

1465 GK-BetrVG/*Kreutz*, § 77 Rn. 13; zur Sperrwirkung s. oben § 3B.I.2.c)bb).

1466 Zur undifferenzierten Ansicht des BMA während des WpÜG-Gesetzgebungsverfahrens s. oben § 3A.IV.2.d)aa)(2)(b) (Fn. 1339).

1467 S. oben § 3B.I.2.b)aa).

auch Beschäftigungsabsicherungen oder Rationalisierungsschutzabkommen sein, mit denen die Auswirkungen unternehmerischer Entscheidungen auf die konkreten Arbeitsbedingungen sozial aufgefangen werden sollen.[1468] Hierdurch wird etwa das Recht des Arbeitgebers zur Beendigung der Arbeitsverhältnisse beschränkt oder erschwert, indem generell oder zumindest zeitweise die ordentliche Kündigung ausgeschlossen wird; denkbar ist auch, dass eine Pflicht zur Abfindung und verlängerte Kündigungsfristen vereinbart werden.

Im Hinblick auf Tarifverträge zur Standortsicherung[1469] ist jedenfalls im Bereich freiwilliger, d.h. ohne Streikdruck zustandegekommener Haustarifverträge von deren Zulässigkeit auszugehen.[1470] Auch wenn hierdurch eine Bindung des Arbeitgebers in grundlegenden unternehmerischen Entscheidungen eintritt, hat er dieser autonom zugestimmt, so dass es in verfassungsrechtlicher Sicht an einem Eingriff in seine Berufsfreiheit aus Art. 12 GG fehlt. Rechtswidrig ist jedoch eine Regelung, die dem Unternehmer bestimmte Investitionsentscheidungen vorschreibt: Wirtschaftsbedingungen ohne Bezug zu regelungsbedürftigen Arbeitsbedingungen sind kein möglicher Tarifvertragsgegenstand.[1471]

Grundsätzlich tritt der Tarifvertrag mit seinem Abschluss in Kraft, doch bietet sich im Zusammenhang mit einem Angebotsverfahren an, dass die Tarifpartner insgesamt einen späteren Zeitpunkt vorsehen. Zu diesem Zweck können sie einen Passus aufnehmen, wonach der Vertrag unter der aufschiebenden Bedingung (§ 158 Abs. 1 BGB) wirksam werden soll, dass der Bieter eine Mehrheitsbeteiligung erwirbt.[1472]

bb) Individualarbeitsvertrag

Die Übermittlung der Stellungnahme durch die Geschäftsleitung gemäß §§ 34, 27 Abs. 3 Satz 2, 2. Alt. WpÜG kann als solches nicht als eine arbeitsrechtliche *Gesamtzusage* qualifiziert werden.[1473] Zwar liegt in den Fällen der Mitteilungspflicht unmittelbar gegenüber den Arbeitnehmern die erforderliche förmliche Bekanntgabe vor, doch

---

[1468] Vgl. zum Rationalisierungsschutzabkommen BAG vom 13.9.1983, AP Nr. 1 zu § 1 TVG Tarifverträge: Druckindustrie und zum sog. Beschäftigungssicherungs-TV BAG vom 25.10.2000, AP Nr. 13a zu § 615 BGB Kurzarbeit; 28.6.2001, AP Nr. 24 zu § 611 BGB Arbeitszeit; ErfK/*Schaub*, § 1 TVG Rn. 111; *Hanau/Thüsing*, ZTR 2001, 1 und 49-51; *Rost*, in: FS Dieterich (1999) S. 505, 512 ff.

[1469] S. dazu auch zur entsprechenden Regelung in Betriebsvereinbarungen oben § 3B.I.2.b)cc)(2).

[1470] Ebenso *Hanau/Thüsing*, ZTR 2001, 49, 53; *Wiedemann* TVG, Einl. Rn. 459; *Wolter*, RdA 2002, 218, 222, 226; wohl auch *Richter*, in: Semler/Volhard, § 52 Rn. 166.

[1471] Dazu *Dütz*, Rn. 534; ErfK/*Dieterich*, Art. 9 GG Rn. 72.

[1472] Zum Abschluss des Tarifvertrages unter einer aufschiebenden Bedingung s. MünchArbR/*Löwisch/Rieble*, § 256 Rn. 11, 15; vgl. zur Parallele bei der freiwilligen Betriebsvereinbarung oben § 3B.I.2.b)bb)(2).

[1473] *Richter*, in: Semler/Volhard, § 52 Rn. 166, verweist jedoch – korrekterweise – auf die bestehende Möglichkeit für den Vorstand der Zielgesellschaft, Gesamtzusagen (außerhalb des Stellungnahmedokuments) ausdrücklich abzugeben.

fehlt es in aller Regel an einem entsprechenden Erklärungs- und Verpflichtungswillen des Vorstands gegenüber der Belegschaft.[1474]

Abgesehen davon besteht auf der Ebene des Einzelarbeitsvertrags die Möglichkeit, die Rechte der betroffenen Mitarbeiter um beschäftigungssichernde Elemente zu erweitern.[1475] Typischerweise spielt dabei der Ausschluss der ordentlichen Kündigung, verlängerte Kündigungsfristen oder andere Regelungen zum Schutz vor Rationalisierungsvorhaben (Festlegung des Erfüllungs-/Leistungsorts etc.) eine besondere Rolle. Wiederum werden diese Zusicherungen unter dem Vorbehalt (§ 158 Abs. 1 BGB) einer erfolgreichen Übernahmeofferte stehen.

3. Mittelfristige „Übernahmefestigkeit" arbeitsrechtlicher Vereinbarungen

Den soeben dargestellten Instrumenten zur Sicherung und zum Ausbau der Arbeitnehmerrechte kommt indes bei bevorstehenden Akquisitionen nur dann wirkliche *Schutz*qualität zu, wenn – wie während des Gesetzgebungsverfahrens behauptet wurde[1476] – ein Übernehmer an die entsprechenden Vereinbarungen rechtlich *gebunden* ist. Sofern diese tatsächlich „übernahmefest" ausgestaltet werden können, ist in einem darauffolgenden Schritt die Frage nach der aktien- und übernahmegesetzlichen Zulässigkeit (dazu unter § 3B.II.) solcher Abmachungen zu klären.

Ansatz der folgenden Überlegungen ist, dass der Kontrollerwerber in aller Regel nach einer kurzen Übergangsperiode im Vorstand der übernommenen Gesellschaft ihm genehme Personen positionieren wird.[1477] Nach Abschluss dieser Neubesetzungen wird dieses Gremium in seiner Funktion als konkreter Arbeitgeber versuchen, die missliebigen und oftmals kostspieligen arbeitsrechtlichen Zusagen zurückzunehmen, um die für notwendig erachteten Umstrukturierungen in betriebswirtschaftlich vertretbarer Weise vornehmen zu können.

a) Beendigung des Haustarifvertrages

Haben die Gesellschaft, welche Ziel der Kauf-/Tauschofferte ist, und die für sie zuständige Gewerkschaft einen nach Ablauf der Annahmefrist wirksam werdenden (unbefristeten) Haustarifvertrag geschlossen, sind die dort vorgesehenen Bestimmungen über die Kündigung, die Kündigungsfrist und den etwaigen Kündigungstermin maßgebend.[1478] Jedoch ist eine vereinbarte Unkündbarkeit eines auf unbestimmte Zeit geschlossenen Tarifvertrags unzulässig, weil sich die Tarifparteien dadurch ihrer Handlungsfähigkeit berauben würden.[1479] Neben der ggf. bestehenden Möglichkeit zur ordentlichen Kündigung ist entsprechend § 314 BGB eine außerordentliche Kündigung aus wichtigem Grund möglich. Hierbei ist insbesondere mit Blick auf einen zulässi-

---

1474 S. bereits oben § 3B.I.2.b)bb)(1); zur Lage im Umwandlungsrecht vgl. *Willemsen*, RdA 1998, 23, 34; *ders.*, in: Willemsen (u.a.), Kap. C Rn. 376.

1475 So auch *Richter*, in: Semler/Volhard, § 52 Rn. 166.

1476 Vgl. BT-Ds. 14/7477, S. 52; HWK/*Seibt*, WpÜG Rn. 28; *Seibt*, DB 2002, 529, 535.

1477 Dazu oben § 3A.IV.2.a).

1478 ErfK/*Schaub*, § 1 TVG Rn. 78, 80; Wiedemann/*Wank*, § 4 TVG Rn. 21.

1479 Däubler/*Deinert*, § 4 TVG Rn. 107; MünchArbR/*Löwisch/Rieble*, § 258 Rn. 12.

gerweise[1480] vereinbarten Standortsicherungstarifvertrag hervorzuheben, dass dieses Beendigungsinstitut für den Arbeitgeber zur Verfügung steht, sobald die ehemals angemessene Bindung an eine Produktionsstätte im weiteren Verlauf der wirtschaftlichen Entwicklung zu einer unannehmbaren Beschränkung seiner Berufsfreiheit aus Art. 12 GG führt.[1481]

b) Beendigung der (freiwilligen) Betriebsvereinbarung

Da für freiwillige Betriebsvereinbarungen nach § 88 BetrVG die allgemeinen Kündigungsvorschriften des § 77 BetrVG Anwendung finden,[1482] können diese nach einem erfolgreichen Angebotsverfahren, soweit nichts anderes vereinbart ist, ohne sachlichen Grund mit einer Frist von drei Monaten ordentlich gekündigt werden (§ 77 Abs. 5 BetrVG). Sofern die Betriebsparteien explizit in der Betriebsvereinbarung die ordentliche Kündigung generell oder für eine gewisse Zeit ausgeschlossen haben,[1483] kann sich die übernommene Gesellschaft von ihr nur im Ausnahmefall durch eine außerordentliche Kündigung lösen, sofern Gründe vorliegen, die unter Berücksichtigung aller Umstände und unter Abwägung der Interessen der Betroffenen ein Festhalten an der Einigung nicht zumutbar erscheinen lassen.

c) Beendigung der Regelungsabrede

Regelungsabreden sind in analoger Anwendung des § 77 Abs. 5 BetrVG mit einer Frist von drei Monaten ordentlich kündbar,[1484] sofern dieses Recht nicht in der Vereinbarung selbst ausgeschlossen worden ist. Daneben können die Betriebsparteien betriebliche Einigungen über auf Dauer angelegte Regelungen aus wichtigem Grund außerordentlich kündigen.[1485]

d) Rücknahme der individualvertraglichen Absprachen

Denkbar wäre, dass der durch Intervention des Kontrollerwerbers neu bestellte Vorstand mit einer Teilkündigung die rechtliche Bindung an einzelne Arbeitsvertragsbestandteile (z.B. Ausschluss der ordentlichen Kündigung) auflösen möchte, ohne das Arbeitsverhältnis als Ganzes zu beenden. Da die einseitige Änderung einzelner Vertragsbedingungen aber dem Grundsatz der Bindung an einen geschlossenen Vertrag

---

1480 S. vorstehend § 3B.I.2.d)aa) (dort Fn. 1470).

1481 *Hanau/Thüsing*, ZTR 2001, 49, 53; vgl. Wiedemann/*Wank*, § 4 TVG Rn. 26 ff.

1482 *Fitting*, § 88 BetrVG Rn. 13; *Worzalla*, in: HSWG, § 77 BetrVG Rn. 14; zur Kündbarkeit eines Rahmensozialplans s. DKK/*Däubler*, § 112, 112a BetrVG Rn. 132; *Fitting*, §§ 112, 112a BetrVG Rn. 80.

1483 Vgl. hierzu BAG vom 10.3.1992, AP Nr. 5 zu § 1 BetrAVG Betriebsvereinbarung; *Fitting*, § 88 BetrVG Rn. 13; *Löwisch/Kaiser*, § 77 BetrVG Rn. 37; *Worzalla*, in: HSWG, § 77 BetrVG Rn. 204.

1484 BAG vom 10.3.1992, AP Nr. 1 zu § 77 BetrVG Regelungsabrede; *Dörrwächter*, Anm. zu BAG vom 9.12.1997, EzA Nr. 61 zu § 77 BetrVG; ErfK/*Kania*, § 77 BetrVG Rn. 133; *Fitting*, § 77 BetrVG Rn. 225; *Heinze*, NZA 1994, 580, 584; *Richardi*, § 77 BetrVG Rn. 232; *Worzalla*, in: HSWG, § 77 BetrVG Rn. 99.

1485 GK-BetrVG/*Kreutz*, § 77 Rn. 21; *Worzalla*, in: HSWG, § 77 BetrVG Rn. 99.

widerspricht und außerdem gegenüber den Arbeitnehmern zu einer Umgehung der Kündigungsvorschriften (vgl. § 2 KSchG) führt, ist sie in aller Regel unzulässig.[1486] Anders ist dies lediglich dann, wenn sie vertraglich vereinbart wurde.

In Betracht kommt deshalb nur die (ordentliche/außerordentliche) Änderungskündigung, welche auf die Abänderung nur einzelner Bestimmungen des Arbeitsvertrags gerichtet ist und dazu die Auflösung des gesamten Arbeitsverhältnisses als Mittel einsetzt. Vor dem Hintergrund der durch § 2 KSchG geschaffenen Möglichkeit der Annahme unter Vorbehalt, erscheint ein derartiges Vorgehen allerdings als zu risikoreich und – vor dem Hintergrund der Abfindungspraxis[1487] – kostspielig, weswegen von dieser Möglichkeit nur im Einzelfall Gebrauch gemacht werden wird.

e) „Bindungswirkung“ für und gegen den Bieter

Nimmt die erforderliche Anzahl von Adressaten das Übernahmeangebot des Bieters auf Erwerb der Wertpapiere an, ändert sich die juristische Person der Aktiengesellschaft in ihrer Eigenschaft als abstrakter Arbeitgeber zwar nicht.[1488] Aber die Arbeitnehmer des akquirierten Unternehmens müssen kurz- bis mittelfristig mit einer Auswechselung ihres derzeitigen Vorstands, d.h. ihres konkreten Arbeitgebers rechnen.[1489] In Gefolge dieser Neubesetzung wird der neue Großaktionär den Versuch unternehmen, die während des Abwehrkampfes verabredeten arbeitsrechtlichen Zusagen aufzuheben. Auch wenn die einschlägigen (Arbeits-)Gesetze die Gelegenheit zu einem solchen Vorgehen eröffnen, können die jeweiligen Vereinbarungen rechtstatsächlich so modifiziert werden, dass häufig zumindest eine kurzfristige Loslösung ausgeschlossen ist.

Erwiesenermaßen erkennt auch die Legislative eine derartige Ausgestaltungsmöglichkeit an. Wenn nämlich in den Materialien angemerkt wird, dass der erfolgreiche Bieter an die zwischen Arbeitgeber- und Arbeitnehmerseite getroffenen Vereinbarungen gebunden sei,[1490] gibt dies für sich genommen eine (überflüssige) Selbstverständlichkeit wieder. Denn infolge des Kontrollerwerbs findet augenscheinlich ausschließlich ein Wechsel auf der Ebene der Eigentümer statt, wohingegen die Zielgesellschaft weiterhin Partei des Arbeitsvertrags bleibt. Demnach soll diese Passage offenkundig darauf hinweisen, dass der fehlenden „Übernahmefestigkeit“ entsprechender Vereinbarungen – bedingt durch die Aussicht auf Austausch des originären Managements – wirksam entgegengetreten werden kann.

Letzten Endes kann auch die (faktisch) starke Stellung des Übernehmers nichts an der Fortgeltung der vom Vorstand ggf. ausgehandelten bindenden Absprachen ändern; dem obigen Fazit des BMA[1491] ist mithin beizupflichten.

[1486] *Dütz*, Rn. 280; ErfK/*Müller-Glöge*, § 620 BGB Rn. 45.

[1487] Dazu insb. *Bielenski/Hartmann/Pfarr/Seifert*, AuR 2003, 81 ff.; *Willemsen*, NJW 2000, 2779 ff.

[1488] Dazu oben § 2B.I.3.b).

[1489] Ausführlich hierzu oben § 3A.IV.2.a).

[1490] BT-Ds. 14/7477, S. 52.

[1491] S. oben § 3B.I.2.

II. Vereinbarkeit der Zusagen mit dem geltenden Aktien- und Übernahmerecht

Dieses Ergebnis verdeutlicht, dass bei Vorliegen eines öffentlichen Übernahmeangebots Vereinbarungen, die zwischen dem Vorstand der Zielgesellschaft und der Arbeitnehmerseite ausgehandelt werden, durchaus *ambivalenten* Charakter haben können: Zusagen, die vordergründig dem Schutz der Interessen der eigenen Belegschaftsmitglieder dienen, können gleichzeitig als Instrument zur Abwehr unerwünschter Erwerbsofferten zweckentfremdet werden. Verteidigungsmaßnahmen sind in Übernahmeauseinandersetzungen jedoch deswegen problematisch, weil die Geschäftsleitung der attackierten Gesellschaft ihre Machtposition auch zur Verfolgung eigener Interessen missbrauchen kann.[1492] So ist beispielsweise vorstellbar, dass dieses Management verbindliche arbeitnehmerbezogene Zusagen während des Angebotsverfahrens nur deswegen abgibt, um die eigene Belegschaft respektive die für sie zuständige Gewerkschaft als Verbündete im Abwehrkampf zu gewinnen sowie den Kontrollerwerb wirtschaftlich unattraktiv zu gestalten, damit im Endeffekt ein persönlicher Macht- und Prestigeverlust verhindert wird. Bei der Entscheidung über die Durchführung von (auch arbeitsrechtlichen) Abwehrmaßnahmen während der Phase eines – für die Anteilseigner womöglich vorteilhaften – feindlichen Übernahmeangebots befinden sich daher insbesondere die Mitglieder des Vorstands typischerweise in einem *Interessenkonflikt*.[1493]

Demnach hat die eher beiläufige Bemerkung des Finanzausschusses, dass Arbeitgeber und Betriebsrat in der Lage seien, während des Angebotsverfahrens zulässigerweise bindende Absprachen zu treffen, welche auch gegen den neuen Anteilseigner wirken würden,[1494] weitreichende, vom Gesetzgeber nicht weiter ausgeleuchtete Konsequenzen speziell für eine vom Bieter anvisierte feindliche Unternehmensübernahme. Nachfolgend ist deswegen Gegenstand der Untersuchung, ob das was nach geltendem Arbeitsrecht gestattet ist, auch mit den Vorgaben des WpÜG sowie ggf. des Aktienrechts übereinstimmt.

1. (Begrenzte) Übernahmerechtliche „Neutralitätspflicht" nach § 33 WpÜG

Der Gesetzgeber hat speziell für (feindliche) Übernahmeangebote mit § 33 WpÜG eine Vorschrift geschaffen, anhand derer sich laut amtlicher Überschrift die Rechtmäßigkeit von „Handlungen des Vorstands der Zielgesellschaft" bemisst.[1495]

[1492] *Altmeppen*, ZIP 2001, 1073, 1075; Geibel/Süßmann/*Zehetmeier-Müller*, Einl. Rn. 44; *Kirchner*, AG 1999, 481, 489 f.; *ders.*, WM 2000, 1821; *Kübler*, in Semler/Volhard, § 3 Rn. 95; *Mülbert*, IStR 1999, 83, 86; *Wackerbarth*, WM 2001, 1741, 1742; *Zinser*, WM 2002, 15, 19 f.

[1493] BT-Ds. 14/7034 zu § 33 Abs. 1 Satz 1 RegE-WpÜG, S. 57; *Ebenroth/Daum*, DB 1991, 1105 f.; *Hauschka/Roth*, AG 1988, 181, 186; *Hopt*, ZGR 1993, 534, 546 ff.; *Kirchner*, AG 1999, 481, 483 f.; *ders.*, WM 2000, 1821, 1822; *Mülbert/Birke*, WM 2001, 705, 709, 712; *Winter/Harbarth*, ZIP 2002, 1, 7; s. auch oben § 3A.IV.2.a).

[1494] Dazu oben § 3B.I.2.

[1495] Für (analoge) Anwendung des § 33 WpÜG auf „einfache" Angebote (dazu oben § 1B.II.3.b)) KK-WpÜG/*Hirte*, § 33 Rn. 31; dagegen Ehricke/*Ekkenga*/Oechsler, § 33 Rn. 19.

a) Grundsatz des § 33 Abs. 1 Satz 1 WpÜG

Dessen Abs. 1 Satz 1 statuiert die grundsätzliche Verpflichtung, keine Handlungen vorzunehmen, durch die der Erfolg der Offerte, d.h. die Annahme durch die Wertpapierinhaber, verhindert werden könnte. Schlagwortartig wird dies allgemein als „Neutralitäts-“ oder „Stillhaltepflicht“ bezeichnet, was zu einem gewissen Grad missverständlich ist. Mit diesem Begriff ist gemeint, dass die Verwaltung die Entscheidung der Anleger nicht aus persönlichem Interesse negativ oder positiv beeinflussen oder gar von sich aus den Erfolg des Übernahmeangebots vereiteln oder herbeiführen darf. Andererseits kann sich das Management gegenüber einem Antrag nicht neutral verhalten, sondern ist gemäß § 27 Abs. 1 Satz 1 WpÜG zu einer begründeten Stellungnahme und somit zu einer eindeutigen Positionierung verpflichtet.[1496] Zudem soll natürlich die Leitung der Gesellschaft auch während der Angebotsphase nicht über Gebühr beeinträchtigt werden (vgl. § 3 Abs. 4 Satz 2 WpÜG); sie soll insoweit also gerade nicht 'stillhalten'. Insoweit ist nur zu verlangen, dass das letztendliche Entscheidungsrecht der Aktionäre respektiert wird.

aa) Zeitlicher Rahmen

Das Neutralitätsgebot beginnt im Anschluss an die Veröffentlichung der Vorankündigung i.S.v. § 10 Abs. 1 Satz 1, Abs. 3 Satz 1 WpÜG und endet mit der Veröffentlichung des Ergebnisses nach § 23 Abs. 1 Satz 1 Nr. 2 WpÜG.[1497] Allerdings ist eine vorzeitige Beendigung der Neutralitätspflicht anzunehmen, wenn einer der Untersagungsgründe des § 15 Abs. 1 WpÜG vorliegt,[1498] wobei nicht der Zeitpunkt der Untersagungsverfügung, sondern der der Tatbestandserfüllung nach § 15 Abs. 1 WpÜG maßgeblich ist. Denn es handelt sich um eine gebundene Entscheidung und der Handlungsspielraum der Zielgesellschaft kann nicht dadurch beeinflusst werden, wie viel Zeit die Aufsichtsbehörde für die Untersagung benötigt.[1499]

bb) Adressaten der Neutralitätspflicht

Nach dem Wortlaut und der Überschrift der Norm trifft die Neutralitätspflicht ausschließlich den Vorstand der von dem Angebot betroffenen Gesellschaft. Hingegen ist der Aufsichtsrat – anders als noch in den früheren Entwürfen[1500] – nicht erwähnt. Im

---

[1496] Treffender ist insofern der Begriff des „Behinderungs-“ oder „Vereitelungsverbots“; kritisch auch *Baums*, in: Rosen/Seifert, S. 165, 175 ff.; *Bayer*, ZGR 2002, 588, 603 f.; *Krause*, AG 2002, 133, 136 (dort Fn. 42); zum Stellungnahmerecht vgl. oben § 2B.IV.1.a)aa)(1).

[1497] Ehricke/*Ekkenga*/Oechsler, § 33 Rn. 26; Geibel/Süßmann/*Schwennicke*, § 33 Rn. 38; *Röh*, in: Haarmann (u.a.), § 33 Rn. 52; *Steinmeyer/Häger*, § 33 Rn. 7; *Zech*, S. 238; anders *Hirte*, in: ZGR 2002, 623, 626 f. und KK-WpÜG, § 33 Rn. 34 (der auf den Zeitpunkt der Kenntnisnahme durch den Vorstand der Zielgesellschaft abstellt).

[1498] Dazu oben § 3A.III.1.a)bb).

[1499] Ehricke/*Ekkenga*/Oechsler, § 33 Rn. 27; Geibel/Süßmann/*Schwennicke*, § 33 Rn. 39.

[1500] § 33 Abs. 1 Satz 1 RegE-WpÜG schrieb noch vor, dass „Handlungen des Vorstands *und des Aufsichtsrats* der Zielgesellschaft, durch die der Erfolg des Angebots verhindert werden könnte, der Ermächtigung der Hauptversammlung“ bedürfen (Herv. d. Verf.; ähnlich auch § 33 Abs. 1 RefE-WÜG und § 31 Abs. 1 DiskE-ÜG); vgl. auch *Altmeppen*, ZIP 2001, 1073, 1074 f.

übernahmerechtlichen Schrifttum herrscht dennoch die Auffassung vor, dass dem offensichtlich ein Versehen des Gesetzgebers zugrunde liegt; sofern der Aufsichtsrat nicht lediglich als Kontrollorgan in Erscheinung tritt, sondern selbst als Verwaltungsorgan tätig wird (vgl. §§ 84, 86, 87, 111 Abs. 2 Satz 3, 112 AktG), rechtfertigt dies einen Analogieschluss zu § 33 Abs. 1 Satz 1 WpÜG.[1501]

cc) Angebotsverhinderung

Von dem Gebot der Neutralität werden solche Handlungen erfasst, „durch die der Erfolg des Angebots verhindert werden könnte" (§ 33 Abs. 1 Satz 1 WpÜG). Der Begriff der 'Verhinderung' muss dabei weit ausgelegt werden: Irrelevant ist, ob bereits ein Erwerbsangebot vorliegt, oder ob der Bieter schon von der Abgabe desselben abgeschreckt werden soll. Verbotsbetroffen sind alle Abwehrmaßnahmen, gleichgültig, ob sie die Annahme des Angebots (sog. Übernahmeabwehr) oder lediglich den Eintritt des mit der Kontrollerlangung angestrebten wirtschaftlichen Erfolgs (sog. Übernahmefolgenabwehr) zu vereiteln respektive zu erschweren im Stande sind.[1502] Für ein dermaßen wirtschaftliches Verständnis spricht unter anderem, dass im vom Gesetz vorausgesetzten Fall eines bindenden Antrags (vgl. § 17 WpÜG) dessen rechtliche Annahme ohnehin nicht mehr verhindert werden kann.

Weiterhin kommt es nicht auf die hinter der Abwehrmaßnahme stehende Vereitelungsabsicht, sondern auf ihr objektives Störpotential an.[1503] Die Neutralitätspflicht beschränkt sich ferner nicht auf Maßnahmen, die im Falle ihrer Realisierung tatsächlich das Angebot verhindern, sondern es reicht aus, wenn sie im Zeitpunkt ihrer Vornahme objektiv geeignet erschienen, den Bieter von der Umsetzung seiner Übernahmepläne abzuhalten.[1504]

(1) Pflicht zur Stellungnahme als Beispiel einer zulässigen Übernahmeabwehrmaßnahme

Zum Teil ergibt sich aus dem Übernahmegesetz selbst, ob eine Maßnahme einen Verstoß gegen den Grundsatz des § 33 Abs. 1 Satz 1 WpÜG darstellt. So ergibt sich mittelbar aus § 28 WpÜG, dass Werbung gegen die Annahme eines Übernahmeantrags nicht untersagt ist.[1505] Demnach kann der Vorstand der Zielgesellschaft zulässigerweise

---

[1501] Ehricke/*Ekkenga*/Oechsler, § 33 Rn. 24; *Hirte*, ZGR 2002, 623, 628 f.; KK-WpÜG/*Hirte*, § 33 Rn. 5, 48 ff.; MüKo-AktG/*Schlitt*, § 33 WpÜG Rn. 178; a.A. *Dohrmann*, S. 127 f.; *Röh*, in: Haarmann (u.a.), § 33 Rn. 128; *Schaefer/Eichner*, NZG 2003, 150, 154; *Wagner*, Bank 2002, 66, 70.

[1502] Ehricke/*Ekkenga*/Oechsler, § 33 Rn. 20 f., 23; *Ekkenga/Hofschroer*, DStR 2002, 724, 732; Geibel/Süßmann/*Schwennicke*, § 33 Rn. 10; KK-WpÜG/*Hirte*, § 33 Rn. 3; *Röh*, in: Haarmann (u.a.), § 33 Rn. 77.

[1503] BT-Ds. 14/7034 zu § 33 Abs. 1 Satz 1 RegE-WpÜG, S. 57; Ehricke/*Ekkenga*/Oechsler, § 33 Rn. 19; KK-WpÜG/*Hirte*, § 33 Rn. 55; *Krause*, NJW 2002, 705, 712; *Winter/Harbarth*, ZIP 2002, 1, 3 f.

[1504] BT-Ds. 14/7034 zu § 33 Abs. 1 Satz 1 RegE-WpÜG, S. 57; Ehricke/*Ekkenga*/Oechsler, § 33 Rn. 20; KK-WpÜG/*Hirte*, § 33 Rn. 55; *Winter/Harbarth*, ZIP 2002, 1, 3 f.

[1505] Nachw. oben in Fn. 836.

versuchen, Koalitionen mit den eigenen Wertpapierinhabern zu schmieden, soweit dafür keine Gesellschaftsmittel eingesetzt werden. Aus der Stellungnahmepflicht des § 27 Abs. 1 Satz 1 WpÜG ergibt sich zudem die Rechtmäßigkeit einer „Argumentationsverteidigung".[1506]

(2) Spontane Personalrekrutierung als Beispiel einer unzulässigen Übernahmefolgenabwehrmaßnahme

Aufgrund der weiten Fassung des Gesetzeswortlauts können auch arbeitnehmerbezogene Maßnahmen unter den Verbotsgegenstand fallen. In Betracht kommen z.B. Handlungen zur kurzfristigen Ausweitung der vorhandenen Arbeitsplätze, etwa durch die außerplanmäßige Einstellung von Personal, um den Beteiligungserwerb für den potenziellen Großaktionär in arbeitsrechtlicher Hinsicht unattraktiv zu gestalten.[1507] Aufgrund des Erfordernisses einer objektiven Eignung der Abwehrmaßnahme, muss dadurch der aktive Mitarbeiterbestand der Zielgesellschaft jedoch in bedeutender Weise verändert werden.

b) Ausnahmen nach § 33 Abs. 1 Satz 2, Abs. 2 WpÜG („Grundsatz der Abwehrbereitschaft")

Obschon zu Beginn der Bemühungen um eine nationale Übernahmeregelung – im Einklang mit der seinerzeit geplanten Richtlinie[1508] – das Konzept eines strengen Neutralitätsgebots wesentlicher Bestandteil eines neuen Gesetzes sein sollte,[1509] favorisierten die Legislativorgane mehr und mehr die Ausweitung der Handlungsspielräume abwehrbemühter Vorstände.[1510] Noch zum Ende des parlamentarischen Verfahrens wurden entsprechende Änderungen hastig in das Regelwerk eingeschoben. So wird der Neutralitätsgrundsatz mit Einführung weitreichender Ausnahmetatbestände (vgl. § 33 Abs. 1 Satz 2 und Abs. 2 WpÜG) faktisch durch den ′Grundsatz der Abwehrbereitschaft′ verdrängt;[1511] das Regel-Ausnahme-Prinzip wurde damit umgekehrt.

1506 S. oben § 2B.IV.1.a)aa)(1); *Altmeppen*, ZIP 2001, 1073, 1076; *Drygala*, ZIP 2001, 1861, 1863; *Hopt*, in: FS Lutter (2000), S. 1361, 1380; KK-WpÜG/*Hirte*, § 33 Rn. 63; *Tröger*, DZWIR 2002, 353, 362; *Winter/Harbarth*, ZIP 2002, 1, 16; enger *Dimke/Heiser*, NZG 2001, 241, 249.

1507 *Grobys*, GmbHR 2000, R389, R390.

1508 Vgl. dazu den Gemeinsamen Standpunkt des Rates vom 19.6.2000 oben § 1B.I.2.g)aa) sowie [aaO] (3).

1509 *Bayer*, ZGR 2002, 588, 607 f.

1510 S. dazu einblick, Heft 5/00 vom 13.3.2000, S. 3 (Das große Fressen – nur ausgebremst), Heft 12/01 vom 25.6.2001, S. 1 (Neutralitätspflicht soll kippen); IG Metall, Pressemitteilung Nr. 080/2001 vom 5.7.2001 (Jetzt muss der Bundestag nationales Übernahmegesetz verabschieden); Stellungnahme der ULA zu § 33 RegE-WpÜG vom 9.10.2001, S. 5; ULA-Nachrichten Nr. 11/12 vom Dezember 2001, S. 2 (Ein Singular und seine Konsequenzen); zur Gesetzesentwicklung näher *Dohrmann*, S. 57-66.

1511 *Dohrmann*, S. 65; Ehricke/*Ekkenga*/Oechsler, § 33 Rn. 1, 4, 8; *Ekkenga*, in: FS Kümpel (2002), S. 95, 96; *Ekkenga/Hofschroer*, DStR 2002, 724, 733 f.; *Fleischer*, NZG 2002, 545, 547; *Richter*, in: Semler/Volhard, § 52 Rn. 49; *Röh*, in: Haarmann (u.a.), § 33 Rn. 26, 36; *Schaefer/Eichner*, NZG 2003, 150; *Schneider*, AG 2002, 125, 128; *Steinmeyer/Häger*, § 33 Rn. 3; ähnlich KK-WpÜG/*Hirte*, § 33 Rn. 79; *Krause*, NJW 2002, 705, 711 f.; *Tröger*, DZWIR 2002, 397, 402 f.;

aa) Handlungen eines ordentlichen und gewissenhaften Geschäftsleiters, Abs. 1 Satz 2, 1. Var.

Gemäß § 33 Abs. 1 Satz 2, 1. Var. WpÜG gilt die Pflicht zur Neutralität nicht für solche Handlungen, die auch ein ordentlicher und gewissenhafter Geschäftsleiter einer Gesellschaft, die nicht von einem Übernahmeangebot betroffen ist, vorgenommen hätte.

Mit Hilfe dieser Ermächtigungsnorm soll vermieden werden, dass die Zielgesellschaft während der Laufzeit eines Angebots in ihrer Geschäftstätigkeit unangemessen behindert wird.[1512] Demnach kann der Vorstand alle Handlungen, die in den normalen Geschäftsgang fallen, also Tagesgeschäft sind, weiterverfolgen. Allerdings umfasst diese Variante keine abwehrgerichteten, sondern ausschließlich abwehr*wirksame* Maßnahmen ohne Verteidigungsabsicht. Zu diesem Zweck hat die handelnde Geschäftsleitung ggf. darzulegen und zu beweisen, dass die Maßnahme auf Planungen vor Beginn der Angebotseröffnung zurückgeht.[1513] Sofern dies nicht (mehr) möglich ist, muss begründet werden, warum die Maßnahme erst während des Übernahmekampfes und nicht schon vorher ergriffen wurde.

Ausweislich der Gesetzesbegründung soll der Vorstand ferner auch „bereits eingeschlagene Unternehmensstrategien" weiter verfolgen können.[1514] Die Geschäftsführungsbefugnis wird somit nicht auf die Führung der laufenden Geschäfte und die Erfüllung bereits geschlossener Verträge beschränkt; erlaubt ist ebenso die Eingehung neuer vertraglicher und sonstiger Verpflichtungen auch über den gewöhnlichen Betrieb des Unternehmens hinaus.[1515] Mithin können schon in die Wege geleitete Maßnahmen auch dann noch umgesetzt werden, wenn sie abwehrend wirken und dadurch den Erfolg des Angebots gefährden oder vereiteln.[1516]

Winter/Harbarth, ZIP 2002, 1, 3, 9 („wenigstens als regelungstechnischer Grundsatz"); anders Ehricke/Ekkenga/*Oechsler*, § 3 Rn. 23.

1512 BT-Ds. 14/7034 zu § 33 Abs. 1 Satz 2 RegE-WpÜG, S. 58 sowie vorstehend § 3B.II.1.a).

1513 Ehricke/*Ekkenga*/Oechsler, § 33 Rn. 46; vgl. auch *Hirte*, ZGR 2002, 623, 636; *Hopt*, ZHR 166 (2002), 383, 426 f.; KK-WpÜG/*Hirte*, § 33 Rn. 70; MüKo-AktG/*Schlitt*, § 33 WpÜG Rn. 136 f.; *Thiel*, in: Semler/Volhard, § 54 Rn. 66.

1514 BT-Ds. 14/7034 zu § 33 Abs. 1 Satz 2 RegE-WpÜG, S. 58; dazu *Bayer*, ZGR 2002, 588, 616; *Ekkenga/Hofschroer*, DStR 2002, 724, 732; Ehricke/*Ekkenga*/Oechsler, § 33 Rn. 45; *Drygala*, ZIP 2001, 1861, 1865 f.; *Hopt*, ZHR 166 (2002), 383, 426 f.; KK-WpÜG/*Hirte*, § 33 Rn. 70; *Schneider*, AG 2002, 125, 129; *Winter/Harbarth*, ZIP 2002, 1, 6 f.

Enger § 31 Abs. 3 Nr. 4 DiskE-ÜG und § 33 Abs. 1 Satz 2, 1. Var. RefE-WÜG, wo noch von „Maßnahmen, die der sorgfältigen Führung *der laufenden Geschäfte* im Interesse der Gesellschaft dienen" die Rede war (Herv. d. Verf.).

1515 Geibel/Süßmann/*Schwennicke*, § 33 Rn. 45 unter Verweis auf *Drygala*, ZIP 2001, 1861, 1866; *Krause*, NJW 2002, 705, 712; MüKo-AktG/*Schlitt*, § 33 WpÜG Rn. 135.

1516 *Bayer*, ZGR 2002, 588, 616; Ehricke/*Ekkenga*/Oechsler, § 33 Rn. 44 f.; *Hopt*, ZHR 166 (2002), 383, 426; *Thiel*, in: Semler/Volhard, § 54 Rn. 66; *Thoma*, NZG 2002, 105, 110; *Tröger*, DZWIR 2002, 397, 402; *Winter/Harbarth*, ZIP 2002, 1, 5.

bb) Suche nach einem „weißen Ritter", Abs. 1 Satz 2, 2. Var.

Nach der zweiten Variante des § 33 Abs. 1 Satz 2 WpÜG ist es dem Management der Zielgesellschaft unabhängig von den Beweggründen gestattet, sich auf die Suche nach einer konkurrierenden Offerte zu begeben. Hieraus ergibt sich die Gelegenheit zur Eröffnung eines Bieterwettstreits, der regelmäßig mit verbesserten Angebotskonditionen einhergeht.[1517] Unschädlich ist, dass der Vorstand mit dieser Maßnahme eine ihm genehme Person(-engesellschaft) hofiert, denn dies erhöht die Chancen auf eine rasche Normalisierung der durch den unaufgeforderten Antrag ausgelösten angespannten Lage im Zielunternehmen.[1518]

Auch wenn eine Pflicht des Vorstands zur Suche nach einem solchen „White Knight" zu verneinen ist, wird er diese Option freiwillig in Betracht ziehen, um die Chancen einer Übernahmeabwehr zu steigern, was sich beispielhaft am zunächst feindlichen Übernahmeversuch von Sanofi-Synthélabo belegen lässt:[1519] Kurz nach der Bekanntgabe der unerwünschten Offerte Ende Januar 2004 zeigte sich der Vorstandsvorsitzende des angegriffenen Unternehmens demonstrativ offen für einen „weißen Ritter", der ein Gegenangebot machen könne und den Konzern in eine viel stärkere Position brächte; daraufhin prüfte der Schweizer Konzern Novartis die Möglichkeit, mit einem eigenen, koordinierten Antrag für Aventis aufzutreten.[1520] Für ein eigenes Übernahmeangebot stellte Novartis jedoch Vorbedingungen. Zusätzlich zu einer offiziellen Einladung von Aventis, müsse die französische Regierung zu einem mittelfristigen Zusammenschluss zumindest eine neutrale Haltung einnehmen.[1521] Da aus der Sicht des Aventis-Chefs eine Verbindung mit dem schweizerischen Arzneimittelhersteller unter industriellen, finanziellen und sozialen Aspekten erfolgversprechender wäre, wurde Novartis schließlich eingeladen, ein freundliches Angebot zur Annäherung der beiden Unternehmen vorzulegen. Insbesondere hätte eine Fusion von Aventis und Novartis nach einem Beteiligungserwerb lediglich den Wegfall von 18.000 Arbeitsplätzen zur Folge, wohingegen bei einem Zusammengehen zwischen Aventis und Sanofi-Synthélabo 30.000 Stellen gefährdet seien.[1522] Trotz anhaltender Kritik des französischen Minister-

---

[1517] BT-Ds. 14/7034 zu § 33 Abs. 1 Satz 2 RegE-WpÜG, S. 58; *Schaefer/Eichner*, NZG 2003, 150, 153.

[1518] KK-WpÜG/*Hirte*, § 33 Rn. 75.

[1519] Zu diesem Übernahmekampf ausführlich oben § 1B.I.2.h)bb)(2); allgemein *Röh*, in: Haarmann (u.a.), § 33 Rn. 117.

[1520] FTD, 18.3.2004 (Sanofi: Politische Einflussnahme erzürnt Wirtschaft), 28.1.2004 (Berlin macht mobil gegen Pharma-Fusion); www.FTD.de, 19.3.2004 (Sanofi: Bankenkonsortium hilft bei Aventis-Übernahme).

[1521] FAZ, 24.3.2004, S. 16 (Novartis hält Verbindung mit Aventis für machbar); www.FTD.de, 2.4.2004 (Aventis ruft Novartis zu Angebot auf).

[1522] Aventis-Pressemitteilung vom 2.4.2004 (dazu Angebotsunterlage in der Fassung des Nachtrags Nr. 4 vom 11.5.2004 der Sanofi-Synthélabo S.A. an die Aktionäre von Aventis S.A., S. 44); FAZ, 8.4.2004, S. 20 (Die Mitarbeiter sind stinksauer); s. bereits oben § 3B. sowie Fn. 1062.

Dagegen erwarteten die französischen Gewerkschaften den Verlust von 17.000 Arbeitsplätzen im Falle einer Fusion mit Novartis und von 10.000 bis 12.000 Stellen bei einem Zusammenschluss

präsidenten am Einspringen eines ausländischen Bieters stand ein Angebot von Novartis unmittelbar bevor. Nachdem Sanofi-Synthélabo jedoch die Offerte auf 55,3 Mrd. € aufgestockt hatte, wollte sich der Schweizer Pharmakonzern nicht in einen Auktionsprozess hineinziehen lassen; obwohl offiziell zu keinem Zeitpunkt ein Konkurrenzanbieter existierte, reichte dessen vermuteter Auftritt aus, dass das Angebot um insgesamt 7 Mrd. € erhöht wurde.

cc) Handlungen mit Zustimmung des Aufsichtsrats, Abs. 1 Satz 2, 3. Var. („VW-Klausel")

Das eigentliche Einfallstor für Verteidigungsmaßnahmen normiert aber die sog. „Aufsichtsratslösung" des § 33 Abs. 1 Satz 2, 3. Var. WpÜG. Danach darf der Vorstand einer Zielgesellschaft Abwehrmaßnahmen auch durchführen, wenn der Aufsichtsrat diesen zugestimmt hat.[1523] Bedeutung kommt dieser Norm für solche Handlungen zu, die weder der Fortführung des Tagesgeschäfts noch der Verfolgung einer bereits eingeschlagenen Unternehmensstrategie dienen und die daher nicht auf die erste Variante gestützt werden können; demgemäß bezieht sich diese Ermächtigungsklausel ausschließlich auf abwehr*gerichtete* Maßnahmen mit Verteidigungsintention.[1524]

Die dritte Variante wurde erst am Ende des parlamentarischen Verfahrens auf Empfehlung des Finanzausschusses aufgenommen. § 33 Abs. 1 Satz 1 RegE-WpÜG sah noch vor, dass Handlungen der Verwaltung der Zielgesellschaft, die den Erfolg des Angebots verhindern könnten, der Ermächtigung der Hauptversammlung bedurften.[1525] Nunmehr können bei einem feindlichen Übernahmeversuch ohne Beteiligung der Aktionäre Abwehrhandlungen gegen ein möglicherweise in deren Interesse liegendes Angebot ergriffen werden, sofern sich beide Organe einig sind. Von einer solchen Einigkeit ist aber zumeist auszugehen, da sich in der Praxis zeigt, dass Vorstand und Aufsichtsrat regelmäßig „in einem Boot" sitzen.[1526]

---

mit Sanofi-Synthélabo (aus: www.FTD.de, 2.4.2004, 'Aventis ruft Novartis zu Angebot auf'); zum Ganzen vgl. *Richter*, in: Semler/Volhard, § 52 Rn. 187.

1523 Vgl. BT-Ds. 14/7477, S. 2, 25 f., 50 und 53; diese Idee verfolgten bereits *Weisner*, ZRP 2000, 520, 524, 525 und *Witte*, BB 2000, 2161, 2165; in diese Richtung auch Antrag der Bundestagsfraktion der CDU/CSU vom 4.7.2000, BT-Ds. 14/3776, S. 3 f., sowie – auf europäischer Ebene – Änderungsantrag 12 zum Vorschlag (Fn. 115) des EP-Ausschusses für Beschäftigung und soziale Angelegenheiten vom 20.2.2003, PE 327.239 vom 8.12.2003, S. 69, 79 f.; kritisch *Hopt*, in: FS Lutter (2000), S. 1361, 1378; Entschließungsantrag der Fraktion der FDP, BT-Ds. 14/7501 vom 14.11.2001.

1524 *Diregger/Winner*, WM 2002, 1583, 1591; Ehricke/*Ekkenga*/Oechsler, § 33 Rn. 56; *Hirte*, ZGR 2002, 623, 642; MüKo-AktG/*Schlitt*, § 33 WpÜG Rn. 162, 164; *Richter*, in: Semler/Volhard, § 52 Rn. 39; *Schneider*, AG 2002, 125, 129; *Thoma*, NZG 2002, 105, 110; *Tröger*, DZWIR 2002, 397, 403; *Winter/Harbarth*, ZIP 2002, 1, 8; *Zech*, S. 161 f.; *Zschocke*, DB 2002, 79, 82.

1525 Geibel/Süßmann/*Zehetmeier-Müller*, Einl. Rn. 91; dies./*Schwennicke*, § 33 Rn. 4; KK-WpÜG/*Hirte*, § 33 Rn. 9 f., 78.

1526 Formulierung nach *Hopt*, in: FS Lutter (2000), S. 1361, 1382; vgl. auch *Buchta/van Kann*, DStR 2003, 1665, 1667; *Ekkenga/Hofschroer*, DStR 2002, 724, 731; *Schaefer/Eichner*, NZG 2003, 150, 154.

(1) Hintergrund der Implementierung einer Mit-Entscheidungsprärogative zugunsten des Aufsichtsrats

Indessen stellt die jetzige Gesetzesfassung im Vergleich zu anderen Rechtsordnungen ein deutsches Unikat dar.[1527] Dies rührt zum einen daher, dass an die Stelle des (erfolglosen) Vorschlags der SPD-Opposition aus dem Jahre 1997, Arbeitnehmervertreter in eine 'Übernahmekommission' einzubeziehen, der Ausnahmetatbestand des § 33 Abs. 1 Satz 2, 3. Var. WpÜG getreten ist.[1528] Weiterhin ging es bei Einführung dieser abrupt nachgeschobenen Vorschrift dem Vernehmen nach auch um den Schutz der deutschen Automobilindustrie, speziell der als besonders übernahmegefährdet geltenden Volkswagen-AG.[1529]

Ausschlaggebend war jedoch, dass sich die Gewerkschaftsseite bereits nach Veröffentlichung des Diskussionsentwurfs für ein gemeinsames Vorgehen von Vorstand und Aufsichtsrat gegen feindliche Offerten stark machte:[1530] Es müsse gesetzlich geregelt werden, dass (zulässige) Abwehrmaßnahmen zustimmungspflichtige Geschäfte (vgl. § 111 Abs. 4 Satz 2 AktG) seien, die erst umgesetzt werden dürften, wenn das Kontroll- und Überwachungsorgan seine Zustimmung erteilt habe. Dementsprechend verfolgt der Gesetzgeber ausweislich der Materialien mit der Entscheidung, bestimmte, auf die Abwehr von Übernahmeangeboten gerichtete Geschäftsleitungsmaßnahmen der Mit-Entscheidungsprärogative des Aufsichtsrats zu unterstellen, die Intention, die Rechte der betroffenen Mitarbeiter mittels nachhaltigeren Einsatzes der Arbeitnehmermitbestimmung auszubauen:[1531] Die Interessen der Beschäftigten sollen vor allem durch „die Regelung, dem Vorstand der Zielgesellschaft innerhalb seiner Geschäftsführungskompetenz Abwehrmaßnahmen bereits dann zu ermöglichen, wenn ihnen der Aufsichtsrat zugestimmt [hat]" gewahrt werden, „weil die Anliegen der Arbeitnehmer in den Aufsichtsrat eingebracht werden [können]". Folgerichtig bezwecken die Informationspflichten der Zielgesellschaft (§§ 10 Abs. 5 Satz 2, 14 Abs. 4 Satz 2, 27 Abs. 3

[1527] *Ekkenga/Hofschroer*, DStR 2002, 768, 777; *Hirte*, ZGR 2002, 623, 640; *Hopt*, ZHR 166 (2002), 383, 427; KK-WpÜG/*Hirte*, § 33 Rn. 78; *Thoma*, NZG 2002, 105, 110; *Winter/Harbarth*, ZIP 2002, 1, 3.

[1528] Ehricke/Ekkenga/*Oechsler*, § 3 Rn. 25; zur Übernahmekommission s. oben § 2C.I.; dazu auch oben § 1B.II.2.a).

[1529] *Altmeppen*, ZIP 2001, 1073, 1074 (dort Fn. 8); Ehricke/*Ekkenga*/Oechsler, § 33 Rn. 1; *Ekkenga/Hofschroer*, DStR 2002, 724, 733 (dort Fn. 101); s. ebenfalls FAZ, 10.11.2001, S. 11 (Übernahmegesetz entzweit deutsche Wirtschaft); FTD, 7.6.2001, S. 2 (Ferdinand Piëch – Manager mit Einfluss in Berlin); SZ, 3.5.2001, S. 25 (Eifersucht und goldene Aktien – Streit um Übernahmerichtlinie) sowie 14.11.2001, S. 25 (Entmündigte Aktionäre).

[1530] Stellungnahme des DGB zu § 31 DiskE-ÜG vom 11.10.2000, S. 5 sowie vom 3.9.2001, S. 2 f.; *Ekkenga*, in: FS Kümpel (2002), S. 95, 96; *Wackerbarth*, WM 2001, 1741 f. (dort insb. Fn. 9); s. ebenfalls FTD, 4.5.2001, S. 31 (Abgeschirmtes Deutschland) sowie oben § 2B.IV.1.a)bb)(1).

[1531] BT-Ds. 14/7477, S. 50; Ehricke/Ekkenga/*Oechsler*, § 3 Rn. 25 und § 10 Rn. 25; dies./*Ekkenga*, § 33 Rn. 1; HWK/*Seibt*, WpÜG Rn. 34; *Seibt*, DB 2002, 529, 531; kritisch *Diregger/Winner*, WM 2002, 1583, 1591; *Winter/Harbarth*, ZIP 2002, 1, 8; *Zschocke*, DB 2002, 79, 82 f.

Satz 2 WpÜG) auch eine frühzeitige Koordination des Stimmverhaltens der Arbeitnehmervertreter im Aufsichtsrat.[1532]

Hinter dieser Ermächtigungsnorm steckt die unausgesprochene Überlegung, Akquisitionen zu erschweren; so werden insbesondere mitbestimmte Aufsichtsräte großer deutscher Aktiengesellschaften, die Ziel eines Angebots sind, einer Unternehmensübernahme ohne Arbeitsplatzgarantien für die Beschäftigten kaum zustimmen.[1533] Zwar ist der Aufsichtsrat theoretisch primär Kontrollorgan (vgl. §§ 111 Abs. 1, 171 AktG), doch in der Praxis führt die paritätische Mitbestimmung (vgl. § 96 AktG i.V.m. §§ 1-7 MitbestG) gewöhnlich dazu, dass er seine Aufmerksamkeit in besonderem Maße auf die Personalentwicklungs- und Beschäftigungspolitik lenkt. Er ist in erster Linie ein Gremium für die Vertretung der Interessen der Stakeholder[1534], während die Kontrolle des Vorstands nicht selten als zusätzliche, der Interessenvertretung nachgeordnete Aufgabe begriffen wird.[1535] Da zudem der Aufsichtsrat auch in mitbestimmten Aktiengesellschaften maßgebend vom Mehrheitsaktionär besetzt wird, werden Vorstands- und Aufsichtsratsmitglieder gleichermaßen daran interessiert sein, ihre Position zu erhalten. Mithin ist dem Aufsichtsrat eine neutrale Beurteilung der Handlungsvarianten ebenso wenig möglich wie dem Vorstand.[1536]

(2) Möglichkeit der Kompetenzzuweisung an einen „Verteidigungs"-Ausschuss

Der Aufsichtsrat kann die ihm gemäß § 33 Abs. 1 Satz 2, 3. Var. WpÜG zugewiesene Kompetenz – ebenso wie im Rahmen des § 27 Abs. 1 WpÜG[1537] – auf einen Ausschuss übertragen. Trotz der Bedeutung, die dem Zustimmungserfordernis zukommt, steht dem das Delegationsverbot gemäß § 107 Abs. 3 Satz 2 AktG nicht entgegen.[1538] Denn nach dieser Norm ist lediglich die Entscheidung zur Festlegung von Zustimmungsvorbehalten nach § 111 Abs. 4 Satz 2 AktG dem Aufsichtsratsplenum vorbehalten,[1539] d.h. das Gesamtgremium muss zwingend darüber beschließen, dass die Mit-Entscheidungsprärogative einem bestimmten Ausschuss überwiesen wird. Im Rahmen

---

1532 Vgl. Ehricke/Ekkenga/*Oechsler*, § 10 Rn. 25.

1533 *Buchta/van Kann*, DStR 2003, 1665, 1667; *Peltzer*, in: Assmann (u.a.), S. 179, 200; SZ, 14.11.2001, S. 25 (Entmündigte Aktionäre); s. auch BT-Plenarprotokoll 14/201 vom 15.11.2001, S. 19832 (*Funke*) und S. 19829 (*Hauer*), wonach die Arbeitnehmer über die Mitwirkung im Aufsichtsrat „Vorschläge zur Abwehr einbringen" könnten.

1534 Zu diesem Begriff s. oben § 1.

1535 *Davies*, ZGR 2001, 268, 287 ff., 292 f.; *Edenfeld/Neufang*, AG 1999, 49; *Hopt*, in: FS Everling (1995), S. 475, 478, 482; *Lutter*, AG 1994, 176; *Ulmer*, ZHR 166 (2002), 271, 276.

1536 Vgl. hierzu *Altmeppen*, ZIP 2001, 1073, 1075; *Schneider*, AG 2002, 125, 129; *Semler/Stengel*, NZG 2003, 1 ff.; dazu auch oben § 3A.IV.2.a) und § 3B.II.

1537 S. oben § 2B.IV.1.a)bb)(2)(b).

1538 Ehricke/*Ekkenga*/Oechsler, § 33 Rn. 62; *Hirte*, ZGR 2002, 623, 645; HWK/*Seibt*, WpÜG Rn. 34; KK-WpÜG/*Hirte*, § 33 Rn. 87; MüKo-AktG/*Schlitt*, § 33 WpÜG Rn. 176; *Richter*, in: Semler/Volhard, § 52 Rn. 42; *Röh*, in: Haarmann (u.a.), § 33 Rn. 130 („zulässig, aber wenig zweckmäßig"); *Seibt*, DB 2002, 529, 531; a.A. *Dohrmann*, S. 131; *Steinmeyer/Häger*, § 33 Rn. 39.

1539 ErfK/*Oetker*, § 107 AktG Rn. 21; HWK/*Seibt*, WpÜG Rn. 34; *Lutter/Krieger*, Rn. 623, 629-631; *Seibt*, DB 2002, 529, 531.

seiner Geschäftsordnung ist es ihm somit gestattet, die im Einzelfall zu behandelnde Zustimmungserteilung zu Abwehrhandlungen einem Verteidigungsausschuss zuzuweisen, der auch schon als „Reserveeinheit" lange vor dem Bekanntwerden eines bevorstehenden Übernahmeangebots eingerichtet werden kann.[1540] Wegen der gesetzgeberischen Intention ist ferner mindestens ein Arbeitnehmervertreter in den für die Zustimmung zur Verteidigungsmaßnahme zuständigen Ausschuss zu berufen.[1541]

dd) Vorratsbeschlüsse, Abs. 2

Nach § 33 Abs. 2 Satz 1 WpÜG kann die Hauptversammlung den Vorstand *vor* der Veröffentlichung der Ankündigung i.S.v. § 10 Abs. 1 Satz 1 WpÜG zur Vornahme von Handlungen ermächtigen, die in ihre Zuständigkeit fallen, um den Erfolg von Übernahmeangeboten zu verhindern.[1542] Weil den hierfür erforderlichen Vorratsbeschlüssen ein Element der Selbstentmündigung anhaftet, stellt das Gesetz indes besondere Anforderungen auf. Anders als nach § 33 Abs. 2 RegE-WpÜG müssen die Abwehrhandlungen des Vorstands im Ermächtigungsbeschluss zwar nicht mehr „im Einzelnen", sondern lediglich „der Art nach" (z.B. Durchführung einer Kapitalerhöhung, Veräußerung von Beteiligungen) bestimmt werden,[1543] jedoch bedarf auch diese Abwehrhandlung des Vorstands im Fall ihrer Ausübung der Zustimmung durch den Aufsichtsrat (§ 33 Abs. 2 Satz 4 WpÜG). Gemäß § 33 Abs. 1 Satz 3 WpÜG muss sich außerdem eine Mehrheit von drei Viertel des bei der Beschlussfassung vertretenen Grundkapitals für die Vorratsermächtigung aussprechen, wobei allerdings die Satzung eine größere Kapitalmehrheit und weitere Erfordernisse bestimmen kann. Ferner kann die Ermächtigung nach § 33 Abs. 1 Satz 2 WpÜG für maximal 18 Monate erteilt werden.

c) Nr. 3.7 Abs. 2 und 3 des Deutschen Corporate Governance Kodex

In Anlehnung an § 33 Abs. 1 Satz 1 WpÜG statuiert Nr. 3.7 Abs. 2 Satz 1 DCGK[1544] die Neutralitätspflicht. Danach darf der Vorstand nach Bekanntgabe einer Übernahmeofferte keine Handlungen vornehmen, durch die deren Erfolg verhindert werden könnte. Als Ausnahmen hiervon darf der Vorstand nach Satz 2 alle Handlungen vornehmen, die nicht außerhalb des gewöhnlichen Geschäftsverkehrs liegen (vgl. § 33 Abs. 1

1540 *Hirte*, ZGR 2002, 623, 645; HWK/*Seibt*, WpÜG Rn. 34; KK-WpÜG/*Hirte*, § 33 Rn. 87; MüKo-AktG/*Schlitt*, § 33 WpÜG Rn. 176; *Seibt*, DB 2002, 529, 531.

1541 S. oben § 2B.IV.1.a)bb)(2)(c); ebenso *Hirte*, ZGR 2002, 623, 645; HWK/*Seibt*, WpÜG Rn. 34; KK-WpÜG/*Hirte*, § 33 Rn. 87; *Seibt*, DB 2002, 529, 531.

1542 Kritisch zur Beibehaltung dieser Variante neben § 33 Abs. 1 Satz 2, 3. Var. WpÜG *Schaefer/Eichner*, NZG 2003, 150, 154.

1543 BT-Ds. 14/7477, S. 2 und 53; vgl. Ehricke/*Ekkenga*/Oechsler, § 33 Rn. 1.

1544 Nr. 3.7 Abs. 2 DCGK lautet: „Der Vorstand darf nach Bekanntgabe eines Übernahmeangebots keine Handlungen außerhalb des gewöhnlichen Geschäftsverkehrs vornehmen, durch die der Erfolg des Angebots verhindert werden könnte, wenn er dazu nicht von der Hauptversammlung ermächtigt ist oder der Aufsichtsrat dem zugestimmt hat. Bei ihren Entscheidungen sind Vorstand und Aufsichtsrat an das beste Interesse der Aktionäre und des Unternehmens gebunden."; s. ebenfalls oben § 2B.IV.1.a)aa)(3)(b).

Satz 2, 1. Var. WpÜG), zu denen er von der Hauptversammlung ermächtigt ist (vgl. § 33 Abs. 2 WpÜG) oder denen der Aufsichtsrat zugestimmt hat (vgl. § 33 Abs. 1 Satz 2, 3. Var. WpÜG). Damit weicht der Verhaltensstandard nach Nr. 3.7 DCGK von § 33 Abs. 1 Satz 2, 1. Var. WpÜG insofern ab, als er bei außergewöhnlichen Handlungen eine Ermächtigung der Versammlung der Aktionäre oder die Zustimmung des Aufsichtsrats verlangt.[1545] Des Weiteren fehlt eine Aufführung der zweiten Variante des § 33 Abs. 1 Satz 2 WpÜG, doch erachten auch die Verfasser des Kodex die Einholung eines konkurrierenden Angebots als zulässige Abwehrmaßnahme.[1546]

Eine Besonderheit enthält Abs. 3 der Nr. 3.7 DCGK. Danach „sollte" der Vorstand „in angezeigten Fällen" eine außerordentliche Hauptversammlung einberufen, in der die Aktionäre über das Übernahmeangebot beraten und ggf. über gesellschaftsrechtliche Maßnahmen beschließen.[1547] Diese Anregung geht über die übernahmegesetzlichen Vorschriften hinaus, weil der Vorstand die Aktionäre auch dann zu befragen hätte, wenn eine Verpflichtung zur Einberufung dieser Versammlung nicht besteht. Weder schließt das WpÜG die Einberufung der Hauptversammlung in derartigen Fällen aus, noch empfiehlt der Kodex explizit, dass ein Zusammentreffen in allen Fällen angezeigt ist.[1548] Vielmehr überlässt er es der Entscheidung des jeweiligen Managements, im Einzelfall festzustellen, ob ein angezeigter Fall vorliegt und nach § 119 Abs. 2 AktG von sich aus auf einen Legitimationsbeschluss hinwirkt.

d) Exkurs: Europarechtliche Pflicht zur Neutralität, Art. 9 der RL 2004/25/EG

Auf der Ebene des europäischen Übernahmerechts offenbaren die Artt. 9 bis 12 RL den politischen Kompromiss, ohne den eine Verabschiedung der Richtlinie auf absehbare Zeit nicht erreichbar gewesen wäre.[1549]

Art. 9 Abs. 2 RL statuiert nach angelsächsischem Vorbild eine strikte Neutralitätspflicht im Sinne eines Vereitelungsverbots.[1550] Danach ist es künftig theoretisch Sache

---

1545 Ehricke/*Ekkenga*/Oechsler, § 33 Rn. 44.

1546 *Ringleb*/Kremer/Lutter/Werder, 3.7 Rn. 317.

1547 Ehricke/*Ekkenga*/Oechsler, § 33 Rn. 64; KK-WpÜG/*Hirte*, § 33 Rn. 25; *Ringleb*/Kremer/Lutter/Werder, 3.7 Rn. 320; *Winter/Harbarth*, ZIP 2002, 1, 10.

1548 Ehricke/*Ekkenga*/Oechsler, § 33 Rn. 64; *Ekkenga/Hofschroer*, DStR 2002, 724, 734; MüKo-AktG/*Schlitt*, § 33 WpÜG Rn. 188; *Richter*, in: Semler/Volhard, § 52 Rn. 48; *Ringleb*/Kremer/Lutter/Werder, 3.7 Rn. 322; kritisch auf die weiche Formulierung *Hopt*, ZHR 166 (2002), 383, 428 f.

1549 *Kindler/Horstmann*, DStR 2004, 866, 868 f.; vgl. dazu ebenfalls oben § 1B.I.2.g)bb) und § 1B.I.2.h)bb).

1550 Siehe schon jetzt § 33 Abs. 1 Satz 1 WpÜG; vgl. auch Empfehlung I 2 der Expertengruppe (Fn. 114), S. 8; *Dauner-Lieb/Lamandini*, BB 2003, 265, 266; *Dimke/Heiser*, NZG 2001, 241, 257 ff.; *Hopt*, in: FS Lutter (2000), S. 1361, 1363 ff.; *Krause*, ZGR 2002, 500, 517 f.; *Lehne*, in: Hirte, S. 33, 39 ff.; *Merkt*, ZHR 165 (2001), 224.

Art. 9 Abs. 2 RL lautet:

„Innerhalb der in Unterabsatz 2 genannten Frist holt das Leitungs- bzw. Verwaltungsorgan der Zielgesellschaft die für diesen Zweck erteilte Ermächtigung der Hauptversammlung der Aktionäre ein, bevor es mit Ausnahme der Suche nach konkurrierenden Angeboten Maßnahmen ergreift,

der Aktionäre, ob das Angebot erfolgreich ist oder nicht. Dementsprechend muss das Leitungs- sowie ggf. das Aufsichtsorgan[1551] der Zielgesellschaft zumindest ab Beginn des Angebotsverfahrens (Art. 6 Abs. 1 Satz 1 RL) die vorherige, zu diesem Zweck erteilte Ermächtigung der Hauptversammlung einholen, bevor es Maßnahmen ergreift, die das Angebot vereiteln könnten. Ausgenommen von dieser Pflicht ist zum einen die Suche nach einem konkurrierenden Anbieter[1552]; zum anderen betrifft dies die (zumindest partiell) nach Bekanntgabe des Angebots vorgenommenen Handlungen, die im 'normalen' Geschäftsgang eines Unternehmens vorkommen und durch die vor dem Angebot getroffene Entscheidungen umgesetzt werden sollen, selbst wenn dadurch der Erfolg einer Offerte verhindert wird.[1553] Die letztgenannte Ausnahme ergibt sich aus einem Umkehrschluss zu Art. 9 Abs. 3 RL, nach dem vor Verfahrensbeginn gefasste Entscheidungen, die – zum Zeitpunkt der Information des Leitungs- bzw. Verwaltungsorgans der Zielgesellschaft über die Entscheidung zur Angebotsabgabe – noch nicht teilweise oder vollständig umgesetzt sind und deren Vollzug zu einer Angebotsvereitelung führen könnte, (nur dann) einer Ermächtigung oder Bestätigung der Hauptversammlung bedürfen, wenn sie außerhalb des gewöhnlichen Geschäftsbetriebs liegen. Schließlich kann gemäß Art. 9 Abs. 4 RL die für die Beschlussfassung zuständige Hauptversammlung innerhalb einer mindestens zweiwöchigen Einberufungsfrist kurzzeitig einberufen werden.[1554]

---

durch die das Angebot vereitelt werden könnte; dies gilt insbesondere für die Ausgabe von Wertpapieren, durch die der Bieter auf Dauer an der Erlangung der Kontrolle über die Zielgesellschaft gehindert werden könnte.

Diese Ermächtigung ist zumindest ab dem Zeitpunkt erforderlich, zu dem das Leitungs- bzw. Verwaltungsorgan der Zielgesellschaft die in Artikel 6 Absatz 1 Satz 1 genannten Informationen über das Angebot erhalten hat, und so lange, bis das Ergebnis des Angebots bekannt gemacht oder das Angebot hinfällig wird. Die Mitgliedstaaten können verlangen, dass diese Ermächtigung zu einem früheren Zeitpunkt erforderlich ist, beispielsweise wenn das Leitungs- bzw. Verwaltungsorgan der Zielgesellschaft feststellt, dass die Abgabe des Angebots unmittelbar bevorsteht.".

1551 Vgl. Art. 9 Abs. 6 RL (zur „two-tier board structure"): „Für die Zwecke von Absatz 2 bezeichnet der Begriff Leitungs- bzw. Verwaltungsorgan sowohl den Vorstand der Gesellschaft *als auch* deren Aufsichtsrat, sofern die Organisation der Gesellschaft eine dualistische Leitungsstruktur aufweist." (Herv. d. Verf.).

1552 Dem entspricht § 33 Abs. 1 Satz 2, 2. Var. WpÜG.

1553 Erläuterungen zu Art. 9 des Vorschlags, ABlEG (Fn. 115), S. 5; *Kindler/Horstmann*, DStR 2004, 866, 868; so auch *Krause*, BB 2002, 2341, 2342; *ders.*, BB 2004, 113, 114; ähnlich *Seibt/Heiser*, ZIP 2002, 2193, 2196.

1554 „Der neue Vorschlag für eine Richtlinie auf dem Gebiet des Gesellschaftsrechts betreffend Übernahmeangebote und die Erreichung von gleichen Ausgangsbedingungen [...]" (9.12.2003, abrufbar unter www.europarl.eu.int/comparl/juri/studies/study_complaw_de.pdf, zuletzt besucht am 26.8.2004) von *Dauner-Lieb/Lamandini* sah in 5.7 und 7.1 die Aufnahme eines weiteren Absatzes in Art. 9 vor, demzufolge die Hauptversammlung auch außerhalb der Angebotsphase Maßnahmen genehmigen müsse, welche die Gewährung von Rechten an Dritte im Falle der Abgabe eines Übernahmeangebots oder eines Kontrollwechsels zum Inhalt hätten (dazu *Zinser*, ZRP 2003, 78, 80). Zwar wurde dies in der Richtlinie nicht umgesetzt, doch sind die Offenlegungspflichten in Art. 10 Abs. 1 lit. k) RL ggü. dem Vorschlag (Fn. 115) entsprechend erweitert worden (s. dazu auch unten § 3B.II.2.a)bb)).

Da jedoch die isolierte Einführung einer derartigen Neutralitätspflicht für europäische Gesellschaften keine gleichen Rahmenbedingungen im Falle von öffentlichen Übernahmeangeboten („level playing field") geschaffen hätte – weil sie Stimmrechtsbeschränkungen, „goldenen Aktien"[1555] und ähnlichen Instrumenten zum Schutze vor unerwünschten Übernahmen nicht entgegensteht – versuchte die Kommission der zu erwartenden Kritik einer fehlenden „Waffengleichheit"[1556] durch die Einfügung von Regeln zur Transparenz und teilweisen Unwirksamkeit von Übernahmeschranken in ihrem Vorschlag[1557] vom Herbst 2002 diesmal zuvorzukommen.

aa) Offenlegungspflichten, Art. 10 RL

Der Transparenz dienen Offenlegungspflichten i.S.v. Art. 10 Abs. 1 und 2 RL, wonach börsennotierte Unternehmen im Lagebericht bestimmte Gesellschaftsstrukturen und Abwehrmechanismen[1558] offenzulegen haben.[1559] Die Verwaltung hat weiterhin der Jahreshauptversammlung einen Bericht mitsamt Erläuterung zu diesen Gesichtspunkten vorzulegen (Art. 10 Abs. 3 RL). Diese Informationen können insbesondere von potenziellen Bietern dazu genutzt werden, um die Chancen für eine Übernahme auszuloten.

Hingegen findet sich weder die im Vorschlag vorgesehene Pflicht zur jährlichen Aktualisierung der in Abs. 1 erwähnten Angaben, noch das dort verankerte Recht der Hauptversammlung, sich alle zwei Jahre hierzu zu äußern,[1560] in der Richtlinie wieder.

bb) Durchgriff, Art. 11 RL

Daneben ist mit Art. 11 RL eine dreigestaffelte Durchbrechungsregel eingeführt worden, nach der bestimmte Übernahmehindernisse keine Wirkung entfalten.[1561] *Erstens* können in der Satzung vorgesehene Beschränkungen, die den Bieter daran hindern, Wertpapiere der Zielgesellschaft zu erwerben, diesem während der Annahmefrist nicht

---

1555 Sog. „Golden Shares", mit denen sich der EuGH in neuerer Zeit mehrfach unter dem Gesichtspunkt der Kapitalverkehrsfreiheit befasst hat, EuGH, NJW 2003, 2663, 2666, dazu *Grundmann/Möslein*, ZGR 2003, 317 ff.; *Spindler*, RIW 2003, 850 ff.

1556 Vgl. hierzu *Dauner-Lieb*, DStR 2003, 555; *Ebenroth/Daum*, DB 1991, 1157, 1160; *Wackerbarth*, WM 2001, 1741, 1742 f.

1557 S. oben § 1B.I.2.h)aa).

1558 Art. 10 Abs. 1 lit. a) bis k) RL (z.B. Zusammensetzung des Kapitals, Vinkulierung von Namensaktien, bedeutende direkte oder indirekte Beteiligungen, Aktien mit besonderen Stimmrechten).

1559 Empfehlung I 1 der Expertengruppe (Fn. 114), S. 8 und 28 ff.; vgl. zu einzelnen Angaben *Lanfermann/Maul*, BB 2004, 1517 ff.; *Seibt/Heiser*, ZIP 2002, 2193, 2196 ff.; s. auch Erwägungsgrund 18 RL: „Um die geltenden Vorschriften über den freien Handel mit Wertpapieren der von dieser Richtlinie erfassten Gesellschaften und die freie Stimmrechtsausübung in ihrer Wirkung zu stärken, müssen die Abwehrstrukturen und -mechanismen dieser Gesellschaften offen gelegt und regelmäßig der Hauptversammlung in einem Bericht mitgeteilt werden"; s. auch oben § 3B.I.1.

1560 Hierzu noch *Seibt/Heiser*, ZIP 2002, 2193, 2198.

1561 *Dauner-Lieb*, DStR 2003, 555 f.; *dies./Lamandini*, BB 2003, 265, 267; *Glade/Haak/Hellich*, Konzern 2004, 515, 521 ff.; zur ökonomischen Analyse der Durchbrechungsregel *Rühland*, NZG 2003, 1150 ff.

entgegengehalten werden (Art. 11 Abs. 2 Unterabs. 1 RL).[1562] Darüber hinaus gilt in diesem Zeitraum eine Vinkulierung von Aktien, die in neuen, nach dem In-Kraft-Treten der Übernahmerichtlinie geschlossenen vertraglichen Vereinbarungen mit der Gesellschaft oder zwischen den Aktionären vorgesehen ist, nicht gegenüber dem Bieter (Abs. 2 Unterabs. 2). *Zweitens* entfalten gemäß Art. 11 Abs. 3 Unterabs. 1 und 2 RL alle derartigen Beschränkungen des Stimmrechts in der Hauptversammlung, die über etwaige Abwehrmaßnahmen beschließt, keine Wirkung. Unterabs. 3 ordnet ferner an, dass Wertpapiere mit Mehrstimmrecht[1563] – mit denen Minderheitsaktionäre ihren herrschenden Einfluss gerade in skandinavischen und französischen Unternehmen sichern und die Gesellschaft gegen feindliche Übernahmen abhärten können – in einer über Verteidigungsmaßnahmen beschließenden Hauptversammlung mit nur einer Stimme ausgestattet sind.[1564] *Drittens* finden in der Satzung oder neuen Verträgen vorgesehene Beschränkungen der Übertragung von Wertpapieren oder des Stimmrechts sowie Entsendungs- und Abberufungsrechte der Gesellschafter für die Mitglieder des Leitungs- bzw. Verwaltungsorgans keine Anwendung, sofern der Bieter nach einem Angebot über 75 % des stimmberechtigten Kapitals verfügt (Art. 11 Abs. 4 Unterabs. 1 RL). Speziell für Wertpapiere mit Mehrstimmrecht gilt, dass diese auf der ersten Hauptversammlung nach Angebotsschluss, die der Bieter einberuft, um die Satzung zu ändern oder Mitglieder des Leitungs- oder Verwaltungsorgans abzuberufen oder zu bestellen, mit nur einer Stimme ausgestattet sind. Werden jedoch für die Einschränkung der Stimmrechtsausübung besondere finanzielle Vorteile gewährt, so finden die Abs. 3 und 4 keine Anwendung (Art. 11 Abs. 6 RL).

Von der Durchbrechungsregelung ausgenommen sind Genossenschaften sowie die Fälle, in denen ein Mitgliedsland Wertpapiere der Zielgesellschaft hält, die ihm (nach einzelstaatlichem Recht) mit dem EGV zu vereinbarende Sonderrechte einräumen (Art. 11 Abs. 5 RL sowie Erwägungsgrund 20).

Auch mit der Schaffung eines Durchgriffsrechts konnte das anvisierte Ziel, in der EU ein „level playing field“ durchzusetzen, nur in Ansätzen erreicht werden.[1565] Denn mit der Aufhebung der Stimmrechtsbeschränkungen bleiben die am Risikokapital beteiligten stimmrechtslosen Vorzugsaktien sowie die Doppelstimmrechte in Frankreich unangetastet. Außerdem erstreckt sich die Beseitigung von Übertragungsbeschränkungen nicht auf die „goldenen Aktien“ (etwa der Volkswagen AG nach dem VW-Gesetz[1566] oder der Société Nationale Elf-Aquitaine) der einzelnen Mitgliedstaaten.

[1562] Nach *Dauner-Lieb/Lamandini* (Fn. 1554), 7.3 lit. a, c-f und h-j sollten die in Art. 11 Abs. 2 RL aufgeführten Beschränkungen *auch den Anteilseignern* nicht entgegengehalten werden dürfen; hierzu *Zinser*, ZRP 2003, 78, 81 f.

[1563] Nach der Legaldefinition in Art. 2 Abs. 1 lit. g) RL sind dies „Wertpapiere, die einer gesonderten und eigenen Gattung angehören und das Recht auf mehr als eine Stimme verleihen“.

[1564] In diese Richtung schon *Dauner-Lieb*, DStR 2003, 555, 556.

[1565] *Kindler/Horstmann*, DStR 2004, 866, 869; *Krause*, BB 2002, 2341, 2347; *Seibt/Heiser*, ZIP 2002, 2193, 2199.

[1566] Vgl. *Kilian*, NJW 2002, 3599 ff.; *Krause*, NJW 2002, 2747 ff.; *Wellige*, EuZW 2003, 427 ff.

cc) Wahlfreie Regelungen / Optionsmodell, Art. 12 RL

Dementsprechend zeigte sich im Laufe des Mitentscheidungsverfahrens i.S. des Art. 251 EGV, dass der Kommissionsvorschlag in der Fassung vom Oktober 2002 wegen der ablehnenden Haltung insbesondere der deutschen sowie – überraschenderweise[1567] – der britischen Regierung nicht mehrheitsfähig war.[1568] Um die Diskussion wiederzubeleben, stellte die italienische Präsidentschaft ein für die EU völlig neuartiges zweistufiges Optionsmodell vor, das nunmehr in Art. 12 RL verortet ist.[1569] Nach dessen Abs. 1 erhalten die Mitgliedsstaaten das Recht, ihre Unternehmen von der strikten Neutralitätspflicht nach Art. 9 Abs. 2 und 3 RL und/oder der Pflicht zur Beachtung der Durchbrechungsregel (Art. 11 RL) zu befreien, sog. „opting-out"-Klausel.[1570] Wird hiervon Gebrauch gemacht, ist allerdings den Aktionären die (reversible) Möglichkeit einzuräumen, dass sie in ihrer jeweiligen Hauptversammlung beschließen, sich freiwillig dem europäischen Standard zu unterwerfen, sog. „opting-in"-Klausel (Art. 12 Abs. 2 Unterabs. 1 und 2 RL); der Beschluss ist der nationalen Aufsichtsstelle mitzuteilen. Akzeptieren einzelne Unternehmen die Anwendung der Art. 9 Abs. 2 und 3 und/oder Art. 11 RL – weil sie damit etwa die Hoffnung auf steigende Börsenkurse verbinden –, werden aber von Gesellschaften attackiert, die ihrerseits dieselben Artikel nicht beachten (d.h. ihre Verteidigungsmittel nicht aufgegeben haben), so kann gemäß der Gegenseitigkeitsklausel des Art. 12 Abs. 3 RL nach einzelstaatlichem Recht die Zielgesellschaft wiederum von der Pflicht zur Einhaltung der entsprechenden Artikel befreit werden. Die unter Bezugnahme hierauf durchgeführten Maßnahmen bedürfen der Ermächtigung durch die Hauptversammlung, die frühestens 18 Monate vor der Bekanntmachung der Entscheidung zur Angebotsabgabe ergehen darf (Art. 12 Abs. 5 RL).

dd) Entschädigungspflicht, Art. 11 Abs. 5 RL

Art. 11 Abs. 5 RL bildet den letzten Teil der Kompromissformel, der eine Entschädigungspflicht zugunsten derjenigen Personen beinhaltet, denen infolge der Anwendung des Art. 11 Abs. 2 bis 4 RL sowie des Art. 12 RL Rechte entzogen werden.[1571] Die Nationalstaaten haben danach festzulegen, auf welche Weise die Entschädigung zu ermitteln und in welcher Form sie zu zahlen ist.

[1567] *Zinser*, ZRP 2003, 78, 82; s. dazu auch FTD, 3.2.2003 (Berlin und London gehen Kuhhandel bei Übernahmekodex ein).

[1568] www.FTD.de, 27.9.2002 (Massive Proteste gegen EU-Übernahmerichtlinie), 14.11.2002 (Deutschland fordert Änderungen an EU-Übernahmerichtlinie); vgl. auch Stellungnahme des DAI vom 16.12.2002, S. 4 ff.

[1569] *Kindler/Horstmann*, DStR 2004, 866, 869; FAZ, 3.7.2003, S. 12 (Optionsmodell für Übernahmekodex); www.FTD.de, 16.12.2003 (Europa-Parlament beschließt abgeschwächte Übernahmerichtlinie).

[1570] FAZ, 13.12.2003, S. 13 (Aktionäre erhalten das letzte Wort).

[1571] Ausführlich *Arnold*, BB 2003, 267 ff.; werden Rechte gemäß Art. 11 Abs. 4 RL entzogen, hat der Bieter die vorgesehene Entschädigung(-sform und -methode) in seiner Angebotsunterlage anzugeben (Art. 6 Abs. 3 lit. e) RL).

ee) Nationaler Umsetzungsbedarf im Hinblick auf die Übernahmeschranken

Auch nach dem Ablauf der Umsetzungsfrist im Mai 2006 kann Deutschland mit Hilfe der „opt-out"-Regelung an seinen Verteidigungsmitteln – insbesondere den Vorratsbeschlüssen sowie den Abwehrmaßnahmen mit Zustimmung des Aufsichtsrats – festhalten, so dass die Ausnahmetatbestände des § 33 Abs. 1 Satz 2 und Abs. 2 WpÜG bestehen bleiben können. Dafür ist ein dem Art. 12 RL entsprechendes Optionsmodell, bezogen auf das Vereitelungsverbot und die Durchbrechungsregel, sowie eine Entschädigungspflicht i.S. des Art. 11 Abs. 5 RL im Übernahmegesetz zu normieren. Hingegen wird die Umsetzung der „opt-in"-Regelung in nationales Recht deshalb Aufmerksamkeit erregen, weil einerseits Vorstand und Aufsichtsrat bei Entscheidungen über die Beseitigung von Verteidigungsmitteln der Hauptversammlung den Vortritt zu geben haben, so dass diese Maßnahme der Mitbestimmung entzogen ist. Diesbezüglich hat schon der DGB kritisch angemerkt, dass bei einer Umsetzung die zurzeit im WpÜG existierende Beteiligung der Arbeitnehmer nicht ausgehöhlt werden dürfe.[1572]

Andererseits ist fraglich, ob in das Gesetz als Ausnahme[1573] von der Neutralitätspflicht i.S. des § 33 Abs. 1 Satz 1 WpÜG ein weiterer Tatbestand hinzugefügt werden muss. Zu denken wäre daran, dass die Durchführung einer das Angebot vereitelnden Maßnahme, die eine vor Angebotsankündigung getroffene Entscheidung nach Verfahrensbeginn (vollständig) umsetzt und innerhalb des normalen Geschäftsverlaufs liegt, schon heute unter die 1. Variante des § 33 Abs. 1 Satz 2 WpÜG zu fassen ist. *Krause*[1574] verneint allerdings eine derartige Ausnahme im bisherigen deutschen Übernahmerecht: Entsprechende Sachverhalte – wie beispielsweise die Umsetzung eines durch die Verwaltung der Zielgesellschaft in die Wege geleiteten, aber zum Zeitpunkt der Bekanntmachung des Angebots noch nicht vollständig vollzogenen Verkaufs eines (aus Bietersicht wesentlichen) Vermögensgegenstandes – bildeten lediglich eine „Teilmenge" der gemäß § 33 Abs. 1 Satz 2, 1. Var. WpÜG zulässigen Handlungen. Dem ist nicht zu folgen. Nach richtiger Ansicht ermöglicht dieser Ausnahmetatbestand[1575] bereits in seiner jetzigen Fassung dem Vorstand die Fortführung von vor der Ankündigung des Angebots gefassten Entscheidungen, die den gewöhnlichen Geschäftsbetrieb einer Gesellschaft betreffen, auch dann, wenn infolge deren Umsetzung das Angebot vereitelt wird.[1576] Durch § 33 Abs. 1 Satz 2 WpÜG soll vermieden werden, dass die Zielgesellschaft während eines Angebots in ihrer Geschäftstätigkeit unangemessen behindert wird;[1577] mithin kann die normale Vorstandstätigkeit (Tagesgeschäft) fortgeführt und es können vor Verfahrensbeginn geplante Unternehmensstrate-

---

[1572] Pressemitteilung des DGB vom 19.12.2003, abrufbar unter www.DGB.de/presse/pressemeldungen/pmdb/pressemeldung_single?pmid=2271 (zuletzt besucht am 24.12.2003); vgl. auch *Dauner-Lieb/Lamandini*, BB 2003, 265.

[1573] Dazu vorstehend § 3B.II.1.d).

[1574] BB 2004, 113, 114; s. auch *ders.*, BB 2002, 2341, 2342.

[1575] Zu § 33 Abs. 1 Satz 2, 1. Var. WpÜG s. oben § 3B.II.1.b)aa).

[1576] *Kindler/Horstmann*, DStR 2004, 866, 872; wohl auch *Wiesner*, ZIP 2004, 343, 347 (dort Fn. 33).

[1577] S. Nachw. in Fn. 1512.

gien weiterverfolgt werden.[1578] Liegt demnach bei einem – in der unternehmerischen Planung liegenden und schon vor Beginn des Angebotsverfahrens anvisierten – Verkauf von wesentlichen Vermögensbestandteilen keine Verteidigungsabsicht zugrunde (was bei den hier diskutierten Maßnahmen regelmäßig der Fall sein wird), so entscheidet der Vorstand nach § 33 Abs. 1 Satz 2, 1. Var. WpÜG selbst dann, wenn dadurch eine Gefährdung oder Vereitelung des Erfolgs des Übernahmeangebots eintritt.[1579] Folglich muss ein derartiger Ausnahmetatbestand nicht eigens in das WpÜG implementiert werden.

Ferner ist eine für deutsche Unternehmen gänzlich neue Pflicht zur jährlichen Offenlegung von Übernahmehindernissen i.S. des Art. 10 Abs. 1 RL im Lagebericht (§ 289 HGB) sowie eine hierauf bezogene Erläuterungspflicht des Vorstands[1580] vorzusehen.

2. Aktiengesetzliche Zulässigkeit des Einsatzes arbeitsrechtlicher Zusagen als prophylaktische Abwehrmaßnahme (pre bid defence)

Die übernahmerechtliche Neutralitätspflicht beginnt nach dem Wortlaut des § 33 Abs. 1 Satz 1 WpÜG erst ab dem Zeitpunkt des Vorliegens eines öffentlichen Übernahmeangebots oder wenigstens einer Ankündigung desselben. Die Vorschrift gilt deshalb nur für solche (repressiven/„ad hoc"-)Abwehrhandlungen, die als Reaktion auf eine bestimmte Offerte eines bestimmten Bieters vorgenommen werden sollen.[1581] Nicht erfasst werden dagegen (präventive) Abwehrmaßnahmen, die unabhängig von einem konkreten Übernahmeversuch erfolgen, d.h. wenn ein solcher noch nicht erwartet zu werden braucht.[1582]

a) Beispiele von Zusagen mit präventiver Abwehrwirkung

Trotz der weitreichenden Ausnahmetatbestände in § 33 Abs. 1 Satz 2, Abs. 2 WpÜG kommt derartigen prophylaktischen Maßnahmen zum Schutze vor feindlichen Erwerbsangeboten in der Praxis vor allem angesichts der begrenzten Zeitspanne, die im Übernahmekampf für die Abwehr zur Verfügung steht, eine erhebliche Relevanz zu.[1583] Hierzu zählen auch rechtsverbindliche Abmachungen, welche die Interessen der Beschäftigten wesentlich berühren können.[1584] Im Vorfeld eines Übernahmeantrags lassen sich dabei insbesondere zwei Gruppen unterscheiden.

[1578] Vgl. oben § 3B.II.1.b)aa).

[1579] Vgl. Ehricke/*Ekkenga*/Oechsler, § 33 Rn. 113 i.V.m. Rn. 44.

[1580] *Maul/Muffat-Jeandet*, AG 2004, 306, 308, 310.

[1581] Ehricke/*Ekkenga*/Oechsler, § 33 Rn. 22; Geibel/Süßmann/*Schwennicke*, § 33 Rn. 61; *Krause*, AG 2002, 133, 136; *Steinmeyer/Häger*, § 33 Rn. 7; vgl. auch oben § 3B.II.1.a)aa).

[1582] So ausdrücklich BT-Ds. 14/7034 zu § 33 Abs. 1 Satz 1 RegE-WpÜG, S. 58: „§ 33 Abs. 1 Satz 1 steht [...] vorbeugenden Maßnahmen des Managements zur Verhinderung oder Erschwerung von Übernahmen nicht entgegen."; vgl. auch *Ebenroth/Daum*, DB 1991, 1157; *Pötzsch/Möller*, WM 2000 Sonderbeil. Nr. 2, 3, 25 (zu § 31 Abs. 1 DiskE-ÜG).

[1583] Vgl. *Krause*, AG 2002, 133, 134 (dort insb. Fn. 17).

[1584] Ebenso *Richter*, in: Semler/Volhard, § 52 Rn. 165.

aa) 1. Gruppe: Maßnahmen zum Erhalt des status quo

Einmal kann der Vorstand eines potenziellen Akquisitionskandidatens versuchen, mittels Verständigung mit der Arbeitnehmerschaft über die Aufrechterhaltung der Arbeitsverhältnisse Übernahmeprophylaxe zu betreiben. Aus praktischer Sicht kommen dabei sog. „change of control"-Klauseln[1585] in Betracht, die für den Fall einer unerwünschten Kontrollerlangung etwa die Kündigung des jeweiligen Arbeitsvertrages insgesamt erschweren (z.B. durch Verlängerung der Kündigungsfristen oder kurz- bis mittelfristigen Ausschluss des Rechts zur ordentlichen Kündigung) oder den Fortbestand eines Betriebsstandorts garantieren.[1586]

In diesem Kontext steht ebenfalls die von der Übernahmerichtlinie statuierte Transparenzpflicht[1587]: Deren Art. 10 Abs. 1 lit. j[1588] verpflichtet die Gesellschaften ganz allgemein zur Information über diejenigen bedeutenden Vereinbarungen, welche in der Situation eines Kontrollwechsels wirksam werden, sich ändern oder enden, sowie deren Wirkungsweise. Da einerseits durch entsprechende Absprachen der Abbau von Personal und die Schließung von Betriebsstätten unterbunden werden soll, andererseits potenzielle Bieter vielfach an möglichst hohen Synergiegewinnen, speziell infolge arbeitsplatzgefährdender Rationalisierungen, interessiert sind, müssen derartige Vertragsinhalte im Lagebericht offengelegt werden. Können demnach solche Maßnahmen mögliche Übernahme zumindest wesentlich erschweren,[1589] besteht – nach Umsetzung der RL 2004/25/EG – eine (europarechtliche) Pflicht zur Offenlegung solcher präventiver Abwehrinstrumente.

bb) 2. Gruppe: Kompensation naheliegender Nachteile für die Arbeitnehmerschaft

Sollen hingegen die erfahrungsgemäß durch Unternehmensübernahmen verursachten negativen Auswirkungen auf die Beschäftigungssituation wirtschaftlich kompensiert werden, bieten sich Vereinbarungen über die Aufstellung von Rahmensozialplänen inklusive deren Dotierungen an, welche speziell auf Übernahmeszenarien zugeschnitten sind.[1590] Sieht ein derartiger „prophylaktischer" Sozialplan Abfindungen für zu

---

[1585] Zu „Change of Control"-Klauseln in Anstellungsverträgen insb. leitender Angestellter s. *Dreher*, AG 2002, 214 ff.; vgl. auch KK-WpÜG/*Hirte*, § 33 Rn. 59; *Krause*, AG 2002, 133, 143.

[1586] S. oben § 3B.I.2.b)cc)(1) und (2) sowie § 3B.I.2.c)bb)(2).

[1587] Dazu oben § 3B.II.1.d)aa).

[1588] S. oben § 3B.I.1.; Art. 10 Abs. 1 lit. j) RL lautet: „Die Mitgliedstaaten stellen sicher, dass die Gesellschaften im Sinne von Art. 1 Abs. 1 im Einzelnen folgende Angaben offen legen: [...] j) alle bedeutenden Vereinbarungen, an denen die Gesellschaft beteiligt ist und die bei einem Kontrollwechsel in der Gesellschaft infolge eines Übernahmeangebotes wirksam werden, sich ändern oder enden, sowie die hieraus folgenden Wirkungen; ausgenommen hiervon sind Vereinbarungen, deren Bekanntmachung der Gesellschaft erheblich schaden würde; diese Ausnahme gilt nicht, wenn die Gesellschaft zur Bekanntgabe derartiger Informationen aufgrund anderer Rechtsvorschriften ausdrücklich verpflichtet ist".

[1589] Zur Frage der „Bedeutsamkeit" der Vereinbarung s. oben § 3B.I.1.

[1590] Zum Rahmensozialplan vgl. oben § 3B.I.2.b)cc)(3).

kündigende Arbeitnehmer, Sonder- und Ausgleichszahlungen etc. vor, wird dessen Eignung als vorbeugende Abwehrmaßnahme deutlich.

Diese Funktionsweise aufgreifend, ordnet Art. 10 Abs. 1 lit. k[1591] RL die Offenlegung von Vereinbarungen zwischen der Gesellschaft und ihren Arbeitnehmern über entschädigende Abfindungszahlungen an, die bei vorzeitigen Entlassungen aufgrund eines Übernahmeangebots fällig werden, sog. „tin parachutes“ oder „zinnerne Fallschirme“. Darzustellen sind hierbei nicht nur die begünstigten Mitarbeiter, sondern ebenso die jeweils vereinbarte Höhe der zu leistenden Entschädigung.[1592] Auch wenn teilweise davon ausgegangen wird, dass solche Handlungen übernahmerechtlich irrelevant seien, weil sie aus finanzieller Sicht keine Höhe erreichen würden, die einen Bieter abschrecken könnten,[1593] nimmt die Richtlinie ersichtlich einen gegenteiligen Standpunkt ein.

Unklar ist allerdings, ob entsprechende Abmachungen, die in Betriebsvereinbarungen oder Tarifverträgen enthalten sind, ebenfalls von der Transparenzpflicht erfasst sind. In seiner Stellungnahme lehnte der EWSA ein solches Verständnis ab und forderte eine Klarstellung des Wortlauts dahingehend, dass die Arbeitnehmer besser als „hochrangige Führungskräfte“ bezeichnet werden sollten.[1594] Trotz dieses Appells wurde der Richtlinientext jedoch an dieser Stelle unverändert beibehalten, was auf eine Erweiterung der Offenlegungspflichten auch auf arbeitsrechtliche Kollektivverträge hindeutet. Mithin bezieht sich der Wortlaut keineswegs nur auf die gemeinhin als „Goldener Handschlag“[1595] bekanntgewordenen Regelungen.

Beiden Zusagearten ist gemeinsam, dass die Übernahmeprophylaxe nicht nur das Ziel verfolgt, durch arbeitsrechtliche Maßnahmen die Attraktivität der Gesellschaft als Übernahmeziel zu verringern, sondern ebenso die Ausgangsposition für eine zukünftig nicht auszuschließende Übernahmeauseinandersetzung zu verbessern, indem das eigene Personal und die Gewerkschaften enger an die potenzielle Zielgesellschaft gebunden werden.

1591 Art. 10 Abs. 1 lit. k) RL lautet: „Die Mitgliedstaaten stellen sicher, dass die Gesellschaften im Sinne von Art. 1 Abs. 1 im Einzelnen folgende Angaben offen legen: [...] k) die Vereinbarungen zwischen der Gesellschaft und den Mitgliedern des Leitungs- bzw. Verwaltungsorgans oder Arbeitnehmern, die eine Entschädigung für den Fall vorsehen, dass diese wegen eines öffentlichen Übernahmeangebots kündigen oder ohne triftigen Grund entlassen werden oder ihr Arbeitsverhältnis endet.“.

1592 *Lanfermann/Maul*, BB 2004, 1517, 1520; *Seibt/Heiser*, ZIP 2002, 2193, 2198.

1593 So jeweils im Zusammenhang mit Abfindungsversprechen an Vorstands- und Aufsichtsratsmitglieder (sog. „Golden Parachutes“): *Bayer*, ZGR 2002, 588, 597; *Dreher*, AG 2002, 214, 217; Ehricke/*Ekkenga*/Oechsler, § 33 Rn. 117; *Hopt*, in: FS Lutter (2000), S. 1361, 1389; KK-WpÜG/*Hirte*, § 33 Rn. 175; *Krause*, AG 2002, 133, 143.

1594 Stellungnahme des EWSA vom 15.5.2003 zu Art. 10 Abs. 1-3 des Vorschlags (Fn. 115), ABlEG Nr. C 208 vom 3.9.2003, S. 55, 57 (unter 2.6.1.5); wohl auch *Glade/Haak/Hellich*, Konzern 2004, 455, 462.

1595 Zum „Golden Handshake“ der Organmitglieder der AG s. oben § 3A.IV.2.a) (inkl. Fn. 1279).

b) Zulässigkeit übernahmeprophylaktischer Maßnahmen des Vorstands

Klärungsbedürftig bleibt, ob vor Eröffnung des Angebotsverfahrens solche und ähnliche Abwehrhandlungen auf der Ebene des Arbeitsrechts nach der geltenden Rechtslage zugelassen sind.

Schon vor Einführung des § 33 Abs. 1 Satz 1 WpÜG wurde unabhängig von konkreten Verteidigungsmaßnahmen überwiegend angenommen, dass es dem Vorstand einer AG jedenfalls im Verlaufe des Angebotsverfahrens vor dem Hintergrund des § 76 AktG grundsätzlich verwehrt sei, auf die Zusammensetzung des Aktionärskreises Einfluss zu nehmen; er unterliege insoweit einer (strengen) aktienrechtlichen Neutralitätspflicht.[1596] Ausnahmen sollten nur gelten, wenn mit nicht unerheblichen und mit der Akquisition zusammenhängenden Gesetzesverstößen des Bieters oder einer dauerhaft rechtswidrigen Aktivität seinerseits zu rechnen sei. Nach Implementierung eines übernahmerechtlichen Stillhaltegebots und der damit einhergehenden Modifizierung und Überlagerung der aktienrechtlichen Bestimmungen (lediglich) für die Laufzeit öffentlicher Angebote[1597] bleibt damit die Frage virulent, wie sich die rechtliche Situation *vor* Veröffentlichung der Bieterentscheidung nach § 10 Abs. 1 Satz 1 WpÜG in Bezug auf Abwehrmaßnahmen darstellt, die in den Zuständigkeitsbereich des Vorstands fallen.[1598]

aa) Maßstab der Beurteilung

Die Begründung enthält diesbezüglich lediglich den Hinweis darauf, dass § 33 Abs. 1 Satz 1 RegE-WpÜG „vorbeugenden Maßnahmen des Managements zur Verhinderung oder Erschwerung von Übernahmen" nicht entgegenstehe.[1599] Innerhalb der Literatur besteht insoweit Konsens darüber, dass die Zulässigkeit präventiver Abwehrmaßnahmen rein *aktienrechtlich* beurteilt werden muss.[1600] Umstritten ist allerdings der hierbei anzusetzende Beurteilungsmaßstab.

(1) Kein Einfluss der aktienrechtlichen Neutralitätspflicht

Im Hinblick auf die Ergreifung abwehrgerichteter Maßnahmen durch den Vorstand außerhalb eines Übernahmeverfahrens wird von einem Teil der Lehre unter Hinweis auf das aktienrechtliche Gebot der Neutralität von einer aktiengesetzlichen Unzuläs-

---

1596 Vgl. *Adams*, AG 1990, 63 ff.; *Assmann/Bozenhardt*, in: Assmann (u.a.), S. 1, 112 ff.; *Aubel*, S. 28 ff.; *Hopt*, ZGR 1993, 534, 557 f.; *Hirte*, ZIP 1989, 1233, 1237; *Hirte/Schander*, in: Rosen/Seifert, S. 341, 374 f.; *Krause*, AG 1996, 209, 214; *Lammers*, S. 130 f.; *Merkt*, ZHR 165 (2001), 224, 234; *Mülbert*, IStR 1999, 83, 87 f.; *Mülbert/Birke*, WM 2001, 705; gegen ein Neutralitätsgebot *Bungert*, NJW 1998, 488, 492; *Martens*, in: FS Beusch (1993), S. 529, 542 ff.

1597 Vgl. KK-WpÜG/*Hirte*, § 33 Rn. 1, 27.

1598 Zur Frage der Kompetenz für Präventivmaßnahmen s. Ehricke/*Ekkenga*/Oechsler, § 33 Rn. 28; *Kirchner*, AG 1999, 481, 487 ff.; *Röh*, in: Haarmann (u.a.), § 33 Rn. 55; differenzierend *Mülbert*, IStR 1999, 83, 88 f.

1599 BT-Ds. 14/7034 zu § 33 Abs. 1 Satz 1 RegE-WpÜG, S. 58.

1600 *Bayer*, ZGR 2002, 588, 618; Ehricke/*Ekkenga*/Oechsler, § 33 Rn. 28; *Hirte*, ZGR 2002, 623, 625, 627; KK-WpÜG/*Hirte*, § 33 Rn. 27, 44; *Körner*, DB 2001, 367, 369; *Röh*, in: Haarmann (u.a.), § 33 Rn. 53; *Zech*, S. 119 ff.

sigkeit ausgegangen.[1601] Wäre es der Verwaltung einer potenziellen Zielgesellschaft gestattet, schon weit im Vorfeld öffentlicher Angebote Übernahmehürden aufzubauen, werde der im späteren Verfahren durch die Neutralitätspflicht des § 33 Abs. 1 Satz 1 WpÜG gewährte Schutz der Anteilsinhaber umgangen. Die Geschäftleitung sei folglich ganz grundsätzlich daran gehindert, präventive Abwehrmaßnahmen zu ergreifen, sofern nicht die Hauptversammlung vorab zugestimmt habe.

Gegen diese Auffassung spricht insbesondere, dass eine *allgemeine* Neutralitätspflicht entsprechend der für die Übernahmeabwehr zentralen Vorschrift des § 33 WpÜG gerade nicht existiert.[1602] Es läge ein Wertungswiderspruch vor, wenn die Verwaltung außerhalb der Laufzeit eines Übernahmeangebots stärker gebunden wäre als nach Eingreifen des übernahmegesetzlichen Stillhaltegebots.[1603] Für den Zeitraum während eines Angebotsverfahrens hat der Gesetzgeber ausdrücklich davon Abstand genommen, eine Zustimmung der Hauptversammlung für Maßnahmen zu verlangen, die nach allgemeinen aktienrechtlichen Grundsätzen in die Zuständigkeit des Vorstands fallen, aber geeignet sind, den Kontrollerwerb zu vereiteln.[1604] Dies muss erst recht im Vorfeld feindlicher Übernahmeversuche gelten, soweit die Maßnahmen in seiner Kompetenz verbleiben.

Mithin ist festzuhalten, dass auch außerhalb der Angebotsphase eine aktienrechtliche Neutralitätspflicht nicht (mehr) angenommen werden kann. Der Vorstand hat aber die allgemeinen aktienrechtlichen Beschränkungen (z.B. § 53a AktG) zu beachten.

(2) Auswirkungszeitpunkt der Schutzvorkehrung ausschlaggebend

Gleichwohl ist den Kritikern zuzugestehen, dass einer unbeschränkten Zulassung von Maßnahmen zur Übernahmeprophylaxe die Gefahr der Aushöhlung des § 33 WpÜG anhaftet.

Den Bedenken im Hinblick auf eine Umgehung der übernahmegesetzlichen Neutralitätspflicht gemäß § 33 Abs. 1 Satz 1 WpÜG ist insofern zu begegnen, als dem Vorstand einer AG solche präventiven Schutzvorkehrungen verwehrt sein müssen, die sich ihrem Inhalt nach erst auswirken können, sobald ein konkretes Übernahmeangebot oder eine entsprechende Ankündigung unterbreitet ist.[1605] Demgemäß sind prophylakti-

---

[1601] *Ekkenga*, in: FS Kümpel (2003), S. 95, 102; *Hirte*, ZGR 2002, 623, 625, 627 f.; *Immenga*, AG 1992, 79, 81 ff.; KK-WpÜG/*Hirte*, § 33 Rn. 27, 44; *Merkt*, ZHR 165 (2001), 224, 234, 250 f., 257; Vertreter der Gegenansicht Geibel/Süßmann/*Schwennicke*, § 33 Rn. 61; *Hopt*, ZGR 1993, 534, 558 ff.; *ders.*, in: FS Lutter (2000), S. 1361, 1399 f.; *Richter*, in: Semler/Volhard, § 52 Rn. 51 ff.

[1602] Vgl. oben § 3B.II.1.b).

[1603] Vgl. *Bayer*, ZGR 2002, 588, 618; *Richter*, in: Semler/Volhard, § 52 Rn. 52; *Krause*, AG 2002, 133, 136, will diesen Widerspruch durch analoge Anwendung der Ausnahmetatbestände des § 33 WpÜG auflösen; anders auch *Ekkenga*, in: FS Kümpel (2003), S. 95, 102.

[1604] Anders noch § 33 Abs. 1 Satz 1 RegE-WpÜG (BT-Ds. 14/7034, S. 16).

[1605] *Hopt*, ZGR 1993, 534, 559 f.; *ders.*, in: FS Lutter (2000), S. 1361, 1399, 1400; i.E. ebenso Ehricke/*Ekkenga*/Oechsler, § 33 Rn. 29 (der allerdings weiter für eine Erstreckung des Verbots auf solche Verteidigungsstrategien eintritt, die ein solches Ausmaß angenommen haben, dass sie dem „laufenden Geschäftsbetrieb schlechterdings nicht mehr zugeordnet werden können“).

sche Abwehrhandlungen, die ausschließlich für den Fall der Kontrollerlangung oder sogar durch diesen bedingt (§ 158 BGB) getroffen werden oder wenn sie überhaupt erst im Falle der Übernahme relevant werden, als unzulässig einzustufen. Rechtfertigen lässt sich eine derartige Grenzziehung damit, dass anderenfalls zwischen Verteidigungsmaßnahmen, die dem Vorstand nicht zustehen, und allgemeinen Geschäftsführungsmaßnahmen, die nur die unternehmerische Selbständigkeit stärken, kaum sinnvoll abzugrenzen ist. Die Flexibilität der Geschäftsführung wird dadurch nicht über Gebühr eingeschränkt und gleichzeitig können Umgehungsmöglichkeiten weitestgehend ausgeschlossen werden.

bb) Übertragung des Ergebnisses auf arbeitsrechtliche Maßnahmen

Als übernahmerechtlich unproblematisch sind Kontrakte zwischen dem Vorstand der potenziellen Zielgesellschaft und der Arbeitnehmerseite vor Veröffentlichung der Entscheidung zur Abgabe einer Offerte verallgemeinernd dann zu qualifizieren, wenn der Leistung der Gesellschaft (Beschäftigungs-, Standortsicherungszusage etc.) eine adäquate Gegenleistung (z.B. Lohn-/Gehaltsverzicht, Zustimmung zur Kurzarbeit, Arbeitszeitverlängerung) gegenübersteht. Bei solchen Vorhaben besteht eine Vermutung dahingehend, dass das gegenseitige Nachgeben der Vertragsparteien in keinem Zusammenhang mit der Abwehr eines bevorstehenden unerwünschten Erwerbsangebots steht.

Hingegen können „change of control“-Klauseln obigen Inhalts[1606] und andere Mittel zum Erhalt des status quo nicht wirksam zur Übernahmeprophylaxe eingesetzt werden. Bei ihnen fehlt regelmäßig nicht nur die erforderliche synallagmatische Verbindung, sondern sie wirken sich erst dann aus, wenn ein möglicher Akquisiteur in Erscheinung tritt.[1607] Selbiges gilt grundsätzlich für Vereinbarungen zwischen den Betriebs-, Tarifvertrags- oder Arbeitsvertragsparteien zur Abmilderung wirtschaftlicher und sozialer Nachteile für die Beschäftigten infolge von Umstrukturierungen, etwa mittels der erwähnten[1608] „tin parachutes“. Anders ist die Situation freilich dann zu beurteilen, wenn die AG das Restrukturierungsprogramm noch im Vorfeld eines öffentlichen Angebots selbst durchführt und die Kompensationszusagen in dieser Phase fällig werden.

c) Exkurs: Belegschaftsaktien als präventive Abwehrmaßnahme

Da von der Belegschaft typischerweise erwartet werden kann, dass sie bei einem Übernahmekampf aus Sorge um ihre Arbeitsplätze eher auf der Seite der Zielgesellschaft und deren Management steht als auf der des Bieters,[1609] erscheint die Platzierung von Aktien, Wandel- und Optionsanleihen bei Mitarbeitern sowie die Ausgabe von Bezugsrechten auf Aktien an diese ebenfalls als wirksame präventive Abwehrmaß-

---

1606 Vorstehend § 3B.II.2.a)aa).

1607 Zur Vereinbarung einer aufschiebenden Bedingung s. oben § 3B.I.2.b)bb)(2).

1608 S. vorstehend § 3B.II.2.a)bb).

1609 Diese Einschätzungen teilen etwa *Assmann/Bozenhardt*, in: Assmann (u.a.), S. 1, 132; *Richter*, in: Semler/Volhard, § 52 Rn. 128; wie jedoch der Fall Mannesmann gezeigt hat, ist das Verhalten der Belegschaftsaktionäre oftmals unberechenbar, s. oben § 3A.IV.1.a)bb) (dort bei Fn. 1267).

nahme. Die Ausgabe von Arbeitnehmeraktien unter Ausschluss des Bezugsrechts ist durch das Aktienrecht ausdrücklich privilegiert.[1610] Allerdings ist das Ausgabevolumen begrenzt, so dass ihre Zahl typischerweise noch nicht zum Misserfolg eines Angebots führen wird;[1611] dennoch können sie als begleitende Prophylaxemaßnahme durchaus sinnvoll sein.

In Einzelfällen kommt den Belegschaftsaktionären in der Akquisitionspraxis sogar eine dermaßen entscheidende Stellung zu, dass ihr Verhalten den erfolgreichen Ausgang des Verfahrens ernsthaft zu gefährden vermag. Exemplarisch hierfür ist das Übernahmeangebot der französischen BNP aus dem Jahre 1999 für die Bank Société Générale, in der die Beschäftigten mit einem Anteil von 8,6 % am Kapital beteiligt waren. Infolge deren ablehnenden Haltung gegenüber dem geplanten Kontrollerwerb war es der BNP letzten Endes nicht möglich, mehr als ein Drittel der Stimmrechte zu erhalten, was zum Scheitern des Übernahmeversuchs führte.[1612]

Sind die Arbeitnehmer über eine von der AG gegründete Beteiligungsgesellschaft beteiligt, besteht schließlich nach Art. 10 Abs. 1 lit. e[1613] RL eine Pflicht zur Offenlegung. Im Lagebericht ist dann anzugeben, nach welcher Maßgabe die Stimmrechtsausübung durch die Beteiligungsgesellschaft erfolgt; indes sind in Deutschland Gestaltungen, wonach Beschäftigte auf eine unmittelbare Stimmausübung verzichten, unzulässig.[1614]

3. Übernahmegesetzliche Zulässigkeit des Einsatzes arbeitsrechtlicher Zusagen als repressive Abwehrmaßnahme (post bid defence)

Abschließend soll untersucht werden, inwieweit der originär besetzte Vorstand einer Zielgesellschaft Zusagen zugunsten der eigenen Mitarbeiter als repressive[1615] Verteidigungshandlung während einer konkreten Übernahmeauseinandersetzung einzusetzen vermag.

Dabei orientiert sich eine Lösung an der Zentralnorm des § 33 WpÜG, wenn derartige Maßnahmen generell geeignet sind, das feindliche Übernahmeangebot zu verhindern (dazu unter a)). Bei positivem Ergebnis schließt sich sodann die Prüfung an, ob Aus-

---

[1610] Vgl. §§ 71 Abs. 1 Nr. 2, 71a Abs. 1 Satz 2, 192 Abs. 2 Nr. 3, 194 Abs. 3, 202 Abs. 4, 203 Abs. 4, 204 Abs. 3, 205 Abs. 5 AktG; dazu näher *Richter*, in: Semler/Volhard, § 52 Rn. 123 ff.

[1611] *Assmann/Bozenhardt*, in: Assmann (u.a.), S. 1, 131 f.; *Aubel*, S. 16 f.; Geibel/Süßmann/*Schwennicke*, § 33 Rn. 71; KK-WpÜG/*Hirte*, § 33 Rn. 181; *Krause*, AG 2002, 133, 138; *Schanz*, NZG 2000, 337, 346.

Zu den rund 150.000 Aktionären der Mannesmann-AG zählten jedoch immerhin 40.000 Belegschaftsaktionäre, vgl. *Seulen*, S. 82 (dort Fn. 442).

[1612] www.Welt.de, 10.4.2004 (Sanofi-Chef überzeugt Aventis-Gewerkschafter); vgl. auch *Storp*, RIW 2002, 409 f.

[1613] Art. 10 Abs. 1 lit. e) RL lautet: „Die Mitgliedstaaten stellen sicher, dass die Gesellschaften im Sinne von Artikel 1 Absatz 1 im Einzelnen folgende Angaben offen legen: [...] e) die Art der Stimmrechtskontrolle bei einer Kapitalbeteiligung der Arbeitnehmer, wenn die Kontrollrechte von ihnen nicht unmittelbar ausgeübt werden".

[1614] Hierzu *Lanfermann/Maul*, BB 2004, 1517, 1519; *Maul/Muffat-Jeandet*, AG 2004, 306, 308; *Seibt/Heiser*, ZIP 2002, 2193, 2197.

[1615] Zum Begriff s. oben § 3B.II.2.

nahmetatbestände einschlägig sind, welche die Durchführung entsprechender Schutzvorkehrungen im Interesse der betroffenen Arbeitnehmer rechtfertigen (dazu unter b) und c)).

a) Qualifizierung der Zusagen als Verstoß gegen den Neutralitätsgrundsatz

Fraglich ist, inwieweit *arbeitsrechtlichen* Maßnahmen einen Verstoß gegen die Pflicht zur Neutralität darstellen können. Gemäß dem zuvor Gesagten muss maßgeblich auf den der jeweiligen Handlung anhaftenden objektiven Verhinderungserfolg[1616] abgestellt werden.

aa) Regelfall: Inkongruenz zwischen Zusage und Angebotsunterlage

Einmal kann ein verteidigungswilliger Vorstand ohne Bezug zu einem Parallelverhalten des Bieters aus eigenem Antrieb auf den Abschluss einer Vereinbarung mit der Arbeitnehmerschaft drängen.

(1) Eindeutige Abwehrqualität

Dabei kann er sich zunächst solcher Möglichkeiten bedienen, bei deren Gebrauch *per se* ein Verstoß gegen das übernahmegesetzliche Neutralitätsgebot bejaht werden muss. Darunter fällt insbesondere der Fall, dass die ordentliche Kündigung eines zwischen den Betriebspartnern zustandegekommenen arbeitsrechtlichen Kollektivvertrags ausgeschlossen wird.[1617] Hierbei ist es für den Übernehmer – trotz der Gelegenheit zum Austausch des Managements – überaus schwierig, dessen Wirkungen (zeitnah) zu beenden.[1618] Im Übrigen kann der neue Großaktionär aufgrund seines Einflusses auf die (neubesetzte) Geschäftsleitung der übernommenen Gesellschaft in der Regel ohne größere rechtliche Schwierigkeiten diese Abwehrmittel durch ordentliche Kündigungen entschärfen.

Ferner wird gegen den Grundsatz des § 33 Abs. 1 Satz 1 WpÜG verstoßen, wenn durch Maßnahmen auf individualvertraglicher Ebene[1619] der aktive Personalbestand der Zielgesellschaft zahlenmäßig 'in bedeutender Weise' ausgeweitet wird: Dieses Merkmal wird von solchen Veränderungen erfüllt, die geeignet sind, die Entscheidung des Bieters zur Abgabe oder weiteren Durchführung des Angebots zu beeinflussen.[1620] Insbesondere bei großen börsennotierten Unternehmen wäre ansonsten zur Rückgängigmachung ggf. der Ausspruch mehrerer hundert Änderungskündigungen erforderlich, was für den Kontrollerwerber vor allem ein unüberschaubares Prozess- und Kostenrisiko (vgl. § 2 KSchG) mit sich bringen würde.[1621]

1616 S. zu diesem Tatbestandsmerkmal des § 33 Abs. 1 Satz 1 WpÜG oben § 3B.II.1.a)cc).

1617 Dazu oben § 3B.I.3. b) und c).

1618 S. oben § 3B.I.3.e).

1619 Vgl. oben § 3B.I.2.d)bb).

1620 Dazu *Grobys*, GmbHR 2000, R389, R390; *Land/Hasselbach*, DB 2000, 1747, 1753; *Weisner*, ZRP 2000, 520, 523 (jeweils zu § 31 Abs. 2 Nr. 3 DiskE-ÜG).

1621 S. oben § 3B.I.3.d).

(2) Abgrenzung im Übrigen

In weniger eindeutigen Fällen bietet es sich an, den Inhalt bindender Vereinbarungen zwischen Arbeitgeber- und Arbeitnehmerseite in die Kategorien 'Übernahmeabwehr' und 'Übernahmefolgenabwehr' zu unterteilen.

(a) Übernahmefolgenabwehr

Bei der Ergreifung arbeitsrechtlicher Abwehrinstrumentarien sind primär Maßnahmen der Übernahmefolgenabwehr[1622] in Betracht zu ziehen, die den Erfolg des Anteilserwerbs für den Bieter in wirtschaftlicher Hinsicht unattraktiv gestalten sollen (sog. „poison pills" oder „Giftpillen").

Hierzu gehören zunächst die schon angeführten Handlungen zur kurzfristigen Festigung des vorhandenen Personalstamms (z.B. durch Einengung des Kündigungsrechts – Verlängerung der Kündigungsfristen, Erlaubnis zur ordentlichen Kündigung nur bei Bestehen eines Sozialplanes etc. – oder durch Standortzusicherungen),[1623] die im Lichte des Stillhaltegebots grundsätzlich als unzulässig einzustufen sind, weil sie vor allem mögliche Synergieeffekte vereiteln.[1624]

Speziell im Zusammenhang mit dem vollständigen Ausschluss des Rechts zur betriebsbedingten ordentlichen Kündigung hinsichtlich der Mitarbeiterverträge ergibt sich jedoch das Problem, ob eine solche Schutzvorkehrung tatsächlich als Verstoß gegen die übernahmerechtliche Neutralitätspflicht qualifiziert werden kann. Denn in der Praxis zeigt sich, dass derartige Verabredungen notwendige Umstrukturierungen bis hin zu (Teil-)Betriebsschließungen nicht verhindern. Die betriebsbedingte Kündigung ist lediglich untergeordnetes Mittel des Personalabbaus; relevanter sind andere Formen der Beendigung des Arbeitsverhältnisses wie Eigenkündigungen, Aufhebungsverträge, Befristungsabläufe, alters- und krankheitsbedingtes Ausscheiden, personen- und verhaltensbedingte Kündigungen, Umzüge von Betriebsstätten usw. Infolgedessen ist es für Unternehmen – selbst bei langjährigem Verzicht auf den Ausspruch betriebsbedingter Kündigungen – unkompliziert, die Belegschaft innerhalb kurzer Zeit (zwei bis fünf Jahre) etwa auf die Hälfte zu reduzieren.[1625] Dementsprechend könnte argumentiert werden, dass vergleichbaren Schutzvorkehrungen der notwendige Verhinderungserfolg abgesprochen werden müsste: Ein potenzieller Übernehmer, der in Gefolge des Kontrollerwerbs nachhaltige Reorganisationsmaßnahmen durchführen möchte, würde bei einem mittelfristigen Arbeitsplatzabbau größtenteils ohnehin auf den Ausspruch betriebsbedingter Kündigungen verzichten, weshalb im Zusammenhang mit der Durchführung des Angebotsverfahrens keine Abschreckungswirkung erzielt werden könnte. Dennoch muss im Ergebnis von einem Verstoß gegen das Neutralitätsgebot

---

[1622] Vgl. oben § 3B.II.1.a)cc).

[1623] S. oben § 3B.I.2.b)cc)(1)(a) und (b) sowie § 3B.I.2.c)bb)(2).

[1624] Ähnlich *Grobys*, GmbHR 2000, R389, R390; KK-WpÜG/*Hirte*, § 33 Rn. 59; MüKo-AktG/*Schlitt*, § 33 WpÜG Rn. 119; zwiespältig hingegen *Richter*, in: Semler/Volhard, § 52 Rn. 165, 167, nach dem arbeitsrechtliche Vereinbarungen als Abwehrmaßnahme, „ungeachtet ihrer abschreckenden Wirkung", eher ungeeignet erschienen.

[1625] Dazu *Wolter*, RdA 2002, 218, 223.

ausgegangen werden. Ausschlagend ist hierfür, dass eine Maßnahme schon dann gegen den in § 33 Abs. 1 Satz 1 WpÜG normierten Grundsatz verstößt, wenn sie im Zeitpunkt ihrer Vornahme *objektiv* geeignet erscheint, den (wirtschaftlichen) Erfolg der Übernahmeofferte zumindest zu behindern.[1626] Dabei ist zu beachten, dass eine Reduzierung der Beschäftigtenzahl erfahrungsgemäß die am leichtesten zu realisierende Form zur Verbesserung der Gewinnsituation eines Unternehmens darstellt.[1627] Plant der Bieter nach der Kontrollerlangung einen Stellenabbau, wird er insofern im Vorhinein nicht bereit sein, auf die hierfür zur Verfügung stehenden Instrumentarien zu verzichten. Durch die Vereinbarung des Ausschlusses betriebsbedingter Kündigungen wird dem eventuellen Akquisiteur jedoch verwehrt, ein zur Verringerung der Mitarbeiterzahlen zweckdienliches Mittel einzusetzen, weswegen ihm aus objektiver Perspektive der ökonomische Erfolg des Erwerbsangebots jedenfalls zum Teil vorenthalten wird.

Daneben sind Maßnahmen zur Kompensation solcher Nachteile für die Beschäftigten der Zielgesellschaft denkbar, die diesen als typische Folge von Übernahmen entstehen.[1628] Wenn deren Vorstand nach Veröffentlichung der Vorankündigung gemeinsam mit dem Betriebsrat einen Rahmensozialplan aufstellt, der Angaben zu konkreten finanziellen Leistungen (Höhe von Abfindungen, Umzugskostenbeihilfen etc.) enthält, und die prognostizierte Betriebsänderung tatsächlich eintritt, werden dadurch erhebliche Kosten hervorgerufen.[1629] Auch solche Verteidigungshandlungen verletzen das Neutralitätsgebot. Denn sie behindern einen Bieter nach erfolgter Übernahme nicht nur, die von ihm geplanten betriebsändernden Vorhaben umzusetzen, sondern ihm wird – in Übereinstimmung mit den vorstehenden Ausführungen – gleichzeitig die Möglichkeit genommen, durch Entlassungen den Unternehmensgewinn schnellstmöglichst zu steigern.

Indirekt findet diese Beurteilung durch Art. 10 Abs. 1 lit. k RL Unterstützung.[1630] Danach werden Vereinbarungen zwischen der Gesellschaft und ihren Arbeitnehmern über „zinnerne Fallschirme" als Abwehrmaßnahmen eingestuft, die unabhängig von einem tatsächlich vorliegenden Übernahmeangebot offengelegt werden müssen.[1631] Konsequenterweise müssen dann aber Entschädigungszahlungen, die erst im Verlaufe eines Angebotsverfahrens verabredet werden, gegen die in Art. 9 Abs. 2 RL verfasste Neutralitätspflicht verstoßen. Somit wirkt die Transparenzpflicht in der Angebotsphase fort: Handlungen, die als präventive Abwehrmaßnahmen eine Pflicht zur Information nach Art. 10 RL auslösen, sind in der Situation eines konkreten Angebots wegen Nichteinhaltung des Neutralitätsgebots als verbotswidrige repressive Abwehrmaßnahmen zu beurteilen.

1626 Vgl. oben § 3B.II.1.a)cc).

1627 *Wolter*, RdA 2002, 218, 223 (dort Fn. 60); s. auch FAZ, 22.12.2003, S. 20 (Nicht ohne den Betriebsrat).

1628 Dazu oben § 3B.I.2.b)cc)(3).

1629 S. ebenfalls oben § 3A.IV.2.c)aa) (m. Nachw. in Fn. 1292) sowie *Richter*, in: Semler/Volhard, § 52 Rn. 165 f.

1630 Dazu oben § 3B.II.2.a)bb).

1631 Vgl. *Lanfermann/Maul*, BB 2004, 1517, 1518.

(b) Übernahmeabwehr

Denkbar sind allerdings auch solche arbeitsrechtlichen Maßnahmen, die der Übernahmeabwehr[1632] einzuordnen sind, d.h. welche gegen die Unterbreitung oder Beibehaltung des Angebots als solches zielen.[1633] Deren Umsetzung erfolgt zu einem Zeitpunkt, der zweckmäßigerweise kurz hinter der Publikation der Vorankündigung (§ 10 WpÜG) oder des eigentlichen Antrags (§ 14 WpÜG) liegt. Insbesondere kommt der Entscheidung i.S.v. § 10 Abs. 1 Satz 1 WpÜG keine Bindungswirkung zu,[1634] so dass der Bieter bei entsprechend abschreckender Ausgestaltung der Übereinkunft zwischen der Zielgesellschaft und den Arbeitnehmer(n)/-vertretern davon absehen kann, an die Anteilsinhaber noch ein Erwerbsangebot abzugeben.

Denkbar ist etwa, dass der Vorstand des angegriffenen Unternehmens im Wege einer freiwilligen Betriebsvereinbarung mit dem zuständigen Betriebsrat beschließt, in den folgenden zehn Jahren auf betriebsbedingte Kündigungen zu verzichten sowie sämtlichen Beschäftigten einen 30%igen Lohn-/Gehaltszuschlag zu gewähren, bedingt durch das Gelingen der Übernahme.[1635] Dieser Extremfall unterstreicht, dass von der Praxis bislang noch nicht in Erwägung gezogene Abwehrmaßnahmen erfunden werden können. Bei Wirksamkeit derartiger Einigungen wäre sicherlich kein Bieter bereit, den Übernahmeversuch fortzusetzen. Erreichen demzufolge arbeitsrechtliche Verteidigungshandlungen ein solches Ausmaß, dass sie – wirtschaftlich betrachtet – de facto ein Hindernis für den Erwerb der Wertpapiere erzeugen und den Aufwand der Akquisition unangemessen verteuern, ist ein Verstoß gegen den Neutralitätsgrundsatz des § 33 Abs. 1 Satz 1 WpÜG zu konstatieren.

bb) Sonderfall: Kongruenz zwischen Zusage und Angebotsunterlage

Daneben ist vorstellbar, dass die Geschäftsleitung ihre Abwehrstrategie ganz auf das Verhalten des Bieters ausrichtet. So kann sie dessen öffentliche Verlautbarungen[1636] zum Anlass nehmen, um ihrerseits mit den eigenen Arbeitnehmern oder deren Vertretern Verträge zu schließen, welche sich inhaltlich vollständig mit Zusagen decken, die dieser während der Übernahmeauseinandersetzung macht.[1637]

Hierbei ist indes fragwürdig, ob derartige Maßnahmen überhaupt geeignet sind, gegen die Neutralitätspflicht des Übernahmegesetzes zu verstoßen.

(1) Schutzzweck des übernahmerechtlichen Neutralitätsgebots

Ein Unzulässigkeit in diesem Sinne läge nicht vor, wenn der Schutzzweck des § 33 Abs. 1 Satz 1 WpÜG in dieser Konstellation von vornherein nicht berührt wäre. Damit stellt sich die Grundsatzfrage, welchen Interessen das an den Vorstand gerichtete Stillhaltegebot zu dienen bestimmt ist.

1632 Vgl. oben § 3B.II.1.a)cc).

1633 Ähnlich MüKo-AktG/*Schlitt*, § 33 WpÜG Rn. 119; *Richter*, in: Semler/Volhard, § 52 Rn. 165.

1634 S. oben § 2B.II.1.b).

1635 Beispiel nach *Wackerbarth*, WM 2001, 1741, 1749 f.

1636 Hierzu oben § 3A.II.3.b)bb) sowie § 3A.II.5.

1637 Vgl. insb. oben § 3A.II.4.

(a) Schutz der Aktionäre der Zielgesellschaft

Durch das Verbot der Abwehr unfreundlicher Angebote sollen die Anteilseigner der Zielgesellschaft davor bewahrt werden, dass ihnen die Möglichkeit vorenthalten wird, ihre Aktien zu einem besonders hohen Kurs zu verkaufen.[1638] Öffentliche Übernahmeofferten eröffnen nämlich die Aussicht auf einen Kontroll-/Paketzuschlag, bei dem der Bieter den Erwerb der Anteile an der Zielgesellschaft zu einem Preis oberhalb des Börsenkurses anbietet. Diese Zugewinnaussicht ist Gegenstand eines schützenswerten Vermögensinteresses.

(b) Schutz des Bieters

Ferner wird behauptet, die Neutralitätspflicht bezwecke nicht den Schutz des Bieters.[1639] Richtiger Auffassung nach ist diese Pflicht jedoch nicht nur im Interesse der Aktionäre, sondern auch im Interesse des vermeintlichen Übernehmers zu sehen.[1640] Denn unzweifelhaft kann die Verteidigung nicht nur den Übernahmeversuch vereiteln und damit das Vermögensinteresse der Anleger beeinträchtigen, sondern auch das Äquivalenzinteresse des Bieters am Erwerb eines preisangemessenen Kaufobjekts berühren. In Situationen, in denen das Angebotsverfahren bereits begonnen hat und ein verbindlicher Antrag abgegeben wurde, treffen die Folgen einer vom gegnerischen Vorstand ergriffenen Abwehrmaßnahme nicht mehr die Aktionäre, sondern den möglichen Akquisiteur. Wenn sich daneben § 33 Abs. 1 Satz 1 WpÜG auch auf die Verhinderung des wirtschaftlichen Erfolgs[1641] des Beteiligungserwerbs erstreckt, ist eine Schutzbetroffenheit seiner Person nicht abzustreiten.

(2) Beeinträchtigte Interessen

Nunmehr bedarf es einer abschließenden Beurteilung, ob Schutzinteressen verletzt werden, wenn der Vorstand der von dem Angebot betroffenen Gesellschaft solche arbeitsrechtlichen Maßnahmen trifft, die der Bieter während der Laufzeit des Verfahrens selbst ins Gespräch gebracht hat.

(a) Fehlende Schutzwürdigkeit des Bieters

Auf der einen Seite ist der Bieter in Konstellationen, in denen die mit seinem Wissen und Wollen publizierten Zusagen in Richtung der Arbeitnehmer der Zielgesellschaft infolge von Umsetzungsakten des originär besetzten Vorstands rechtsverbindlich werden, nicht schutzwürdig. Setzt er diese Äußerungen bewusst als Mittel zur Überzeugung der Öffentlichkeit einschließlich der Angebotsadressaten ein, ist es innerhalb einer konkreten Übernahmeauseinandersetzung aus Gründen der „Waffengleichheit"

[1638] Ehricke/*Ekkenga*/Oechsler, § 33 Rn. 11, 9 und 3; KK-WpÜG/*Hirte*, § 33 Rn. 3; *Röh*, in: Haarmann (u.a.), § 33 Rn. 3.

[1639] *Cahn*, ZHR 167 (2003), 262, 283; Geibel/Süßmann/*Schwennicke*, § 33 Rn. 92; *Maier-Reimer*, ZHR 165 (2001), 258, 260 f.; *Thiel*, in: Semler/Volhard, § 31 Rn. 115.

[1640] Ehricke/*Ekkenga*/Oechsler, § 33 Rn. 13; *Ekkenga/Hofschroer*, DStR 2002, 724, 732; KK-WpÜG/*Hirte*, § 33 Rn. 3; zweifelnd *Thaeter*, NZG 2001, 789, 791.

[1641] S. oben § 3B.II.1.a)cc).

zwischen Bieter und AG rechtlich zulässig, wenn dasselbe Arsenal von der gegnerischen Seite eingesetzt wird.

Da es von diesem Standpunkt aus an einer Verletzung berechtigter Interessen des Bieters fehlt, kann an dieser Stelle bei der Ergreifung entsprechender Verteidigungsmaßnahmen kein Verstoß gegen das in § 33 Abs. 1 Satz 1 WpÜG verankerte Prinzip festgestellt werden.

(b) Schutzwürdigkeit der Anteilsinhaber

Demgegenüber sind die Interessen der Aktionäre im Ergebnis nachteilig betroffen. Aus der geforderten *konkreten* Abwehrgeneigtheit[1642] folgt zwar, dass sich die Rechtswidrigkeit einer Schutzvorkehrung nicht mit § 33 Abs. 1 Satz 1 WpÜG begründen lässt, wenn die Maßnahme ihrer Art nach den hinter dem Angebot stehenden Initiator nicht abschrecken kann. So ist beispielsweise die Veräußerung wesentlicher Vermögensteile (sog. „Kronjuwelen"), auf die der Bieter nach dem im Antragsdokument angekündigten geschäftlichen Konzept ohnehin keinen Wert legt, auch in der Angebotsphase als übernahmerechtlich „neutrales" Vorhaben einzustufen.[1643] Somit wäre daran zu denken, dass es den vom Vorstand durchgeführten arbeitsrechtlichen Handlungen an der erforderlichen Abwehrneigung fehlt, wenn hiernach lediglich Maßnahmen ergriffen werden, die ohnehin Bestandteil der Angebotsunterlage des Bieters oder ansonsten von diesem kundgemachte Absichten sind.

Jedoch darf nicht außer Acht gelassen werden, dass die Zusagen des eventuellen Übernehmers oftmals unter dem Druck der Öffentlichkeit, Gewerkschaften und Politik zustande kommen. Will er den Anschein eines (mutmaßlichen) Arbeitsplatzvernichters vermeiden und der damit einhergehenden Kritik an seinen Übernahmeplänen begegnen, wird er sich in Fragen der Beschäftigungssicherung und sozialer Ausgleichsmaßnahmen entgegenkommend zeigen. Demnach ist die Entscheidung zur Erteilung einer arbeitnehmerbetreffenden Zusage oftmals kein autonomes Urteil, sondern beruht auf *heteronomen* (fremd-)bestimmten Motiven: Der Inhalt dieser Entscheidung soll die soziale Sensibilität demonstrieren und hat eher den Charakter einer Werbebotschaft als den eines real verfolgten Geschäftskonzepts, weshalb den Aussagen in der Angebotsunterlage folgerichtig regelmäßig keine Bindungswirkung zukommt.[1644] Generell kann daher nicht abgestritten werden, dass einer mit den Äußerungen des Bieters deckungsgleichen Vereinbarung zwischen Vorstand und (Vertretung der) Beschäftigten ggf. nicht doch abschreckende Wirkung innewohnt; vielmehr ist eine Übernahme insbesondere unter dem Ausspruch einer Arbeitsplatzgarantie ökonomisch meist sinnlos.[1645]

Anlässlich der nicht von der Hand zu weisenden Gefahr, dass der Bieter durch solche Verständigungen zu einer Angebotsaufgabe bewegt wird, erscheinen diese Geschäftsleitungsmaßnahmen objektiv geeignet, den Adressaten der Kauf-/Tauschofferte die

---

[1642] Dazu oben § 3B.II.2.

[1643] Beispiel nach Ehricke/*Ekkenga*/Oechsler, § 33 Rn. 22 (dort Fn. 66); vgl. dazu auch *Maier-Reimer*, ZHR 165 (2001), 258, 272.

[1644] Näher dazu oben § 3A.IV.2.d)aa)(2)(a) sowie (b).

[1645] S. SZ, 14.11.2001, S. 25 (Entmündigte Aktionäre).

Annahmemöglichkeit vorzuenthalten. Auch in solchen Konstellationen ist folglich der Schutzzweck des § 33 Abs. 1 Satz 1 WpÜG berührt.

b) Zustimmung des Aufsichtsrats zur Vornahme arbeitsrechtlicher Maßnahmen

Obwohl demnach bindende arbeitsrechtliche Vereinbarungen in vielfältiger Weise gegen die Neutralitätspflicht i.S. des § 33 Abs. 1 Satz 1 WpÜG verstoßen können, bleibt es einem abwehrwilligen Management gemäß der bedeutsamsten Ermächtigungsklausel des § 33 Abs. 1 Satz 2, 3. Var. WpÜG unbenommen, entsprechende Maßnahmen zu ergreifen, denen der Aufsichtsrat zugestimmt hat.[1646]

aa) Maßnahme im Zuständigkeitsbereich des Vorstands

Indessen gilt die Zustimmungsmöglichkeit des Aufsichtsrats zunächst nur für Maßnahmen, die nach dem Aktiengesetz Gegenstand der Organkompetenz des Vorstands sind, d.h. die nicht in die Zuständigkeit der Hauptversammlung fallen.[1647]

Prinzipiell ist die Abgrenzung dort eindeutig geregelt. Nach § 76 AktG ist der Vorstand ausschließlich und eigenverantwortlich für alle Geschäftsführungsmaßnahmen der AG zuständig, die Hauptversammlung hingegen nur dann, wenn der Vorstand sie nach seinem Ermessen einbeziehen will (§§ 76, 119 Abs. 2 AktG). Jedoch befand der BGH bereits im Jahre 1982 in seiner sog. „Holzmüller"-Entscheidung, dass auch ungeschriebene Kompetenzen der Hauptversammlung bestehen könnten.[1648] Danach griffen bestimmte Maßnahmen der Geschäftsführung derart intensiv in die Interessen der Aktionäre ein, dass der Vorstand vernünftigerweise nicht annehmen könne, er dürfe sie ohne Zustimmung der Hauptversammlung treffen. Anfang 2004 präzisierte der BGH seine Rechtsprechung in zwei Entscheidungen dahingehend, dass eine Beschlussfassung der Hauptversammlung nur bei *strukturverändernden* Maßnahmen (z.B. Einbringung eines Unternehmensteils in eine Tochtergesellschaft, Umstrukturierung einer Tochter- in eine Enkelgesellschaft) in Betracht komme; für unter dieser Wesentlichkeitsgrenze liegenden Vorhaben bliebe es hingegen bei der Organkompetenz des Vorstands selbst dann, wenn damit eine große wirtschaftliche Tragweite verbunden sei.[1649]

Unter Zugrundelegung dieses Maßstabs überschreiten die hier in Frage stehenden arbeitsrechtlichen Vereinbarungen zwischen dem Vorstand und den (Vertretern der) Be-

---

[1646] Zur Ausnahmeregelung des § 33 Abs. 1 Satz 2, 3. Var. WpÜG s. bereits oben § 3B.II.1.b)cc).

[1647] BT-Ds. 14/7477 zu § 33 Abs. 1 und 2 RegE-WpÜG, S. 53 („Maßnahmen, die nach *allgemeinen gesellschaftsrechtlichen Grundsätzen* in die Zuständigkeit der Hauptversammlung fallen, verbleiben weiterhin in deren Zuständigkeit" (Herv. d. Verf.)); Ehricke/*Ekkenga*/Oechsler, § 33 Rn. 57; KK-WpÜG/*Hirte*, § 33 Rn. 80 (der zutreffenderweise hervorhebt, dass anderenfalls § 33 Abs. 2 WpÜG keinen sinnvollen Anwendungsbereich mehr hätte, da *alle* Verteidigungsmaßnahmen dann vom Vorstand allein mit Zustimmung des Aufsichtsrats umgesetzt werden könnten); *Krause*, NJW 2002, 705, 712; *Winter/Harbarth*, ZIP 2002, 1, 9.

[1648] BGH vom 25.2.1982, ZIP 1982, 568.

[1649] BGH vom 26.4.2004, ZIP 2004, 993 ff. („Gelantine-Fall") (Anm. *Altmeppen*); 26.4.2004, ZIP 2004, 1001 ff.; vgl. auch *Semler*, in: FAZ, 5.5.2004, S. 27.

schäftigten allesamt die „Bagatelleschwelle" nicht, so dass sie als Geschäftsführungsmaßnahmen in die Kompetenz dieses Organs fallen.

bb) Zustimmungserteilung durch den Aufsichtsrat

Ferner muss eine Zustimmung i.S.v. § 183 BGB des Aufsichtsrats vorliegen, die ausschließlich im Voraus sowie unter konkreter Angabe der gestatteten Handlung erteilt werden kann.[1650] Unzureichend ist mithin sowohl eine nachträgliche Billigung als auch eine Generalzustimmung: Im ersten Fall würde die Aufsichtsratsentscheidung vielfach faktisch präjudiziert, wohingegen im zweiten Fall das Überwachungsorgan sich faktisch seiner Zustimmungskompetenz begeben würde.

cc) Bindung des Managements an das Unternehmensinteresse

Wie in der Gesetzesbegründung[1651] ausdrücklich herausgestellt wird, hängt es letzten Endes vom Inhalt des sog. Unternehmensinteresses ab, ob der Vorstand[1652] gemäß § 33 Abs. 1 Satz 2, 3. Var. WpÜG eine arbeitsrechtliche Abwehrmaßnahme vornehmen und der Aufsichtsrat[1653] hierzu seine Zustimmung erteilen darf; die allgemeinen gesellschaftsrechtlichen Pflichten dieser Organe werden daher durch das WpÜG nicht suspendiert.[1654]

Die Praxisrelevanz dieses Tatbestandsmerkmals lässt sich abermals anhand der Übernahmeschlacht zwischen Sanofi-Synthélabo und Aventis illustrieren. Nachdem die Gesellschaftsorgane das nachgebesserte Angebot des Konkurrenten Sanofi-Synthélabo

---

1650 So explizit BT-Ds. 14/7477 zu § 33 Abs. 1 und 2 RegE-WpÜG, S. 53 („zuvor zugestimmt"); *Dohrmann*, S. 130 f.; Ehricke/*Ekkenga*/Oechsler, § 33 Rn. 62; *Hopt*, ZHR 166 (2002), 383, 428; MüKo-AktG/*Schlitt*, § 33 WpÜG Rn. 162, 173 f.; *Röh*, in: Haarmann (u.a.), § 33 Rn. 129; *Winter/Harbarth*, ZIP 2002, 1, 8; a.A. KK-WpÜG/*Hirte*, § 33 Rn. 86; weiter noch *Hirte*, ZGR 2002, 623, 644.

1651 Vgl. BT-Ds. 14/7034 zu § 33 Abs. 1 Satz 2 RegE-WpÜG, S. 58 („Auch während des gesamten Übernahmeverfahrens bleibt das Management der Zielgesellschaft zur Wahrnehmung der in der Gesellschaft zusammentreffenden Interessen der Aktionäre, der Arbeitnehmer und des Gemeinwohls verpflichtet.") und BT-Ds. 14/7477, S. 2 („Schaffung klarer Vorgaben für das Management einer Zielgesellschaft im Hinblick auf Handlungen, durch die der Erfolg eines Angebots verhindert werden könnte. Während des Angebotsverfahrens bedürfen derartige Handlungen grundsätzlich der Ermächtigung der Hauptversammlung. Bestimmte Maßnahmen werden im *Interesse des Unternehmens* jedoch weiterhin ermöglicht." (Herv. d. Verf.)).

1652 Ehricke/*Ekkenga*/Oechsler, § 33 Rn. 58; *Steinmeyer/Häger*, § 33 Rn. 21.

1653 Der „Arbeitnehmerbank" im Aufsichtsrat ist es mithin versagt, einseitig die Partikularinteressen der Beschäftigten zu vertreten; vgl. ebenfalls *Buchta/van Kann*, DStR 2003, 1665, 1667 f.; Geibel/Süßmann/*Schwennicke*, § 3 Rn. 38; KK-WpÜG/*Hirte*, § 33 Rn. 84 f.; *Schaefer/Eichner*, NZG 2003, 150, 154; *Schneider*, AG 2002, 125, 129; *Semler/Stengel*, NZG 2003, 1, 2 f.; *Winter/Harbarth*, ZIP 2002, 1, 11; *Zeppenfeld*, in: FAZ, 3.3.2001, S. 23.

1654 *Bayer*, ZGR 2002, 588, 602; Geibel/Süßmann/*Schwennicke*, § 3 Rn. 21 und § 33 Rn. 49; *Land*, DB 2001, 1707, 1712; MüKo-AktG/*Schlitt*, § 33 WpÜG Rn. 170.

Auf das „Unternehmensinteresse" bezieht sich ebenfalls Nr. 3.7 Abs. 2 Satz 2 DCGK (s. vorstehend Fn. 1544); vgl. hierzu KK-WpÜG/*Hirte*, § 33 Rn. 25; MüKo-AktG/*Schlitt*, § 33 WpÜG Rn. 187; *Ringleb*/Kremer/Lutter/Werder, 3.7 Rn. 319.

akzeptiert hatten und sich der feindliche Übernahmeversuch in einen freundlichen gewandelt hatte, warfen Vertreter von Aventis-Kleinaktionären dem Vorstand vor, bei seiner Entscheidung die „Interessen des Unternehmens" nicht ausreichend geschützt zu haben.[1655]

(1) Übernahmerechtlicher Begriff des Unternehmensinteresses, § 3 Abs. 3 WpÜG

In der Begründung zu § 3 Abs. 3[1656] RegE-WpÜG wird der Begriff des Unternehmensinteresses – trotz divergierender Ansichten im gesellschaftsrechtlichen Schrifttum[1657] – dahin präzisiert, dass hierunter die Partikularinteressen der Aktionäre (Kapital), der Arbeitnehmer (Arbeit) und die Interessen der Gesellschaft insgesamt (Gemeinwohl) zu verstehen sind.[1658]

Bemerkenswerterweise findet damit eine Wiederbelebung des durch die Aktienreform von 1965 aus dem Gesetz genommenen Maßstabs des § 70 Abs. 1 AktG 1937 für das Handeln der Verwaltung statt.[1659] Der Gesetzgeber des WpÜG hat – jedenfalls für den Bereich des Übernahmerechts – eine eindeutige Entscheidung für einen Pluralismus der zu berücksichtigenden Interessen getroffen; er spricht sich gegen eine ausschließliche Verpflichtung der Organe der Zielgesellschaft auf Shareholder-Value-Konzepte

---

[1655] FAZ, 12.6.2004, S. 15 (Aventis-Aktionäre kritisieren Sanofi-Angebot); zum Verlauf der Übernahmeschlacht s. oben § 1B.I.2.h)bb)(2).

[1656] § 3 Abs. 3 (RegE-)WpÜG lautet: „Vorstand und Aufsichtsrat der Zielgesellschaft müssen im Interesse der Zielgesellschaft handeln."; zur Rechtfertigung der unterbliebenen Bezugnahme auf das – wie von Art. 3 Abs. 1 lit. c) des Gemeinsamen Standpunkts vorgegebene (dazu nachfolgend Fn. 1672) – „gesamte" Interesse der Zielgesellschaft s. *Pötzsch/Möller*, WM 2000 Sonderbeil. Nr. 2, 3, 7 (dort Fn. 50).

Vgl. dazu die extensivere Formulierung des § 3 Ziff. 3 öÜbG: „Die Bestimmungen dieses Bundesgesetzes sind Ausdruck folgender allgemeiner Grundsätze: [...] Vorstand und Aufsichtsrat der Zielgesellschaft müssen im Interesse aller Aktionäre und sonstigen Inhaber von Beteiligungspapieren wie auch im Interesse der Arbeitnehmer, der Gläubiger und im öffentlichen Interesse handeln."; hierzu *Zwissler*, AG 1999, 411, 413.

[1657] Vgl. *Dimke/Heiser*, NZG 2001, 241, 244 f.; *Drygala*, ZIP 2001, 1861, 1865, 1869 f.; *Junge*, in: FS Caemmerer, (1978), S. 547 ff.; *Raisch*, in: FS Hefermehl (1976), S. 347 ff.; *Raiser*, in: FS Schmidt (1976), S. 101 ff.; *Wackerbarth*, WM 2001, 1741, 1744; *Wiedemann*, in: FS Barz (1974), S. 561, 576 f.; *ders.*, ZGR 1975, 385, 386, 423 ff.

[1658] BT-Ds. 14/7034 zu § 3 Abs. 3 RegE-WpÜG, S. 35; s. auch *Diregger/Winner*, WM 2002, 1583, 1592; Ehricke/*Ekkenga*/Oechsler, § 33 Rn. 9; *Schüppen*, in: Haarmann (u.a.), § 3 Rn. 15; *Tröger*, DZWIR 2002, 353, 356; oben Fn. 722; zur Ausrichtung des § 3 Abs. 3 WpÜG auf das Unternehmens-, nicht auf das Gesellschaftsinteresse vgl. *Dohrmann*, S. 116-121; a.A. MüKo-AktG/*Wackerbarth*, § 3 WpÜG Rn. 19 und 23, der § 3 Abs. 3 WpÜG i.S. eines Gesellschaftsinteresses interpretiert.

Nicht durchsetzen konnte sich ein Vorschlag des DGB, der – aus Gründen der Rechtsklarheit – im Übernahmegesetz selbst eine Ausrichtung (auch) auf die Interessen der Arbeitnehmer, vor allem im Hinblick auf Beschäftigungs- und Standortsicherung, vorsah (Stellungnahme vom 11.10.2000 zu § 3 Abs. 3 DiskE-ÜG, S. 2); hierzu *Wackerbarth*, WM 2001, 1741, 1742.

[1659] Ehricke/Ekkenga/*Oechsler*, § 3 Rn. 21; *Diregger/Winner*, WM 2002, 1583, 1592 (dort Fn. 102); zu § 70 Abs. 1 AktG 1937 s. *Grunewald*, GesR, S. 243 (dort Fn. 5).

aus.[1660] M.E. wird dies im Vergleich mit dem von der SPD-Opposition im Jahre 1997 vorgelegten Entwurf eines Übernahmegesetzes[1661] besonders deutlich. Seinerzeit sah die geplante Fassung des § 39 Abs. 1 Satz 1 WpHG noch vor, dass der Vorstand der Zielgesellschaft bei der Erfüllung der ihm obliegenden Pflichten (lediglich) „im Interesse aller Aktionäre" zu handeln habe. In der Begründung wurde dazu ausgeführt, dass dieser „nicht unter Berufung auf das Unternehmensinteresse den Wechsel der Unternehmenskontrolle auf ein anderes Unternehmen vereiteln" dürfe; diese Entscheidung gehöre vielmehr in die Hände der Aktionäre.[1662] Aufgrund der weitaus zurückhaltenderen Begründung des § 33 Abs. 1 Satz 1 WpÜG[1663] und der Lockerung der Neutralitätspflicht, verfolgt das deutsche Gesetz insofern – im Gegensatz zu anderen europäischen Rechtsordnungen – zumindest einen moderaten Stakeholder-Ansatz.[1664]

Mit der Eingrenzung auf den Bereich relevanter Belange wird zugleich herausgestellt, dass die Partikularinteressen anderer Gruppen im Rahmen einer Abwägung für und gegen eine unternehmerische Entscheidung in der Phase des Angebotsverfahrens keine Berücksichtigung finden.[1665] Irrelevant sind insbesondere vorstandseigene Interessen (Bewahrung der Machtposition etc.). Die Mitglieder des Vorstands sind ausschließlich Vertreter fremder Interessen, so dass bereits im Falle eines potenziellen Konflikts mit dem Unternehmensinteresse ihre Interessen zurückzustehen haben.[1666]

(a) Entwicklung und Umsetzung des Art. 3 Abs. 1 lit. c der RL 2004/25/EG

Die Fassung des § 3 Abs. 3 WpÜG orientiert sich inhaltlich vorzugsweise an Art. 5 Abs. 1 lit. c des Kommissionsvorschlags vom 7.2.1996,[1667] wohingegen die europa-

---

1660 *Dohrmann*, S. 156; *Fleischer*, NZG 2002, 545, 547; Geibel/Süßmann/*Zehetmeier-Müller*, Einl. Rn. 59; *Kort*, in: FS Lutter (2000), S. 1421, 1426, 1435; *Richter*, in: Semler/Volhard, § 52 Rn. 28 f.; *Schüppen*, in: Haarmann (u.a.), § 3 Rn. 12, 15 f.; kritisch *Adams*, AG 1990, 243, 246 f.; *Baums*, in: Rosen/Seifert, S. 165, 179 f.; *Drygala*, ZIP 2001, 1861, 1865; *Fleischer*, AG 2001, 171, 177; *Hopt*, ZGR 1993, 534, 551 ff.; KK-WpÜG/*Versteegen*, § 3 Rn. 34 ff.; *Merkt*, ZHR 165 (2001), 224, 239 f.; MüKo-AktG/*Wackerbarth*, § 3 WpÜG Rn. 21 f.

1661 Dazu oben § 1B.II.2.a).

1662 BT-Ds. 13/8164 zu 39 WpHG, S. 13; zustimmend *Baums*, in: Rosen/Seifert, S. 165, 180.

1663 BT-Ds. 14/7034 zu § 33 Abs. 1 Satz 1 RegE-WpÜG, S. 57 f. („[§ 33 Abs. 1] Satz 1 ordnet daher an, dass Handlungen des Vorstands und des Aufsichtsrats, durch die der Erfolg des Angebots verhindert werden könnte, [lediglich] *grundsätzlich* der Ermächtigung der Hauptversammlung bedürfen.") (Herv. d. Verf.).

1664 Vgl. BT-Plenarprotokoll 14/201 vom 15.11.2001, S. 19834 (*Eichel*); kritisch dazu *Diregger/Winner*, WM 2002, 1583, 1590, 1592 (mit Hinweis auf den „Shareholder"-Ansatz des österreichischen Übernahmegesetzes); zum Stakeholder-Begriff s. oben § 1.

1665 Anders *Lange*, WM 2002, 1737, 1742, nach dem auch die Interessen der Zielgesellschaft selbst in die Ermittlung des Unternehmensinteresses einfließen müssten; ähnlich *Dimke/Heiser*, NZG 2001, 241, 244 (zu § 76 Abs. 1 AktG).

1666 *Budde/Lawall*, in: FS W. Müller (2001), S. 27, 55 ff.; *Dimke/Heiser*, NZG 2001, 241, 245; *Ebenroth/Daum*, DB 1991, 1158; Geibel/Süßmann/*Schwennicke*, § 3 Rn. 26; *Hopt*, ZGR 1993, 534, 541; *Kirchner*, WM 2000, 1821, 1822; KK-WpÜG/*Versteegen*, § 3 Rn. 34; *Lange*, WM 2002, 1737, 1743; *Wiese/Demisch*, DB 2001, 849, 850.

1667 S. oben § 1B.I.2.f); vgl. dazu auch *Schilling*, BB 1997, 1909, 1910.

rechtlichen Nachfolgeregelungen nicht mehr in die allgemeine Aufgabenbeschreibung des Übernahmegesetzes eingeflossen sind.[1668]

Im Geänderten Vorschlag[1669] vom 10.11.1997 wurde auf Wunsch des Europaparlaments[1670] eine Kodifizierung vorgenommen, wonach das Leitungs- oder Verwaltungsorgan der Zielgesellschaft bei seinem Vorgehen sämtliche Interessen der Gesellschaft, einschließlich derjenigen der Aktionäre, der Gläubiger und der Arbeitnehmer, berücksichtigen und insbesondere die Sicherung der Arbeitsplätze einbeziehen müsse.[1671] Als sich der Rat in seinem Gemeinsamen Standpunkt vom 19.6.2000 gegen die Aufnahme einer solchen Formulierung aussprach,[1672] reagierte das Parlament mit einem Änderungsantrag: Das 'Interesse der Gesellschaft' sei durch den Zusatz zu konkretisieren, dass hierunter insbesondere das Interesse der Geschäftspolitik und ihrer Fortführung, das Interesse der Aktionäre und Belegschaft, sowie das Interesse im Hinblick auf die Sicherung von Arbeitsplätzen zu verstehen sei.[1673] Nach einer darauffolgenden negativen Stellungnahme der Kommission,[1674] entsprach letztlich Art. 3 Abs. 1 lit. c des Gemeinsamen Entwurfs der Fassung des Gemeinsamen Standpunkts.[1675]

Offensichtlich aufgrund der Abkehr vom verpflichtenden Neutralitätsgebot[1676] verzichtete das Europäische Parlament nach Neuauflage der Beratungen auf seine ursprüngli-

---

Art. 5 Abs. 1 lit. c) dieses Vorschlags lautete: „Das Leitungs- oder Verwaltungsorgan der Zielgesellschaft muss im Interesse der gesamten Gesellschaft handeln.“.

1668 Im europäischen Kontext wird statt von „Unternehmens-“ von „Gesellschaftsinteresse“ gesprochen, vgl. *Horn*, ZIP 2000, 473, 481; *Kirchner*, WM 2000, 1821 (dort Fn. 2); *Lange*, WM 2002, 1737, 1739 (dort Fn. 32).

1669 Vgl. oben § 1B.I.2.g).

1670 ABlEG Nr. C 222 vom 21.7.1997, S. 20, 22 (zu Art. 5 Abs. 1 lit. c)).

1671 Vgl. *Baums*, in: Rosen/Seifert, S. 165, 179 f.; Ehricke/Ekkenga/*Oechsler*, § 3 Rn. 24; KK-WpÜG/*Versteegen*, § 3 Rn. 5; *Mülbert*, IStR 1999, 83, 84 ff.; *Neye*, ZIP 1997, 2172, 2175; *Pötzsch/Möller*, WM 2000 Sonderbeil. Nr. 2, 3, 7; *Schander*, NZG 1998, 799, 805 f.; Standpunkte der BSK (Fn. 165), S. 25.

Art. 5 Abs. 1 lit. c) Geänderter Vorschlag lautete: „Das Leitungs- oder Verwaltungsorgan der Zielgesellschaft muss bei ihrem Vorgehen sämtliche Interessen der Gesellschaft, *einschließlich der Beschäftigung*, berücksichtigen.“ (Herv. d. Verf.).

1672 Hierzu auch oben § 1B.I.2.g)aa); Ehricke/Ekkenga/*Oechsler*, § 3 Rn. 24; KK-WpÜG/*Versteegen*, § 3 Rn. 5; *Merkt*, ZHR 165 (2001), 224, 230 f.; *Pötzsch/Möller*, WM 2000 Sonderbeil. Nr. 2, 3, 7; kritisch *Lehne*, Arbeitsdokument vom 17.4.2000, PE 285.995, S. 9.

Art. 3 Abs. 1 lit. c) des Gemeinsamen Standpunktes lautete: „Das Leitungs- oder das Verwaltungsorgan einer Zielgesellschaft muss im Interesse der gesamten Gesellschaft handeln und darf den Inhabern von Wertpapieren nicht die Möglichkeit vorenthalten, das Angebot selbst zu beurteilen.“.

1673 Änderungsantrag 5 zu Art. 3 Abs. 1 lit. c) des Gemeinsamen Standpunktes, ABlEG Nr. C 232 vom 17.8.2001, S. 168, 169; KK-WpÜG/*Hirte*, § 33 Rn. 13; *Merkt*, ZHR 165 (2001), 224, 231.

1674 Dabei waren die Abweisungsbegründungen zu den Änderungsanträge 5 und 13 identisch, dazu oben § 1B.I.2.g)aa)(2) (Fn. 101).

1675 ZIP 2001, 1123, 1125; zum Gemeinsamen Entwurf s. oben § 1B.I.2.g)aa)(3).

1676 Dazu oben § 3B.II.1.d)cc).

chen Forderungen. Nach Art. 3 Abs. 1 lit. c RL muss das Leitungs- bzw. Verwaltungsorgan einer Zielgesellschaft nunmehr „im Interesse der gesamten Gesellschaft handeln“ (1. Hs.) und „darf den Inhabern von Wertpapieren nicht die Möglichkeit vorenthalten, das Angebot selbst zu beurteilen“ (2. Hs.). Trotz der fehlenden expliziten Bezugnahme auf die Interessen der Beschäftigten im verabschiedeten dritten allgemeinen Grundsatz deutet die Verwendung des Begriffs „gesamten“ darauf hin, dass Vorstand und Aufsichtsrat der von einem Angebot betroffenen Gesellschaft eben nicht nur Anlegerinteressen, sondern auch die Interessen anderer Beteiligter, insbesondere der Beschäftigten, beachten müssen.[1677] Für ein solches Verständnis spricht auch der Umstand, dass die vergleichbare Formulierung in Art. 9 Abs. 5 Satz 1 RL, nach der die Stellungnahme des Managements der Zielgesellschaft auf „die Interessen der Gesellschaft“ einzugehen hat, den erläuternden Zusatz „insbesondere der Beschäftigung“ (gemeint sind die Beschäftigten) enthält.[1678]

Die Umsetzung des im Art. 3 Abs. 1 lit. c, 1. Hs. RL enthaltenen Prinzips erübrigt sich aufgrund des bereits bestehenden § 3 Abs. 3 WpÜG; ebenso kann von einer Umsetzung des zweiten Halbsatzes angesichts der ausdrücklichen Anordnung entsprechender Pflichten der Organe der AG in § 33 Abs. 1 Satz 1 WpÜG abgesehen werden.[1679]

(b) Verhältnis von § 3 Abs. 3 zu § 33 WpÜG

Im Zusammenhang mit der Vorschrift des § 33 Abs. 1 Satz 1 WpÜG (sowie des Art. 9 Abs. 2[1680] RL) ist nicht zu verkennen, dass die Verpflichtung auf das Unternehmensinteresse diametral zur Pflicht stehen kann, Handlungen zu unterlassen, durch die der Erfolg des Übernahmeangebots verhindert werden könnte.[1681]

Indes ist die Zentralnorm des § 33 WpÜG das Ergebnis einer Abwägung zwischen dem Interesse der Wertpapierinhaber, über die Kauf- und/oder Tauschofferte autonom zu entscheiden, und dem Unternehmensinteresse:[1682] Dessen Ausnahmetatbestände sol-

---

1677 *Maul/Muffat-Jeandet*, AG 2004, 221, 227; *Schilling*, BB 1997, 1909 f., 1912; ähnlich *Kirchner*, BB 2000, 105, 106.

1678 Ebenso *Pötzsch/Möller*, WM 2000 Sonderbeil. Nr. 2, 3, 7 (zum wortgleichen Art. 3 Abs. 1 lit. c) des Gemeinsamen Standpunktes); zu Art. 9 Abs. 5 Satz 1 RL s. oben Fn. 631.

1679 KK-WpÜG/*Versteegen*, § 3 Rn. 6; *Pötzsch/Möller*, WM 2000 Sonderbeil. Nr. 2, 3, 7 f. (zum wortgleichen Art. 3 Abs. 1 lit. c) des Gemeinsamen Standpunktes).

1680 S. oben § 3B.II.1.d) (dort Fn. 1550).

1681 So ausdrücklich BT-Ds. 14/7034 zu § 33 Abs. 1 Satz 2 RegE-WpÜG, S. 58; ebenso *Krause*, NZG 2000, 905, 910 f. (zum DiskE-ÜG); *Land/Hasselbach*, DB 2000, 1747, 1748; *Möller/Pötzsch*, ZIP 2001, 1256, 1260; zum Verhältnis zwischen Art. 3 Abs. 1 lit. c) und Art. 9 Abs. 2 RL s. *Merkt*, ZHR 165 (2001), 224, 240 ff.

1682 BT-Ds. 14/7034 zu § 33 Abs. 1 Satz 2 RegE-WpÜG, S. 58: „Auch während des gesamten Übernahmeverfahrens bleibt das Management der Zielgesellschaft zur Wahrnehmung der in der Gesellschaft zusammentreffenden Interessen der Aktionäre, der Arbeitnehmer und des Gemeinwohls verpflichtet. Unter Umständen kann diese Pflicht jedoch mit der Pflicht nach Satz 1 in Konflikt geraten, Handlungen zu unterlassen, durch die der Erfolg des Angebots verhindert werden könnte. Durch die in Satz 2 enthaltene Regelung wird der Konflikt [...] aufgelöst [...].“; so auch Geibel/Süßmann/*Schwennicke*, § 3 Rn. 22; *Pötzsch/Möller*, WM 2000 Sonderbeil. Nr. 2, 3, 15 (zu §§ 3 Abs. 3, 31 DiskE-ÜG); *Zinser*, WM 2002, 15, 19.

len den möglichen Konflikt zwischen den beiden Interessen auflösen helfen. Überdies hat sich der Gesetzgeber mit der Streichung des § 33 Abs. 1 Satz 1 RegE-WpÜG (wonach bestimmte Geschäftsführungsmaßnahmen vom Vorstand im Verlaufe der Angebotsfrist nur mit Zustimmung der Hauptversammlung vorgenommen werden sollten) und gleichzeitiger Etablierung eines Einwilligungsvorbehalts zugunsten des Aufsichtsrats insoweit für einen *Vorrang des Aktienrechts* auch während eines Angebotsverfahrens entschieden.[1683] Im Rahmen des dortigen § 76 Abs. 1 AktG hat der Vorstand seine Tätigkeit – in Übereinstimmung mit dem Regeln des Übernahmerechts – nach überwiegender Ansicht ebenfalls an den Interessen der Aktionäre, der Arbeitnehmer und des Gemeinwohls auszurichten;[1684] es liege an ihm, wie diese unterschiedlichen Faktoren zu gewichten seien.

Während nach dem allgemeinen Grundsatz des § 3 Abs. 3 WpÜG Vorstand und Aufsichtsrat zugunsten der in der Gesellschaft zusammentreffenden Interessen handeln müssen, enthält § 33 Abs. 1 Satz 1 WpÜG bei einem Übernahmeangebot ausnahmsweise eine Reduzierung auf die Interessen der Anteilseigner. § 33 Abs. 1 Satz 2 WpÜG stellt seinerseits eine „Ausnahme von der Ausnahme" dar, d.h. Abwehrmaßnahmen sind (wiederum) an einem pluralistischen Unternehmensinteresse zu messen.[1685] Bezogen auf die Ermächtigungsklausel des § 33 Abs. 1 Satz 2, 3. Var. WpÜG bleibt somit festzustellen, dass dieser Norm zum einen die gesetzgeberische Wertung zugrunde liegt, dass das Unternehmensinteresse Vorrang vor dem Veräußerungsinteresse der Aktionäre genießt.[1686] Darüber hinaus obliegt es den Organen der attackierten Gesellschaft, das Unternehmensinteresse in die eine oder andere Richtung zu konkretisieren.[1687] Aufgrund des im Rahmen eines feindlichen Übernahmeangebots typischerweise auftretenden Interessenkonflikts[1688] kann diesen hierbei jedoch kein Ermessensspielraum zuerkannt werden. Als notwendiges Korrelat unterliegt die Entscheidung vielmehr der vollen richterlichen Überprüfung, so dass die Legislative die Konfliktlösung in letzter Konsequenz auf die Judikative verschoben hat.[1689] Auf den ersten Blick

---

[1683] Geibel/Süßmann/*Schwennicke*, § 3 Rn. 21.

[1684] *Diregger/Winner*, WM 2002, 1583, 1592 (dort Fn. 102); *Grunewald*, GesR, S. 242 f.; *Henze*, BB 2000, 209, 212; *Hüffer*, § 76 AktG Rn. 12 ff.; *Kirchner*, WM 2000, 1821, 1824; *Land*, DB 2001, 1707, 1709 (dort Fn. 25); *Schüppen*, in: Haarmann (u.a.), § 3 Rn. 15; *Wiese/Demisch*, DB 2001, 849, 850.

[1685] *Schüppen*, in: Haarmann (u.a.), § 3 Rn. 18; a.A. Ehricke/Ekkenga/*Oechsler*, § 3 Rn. 23 (§ 33 Abs. 1 Satz 1 und 2 geht dem Prinzip des § 3 Abs. 3 vor); *Hopt*, ZHR 166 (2002), 383, 400 (§ 33 Abs. 1 Satz 1 ist lex specialis zu § 3 Abs. 3).

[1686] *Tröger*, DZWIR 2002, 397, 403; *Zschocke*, DB 2002, 79, 82; ähnlich *Lange*, WM 2002, 1737, 1741; *Zinser*, WM 2002, 15, 19.

[1687] I.E. so auch *Tröger*, DZWIR 2002, 397, 403; vgl. auch *Grunewald*, GesR, S. 243.

[1688] Dazu oben § 3B.II.

[1689] I.E. ebenso Ehricke/*Ekkenga*/Oechsler, § 33 Rn. 58 f.; *Hirte*, ZGR 2002, 623, 642; *Hopt*, ZHR 166 (2002), 383, 428; KK-WpÜG/*Hirte*, § 33 Rn. 83; *Schaefer/Eichner*, NZG 2003, 150, 154; *Steinmeyer/Häger*, § 33 Rn. 22; *Winter/Harbarth*, ZIP 2002, 1, 9; vgl. ebenfalls *Wiese/Demisch*, DB 2001, 849, 850; anders *Dohrmann*, S. 124 („letztlich [...] Verlagerung des Konflikts auf Vorstand und Aufsichtsrat"); *Tröger*, DZWIR 2002, 397, 403.

könnte dem zwar die Existenz des § 3 Abs. 3 WpÜG entgegenstehen, der eher eine Ausdehnung denn eine Einengung des Entscheidungsspielraums bewirkt. Nach der hier vertretenen Auffassung ist dieser Gegensatz jedoch nicht im Zusammenhang mit der Frage der gerichtlichen Kontrolle, sondern auf der Ebene des Unternehmensinteresses als solchem aufzulösen.[1690]

(2) Relevante Abwägungskriterien bei feindlichen Übernahmeangeboten

Obwohl das Handeln der Gesellschaftsorgane abstrakt dem Unternehmenswohl untergeordnet ist, ergibt sich die Schwierigkeit, wie dieser unbestimmte Rechtsbegriff in einer Übernahmesituation konkret ausgefüllt werden muss und inwieweit die verschiedenen Partikularinteressen in die Entscheidung hinsichtlich der Ergreifung sowie der Zustimmung zur Verteidigungsmaßnahme Einzug halten. Im Folgenden soll daher ermittelt werden, welche Gesichtspunkte bei der Festlegung des Unternehmensinteresses entsprechend den Vorgaben des WpÜG und ggf. der umzusetzenden Übernahmerichtlinie berücksichtigt werden müssen.

(a) Wirtschaftliche Folgen der Übernahme für die Anteilseigner der Zielgesellschaft

Auch wenn die Begründung zu § 3 Abs. 3 RegE-WpÜG pauschalierend von den Interessen „der Aktionäre" spricht, denen die Organe der Zielgesellschaft in der Angebotsphase verpflichtet sind, dürfen richtiger Ansicht nach lediglich die Interessen der nicht annahmebereiten Anteilseigner bei der Ermittlung des Unternehmensinteresses einbezogen werden.[1691] Deren Interessen können weit gefächert sein: Während einige mit der Eigenständigkeit des Akquisitionskandidatens eine höhere Rentabilitätsquote verbinden und andere daran interessiert sind, ihre Einflussmöglichkeiten auf die Geschäftsführung zu bewahren, ist Dritten aus spekulativen Gründen an der Ablehnung der Offerte gelegen. Gemeinsam ist diesem Personenkreis das Interesse an der Steigerung ihrer Kapitalanlage, zumindest aber an ihrem Erhalt.[1692] Typischerweise hat für diese Bezugsgruppe eine Veränderung der Eigentümerstruktur insofern wirtschaftliche Folgen, als sie dem Risiko ausgesetzt ist, durch das Verhalten des neuen Großaktionärs eine Einbuße des Beteiligungswertes hinnehmen zu müssen, etwa indem die bisherige Dividendenpolitik verändert wird.[1693]

Keinen Einfluss können hingegen die Interessen der verkaufs-/tauschbereiten Angebotsadressaten haben. Denn die verpflichtende Ausrichtung des Vorstands- und Aufsichtsratshandelns auf das „Interesse der Zielgesellschaft" bezweckt augenscheinlich den Schutz des Unternehmens; in diesem Zusammenhang ist die Anrechnung solcher Einzelinteressen unzulässig, welche sich außerhalb dieser Demarkation bewegen. Au-

---

1690 Hierzu sogleich die Unterscheidung zwischen „einfachem" (§ 3B.II.3.b)cc)(3)(b)) und „qualifiziertem" (§ 3B.II.3.b)cc)(3)(c)) Unternehmensinteresse.

1691 I.E. auch *Lange*, WM 2002, 1737, 1740 f.; weiter *Dohrmann*, S. 168 f.

1692 *Wiese/Demisch*, DB 2001, 849; vgl. hierzu *Dimke/Heiser*, NZG 2001, 241, 245 f.

1693 *Assmann/Bozenhardt*, in: Assmann (u.a.), S. 1, 15; *Budde/Lawall*, in: FS W. Müller (2001), S. 27, 59 f.; *Kübler*, in Semler/Volhard, § 3 Rn. 54; *Lange*, WM 2002, 1737, 1740 (dort Fn. 51); *Schneider/Burgard*, DB 2001, 963, 965.

ßerdem tragen die Anleger bei der Annahme des Antrags das Preisrisiko (d.h. das Risiko, die Anteile zu schnell und zu billig zu verkaufen), welches evidenterweise nicht Gegenstand des Unternehmensinteresses der bedrohten Gesellschaft sein kann.[1694] Der Gesetzgeber hat die Interessen annahmewilliger Wertpapierinhaber der Zielgesellschaft vielmehr bereits im Rahmen des Zusammenspiels der Abs. 1 und 2 des § 33 WpÜG eingearbeitet, wonach im Unternehmensinteresse gebotene Maßnahmen nur aufgrund einer Ermächtigung der Hauptversammlung oder mit Zustimmung des Aufsichtsrats vorgenommen werden dürfen.[1695] Sobald sich diese mit der Angebotsannahme für den Ausstieg aus der Zielgesellschaft entscheiden, ist es der Geschäftsleitung im Rahmen ihrer Entscheidungsfindung über die Ergreifung einer Verteidigungshandlung gemäß § 33 Abs. 1 Satz 2, 3. Var. WpÜG folglich verwehrt, auf deren Interessen Rücksicht zu nehmen.

(b) Gemeinwohlinteressen

Außerdem ist das öffentliche Interesse[1696] an der Übernahme ein Aspekt, welcher bei der Festlegung des Unternehmensinteresses beachtet werden muss. Dem kann nicht entgegengehalten werden, dass in den Materialien zu § 3 Abs. 3 RegE-WpÜG die Berücksichtigung derartiger Interessen nicht angelegt sei.[1697] Wenn dort von den Interessen der „Gesellschaft insgesamt" die Rede ist,[1698] ist damit im Einklang mit der überwiegenden Ansicht im Aktienrecht[1699] sowie der Begründung zu § 27 Abs. 1 RegE-WpÜG[1700] das Gemeinwohlinteresse gemeint.

Zudem wird die Allgemeinheit mit Hilfe von § 34 i.V.m. §§ 11, 27 WpÜG in die Lage versetzt, sich über die prognostizierten Auswirkungen des Kontrollerwerbs zu informieren.[1701] Häufig erlangt die Angebotsunterlage gesamtwirtschaftliche Bedeutung: So muss der potenzielle Übernehmer gemäß § 11 Abs. 2 Satz 3 Nr. 2 WpÜG unter anderem Auskunft geben über seine Absichten bezüglich der künftigen Geschäftstätigkeit der Zielgesellschaft, einschließlich des Sitzes und des Standorts wesentlicher Unternehmensteile, sowie des Personalbestandes.[1702] Dem steht die Verpflichtung der Organe des attackierten Unternehmens gegenüber, in ihren Stellungnahmen auf die voraussichtlichen Folgen eines erfolgreichen Angebots für die Zielgesellschaft, inklusive deren Standorte, sowie die Mitarbeiter einzugehen (vgl. § 27 Abs. 1 Satz 2 Nr. 2

1694 *Assmann/Bozenhardt*, in: Assmann (u.a.), S. 1, 15; *Budde/Lawall*, in: FS W. Müller (2001), S. 27, 59; *Lange*, WM 2002, 1737, 1741 (dort Fn. 57); *Schneider/Burgard*, DB 2001, 963, 964 f.

1695 Vgl. dazu Nachw. in Fn. 1682.

1696 Zu diesem Begriff *Budde/Lawall*, in: FS W. Müller (2001), S. 27, 31-40.

1697 So aber *Lange*, WM 2002, 1737, 1741; s. auch *Dimke/Heiser*, NZG 2001, 241, 245; *Schneider/Burgard*, DB 2001, 963, 965.

1698 Dazu vorstehend § 3B.II.3.b)cc)(1) (Fn. 1658).

1699 S. oben § 3B.II.3.b)cc)(1)(b) (Nachw. in Fn. 1684).

1700 Vgl. oben Fn. 722.

1701 Ähnlich *Steinmeyer/Häger*, § 11 Rn. 1; a.A. *Lange*, WM 2002, 1737, 1741.

1702 *Schüppen*, in: Haarmann (u.a.), § 3 Rn. 17; eingehend zum Inhalt der Angebotsunterlage oben § 3A.II.3.b)bb)(2) und (5).

WpÜG).[1703] Während die Angaben über die Zielgesellschaft selbst das fiskalische Interesse an der Erhaltung des Steueraufkommens widerspiegeln, berühren die Angaben über die Beschäftigten das öffentliche Interesse an der Erhaltung von Arbeitsplätzen.[1704] Kündigt der Bieter z.B. an, die Zielgesellschaft durch Massenentlassungen zum Vorteil des eigenen Unternehmens umstrukturieren zu wollen, muss die Öffentlichkeit steigende Arbeitslosenzahlen mit damit verbundenen Effekten erwarten.

(c) Wirtschaftliche Folgen der Übernahme für die Arbeitnehmer der Zielgesellschaft

Letztlich sind die wirtschaftlichen Folgen der Übernahme für die Belegschaftsmitglieder der bedrängten Gesellschaft ein Gesichtspunkt, der bei der Bestimmung des Unternehmensinteresses herangezogen werden muss.[1705] Auch wenn deren Interessen in einer Übernahmesituation durchaus voneinander abweichen können, besteht das Mindestinteresse aller Beschäftigten darin, ihren Arbeitsplatz zu erhalten.[1706] Zur Begründung ist nicht nur auf die historische Auslegung des Aktiengesetzes[1707] und die Gesetzesmaterialien[1708], sondern vor allem auf die §§ 3 Abs. 3, 5 Abs. 1 Nr. 4, 10 Abs. 5 Satz 2, 11 Abs. 2 Satz 3 Nr. 2, 14 Abs. 4 Satz 2, 27 und 33 Abs. 1 Satz 2, 3. Var. WpÜG zu verweisen, die zum Teil erst im Verlaufe des parlamentarischen Verfahrens bewusst aus Gründen des Arbeitnehmerschutzes eingeführt wurden.[1709] Unterstützung findet diese These überdies im Zusammenhang mit den §§ 35 ff. WpÜG. So besteht bei einer „Sanierungsübernahme" die Möglichkeit, dass die BaFin den Kontrollerwerber von der obligatorischen Abgabe einer Pflichtofferte gemäß § 37 Abs. 2 WpÜG

1703 S. oben § 2B.IV.1.a)cc)(1) sowie § 2B.IV.1.a)cc)(3)(a).

1704 So war für die Finanzen der Stadt Bad Soden der Erhalt des Verwaltungssitzes von Aventis-Deutschland von entscheidender Bedeutung (s. oben § 3B.I.2.b)cc)(1)), vgl. F.A.Z, 27.7.2004, S. 12 (Große Teil der Aventis-Verwaltung bleiben im Raum Frankfurt); vgl. ebenfalls *Kübler*, in: Semler/Volhard, § 3 Rn. 120, 129 f.; *Steinmeyer/Häger*, § 11 Rn. 1 („§ 11 ist Ausfluss sämtlicher allgemeiner Grundsätze des § 3.").

1705 I.E. ebenso *Dohrmann*, S. 121, 148 f., 174 f.; *Drygala*, ZIP 2001, 1861, 1870; *Kort*, in: FS Lutter (2000), S. 1421, 1435; *Schüppen*, in: Haarmann (u.a.), § 3 Rn. 17; wohl auch Geibel/Süßmann/*Schwennicke*, § 3 Rn. 25; vgl. ebenfalls *Kirchner*, AG 1999, 481, 484; *Mülbert*, ZGR 1997, 129, 167 ff.; *Thaeter/Barth*, NZG 2001, 545, 549.

Anzumerken ist an dieser Stelle, dass auch nach englischem Aktienrecht der *board* der Zielgesellschaft die Interessen der Gesellschaft wahrnimmt, womit im Wesentlichen die der Aktionäre, aber nach Sec. 309 Companies Act 1985 (s. oben § 1B.I.1.) auch die der Arbeitnehmer der Gesellschaft gemeint sind; hierzu *Hopt*, in: FS Lutter (2000), S. 1361, 1369.

1706 *Budde/Lawall*, in: FS W. Müller (2001), S. 27, 49; *Mülbert*, ZGR 1997, 129, 167; vgl. auch oben § 2B.IV.2.b)bb)(1).

1707 *Reuter*, AcP 179 (1979), 509, 525 sowie vorstehend § 3B.II.3.b)cc)(1) und § 3B.II.3.b)cc)(1)(b); kritisch *Mülbert*, ZGR 1997, 129, 147 ff.; *Wiedemann*, ZGR 1975, 385, 423 ff.

1708 BT-Ds. 14/7034 zu § 3 Abs. 3 RegE-WpÜG, S. 35 (oben § 3B.II.3.b)cc)(1)), zu § 27 Abs. 1 RegE-WpÜG, S. 52 (oben Fn. 722) und zu § 33 Abs. 1 Satz 2 RegE-WpÜG, S. 58 (oben Fn. 1651).

1709 Vgl. BT-Ds. 14/3895, S. 15; *Pötzsch/Möller*, WM 2000 Sonderbeil. Nr. 2, 3, 21 (zu § 12 Abs. 2 Satz 3 Nr. 8 DiskE-ÜG).

i.V.m. § 9 Satz 1 Nr. 3 AngebotsVO entbindet.[1710] Laut Begründung hätte eine derartige Verpflichtung insbesondere vor dem Hintergrund einschlägiger Arbeitnehmerinteressen negative Folgewirkungen, da sie im Hinblick auf die Bereitschaft, Unternehmenssanierungen vorzunehmen, abschreckende Wirkung entfalten würde. Demnach spielen die Belange der Belegschaft gleichermaßen für die Entscheidung der Aufsichtsbehörde eine Rolle.[1711]

Trotz respektive gerade wegen Bestehens dieser Vorschriften wird zum Teil behauptet, die Interessen der Mitarbeiter dürften nicht in die Bewertung des Unternehmensinteresses einfließen.[1712] Mit der expliziten Aufnahme arbeitnehmerschützender Regelungen in das WpÜG habe der Gesetzgeber zugleich zum Ausdruck bringen wollen, dass die „obere Grenze" des Schutzes der Beschäftigten markiert sei, d.h. die Reichweite der die Arbeitnehmer betreffenden Normen nicht über deren Wortlaut hinausgehe. Gegen eine extensive Beeinflussung des Unternehmenswohls durch die Belange des Personals sei einzuwenden, dass deren Interessen nur schwierig eingeschätzt werden könnten, weil mit einem Stellenabbau in der Regel zugleich eine Sicherung der verbleibenden Arbeitsplätze einhergehe. Ein solches, auf rein praktischer Ebene angelegtes Argument vermag nicht zu überzeugen. So vielschichtig die Interessen der Bezugsgruppen der Aktionäre und der Öffentlichkeit auch sein mögen, haben die Gesellschaftsorgane trotzdem alle Positionen gegeneinander abzuwägen, um jeweils zu einem gemeinsamen Mindestinteresse zu gelangen. Warum dies ausgerechnet bei den Arbeitnehmerinteressen anders sein sollte, ist nicht nachvollziehbar. In Wahrheit manifestiert sich in der gegenteiligen Ansicht die Vorstellung, in einem Übernahmegesetz sei die Berücksichtigung der Belange der Arbeitnehmerschaft generell systemfremd[1713]. Nachdem sich die Legislative – nicht zuletzt unter dem Eindruck europarechtlicher Vorgaben – bewusst für eine verstärkte Einbindung der Beschäftigten in das Angebotsverfahren entschieden hat, wofür exemplarisch die Implementierung des § 33 Abs. 1 Satz 2, 3. Var. WpÜG steht, greift diese Argumentation zu kurz.

Schwerer wiegt schon der Hinweis, die übernahmerechtlichen Normen wiesen keinen Bezug zum Schutz des beim *Bieter* beschäftigten Personals auf; intendiere das WpÜG aber einen Arbeitnehmerschutz, müsse es konsequenterweise auch Regelungen zum Schutze dieses Personenkreises vorsehen. Richtig daran ist, dass entsprechende Bestimmungen tatsächlich fehlen, obwohl die Belegschaft des Bieters bei einer erfolgreichen Übernahme vergleichbare nachteilige Auswirkungen zu befürchten hat wie die Mitarbeiter der Zielgesellschaft.[1714] Doch konnte der Gesetzgeber unter dem Aspekt des Arbeitnehmerschutzes auf deren Inbezugnahme verzichten. Handelt es sich beim Akquisiteur nämlich (wie üblicherweise)[1715] um eine Gesellschaft, ist deren Vorstand

[1710] Zum Ganzen s. oben § 2B.II.

[1711] So auch oben § 3A.IV.2.d)dd)(2).

[1712] Insb. *Baudisch/Götz*, AG 2001, 251, 252 f.; *Lange*, WM 2002, 1737, 1744; kritisch auch *Dimke/Heiser*, NZG 2001, 241, 245 (dort insb. Fn. 62); *Wackerbarth*, WM 2001, 1741, 1744 f.

[1713] Vgl. oben § 2B.I.1.

[1714] S. ebenfalls oben § 2D.I.1.

[1715] S. oben § 1A.I.2. (dort Fn. 11).

bei der Entscheidung, ein Übernahmeangebot abzugeben, seinerseits nach Maßgabe des § 76 Abs. 1 AktG dem Unternehmensinteresse verpflichtet, welches auch die Interessen der Stakeholder mit umfasst.[1716] Ein Schutz dieser Bezugsgruppe ist daher im Rahmen einer Übernahmeregelung abkömmlich, so dass deren Nichtberücksichtigung kein durchschlagendes Argument gegen die hier vertretene Ansicht liefert. Abgesehen davon spricht jedenfalls die verabschiedete Übernahmerichtlinie für ein Einfließen der Arbeitnehmerbelange in das Unternehmensinteresse. Durch Art. 6 Abs. 1 Satz 3, Abs. 2 Unterabs. 1 Satz 3[1717] sowie Art. 9 Abs. 5 Satz 3[1718] RL wird der Bieter verpflichtet, die eigene Belegschaft in das Verfahren zu involvieren: Neben der Pflicht zur Information über die Vorankündigung und den Inhalt des Antragsdokuments besteht die Pflicht, dem Betriebsrat[1719] oder ggf. unmittelbar den Beschäftigten die Möglichkeit zur Stellungnahme einzuräumen. Somit verfolgt zumindest die Richtlinie den Schutz der Arbeitnehmer;[1720] konsequenterweise müssten dementsprechend – zumindest nach der Richtlinienumsetzung – auch die Kritiker anerkennen, dass das WpÜG ebenfalls dem Arbeitnehmerschutz dient.

(3) Abwägung zwischen den verschiedenen Partikularinteressen in einer Übernahmesituation

Werden von der Geschäftsleitung mithin solche Abwehrstrategien eingeschlagen, die in keiner Weise im „Interesse der Zielgesellschaft" liegen, kann eine grundsätzlich verbotene Verteidigungshandlung i.S.v. § 33 Abs. 1 Satz 1 WpÜG auch nicht auf der Grundlage des § 33 Abs. 1 Satz 2, 3. Var. WpÜG ausnahmsweise als zulässig qualifiziert werden. Beispielhaft genannt sei die nach Beginn des Übernahmeverfahrens organisierte außerplanmäßige Rekrutierung von Personal:[1721] Da lediglich die Interessen der bereits zum Zeitpunkt der Ankündigungsveröffentlichung (§ 10 Abs. 3 Satz 1 WpÜG) für die Zielgesellschaft tätigen Mitarbeiter in die Bestimmung des Unternehmenswohls eingestellt werden dürfen, sind in der Praxis kaum Sachverhaltskonstellationen vorstellbar, in denen diese abwehrgerichtete Maßnahme vom Unternehmensinteresse gedeckt wäre.[1722]

Im Übrigen bleibt die entscheidende Frage offen, wie die unterschiedlichen Interessen in einer konkreten Übernahmeauseinandersetzung zu gewichten sind.

[1716] Vgl. dazu *Kirchner*, AG 1999, 481, 486; hierzu ferner vorstehend § 3B.II.3.b)cc)(1)(b) (m. Nachw. in Fn. 1684).

[1717] S. oben § 2E.I.1.

[1718] Dazu oben § 2E.II. sowie § 2D.I.2.

[1719] Zum Richtlinienbegriff der „Arbeitnehmervertretung" näher oben § 2E.I.1.b).

[1720] Hierzu oben § 1B.I.2.h)bb) (mit Nachw. in Fn. 131).

[1721] S. oben § 3B.II.1.a)cc)(2).

[1722] So i.E. auch *Grobys*, GmbHR 2000, R389, R390.

(a) Interessenhierarchie innerhalb des übernahmerechtlichen Unternehmensinteresses

Angesichts der insoweit eindeutigen Aussagen des Gesetzgebers ist die früher zum Teil vertretene Ansicht[1723], dass im Rahmen des Unternehmensinteresses neben den Belangen der Aktionäre keine weiteren Interessenträger zu berücksichtigen seien, zumindest im Bereich des WpÜG nicht mehr haltbar. Immerhin diskutabel bleibt der Ansatz, nach dem eine Rangfolge der maßgeblichen Interessen dahingehend bestehe, dass den Anteilseignerinteressen eine Hegemoniestellung zugesprochen werden müsse.[1724] Von den Anhängern des gegenteiligen Standpunkts wird für das übernahmegesetzliche Unternehmensinteresse indes abstrakt von einer Gleichrangigkeit der Belange der verschiedenen Bezugsgruppen ausgegangen.[1725]

Die erste Position wird damit gerechtfertigt, dass der Schutz von Arbeitnehmer- und Gemeinwohlinteressen bei einer Veränderung der Beteiligungsverhältnisse primär durch das allgemeine Zivilrecht einschließlich Insolvenzrecht und durch das (kollektive) Arbeitsrecht gewährleistet werde, nicht aber durch das Aktienrecht oder das WpÜG.[1726] § 29 Abs. 2 Satz 1 MitbestG verdeutliche insofern das von der Legislative verfolgte Prinzip, wonach den Interessen der Aktionäre stets ein Übergewicht gegenüber anderen Interessengruppen zukomme. Vorzugswürdig erscheint indessen eine Problemlösung, die sich zuvorderst an den Wertungen des Übernahmegesetzes selbst orientiert. Dessen Erschaffer hat sich nämlich bei der Frage der Ermittlung des Unternehmenswohls zur gleichberechtigten Berücksichtigung der in der Zielgesellschaft zusammentreffenden Partikularinteressen bekannt. Sofern die Interessen der Wertpapierinhaber, der Arbeitnehmer und der Allgemeinheit hinsichtlich der Beurteilung einer antragsvereitelnden Handlung voneinander abweichen, geht die gesellschaftsrechtliche Verantwortung des Vorstands der von einem Übernahmeangebot betroffenen Gesellschaft dahin, diese divergierenden Interessen im Sinne *praktischer Konkordanz*

1723 *Dimke/Heiser*, NZG 2001, 241, 244 f., 248; *Hopt*, ZGR 1993, 534, 551 f.; *Merkt*, ZHR 165 (2001), 224, 240; *Mülbert*, IStR 1999, 83, 84; *Mülbert/Birke*, WM 2001, 705, 715 f.; *Wackerbarth*, WM 2001, 1741, 1744 f.; so auch heute noch MüKo-AktG/*Wackerbarth*, § 3 WpÜG Rn. 21 f.

1724 I.d.S. *Fleischer*, NZG 2002, 545, 547; Geibel/Süßmann/*Schwennicke*, § 3 Rn. 25; *Horn*, ZIP 2000, 473, 481; *Kirchner*, WM 2000, 1821, 1824; *Kort*, in: FS Lutter (2000), S. 1421, 1426, 1435; *Maier-Reimer*, ZHR 165 (2001), 258, 260 f.; *Thaeter/Barth*, NZG 2001, 545, 549; *Thiel*, in: Semler/Volhard, § 54 Rn. 58; *Wiese/Demisch*, DB 2001, 849, 851; ähnlich *Dohrmann*, S. 178 (Nachrangigkeit der Arbeitnehmer- und Gemeinwohlinteressen bei gleichem Saldo der Interessenabwägung).

1725 *Drygala*, ZIP 2001, 1861, 1865 (obgleich kritisch); Ehricke/*Ekkenga*/Oechsler, § 33 Rn. 60 i.V.m. 47; *Pötzsch/Möller*, WM 2000 Sonderbeil. Nr. 2, 3, 24 f.; *Schüppen*, in: Haarmann (u.a.), § 3 Rn. 16; ähnlich *Witte*, BB 2000, 2161, 2164; unentschieden *Richter*, in: Semler/Volhard, § 52 Rn. 30; vgl. auch *Hopt*, ZGR 1993, 534, 536; *ders.*, ZGR 2002, 333, 359 ff.; *Steinmeyer/Häger*, § 33 Rn. 22; aus dem aktienrechtlichen Schrifttum *Hüffer*, § 76 AktG Rn. 12 f.; *von Werder*, ZGR 1998, 69, 89 f.

1726 *Budde/Lawall*, in: FS W. Müller (2001), S. 27, 52 f.; *Dohrmann*, S. 178; Geibel/Süßmann/*Schwennicke*, § 3 Rn. 25; *Horn*, ZIP 2000, 473, 481; *Kirchner*, WM 2000, 1821, 1822; *Wiese/Demisch*, DB 2001, 849, 851.

auszutarieren;[1727] hiermit würde ein Verständnis konfligieren, einer Gruppe von vornherein eine dominierende Stellung einzuräumen. Dem entspricht, dass die arbeitnehmerbezogenen Pflichtangaben i.S.v. § 27 Abs. 1 Satz 2 Nr. 2 WpÜG das Management dazu anhalten sollen, den im Zusammenhang mit einem Anteilseignerwechsel kurz- bis mittelfristig zu erwartenden Verkürzungen von Mitarbeiterrechten durch Abschluss arbeitsrechtlicher Vereinbarungen (Betriebsvereinbarung, Regelungsabrede etc.) entgegenzuwirken.[1728]

Zu weit ginge es freilich, die Verpflichtung der Gesellschaftsorgane auf das Unternehmenswohl so zu interpretieren, dass damit ein „Gegengewicht" zu der ansonsten im Angebotsverfahren festzustellenden Ausrichtung auf den (Minderheiten-)Aktionärsschutz (vgl. §§ 3 Abs. 1 und 2, 12, 13, 17, 18, 21, 22 Abs. 2 und 3, 23, 28, 31, 32, 33 Abs. 1 Satz 1 sowie Abs. 2 und 3, 38 WpÜG) geschaffen werden sollte.[1729] Die hiermit verbundene Schlussfolgerung, nach der die Interessen der Anleger bei der Ermittlung des Unternehmensinteresses überhaupt nicht oder jedenfalls die Interessen der Arbeitnehmer und der Allgemeinheit vorrangig zu berücksichtigen seien, findet im Gesetz keine Stütze. Insbesondere dem § 33 Abs. 1 Satz 2, 3. Var. WpÜG liegt kein verallgemeinerungsfähiger Gedanke zugrunde.[1730] Diese Vorschrift regelt allein das (externe) Verhältnis zwischen dem Veräußerungsinteresse der Aktionäre und dem Unternehmenswohl; wie sich deutlich aus der einschlägigen Gesetzesbegründung[1731] ergibt, verbietet sich aber eine weitergehende Übertragung auf die (interne) Interessengewichtung im Rahmen des Unternehmensinteresses.

Mithin muss mit der zweiten Position davon ausgegangen werden, dass eine primäre Orientierung des Vorstands und Aufsichtsrats am Aktionärsinteresse unzulässig ist. Vielmehr sind die Belange der betroffenen Interessenträger gegeneinander abzuwägen, wobei versucht werden muss, zwischen den kollidierenden Interessen dergestalt einen schonenden Ausgleich zu finden, dass jedes von ihnen möglichst optimal berücksichtigt wird. Lässt sich dies nicht erreichen, ist unter Berücksichtigung der falltypischen Gestaltung und der besonderen Umstände des Einzelfalls zu entscheiden, welche(s) Interesse(n) zurückzutreten hat/haben.

Auch wenn sich demnach abstrakt keine allgemeinverbindliche Rangordnung zwischen den Gruppeninteressen festlegen lässt, kann dem Management dennoch nicht das Recht zuerkannt werden, mal das eine, mal das andere Interesse bevorzugen zu

---

1727 BT-Ds. 14/7034 zu § 27 Abs. 1 RegE-WpÜG, S. 52 (dazu oben Fn. 722); insoweit übereinstimmend *Hopt*, ZGR 1993, 534, 536; *ders.*, ZGR 2002, 333, 360.

1728 Geibel/Süßmann/*Grobys*, § 27 Rn. 16; *Grobys*, NZA 2002, 1, 5; HWK/*Seibt*, WpÜG Rn. 17; *Seibt*, DB 2002, 529, 533; s. ebenfalls oben § 2B.IV.1.a)cc)(1) sowie § 3B.I.1.

1729 In diese Richtung aber *Lange*, WM 2002, 1737, 1740 f.; vgl. entsprechende Forderungen der Gewerkschaften, in: FAZ, 3.11.2000, S. 13 (DGB: Mehr Rechte für Arbeitnehmer bei Fusionen); ähnlich wie hier Geibel/Süßmann/*Schwennicke*, § 3 Rn. 22; *Schüppen*, in: Haarmann (u.a.), § 3 Rn. 17.

1730 Vgl. vorstehend § 3B.II.3.b)cc)(1)(b) (m. Nachw. in Fn. 1686).

1731 Dazu BT-Ds. 14/7034 zu § 33 Abs. 1 Satz 2 RegE-WpÜG, S. 58 (oben Fn. 1651).

dürfen.[1732] Anderenfalls würde außer Acht gelassen, dass bei der Durchführung von Verteidigungsmaßnahmen eine *Vermutung* dahin besteht, wonach die konkrete Entscheidung der Verwaltung letzten Endes maßgeblich durch deren Eigeninteressen motiviert ist.[1733] Dieses Spannungsverhältnis kann nur gelöst werden, indem die Anforderungen an das Unternehmensinteresse situationsabhängig angepasst werden (dazu sogleich).

(b) Alternative 1: Rechtsgedanke des § 33 Abs. 3 WpÜG als Maßstab der Interessengewichtung bei Kongruenz von Bieter- und Managementzusage

Geht eine abwehrgerichtete, arbeitsrechtliche Einigung ihrem Inhalt nach nicht über die öffentlichen Aussagen des Bieters hinaus,[1734] ist das Management insofern privilegiert, als die obige Vermutungsregel nicht gilt. Denn in dieser Situation fehlt einer Zusage des Vorstands der werbende Charakter, so dass die Organmitglieder mit ihr die Öffentlichkeit und die Belegschaft nicht entscheidend beeinflussen/mobilisieren können, sie im Abwehrkampf zu unterstützen, um schließlich verwaltungseigene Interessen durchzusetzen.

Eine solche Privilegierung ist ebenfalls in den Materialien selbst angelegt.[1735] So stellt der Finanzausschuss einmal eine Konnexität zwischen Zusagen des Bieters und der (gegnerischen) Verwaltung her: Dessen gesamte Ausführungen über das der Zielgesellschaft zur Auswahl stehende arbeitsrechtliche Repertoire, um Nachteile für die Beschäftigten zu vermeiden, zielen darauf ab aufzuzeigen, mit welchen Möglichkeiten dafür gesorgt werden kann, dass *Zusagen des Bieters* gegenüber den betroffenen Arbeitnehmern eingehalten werden. Mit dem generellen Hinweis, dass zu diesem Zweck unter anderem Vereinbarungen zwischen Arbeitgeber- und Arbeitnehmerseite instrumentalisiert werden könnten, an die auch der Bieter gebunden sei, wird der Geschäftsleitung offensichtlich zugestanden, im Einzelfall auch solche Handlungen rechtmäßigerweise vorzunehmen, die dem übernahmegesetzlichen Neutralitätsprinzip zuwiderlaufen. Folglich scheint der Ausschuss davon überzeugt gewesen zu sein, dass derartige arbeitsrechtliche Abwehrmaßnahmen insbesondere auf der Grundlage des § 33 Abs. 1 Satz 2, 3. Var. WpÜG in aller Regel gerechtfertigt sind. Gleichzeitig wird mit dieser Möglichkeit, die an sich regelmäßig unverbindlichen[1736] Zusagen des Bieters gegenüber den Mitarbeitern durch arbeitsrechtliche Vereinbarungen umzusetzen, indirekt ein – rechtspolitisch erwünschter – Zwang auf den Anbietenden ausgeübt, nur solche Absichten betreffend die Belegschaft mitzuteilen, die von ihm tatsächlich ernsthaft verfolgt werden.

Die unternehmerische Entscheidung (d.h. die Entscheidung des Managements, sich eine Bieterzusage zu Eigen zu machen) als solche hat sich in dieser Konstellation ausschließlich an einem „einfachen" Unternehmensinteresse zu orientieren, wobei m.E.

1732 Zum nicht anzuerkennenden Ermessensspielraum s. oben § 3B.II.3.b)cc)(1)(b).

1733 *Steinmeyer/Häger*, § 33 Rn. 22 sowie oben § 3B.II.

1734 Vgl. oben § 3B.II.3.a)bb).

1735 BT-Ds. 14/7477, S. 51 f.; vgl. ebenso oben § 3A.IV.2.c).

1736 Vgl. oben § 3A.IV.2.d)aa)(2)(a).

im Rahmen der notwendigen Interessenabwägung auf den Rechtsgedanken des § 33 Abs. 3 WpÜG zurückgegriffen werden kann.[1737] Sind die Gesellschaftsorgane in der Lage, plausibel nachzuweisen, dass die arbeitnehmerbezogenen Zusagen auch aus Sicht der Anteilseigner und der Öffentlichkeit aus *sachlich nachvollziehbaren Erwägungen* gewährt wurden, ist deren Umsetzung auf der Grundlage des § 33 Abs. 1 Satz 2, 3. Var. WpÜG gerechtfertigt.[1738] So kann ein Beschäftigungssicherungsvertrag mit einer kurz- bis mittelfristigen Laufzeit (zwei bis drei Jahre) schon deshalb zulässig sein, weil die Qualität der Belegschaft einen wesentlichen Faktor für die Bewertung des Unternehmens darstellt und unter Umständen die Übernahme insgesamt oder der gebotene Preis nur im Falle der Weiterbeschäftigung einzelner oder aller Arbeitnehmer/-gruppen der Zielgesellschaft vertretbar ist.[1739] Rechtmäßig sind im Einzelfall auch Gehaltszuschläge, sofern einer zu befürchtenden Abwanderung von Leistungsträgern entgegengewirkt werden soll. Hingegen stellen vor allem langfristige Vereinbarungen zur Standort- oder Beschäftigungssicherung oder Lohnerhöhungen ab dreißig Prozent aufwärts im Regelfall ungerechtfertigte Vorteilsgewährungen dar, bei denen alles darauf hindeutet, dass sich das Management nicht am Wohle des Unternehmens orientiert hat.

(c) Alternative 2: Erforderlichkeit eines „qualifizierten“ Unternehmensinteresses bei Inkongruenz von Bieter- und Managementzusage

Regelt dagegen die Vereinbarung zwischen dem Vorstand als konkretem Arbeitgeber und den Mitarbeitern respektive deren Vertretern genau das Gegenteil von dem, was der potenzielle Übernehmer zugesagt hat, oder kommt es ohne Bezug zu einem erkennbaren Bieterverhalten zu einer entsprechenden Einigung,[1740] hat die Verwaltung nachzuweisen, dass ihre Entscheidung einzig durch Fremdinteressen bestimmt ist. Hierzu bedarf es – wegen des typischerweise vorhandenen Interessenkonflikts – der Darlegung eines „qualifizierten“ Unternehmensinteresses: In Ausnahme vom Gebot der Neutralität ist eine Abwehrmaßnahme hiernach nur dann gerechtfertigt, wenn sich bei der Abwägung der in der Gesellschaft zusammenlaufenden Interessen ein *eindeutiges Übergewicht* der Interessen der Arbeitnehmer und der Allgemeinheit gegenüber den Interessen der (verbleibenden) Anteilseigner ergibt.[1741] Nur wenn das gelingt, ist die Vermutung des alleinigen Handelns im Vorstands- und/oder Aufsichtsratsinteresse widerlegt.

1737 Zum § 33 Abs. 3 WpÜG s. oben § 3A.IV.2.d)aa)(2)(b).

1738 Ähnlich *Drygala*, ZIP 2001, 1861, 1865, mit Hinweis (in Fn. 65) auf eine entsprechende Rechtslage in einigen Bundesstaaten der USA; vgl. auch KK-WpÜG/*Hirte*, § 33 Rn. 84.

1739 Z.B. in der Pharmabranche (dazu oben § 3B.); vgl. auch BT-Ds. 14/7034 zu § 33 Abs. 3 RegE-WpÜG, S. 59.

1740 Vgl. oben § 3B.II.3.a)aa).

1741 Vgl. ebenfalls MüKo-AktG/*Schlitt*, § 33 WpÜG Rn. 171; *Steinmeyer/Häger*, § 33 Rn. 22; *Winter/Harbarth*, ZIP 2002, 1, 10.

(aa) Rückläufige Ertragslage

Der Abschluss abwehrgerichteter, arbeitsrechtlicher Vereinbarungen ist unter Zugrundelegung aller relevanter Interessen jedenfalls dann gerechtfertigt, wenn die Absichten des Bieters i.S.v. § 11 Abs. 2 Satz 3 Nr. 2 WpÜG hinsichtlich der künftigen Geschäftstätigkeit konkrete nachteilige Auswirkungen der Akquisition auf die Vermögens-, Finanz- und Ertragslage der Zielgesellschaft im Vergleich zur Unternehmensplanung des Vorstands erwarten lassen.[1742]

(bb) Begründete Aussicht auf eine prosperierende Gewinnentwicklung

Ist dagegen das Bieterkonzept den Plänen des abwehrwilligen Vorstands aus betriebswirtschaftlicher Perspektive vorzuziehen, kann regelmäßig nicht vom Vorliegen eines qualifizierten Unternehmensinteresses ausgegangen werden.[1743]

Zwar liegt es im Interesse der Arbeitnehmer der Zielgesellschaft, dass ihre Rechte nach dem Einstieg eines Großaktionärs mittels Absprachen mit der originären Geschäftsleitung erhalten bleiben oder gar ausgebaut werden. Jedoch hat die Öffentlichkeit ein vorrangiges Interesse an (inter-)national möglichst wettbewerbsfähigen Wirtschaftsunternehmen und Arbeitsplätzen sowie an steigenden Gewerbesteuereinnahmen. Wenn zudem die Angaben in der Angebotsunterlage ein Zusammengehen von Bieter- und Zielgesellschaft in Aussicht stellen, werden auch die im Unternehmen verbleibenden Anteilsinhaber ein Interesse am Unterlassen der Abwehrmaßnahme haben.

(cc) Ergebnisoffene Prognose

Ergeben sich – aus objektiver Sicht – auf der Grundlage des Inhalts des Antragsdokuments keine sicheren Anhaltspunkte, ob sich die Vermögens-, Finanz- und Ertragslage der angegriffenen Gesellschaft positiv oder negativ entwickelt, wird in der Regel dem Vorstand und dem Aufsichtsrat nicht das Recht abgesprochen werden können, z.B. unter Berufung auf eine drohende Arbeitsplatzvernichtung die anvisierte arbeitsrechtliche Vereinbarung abzuschließen und dieser Verteidigungsmaßnahme zuzustimmen.[1744]

Zumindest die Interessen der Arbeitnehmer und der Allgemeinheit orientieren sich in einer derartigen Konstellation am Erhalt des status quo. Dies liegt vor allem daran, dass insbesondere feindliche Übernahmen in der Praxis ein hohes Risikopotential aufweisen. Bei bis zu zweit Dritteln aller Unternehmensakquisitionen scheitern die vom Bieter ausgegebenen Gewinnprognosen und führen im Gegenteil sogar zu einem Rückgang der wirtschaftlichen Produktivität der beteiligten Gesellschaften, was letztlich zu Steuerausfällen und Belastungen der sozialen Sicherungssysteme infolge stei-

---

[1742] I.E. ebenso Ehricke/*Ekkenga*/Oechsler, § 33 Rn. 60; *Winter/Harbarth*, ZIP 2002, 1, 10; vgl. auch *Krieger*, in: Henze/Hoffmann-Becking, S. 289, 303; *Schneider*, AG 2002, 125, 130.

[1743] Ähnlich *Maier-Reimer*, ZHR 165 (2001), 258, 267.

[1744] In der Sache übereinstimmend Ehricke/*Ekkenga*/Oechsler, § 33 Rn. 60; a.A. dies./*Oechsler*, § 3 Rn. 24; *Merkt*, ZHR 165 (2001), 224, 240; wohl auch *Altmeppen*, ZIP 2001, 1073, 1076; zweifelnd *Horn*, ZIP 2000, 473, 481.

gender Arbeitslosenzahlen führt.[1745] Überdies liegen entsprechende Maßnahmen durchaus oftmals auch im Interesse der verbleibenden (Minderheits-)Aktionäre. Sofern ein Bieter etwa ankündigt, die Zielgesellschaft durch Massenentlassungen umstrukturieren zu wollen, müssen diese nämlich nach einem Kontrollerwerb Gewinnverlagerungen erwarten.[1746]

c) Abschluss eines arbeitsrechtlichen Kontraktes auf der Grundlage des § 33 Abs. 1 Satz 2, 1. Var. WpÜG

Als das Konkurrenzunternehmen Sanofi-Synthélabo den Wertpapierinhabern Anfang 2004 ein öffentliches Übernahmeangebot unterbreitete, verhandelte die Geschäftsleitung von Aventis-Deutschland bereits seit längerem mit dem Gesamtbetriebsrat über den Abschluss einer Rahmenvereinbarung, die am 30.4.2004 rechtsverbindlich geschlossen wurde.[1747] Dieses Beispiel verdeutlicht, dass der Vorstand in der Praxis auch während eines laufenden Angebotsverfahrens abwehrgeeignete Handlungen arbeitsrechtlicher Art unter Beachtung der Vorgaben des § 33 Abs. 1 Satz 2, 1. Var. WpÜG vornehmen kann.[1748] Eine solche Maßnahme unterfällt dem Merkmal der 'bereits eingeschlagenen Unternehmensstrategie', so dass die Verwaltung entsprechende vertragliche Verpflichtungen mit der Arbeitnehmerseite auch noch nach der Veröffentlichung der Entscheidung zur Abgabe eines Angebots i.S.v. § 10 Abs. Abs. 3 Satz 1 WpÜG eingehen kann. Allerdings muss der Vorstand seinen (erhöhten) Beweisführungs- und Begründungspflichten nachkommen.

Weiter hat das Management seine diesbezügliche Entscheidung am Unternehmensinteresse auszurichten, wobei diesem (abweichend zur dritten Variante) ein breites unternehmerisches Ermessen zuzubilligen ist.[1749] Soll die Zielgesellschaft ihre schon vor dem Übernahmebegehren geplante Geschäftspolitik nach dem Willen des Gesetzgebers weiterverfolgen können, muss es den Aktionären folgerichtig untersagt sein, solche Entscheidungen mit dem Argument anzugreifen, sie würden den Erfolg der Offerte verhindern. Eine Ermessensüberschreitung – und damit eine richterliche Kontrolle – kommt erst dann in Betracht, wenn die getroffene Vereinbarung schlechthin nicht

---

[1745] Eine Studie des Instituts für Marktorientierte Unternehmensführung der Universität Mannheim konnte bei einer empirischen Untersuchung von Fusionen und Akquisitionen im deutschsprachigen Raum zwischen 1996 und 1999 belegen, dass in lediglich ca. 30 % der Fälle eine Steigerung des Unternehmenserfolgs zu verzeichnen war (FAZ, 26.4.2004, S. 20, 'Übernahmen erfolgreich gestalten'); vgl. auch BT-Plenarprotokoll 14/201 vom 15.11.2001, S. 19830 (*Hauser*); *Dohrmann*, S. 36 f. (dort Fn. 121).

[1746] *Lehne*, Arbeitsdokument vom 17.4.2000, PE 285.995, S. 7.

[1747] www.FAZ.net, 10.5.2004 (Aventis: Kündigungen ausgeschlossen – Stellenabbau nicht); s. ebenfalls oben § 3B.I.2.b)cc)(1).

[1748] Zum Tatbestand des § 33 Abs. 1 Satz 2, 1. Var. WpÜG ausführlich oben § 3B.II.1.b)aa).

[1749] Ehricke/*Ekkenga*/Oechsler, § 33 Rn. 47-49; *Winter/Harbarth*, ZIP 2002, 1, 6 f.; so auch der Vorschlag des DGB in seiner Stellungnahme zu § 31 Abs. 3 Nr. 4 DiskE-ÜG vom 11.10.2000, S. 5 (dazu oben Fn. 1514); vgl. ferner *Schaefer/Eichner*, NZG 2003, 150, 153; zum Unternehmensinteresse s. oben § 3B.II.3.b)cc)(1) [(b)].

mehr vertretbar und mit wirtschaftlichen Argumenten nicht zu rechtfertigen ist.[1750] Demnach ist jede unternehmerische Entscheidung zu arbeitsrechtlichen Abwehrmaßnahmen, die sich mit einem der genannten Interessen nachvollziehbar begründen lässt, nach der ersten Variante zulässig.[1751]

III. Schutz des Bieters vor Zusagen der Zielgesellschaft

Ungeachtet dessen, dass unter den obigen Voraussetzungen eine während der Laufzeit des Angebotsverfahrens getroffene Vereinbarung zwischen der Zielgesellschaft und den Arbeitnehmern oder deren Vertretung zugelassen ist, vermag sich der Bieter hiervor zu schützen.

Im Grundsatz handelt es sich bei dessen Angebot um einen verbindlichen und unwiderruflichen Antrag gemäß § 145 BGB,[1752] weil sich nur so die Verwaltung, Anteilseigner und Mitarbeiter der von dem Angebot betroffenen Gesellschaft auf die neue Situation, die mit Rechten (vgl. §§ 34, 27 Abs. 2 WpÜG) und Pflichten (vgl. § 34 i.V.m. §§ 27 Abs. 1 Satz 1, Abs. 3, 33 Abs. 1 Satz 1 WpÜG) verbunden ist, einstellen können.[1753] Mithin ist es dem möglichen Akquisiteur nicht gestattet, die Durchführung des Verfahrens von seinem Willen abhängig zu machen. Auf den ersten Blick könnte dem § 11 Abs. 2 Satz 2 Nr. 5 WpÜG entgegenstehen, demzufolge eine Offerte zulässigerweise unter einer Bedingung (vgl. § 158 BGB) abgegeben werden kann.[1754] Jedoch untersagt § 18 Abs. 1 WpÜG die Aufnahme von Potestativbedingungen, d.h. der Eintritt der Bedingung darf nicht im freien Belieben des Bieters stehen. Im Unterschied zum Pflichtangebot, das gemäß §§ 35 Abs. 2 Satz 1, 39 WpÜG generell nicht unter einer Bedingung vorgenommen werden kann, ist das Übernahmeangebot i.S.v. § 29 Abs. 1 WpÜG daher beschränkt bedingungsfeindlich.

Ebenso wie die Offerte zulässigerweise an die Bedingung einer befürwortenden Vorstands-/Aufsichtsratsstellungnahme und/oder Stellungnahme der Arbeitnehmer/-vertretung geknüpft werden kann,[1755] darf sich der Bieter mit der Aufnahme von auflösenden Bedingungen vor (arbeitsrechtlichen) Abwehrmaßnahmen der Zielgesellschaft schützen (sog. status-quo-Klauseln).[1756] Andererseits ist stets zu bedenken, dass der verteidi-

---

[1750] BGH vom 21.4.1997, ZIP 1997, 883, 885 f. (ARAG).

[1751] Vgl. oben § 3B.II.3.b)cc)(3)(b).

[1752] S. hierzu oben § 2B.III. sowie § 3A.II.

[1753] BT-Ds. 14/7034 zu §§ 18 Abs. 1, 17 RegE-WpÜG, S. 47; *Busch*, AG 2002, 145; Ehricke/Ekkenga/*Oechsler*, § 18 Rn. 1; *Geibel*/Süßmann, § 18 Rn. 3; *Steinmeyer/Häger*, § 18 Rn. 1.

[1754] Ebenso Art. 6 Abs. 3 lit. h) RL: „Die Angebotsunterlage gemäß Absatz 2 muss nach diesen Vorschriften mindestens folgende Angaben enthalten: [...] h) alle Bedingungen, an die das Angebot geknüpft ist, [...].“.

[1755] Ehricke/Ekkenga/*Oechsler*, § 18 Rn. 8; KK-WpÜG/*Hasselbach*, § 18 Rn. 51; aaO/*Hirte*, § 27 Rn. 35.

[1756] BT-Ds. 14/7034 zu § 18 Abs. 1 RegE-WpÜG, S. 47 f.; *Busch*, AG 2002, 145, 148 f. (unter Verweis in Fn. 32 auf die Angebotsunterlage von Vodafone, in dem sich der Konzern das Recht vorbehielt, die Offerte zu widerrufen, falls von Mannesmann bestimmte objektiv definierte Abwehrmaßnahmen ergriffen würden); Ehricke/Ekkenga/*Oechsler*, § 18 Rn. 8; dies./*Ekkenga*, § 33 Rn. 20; *Geibel*/Süßmann, § 18 Rn. 26 ff.; KK-WpÜG/*Hasselbach*, § 18 Rn. 48; aaO/*Hirte*, § 33

gungsbereite Vorstand der Zielgesellschaft über solche Klauseln einen erheblichen Einfluss auf die Durchführung des Angebots erlangt. Für den Erfolg des Übernahmeversuchs ist dann faktisch nicht die Entscheidung der Anleger, sondern die der Geschäftsleitung ausschlaggebend.[1757] Nach überzeugender Ansicht sind die jeweiligen Ereignisse, welche zum Eintritt einer auflösenden Bedingung führen, möglichst exakt und für Dritte erkennbar zu bezeichnen, so dass die Unabhängigkeit des Bedingungseintritts vom Willen des Bieters außer Zweifel steht.[1758] Der Bieter kann in die Unterlage demzufolge zum einen die Bedingung aufnehmen, dass die Zielgesellschaft auf die Ergreifung sämtlicher in der Praxis bekannter Verteidigungshandlungen verzichtet.[1759] Zum anderen ist ebenso eine detaillierte Beschreibung einzelner Maßnahmen mit abwehrender Wirkung möglich.

Rn. 57; *Liebscher*, ZIP 2001, 853, 862; *Riehmer*, in: Haarmann (u.a.), § 18 Rn. 15; *Steinmeyer/Häger*, § 18 Rn. 9.

1757 KK-WpÜG/*Hasselbach*, § 18 Rn. 48; *Steinmeyer/Häger*, § 18 Rn. 9 (dort Fn. 16).

1758 *Busch*, AG 2002, 145, 149; Ehricke/Ekkenga/*Oechsler*, § 18 Rn. 8; *Hamann*, ZIP 2001, 2249, 2253 (dort Fn. 61); *Riehmer/Schröder*, BB 2001, Beilage 5, 1, 6; ähnlich *Steinmeyer/Häger*, § 18 Rn. 9.

1759 In diese Richtung KK-WpÜG/*Seydel*, § 11 Rn. 55; aaO/*Hasselbach*, § 18 Rn. 48.

§ 4 Zusammenfassung

Der durch die Verabschiedung der Übernahmerichtlinie ausgelöste Anpassungsbedarf macht auch Änderungen an den arbeitsrechtlichen Normen des WpÜG erforderlich. Der Gesetzgeber sollte dabei die Rechte der Arbeitnehmer, die bei der Bieter- und Zielgesellschaft beschäftigt sind, entsprechend der Vorgaben wohldosiert ausbauen und überobligatorisch auch Vorabinformationen zugunsten der Betriebsräte vorsehen.

Die im Übernahmegesetz verankerten Informationspflichten begründen zugunsten der Belegschaftsmitglieder oder deren Vertretung keine individuell oder kollektiv durchsetzbaren Ansprüche. Im Falle ihrer Verletzung greifen vielmehr die im Gesetz vorgesehenen öffentlich-rechtlichen Sanktionen.

Zugunsten der Arbeitnehmer der Zielgesellschaft besteht bei (vermeintlichen) fehlerhaften oder fehlenden arbeitsrechtlichen Angaben in der Angebotsunterlage kein öffentlich-rechtlicher Anspruch auf Einschreiten der Aufsichtsbehörde. Auch scheidet ein quasinegatorischer Anspruch gemäß § 1004 BGB gegen den Bieter auf Unterlassung des weiteren Angebotsverfahrens aus.

Den in der Angebotsunterlage kundgemachten arbeitsrechtlichen Maßnahmen steht im Regelfall kein einklagbarer Erfüllungsanspruch der Arbeitnehmer der Zielgesellschaft gegenüber; deren Belange werden insoweit vornehmlich durch die §§ 111 ff. BetrVG geschützt. Jedoch besteht nach geltendem Recht die Möglichkeit, derartigen Angaben rechtsverbindlichen Charakter zukommen zu lassen.

Aus arbeitsrechtlicher Sicht stehen für den sich einer Übernahme widersetzenden Vorstand einer (potenziellen) Zielgesellschaft wirkungsvolle Methoden zur Verfügung, um in Zusammenarbeit mit der Arbeitnehmerschaft einen (potenziellen) Bieter von der Einleitung oder Fortsetzung eines Angebotsverfahrens abzuhalten.
Arbeitsrechtliche übernahmeprophylaktische Schutzvorkehrungen sind indes insoweit prinzipiell unzulässig, als sie ausschließlich für den Fall eines Kontrollerwerbs vereinbart werden. Hingegen sind während konkreter Übernahmeauseinandersetzungen getroffene Vereinbarungen zwischen der Verwaltung der Zielgesellschaft und den Beschäftigten(-vertretern) privilegiert, wenn sie lediglich dasjenige umsetzen, was ohnehin Bestandteil der Veröffentlichungen des Bieters ist. Ansonsten ist für eine Rechtmäßigkeit der abwehrgerichteten Verteidigungsmaßnahmen ein qualifiziertes Unternehmensinteresse Voraussetzung.

Dem Bieter steht es frei, sein Übernahmeangebot mit der Bedingung zu verknüpfen, dass die angegriffene Gesellschaft keine arbeitsrechtlichen Abwehrmaßnahmen ergreift.

Peter Lang · Europäischer Verlag der Wissenschaften

Anja Birkenkämper

Rechtsfragen feindlicher Übernahmen

Juristische Nachlese zum Fall Krupp/Thyssen

Frankfurt am Main, Berlin, Bern, Bruxelles, New York, Oxford, Wien, 2003.
XVII, 274 S., 2 Tab.
Frankfurter wirtschaftsrechtliche Studien.
Verantwortlicher Herausgeber: Theodor Baums. Bd. 56
ISBN 3-631-51174-4 · br. € 45.50*

Das Übernahmeangebot der Krupp-Hoesch AG an die Aktionäre der Thyssen AG beherrschte im Frühjahr 1997 die deutsche Wirtschaftspresse. Der Umstand, dass sich die Krupp-Hoesch AG die Mehrheitsbeteiligung an dem weitaus größeren Thyssen-Konzern im Wege der feindlichen Übernahme verschaffen wollte, sorgte für erhebliche rechtliche und politisch-ökonomische Diskussionen. Nach der Darstellung der Chronologie des Krupp/Thyssen-Falles stehen die Rechtsfragen, die aus der Sicht der Bieter- und der Zielgesellschaft bei der versuchten feind-lichen Übernahme wesentlich waren, im Zentrum der Arbeit. Aufgezeigt werden insbesondere die Strategien, die beiden Unternehmen im Planungsstadium zur Verfügung standen, sowie die Gründe für das Scheitern der Übernahmepläne.

Aus dem Inhalt: Chronologie des Krupp/Thyssen-Falles · Der Feindliche Übernahmeversuch Krupp/Thyssen aus juristischer Sicht · Vorbereitung und Inhalt des Übernahmeangebotes, Konzernbildungskontrolle, Finanzierung und Rolle der Banken, Neutralitätspflicht der Zielgesellschaft

FSC
www.fsc.org
MIX
Papier | Fördert gute Waldnutzung
FSC® C083411

Kolibri 360 GmbH
Ferdinand-Jühlke-Straße 7
99095 Erfurt, Deutschland
produktsicherheit@kolibri360.de

Druck:
CPI Druckdienstleistungen GmbH
im Auftrag der
Kolibri 360 GmbH
Ferdinand-Jühlke-Str. 7
99095 Erfurt